Ludger Heidbrink
Kritik der Verantwortung

Ludger Heidbrink

Kritik der Verantwortung

Zu den Grenzen verantwortlichen Handelns
in komplexen Kontexten

**VELBRÜCK
WISSENSCHAFT**

Durchgesehene und um ein Nachwort erweiterte Neuauflage 2022
Erste Auflage 2003
© Velbrück Wissenschaft, Weilerswist 2022
www.velbrueck-wissenschaft.de
Printed in Germany
ISBN 978-3-95832-282-0

Bibliografische Information der Deutschen Nationalbibliothek
Die Deutsche Nationalbibliothek verzeichnet diese Publikation in der
Deutschen Nationalbibliografie; detaillierte bibliografische Daten
sind im Internet über http://dnb.ddb.de abrufbar.

Inhalt

Verantwortliche Verantwortung
Vorwort von Wolfgang Kersting 9

Einleitung 18

I. Diffusion 29
  1. Fünf Konsequenzen des Handelns in
     komplexen Zusammenhängen 32
  2. Zur Konjunktur des Verantwortungsbegriffs 38
  3. Gegenläufige Entgrenzungsprozesse 42
  4. Praktische Spannungsverhältnisse und
     methodische Probleme 47
  5. Skeptische Grenzziehungen: Grundzüge eines
     komplexitätsorientierten Verantwortungskonzepts . . 52

II. Genealogie. 59
  1. Herkunft des Verantwortungsbegriffs. 62
  2. Normative Selbstverantwortung: Kant 65
  3. Kontextuelle Folgenverantwortung: Hegel. 71
  4. Dezisionistische Eigenverantwortung: Kierkegaard . . 78
  5. Souveräne Unverantwortlichkeit: Nietzsche 83

III. Erfolge 92
  1. Von der kritizistischen zur wertmaterialen
     Verantwortungsethik 93
     1.1 Konflikttheoretisches Krisenmanagement 94
     1.2 Wertobjektivismus und Persönlichkeit 100
  2. Existenziale Selbstverantwortung
     und alteristische Verantwortungsmoral 107
     2.1 Solipsismus und Eigentlichkeit 107
     2.2 Der Vorrang des Anderen 110
  3. Theologie der Verantwortung. 115
     3.1 Humanitäre Solidarität und
         stellvertretendes Engagement 115
     3.2 Implizite Entscheidungsgewißheit 118
  4. Metaphysik der Verantwortung 121
     4.1 Kontingenzbewältigung durch Finalisierung . . . 122
     4.2 Flucht in die apokalyptische Drohung 127

5. Verantwortung als Diskursprinzip 133
   5.1 Die Zweiteilung der Moral 134
   5.2 Planetarische Zukunftsorientierung 137
   5.3 Handlungsvernunft und Systemrationalität . . . 139
   5.4 Integration der Anwendungsdimension 141
   5.5 Das Prinzip der Angemessenheit 144
   5.6 Recht als Kompensation der Moral 146
   5.7 Institutionalisierte Konfliktbewältigung 149

IV. Grenzen 152
   1. Verantwortungsethischer Reduktionismus 153
      1.1 Überforderter und unterforderter
          Verantwortungssinn 153
      1.2 Hypothetische Moral 158
   2. Absolute Verantwortung 163
      2.1 Übergebührliche Fürsorge 163
      2.2 Eschatologische Komplexitätsreduktion 166
   3. Responsive Verantwortung 169
      3.1 Ohnmacht ethischer Subjektivität 170
      3.2 Anarchische Totalisierung 174
      3.3 Xenoethische Paradoxien 179
   4. Substantielle Verantwortung 183
      4.1 Sittliche Lebensformen 185
      4.2 Deontologischer Holismus 188
      4.3 Qualitative Wertschätzungen 190

V. Organisation 194
   1. Sozialisierung der Verantwortung 197
      1.1 Von der Versicherungsgesellschaft
          zum Wohlfahrtsstaat 198
      1.2 Von sozialer Gerechtigkeit zu
          politischer Solidarität 203
   2. Funktionalisierung der Verantwortung 208
      2.1 Korporative Verantwortung 208
      2.2 Verteilung von Verantwortlichkeiten 212
   3. Positivierung der Verantwortung 217
   4. Differenzierung der Verantwortung 221
      4.1 Technikverantwortung 222
      4.2 Wissenschaftsverantwortung 225
      4.3 Naturverantwortung 226
      4.4 Wirtschaftsverantwortung 228
      4.5 Politische Verantwortung 231
      4.6 Zukunftsverantwortung 234
      4.7 Vergangenheitsverantwortung 237

5. Prozeduralisierung der Verantwortung 243
   5.1 Steuerungsprobleme komplexer Sozialsysteme . . 243
   5.2 Strategien der indirekten Intervention 246
   5.3 Grenzen der Steuerbarkeit 250
   5.4 Systemverantwortung 253
   5.5 Prozedurale Verantwortung 261

VI. Kritik 267
  1. Verantwortungstheoretische Illusionen 267
  2. Verantwortungspraktische Revisionen 274
    2.1 Offene Verantwortungsräume 275
    2.2 Limitative Verantwortlichkeit 278
  3. Die Verantwortung der Verantwortungsgesellschaft . . 281
    3.1 Liberale Selbstverantwortung 282
    3.2 Kommunitäre Verantwortungsgemeinschaft . . . 286
    3.3 Zivilgesellschaftliche Verantwortungspraxis . . . 292
  4. Verantwortung in komplexen Kontexten 299
    4.1 Verantwortungshandeln unter Ungewißheit . . . 300
    4.2 Fragile Verantwortungsarrangements 308
    4.3 Pluralistisches Kontingenzmanagement 312

Schluß: Dialektik der Verantwortung 317

Nachwort zur Neuauflage 327

Literaturverzeichnis 330

Personenregister 359

Sachregister 364

»Es ist eine Welt von Eigenschaften ohne Mann entstanden, von Erlebnissen ohne den, der sie erlebt, und es sieht beinahe aus, als ob im Idealfall der Mensch überhaupt nichts mehr privat erleben werde und die freundliche Schwere der persönlichen Verantwortung sich in ein Formelsystem von möglichen Bedeutungen auflösen solle.«

Robert Musil

»Die Tatsache, daß etwas zustande kommt, beweist keinesfalls, daß eine Verantwortung dahinter steckt.«

David Riesman

Verantwortliche Verantwortung

Vorwort von
Wolfgang Kersting

Wer »Kritik der Verantwortung« liest, sollte an die »Kritik der reinen Vernunft« denken. Ludger Heidbrink hat diese methodologische Assoziation durchaus gewollt. Denn nicht um eine pauschale Verurteilung der Verantwortung geht es ihm, schon gar nicht um ein Plädoyer für Unverantwortlichkeit. Heidbrink ist keine weitere nietzscheanische Sirene auf den Klippen der Postmoderne, die den wackeren Seeleuten mit ihrem Singen den moralischen Kopf verdrehen will. Wie Kant will er lediglich Ansprüche überprüfen, Gültigkeitsgrenzen ziehen und Anmaßungen zurückweisen. »Kritik« in dem hier gemeinten Sinne ist kein Vernichtungsprogramm, sondern ein Rettungsprogramm, freilich ein besonderes. Denn die Gefahr, vor der die philosophische Kritik retten will, kommt nicht von außen, sondern von innen; es ist die Gefahr, an Selbstüberschätzung und Selbstüberforderung zugrundezugehen. Selbstüberschätzung und Selbstüberforderung gefährdeten die Vernunft in metaphysischen Zeiten, darum kam Kant ihr mit ihrer Kritik zu Hilfe. Und nicht anders steht es gegenwärtig um die Verantwortung. Auch sie droht unter der Last der Selbstüberschätzung und Selbstüberforderung allen semantischen Halt zu verlieren. Darum versucht Ludger Heidbrink, ihr ebenfalls mit ihrer Kritik zu Hilfe zu kommen.

Aber eine Therapie kann nur dann wirksam sein, wenn sie sich auf eine solide Diagnose stützen kann. Und diese ist durch rein ideengeschichtliche Untersuchungen nicht zu bekommen. Während das Unternehmen einer Kritik der reinen Vernunft es nicht nötig hat, den Binnenraum von Metaphysik und Erkenntnistheorie zu verlassen, muß eine Kritik der Verantwortung die moralphilosophischen Diskurse transzendieren und sich wirklichkeitskundig machen. Denn nicht die Theorie ist dafür verantwortlich, daß der Verantwortungsbegriff aus allen semantischen Fugen geraten ist. Es gibt keine systematischen, intern-moralphilosophischen Gründe dafür, daß der Verantwortungsbegriff seinen ursprünglichen handlungspraktischen, durch die übersichtliche Kooperation von Kausalität und Intentionalität charakterisierten Anwendungsbereich verlassen hat und sich jetzt auf alle gesellschaftlichen Funktionsfelder, auf die gesamte Natur, selbst auf Vergangenheit und Zukunft erstreckt und dann sogar noch ins uneingrenzbar Planetarische ausgewandert ist. Die Gründe dafür, daß das Verantwortungskonzept kritikbedürftig geworden ist, liegen nicht in der Theorie, sondern in der Wirklichkeit, die aufgrund ihrer normativen Ratlosigkeit so verschwenderisch mit dem Verantwortungsbegriff umgegangen ist und umgeht. Um erfolgreich die Bedingungen einer verantwortlichen Verwendung der Verantwortungskonzeption benennen zu können, muß also erst geklärt werden, warum das Verantwortungsprinzip in der Gegenwart solch eine Hochkonjunktur erlebt, warum die zeitgenössische Gesellschaft einen derart hohen Verantwortlichkeitsbedarf hat, warum die Zuständigkeitsgrenzen der Verantwortlichkeit in einem fort erweitert worden sind. Diese Aufklärung verlangt allerdings auch, die Gegenfrage zu stellen, welche genuinen Eigenschaften des Verantwortungsbegriffs ihn so geeignet erscheinen lassen, den diffusen Moralbedürfnissen einer immer komplexer werdenden Gesellschaft entgegenzukommen.

Die Untersuchung ruht daher auf einem doppelten Fundament. Zum einen bietet sie eine systematische Geschichte der Verantwortungsphilosophie, die von Kant bis zur Gegenwart reicht. Zum anderen liefert sie eine sozialtheoretische Analyse der Gegenwartsgesellschaft und ihrer diversen soziologischen, juristischen und politologischen Verantwortungsdiskurse. Die Verklammerung beider Stränge gestattet dann eine Bestandsanalyse und kritische Würdigung der vielstimmigen und multitopischen Verantwortungsdiskurse, auf deren Grundlage schließlich eine alternative, die beanstandeten Mängel der vorherrschenden Verantwortungsdiskussion vermeidende Verantwortungskonzeption erarbeitet wird.

Der Erfolg des Verantwortungsprinzips steht in direktem Zusammenhang mit der Komplexitätssteigerung der modernen Welt: das ist die plausible Ausgangsthese. Die Komplexitätssteigerung der modernen Welt, die Auswirkungen zunehmender gesellschaftlicher Differenzierung, die alle politischen Grenzen unterspülenden Folgen der Globalisierung, konfrontieren die Menschen immer stärker mit Situationen, in denen sich verflechtende und zunehmend mehr Eigensinnigkeit gewinnende Handlungsfolgen die Reichweite menschlicher Planung übersteigen. In diesem sich verdichtenden Netzwerk systemischer Abhängigkeiten verlieren sich die einfachen Handlungsverpflichtungen, werden die Schuldzusammenhänge unsichtbar. Die alten normativen Verbindlichkeiten verschwimmen, und die Planbarkeit der Zukunft wird immer ungewisser. Aber das führt nun keinesfalls dazu, daß sich ein allgemeiner Verantwortungsdefätismus breit macht. Dieser meldet sich zwar vereinzelt hier und da, aber das gesellschaftliche Gespräch achtet nicht auf diese Außenseiter. Es kommt vielmehr zu einem Anschwellen des Verantwortungsdiskurses. Je mehr die Menschen einsehen müssen, daß Gesamtgesellschaft und natürliche Umwelt sich linearer Beherrschbarkeit entziehen, je mehr sie spüren, daß die Diskrepanz zwischen Handlungsmacht und Systemmacht stetig wächst, desto entschlossener sind sie, Verantwortlichkeit zu fordern, Verantwortlichkeit zuzuschreiben. Daher ist der »Siegeszug des Verantwortungsprinzips ... in erster Linie nicht Ausdruck ethischer Souveränität, ... sondern vielmehr das Symptom der normativen Ratlosigkeit

VORWORT

hochkomplexer Gesellschaften«. Die überbordende Verantwortungsrhetorik gleicht dem Pfeifen im dunklen Wald. Das Verantwortungsprinzip ist »ein Kompensationsphänomen«. Das Moralbewußtsein, das sich Herausforderungen gegenübersieht, die sein Urteilsvermögen und seine Leistungskraft überschreiten, gleicht diese Kränkung seiner Urteilssouveränität und Handlungsmacht durch überaus voraussetzungsvolle und zumutungsreiche Verantwortungszuschreibungen aus. Wußte sich der klassische Verantwortungsbegriff unter dem sicheren Dach eindeutiger moralischer und rechtlicher Regeln in Einklang mit Handlungskausalität und Handlungsintentionalität, bestimmten ausschließlich Handlungskausalität und Handlungsintentionalität Ausmaß und Richtung der regulierten Verantwortung, so verläßt der moderne, kompensatorische Verantwortungsbegriff diesen sicheren handlungskausalen Boden und schwärmt dorthin aus, wo lineares individuelles Handeln gar nicht mehr hinreichen kann. Mit dieser fortschreitenden Ablösung von Handlungskausalität und Handlungsintentionalität wird der Verantwortungsbegriff zu einer gesellschaftlichen Konstruktion. Konstruktionen sind aber interessegebundene Inventionen, denen kein natürliches Maß innewohnt, die zur Maßlosigkeit tendieren. Daher ist es nicht verwunderlich, daß der Verantwortungsdiskurs in hochkomplexen Gesellschaften auswuchert, auf alle Bereiche der Natur, Gesellschaft und Geschichte übertragen wird und sich letztlich in ein »Passepartout der Entrüstung und Anklage« verwandelt.

Diese moralisierende Verantwortungseuphorie zurückzuweisen ist für eine zeitgemäße und modernitätsgerechte Verantwortungstheorie genauso wichtig wie die Widerlegung der Verantwortungsdefätisten. Daß sich Heidbrink zutraut, die These von der Unverantwortbarkeit systemfunktionaler Prozesse zu verwerfen, daß er hinter der beanspruchten Fortschrittlichkeit ihrer Anhänger gar Anfälligkeit für geschichtsphilosophische Deutungsmuster ausmacht und ihnen eine falsche Anhänglichkeit an einen selbstfabrizierten »Mythos der sozialen Komplexität« vorwirft, bedeutet einiges. Denn keinesfalls ist ihm vorzuwerfen, nun seinerseits die Komplexität moderner Gesellschaftssysteme zu unterschätzen. Zur analytischen Beschreibung und modernitätstheoretischen Auslegung der zeitgenössischen Gesellschaft bedient er sich doch vornehmlich des begrifflichen Instrumentariums der Systemtheorie, damit eben des Typus von Sozialtheorie, der wie kein anderer sich auf die konzeptuelle Erfassung des subjektlosen Entwicklungsgeschehen der Gesellschaftssysteme und ihrer systemischen Umwelten spezialisiert hat. Wenn er in dieses Gesellschaftsbild nun die Umrisse eines verantwortbaren, weil sich zugleich seiner moralischen Notwendigkeit bewußten und seiner Grenzen sicheren Verantwortungsbegriffs einzeichnen will, dann hat er die Meßlatte für den Erfolg sehr hoch gehängt. Aber damit befolgt Heidbrink nur die Hegelsche Maxime, daß eine Widerlegungsargumentation nur dann wertvoll ist, wenn sie den Gegner dort aufsucht, wo er am stärksten ist.

VORWORT

Zwischen der Scylla der Verantwortungseuphorie und der Charybdis des Verantwortungsdefätismus einen mittleren Kurs zu halten, verlangt daher vordringlich, mit aller Kraft den Abstand zur systemtheoretischen Position der Auflösung der Verantwortung im anonymen Geschehen autopoietischer Systemabläufe zu halten. Den Euphoriker aus seinen Träumen zu reißen und auf den Boden der Wirklichkeit zurückzuholen, ist angesichts der überwältigenden Evidenz der Unerreichbarkeit der Systemwirkungen durch individuelles Handeln nicht sonderlich schwierig. Weitaus schwieriger ist es, in dieser Wirklichkeit, deren Beschreibung allein für jeden Verantwortungseuphoriker ernüchternd sein muß, einen Verantwortungsbegriff zu plazieren, der mehr als eine anthropologische Illusion ist und die Komplexität der Verhältnisse wie das moralische Selbstverständnis des Menschen gleichermaßen ernst nimmt.

Heidbrink erklärt die zeitgenössische »Zurechnungsexpansion« als anthropologische Trotzhaltung: Die moralische Selbsterhaltung des Menschen verlangt, die sich verselbständigenden Entwicklungsprozesse der gesellschaftlichen Systeme in die normative Bewertung und politische Regulierung zurückzuholen. Daher muß Verantwortung unterstellt, Verantwortlichkeit geltend gemacht werden können. Verantwortung ist ein »normativer Ersatzbegriff«, der an die Stelle der klassischen Pflicht- und Rechenschaftsverhältnisse tritt, die an übersichtliche Handlungsräume gebunden sind und in komplexen Lebensverhältnissen ihre orientierende Wirkung verlieren. Verantwortung unterstellt an Linearität und Personalität geknüpfte Kausalität dort, wo es keine identifizierbaren personalen Akteure und Handlungsfolgen mehr gibt. Durch diese Entgrenzung der Verantwortung, ihrer Verwandlung in ein neues Legitimationskonzept für ein Zeitalter zeitlicher und räumlicher Entgrenzung, entstehen eine Fülle von Spannungen und Paradoxien, die untersucht werden müssen, um die Grenzen zu finden, innerhalb dessen das Verantwortungsprinzip seine notwendige Funktion in komplexen Handlungszusammenhängen mit Aussicht auf Erfolg wahrnehmen kann.

Die Aufgabe der Grenzziehung obliegt dem Skeptiker. Skeptische Problemlösungen haben viele Vorteile, gleichwohl erfreuen sie sich keiner großen Attraktivität. Skeptische Lösungen sind Lösungen der Abwägung, des Kompromisses, des Sowohl-als auch. Skeptische Lösungen vertrauen der Erfahrung und lehnen jedes Prinzipienregiment ab. Nur so kann die aller Theorie innewohnende Gefahr der Unterkomplexität gebannt werden. Da skeptische Lösungen der Erfahrung vertrauen, verlangen sie Situationskompetenz und Urteilskraft. Der Skeptiker kann daher nur Umrisse zeichnen, Beschreibungen geben; sein konzeptuelles Instrumentarium entnimmt er den Arsenalen, die ihm für das je abzuhandelnde Problem besonders ergiebig erscheinen. »Der Skeptiker nimmt sich aus den Theoriebruchstücken das, was paßt, und fügt es behutsam zusammen«. Sein Eklektizismus, wegen dessen er in den Zeiten der Metaphysik gescholten wurde, ist unter den Bedingungen der Moderne eine methodologische Kardinaltugend. Sein Gegenspieler, der Radikale, macht es sich da viel einfacher. Er hat darum immer die attraktiveren Lösungen zu bieten. Jedoch ist diese Attraktivität nur durch Simplifizierung, durch begriffliche Gewaltsamkeit zu erreichen. Wenn jemand nicht nur Unterschiede ernst nehmen will, sondern auch die Unterschiede der Unterschiede, dann muß er prinzipienlogische Zurückhaltung üben und auf ein allzuständiges konzeptuelles Universalregime verzichten.

Es ist bemerkenswert, daß das ganze Buch mit methodologischen Überlegungen dieser Art durchzogen ist. Dadurch wird sein Bemühen um einen komplexitätsangemessenen Verantwortungsbegriff eingebettet in einen allgemeineren moralepistemologischen Kontext, in dem der Frage nachgegangen wird, wie unter den Bedingungen der Moderne die klassischen moralischen Diskurse überhaupt fortgeführt werden können, wie sie modifiziert werden müssen, welche Voraussetzungen als unersetzbar zu gelten haben und welche Selbsteinschätzungen aufgegeben, relativiert, modifiziert werden müssen. Der generelle Tenor dieser Überlegungen ist, daß das noch für die klassische Neuzeit gültige Ideal der ableitungslogischen Geschlossenheit durch eine offene Epistemologie ersetzt werden muß, die kontextsensibel, situationskompetent und für hypothetische, provisorische Lösungen aufgeschlossen ist. Diese methodologische Grundüberzeugung prägt auch Heidbrinks alternatives Verantwortungskonzept, das die Verantwortungsübernahme in komplexen Handlungszusammenhängen eng an die Kultivierung eben dieser Einstellungen einer offenen Epistemologie bindet und das Ideal der ableitungslogischen Geschlossenheit moralischen Urteils entschieden verabschiedet.

Den Anfang der theoriegeschichtlichen Darstellung bildet eine Verantwortungstypologie, die anhand der Positionen Kants, Hegels, Kierkegaards und Nietzsches die vier grundlegenden verantwortungsethischen Typen der normativen Selbstverantwortung, der kontextuellen Folgenverantwortung, der dezisionistischen Eigenverantwortung und der souveränen Unverantwortlichkeit unterscheidet und beschreibt. Dann folgt das Buch der Erfolgsgeschichte des Verantwortungskonzepts von Weber bis zur Diskursethik. Neben einer erhellenden Weber-Analyse, die auch eine klare Darstellung des notorisch falsch verstandenen Verhältnisses von Verantwortungsethik und Gesinnungsethik gibt, und einer sorgfältigen Darstellung der insbesondere eben auch hinsichtlich des Verantwortungskonzepts interessanten Differenz zwischen der Apelschen und der Habermasschen Version der Diskursethik finden sich in diesem materialreichen Part kleinere Exkurse zu Scheler, Hartmann, Weischedel, Grisebach, Buber, Rudolf Otto, Schweitzer, Bonhoeffer, Løgstrup und größere Kapitel über Georg Picht und schließlich Hans Jonas, mit dem das Verantwortungskonzept zur »Flucht in die apokalyptische Drohung« ansetzt.

Das Ergebnis dieser theoriegeschichtlichen Durchsicht ist ernüchternd. »Die Erfolgsgeschichte des Verantwortungsprinzips hat deutlich gemacht, daß es einen paradigmatischen und konzeptuell überzeugenden Begriff der Verantwortung im 20. Jahrhundert nicht gibt. In seiner Vielgestaltigkeit und Diffusität dient der Verantwortungsbegriff vielmehr als eine Art moralischer Lückenfüller für die Vakanzen, die durch die Loslösung von konventionellen Ethikkonzepten im Übergang von der frühen zur späten Moderne entstanden sind«. Die angebotenen Verantwortungskonzepte können vor allem darum nicht überzeugen, weil sie in modernitätstheoretischer Hinsicht allesamt inkonsequent sind. Sie haben zwar das Feld der moralischen Zuständigkeit über den Bereich der prinzipienfundierten Handlungsmoral ausgedehnt, waren jedoch außer Stande, den Verantwortungsbegriff zu einem offenen und flexiblen Konzept auszubauen und komplexe Handlungskontexte einzubeziehen. Diese epistemologische Blockade ist auf den Umstand zurückzuführen, daß nahezu alle Konzepte sich geweigert haben, mit der metaphysischen Begründungstradition zu brechen und sich auf bewußtseinstheoretische, geschichtsphilosophische und ontologisch-theologische Konstruktionen stützen, mit denen das Begründungshandeln in eigendynamischen und selbstorganisierenden Systemen schwerlich erreicht werden kann. Den mit hochkomplexen Zusammenhängen gegebenen Anwendungsverhältnissen kann allenfalls ein prozeduralistisches Verantwortungskonzept gerecht werden. Was aber nicht heißt, daß die für den rechtfertigungstheoretischen Proceduralismus zuständige Diskursethik bereits ein zufriedenstellendes Konzept entwickelt hätte. Der kognitivistisch verkürzte und darum residualmetaphysische Verantwortungsbegriff der Diskursethik ermangelt gerade der epistemologischen Eigenschaften, deren eine prozedurale Verantwortungsfeststellung in komplexen Gesellschaft notwendig bedarf, der Situationskompetenz, der Kontextsensibilität, der Revisionsbereitschaft und der Offenheit fürs Hypothetisch-Inventive.

Aber nicht nur die Diskursethik bietet kein zeitgemäßes verantwortungsethisches Konzept, auch die anderen vielberedeten Verantwortungskonzepte der zeitgenössischen Ethikentwürfe sind für eine komplexitätsangemessene Verantwortungstheorie unbrauchbar. Heidbrink zeigt das unter anderem an den verantwortungsethischen Vorstellungen der theologischen Ethiken evangelischer und katholischer Provenienz. Großen Raum nimmt in diesem Zusammenhang die Diskussion der »responsiven Verantwortung« ein, der Verantwortungskonzeption der Phänomenologie, die vor allem mit Lévinas und Waldenfels Verantwortlichkeit in der direkten intersubjektiven Begegnung verankert. Diese alteristischen, den Anderen in die Position eines Moralgottes versetzenden Konzepte sind evidentermaßen nicht in der Lage, ein wirklichkeitstaugliches, modernitätsangepaßtes und praktikables Verantwortungsverständnis zu entwickeln.

Bestenfalls sind all diese Konzeptionen geeignet, die Motiv- und Einstellungsvoraussetzungen zu beschreiben, die die Menschen, auf die man als letzte Zuschreibungsadressaten gesellschaftlich-demokratisch definierter Verantwortlichkeit nicht verzichten kann, haben müssen, um die ihnen aufgetragene Verantwortlichkeit wahrnehmen zu können. Aber damit sich menschliche Moralität entfalten kann, müssen institutionelle Voraussetzungen gegeben sein, muß das institutionell-organisatorische Umfeld einbezogen werden. Das gilt insbesondere auch für den Verantwortungsbegriff, der in der hochkomplexen Gegenwartsgesellschaft die Gestalt eines Verantwortungsgeflechts angenommen hat, in das die Menschen vielfältig eingebunden sind. Menschen stoßen in hochkomplexen Gesellschaften nicht auf die absoluten Voraussetzungen, auf die die verantwortungsethischen Substantialisten ihre Konzepte stellen, sondern auf eine vielfältig ausdifferenzierte gesellschaftliche Organisation der Verantwortung, die durch die Gezeiten der Risikowahrnehmung ebenso bestimmt wird wie durch die dynamische Entwicklung der einzelnen Funktionsbereiche. Diese Organisation überbrückt die Differenz zwischen der vagen ethischen Semantik der Verantwortung und der komplexen Wirklichkeit. Sie identifiziert Verantwortlichkeitszonen und redefiniert den verantwortlichen Menschen als soziales, mit anderen in komplexen, kognitiv nur partiell erfaßbaren Handlungszusammenhängen agierendes Wesen.

Mit dieser »Sozialisierung des Verantwortungsprinzips« und der gesellschaftlichen »Organisation« der Verantwortung beschäftigt sich der zweite Teil des Buches. In ihm liefert Heidbrink einen Zustandsbericht der sich selbst moralisch beobachtenden und verantwortungsethisch reflektierenden komplexen Gegenwartsgesellschaft. In ihm begegnet die Realität, an der er seinen im abschließenden Kapitel entwickelten alternativen Verantwortungsbegriff bewähren möchte. Er plausibiliert die epistemologischen und normativen Kriterien, an der die Realitätstauglichkeit des Verantwortungskonzepts gemessen werden kann. Dabei gilt den epistemologischen Kriterien notwendigerweise größere Aufmerksamkeit als den normativen, weil die letzteren, das ist die unvermeidliche Konsequenz des moralischen Gewißheitsschwundes, auf der Grundlage einer angemessenen Risikoeinschätzung und Entwicklungsbeobachtung immer erst in geeigneten Verfahren entwickelt werden müssen. Die epistemologischen Kriterien definieren die Vorstellung praktischer Vernunft, die in der Umgrenzung der Verantwortungsfelder und den Festlegungen der Verantwortlichkeitszuschreibungen operativ wird. Und dieses Verständnis von praktischer Vernunft bestimmt seinerseits die in der Philosophie favorisierte Erkenntnistheorie und Rechtfertigungsmethode.

Eine Kritik der Verantwortung ist immer auch eine Kritik der ihren philosophischen Konzeptualisierungen unterliegenden Moralepistemologie und Rechtfertigungsmethode. Und wenn sich das

Verantwortungskonzept in den hochkomplexen Handlungszusammenhängen der ausdifferenzierten modernen Gesellschaft zu einem schwundmetaphysischen Allzuständigkeitskonzept aufbläht, dann ist dafür immer auch ein für eine derart unkritische Verallgemeinerung anfällige Erkenntnistheorie verantwortlich. Folglich muß das aus der Kritik hervorgehende, seine Grenzen kennende, also verantwortlich gewordene Verantwortungskonzept durch epistemologische Überlegungen abgestützt werden, die eine Problemwahrnehmung favorisieren, die von den Übertreibungen frei ist, die die Ausbreitung des Verantwortlichen über alle Grenzen hinaus begünstigt und die Theorie weiterhin für die längst abgelebten substantialistischen, essentialistischen und geschichtsphilosophischen Begründungsweisen offen hält.

Die Grundbegriffe dieser alternativen Moralepistemologie lauten Ungewißheit, Kontextualität und Situativität. Es ist eine probabilistische Moralepistemologie der Abwägung, der Klugheit und Urteilskraft. Sie kann nur hypothetische und revisionsoffene Verantwortungsgebote formulieren. Sie kombiniert Perspektiven und Gesichtspunkte und kommt dabei über »fragile Verantwortungsarrangements« und ein »pluralistisches Kontingenzmanagement« nicht hinaus. Denn »die konventionelle Grammatik moralischer Obligationen und rechtlicher Schuldigkeit hat ihre Gültigkeit verloren. An ihre Stelle sind offene Versuchsreihen der ethischen Einflußnahme und juridischen Regulierung getreten, in denen die Akteure dazu veranlaßt werden, sich auf dem Weg der gesellschaftlichen Selbstorganisation gemeinwohlverträglich und schadensvermeidend zu verhalten. Mit Hilfe hypothetischer Imperative und experimentierender Normen werden Schneisen in das Dickicht der Systeme geschlagen, über die sich Risikoprozesse im improvisierenden Zusammenspiel von regulativen Vorgaben und autonomer Selbstbindung bewältigen lassen«.

Die kritische Grenzziehung, die das letzte Kapitel vornimmt, schränkt das Verantwortungskonzept keinesfalls so weit ein, daß es nur dort seine Geltung behält, wo identifizierbare Handlungskausalität und Handlungsintentionalität vorliegen. Die Transzendierung der handlungskausalen Sphäre, die den Verantwortungsdiskurs in komplexen Gesellschaften generell charakterisiert, ist nicht rückgängig zu machen. Verantwortungszuschreibungen basieren notwendigerweise auf Kausalitätsunterstellungen; diese müssen jedoch als »notwendige Fiktionen« begriffen werden, »mit denen komplexe Systeme ihre eigenen Operationen beobachten und für weitere Handlungen anschlußfähig machen«. Verantwortungsunterstellungen holen das durch die Eigenlogik systemischer Prozesse an den Rand gedrückte Subjekt in das Geschehen zurück; sie definieren gesellschaftliche Aufmerksamkeitsfelder, auf denen die Systementwicklung mit der »Interventionskompetenz sozialer Akteure und ihrer Fähigkeit zur Selbstzurechnung komplexer Handlungsfolgen« verbunden wird. Verantwortlichkeitszuschreibungen sind also auch ein Mittel reflektierter – und keinesfalls verzweifelter – moralischer Selbstbehauptung. Und diese moralische Selbstbehauptung verlangt unter den Bedingungen fortgeschrittener gesellschaftlicher Modernität eine behutsame »Integration des Nichtzurechenbaren« in die Verantwortlichkeit, die Bereitschaft zur »normativen Inanspruchnahme von Akteuren auch jenseits der Kausalität ihres Handelns«.

Einleitung

> Man ist früher mit besserem Gewissen Person gewesen als heute. Die Menschen glichen den Halmen im Getreide; sie wurden von Gott, Hagel, Feuersbrunst, Pestilenz und Krieg wahrscheinlich heftiger hin und her bewegt als jetzt, aber im ganzen, stadtweise, landstrichweise, als Feld, und was für den einzelnen Halm außerdem noch an persönlicher Bewegung übrig blieb, das ließ sich verantworten und war eine klar abgegrenzte Sache. Heute dagegen hat die Verantwortung ihren Schwerpunkt nicht im Menschen, sondern in den Sachzusammenhängen.[1]

Mit dieser bekannten Passage hat Robert Musil schon zu Anfang des letzten Jahrhunderts einem gesellschaftlichen Handlungsbewußtsein Ausdruck verliehen, das bis in die Gegenwart hinein kaum etwas von seiner Aktualität eingebüßt hat. Die Funktionalisierung der modernen Welt wird von einer Vielzahl der Menschen als Ursache dafür betrachtet, daß die persönliche Einflußnahme weniger weit reicht als die Folgen, die aus den sozialen Handlungsprozessen hervorgehen. An die Stelle überschaubarer und lenkbarer Entwicklungen scheinen undurchsichtige, in ihren Konsequenzen nicht mehr steuerbare Vorgänge getreten zu sein, die ihren eigenen Sachgesetzen gehorchen. Zahlreiche Fälle ließen sich nennen, die selbst bei einem unvoreingenommenen Beobachter den Eindruck hervorrufen, daß sich die Dynamik hochtechnisierter und funktional ausdifferenzierter Gesellschaften zunehmend der Kontrolle und Regulierbarkeit entzieht. Klimatisch bedingte Überschwemmungen und Waldbrände, periodisch wiederkehrende Tierseuchen und Lebensmittelskandale, unternehmerische Bilanzfälschungen und Gewinnmanipulationen sind nur einige Beispiele dafür, wie schwierig es ist, mit moralischen Standards auf ökonomische Prozesse einzuwirken oder kollektive Schadensverläufe auf eindeutig identifizierbare Ursachen und Verursacher zurückzuführen.

Um so auffälliger ist es, welche Karriere die Verantwortungskategorie in den zurückliegenden Jahrzehnten erlebt hat. Verantwortungs- und Ethikmodelle verschiedenster Couleur sind in Umlauf gebracht worden, die dazu beitragen sollen, die immense Zunahme an Fortschrittsfolgenproblemen zumindest konzeptuell in den Griff zu bekommen. An dieser Konjunktur dürfte sicherlich Hans Jonas' 1979 erschienenes Buch *Das Prinzip Verantwortung* wesentlich beteiligt sein, in dem es vornehmlich

---

1 Robert Musil, *Der Mann ohne Eigenschaften*, S. 150.

EINLEITUNG

um die Auswirkungen der technologischen Zivilisation auf zukünftige Generationen geht. Inzwischen durchzieht der Verantwortungsbegriff jedoch so gut wie sämtliche Regionen der Gesellschaft. Er schmückt die Wahlprogramme der Parteien, gehört zum guten Ton umweltbewußter Werbung, findet sich in sozialkritischen Publikationen wieder, die den entfesselten Kapitalismus geißeln und die Herrschaft des Egoismus und der moralischen Gleichgültigkeit anprangern.[2] Firmen und Konzerne schreiben sich neben dem *stakeholder value* die Leitlinien der *corporate social responsibility* auf ihre Fahnen, Managementseminare trainieren die Motivation zur selbstverantwortlichen Unternehmens- und Mitarbeiterführung.[3] Immer mehr soziotechnische Bereiche wie das Internet, die neuen Medien oder die Biotechnologien, die bisher vom öffentlichen Gewissen halbwegs in Ruhe gelassen wurden, werden durch Ethikkommissionen begutachtet, müssen professionalisierte Verantwortungstests über sich ergehen lassen oder werden der moralischen Analyse akademischer Experten unterzogen.[4]

Die Konjunktur des Verantwortungsprinzips hat unterschiedliche Gründe. So dient die Verwendung des Begriffs vor allem dem Zweck, in zunehmend uneindeutigen Zusammenhängen Handelnde für ihr schädliches Tun zur Rechenschaft zu ziehen oder sie zu vorsorgendem und präventivem Verhalten zu bewegen. Es ist kein Zufall, daß der Verantwortungsbegriff überall dort auftaucht, wo normative Verbindlichkeiten in Frage gestellt werden, wo keine einfachen Schuldzusammenhänge oder eindeutigen Handlungsverpflichtungen bestehen, sondern komplizierte Verflechtungen von Ursachenketten vorliegen oder das freiwillige Engagement und die einsichtige Sorge um etwas gefordert sind. Von Verantwortung ist besonders dort die Rede, wo die Handlungsfolgen die Handlungsabsichten übersteigen, nichtintendierte Wirkungen entstehen, die aus dem kausalen Zurechnungshorizont herausfallen und sich den moralischen und rechtlichen Rechenschaftspflichten von Akteuren entziehen. Verantwortung wird gerade dann notwendig, wenn wir mit unserem Wissen an eine kognitive Grenze stoßen, uns objektive

2   So etwa bei Christopher Lasch, *Die blinde Elite. Macht ohne Verantwortung*, S. 11–31; Jedediah Purdy, *Das Elend der Ironie*, S. 96–115.
3   Zur Verantwortung von Unternehmen als »good corporate citizen« siehe Peter Ulrich, *Der entzauberte Markt*, S. 128–157. Als Managementbuch exemplarisch ist Reinhard K. Sprenger, *Das Prinzip Selbstverantwortung*, S. 165–188. Vgl. auch zur »responsibility-based-organization« Peter F. Drucker, *Post-capitalist Society*, S. 88–99.
4   So etwa bei Raffael Capurro, Klaus Wiegerling, Andreas Brellochs (Hg.), *Informationsethik*; Anton Kolb, Reinhold Esterbauer, Hans-Walter Ruckenhauer (Hg.), *Cyberethik. Verantwortung in der digital vernetzten Welt*; Rüdiger Funiok, Udo F. Schmälzle, Christoph H. Werth (Hg.), *Medienethik – die Frage der Verantwortung*.

Entscheidungsgründe fehlen, wir improvisieren müssen, um auf unbekannte, neuartige Handlungssituationen angemessen reagieren zu können.[5]

Mit einem Wort, der Erfolg des Verantwortungsprinzips stellt eine direkte Reaktion auf die Komplexitätssteigerung der modernen Welt dar. Seine Aufgabe besteht darin, für die anwachsende Verselbständigung dynamischer Prozesse, die Vernetzung operativer Verläufe und die Abschottung der Funktionssysteme angemessene Bewertungs- und Entscheidungskriterien zur Verfügung zu stellen, die Anschlußfähigkeit sozialen Handelns auch dort zu gewährleisten, wo Unsicherheit und Ungewißheit dominieren. Der Siegeszug des Verantwortungsprinzips ist in erster Linie nicht Ausdruck ethischer Souveränität, kein Indiz für die Zuverlässigkeit und Stabilität moralischer und rechtlicher Regeln, sondern vielmehr das Symptom der normativen Ratlosigkeit hochkomplexer Gesellschaften.[6] Das Verantwortungsprinzip ist ein Kompensationsphänomen. Die Irritationen und Überforderungen des moralischen Bewußtseins, das sich mit Herausforderungen konfrontiert sieht, die sein Urteilsvermögen ersichtlich überschreiten, gleicht es durch Zuschreibungsakte aus, die hochgradig voraussetzungsvoll und deutungsbedürftig sind. Vielfach entlastet es von der Zumutung, die Grenzen der menschlichen Einflußnahme zu erkennen, dadurch, daß es Zuständigkeiten auch für Regionen und Sphären reklamiert, in die niemandes Handeln hineinreicht.

In dieser Ambivalenz liegt die widersprüchliche Relevanz des Verantwortungsprinzips begründet. Auf der einen Seite greift es weit über die Grenzen des vernünftigerweise Zurechenbaren hinaus, erstreckt sich auf Geschehensbereiche und Ereignisvollzüge, die unter rationalen Gesichtspunkten jenseits der handlungstheoretischen Integrierbarkeit liegen. Es ist nach Maßgabe der Menschenvernunft widersinnig, geschichtliche Rechenschaft für Taten einzufordern, die von Angehörigen vergangener Generationen begangen wurden, klimatische Veränderungen unter das individuelle Verursacherprinzip zu stellen, die gesamte Schöpfung in moralischen Schutz nehmen zu wollen. Die ungehemmte Ausweitung, Entgrenzung und Totalisierung des Verantwortungsdiskurses ist nicht nur widersinnig, sondern auch kontraproduktiv, da sie den Verantwortungsbegriff verwässert, ihn seiner Distinktionskraft beraubt, ihn zu einem Passepartout der Entrüstung und Anklage degradiert. Auf der anderen Seite besitzt der Verantwortungsbegriff eine

---

5   Siehe aus sozialpsychologischer Perspektive Harald A. Mieg, *Verantwortung. Moralische Motivation und die Bewältigung sozialer Komplexität*, S. 11–16.
6   Vgl. Eduard Zwierlein, »Verantwortung in der Risikogesellschaft«, S. 21–27; dazu auch Claus Koch, »Verantwortlich, aber nicht schuldig«, S. 1003–1007.

hohe Konzeptualisierungsfähigkeit, lassen sich mit seiner Hilfe spezielle Handlungs- und Operationsprozesse erfassen, die aus dem konventionellen moralischen und rechtlichen Bewertungsraster herausfallen. Weil er das Unvorhersehbare und Nichtgeplante in seinen Aufmerksamkeitshorizont einbezieht, weil er nicht auf kategorischen, sondern hypothetischen Imperativen beruht, ist er besonders dafür geeignet, in normativen Grauzonen seine Anwendung zu finden, sich in den Turbulenzen komplexer Kontexte zu bewähren.

Angesichts dieser Zwiespältigkeit ist es müßig, die epidemische und inflationäre Verwendung der Verantwortungskategorie zu beklagen, zumal die Klagen darüber selbst inflationär geworden sind.[7] Die Kritik an den überzogenen, illusorischen und utopischen Ansprüchen der Verantwortungsethik ist von ihrer Erfolgsgeschichte im zwanzigsten Jahrhundert nicht zu trennen.[8] So warf schon Arnold Gehlen den freischwebenden Intellektuellen vor, sich von der faktisch zurechenbaren Verantwortung entlasten zu wollen, um sich desto inniger »der Moral der anderen annehmen«[9] zu können. Für Theodor W. Adorno lag dagegen das Verhängnis der Verantwortungsethik in ihrem affirmativen Charakter, weil sie in der Rücksicht auf die Handlungsfolgen im »Einverständnis mit der Welt« agieren muß.[10] Aus der Sicht Alasdair MacIntyres ist in der expertokratischen, vom Typus des Managers verwalteten Welt die gesamte Sozialordnung »außer Kontrolle geraten. Niemand ist verantwortlich oder könnte es sein.«[11] Und Niklas Luhmann sah in der verbreiteten Neigung, Verantwortung anzumahnen, nur eine »Verzweiflungsgeste«, die gegenüber den autopoietischen Systemabläufen notgedrungen ohnmächtig bleibt.[12]

Diese Beispiele sollen genügen, um den weit verbreiteten Hang zur Dramatisierung einer Verantwortungskrise, zur Beschwörung moralischer Machtlosigkeit und ethischer Insuffizienz im Zeitalter der Funktionssysteme und Sachgesetzlichkeiten deutlich zu machen. Das Lamento über die Erosion normativer Grundlagen, den Verlust an verbindlichen

7   Vgl. Felix Annerl, »Die zunehmend verantwortungslose Rede von der Verantwortung«, S. 272-274; Otto Neumaier, »Die Verantwortung im Umgang mit dem Begriff der Verantwortung«, S. 213-228. Zur Inflation des Verantwortungsbegriffs siehe auch Horst Dreier, »Verantwortung im demokratischen Verfassungsstaat«, S. 10-12.
8   Vgl. Gernot Böhme, »Brauchen wir eine neue Ethik? – Verantwortung in der Risikogesellschaft«, S. 51 f.; Werner Becker, »Der fernethische Illusionismus und die Realität«, S. 5-7.
9   Arnold Gehlen, *Moral und Hypermoral*, S. 151.
10 Theodor W. Adorno, *Probleme der Moralphilosophie*, S. 243.
11 Alasdair MacIntyre, *Der Verlust der Tugend*, S. 147. Vgl. auch schon Paul Trappe, »Über die Anonymisierung von Verantwortung«, S. 706 f.
12 Niklas Luhmann, *Die Gesellschaft der Gesellschaft*, S. 133.

Werten und substantiellen Orientierungen bildet den Basso continuo des gesellschaftlichen Modernisierungsprozesses. Das gleiche gilt für die Diagnose der opaken Systeme, in die kein Lichtstrahl von außen fällt, die allein ihrer autonomen Reproduktionslogik folgen und unempfindlich für jede Form der Intervention oder Kontrolle sind. Ohne Frage läßt sich die hochtechnisierte, auf vielfältigen Vernetzungsprozessen beruhende Gesellschaft nicht zentralistisch steuern, geraten die staatlichen Institutionen überall dort an eine Grenze der Einflußnahme, wo sich die sozialen Funktionsbereiche nach ihren eigenen Programmen und Zwecksetzungen organisieren.[13] In der gesellschaftlichen Selbstorganisation liegt allerdings auch die Chance, daß die sozialen Akteure ihre Geschicke in die eigenen Hände nehmen, mit ihrem besonderen Wissen, ihren Fähigkeiten und Fertigkeiten den operativen Kurs der Funktionssysteme mitbestimmen.[14] Die sogenannte Wissens- und Informationsgesellschaft ist nicht nur durch eine vehemente Zunahme an Risiken und Unsicherheiten gekennzeichnet, sondern auch durch die Herausbildung neuer Kommunikations- und Verkehrsformen, die zu verstärkter Einflußnahme und besseren Partizipationsmöglichkeiten gesellschaftlicher Gruppen am politischen Geschehen führen.[15]

Damit soll jedoch keinem neuen Verantwortungsoptimismus das Wort geredet werden. Weder die soziale Selbstorganisation noch die Etablierung einer diskursiven Kommunikationsgemeinschaft bilden tragfähige Wege in eine funktionierende Verantwortungsgesellschaft hinein. Die Hoffnung, daß sich Anspruchskollisionen und Interessenkonflikte unter Berufung auf das sozialpolitische Verantwortungsprinzip lösen lassen, täuscht. Das politische und zivile Verantwortungsprinzip, wie es seit geraumer Zeit als Bindeglied zwischen staatlicher Regulierung und der Anarchie der Marktgesellschaft eingefordert wird, bleibt unterkomplex, erreicht das organisatorische Funktionsniveau nicht und prallt an der Eigenlogik der Subsysteme ab. Ähnliche Schwierigkeiten treten dort auf, wo kollektive Probleme – Umweltverschmutzung, Arbeitslosigkeit oder Kriminalität – auf dem neokorporatistischen Weg der Verhandlung und indirekten Steuerung bewältigt werden sollen. Konzertierte Abstimmungsverfahren zwischen einzelnen Staaten, zwischen Gesetzgeber, Verwaltung und Unternehmen können die Bindung an ausgehandelte Normen und Regeln nicht selbst gewährleisten, sie bleiben auf die

13 Zu den Steuerungsproblemen hochkomplexer Systeme vgl. Helmut Willke, *Entzauberung des Staates*, S. 9–43.
14 So die These von Nico Stehr, *Die Zerbrechlichkeit moderner Gesellschaften*, S. 15–27. Vgl. auch Bertrand Badie, *Souveränität und Verantwortung*, S. 299–302.
15 Siehe dazu Manuel Castells, *Das Informationszeitalter, Teil 2: Die Macht der Identität*, S. 377–386. Vgl. auch Adalbert Evers und Helga Nowotny, *Über den Umgang mit Unsicherheit*, S. 296–329.

Bereitschaft der Akteure zum Einhalten von ausgehandelten Grenzwerten, Vorschriften und Auflagen angewiesen. Hinzu kommen kognitive Ungewißheiten, die aus dem sich permanent ändernden Wissensstand resultieren und eine Anpassung von Regulierungen erfordern, die eine effektive Umsetzung von Standards und Normierungen erschweren.

Die entscheidende Frage lautet deshalb, ob die vielfältigen Handlungsprobleme in komplexen Gesellschaften sich überhaupt noch mit Hilfe des Verantwortungsprinzips bewältigen lassen, auch wenn eine Anpassung der Standardversion an die veränderten Anwendungsumstände vorgenommen wird. Die Standardtheorie der Verantwortung beruht auf drei Pfeilern, dem Subjekt der Verantwortung, dem Objekt der Verantwortung und der Instanz der Verantwortung. Im Vordergrund steht die Prüfung, wer für wen (oder was) nach welchen Kriterien verantwortlich ist (oder gemacht werden kann). In seiner Standardfassung ist der Verantwortungsbegriff ein mindestens dreistelliger Zuschreibungsbegriff, der die Bedingungen der Freiheit, Kausalität und Willentlichkeit zur Voraussetzung hat, die erfüllt sein müssen, damit jemandem die Folgen seines Handelns gerechtfertigterweise zugerechnet werden können.[16] Diese Bedingungen sind freilich auslegungsbedürftig, ihre Erfüllung hängt sowohl von den jeweiligen Handlungsumständen ab als auch von dem zugrunde gelegten Bewertungsschema. Absicht und Voraussicht, Willensstärke und Handlungsvermögen, soziale Erwartungen und geltende Bestimmungen fließen in die Verantwortungsattribution ein.[17] Verantwortungsbegriffe sind interpretative Zurechnungskonstrukte, die erst durch die Verbindung von deskriptiven Beschreibungen mit normativen Wertungen zustande kommen.[18] Jemand ist nicht verantwortlich, sondern wird zur Verantwortung gezogen. Aus diesem Grund ist es sinnvoll, zusätzliche Unterscheidungen der Verantwortungstypen vorzunehmen, etwa zwischen der ereignisbezogenen Kausalverantwortung, der sozialen Rollen- und Aufgabenverantwortung, der vermögensrelationalen

---

16 Vgl. Joseph M. Bochenski, »Die Struktur der Verantwortung«, S. 22 f. Eine vierstellige Relationierung der Verantwortung, »die (1) *bei* jemandem, (2) *für* etwas, (3) *vor* oder *gegenüber* jemandem und (4) *nach Maßgabe von* gewissen Beurteilungskriterien liegt«, findet sich bei Otfried Höffe, *Moral als Preis der Moderne*, S. 23. Eine sechsstellige Relationierung wiederum vertritt Hans Lenk, *Zwischen Wissenschaft und Ethik*, S. 81 f. Zur Handlungs- und Willensfreiheit als Voraussetzung für die Zurechnung von Verantwortung siehe Peter Bieri, *Das Handwerk der Freiheit*, S. 199–211.

17 Zu einem entsprechend abgestuften Attributionsschema vgl. Fritz Heider, *Psychologie der interpersonalen Beziehungen*, S. 136–139.

18 Zur askriptiven Verantwortungszuschreibung bei kausal komplexen Handlungsfolgen vgl. Joel Feinberg, »Handlung und Verantwortung«, S. 199–210. Siehe auch Hans Lenk, »›Verantwortung‹ als Beziehungs- und Zuschreibungsbegriff, in: ders., *Von Deutungen zu Wertungen*, S. 240–242.

EINLEITUNG

Fähigkeitsverantwortung und der rechtlichen Haftungsverantwortung zu differenzieren.[19]

Das Problem besteht jedoch darin, daß diese Differenzierungen schnell an einen Punkt gelangen, an dem sie mehr Unklarheiten als Klarheiten erzeugen. Die Erweiterung der Standardtheorie um zusätzliche Verantwortungskriterien, Verantwortungstypologien und Verantwortungsbereiche bleibt so lange unergiebig, wie nicht die Relevanz des Verantwortungsbegriffs für die Erfassung und Bewältigung komplexer Handlungssituationen ins Zentrum der Aufmerksamkeit gerückt wird. Es besteht der begründete Verdacht, daß nicht die Modifikationen und Anpassungen des Verantwortungskonzepts an die sich verändernden Handlungskontexte hochmoderner Gesellschaften das eigentliche Problem darstellen, sondern die mehr oder weniger fraglose Anwendung des Konzepts selbst.

Die vorliegende Arbeit setzt sich mit den Leistungen und Grenzen des Verantwortungskonzepts in den komplexen Kontexten hochmoderner Sozialsysteme auseinander. Im Vordergrund steht nicht die systematische Ausarbeitung einer neuen Verantwortungstheorie, sondern die Kontextualisierung bestehender Modelle und Ansätze, die auf ihre Tragfähigkeit, Relevanz und Praktikabilität befragt werden.[20] Dabei darf die im Titel annoncierte Kritik der Verantwortung nicht als pauschale Bankrotterklärung verstanden werden, sie bedeutet keinesfalls, daß die »Zeit der Verantwortlichung«[21] vorüber ist. Eher schon, daß wir den Kredit unseres Verantwortungskontos überzogen haben und zu einem sparsameren Gebrauch gezwungen sind. Verantwortung ist ein knappes Gut, das nicht leichtfertig verteilt werden sollte. Wir brauchen eine Diätetik der Verantwortung, um ihren Wert und Gehalt besser einschätzen zu können: Verantwortliches Handelns muß auf die Bereiche limitiert werden, in denen es seine Wirksamkeit ohne riskante Anleihen oder Hypotheken entfalten kann.

Das ist keine ganz einfache Aufgabe. Denn der Verantwortungsbegriff tendiert von Hause aus zur Überschreitung seines angestammten Refugiums, drängt mit Macht und Eigensinn in Handlungszonen, in denen er ursprünglich nicht beheimatet war. Er zehrt von einer Aura der Bedeutsamkeit, die ihm durch seine Herkunft aus religiösen und juridischen

---

19 Siehe die klassischen Unterscheidungen von H.L.A. Hart, *Punishment and Responsibility*, S. 211-230.
20 Zur aktuellen Verantwortungsdebatte siehe Ludger Heidbrink, »Grundprobleme der gegenwärtigen Verantwortungsdiskussion«, S. 18-28. Eine hilfreiche Auswahlbibliographie zur Verantwortungsliteratur (Stand 1995) hat Ulrike Arndt erstellt, in: Kurt Bayertz (Hg.), *Verantwortung – Prinzip oder Problem?*, S. 287-303. Zu einem knappen Blick über die Entwicklung der Verantwortungskategorie siehe Hans Lenk und Matthias Maring, »Verantwortung«, Sp. 566-575.
21 Charles Taylor, *Das Unbehagen an der Moderne*, S. 88.

EINLEITUNG

Praktiken der Rechenschaftsabgabe vor Gott und dem Gericht zugekommen ist und noch in den einfachsten alltäglichen Rechtfertigungssituationen fortlebt. Das überschießende Moment täuscht darüber hinweg, daß das Verantwortungsprinzip ein sekundäres Handlungsprinzip ist, das am Tropf ethischer, rechtlicher und sozialer Regeln und Vorgaben hängt, deren Geltung es nicht selbst zu garantieren vermag.[22] Wo Verantwortlichkeiten eingefordert werden, müssen Werte, Normen, Gesetze schon anerkannt sein, auf die hin Akteure zur Verantwortung gezogen werden. Der Umstand der Abhängigkeit des Verantwortungsbegriffs von externen Verbindlichkeiten wird vor allem dann übersehen oder ausgeblendet, wenn ursprüngliche Verantwortlichkeiten konstatiert werden, die aus der Begegnung mit dem Anderen, der Werthaltigkeit der Natur, der Einbindung in die Geschichte entspringen. Der evokative Charakter des Begriffs verschleiert seine normative Unselbständigkeit und das enorme Quantum an praktischen Voraussetzungen, das erfüllt sein muß, damit er seine Wirksamkeit entfalten kann: Der Verantwortungsbegriff ist ein Parasit, der davon lebt, daß er sich an existierende Wert- und Normengefüge anklammert und erst im Schutz bestehender Ordnungen in Aktion tritt. Er neigt dazu, soziale Komplexität nicht zu bewältigen, sondern zu eliminieren.

Dennoch besteht die Alternative nicht darin, Verantwortungsbeziehungen auf reine Kausalzusammenhänge und bloße Rechenschaftspflichten zu reduzieren. Die Sonderrolle des Begriffs besteht vielmehr darin, Einstellungen der Fürsorge, der Empathie und des Wohlwollens mit zu umfassen. Verantwortlichkeiten entstehen nicht zuletzt dadurch, daß der Mensch ein hypoleptisches Wesen ist, in seinen Wertorientierungen von Traditionen und Üblichkeiten abhängig ist, seine normativen Überzeugungen in substantielle Lebensformen eingebettet sind, er unter Zeitdruck und Ungewißheit entscheiden muß, im finalen Horizont seiner Sterblichkeit agiert. Verantwortung ist eine Eigenschaft von Personen, die am Schicksal anderer teilhaben und ein Bewußtsein dafür besitzen, was sie ihnen nicht nur aus Gründen der Gerechtigkeit, sondern auch der Solidarität schulden. Zu einem umfassenden Verständnis von Verantwortung gehört, sich auch solche Pflichten zuzuschreiben, die aus dem Bereich unbedingter Obligationen herausfallen, Bereitschaften des Engagements, der Freiwilligkeit, der Partizipation zu entwickeln und den normativen Aufmerksamkeitsbereich über das Gebotene hinaus zu erweitern. Das Verantwortungsprinzip ist schließlich auch ein integratives Handlungsprinzip, das zur Zurechnung dessen führt, was nach kausalen und intentionalen Kriterien unzurechenbar bleibt.

22 Vgl. Wolfgang Wieland, *Verantwortung – Prinzip der Ethik?*, S. 94–103, der entsprechend von der Verantwortungsethik als einer »Ethik der zweiten Linie« (S. 99) spricht.

EINLEITUNG

Diese Dialektik von Verantwortungsentgrenzung und -eingrenzung bildet den roten Faden der folgenden Untersuchung. Im Zentrum des *ersten Teils* steht die Diffusion des Verantwortungsprinzips, so wie sich vor dem Hintergrund der fortschreitenden Dynamisierung und Vernetzung gesellschaftlicher Prozesse beobachten läßt. Wesentlich ist dabei, daß sich die sozialen Funktionssysteme nicht nur voneinander abschotten, sondern zunehmend ineinander übergreifen. Durch die anwachsenden Interdependenzen vergrößert sich der Bereich zurechnungsfähiger Handlungsfolgen, während die Beobachtungs- und Bewertungsgrundlagen stetig unsicherer werden. Die Herausbildung verschiedenartiger Verantwortungsfelder stellt die Reaktion auf diese Entwicklung dar, sie führt jedoch zu erheblichen methodologischen und praktischen Problemen, die eine kontextualistische – und skeptische – Einschränkung der Reichweite und Leistungsfähigkeit verantwortlichen Handelns erforderlich machen.

Der *zweite Teil* leitet zum historischen Schwerpunkt über. Er befaßt sich mit vier traditionellen Verantwortungsmodellen, die für die nachfolgenden Debatten einen paradigmatischen Stellenwert besitzen: Bei Kant läßt sich der Prototyp der normativen Selbstverantwortung erkennen, bei der die Einbeziehung von Handlungsfolgen auf die Prüfung der zugrunde liegenden Willensabsichten beschränkt bleibt. Mit Hegel wird die pflichtentheoretische Verantwortung um die Dimension der intersubjektiven Anerkennung und die Berücksichtigung nichtintendierter Nebenfolgen erweitert, so daß auch zufällige und unvorhergesehene Handlungskonsequenzen in der Bereich der praktischen Verantwortlichkeit fallen. Bei Kierkegaard treten die Zuständigkeit des Individuums für seine eigene Lebensführung und die existentielle Verankerung moralischer Werte in den Vordergrund: Die Eigenverantwortung entspringt dem Bewußtsein persönlicher Authentizität und wird vor dem Hintergrund eines in sich stimmigen Daseinsvollzugs realisiert. Nietzsche dagegen verwirft den Glauben an die Verantwortlichkeit des Individuums und setzt an seine Stelle die Idee der souveränen Unverantwortlichkeit, nach der verbindliche Handlungsregeln erst durch die kluge Anpassung an die jeweilige Situation gefunden werden.

Der *dritte Teil* setzt sich mit der weiteren Erfolgsgeschichte des Verantwortungsprinzips auseinander. Hier wird der Weg von der kritizistischen und wertmaterialen Verantwortungsethik über die existenziale und alteristische Verantwortungsmoral, die theologischen und metaphysischen Verantwortungsmodelle bis zum diskursethischen Verantwortungsprinzip nachgezeichnet, wie er für das zwanzigste Jahrhundert kennzeichnend ist. Thematisiert werden Max Webers regulativer Umgang mit Wertkonflikten auf der Basis der persönlichen Entscheidungsfindung; das intuitionistische Verantwortungverständnis von Max Scheler und Nicolai Hartmann; die Herleitung moralischer Selbstverantwortung aus der Eigentlichkeit des Daseins bei Wilhelm Weischedel; die

Entstehung des Verantwortungsbewußtseins in der dialogischen Begegnung mit dem Anderen bei Martin Buber und Eberhard Grisebach; der Hervorgang des Verantwortungsgefühls aus der Erfahrung des Numinosen bei Rudolf Otto; das humanitäre Verantwortungsethos von Albert Schweitzer und die christologische Verantwortungsethik von Dietrich Bonhoeffer; die verantwortungspraktische Entscheidungsgewißheit bei Knud E. Løgstrup; die ontologische und eschatologische Fundierung verantwortlichen Handelns bei Hans Jonas und Georg Picht; schließlich die diskursethische Fassung des Verantwortungsprinzips von Karl-Otto Apel und Jürgen Habermas.

Im *vierten Teil* werden die Grenzen des entwickelten Verantwortungsprinzips aufgezeigt. In der Diskursethik bestehen sie darin, daß das Verantwortungshandeln aus den faktischen Handlungskontexten herausgelöst und auf ein hypothetisches Moralverständnis reduziert wird, das nicht in der Lage ist, einen situativ angemessenen Umgang mit den Anspruchskollisionen komplexer Gesellschaften zu entwickeln. Dieses Vermögen besitzt allerdings genauso wenig der absolute Verantwortungsbegriff, wie er sich in der theologischen Tradition herausgebildet hat. Er führt vielmehr zur Ausblendung normativer Kontingenzen durch die Absicherung des Handlungswissens im Glauben. Auch die responsiven Verantwortungstheoretiker – allen voran Emmanuel Lévinas – suchen Zuflucht in der unbefragt geltenden Dimension des Anderen, die jeder intersubjektiven Stellungnahme vorausliegt und unser moralisches Bewußtsein in Beschlag nehmen soll. Im Unterschied dazu vertritt Robert Spaemann mit seiner substantiellen Einbettung der Moral in sittliche Lebensformen einen begrenzten Verantwortungsbegriff, der in seiner unbedingten Geltung jedoch auf absolute Voraussetzungen angewiesen bleibt, die im Kontext der säkularisierten und pluralistischen Moderne keinen triftigen Ort mehr haben.

Der *fünfte Teil* beschäftigt sich mit der notwendigen Organisation von Verantwortung in komplexen Handlungszusammenhängen. Sie kommt zum einen in der Sozialisierung des Verantwortungsprinzips zum Ausdruck, die im Übergang von der Versicherungsgesellschaft zum solidarischen Wohlfahrtsstaat zu beobachten ist. Des Weiteren macht die zentrale Rolle, die Unternehmen, Institutionen und Organisationen in modernen Gesellschaften spielen, die funktionale Verteilung und anteilige Bestimmung von Verantwortlichkeiten in Korporationen erforderlich. Als Ergänzung und Erweiterung bilden sich positive Verantwortungseinstellungen heraus, die von der prospektiven Vorsorge bis zur eigenständigen Aufgabenbewältigung reichen. Vor allem aber erfährt der Verantwortungsbegriff eine umfassende Differenzierung, wird auf die Bereiche der Technik, Wissenschaft, Natur, Wirtschaft, Politik und Geschichte übertragen und entsprechend spezifiziert. Mit den anwachsenden Steuerungsproblemen komplexer Gesellschaften treten zwei neue

EINLEITUNG

Verantwortungsformen auf: die sozialen Funktionsbereiche werden zu Adressaten einer genuinen Systemverantwortung, während gleichzeitig prozedurale Verfahren der reflexiven Beobachtung entwickelt werden, die in den Übergangszonen zwischen gesellschaftlicher Selbstorganisation und staatlicher Verantwortungsregulierung angesiedelt sind.

Der *sechste Teil* befaßt sich mit der abschließenden Kritik der behandelten Verantwortungskonzeptionen. Dazu werden nicht nur die überzogenen Erwartungen und illusionären Ansprüche resümiert, sondern auch Vorschläge für eine Revision des Verantwortungskonzepts gemacht. Seine Relevanz wird in Auseinandersetzung mit der Idee der zivilen Verantwortungsgesellschaft und der Praxis sozialer Selbstorganisation überprüft. Dabei zeigt sich, daß der Einflußbereich verantwortlichen Handelns in der Unsicherheitsgesellschaft begrenzt ist, von institutioneller Unterstützung und staatlichen Vorgaben abhängig bleibt. Freilich sind auch die politischen Steuerungsinstrumente der Eigendynamik gesellschaftlicher Prozesse nur in einem beschränkten Maß gewachsen, bleiben ihrerseits angewiesen auf die operative Selbstbindung von Systemen und die Partizipation sozialer Akteure. Die Übertragung der Verantwortungskategorie auf komplexe Prozesse, so das Fazit, läßt sich nur durch ihre resolute Eingrenzung realisieren.

I. Diffusion

Hochmoderne Gesellschaften sind durch eine Reihe struktureller Veränderungsprozesse gekennzeichnet, die für das Problem der Verantwortung eine wesentliche Rolle spielen. Im folgenden sollen diese Prozesse überblicksartig dargestellt werden, um die Schwierigkeiten einer klaren Zuschreibung von Verantwortlichkeiten in komplexen sozialen Zusammenhängen zu verdeutlichen. Der einführende Überblick konzentriert sich dabei vor allem auf das Phänomen der *Diffusion des Verantwortungsprinzips*, das sich als Konsequenz der zunehmenden Ausweitung humaner Handlungs- und Wissensbereiche beobachten läßt. Eine Vertiefung und genauere Analyse der einzelnen Punkte findet in den weiteren Kapiteln statt.

Spätestens seit den Arbeiten von Georg Simmel, Emile Durkheim, Max Weber, Talcott Parsons und Niklas Luhmann ist es üblich geworden, die Modernisierung von Gesellschaften als Prozeß der funktionalen Ausdifferenzierung eigensinniger Subsysteme zu beschreiben, die speziellen Codierungen folgen und in der Form der gegenseitigen Beobachtung miteinander kommunizieren.[1] Die systemtheoretische Diagnose besitzt eine nicht unerhebliche Triftigkeit, was die Schwierigkeiten der Interaktion zwischen den unterschiedlichen Teilbereichen hochmoderner Gesellschaften betrifft. Die bereichsspezifische Leitsemantik, der die autonomen Funktionssysteme gehorchen, führt in der Praxis regelmäßig zu Problemen der Verständigung und der Kooperation. Entscheidungen, die innerhalb eines Subsystems gefällt werden, sind aus der Sicht eines anderen Subsystems nur bedingt nachvollziehbar, da eine gemeinsame Sprache und damit gemeinsame Ziel- und Wertorientierungen fehlen. Um Einigungen zwischen den Interessen der einzelnen Bereiche zu erzielen, bedarf es Übersetzungsleistungen zwischen den jeweiligen Leitsemantiken, die in der Praxis nicht selten mit Mißverständnissen, Fehlinterpretationen und unsicheren Anpassungsvorgängen einhergehen.

Die kommunikativen und epistemologischen Grenzen bilden jedoch nur die eine Seite komplexer sozialer Systeme. Funktional ausdifferenzierte Gesellschaften sind nicht nur durch Wahrnehmungs- und

---

[1] Zur funktionalen Differenzierung vgl. Niklas Luhmann, *Soziale Systeme*, S. 30–91; ders., *Die Gesellschaft der Gesellschaft*, S. 707–776. Zum systemtheoretischen Ansatz siehe Helmut Willke, *Systemtheorie I: Grundlagen*, S. 14–67. Ein Überblick über die unterschiedlichen Modelle findet sich bei Uwe Schimank, *Theorien gesellschaftlicher Differenzierung*; vgl auch Klaus von Beyme, *Theorie der Politik im 20. Jahrhundert*, S. 74–89. Zum Prozeß gesellschaftlicher Modernisierung siehe Hans van der Loo und Willem van Reijen, *Modernisierung*, S. 11–89.

Verständigungsblockaden gekennzeichnet, sondern in einem viel stärkeren Maß durch *Überschneidungen und Durchlässigkeiten* zwischen den einzelnen Funktionsbereichen.² Zu den unübersehbaren Veränderungen hochmoderner Gesellschaften gehört, daß sich Technik und Wirtschaft, Politik und Recht, Kultur und Moral nicht mehr ohne weiteres als fest umrissene Teilbereiche des Sozialsystems erfassen lassen. Die einzelnen Bereiche sind nicht wie Monaden voneinander abgeschottet, sondern bilden offene und flexible Sphären, aus denen unterschiedlichste Wert- und Zielvorgaben in das soziale Handeln einfließen. So werden technologische Neuerungen, wie etwa die ehemalige Planung des Baus einer Transrapidstrecke zwischen Hamburg und Berlin, längst nicht mehr nur in Expertenkreisen diskutiert, sie sind darüber hinaus Gegenstand politischer Wahlversprechen, kulturkritischer Einwände oder ökologischer Bedenken. Die Änderung des Steuerrechts oder staatliche Interventionen in Krisengebiete rufen eine Vielzahl von wertenden Stellungnahmen hervor, in denen sich soziale und ökonomische, politische und moralische Aspekte überschneiden und überlagern. Kaum ein öffentliches Ereignis, handle es sich um den Bau des Holocaust-Denkmals in Berlin, die alljährlichen Weltwirtschaftsgipfel in Davos oder die Entzifferung der menschlichen Erbanlagen durch das amerikanische Unternehmen Celera Genomics, das nicht von einem Chor an Stimmen kommentiert, diskutiert und analysiert wird.

Die Tendenz der Entgrenzung und Überlagerung evaluativer Diskurse stellt nicht, wie man meinen könnte, das Gegenteil, sondern vielmehr die innere Konsequenz der systemischen Ausdifferenzierungsprozesse dar. Sie resultiert unmittelbar aus der pluralistischen Verfassung des Spätliberalismus. Der Pluralismus kennzeichnet nicht nur das politische System mit seiner Gewaltenteilung und parlamentarischen Verfahrensordnung, sondern sämtliche gesellschaftlichen Teilbereiche auf signifikante Weise. Jede Planung, jede Handlung, jede Entscheidung findet unter der Bedingung ausdifferenzierter Sozialsysteme in einem Netz von Beziehungen statt, in dem Informationen und Orientierungen verarbeitet werden, ohne daß eine übergreifende Regel der Verknüpfung existiert. Der zentrale Begriff für dieses Phänomen lautet *Kontingenz*.³ Die mehr oder

2 Vgl. Richard Münch, *Dialektik der Kommunikationsgesellschaft*, S. 284–335. Die Vernetzung der Funktionsbereiche ist schon früh von Daniel Bell am Beispiel des Übergriffs der Kultursphäre in die sozio-ökonomische Sphäre beschrieben worden: *Die kulturellen Widersprüche des Kapitalismus*, S. 49–108. Zu den faktischen Interdependenzen zwischen Wirtschaft, Politik und Kultur vgl. Robert Inglehart, *Modernisierung und Postmodernisierung*, bes. S. 19–30; ders., *Kultureller Wandel. Wertwandel in der westlichen Welt*, S. 11–24.

3 Zur Kontingenz als Kennzeichen differenzierter Funktionssysteme siehe Niklas Luhmann, *Soziale Systeme*, S. 148–190; ders., »Kontingenz als Eigenwert der modernen Gesellschaft«, in: ders., *Beobachtungen der*

weniger große Zufälligkeit von Entscheidungen in komplexen Zusammenhängen ist die Folge eines fehlenden Zentrums, von dem aus und auf das hin sich Handlungsalternativen abwägen lassen. Im Geflecht der funktionalen Teilbereiche gibt es nicht einen Brennpunkt, der den Fokus zur Auswahl stehender Aktionen bildet. Statt dessen existieren zahlreiche Brennpunkte nebeneinander, ganz so, als ob man ein Phänomen durch verschiedene Objektive mit unterschiedlichen Brennweiten gleichzeitig betrachten würde. Die Kontingenz liegt dabei nicht in der Beobachtung und Interpretation eines bestimmten Phänomens, sondern in der Wahl des Standpunkts und der jeweiligen Mittel, die zur Erfassung des Gegenstandbereichs angewendet werden. Jedes gesellschaftliche Phänomen läßt sich grundsätzlich scharf einstellen, aber der Maßstab der Schärfe unterliegt auf sozialer Ebene keiner höherstufigen Normierung, die für alle Einstellungen die gleiche Gültigkeit besitzt.

Dieser Umstand führt dazu, daß sich Schärfe und Unschärfe der Beobachtung sozialer Phänomene nicht voneinander trennen lassen. Nicht nur die Semantiken und Steuerungscodes der Funktionsbereiche überschneiden sich, ohne daß eine stabile Schnittmenge von universell geltenden Normen und Werten entsteht. Auch in der Diagnose der Gesellschaft überlagern sich punktuelle Klarheit und kontextuelle Diffusion, so daß analytisch deutlich umrissene Felder entstehen, die von vagen Horizonten der Erkenntnis umgeben sind. Jeder Akteur muß damit rechnen, daß die Verläßlichkeit seiner Handlungsdaten in ein Umfeld der Instabilität eingebettet ist. Da dieses Umfeld nicht immer explizit in den Blick gerät, entsteht in vielen, ja sogar den meisten Fällen der Anschein der Stabilität von Handlungsentscheidungen. Der selektive Blick erzeugt die Illusion der Sicherheit von gewählten Aktionen. Damit zeigt sich eine grundlegende Paradoxie der »Risiko- und Multioptionsgesellschaft«, wie sie in den letzten Jahren in einer Vielzahl von Publikationen beschrieben worden ist:[4] Nicht Entscheidungen unter Ungewißheitsbedingungen, sondern *Entscheidungen unter vermeintlichen Gewißheitsbedingungen* stellen das vorrangige Risiko des Handelns in hochgradig ausdifferenzierten Sozialsystemen dar.[5] Je weniger der Akteur nicht weiß, was er nicht weiß, desto mehr tendiert er dazu, sein selektives Wissen als sicheres Wissen zu behandeln. Diese Feststellung mag trivial erscheinen, die Konsequenzen sind es freilich nicht.

Moderne, S. 93–128. Zum Problemfeld der Kontingenz siehe auch Michael Makropoulos, *Modernität und Kontingenz*, sowie die Beiträge in Gerhard Graevenitz und Odo Marquard (Hg.), *Kontingenz*.

4   Siehe Ulrich Beck, *Risikogesellschaft*; Peter Gross, *Die Multioptionsgesellschaft*. Vgl. auch Anthony Giddens, *Konsequenzen der Moderne*, sowie die Beiträge in Gotthard Bechmann (Hg.), *Risiko und Gesellschaft*.

5   So auch Niklas Luhmann, *Soziologie des Risikos*, S. 83–92.

1. Fünf Konsequenzen des Handelns in komplexen Zusammenhängen

Die *erste Konsequenz* der Überlagerung von Sicherheit und Unsicherheit in komplexen Handlungsprozessen besteht darin, daß die *Kontexte des Handelns* in den Vordergrund treten und an Bedeutung gewinnen. Wichtiger als die konkreten Inhalte von Entschlüssen, so oder anders zu agieren, sind die Rand- und Rahmenbedingungen, unter denen agiert wird. Stehen mehrere Optionen zur Wahl, sind nicht die Alternativen an sich relevant, sondern das Feld der Möglichkeiten, das durch eine bestimmte Wahl eröffnet wird. Ob investiert werden soll oder nicht, ob Steuern erhöht werden sollen oder nicht, darüber entscheidet nicht der einzelne Fall, sondern die unterschiedlichen Konsequenzen, die sich aus der Entscheidung ergeben. In komplexen Prozessen dominiert der Möglichkeitssinn über den Wirklichkeitssinn. Kriterien, nach denen Beschlüsse gefaßt werden, die mit anderen Beschlüssen konkurrieren, ohne daß es eine Letztinstanz der Auswahl gibt, betreffen immer mehr das Potentielle als das Faktische. Das Potentielle ist alles das, was der Fall sein könnte. Und der Fall ist wiederum das, was sich im räumlichen und zeitlichen Umfeld der *Entscheidungssituation* befindet. Die Situation, in der eine Wahl aus verschiedenen Optionen getroffen wird, bildet gewissermaßen den Kontext im Kleinformat.[6] In ihr spiegeln sich auf das Wesentliche konzentriert die Erfahrungen und Erwartungen wider, die in den Entscheidungsprozeß einfließen. Vorrangiges Ziel ist es, zwischen dem Gewußten und dem Gewollten eine Synchronisation herzustellen, was wiederum nur unter Einbezug der kontextrelevanten Informationen und Orientierungen möglich ist. Der Kontext stellt den offenen und hochgradig unsicheren Bereich von Eventualitäten dar, die jederzeit mitberücksichtigt werden müssen. Er bildet aber auch das relativ überschaubare Terrain an Daten und Absichten, auf dem Akteure Handlungsentschlüsse fällen, die sie für gerechtfertigt halten.

Die *zweite Konsequenz* besteht darin, daß mit der Eröffnung von und der Einbettung in situationstranszendierende Kontexte die *Folgen des Handelns* an Wichtigkeit gewinnen.[7] Jeder Aktionsschritt generiert ein neues Feld von Effekten, die wiederum Ursache weiterer Effekte sind. Durch die Vernetzung der Teilbereiche ist dieser Prozeß prinzipiell unabschließbar und nicht limitiert. Die Erzeugung von Handlungsfolgen in komplexen Kontexten gehorcht keiner deterministischen Logik oder Kausalität. Es entsteht vielmehr eine Kette von Ereignissen, die weder

---

6 Eine entsprechende kontextualistische Situationentheorie entwickelt Karl Mertens, *Handeln in Situationen*, Dritter Teil.

7 Vgl. zum Folgenden aus sozialwissenschaftlicher Sicht Bernd Halfar, *Nichtintendierte Handlungsfolgen*, S. 19–26.

einen eindeutigen Anfangs- noch Endpunkt besitzt. Ereignisse werden durch Entscheidungen angestoßen, aber nicht im traditionellen Sinn bewirkt. Ursache und Wirkung stehen in einem nichtlinearen Verhältnis zueinander, so daß die Resultate wichtiger werden als die Gründe. Man kann beobachten, was passiert, aber nicht, warum es passiert. Die Ergebnisse von Handlungen bilden ein höherstufiges Konglomerat aus Planungen und Zufällen, das sich nicht auf einen primären Akteur oder eine basale Absicht zurückführen läßt. Vom Anstoß bis zur Manifestation eines Ereignisses liegen derart lange Wege und Zeiten, daß eine eindeutige Rekonstruktion des Vorgangs bis zur Unmöglichkeit erschwert werden kann. Man könnte auch sagen: Nicht synthetische Intentionen bestimmen das Handeln, sondern synergetische Irritationen, die sich durch ungeplante Kursänderungen aufgrund von unerwarteten Überlagerungseffekten ergeben.

Soweit das Unerwartete und Ungeplante in komplexen Zusammenhängen einen wesentlichen Faktor darstellen, sind es genau genommen nicht die Folgen, sondern die *Nebenfolgen*, die an Bedeutung gewinnen.[8] Mit der Zunahme von Verfügungsmöglichkeiten und der Ausweitung der Wissensbereiche tritt paradoxerweise immer stärker das in den Vordergrund, was sich nicht intendieren läßt. In komplexen und vernetzten Systemen ist die Zahl der sekundären Effekte ungleich größer als die Zahl der primären Effekte.[9] Das gleiche gilt für die Akteure: Wo arbeitsteilige und hochspezialisierte Strukturen dominieren, nimmt die Summe personal Handelnder stetig ab. An die Stelle von Personen, denen sich die Folgen ihrer Entscheidungen unmittelbar zurechnen lassen, treten Verbände, Organisationen und Institutionen, deren Aktivitäten sich nicht mehr ohne weiteres mit individualistischen Kategorien bewerten lassen. Die Verschleifung von Zuständigkeitszonen bei kollektiven Handlungsvollzügen macht aus dem Individuum eine Art »Schaltstelle« von Ereignisketten, die über den Horizont des Antizipierbaren hinausreichen. Jede Handlung ist in komplexen Zusammenhängen immer schon mehr als eine Handlung, wenn man hierunter die kausale Verfügung über Mittel und Zwecke versteht.[10] Dieser Umstand betrifft insbesondere die kollektiven und korporativen Akteure. Sie sind, ob Firmen, Behörden oder

8   Siehe Ulrich Beck, »Das Zeitalter der Nebenfolgen und die Politisierung der Moderne«, in: ders., Anthony Giddens, Scott Lash, *Reflexive Modernisierung*, S. 19–112.
9   Zu den Eigenschaften komplexer Systeme vgl. Dietrich Dörner, *Die Logik des Mißlingens. Strategisches Denken in komplexen Situationen*, S. 58–73; Franz Reither, *Komplexitätsmanagement*, S. 13–18; zur Logik der Vernetzung Friedrich Vester, *Die Kunst, vernetzt zu denken*.
10 Zum Unsicherheitscharakter von Handlungen in artifiziellen Kontexten vgl. Friedrich H. Tenbruck, »Zur Anthropologie des Handelns«, in: ders., *Die kulturellen Grundlagen der Gesellschaft*, S. 21–44. Zum Kausalitätsproblem

Staaten, in ein Netzwerk nationaler und transnationaler Beziehungen eingelassen, durch das Handlungsfolgen so weit aufgespreizt werden, daß mit der zunehmenden Verflechtung der Aktionen die Rekonstruktion der ursprünglichen Verursachung zunehmend erschwert wird. Gerade die grenzüberschreitenden Interaktionen der sogenannten »Weltgesellschaft« erzeugen durchweg mehr Nebenfolgen als Folgen, die sich mit herkömmlichen Mitteln weder reglementieren noch retrospektiv bestimmten Instanzen zuschreiben lassen, obwohl weiterhin Planungen, Beschlüsse und Realisierungen von Zielen stattfinden, die den Status der Legitimation besitzen.[11]

Die *dritte Konsequenz* der Ausdifferenzierungsprozesse besteht darin, daß die *Entdifferenzierung der Handlungszonen* zunimmt. Nicht nur die Kontexte und die Nebenfolgen des Handelns treten stärker in den Blick, sondern auch das Entfernte und Getrennte rücken näher heran. Das Schlagwort der »Globalisierung« benennt die Tendenz dieser Entwicklung.[12] Landesspezifische Grenzen spielen im globalisierten Welthandel zunehmend eine geringere Rolle. Die Nationalstaaten büßen durch das Splitten und Fusionieren von Firmen, die Verlagerung der Produktion ins Ausland und die entsprechende Umgehung der Steuerbestimmungen ihre Souveränität ein. Gesetzliche Regelungen, die an den Landesgrenzen halt machen, werden zwar durch internationale Rechtsbestimmungen erweitert. Deren Umsetzung scheitert jedoch häufig an sanktionsfähigen Instituten. Es entstehen normativ entleerte Zonen, die unterschiedliche Länder, Regionen und ganze Erdteile überspannen. Verstärkt wird dieser Prozeß durch den weltweiten Austausch von Daten, Kapital und Gütern. Das Internet und Satelliten-TV, die Börsenmärkte und der Aktienhandel, der Ausbau des Fernverkehrs und die Verlagerung der Produktionsstätten in Niedriglohnländer sorgen dafür, daß die territorialen Grenzen durchlässig werden und ihre regulative Bedeutung verlieren. Sie werden zu Relais- und Durchgangsstationen transregionaler Kooperationen, durch die das traditionelle Gefüge von Raum und Zeit gravierenden Änderungen unterworfen wird.

So büßt der *Raum* mit der voranschreitenden technologischen und kommunikativen Vernetzungen seine geographischen Besonderheiten

  siehe die Beiträge in Weyma Lübbe (Hg.), *Kausalität und Zurechnung. Über Verantwortung in komplexen kulturellen Prozessen.*
11 Zu den moralphilosophischen Konsequenzen der globalisierten Weltgesellschaft vgl. Thomas Mohrs, »Paradoxe Welt-Moral – ein lösbares Problem?«, S. 1–17. Zu den normativen Folgeproblemen grenzüberschreitender Interaktionen vgl. Wolfgang Kersting, »Probleme der politischen Philosophie der internationalen Beziehungen«, S. 9–69.
12 Zu den Folgen des Globalisierungsprozesses siehe Ulrich Beck, *Was ist Globalisierung?*, S. 48–114. Einen empirischen Überblick liefert Thomas L. Friedman, *Globalisierung verstehen*, bes. S. 25–160.

ein.[13] Für die kooperativen Interaktionen besitzt er vorrangig als quantitative Erstreckung eine Bedeutung, die je nach benutztem Verkehrsmedium ein größeres oder kleineres Hindernis darstellt. Es zählt nicht, wohin man sich bewegt, sondern wie schnell man zwischen den Orten zu wechseln vermag. Geschwindigkeit und Mobilität sind wichtiger als regionale Unterschiede. Räume und Entfernungen werden nicht mehr im ursprünglichen Sinn des Wortes erfahren, sondern unter temporalem Druck bewältigt. Dadurch verschwimmen die kulturellen Differenzen, das ökonomische Gefälle schrumpft auf gelingende oder mißlingende Transferleistungen, die politischen Systeme werden als strategischer Widerstand oder Unterstützung wahrgenommen, die soziale Kommunikation bemißt sich am Erfolg taktischer Verständigung.

Ähnliches läßt sich bezüglich der *Zeit* beobachten.[14] Auch hier ist nicht wichtig, was in der Zeit, sondern was mit ihr geschieht. Temporale Distanzen werden durch beschleunigte Operationen aufgelöst, Ereignisse folgen nicht nacheinander, sondern sind gleichzeitig abrufbar. Das lineare Gefüge aus Vergangenheit, Gegenwart und Zukunft ist durch die Speicher- und Simulationstechniken des Computers und der elektronischen Archive modalisierbar geworden.[15] Virtuelle Echtzeitberechnungen mit einem hohen Grad an Wahrscheinlichkeit, wie etwa in der Klimaforschung, liefern Szenarien, in denen das Mögliche mit dem Realen verschmilzt. Durch die Rasanz und Perfektion der Datenverarbeitung im Verbund mit der Abrufbarkeit permanent steigender Informationsmengen verwandeln sich Vergangenheit und Zukunft in flexible Größen, über die sich scheinbar frei verfügen läßt. Während der Raum verzeitlicht wird, nimmt die Zeit räumliche Ausmaße an. Der digitalisierte Zeit-Raum der Wissensgesellschaft ist auf der vertikalen Achse geschlossen und auf der horizontalen Achse offen: Es gibt unendliche Ausdehnungen, aber keine Entwicklungen. Das Fehlen einer teleologischen Ausrichtung führt zu einer Schichtung des Ungleichzeitigen und Verschiedenen.[16] Das temporal Zurückliegende und Vorausliegende ist genauso mit dem

13 Zur Veränderung des Raumverhältnisses vgl. Marc Augé, *Orte und Nicht-Orte*, S. 13–52; ders., *Die Sinnkrise der Gegenwart*, S. 34–40. Zur Überwindung des Raumes siehe David Harvey, *Die Postmoderne und die Verdichtung von Raum und Zeit*, S. 59–69.

14 Zur Entdifferenzierung des Raum- und Zeitgefüges vgl. auch Manuel Castells, *Das Informationszeitalter, Teil 1: Der Aufstieg der Netzwerkgesellschaft*, S. 431–525.

15 Zu den Auswirkungen der Kommunikationsmedien auf die Zeit vgl. Karlheinz A. Geißler, *Vom Tempo der Welt*, S. 122–138, sowie die Beiträge in Manuel Schneider und Karlheinz A. Geißler (Hg.), *Flimmernde Zeiten. Vom Tempo der Medien*.

16 Vgl. Wolf Schäfer, *Ungleichzeitigkeit als Ideologie. Beiträge zur historischen Aufklärung*, S. 132–155.

gegenwärtigen Standort verknüpft wie das lokal Nichtsichtbare und Abwesende.

Die *vierte Konsequenz*, die unmittelbar aus der Dynamisierung des zivilisatorischen Fortschritts und der Entdifferenzierung von Raum und Zeit hervorgeht, besteht in der *Zurechnungsexpansion von Handlungen*.[17] Die Ursache liegt erst einmal in den genannten epistemologischen Veränderungen: Mit der Überlagerung von Nahem und Fernem, Gleichem und Verschiedenem verbleiben die Handlungsfolgen innerhalb des aktuellen Wahrnehmungs- und Erwartungshorizontes. Das, was später geschieht, und das, was sich woanders ereignet, wird gewissermaßen als eine Erweiterung des Hier und Jetzt wahrgenommen. Die Auswirkungen gegenwärtiger Entscheidungen erscheinen nicht als etwas kategorial Verschiedenes, sondern strukturell Ähnliches. Weil das Bewußtsein der Zusammenhänge auch das Entfernte und Andersartige umfaßt, sind die Resultate schon in den Ursachen enthalten, die Konsequenzen nur eine Entfaltung der Ausgangssituation. Je stärker die Verfügungsmacht über die Widerstände in Zeit und Raum zunimmt, um so größer wird die Aufmerksamkeit für die in Gang gesetzten Folgen und Nebenfolgen. Der Begriff der »Nachhaltigkeit« ist Ausdruck dieses Vorgangs.[18] Eingriffe in die Umwelt, der Bau von industriellen Anlagen und technologische Innovationen werden unter dem Aspekt der langfristigen Veränderung natürlicher Ordnungen betrachtet. Proportional zum Anwachsen des Wissens wächst der Sinn für das Machbare und damit auch der Sinn für die Grenzen des Machbaren.[19] In den vielfältigen Bemühungen um die Technikfolgenabschätzung, in den immer komplizierter werdenden Planungsverfahren und Genehmigungsprozeduren schlägt sich die Sorge um irreversible Modernisierungsschäden nieder, die im Keim jeder Handlung enthalten sind. Im Zeitalter der Nebenwirkungen haben Risikoprognosen und Gefahrenabwehr den Platz der futurischen Zuversicht eingenommen. Die Zukunft ist das Ungewisse, das mit Sicherheit eintritt.

Die Aufmerksamkeit für langfristige Entwicklungen hat zu einem *erweiterten Zurechnungsbegriff* geführt, der auch das noch einschließt, was nicht durch Akteure kausal verursacht wurde. Die Zunahme an synergetischen und kumulativen Effekten, wie sie sich etwa im Bereich der Umweltverschmutzung oder bei Unfällen im Feld der Hochtechnologien beobachten lassen, hat ein grundlegend verändertes Rechtfertigungsverständnis erzeugt: Nicht nur Handlungen, sondern auch Unterlassungen

---

17 Vgl. Hermann Lübbe, »Moralismus oder fingierte Handlungssubjektivität in komplexen historischen Prozessen«, S. 289–293; Weyma Lübbe, »Handeln und Verursachen: Grenzen der Zurechnungsexpansion«, S. 223–226; dies., *Verantwortung in komplexen kulturellen Prozessen*, S. 20–25.

18 Einen Überblick über die Diskussion liefern Ralf Döring und Konrad Ott, »Nachhaltigkeit«, S. 40–45.

19 Vgl. Hermann Lübbe, *Der Lebenssinn der Industriegesellschaft*, S. 82–102.

unterliegen verstärkt dem Zwang der Legitimation. Die traditionelle Unterscheidung zwischen Tun und Geschehenlassen verliert damit zusehends ihre praktische Bedeutung.[20] Wo bisher die Kategorien der Willentlichkeit, Kausalität und Freiheit ausreichten, um Zurechnungsfragen zu klären, erstreckt sich nun der Rechtfertigungsbedarf auf subjektlose Ereignisse, die zwar durch Handlungen und Entscheidungen bedingt sind, sich aber nicht als irgend jemandes Handlung beschreiben lassen. Die Ausweitung der Zurechnungskategorie auf komplexe kulturelle Prozesse, für die es keine identifizierbaren Verursacher gibt, besitzt ohne Frage den Vorteil, daß Rechenschafts- und Vorsorgeforderungen auch für nichtintendierte Nebenwirkungen und für die Auswirkungen des Nichthandelns erhoben werden können.[21] Die Unabsehbarkeit von Handlungsfolgen unter Maßgabe eines erweiterten Zurechnungsbegriffs, der Spät- und Nebenfolgen umfaßt, ist grundsätzlich kein Hinderungsgrund dafür, im Einzelfall normative – moralische oder rechtliche – Zuschreibungen vorzunehmen. Die Probleme der Zurechnungsexpansion liegen jedoch darin, daß die Grenzen zwischen Rechenschaftspflichtigkeit und Unzurechenbarkeit verschwimmen. Wenn zwischen Tun und Unterlassen keine kategoriale Differenz mehr besteht, unterliegt prinzipiell alles dem Zurechnungsverdacht. Nicht nur jede Form des Nichteingreifens in vorhandene Entwicklungen, auch naturale Verläufe wie das Wetter oder Krankheiten können unter dieser Voraussetzung unter den Druck der Legitimation geraten.

Die *fünfte* – letzte und entscheidende – *Konsequenz* besteht darin, daß die *Kategorie der Verantwortung* an die Stelle klassischer Pflicht- und Rechenschaftsverhältnisse getreten ist und das leitende Paradigma von Legitimationsfragen in komplexen Zusammenhängen bildet. Der Grund hierfür liegt in der beschriebenen Erweiterung des Zurechnungsbereichs auf Geschehensfolgen, die nach herkömmlichen Kriterien niemandem ursächlich zugeschrieben werden können. Wenn Zuständigkeiten und Verpflichtungen auch noch dort aufrechterhalten werden sollen, wo es keine personalen Akteure und keine kausalen Handlungsfolgen gibt, müssen Erweiterungen und Umformulierungen traditioneller Kategorien vorgenommen werden. Der Begriff der Verantwortung ist ein solcher Fall. Seine Karriere setzt in dem Moment ein, wo Absichten und Konsequenzen auseinandertreten und sich keine Adressaten mehr finden lassen, denen Aktionen auf direktem Weg zugerechnet werden können. Verantwortung ist ein *normativer Ersatzbegriff*, der die kausalen Kriterien substituiert, die an die Voraussetzungen der Linearität und Personalität

20 Zur begrifflichen Unterscheidung vgl. Dieter Birnbacher, *Tun und Unterlassen*, S. 24–64.
21 Vgl. Robert Spaemann, »Nebenwirkungen als moralisches Problem«, S. 323–329.

geknüpft waren. Seine Konjunktur bildet die relativ späte Reaktion auf die Zunahme nichtdeterministischer Prozesse, die trotz ihres eigensinnigen und unvorhersehbaren Verlaufs weiterhin bewertet und reguliert werden sollen.

2. Zur Konjunktur des Verantwortungsbegriffs

Diese Entwicklung läßt sich in mehrfacher Hinsicht beobachten. *Zum einen* wird die Verantwortungskategorie schon seit längerem auf *temporal entfernte Ereignisbereiche* übertragen, die jenseits des aktualen Handlungshorizontes liegen. Verantwortbar soll nicht nur das sein, was innerhalb eines absehbaren Zeitrahmens geschieht bzw. geschehen ist, sondern auch das, was sich in historischer Vergangenheit ereignet hat und in ferner Zukunft eintreten wird. Der traditionell gegenwartsbezogene Verantwortungsbegriff hat eine prospektive und retrospektive Ausrichtung erhalten, die dafür sorgt, daß die Bereiche der Vergangenheit und der Zukunft in den aktuellen Verantwortungsraum mit einbezogen werden, so daß nun auch ehemalige und erwartbare Handlungsfolgen einen moralfähigen Status besitzen. Es muß an dieser Stelle der Hinweis genügen, daß die historische Erweiterung des Verantwortungsbegriffs vor allem kulturelle und zivilisatorische Ursachen hat, die von der Aufarbeitung historischer Verbrechen und Gewalttaten über ökologische Probleme bis zu futurischen Verteilungsfragen reichen. Auffällig ist dabei, daß die Mehrzahl der Vergangenheits- und Zukunftsethiken, die seit den fünfziger Jahren des letzten Jahrhunderts entstanden sind, nicht vorrangig mit Pflicht- oder Gerechtigkeitskategorien operiert, sondern mit dem Kriterium der besonderen moralischen Verantwortlichkeit der Gegenwart für die Belange früherer und zukünftiger Generationen.[22]

Der Verantwortungsbegriff findet *zum zweiten* auch dort seine Anwendung, wo gegenwärtige Ereignisfolgen aufgrund der *systemischen Selbstorganisation* einen eigendynamischen Charakter gewonnen haben. Parallel zur funktionalen Ausdifferenzierung der Handlungsbereiche wachsen die operativen Bereiche an, für die geregelte Verantwortungsübernahmen eingefordert werden. Es sind vor allem die unabsehbaren Auswirkungen der wirtschaftlichen und industriellen Entwicklungen, der technologischen und wissenschaftlichen Fortschritte, der ökologischen und genetischen Eingriffe in die Natur, der sozialen und politischen Umwälzungen der spätkapitalistischen Gesellschaft, die zur moralischen Diskussion stehen. Die Vernetzung von Entscheidungseffekten in komplexen Zusammenhängen hat nicht zu einer Rückstufung von

---

[22] Vgl. Ludger Heidbrink, »Am Nullpunkt historischer Verantwortung«, S. 1584-1587.

Verantwortungsfragen geführt, sondern vielmehr zu ihrer Intensivierung. Je stärker die Interdependenzen globaler Aktionen wachsen und je schwieriger sich Adressaten finden lassen, denen die Handlungsfolgen zugerechnet werden können, desto mehr steigt der Bedarf nach Verantwortungsträgern und -instanzen an. Der allgegenwärtige »Ruf nach Verantwortung« bildet die Reaktion auf die Krise klassischer Zurechnungsschemata, die angesichts systemischer Eigendynamiken und operativer Handlungsverkettungen in globalen Kontexten an eine Grenze geraten sind.[23] Diese Tendenz geht so weit, daß der Verantwortungsbegriff selbst globalisiert und planetarisiert wird.[24] Weil die Verflechtungen der Operationssysteme keine Rückführung auf eine zentrale Legitimationsinstanz zulassen und Akteure mit herkömmlichen moralischen Koordinaten nicht mehr ohne weiteres identifizierbar sind, wird der verantwortungsethische Geltungsbereich im Gegenzug universalisiert und auf beabsichtigte wie unbeabsichtigte Handlungsfolgen gleichermaßen ausgeweitet. Die Moralisierung des im eigentlichen Sinn nicht Moralfähigen kompensiert die Zurechnungsdefizite durch fortgesetzte Zurechnungsexpansionen, wie sie negativ in der Diagnose der »organisierten Unverantwortlichkeit« und positiv in der These von der »unorganisierten Allverantwortlichkeit« zum Ausdruck kommen.[25]

Die Ausweitung des Verantwortungsgeltungsbereichs findet *zum dritten* auf der *Ebene der Akteure* statt. Durch die Akkumulation von Entscheidungseffekten in arbeitsteiligen Strukturen und die Vernetzung der Systembereiche in hochgradig ausdifferenzierten Gesellschaften ist die Anwendung individualistischer Moralbegriffe zusehends problematisch geworden. Die Resultate von Entschlüssen werden ausgelagert, Zuständigkeiten lassen sich delegieren, sequentielle Verkettungen sorgen dafür, daß nur noch ein kompliziertes Regelwerk an Gesetzen und heuristische Rekonstruktionen die Suche nach Erstverursachern ermöglichen. Die Reaktion auf diese Entwicklung besteht jedoch nicht darin, den Verantwortungsbegriff für komplexe Prozeßfolgen fallen zu lassen, sondern ihn entsprechend zu reformulieren. Verantwortungsträger sollen nun auch Unternehmen, Verbände, Firmen, Organisationen, Institutionen, schließlich Staaten und Nationen sein. Die Ausweitung von Verantwortungsforderungen auf höherstufige Akteure ist unmittelbar an veränderte Handlungskonzepte geknüpft. Als handlungsfähig werden nicht nur Personen

23 Siehe Franz-Xaver Kaufmann, *Der Ruf nach Verantwortung*, S.9-29.
24 So bei Karl-Otto Apel, der von einer »planetarischen Makroethik der Verantwortung« spricht, in: ders., *Diskurs und Verantwortung*, S.108. Zur »planetarischen Verantwortung« siehe Hans Küng, *Projekt Weltethos*, S.51-57. Vgl. auch Rainer Beer, »Das Problem ›Verantwortung‹ in der philosophischen Gegenwartsdiskussion«, S.98.
25 So Ulrich Beck, *Gegengifte*, S.100; Richard Münch, *Dialektik der Kommunikationsgesellschaft*, S.174.

betrachtet, sondern auch Korporationen und Kollektive.[26] Durch diese Erweiterung soll es möglich werden, aggregative Verantwortungszuschreibungen durchzuführen, sei es im Hinblick auf juristische Personen, auf sekundäre Akteure oder systemische Komplexe.[27]

Da der traditionelle Verantwortungsbegriff in seiner individualistischen Ausrichtung hierfür nur begrenzt tauglich ist, sind *zum vierten* handlungs- und sachbezogene *Differenzierungsmodelle* entwickelt worden, die je nach Problemkontext und Fallsituation eine Spezifizierung des Verantwortungsgrads und -typs ermöglichen sollen. Hierzu gehören unter anderem die Handlungsverantwortung, die sich auf zurechenbare Folgen und Unterlassungen bezieht; die Rollen- und Aufgabenverantwortung, die mit dem sozialen oder institutionellen Status Handelnder verbunden ist; die universalmoralische Verantwortung, die unter genuin ethischen Aspekten einzelnen oder Kollektiven übertragen wird; und schließlich die rechtliche Verantwortung, durch die Fragen der Schuld und Haftbarkeit geregelt werden.[28] Durch die relationale Spezifizierung lassen sich konkrete Verantwortlichkeiten als kontextabhängige Größen behandeln, die sowohl von deskriptiven Zuschreibungen als auch normativen Wertungen abhängig sind.[29] Diese Vorgehensweise erlaubt es grundsätzlich, in komplexen Zusammenhängen genauer zu bestimmen, wer für einen Bereich und vor einer Instanz gemäß bestimmter Kriterien der Träger der gesuchten Verantwortung ist. Allerdings geht dieser Vorzug mit neuen Schwierigkeiten einher: In der Vielzahl von Typen und Ebenen droht ein konziser Begriff von Verantwortlichkeit seine Konturen zu verlieren; die Unterschiede zwischen Beschreibungen und Wertungen sind in der Praxis nicht eindeutig aufrecht zu erhalten; die Teilung von Verantwortung im Fall kollektiver Akteure zieht die Gefahr einer Relativierung und funktionalen Entlastung nach sich.

Weil sich der Verantwortungsbegriff nicht ohne weiteres auf eine höherstufige Ebene transponieren läßt, zumindest nicht ohne die Gefahr der Verwässerung und Unlokalisierbarkeit, wird *zum fünften* an der *personalistischen Basis* verantwortungsbewußten Handelns festgehalten. Der Einzelne mit seinem moralischen Gewissen gilt vielfach als regulativer,

26 Vgl. Matthias Maring, »Modelle korporativer Verantwortung«, S. 25–34; ders., *Kollektive und korporative Verantwortung.*
27 Zu letzterem siehe besonders Walter L. Bühl, *Verantwortung für soziale Systeme*, S. 92–108.
28 Eine entsprechende Differenzierung findet sich bei Hans Lenk, »Praxisnahe Ethik für die Wissenschaft«, in: ders., *Zwischen Wissenschaft und Ethik*, S. 26–44.
29 Vgl. Hans Lenk, »Deskriptive und normative Zuschreibungen«, in: ders., *Zwischen Wissenschaft und Ethik*, S. 76–100; Hans Lenk, »Verantwortung als Beziehungs- und Zuschreibungsbegriff«, in: ders., *Von Deutungen zu Wertungen*, S. 239–273.

aber auch konstitutiver Fluchtpunkt, um der drohenden Diffusion von Verantwortlichkeit in komplexen Kontexten entgegenzuwirken. Es scheint, gewissermaßen als Gegenreaktion auf eine heillose Ausdifferenzierung von Verantwortungstypen und -modellen, erforderlich zu sein, an die ethischen Ursprünge folgenorientierten Handelns zu erinnern. Nicht nur methodische Probleme der Übertragbarkeit individualethischer Kategorien auf korporative und kollektive Akteure, sondern auch die Auflösung stabiler Wertfundamente führen dazu, daß verstärkt an das moralische Bewußtsein personaler Individuen appelliert wird.[30] Dazu gehören auch die Plädoyers für eine größere Eigenverantwortung, die Mitglieder sozialer Gemeinwesen tragen und ohne die eine funktionierende Selbstorganisation demokratischer Gesellschaften nicht auskommt.[31] Die Devise lautet: Je stärker der Abstraktionsgrad und die Anonymisierung sozialer Verbände anwachsen, um so notwendiger werden die aktive Partizipation und das gesellschaftliche Engagement des Einzelnen.[32]

Dabei kommt dem Verantwortungsbegriff *zum sechsten* eine besondere *Vermittlungsaufgabe* zu: Er soll die Lücken zwischen geschuldeten und verdienstlichen Pflichten füllen, kategorische und situative Handlungsnormen in Einklang bringen, unbedingte und bedingte Geltungsgründe miteinander versöhnen. Verantwortliches Handeln beruht in dieser Lesart nicht nur auf abstrakten Gerechtigkeitskriterien oder der moralischen Rationalität des aufgeklärten Eigeninteresses, sondern umfaßt genauso Aspekte der Solidarität, der Fürsorge und der Empathie. Wer verantwortlich agiert, hat nicht nur den allgemeinen Anderen, sondern auch den besonderen Anderen im Blick.[33] Im Gegensatz zur Universalität des Richtigen und Rechten soll das Verantwortungsbewußtsein auch die Partikularität des Glückenden und Guten beinhalten. Der wechselseitige Respekt wird so um die Orientierung am Wohlergehen erweitert und durch die Einbeziehung vorausliegender Fremdbelange ergänzt. In einer erweiterten Verantwortungskonzeption treten zur moralischen Reziprozität Aspekte ethischer Asymmetrie hinzu, werden deontologischen Begründungsprinzipien teleologische Kriterien der Angemessenheit an die Seite gestellt, erhält der Realismus kontextueller Normenverwirklichung Einzug in den Idealismus kontrafaktischer Normenlegitimation.

30 So bei Hans Lenk, *Konkrete Humanität*, S. 156–237. Siehe auch Hartmut Kreß und Wolfgang Erich Müller, *Verantwortungsethik heute. Grundlagen und Konkretionen einer Ethik der Person.*
31 Vgl. Wolfgang Kersting, *Theorien der sozialen Gerechtigkeit*, S. 398–403. Siehe auch die Beiträge in Bernd Neubauer (Hg.), *Eigenverantwortung*; Georg Kohler, »Verrechtlichung und Verantwortung«, S. 24–27.
32 Vgl. Klaus Günther, »Verantwortlichkeit in der Zivilgesellschaft«, S. 471–476.
33 Exemplarisch hierfür Carol Gilligan, *Die andere Stimme*, S. 158–184; Seyla Benhabib, »Der verallgemeinerte und der konkrete Andere«, S. 467–474.

Das verantwortliche Tun soll sich nicht allein in Gesetzestreue, Rechenschaftspflichten und vertraglichen Bindungen erschöpfen, sondern sein Fundament darüber hinaus in Großzügigkeit, in Hilfsbereitschaft und freiwilliger Anerkennung von Zuständigkeiten haben.[34]

3. Gegenläufige Entgrenzungsprozesse

Die Konjunktur des Verantwortungsbegriffs in den unterschiedlichen Bereichen hochmoderner Gesellschaften bildet – um ein Zwischenfazit zu ziehen – das Resultat von evolutionären Prozessen, die einen höchst widersprüchlichen Charakter besitzen. Der Ausdifferenzierung funktionaler Operationssysteme, die spezifischen Wert- und Zielorientierungen folgen, stehen Vorgänge der Entdifferenzierung gegenüber, die zu einer *Gemengelage an Normierungen, Bewertungen und Erwartungen* geführt haben. Während auf der einen Seite die operativen Ordnungen gegeneinander abgeschottet sind, sich nach ihren eigenen Leitsemantiken ausrichten und ihrer jeweiligen regulativen Grammatik gehorchen, greifen auf der anderen Seite die Bereiche ineinander über, tauschen sich aus, orientieren sich an systemfremden Mustern, Vorgaben und Wertmaßstäben. Die Diagnose der »operativen Geschlossenheit«[35] komplexer Systeme ist eine analytische und damit theoretische Kategorie, die in der Praxis fortwährend unterlaufen wird. Handlungsentscheidungen gehorchen mit ansteigender Verdichtung der Aufgabenbewältigung immer weniger eigenen Zielvorgaben als vielmehr denjenigen, die von außen, von den Randzonen und den Kontaktstellen zu anderen Subsystemen herangetragen werden. Hierzu trägt auch die zunehmende *Generierung von Wissen* und die Spezialisierung der Akteure auf besondere Aufgabengebiete bei. Die Notwendigkeit von Fachkenntnissen und die arbeitsteilige Organisation von Informationen sorgen für ein stetiges Anwachsen von Wissensvorräten, die – verbreitet durch die Medien, durch das Internet und den Publikationsmarkt – außerhalb von Expertenkreisen auf Resonanz stoßen und Einflußnahmen von Laien auf professionelle Entscheidungsprozesse ermöglichen.[36] In der medialisierten Wissens- und Informationsgesellschaft

---

34 So bestimmt Wilhelm Vossenkuhl »*Verantwortung als Sorge* für diejenigen Bereiche, die uns jeweils anvertraut sind und für die wir tatsächlich Sorge tragen können: die eigene Person, die Person des Anderen, die Umwelt, die berufliche Arbeit« (»Verantwortung«, S. 675). Zum pflichtenüberschreitenden Charakter des Verantwortungsbegriffs siehe auch Björn Burkhardt, »Verantwortung«, S. 672 f.
35 Vgl. Niklas Luhmann, *Die Gesellschaft der Gesellschaft*, S. 92–120.
36 Zum anwachsenden Einfluß des Wissens auf soziale Prozesse siehe Nico Stehr, *Die Zerbrechlichkeit moderner Gesellschaften*, S. 51–117.

ist jeder gewissermaßen gleich nah zum Mittelpunkt, was sich nicht nur in der Demokratisierung von Kenntnissen, sondern auch der Demokratisierung von Kontexten niederschlägt, die immer mehr Akteuren zugänglich sind und ein Geflecht aus gleichberechtigten Stellungnahmen zu systemisch generierten Ereignissen bilden.

Die Verknüpfung funktionaler und evaluativer Eigenlogiken unterschiedlichen Ursprungs ist nicht nur das Signum sozialer Systeme, sondern auch der globalisierten Weltgesellschaft, die durch eine *Überlagerung gegenläufiger Entwicklungen* gekennzeichnet ist.[37] Wo die Homogenisierung und Annäherung von Lebensformen voranschreitet, wächst zugleich das Bewußtsein lokaler Unterschiede und kultureller Differenzen. Im Begriff der »Glokalisierung«[38] wird diese Tendenz auf den Punkt gebracht: Die Zugriffsmöglichkeiten auf das Entfernte und Fremde bringen ebenso das Nahe und Bekannte in den Blick. Der Überwindung von räumlichen und zeitlichen Distanzen korrespondiert die Erschließung neuer regionaler Zonen und veränderter temporaler Erfahrungshorizonte. In der Gleichzeitigkeit des Ungleichzeitigen und dem Nebeneinander des Verschiedenen entsteht keine Welt des Nivellierten und Austauschbaren, sondern vielmehr ein in sich gestaffelter, reichhaltig verästelter Kosmos indirekter Verfügbarkeiten – ein *Optionsfeld sozialer Aktionen*, die in einem planetarischen Netzwerk wechselseitiger Beeinflussung stattfinden. Distanzierte Unmittelbarkeit ist das Hauptmerkmal der kommunikativ und technologisch erschlossenen Weltwirklichkeit, die gleichermaßen reale wie virtuelle Züge besitzt. Der Haupteffekt dieser Entwicklung, die vor allem durch den elektronischen Datenverkehr und die Ausbreitung der neoliberalen Marktwirtschaft nach dem Ende des Kalten Krieges bewirkt wurde, besteht in der anwachsenden Aufmerksamkeit für globale Interdependenzen, für Ein- und Auswirkungen von Handlungsfolgen, die zwar verursacht wurden, die sich aber nicht mehr kausal verantwortlichen Akteuren zuschreiben lassen.

Als Konsequenz dieser Entwicklung, die gleichermaßen ökonomische, technologische, politische und soziale Prozesse umfaßt, läßt sich – wie eingangs beschrieben – eine stetige Expansion von Zurechnungsschemata beobachten, durch die ein normatives Band zwischen Ursachen und Folgen von Handlungen geknüpft werden soll, die gleichzeitig immer weiter auseinandertreten. Damit wird auf der Ebene der methodischen Beobachtung und Reflexion von Aktionen und Entscheidungen

---

37 Siehe dazu Rudolf Stichweh, »Zur Theorie der Weltgesellschaft«, in: ders., *Die Weltgesellschaft*, S. 9–19.
38 Vgl. Roland Robertson, »Glokalisierung: Homogenität und Heterogenität in Raum und Zeit«, S. 197–203. Siehe dazu Ulrich Beck, *Was ist Globalisierung?*, S. 88–95; zum Verhältnis von Globalisierung und Lokalisierung auch Richard Münch, *Globale Dynamik, lokale Lebenswelten*, S. 415–426.

das fortgesetzt, was empirisch stattfindet: die *Verknüpfung entgegengesetzter Tendenzen*. In den modernen Risikogesellschaften werden Entscheidungen unter hochgradigen Ungewißheitsbedingungen gefällt, aber auch im Bewußtsein ihrer Zulässigkeit, Gewißheit und Richtigkeit – jedenfalls soweit sich zukünftige Auswirkungen, Randeffekte und Turbulenzen absehen lassen. Entschlüsse, Aktionen und Planungen sind in situative Kontexte eingebunden, die Normen und Orientierungen zur Verfügung stellen, Maßstäbe und Kriterien an die Hand geben, die für das unmittelbare Umfeld relevant sind. Zugleich korrespondiert der Nahorientierung eine Fernorientierung, die über den Horizont der Aktualität hinausreicht, Eventualitäten und Potentialitäten mitberücksichtigt, ungewollte und nicht regulierbare Nebeneffekte mitreflektiert. Der Situationismus, zu dem besonders komplexe Systeme aus Zeit- und Ressourcenknappheit gezwungen sind, ist nicht das Gegenteil, sondern das Gegenstück zu einem operativen Universalismus, der vom Besonderen absieht und durch Beobachtung zweiter Ordnung umfassendere Zusammenhänge zu integrieren versucht. Von daher ist die Feststellung der Kontingenz von Handlungskriterien in ausdifferenzierten Funktionssystemen nur die halbe Wahrheit: In Hinblick auf das, was getan werden soll, besitzen die herangezogenen Bewertungsmaßstäbe einen notwendigen und alternativlosen Charakter. Gerade daraus, daß nicht willkürlich und fahrlässig gehandelt wurde, resultiert die Bereitschaft, auch Nebenfolgen in den Bereich der Zurechenbarkeit aufzunehmen.

Aus diesem Grund widersetzt sich die Unabsehbarkeit von Handlungsfolgen auch nicht prinzipiell den herkömmlichen – auf den Kategorien des Wissens, Könnens und der Macht – beruhenden Zurechnungsschemata,[39] sondern läßt sich durchaus mit ihnen verbinden. Denn das Kriterium der Zurechenbarkeit beruht nicht nur darauf, daß wissentlich, willentlich und unter der Bedingung der Beeinflußbarkeit etwas bewirkt worden ist, das zur freien Disposition gestanden hat. Auch *Auswirkungen ohne Bewirkungen* können rechenschaftsfähig sein, wenn sie sich unter Maßgabe einer Reihe genauer festzulegender Kriterien einfachen oder höherstufigen Akteuren zuschreiben lassen. Da Zurechnungen in nicht natürlichen Zusammenhängen – vor allem in rechtlich oder moralisch sanktionierten Ordnungen – interpretatorische Zuschreibungskonstrukte sind, lassen sich grundsätzlich auch nicht beabsichtigte, ja sogar kausal irrelevante Handlungseffekte so behandeln, als ob sie in einem relationalem Verhältnis zu einer aktoriellen Verursachung stünden, für das sich Verantwortlichkeiten einfordern lassen. Man muß freilich wissen, worauf man sich dabei einläßt. Der Preis besteht darin, daß die Grenzen zwischen intendierten und nichtindentierten Auswirkungen

---

39 Vgl. Elisabeth Ströker, »Verantwortungsethik als Herausforderung der Philosophie in der modernen Welt«, S. 699–705.

verschwimmen, daß Tun und Unterlassen aneinander angeglichen werden, daß schließlich moralische und rechtliche Normativierungen auf Geschehnisse und Ereignisse übergreifen, die in niemandes Zurechnungsbereich mehr liegen.

Um Unterschiede zwischen zurechenbaren und nichtzurechenbaren Operationsfolgen feststellen zu können, ist deshalb die Differenzierung zwischen Handeln und Verursachen weiterhin nötig, wenn sie auch aufgrund der Vernetzung komplexer Prozeßabläufe nicht problemlos durchzuführen ist. Genauso muß auch am Unterschied zwischen personalen und impersonalen Akteuren festgehalten werden, auch wenn hier strukturell die gleichen Schwierigkeiten vorliegen: De jure bewirken auch Korporationen oder Kollektive operative Konsequenzen, die ihnen nach Maßgabe geltender Gesetze und Normen zugerechnet werden können. De facto beruht der Vorgang der Zurechnung verantwortbarer Handlungsfolgen häufig auf kognitiven Ungewißheiten und normativen Unsicherheiten. Der Beobachter muß über ein umfassendes Wissen verfügen, das ihm nicht zur Verfügung steht. Methodische Hilfskonstruktionen sind erforderlich, um in sich gestufte Entscheidungsprozesse, die kumulative Effekte bewirken, auf einen normativen Nenner herunterzuinterpretieren. All das geht kaum ohne regulative Simplifizierungen, oder man muß zu weiteren analytischen Unterscheidungen greifen, durch die sich Zurechnungsschritte in einem Geflecht an Zuschreibungsakten zu verlieren drohen.

Als wesentliche Konsequenz hochgradig ausdifferenzierter und eigendynamischer Gesellschaften ergeben sich somit *gegenläufige Entgrenzungsprozesse*, die ihrerseits wiederum eine Reihe von widersprüchlichen Resultaten auf der Ebene der Rechtfertigbarkeit von aktoriellen Handlungen und systemischen Operationen erzeugen. Von einer relativ abstrakten Warte aus lassen sich die gegenläufigen Entwicklungen zu zwei Haupttendenzen bündeln, die unmittelbar miteinander verflochten sind: Einerseits findet innerhalb der einzelnen Operationssysteme eine zunehmende *Delegitimierung* normativer Fundamente statt. Regulierungen werden durchlässig, Gesetze verlieren ihre Wirksamkeit, Hierarchien werden abgebaut, Instanzen büßen ihre Überwachungs- und Trennungsfunktion ein. Man kann diesen Prozeß auch als Umstellung von Organisation auf *Selbstorganisation* beschreiben,[40] in dessen Folge sich die operativen Systeme primär um sich selbst kümmern: der Markt um den Markt, der Staat um den Staat, das Recht um das Recht, die Kultur um die Kultur. In die systemische Selbststeuerung fließen jedoch durch zahlreiche Kanäle, über Seitenverbindungen und Kontaktstellen externe

---

40 Vgl. Helmut Willke, *Systemtheorie III: Steuerungstheorie*, S. 17-63; siehe auch Wolfgang Böcher, *Selbstorganisation – Verantwortung – Gesellschaft*, S. 274-388.

Informationen und Umweltaspekte ein, systemfremde Werte und Normierungen halten Einzug, Standards und Perspektiven treten in Konkurrenz, Erwartungen werden an neuen Kriterien ausgerichtet und bemessen. Man sieht, mit einem Wort, das, was man vorher nicht gesehen hat, was Irritationen auslöst und Reflexionen auf diese Irritationen. Kommunikationen müssen umgestellt werden, um die veränderten Sichtweisen zu verarbeiten. Dafür werden innovative Standards benötigt, die verläßlich und zuverlässig sind. Der Bedarf an Sicherheit und Absehbarkeit wächst, damit aber auch die *Relegitimierung* von Fundamenten, die dauerhafte Operationen erlauben. Es kommt, gewissermaßen aus einem systemimmanenten Trieb der Selbsterhaltung, zur Erzeugung von funktionalen Kausalitäten, die an die Stelle der alten Operationsschemata treten und neue Handlungsorientierungen zur Verfügung stellen.[41] Normative Umstellungen werden vollzogen, durch die die alten Regulative auf kompensatorischem Weg ergänzt und ersetzt werden.

Der Verantwortungsbegriff erfüllt diese doppelte Aufgabe. Er soll, jedenfalls aus der Sicht derjenigen, die ihn vor dem Hintergrund der Steuerungs- und Kontrollprobleme komplexer Sozialsysteme verwenden, die Koordination eigensinniger Prozeßverläufe und damit eine Synthesis des Auseinanderstrebenden ermöglichen.[42] Verantwortung ist das Losungswort einer Gesellschaft, die im Kern ihrer Selbstorganisationsvermögen durch grundlegende Differenzen gekennzeichnet ist, die nach einer Vermittlung verlangen. Primäres Merkmal dieser Differenzen ist die Überlagerung von Sicherheit und Unsicherheit im Bereich der Handlungsorientierung. Man möchte so handeln, daß Resultate gewährleistet sind, für die es keine Gewährleistungsansprüche gibt. Und dies gelingt in den meisten Fällen. Es gelingt freilich nur unter der Voraussetzung, daß Differenzen vereinheitlicht, Spannungen aufgelöst und Widersprüche geschlichtet werden. In dieser Hinsicht spielt der Verantwortungsbegriff die Rolle eines *Ausgleichsprinzips*, das die funktionalen Entzweiungen moderner Gesellschaften zwar nicht rückgängig macht, ihnen aber doch ihre strukturelle Schärfe nimmt. Wo von Verantwortung die Rede ist, sollen Heterogenitäten homogenisiert und Konflikte geschlichtet werden. Es geht darum, Zurechenbarkeiten zu schaffen, die sich ansonsten in der Leere indeterminierter und entnormativierter Räume verlieren würden. Solange sich Verantwortungsbezüge finden lassen, werden Entlastungsperspektiven von der Zumutung der Unverantwortlichkeit offeriert. Es ist eine der Grundthesen dieser Untersuchung, daß der

---

41 Zur Erwartungsstabilisierung durch prozedurale Formen der Verfahrensregulierung vgl. Karl-Heinz Ladeur, *Negative Freiheitsrechte und gesellschaftliche Selbstorganisation*, S. 252–281.
42 Vgl. Markus Vogt, »Retinität: Vernetzung als ethisches Leitprinzip für das Handeln in komplexen Systemzusammenhängen«, S. 168–181.

Verantwortungsbegriff die Stelle der holistischen Paradigmen der Moderne eingenommen hat, die im fortgesetzten Vollzug der Modernisierung ihre Deutungskraft eingebüßt haben. Verantwortung ist ein *nachgeschichtsphilosophischer Ordnungsbegriff*, der praktische Operationen unter spekulativen Vorzeichen ermöglicht. Er steht in der Gefolgschaft der aufklärerischen Teleologien und Universalien, die – von der Vernunft über den Fortschritt bis zur Zukunft – der evaluativen Interpretation eines naturwüchsigen Geschichtsverlaufs dienten.[43] So gesehen reicht der Geltungsbereich der Verantwortungskategorie weit über seine moralische und rechtliche Semantik hinaus. Der Verantwortungsbegriff bildet ein retrospektives und projektives Konzept, das Unwägbarkeiten eindämmen, Offenheiten füllen und Kontinuitäten herstellen soll. Er soll formale Zusammenhänge und materiale Einheiten schaffen, an die sich hinreichend begründbare Erwartungshaltungen und entsprechende Legitimationsdiskurse anschließen lassen.

Damit wird dem Begriff eine schwere Erbschaft aufgebürdet: Er bildet – pointiert formuliert – das *Medium der Steuerung in einer steuerungslosen Zeit*. Ihm obliegt es, dort regulierend und stimulierend einzugreifen, wo die herkömmlichen Mittel der moralischen Intervention und Anreizschaffung versagen. Die Frage, die sich hier stellt, lautet, ob das funktionieren kann. Jedenfalls ist die Rede von – und die Forderung nach – der »Verantwortungsgesellschaft« nicht die Lösung, sondern das Problem, um das es dabei geht.[44] Bevor das Problem genauer untersucht und im Detail behandelt wird, sollen noch einmal die wesentlichen Schwierigkeiten zusammengefaßt werden, die das Konzept der Verantwortung im Anwendungskontext hochmoderner Gesellschaften aufwirft. Daran anschließend werden in Grundzügen die methodischen und inhaltlichen Revisionen vorgestellt, die im Zentrum dieser Untersuchung stehen.

4. Praktische Spannungsverhältnisse und methodische Probleme

Der Verantwortungsbegriff, dies ist vorab deutlich geworden, ist durch eine Reihe von internen Widersprüchlichkeiten gekennzeichnet, die zu seiner Überforderung führen. Er trägt die Last von faktischen

[43] Zur evaluativen Deutung geschichtlicher Prozesse vgl. Ludger Heidbrink, »Die Moderne als Projekt der historischen Zeit«, S. 548–558.
[44] Publik geworden ist der Begriff durch Amitai Etzioni, *Die Verantwortungsgesellschaft. Individualismus und Moral in der heutigen Demokratie*. Die deutsche Übersetzung des amerikanischen Titels »The New Golden Rule. Community and Morality in a Democratic Society« zeigt den gesellschaftlichen Verantwortungsbedarf unmißverständlich an.

Interdependenzen, die im Gefolge der Dynamisierung und Entgrenzung sozialer Prozesse entstanden sind und zu deren handlungspraktischer Konzeptualisierung er beitragen soll. Dabei lassen sich vor allem folgende Paradoxien und Spannungsverhältnisse erkennen:
Die Spannung zwischen temporaler Erweiterung und präsentischen Grundlagen. Die Ausweitung des Verantwortungsbereiches auf Ereignisse der Vergangenheit und futurische Handlungsfolgen steht im Widerspruch zur gegenwartsbezogenen Grundstruktur von Verantwortungsrelationen, die nach herkömmlichem Verständnis in einen zeitlich limitierten Rahmen eingebunden sind. Hiernach sind nur Handlungsfolgen zu verantworten, die in einem zeitlichen Wirkungsbezug zum Handelnden stehen. Sollen frühere oder spätere Aktionsfolgen mit einbezogen werden, bedarf es einer Modifikation des temporalen Indexes. Es muß sichergestellt werden, daß es einen zeitlichen Zusammenhang zwischen Gegenwart und Vergangenheit oder Zukunft gibt, sei es auf historischer Ebene, durch generationelle Verbindungen oder durch neue Festlegungen temporaler Limits. Dieses Unterfangen ist höchst problematisch. Es tendiert dazu, die Grenzen zwischen Taten und Geschehnissen zu verwischen, Planung und Zufall in eins zu setzen, kulturelle und naturale Prozesse gleich zu behandeln. Man muß hier von einem *Temporalisierungsproblem* im Verantwortungsbegriff sprechen.
Die Spannung zwischen komplexer Anwendung und linearer Grundstruktur. Die Einbeziehung systemischer Operationen und globaler Folgewirkungen widerstreitet dem sequentiellen Kausalismus des traditionellen Verantwortungprinzips, das auf einem deterministischen Ursache-Wirkungsverhältnis beruht. Danach lassen sich nur Handlungen verantworten, wenn stabile Relationen zwischen dem Träger, dem Bereich, der Instanz und den Maßstäben vorliegen, die zusammen die Feststellung jeweiliger Verantwortlichkeiten regeln. Unter nicht deterministischen Bedingungen gestaltet sich diese Lokalisierung erheblich schwieriger. Sobald Handlungsabläufe geteilt werden, sich verzweigen und netzwerkartige Strukturen annehmen, entstehen synergetische Effekte, Aufschaukelungen und Rückkopplungen, die neue Relationsdefinitionen notwendig machen. Der akkumulative Wildwuchs muß gezähmt werden, was am einfachsten durch Komplexitätsreduktion zu erreichen ist. Damit entstehen neue Risiken. Man schafft künstliche Überschaubarkeiten und kleinteilige Partitionen, die sich normieren lassen. Selektive Beobachtungen sorgen dafür, daß sich verrechenbare Zusammenhänge bilden. Fragen der Zuständigkeit und Funktion treten in den Vordergrund und verdecken das komplizierte Geflecht von Beziehungen, aus dem Handlungen in komplexen Zusammenhängen hervorgehen. Man gibt sich damit zufrieden, rechtliche Zuschreibungen vorzunehmen und die Schuldigen zu benennen. Der reduktionistischen Bewertung von Handlungsfolgen nach dem Maßstab schuldbezogener

Rechenschaft entspricht in entgegengesetzter Richtung die umfassende Moralisierung komplexer kultureller Prozesse. Die humane Verantwortung wird absolut gesetzt, ihr Fundament aus einem vorausliegenden Ethos, aus der Natur oder der Schöpfung schlechthin abgeleitet. Beidesmal geht es um die normative Integration von Nichtzurechenbarem durch Strategien der Vereinfachung, so daß hier von einem *Komplexitätsproblem* im Verantwortungsbegriff die Rede sein muß.

Die Spannung zwischen impersonaler Attribution und personalistischer Verfassung. Die Übertragung von Verantwortlichkeiten auf höherstufige Handlungssubjekte konfligiert mit den Prämissen, daß nur natürliche Personen über Eigenschaften verfügen, die sie zu Verantwortungsträgern machen. Hierzu zählen Gründe, Motive, Intentionen und Interessen, aber auch Wahlfreiheit, Kenntnisse und Einflußmöglichkeiten. Sollen Korporationen oder Kollektiven diese Eigenschaften zugeschrieben werden, bedarf es entsprechender Modifikationen – oder neuer Kriterien, durch die Verantwortungsfähigkeit auf impersonaler Ebene definierbar wird. Es müssen Konsistenzen hergestellt werden, die es erlauben, Aktionen auf eine referentielle Grundlage zu beziehen. Handlungsfähigkeit muß unterstellt werden können, damit Handlungsfolgen zuschreibbar sind. Diese Attribution ist nicht direkt zu leisten. Sie muß Umwege nehmen, über symbolische oder metaphorische Übertragungen vollzogen oder durch komplizierte Regelwerke abgesichert werden. Man kann Firmen, Institutionen oder Staaten nur adressieren, wenn sie sich als konturierte und konsistente Entitäten fassen lassen, als »Einheiten«, deren Elemente und Bestandteile miteinander zusammenhängen. Modelle werden benötigt, die einen Rahmen und eine Grundlage verantwortungsbezogener Attribution stiften. Entsprechend liegt hier ein *Konsistenzproblem* in der Erzeugung handlungsfähiger Operateure vor.

Die Spannung zwischen Teilung und Unteilbarkeit von Verantwortung. Unter normalen – das heißt stabilen und überschaubaren – Verhältnissen läßt sich der Grad der Verantwortlichkeit nach bestimmten Kriterien festlegen und zuschreiben. Verantwortung ist in dem Sinn unteilbar, als sie jemandem für sein Tun gemäß deskriptiver Umstände und normativer Maßstäbe exklusiv zugerechnet wird. (Ob sie dann tatsächlich übernommen wird, ist eine andere Frage.) Unter komplexen Bedingungen kann es erforderlich sein, den Verantwortungsgrad anteilig zu bestimmen, je nach Bereich, Reichweite und Charakter der strittigen Verantwortlichkeiten, nach Aufgabe, Stellung, Funktion und Zuständigkeit der Akteure. Hierzu sind Staffelungen und Stufungen notwendig, durch die sich Anteile festlegen lassen, ohne daß es zu entlastenden Aufteilungen kommt, zu kleinen oder großen Fluchten, zu Delegationen oder Verleugnungen. Dem Dilutionseffekt geteilter Verantwortlichkeiten in höchststufigen Prozessen muß durch entsprechende Spezifizierungen entgegen gearbeitet werden. Das bringt neue Schwierigkeiten der

Vermittlung zwischen der Kontextualisierung und Universalisierung von Handlungsgründen mit sich. Genaue Beobachtungen dessen, was sich nicht genau beobachten läßt, sind verlangt: Unterscheidungen zwischen System und Umwelt, zwischen Moral und Steuerung, zwischen Ursache und Wirkung, so daß hier von einem *Differenzierungsproblem* gesprochen werden muß.

Die Spannung zwischen Selbstorganisation und Eigenverantwortung. Eine der Grundmaximen verantwortlichen Handelns lautet: Verantwortung ist das, was man tut, nicht was man läßt. Oder anders ausgedrückt: Wer Verantwortung hat, der soll sie auch übernehmen. Diese Übernahme bildet einen Sollensimperativ, also etwas, dem man sich nur unter ethischer Mißachtung entziehen kann. Und sie beruht auf einem hohen Quantum an individueller Initiative, an persönlichem Engagement und Einsatz. Darum bildet Eigenverantwortung das Heilmittel gegen die Entfesselung systemischer Eigendynamiken, gegen die Vorherrschaft der liberalen Marktwirtschaft und die kalte Macht der Globalisierung, gegen den sklerotischen Sozialstaat und gegen die herrschende Fürsorgementalität. Sie sorgt für mehr Effizienz im Räderwerk der Apparate, nimmt unvermeidliche Aufgaben und Pflichten auf ihre Schultern, steht für Fehler und Schäden gerade. Eigenverantwortung sorgt jedoch auch für Störeffekte und neue Unsicherheiten. Sie unterläuft die Selbstorganisation funktionaler Systeme durch externe Eingriffe, interveniert unter vermeintlichen Sichtbedingungen in operativ geschlossene Prozesse, zwingt hochgradig selbstregulativen Ordnungskomplexen riskante Kursänderungen auf. Die Korrektur von Systemfolgen durch Selbstzurechnung erzeugt Anschlußprobleme der Zurechnung nicht beabsichtiger Effekte und gefährdet die systemstabilisierende Eigenkomplexität. Der Ruf nach Eigenverantwortung kann hier selbst unverantwortlich werden. Wer die strukturellen Koppelungen komplexer Systeme ohne die genaue Kenntnis ihrer autopoietischen Organisationsmechanismen beschneiden will, handelt gegen die immanente Systemrationalität und damit verantwortungslos. Die paradoxe Schlußfolgerung besteht darin, daß systemisches Handeln dann verantwortbar ist, wenn es nicht per Krisenmanagement in die Prozesse eingreift, sondern sie für Kontingenzsteigerungen offen hält, so daß man hier von einem *Regulierungsproblem* sprechen muß.

Die Spannung zwischen Freiwilligkeit und Zwang. Wo verantwortlich gehandelt wird, wird bis zu einem gewissen Maß freiwillig gehandelt, aus Einsicht, besserem Wissen, Vorausschau und Fürsorge. Verantwortung gehört traditionellerweise zu den supererogatorischen Begriffen, die verdienstliche Mehrleistungen umfassen und über das bloß Gesollte hinausreichen. Tugendhaftigkeit, Mitgefühl und eine aktive Bereitschaftshaltung zählen zum Grundrepertoire des Verantwortungsbewußtseins. Diese Eigenschaften begünstigen zweifellos das moralische Handeln in komplexen Zusammenhängen: der Wille, sich auch für das verantwortlich zu fühlen, was man nicht selbst verursacht hat; die Bereitschaft, Verantwortung, die man hat, auch zu übernehmen. Es wird nicht gewartet, bis der äußere Druck (durch das Gesetz, die Öffentlichkeit oder den vorwurfsvollen Mitmenschen) unangenehme Formen angenommen hat, sondern schon vorher stellt man sein Handeln auf Achtung und Rücksicht um. Die Frage ist jedoch, ob das ausreicht. Kollektiv verursachte Umweltschäden, Politikverdrossenheit und soziale Trittbrettfahrerei sind Probleme, die sich nicht ohne weiteres durch Appelle an den guten Willen der Betroffenen lösen lassen. Tugenden erfordern nicht tugendhafte Absicherungen, Solidarität ist auf gerechte Rahmenbedingungen angewiesen. Weil funktional eigensinnige Prozesse durch Zwangsmaßnahmen koordiniert werden müssen, da ihre normativen Kräfte auf die Selbstregulation beschränkt bleiben, liegt hier ein *Implementierungsproblem* vor.

Verantwortung – als praktischer Handlungsmaßstab und als theoretisches Modell – bildet somit ein höchst prekäres *Grenzphänomen*, das zwischen geschuldeter Rechenschaftspflicht und verdienstlicher Mehrleistung, zwischen regelkonformem Verhalten und freiwilligem Engagement hin und her pendelt, gesetzliche Vorgaben und moralische Orientierungen, Nichtschädigungs- und Solidaritätsgebote gleichermaßen umfaßt. Die Attraktivität der Verantwortungskategorie für das Erfassen und Beeinflussen komplexer Prozesse liegt auf der Hand: Man unterliegt weder einer unbedingten Verpflichtung, in das unüberschaubare Geflecht an systemischen Beziehungen einzugreifen, noch steht der Rückzug auf die Position der Unzuständigkeit offen. Das Bewußtsein von Verantwortung ist das Bewußtsein unseres Involviertseins in kontingente Zusammenhänge, denen wir uns nicht entziehen können. Genau hieraus resultiert die problematische *Ambivalenz* des Begriffs: Wir benötigen ihn, um Nebenfolgen und Randeffekte unseres Handelns in den Gegenwartshorizont der moralischen Vernunft einbeziehen zu können. Zugleich verleitet der Begriff in seiner normalen (und normativen) Verwendung jedoch dazu, die Einsichten in eigensinnige Strukturzusammenhänge überzubewerten und die Eingriffsmöglichkeiten in sie zu überschätzen. Dies gilt auch in negativer Hinsicht: Wo die anwachsende Unverantwortlichkeit beklagt wird, bleibt die Idee der Verantwortung als Postulat und Regulativ wirksam. Man setzt stillschweigend voraus, daß Selbstregulation und Eigensteuerung vermeidbar sind. Es sind deshalb die beiden Extreme der Verantwortungsüberdehnung und der Verantwortungsunterbietung, die es vernünftigerweise zu vermeiden gilt. Die *Diffusion* des Begriffs ist das Resultat seiner Entgrenzung, auf die ihrerseits mit Grenzüberschreitungen zu reagieren unklug wäre. Diese Untersuchung unternimmt statt dessen den Versuch einer *Grenzziehung*, durch die der Verantwortungsbegriff in seiner Wirksamkeit eingeschränkt werden soll, um seine verbliebenen Auswirkungen besser einschätzen und benennen zu können.

5. Skeptische Grenzziehungen: Grundzüge eines komplexitätsorientierten Verantwortungskonzepts

Über die Skepsis gegenüber der allzu unbefangenen Verwendung von Verantwortungsbegriffen im Kontext hochmoderner Gesellschaften ist gesprochen worden. Diese Skepsis richtet sich jedoch genauso auf die Leugnung und Unterschlagung des Begriffs. Es gibt Verantwortbarkeiten und Verantwortlichkeiten; jede gegenteilige Behauptung zeugt von Realitätsblindheit oder selektiv verengter Wahrnehmung. Es gibt sie in interpersonalen Beziehungen, in familiären Fürsorgeverhältnissen, in normalen Alltagssituationen, wenn der Schirm verloren wurde oder man die leeren Weinflaschen zum Glascontainer bringt. Es gibt sie in Büros, wenn der Papierstau im Fotokopierer beseitigt wird, in Werbeagenturen, wenn die Konkurrenz den Etat erhält. Es gibt sie dort, wo Autofahrer ungeschickt einparken, Steuern hinterzogen oder Parteigelder veruntreut werden. Verantwortlichkeiten existieren, wo die neue Leselampe Stromschläge austeilt, die Kühlung des Atomreaktors ausfällt, der Öltanker auf Grund läuft. Verantwortlichkeiten sind festgeschrieben in Produktnormen, Arbeitsverträgen und im Grundgesetz. Unternehmen tragen die Verantwortung für ihre Mitarbeiter, der Staat für seine Bürger, wir alle für vergangenes Unrecht und das Wohl zukünftiger Generationen.

Die Frage lautet nicht, ob es Verantwortung gibt, sondern wie und wo es sie gibt. Nach der Art und dem Grad von Verantwortlichkeiten muß gefragt werden, die je nach Situation, nach Relation, nach Fall und Umständen variieren. Vonnöten ist mithin ein *kontextualistischer Verantwortungsbegriff, der skeptisch grundiert ist*. Der Skeptiker ist kein kognitivistischer Idealist, sondern pragmatischer Realist. Ihm geht es um das Erreichbare, nicht das Wünschbare. Er setzt auf den normalen Menschenverstand statt auf ein normatives Menschenbild. Er vertraut der lebenspraktischen Klugheit und der reflektierenden Urteilskraft, die vom Besonderen zum Allgemeinen fortschreitet. Der Skeptiker ist ein Extremist der Mitte, der nicht den Ausgleich, sondern das Austragen von Gegensätzen verfolgt. Definitive Perspektiven und kategorische Positionen sind ihm fremd. In der Vernunft sieht er kein Allheilmittel, sondern ein Medium der Konfliktlösung. Er favorisiert einen situativen Rationalismus, der sich an Gründen und Zwecken bemißt, die im Rahmen der Umstände relevant sind. Seine Vorgehensweise ist die angemessene Erläuterung strittiger Fallaspekte, nicht die Begründung uneingeschränkt gültiger Regeln. Er vertritt die Methodik der Explikation von Verständigungs- und Handlungsbedingungen, die in unseren Alltagssituationen wirksam werden. Der Skeptiker ist ein relativer Universalist: Er glaubt an die Verbindlichkeit allgemeiner Handlungsorientierungen, zweifelt jedoch an ihrer absolut verpflichtenden Kraft. Sein Fundament ist eine kritische Anthropologie der Moral, die dem Menschen ethische Kompetenzen unterstellt, über die er nicht mit letzter Sicherheit verfügt.

Der skeptische Weg ist besonders geeignet, die beiden Extrempositionen zu vermeiden, die sich in Reaktion auf die zunehmende Diffundierung von Verantwortungsbereichen herausgebildet haben: den *Fatalismus systemischer Eigendynamik* und den *Euphemismus verantwortungsethischer Allzuständigkeit*. Der defaitistische Funktionalismus und der euphemistische Moralismus sind genau betrachtet die Kehrseiten ein und derselben Medaille. Sie spreizen einen Grundzug von Phänomenen zum Ganzen auf: dort die operative Geschlossenheit und vernunftlose Dynamik hochkomplexer Funktionssysteme, hier die Eingriffsfähigkeit und das intervenierende Vermögen moralischen Handelns. Damit werden Gegensätze aufgebaut, die den faktischen Gegebenheiten nicht entsprechen. Es handelt sich in der einen wie der anderen Hinsicht um einen methodischen Reduktionismus, der in der Praxis kontraproduktive Konsequenzen hat. Der Grund liegt darin, daß jeweils ein leitendes Deutungsparadigma in der Vordergrund gestellt wird, das den Pluralismus von Interaktionsgründen und -zielen monokausal zurechtstutzt. Diese Vereinfachung führt nicht zur Differenzierung zwischen unterschiedlichen Handlungstypen und -bereichen, sondern zu ihrer Nivellierung.

Die Mehrzahl der gängigen Verantwortungstheorien ist den Sachverhalten, die mit ihrer Hilfe erfaßt werden sollen, unangemessen, weil überholte Kategorien verwendet oder beobachtete Phänomene einseitig wahrgenommen werden und auf diese Weise immanente Widersprüche und Paradoxien entstehen. Die Spannungsverhältnisse im Verantwortungsbegriff sind freilich nicht allein methodischen Fehlern und systematischen Verkürzungen anzulasten. Sie liegen zu einem erheblichen Maß in der Natur der Sache. *Die Diffusion von Verantwortlichkeiten im Pluriversum fortgeschrittener Gesellschaften ist ein Faktum*. Wir haben es hier nicht mit Einbildungen oder Vorentscheidungen zu tun, nicht mit transzendentaler Willkür oder einer Sehnsucht nach Verkomplizierung, sondern mit alltagspraktischen Evidenzen. Damit wird – systemtheoretisch ausgedrückt – die Unterscheidung von Unterscheidungen nötig: Es geht darum herauszufinden, inwieweit die Paradoxien und Widersprüche ihrerseits sachhaltig sind. Es geht um die Überprüfung vorhandener Konzepte und gegebenenfalls um ihre Korrektur. Damit aber auch wieder um Grenzziehungen, um veränderte Definitionen, um die Anpassung unseres methodischen Instrumentariums an den Lauf der Dinge.

Dieses Vorgehen ruft erneut den Skeptiker auf den Plan, der weiß, daß in komplexen Zusammenhängen mit den Gegensätzen auch die Gegenläufigkeiten zunehmen. Der Skeptiker sieht, daß die Ausdifferenzierung der Handlungsbereiche nicht nur zu Polarisierungen und Abschottungen, sondern genauso zu Öffnungen und Überschreitungen führt. Der Skeptiker erkennt die *Permissivität*, die den Motor des technologischen

Fortschritts, des ökonomischen Wachstums, der sozialen Liberalisierungen, der kulturellen Vielfalt bildet. Er begreift, daß Überlagerungseffekte das Resultat höherstufiger Operationen bilden, die aus sich heraus *Grenzüberschreitungen zwischen geschlossenen Funktionszonen* erzeugen. Er sieht, daß Beobachtungen und Entscheidungen unter Bedingungen der operativen Selbstorganisation durch externe Umweltfaktoren irritiert werden, daß Ablenkungen stattfinden und Fremdeinflüsse einwirken, die zu permanenten Kursänderungen führen, daß Korrekturen und Abweichungen vielfach den normalen Ausnahmezustand hochkomplexer Systeme ausmachen.

Weil ausdifferenzierte Systeme sowohl geschlossen als auch offen sind, weil Entscheidungseffekte gleichermaßen geschehen wie bewirkt werden, weil das Unvorhersehbare neben dem Absehbaren steht, muß der Blick auf die *Übergänge* zwischen den operativen Ordnungen gerichtet werden, auf das Netzwerk selbst, das der Entstehung und der Beobachtung komplexer Situationen zugrunde liegt. Dies bedeutet nicht, daß ein Begriff der Verantwortung, der diesen Faktoren gerecht werden will, selbst komplex sein muß. Es kommt vielmehr darauf an, die Phänomenbereiche so zu erfassen, daß ihre wesentlichen Eigenschaften deutlich werden und zugleich Abweichungen miterkannt werden. Dazu ist eine adaptive Konzeption notwendig, die allgemein genug ist, um unterschiedliche Phänomene angemessen beschreiben zu können, und konkret genug, um auf Änderungen zu reagieren und sie konzeptuell zugänglich zu machen.

Es bedarf mithin einer *Grundstruktur*, in der die zentralen Definitionen, methodischen Voraussetzungen und systematischen Elemente enthalten sind, und eines *Differenzierungsprinzips*, durch das sich situative Faktoren, instabile Randbedingungen und kontingente Verläufe einbeziehen lassen und thematisierbar werden. Die Kombination von Grundstruktur und Differenzierungsprinzip sorgt dafür, daß der Begriff der Verantwortung nicht ausufert, mäandert und diffuse Formen annimmt. Vor allem aber ermöglicht das Zusammenwirken eines basalen und eines situationssensiblen Teils *die methodische Eingrenzung des Verantwortungsbegriffs, die der faktischen Entgrenzung des Verantwortungsfeldes entgegenwirkt*. Die Kombination von Grundstruktur und Differenzierungsprinzip erlaubt es, Grenzziehungen für den Geltungsbereich von Verantwortlichkeiten unter Bedingungen komplexer Interaktionszusammenhänge vorzunehmen.[45] Durch sie wird auf die Verflechtung und nichtlineare Vernetzung von Handlungsprozessen weder mit einer grenzenlosen Ausweitung noch durch eine restriktive Beschränkung des Verantwortungshorizontes geantwortet. Der kombinatorische

---

45 Zum Verhältnis von Grundstruktur und Differenzierungsprinzip siehe den Schlußabschnitt »Dialektik der Verantwortung«.

Weg umfaßt vielmehr beides, die normativen Verschiebungen, Verlagerungen und Verflüssigungen im Aktionsfeld hochmoderner Gesellschaften, aber auch die Schnittflächen, Kontaktpunkte und Nahtstellen, an denen Eingriffe in eigensinnige Prozeßabläufe möglich sind.

Mit einem Wort: Die Einheit von Grundstruktur und Differenzierungsprinzip macht den Verantwortungsbegriff in heuristischer Hinsicht griffiger und in praktischer Hinsicht effizienter, ohne daß er seine Konturen verliert oder im Strom selbstbezüglicher Ereignisse verschwindet. An die Stelle pauschaler oder restriktiver Verwendungen tritt ein flexibler Einsatz von Verantwortungzuschreibungen, die im Bewußtsein immanenter und unvermeidbarer Spannungsverhältnisse vollzogen werden. Leitendes Ideal ist die Umweltverträglichkeit von verantwortungsbezogenen Zurechnungen, die darin besteht, daß allgemein geltende Kriterien auch und gerade unter bestimmten Umständen gültig sind. Erforderlich ist eine *umfassende Konzeption von Verantwortung*, die schon auf der Ebene der Begründung die Angemessenheit von Gründen thematisiert und reflektiert. Das setzt eine Umkehrung der Blickrichtung voraus: Gefragt wird nicht, was unter allen Umständen das Beste wäre, sondern was unter den gegebenen Umständen das Passende ist. Eine umfassende Konzeption schreitet von singulären zu universellen Gründen fort. Sie stellt das Spezifische in den Vordergrund, um dazu das Unspezifische zu finden, und geht von Situationen aus, die situationsüberschreitend expliziert werden. Sie unterläuft die analytische Unterscheidung von Geltung und Gültigkeit durch die hermeneutische Differenzierung zwischen allgemeinen und besonderen Gründen, zwischen Rechtfertigungen und Erläuterungen. Sie zieht auch die Möglichkeit in Betracht, daß es gar keine – besseren oder schlechteren – Gründe geben kann, etwas zu tun oder nicht zu tun. Sie hält Konflikte zwischen unterschiedlichen Handlungsgründen nicht nur für möglich, sondern für wahrscheinlich. Sie glaubt nicht, daß solche Konflikte ohne weiteres auflösbar sind, aber auch nicht, daß sie grundsätzlich unauflösbar sind. Sie sieht in dilemmatischen Situationen nicht ihrerseits ein Dilemma, sondern geht gelassen mit ihnen um, indem sie nach weiteren Kriterien sucht, mit deren Hilfe sich Problemfälle klären lassen.[46]

Ein umfassendes Verantwortungskonzept erhebt nicht selbst den Anspruch auf Vollständigkeit. Im Gegenteil, sein Hauptanliegen besteht darin, die Ermöglichungsbedingungen von Handlungen im Horizont vernetzter Prozeßabläufe zu thematisieren. Nicht alle Fälle, Situationen, Abläufe, Entwicklungen und Zusammenhänge, in denen

---

46 Vgl. dazu Ludger Heidbrink, »Moral und Konflikt«, S. 285–297. Zum Umgang mit handlungspraktischen Dilemmata siehe auch Wolfgang Kersting, »Moralphilosophie, Dezisionismus und pragmatische Rationalität«, in: ders., *Recht, Gerechtigkeit und demokratische Tugend*, S. 380–392.

Verantwortungsfragen relevant sind, lassen sich konzeptuell erfassen. Genauso wenig ist es sinnvoll, für die unterschiedlichen sozialen Funktions- und Handlungsbereiche, für Politik, Wirtschaft, Wissenschaft, Technik, Natur und Geschichte durchweg nach spezifischen Verantwortungslösungen zu suchen. Verantwortung ist, auch wenn es bisweilen so aussieht, kein Patentrezept, kein Vademekum oder Passepartout, das Tür und Tor zu einem besseren, umsichtigeren, nachhaltigeren Handeln eröffnet. Eine Theorie der Verantwortung ist allenfalls in der Lage, die Prämissen zu klären, unter denen sich ein sensibles Organon für Konflikte und ein pragmatisches Sensorium für deren Behandlung ausbilden lassen. Nicht die Wahrheit des richtigen Handelns, sondern das Wissen um die Kontexte des Handelns und die Voraussetzungen dieses Wissens stehen in ihrem Zentrum: Nicht um die Vision einer neuen Ethik geht es, sondern um die Supervision eigensinniger Ereignisvollzüge; nicht um die Kontrolle riskanter Systemoperationen, sondern um das verstehende Beobachten ihrer internen Verbindungen.[47]

Erforderlich ist, anders gesagt, ein *heuristisches Verantwortungskonzept auf hermeneutischer Basis*, mit dessen Hilfe sich eine Bündelung unterschiedlicher Verantwortungsphänomene in praxisorientierter Hinsicht durchführen läßt. Im Vordergrund steht dabei nicht die kognitivistische Begründung, sondern die kognitive Erkundung des Anwendungsbereiches von Verantwortungsnormen. Die Wissens- und Informationsgesellschaft, die den Rahmen hochgradig verzweigter Handlungsabläufe bildet, benötigt keine geltungslogische, sondern eine semantische Verantwortungkonzeption, in der die verstehende Verwendung des Begriffs Vorrang vor seiner diskursiven Rechtfertigung hat. Es geht somit um ein minimalistisches Programm der Verantwortungsbegründung, in dem Beweislasten geregelt, Zuständigkeiten aufgeklärt und kontingente Effekte berücksichtigt werden. Dem minimalistischen Begründungsprogramm korrespondiert ein maximalistisches Anwendungsprogramm, in dem Fragen der Zumutbarkeit, des Wissens und der Erfahrung, konfligierender Interessen und komplexer Kontexte thematisiert werden. Das Begründungs- und das Anwendungsprogramm laufen zusammen auf eine maßvolle, eine gemäßigte Konzeption von Verantwortung hinaus, die Korrekturen an reduktionistischen Verwendungen des Begriffs ermöglicht.

Wesentlich ist dabei die Einsicht in den *Sonderstatus* von Verantwortung zwischen geschuldeten und verdienstlichen Pflichten. Verantwortung beruht nicht nur auf sogenannten Nichtschädigungsgeboten, sondern auch auf Solidaritäts- und Fürsorgepflichten. Die sogenannten supererogatorischen Elemente in verantwortungsvollem Handeln bilden

---

47 Zum Begriff der Supervision siehe Helmut Willke, *Die Supervision des Staates*, S. 41–71.

jedoch nicht selbst einen eigenen Sonderbereich, sondern erweisen sich bei genauerem Hinsehen als immanente Konsequenz eines vollständigen Moralverständnisses, das negative und positive Pflichten gleichermaßen umfaßt. So gesehen ist die Fundierung auf Pflichten ausreichend, wenn auch im Begriff der Verantwortung ein besonderes Maß an *freiwilliger Selbstbindung* enthalten ist, das im Rahmen einer normativen Handlungskonzeption für komplexe Situationen genauer herausgearbeitet werden muß. Es wird sich zeigen, daß der gesuchte Verantwortungsbegriff sich in einem speziellen Grenzbereich zwischen Recht und Moral, Gerechtigkeit und Solidarität, Sanktion und Appell, universalistischer und partikularistischer Orientierung, Deontologie und Teleologie bewegt.[48]

Um diesen Grenzbereich genauer bestimmen zu können, bedarf es nicht zuletzt der *Explikation der kulturellen, sozialen und politischen Rahmenbedingungen*, unter denen gehandelt wird. Die Imprägnierung unseres moralischen Bewußtseins durch Werte, Orientierungen und Lebenspläne, durch Freiheits- und Gleichheitsvorstellungen, durch kulturelle Traditionen und nationale Zugehörigkeiten spielt eine entscheidende Rolle dafür, Verantwortung nicht nur zu haben, sondern sie auch zu übernehmen. Es ist die Gesellschaft, in der man lebt, die darüber bestimmt, mit welchem Maß an Verantwortung man in ihr lebt. Kurz, es sind die lebensweltlichen Einflüsse zu klären, die handlungsanleitende und -motivierende Auswirkungen auf das menschliche Verhalten haben. Neben die Hermeneutik als Verstehenslehre tritt damit die Anthropologie als Verhaltenslehre, aus der sich Aufschlüsse über Abhängigkeiten, Angewiesenheiten und Aufmerksamkeiten des menschlichen Lebewesens gewinnen lassen. Die exzentrische Daseinsstruktur des Menschen ist Grund seiner Welthaftigkeit, seiner Zielorientierungen und Entscheidungsfähigkeiten, seiner Kompetenz zur Komplexitätsreduktion und Unterscheidung zwischen relevanten und irrelevanten Handlungszwecken. Anthropologisch betrachtet ist der Mensch ein selektionsfähiges Wesen, das gelernt hat, sich im Dickicht der Informationen, Werte und Normen zurechtzufinden. Weil er von Natur aus auf künstliche Ordnungen angewiesen ist, beherrscht er die Kunst der Anpassung an hochgradig irritierende und unüberschaubare Kontexte. Seine Akkomodationskompetenz erlaubt es ihm, von Fall zu Fall neue Bewertungsmaßstäbe zu finden, weil er über stabile Grundorientierungen und verläßliche Wissensressourcen verfügt, die situative Adaptionen ermöglichen.

Damit ist der Rahmen der vorliegenden Untersuchung skizziert. Das Ziel besteht in der Ausarbeitung einer pluralistischen Grammatik von

---

48 Zur Verortung des Verantwortungsbegriffs zwischen deontologischer Moralbegründung und konsequentialistischer Handlungsorientierung siehe auch Charles Larmore, *Strukturen moralischer Komplexität*, S. 154–160.

Verantwortungsformen, die von der Leitsemantik eines zurechnungsfundierten Verantwortungsbegriffs überwölbt wird. Das bedeutet: *keine komplexe Ethik, aber eine Ethik der Komplexität.* Allerdings ist gerade dies klärungsbedürftig: ob Moral in indeterminierten Zusammenhängen weiterhilft, aber auch, was Indetermination überhaupt bedeutet. Fest steht, daß der Umgang mit Konflikten, mit Kontingenzen und Kollisionen eingeübt werden muß, um im Feld entgrenzter Prozeßvollzüge Stand zu gewinnen, und daß dazu methodische Grundbausteine zusammengetragen werden müssen, aus denen sich das mehr oder weniger stabile Gebäude eines komplexitätsorientierten Verantwortungskonzepts aufschichten läßt. Die architektonische Realisierung obliegt auch hier wieder dem Skeptiker, der auf keine singuläre Methode festgelegt ist. Der Skeptiker nimmt sich aus den Theoriebruchstücken das, was paßt, und fügt es behutsam zusammen. Gegen den Mythos der autopoietischen Eigendynamik setzt er auf die Option einer *Systemverantwortung*, bei der sich moralische Rationalität und institutionelle Supervision zu einem klugen Komplexitätsmanagement verbinden. Er weiß, daß die Grundstruktur von Verantwortung so weit differenziert werden muß, daß je nach Kontext ein tragfähiges, wirklichkeitsangemessenes und fehlerkorrigierendes Handlungskonzept entsteht.

Denn die Flexibilität der moralischen Vernunft ist die Voraussetzung ihrer methodischen und praktischen Vollständigkeit. Empirische Komplexitätserfassung, normative Zurechnung und konkrete Konfliktlösung müssen Hand in Hand greifen. Die problemlösende Rationalität muß in der Lage sein, ihre eigenen Vorgaben den Gegebenheiten anzupassen, sie muß qua reflexiver Urteilskraft tätig werden, Interessenabwägungen durchführen, Asymmetrien behandeln und dezisionistische Entscheidungen treffen. Das Verantwortungsbewußtsein tritt dabei als *metaethisches und zugleich handlungsanleitendes Prinzip* in Kraft: Es vermittelt zwischen moralischem Minimalismus und Maximalismus, zwischen Universalität und Situativität, zwischen allgemeingültiger Regel und fallbezogener Ausnahme. Nur so läßt sich der Verantwortungsbegriff sowohl gegen den Trend der Entgrenzung und ethischen Überfrachtung als auch gegenüber einem rechtfertigungstheoretischen und praktischen Reduktionismus sinnvoll weiter entwickeln.

II. Genealogie

Die Durchsetzung des Verantwortungsbegriffs zu einer moralischen und sozialpolitischen Leitkategorie hochmoderner Gesellschaften hat sich nicht von heute auf morgen vollzogen. Begriffliche Konjunkturen haben eine Vorgeschichte, aus der heraus sich erst die Tragweite und Bedeutsamkeit dieser Konjunktur erschließt. Es gibt nicht wenige Leitbegriffe, die durch die Gezeiten der akademischen Moden oder die Wogen feuilletonistischer Debatten nach oben gespült wurden, um dann sang- und klanglos wieder zu verschwinden. Nicht selten lag der Grund solcher kurzfristiger Begriffsblüten darin, daß man ihrer Heraufkunft nicht genügend Aufmerksamkeit schenkte und sich über die methodologischen und diagnostischen Qualitäten der jeweiligen Leitkonzepte täuschte. Das Neue ist kein zuverlässiger Garant des Richtigen.

Vor allem der Verantwortungsbegriff ist durch zahlreiche Zusatzannahmen und Vorbedingungen gekennzeichnet, die nicht immer klar ausgewiesen sind und ihm einen mehrdeutigen, um nicht zu sagen: schillernden Charakter verleihen. Aufgrund seiner *konnotativen Unschärfe* eignet er sich vorzüglich für rhetorische Zwecke und wird deshalb vielfach dort eingesetzt, wo die herkömmlichen moralischen Regeln und Kategorien nicht mehr weiterhelfen.[1] Er besitzt stark appellative Züge, die ihn besonders für programmatische Aktionen tauglich machen. Wo jemand zur Verantwortung gerufen wird, wird ein ganzer Reigen von Verweisungen eröffnet, die vom Selbstverständnis der angesprochenen Person über die realen Handlungsbedingungen bis zur Sorge um die Erfüllung mitlaufender Erwartungen reichen: Der Verantwortungsbegriff besitzt gewissermaßen die naturwüchsige Tendenz, über den moralischen Bereich hinauszuschießen und mit Anforderungen befrachtet zu werden, die von außen an ihn herangetragen werden. Man redet von »Verantwortung« vielfach dann, wenn im Grunde etwas anderes vorliegt: die Schwierigkeit, präzise Handlungskriterien zu formulieren und konkrete Lösungen für Probleme zu finden. In solchen Situationen dient der *Appell an die Verantwortung* der Entlastung von der Zumutung, sich mit den näheren Umständen des Falls auseinanderzusetzen.[2] Es werden pauschal Zuständigkeiten reklamiert und Zurechnungen vollzogen, ohne daß im einzelnen die Legitimationen geklärt sind: Das Einklagen der Verantwortung ersetzt die besondere Begründung, das Auffordern zum Handeln die jeweilige Rechtfertigung.[3]

1 Siehe dazu Ludger Heidbrink, »Das Dilemma der Verantwortung«, S. 982–989.
2 Vgl. Norbert Wokart, »Verantwortung. Garant konservativer Ethik«, S. 59–75.
3 Beispielhaft für die pauschale Einforderung moralischer Verantwortlichkeit: Jann Holl, »Verantwortung zwischen sozialer Ordnung und individualer Freiheit«, S. 54 f.

Umgekehrt kann der Verantwortungsbegriff jedoch auch an einer zu starken *Reglementierung und Kategorisierung* leiden. Es werden Geltungskriterien und Bewertungsmaßstäbe aufgestellt, die keinen Spielraum für eigenständige Entscheidungen zulassen. Eingezwängt ins Korsett kausaler Deduktionen folgt der Akteur einer deterministischen Handlungslogik, die ihn auf die Befolgung oder die Ablehnung von Regeln festlegt.[4] Hierin gehört auch die Konzeption von Handlungsnormen im einsamen Labor des Moralphilosophen. Nach dem kognitivistischen Reinheitsgebot gebraute Ethiksysteme prallen auf die krude Faktizität, die sich standhaft der kategorialen Erfassung widersetzt. Es entstehen Mißverhältnisse zwischen idealen Begründungen und realen Gegebenheiten, die sich nur durch weitere prinzipielle Differenzierungen aus dem Weg schaffen lassen. Der moralphilosophische Apparat muß ausgebaut werden, um mit der Vielfalt der praktischen Problemfälle Schritt zu halten, was zu systematischen Wucherungen und Verkomplizierungen führt, die auf die Konsistenz der methodologischen Grundannahmen zurückschlagen. Oder man entscheidet sich zu *taktischen Vereinfachungen*, kappt die reflexionslogischen Verästelungen und reduziert das System auf zwei oder drei Grundregeln. Der methodologische Purismus besitzt den Vorteil der Handlichkeit, ruht aber häufig auf brüchigen Fundamenten, die einer genaueren Überprüfung nicht standhalten.[5]

Um diese Schwierigkeiten zu vermeiden, bedarf es eines genaueren Blicks auf die *Geschichte des Verantwortungsbegriff*. Dabei gilt es vor allem, die Ursachen für die beiden genannten Formen der Vereinseitigung deutlich zu machen, die seit längerem die Diskussion um den Begriff beherrschen. Während auf der einen Seite die Flucht in die Verantwortung mit der Hoffnung angetreten wird, ein Universalheilmittel für die anstehenden sozialpolitischen Probleme in der Hand zu haben, ohne sich dabei die Mühen einer konsistenten und tragfähigen Begründung zu machen, werden auf der anderen Seite immer raffiniertere Legitimationsstrategien entwickelt, die allerdings den Test der Realitätsangemessenheit nur in den seltensten Fällen überstehen. Gegen diese beiden Extremreaktionen auf den anwachsenden Handlungsbedarf in hochmodernen Gesellschaften – einer Verantwortung ohne Kriterien und Kriterien ohne Verantwortung – bedarf es der Klärung der methodologischen Basisbedingungen und der praktischen Erfüllungschancen,

---

4   Exemplarisch hierfür ist – historisch gesehen – die Position von Moritz Schlick, wonach wir »den Begriff der Verantwortlichkeit nur insoweit anwenden können, als das Kausalprinzip für die Willensprozesse gilt« (*Fragen der Ethik*, S. 116).

5   So bei Michael Hauskeller, *Versuch über die Grundlagen der Moral*, S. 262, der die »Grundstruktur von Verantwortung« auf eine zweistellige Relation reduziert, »da hier Gegenstand (das Für der Verantwortung), Adressat (das Gegenüber) und Instanz (das Vor) zusammenfallen«.

die für einen sinnvoll geführten Verantwortungsdiskurs erforderlich sind.

Um dies leisten zu können, ist zuvor die Explikation der semantischen und pragmatischen Grundlagen des Verantwortungskonzepts vonnöten, so wie es in unterschiedlichen Theoriezusammenhängen entwickelt und ausgebaut worden ist. Es geht mit einem Wort um eine *kritische Genealogie*, die sich mit den stillschweigenden Prämissen des Verantwortungsbegriffs befaßt, seinen spekulativen Überbau freilegt und ihn der teleologischen oder metaphysischen Gewänder entkleidet, in die er gehüllt wird. Auf diesem Weg werden nicht nur die unterschiedlichen Anleihen bei der Theologie und der Geschichtsphilosophie, der Tradition der Wertethik und Sozialutopie sichtbar, die zur Aufstockung des verantwortungsmoralischen Etats gemacht worden sind. Es werden auch die personen- und handlungstheoretischen Voraussetzungen deutlich, die das Verantwortungskonzept im einzelnen kennzeichnen und seine praktische Verwendung in gesellschaftlichen Kontexten ermöglichen sollen.

Zu diesem Zweck werden im folgenden nach einer kurzen Skizze der Entstehung des Verantwortungsbegriffs vier prototypische Grundmodelle behandelt, die für die weitere Entwicklung der Verantwortungsdiskussion eine wesentliche Weichenstellung bedeuten, auch wenn in ihnen von Verantwortung im genuinen Sinn des Wortes nicht immer die Rede ist. Die moralphilosophischen und handlungstheoretischen Konzeptionen von Kant, Hegel, Kierkegaard und Nietzsche besitzen insofern einen paradigmatischen Stellenwert, als hier die besonderen Leistungen, aber auch schon die Grenzen des Verantwortungsbegriffs zutage treten, die für die späteren Debatten um verantwortliches Handeln in komplexen Kontexten kennzeichnend sind. So gesehen, macht dieses Kapitel zweierlei deutlich: daß die Philosophie des neunzehnten Jahrhunderts schon relativ früh den Sonderstatus des Verantwortungsprinzips – jedenfalls avant la lettre – erkannt hat und daß die nachfolgenden Auseinandersetzungen im zwanzigsten Jahrhundert ihren Einsichten im Grunde nicht mehr viel Neues hinzugefügt haben. Das anschließende Kapitel wird sich mit der Erfolgsgeschichte des Verantwortungsprinzips beschäftigen und dabei seinen konservativen, wenig innovativen Charakter in den Vordergrund stellen. Daß in diesem Konservatismus wiederum die Chance begründet liegt, auf bestimmte Grundelemente des Verantwortungsprinzips zurückzugreifen, die im Kontext komplexer Gesellschaften eine wichtige Rolle spielen, wird sich im weiteren Verlauf der Untersuchung zeigen.

GENEALOGIE

1. Herkunft des Verantwortungsbegriffs

Eine Geschichte des Verantwortungbegriffs steht noch aus.⁶ Sie würde freilich auch nicht allzu lang ausfallen. Die Karriere des Begriffes als methodologisches Konzept beginnt genau genommen erst in der Mitte des 19. Jahrhunderts. Es lassen sich zwar schon in der philosophischen Literatur der europäischen Aufklärung vereinzelte Begriffsverwendungen finden, aber noch keine eigenständigen Konzeptualisierungen.⁷ Auch die voraufklärerische Zeit kennt das Wort »verantworten«, das sich bis in die zweite Hälfte des 15. Jahrhunderts zurückverfolgen läßt, benutzt es aber vornehmlich im Sinn der Rechtfertigung für begangene Taten. Der Antike ist der sprachliche Ausdruck fremd, auch wenn es dort semantisch verwandte Begriffsverwendungen gibt.⁸ Verantwortung im expliziten Sinn des Wortes ist ein genuin *moderner Begriff*, der sich erst im Horizont der säkularisierten und funktional ausdifferenzierten Gesellschaften durchsetzt.

Dies hat seine Gründe. Der Ursprung des Begriffs liegt in der römischen Rechtslehre, von wo aus er auf den Bereich der Moral übertragen wurde. Sich für etwas verantworten, bedeutet ursprünglich, vor einem Gericht Rede und Antwort zu stehen, sein Handeln zu verteidigen und zu rechtfertigen. Dabei ist die strukturelle Homologie zur christlichen Rechfertigung vor dem Richterstuhl Gottes wesentlich: Man hat für seine Taten einzustehen und sie gegenüber einer höheren Instanz zu legitimieren, die über das Maß der Strafe oder Vergeltung entscheidet.⁹ Der herkömmliche Verantwortungsbegriff besitzt somit stark apologetische Züge und gründet in der Schuldhaftigkeit bzw. Unrechtmäßigkeit des Handelns, das eine Wiedergutmachung erfordert: Wer zur Verantwortung gezogen wird, hat gegen eine bestehende Ordnung von Gesetzen, Normen oder Werten verstoßen und steht unter dem Zwang, rechtfertigende

---

6   Siehe hierzu vor allem Kurt Bayertz, »Eine kurze Geschichte der Herkunft der Verantwortung«, S. 3-19. Vgl. auch Maximilian Forschner, »Verantwortung«, Sp. 590 f.; Johannes Schwartländer, »Verantwortung«, Sp. 1579 f. Hinweise auf die Geschichte des Verantwortungsbegriffs finden sich auch bei Axel Horn, *Verantwortung heute*, S. 3-7; Franz Rupert Hrubi, »Spielräume der Verantwortung«, S. 71-74.
7   So etwa an vereinzelten Stellen bei Thomas Hobbes, John Locke und Julien Offray de La Mettrie. Später taucht der Begriff dann vor allem bei John Stuart Mill und Benjamin Constant auf. Siehe Jann Holl, *Historische und systematische Untersuchungen zum Bedingungsverhältnis von Freiheit und Verantwortlichkeit*, S. 274-359.
8   Vgl. ebd., S. 23-206.
9   Zum theologischen und rechtlichen Ursprung siehe Georg Picht, »Der Begriff der Verantwortung«, in: ders., *Wahrheit, Vernunft, Verantwortung*, S. 318-320; Werner Krawietz, »Theorie der Verantwortung?«, S. 198-200.

Erklärungen für sein Verhalten zu finden. Von seinem Ursprung her ist der Verantwortungsbegriff ein *reaktives Legitimationskonzept*, das aufgrund einer erfolgten Klage vor einer sanktionsbewehrten Instanz zur Anwendung gelangt, um dem Delinquenten die Chance zur Explikation seiner Handlungsgründe und damit zur Widerlegung von Schuldvorwürfen zu geben.[10]

Die Gleichsetzung von Verantwortung mit Rechtfertigung hat, vor allem in der christlichen Philosophie des Mittelalters, die Frage nach der *Zurechnung* aufgeworfen. Die Lehre der »imputatio« läßt sich bis auf Aristoteles zurückverfolgen, der eine Reihe von grundlegenden Kriterien für die Zurechenbarkeit von Handlungen formuliert hat.[11] Hierzu zählt vor allem die Freiwilligkeit, denn nur derjenige, der ohne Nötigung handelt, kann für seine Taten zur Rechenschaft gezogen werden. Neben der Freiwilligkeit (hekoúsion) als Abwesenheit von äußerer Gewalt und innerem Zwang gehören auch die Wissentlichkeit und die Willentlichkeit zu den Bedingungen der Zurechenbarkeit von Handlungen.[12] Nur wer unter der Kenntnis sämtlicher absehbarer Umstände und aus willentlichem Entschluß (prohaíresis) handelt, kann für sein Tun verantwortlich gemacht werden. Indem Aristoteles Voraussicht und freie Willenswahl zu den Elementarbedingungen verantwortbaren Handelns macht, legt er den Grundstein für ein *kausales Zurechnungsprinzip*, das auch fahrlässige Verstöße gegen das rechtmäßige Tun mit einschließt. Die Bedingung für schuldhaftes Verhalten aufgrund von Unwissenheit oder Unachtsamkeit ist dann gegeben, wenn »es bei dem Betreffenden stand, nicht unwissend zu sein, da es bei ihm lag, die nötige Sorgfalt anzuwenden.«[13] Wer sich nicht über die Umstände seines Handelns informiert hat, obgleich er dazu in der Lage gewesen wäre, unterliegt dem kausalen Zurechnungsprinzip und muß mit entsprechender Bestrafung nach Maßgabe der Gesetze rechnen. Das gleiche gilt nach Aristoteles für denjenigen, der aus Willensschwäche (akrasia) gegen die rechtmäßige Ordnung verstößt und es trotz besserer Einsicht unterläßt, auf den Pfad der Tugend (areté) zurückzukehren: »Wer mit klarer Erkenntnis tut, was ihn ungerecht macht, ist doch wohl freiwillig ungerecht.«[14]

Aristoteles hat die formalen Kriterien benannt, die für die personale Zurechnung von Handlungen erfüllt sein müssen, und zugleich die Orientierung am ethisch Guten als Bewertungsmaßstab richtigen Handelns in den Vordergrund gestellt. Auch wenn von Verantwortung in einem

10 In diesem Sinn der »Rechenschaftsabnahme« läßt sich der Verantwortungsbegriff auch schon bei Platon finden: *Gesetze* 945d–e.
11 Aristoteles, *Nikomachische Ethik*, Drittes Buch, Kap. 1–7. Siehe auch *Eudemische Ethik*, Zweites Buch, Kap. 6–9.
12 EE 1123a 4–19.
13 NE 1114a 2–4.
14 NE 1114a 12–14.

expliziten Sinn hier noch nicht die Rede ist, sind Freiheit, Kausalität und Intentionalität die drei Hauptaspekte, die die Diskussion um die rechtliche und moralische Sanktionierung von Handlungsfolgen im weiteren Verlauf bestimmen werden.

Daß die Freiheit des Handelns durch eine innere Gesetzmäßigkeit bestimmt sein muß, damit die Zurechnung der Handlungsfolgen möglich wird, ist in der nachfolgenden Zeit die besondere Einsicht David Humes. Wo die absolute Willkür dominiert, so Hume, ist die Rückführung von Wirkungen auf Ursachen ausgeschlossen. »Durch die Lehre von der Freiheit oder der Zufälligkeit« werde der Zusammenhang zwischen Ursache und Wirkung »auf nichts reduziert. Ihr zufolge sind also die Menschen nicht verantwortlicher für Handlungen, die beabsichtigt und vorbedacht sind, als für solche, die ganz zufällig und unbedacht geschehen.«[15] Die Lehre des Indeterminismus führt zur Entlastung von Personen, die schuldig geworden sind, denen sich ihre Taten aber nicht zurechnen lassen. »Nur wenn das Prinzip der Notwendigkeit Geltung hat, gewinnt ein Mensch durch seine Handlungen Wert oder Unwert, mag dies auch der allgemeinen Meinung noch so sehr zuwiderlaufen.«[16]

Hume bringt mit seiner deterministischen Fassung des Verantwortungsbegriffs einen neuen Aspekt in die Debatte. Um jemanden zur Verantwortung ziehen zu können, müssen ihm nicht nur seine Handlungen kausal zugerechnet werden können. Es ist auch notwendig, ihm seine Taten gemäß bestimmter Kriterien zuzuschreiben. Der Akt der *normativen Zuschreibung* setzt eine kausale Beziehung zwischen dem Akteur und den von ihm bewirkten Handlungsfolgen voraus, erfordert aber darüber hinaus eine Bewertung der zugrunde liegenden Motive, Absichten und Wünsche. Ob ein Schaden oder sittlicher Verstoß aus Fahrlässigkeit oder Böswilligkeit entstanden ist, läßt sich nur unter Berücksichtigung der handlungsanleitenden Zielsetzungen entscheiden, die wiederum vor dem Hintergrund der situationsrelevanten Umstände bewertet werden müssen. Um die Frage nach dem Unterschied von intentionalen Handlungen oder bloßen Geschehnissen zu beantworten, muß eine interne Beziehung zwischen Absichten und Folgen hergestellt werden, die einen externen Standort der Beurteilung zur Voraussetzung hat. Das »Prinzip der Notwendigkeit« ist erforderlich, um den Grad der Handlungsfreiheit bestimmen und die entsprechende Höhe der Verantwortlichkeit zuschreiben zu können. Handlungs- und Willensfreiheit sind keine empirischen, sondern normative Prädikate. Sie bedürfen der Bewertung durch die praktische Vernunft, die in Ansehung der konkreten Tatbedingungen und nach Maßgabe verbindlicher Regeln ihr Urteil fällt. Die in einem juridischen

---

15 David Hume, *Ein Traktat über die menschliche Natur*, S. 148 f.
16 David Hume, ebd., S. 149. Vgl. auch ders., *Eine Untersuchung über den menschlichen Verstand*, S. 127.

Sinn prototypische Verantwortlichkeit des Menschen für seine Handlungen hängt somit von einer doppelten Zurechnung ab: der Zurechnung einer vollzogenen Handlung nach institutionalisierten Rechtsregeln und Rechtsprinzipien (imputatio iuris) und der Zurechnung der entsprechenden Handlung auf eine verantwortliche Person (imputatio facti).[17]

2. Normative Selbstverantwortung: Kant

Die doppelte Zurechnungsform in der rechtlichen Tradition der Verantwortungsbestimmung hat Immanuel Kant in seiner Fassung des Imputationsbegriffs aufgenommen und um den Aspekt der moralischen Zurechnung erweitert: »*Zurechnung* (imputatio) in moralischer Bedeutung ist das *Urteil*, wodurch jemand als Urheber (causa libera) einer Handlung, die alsdann Tat (factum) heißt und unter Gesetzen steht, angesehen wird; welches, wenn es zugleich die rechtlichen Folgen aus dieser Tat bei sich führt, eine rechtskräftige (imputatio iudiciaria, s. valida), sonst aber nur eine *beurteilende* Zurechnung (imputatio diiudicatoria) sein würde.«[18] Während die moralische Zurechnung einen bloß beurteilenden Charakter hat und für den betreffenden Akteur keine zwangsbewehrten Konsequenzen besitzt, führt die rechtliche Zurechnung zu einer gesetzlichen Verurteilung, die durch den Richter oder den Gerichtshof vorgenommen wird. Grundlage der Urteilsakte ist beidesmal die »*Person*« als »dasjenige Subjekt, dessen Handlungen einer *Zurechnung* fähig sind«.[19]

Kant verankert die moralische und rechtliche Zurechenbarkeit von Handlungen in der Freiheit der praktischen Vernunft, die sich aufgrund verbindlicher Kriterien ihr eigenes Gesetz gibt. »*Tat* heißt eine Handlung, sofern sie unter Gesetzen der Verbindlichkeit steht, folglich auch, sofern das Subjekt derselben nach der Freiheit seiner Willkür betrachtet wird.«[20] Die subjektive Seite dieser Selbstgesetzgebung ist das »Gewissen«, das als »einer vor Gott seiner Taten wegen zu leistenden Verantwortung gedacht werden muß«.[21] Verantwortung im expliziten Sinn

17 Siehe Werner Krawietz, »Theorie der Verantwortung?«, S. 204 f.; ders., »Rechtliche Verantwortung oder wissenschaftliche Vernunft?«, S. 69 f. Krawietz übernimmt die Unterscheidung von J.G. Darjes, *Institutiones Jurisprudentiae Universalis. Pars Generali*, Jena 1740, § 225. Zur Imputatio-Lehre vgl. Gerlinde Sommer, *Institutionelle Verantwortung*, S. 18–20; Joachim Hruschka, *Strukturen der Zurechnung*, S. 1–4.
18 Immanuel Kant, *Die Metaphysik der Sitten*, Werkausgabe, Bd. VIII, S. 334.
19 Ebd., S. 329.
20 Ebd.
21 Ebd., S. 574 (Tugendlehre).

des Wortes fällt für Kant in den Bereich der Pflichten gegen sich selbst und ist »(wenn gleich nur auf dunkele Art) in jenem moralischen Selbstbewußtsein jederzeit enthalten«,[22] mit dem der Einzelne die Rechtmäßigkeit seiner Handlungen prüft. Die »dunkele Art« besteht darin, daß im Akt der Gewissensprüfung Angeklagter und Richter zusammenfallen und es deshalb einer höheren Instanz bedarf, welche die Unparteilichkeit des Schiedsspruchs garantiert. Diese Instanz ist »Gott« als diejenige »idealische Person«, welche sich die Vernunft um der Objektivität der Gewissensprüfung selbst schafft. Die Idee eines ›höchsten Wesens‹ wird »bloß *subjektiv*, durch praktische sich selbst verpflichtende Vernunft, ihr angemessen zu handeln gegeben; und der Mensch erhält vermittelst dieser, *nur nach der Analogie* mit einem Gesetzgeber aller vernünftigen Weltwesen, eine bloße Leitung, die Gewissenhaftigkeit (welche auch religio genannt wird) als Verantwortlichkeit vor einem von uns selbst unterschiedenen, aber uns doch innigst gegenwärtigen heiligen Wesen (der moralisch-gesetzgebenden Vernunft) sich vorzustellen und dessen Willen den Regeln der Gerechtigkeit zu unterwerfen«.[23]

Der Begriff der Verantwortung ist bei Kant im wesentlichen gleichbedeutend mit der Rechenschaft, die das Individuum vor sich selbst in Ansehung einer gesetzgebenden Instanz ablegt, die nach der Analogie Gottes gedacht ist. Verantwortung ist somit als *Selbstverantwortlichkeit* auf den Bereich der subjektiven Gewissensprüfung beschränkt und erschöpft sich in der Beurteilung der Pflichten, die der Einzelne sich selbst gegenüber hat. Ein objektives und verallgemeinerbares Moral- und Rechtsprinzip ist auf diesem Weg nicht zu gewinnen. Diese Funktion übernimmt der kategorische Imperativ als methodisches Reflexions- und Universalisierungsverfahren, mit dem sich diejenigen Handlungsmaximen bestimmen lassen, die für eine allgemeine Gesetzgebung in Frage kommen.[24] Daß Kant ins Zentrum seiner Moral- und Rechtslehre nicht den Begriff der Verantwortung für Handlungsfolgen, sondern der Zurechnung für Handlungsgründe stellt, hat seine Ursachen: Sie liegen in Kants Ableitung normativer Verbindlichkeit aus der Vernunftautonomie der Person, die nur das als Gesetz gelten läßt, was sie aus eigener Überzeugung als verpflichtend anerkennt.[25] Die personale Selbstgesetzgebung schlägt sich in »Taten« nieder, die auf ihre intelligible Urheberschaft zurückbezogen werden müssen, um zu einer normativen Bewertung gelangen

22 Ebd.
23 Ebd., S. 575.
24 Vgl. Wolfgang Kersting, Wohlgeordnete Freiheit, S. 128 f.
25 Von daher ist die Übertragung des Verantwortungsbegriffs auf Kants Rechts- und Moralphilosophie nur bedingt zutreffend: vgl. Ralf-Peter Koschut, *Strukturen der Verantwortung*, S. 36–71, der von einer »(Vor-)Begrifflichkeit von Verantwortung« (S. 31) spricht. Diese Einschränkung fehlt bei Thomas Kurt Schröder, *Verantwortung und Selbstbestimmung*, S. 167–186.

zu können. Denn inwieweit jemand für seine Handlungen verantwortlich ist, läßt sich nicht aus den durch sie bewirkten Folgen und Konsequenzen ableiten, auch nicht aus den zugrundeliegenden Absichten, sondern nur aus der Zurechenbarkeit von Handlungen gemäß dem Leitsatz der Kausalität aus Freiheit: »Die eigentliche Moralität der Handlungen (Verdienst und Schuld) bleibt uns daher, selbst die unseres eigenen Verhaltens, gänzlich verborgen. Unsere Zurechnungen können nur auf den empirischen Charakter bezogen werden. Wie viele aber davon reine Wirkung der Freiheit, wie viele der bloßen Natur und dem unverschuldeten Fehler des Temperaments, oder dessen glücklicher Beschaffenheit (merito fortunae) zuzuschreiben sei, kann niemand ergründen, und daher auch nicht nach völliger Gerechtigkeit richten.«[26]

Die kausale Zurechnung ist nach Kant die Bedingung der Möglichkeit von moralischer und rechtlicher Verantwortlichkeit, die im Primat der subjektiven Willensautonomie vor den empirischen Handlungsfolgen wurzelt. *Folgenverantwortung* in einem objektiven Sinn gehört für Kant ins Reich der *Kontingenz*, da allein die Vernunft als frei gilt und in der Lage ist, sich ihre Handlungsgesetze jenseits der zufallsunsicheren Empirie vorzugeben. Der Begriff der Zurechnung sorgt zum einen dafür, daß wir auch tatsächlich die Urheber unserer Taten sind, für die wir zur Rechenschaft gezogen werden. Zurechnung ist ein eliminativer Begriff, der Ereignisse, Geschehnisse und andere Formen unbewirkter Vorfälle aus dem Raum der kategorischen Kritik ausschließt. Gerade weil die Beurteilung von Handlungen in einem Meer von Möglichkeiten stattfindet, dessen Grund uns verborgen ist, müssen die beobachteten Wirkungen auf Ursachen nach *Maßgabe der moralischen Vernunft* zurückgeführt werden, die allererst eine gerechte Bewertung erlaubt. Zum anderen ist Zurechnung ein *Vermögen des Menschen*, das ihn zu moralischem Handeln befähigt. Die Vernunft allein garantiert noch nicht, daß der Mensch von den Maximen zu allgemeinen Gesetzgebung fortschreitet. Dazu ist eine »besondere Anlage« erforderlich, nämlich das »moralische schlechthin gebietende Gesetz« zur höchsten »Triebfeder« des Handelns zu machen: »Wäre dieses Gesetz nicht in uns gegeben, wir würden es, als ein solches, durch keine Vernunft herausklügeln, oder der Willkür anschwatzen: und doch ist dieses Gesetz das einzige, was uns der Unabhängigkeit unsrer Willkür von der Bestimmung durch alle andern Triebfedern (unsrer Freiheit) und hiemit zugleich der Zurechnungsfähigkeit aller Handlungen bewußt macht.«[27]

Der Mensch ist, anders ausgedrückt, das *zurechnungsfähige Wesen*, das aus Achtung vor dem Gesetz sich dessen Erfüllung zur Pflicht macht.

26 Kant, *Kritik der reinen Vernunft*, Werkausgabe, Bd. IV, S. 501 (Anm.).
27 Kant, *Die Religion innerhalb der Grenzen der bloßen Vernunft*, Werkausgabe, Bd. VIII, S. 673 (Anm.).

Daß die Verpflichtung die »Triebfeder« zum gesetzeskonformen Handeln bildet, hat seinen Grund in der moralischen Anlage der reinen praktischen Vernunft, die sich den ›inneren Pflichten‹ der ethischen Gesetzgebung und den ›äußeren Pflichten‹ der rechtlichen Gesetzgebung aus notwendiger Einsicht unterwirft.[28] Wenn von Verantwortung in diesem Zusammenhang die Rede sein kann, dann in der Hinsicht, daß es eine unbedingte Verpflichtung gibt, den Gesetzen zu folgen, die der kategorische Imperativ als verbindlich vorschreibt. Verantwortung avant la lettre bedeutet bei Kant *Selbstverpflichtung zum moralischen Gesetz*, durch die wir uns der Unabhängigkeit unseres Willens von sämtlichen anderen »Triebfedern« unserer Freiheit versichern. So gesehen, geht die moralische, auf das Einhalten des kategorischen Imperativs bezogene Verantwortung der Möglichkeit der Zurechnung voraus, da sie erst garantiert, daß der Handelnde aus Selbstverpflichtung das ethische Gesetz zu seinem eigenen Willen macht und sich aus Fremdverpflichtung dem rechtlichen Gesetz unterwirft. Daß Zurechnungsfähigkeit implizit auch Verantwortungsfähigkeit bedeutet, liegt im transzendentalen Charakter der Gesetzgebung begründet, die der kategorische Imperativ generiert: Die Zurechenbarkeit von Handlungen setzt ein allgemein gültiges Gesetz voraus, das seine Verbindlichkeit nur entfalten kann, wenn ihm eine innere oder äußere Verpflichtung zugrunde liegt, die ihre Ursache in der Verantwortung des intelligiblen Subjekts für den Vollzug seiner Freiheit aus selbstgesetzter Kausalität hat.[29]

Der Begriff der Verantwortung besitzt somit bei Kant einen besonderen und in Hinsicht auf seine moderne Verwendung untypischen Sinn: Er liegt auf der gleichen systematischen Ebene wie das Prinzip des »guten Willens«, das dafür sorgt, daß eine Handlung aus Pflicht »ihren moralischen Wert *nicht in der Absicht*, welche dadurch erreicht werden soll, *sondern in der Maxime, nach der sie beschlossen wird*«, hat.[30] Der gute Wille ist dasjenige »höchste Gut«, das uns instand setzt, ohne Rücksicht auf besondere Wirkungen oder persönliche Neigungen dem kategorischen Imperativ Folge zu leisten, indem er das moralische Gesetz selbst zum motivationalen Grund des Handelns macht. Er ist ein Prinzip der Nötigung durch die reine praktische Vernunft, die sich nicht aus Klugheit oder dem Streben nach Glückseligkeit, sondern aus rationaler Selbstbestimmung ihren eigenen Geboten unterwirft. Insofern der Wille »mitten innen zwischen seinem Prinzip a priori, welches formell ist, und zwischen seiner Triebfeder a posteriori, welche materiell ist, gleichsam auf einem

---

28 Vgl. Kant, *Metaphysik der Sitten*, Werkausgabe, Bd. VIII, S. 324 f. Siehe dazu Wolfgang Kersting, »Die Verbindlichkeit des Rechts«, in: ders., *Recht, Gerechtigkeit und demokratische Tugend*, S. 23–26.
29 Vgl. Manfred Riedel, »Freiheit und Verantwortung«, S. 164–170.
30 Kant, *Grundlegung zur Metaphysik der Sitten*, Werkausgabe, Bd. VII, S. 26.

Scheidewege«[31] steht, auf dem er sich letztlich für das Handeln aus unbedingter Pflicht entscheidet, übernimmt er die Rolle der Verantwortung für das moralische Gesetz, die der Mensch als gleichermaßen sinnliches und intelligibles Lebewesen besitzt. Die Unterwerfung unter die Verbindlichkeit der Gebote des kategorischen Imperativs geschieht aus dem *Bewußtsein einer Verpflichtung, für deren Erfüllung jeder selbst die Verantwortung trägt.* Da nach Kant die Allgemeinheit des moralischen Gesetzes »nicht darum für uns Gültigkeit hat, *weil es interessiert*«, sondern »daß es interessiert, weil es für uns als Menschen gilt«,[32] geht die selbstauferlegte Verantwortung für die Gebote der Sittlichkeit ihrer praktischen Befolgung voraus: Sie erst garantiert, daß aus der subjektiven Achtung die objektive Übereinstimmung mit dem Gesetz wird und wir uns »mit einem unvermeidlichen Zwange, der allen Neigungen, aber nur durch eigene Vernunft angetan wird«,[33] der verbindlichen Kraft der Moralität fügen, um ihr gemäß zu handeln.

Verantwortung fällt bei Kant mit demjenigen Willen zusammen, »dessen Maxime, wenn sie zu einem allgemeinen Gesetze gemacht wird, sich selbst niemals widerstreiten kann«.[34] Damit ist nichts anderes zum Ausdruck gebracht als das formale Prinzip der Kohärenz, nach dem Handlungsmaximen so bestimmt werden, daß sie mit dem obersten Gebot der allgemeinen Zustimmungsfähigkeit nicht in Konflikt geraten. Das Prüfkriterium des kategorischen Imperativs ist negativ: Es richtet sich auf den Ausschluß derjenigen Maximen, die den Anderen nicht als Zweck, sondern als Mittel behandeln, die nicht zustimmungsfähig sind, weil man sie nicht als allgemeines Gesetz wollen kann.[35] Der kategorische Imperativ schreibt nicht vor, sondern grenzt aus: Er eliminiert die potentiellen Maximen aus dem Kreis der Gesetzgebung, die zu unserem Selbstverständnis als freie und vernünftige Wesen in Widerspruch stehen. Verantwortung tragen wir nicht für, sondern – wenn man es so sagen will – *gegen* etwas, nämlich dagegen, unser Handeln allein am Maß der Glückseligkeit auszurichten, unseren Neigungen und sinnlichen Begierden nachzugeben, Pflichten nur einzuhalten, wenn sie uns Vorteile versprechen. Die Verantwortung des intelligiblen Subjekts ist somit allein auf die Geltungsgründe des kategorischen Imperativs gerichtet, der »nicht die Materie der Handlung und das, was aus ihr erfolgen soll [betrifft], sondern die Form und das Prinzip, woraus sie selbst folgt, und das Wesentlich-Gute derselben besteht in der Gesinnung, der Erfolg mag sein, welcher er wolle«.[36]

31 Ebd., S. 26.
32 Ebd., S. 98.
33 Kant, *Kritik der praktischen Vernunft*, Werkausgabe, Bd. VII, S. 202.
34 Kant, *Grundlegung zur Metaphysik der Sitten*, Werkausgabe, Bd. VII, S. 70.
35 Zum negatorischen Charakter des Verallgemeinerungsprinzips vgl. Albrecht Wellmer, *Ethik und Dialog*, S. 17–26.
36 Kant, *Grundlegung zur Metaphysik der Sitten*, Werkausgabe, Bd. VII, S. 45.

Der nur implizit verwendete Verantwortungsbegriff besitzt bei Kant einen exklusiven und formalen Charakter. Er bezieht sich auf die Selbstverpflichtung der praktischen Vernunft zur Subordination individueller Präferenzen unter die kategorische Verbindlichkeit universeller Handlungsnormen. Auch wenn der praktische Imperativ auf die »Menschheit«[37] als absolutem Zweck des Handelns gerichtet ist, bleibt der apriorische Grund der Gesetzgebung die moralische Person, die ungeachtet der Handlungsfolgen ihre Maximen aus reiner Achtung vor dem Gesetz überprüft und diejenigen ausscheidet, die dem Gebot der Universalisierbarkeit nach Maßgabe ihrer rationalen Entscheidungskriterien nicht standhält. Insofern bleibt die Zurechenbarkeit aus freiem Willen der letzte Prüfstein des normativen Bewertungsverfahrens: *Ich kann nur das als allgemeines Gesetz wollen, was ich mir aus vernünftigen Gründen auch selbst zurechnen kann.* Verantwortung hat ihren Ort allein in der selbstbestimmten Kausalität des Handelns, wo sie sich nicht auf die Absichten oder Wirkungen bezieht, sondern auf die richtige Gesinnung, mit der ich eine Maxime zum Gesetz mache. Die Formalität des kategorischen Imperativs ist auf eine motivationale Kraft angewiesen, die ungeachtet der empirischen Konsequenzen die Einhaltung des sittlich Gebotenen garantiert: Die Verantwortung übernimmt bei Kant die Funktion einer unbedingten Triebfeder des moralisch Richtigen – sie ist keine teleologische Handlungsverantwortung, sondern eine *deontologische Verpflichtungsverantwortung*, die sich auf die Begründung und die Einhaltung der Gesetze richtet, die wir als verbindlich anerkannt haben.

Insofern der Begriff der Verantwortung bei Kant mit dem autonomen Bewußtsein der Verpflichtung zum Gesetz zusammenfällt, besitzt er noch keinen eigenständigen systematischen Stellenwert. Innerhalb der Kantischen Philosophie nimmt er die Position desjenigen Grundes ein, der die »praktische unbedingte Notwendigkeit des moralischen Imperativs« in seiner »Unbegreiflichkeit« begreiflich macht.[38] Verantwortung ist die Entscheidung für die Vernunft aus Einsicht in ihre Unhintergehbarkeit. Sie umfaßt materialiter die Bereitschaft, sich der Verbindlichkeit des moralischen Gesetzes zu unterstellen, und formaliter das Erfordernis, sämtliche Handlungsmaximen auf ihre Universalisierbarkeit zu überprüfen. Verantwortung ist bei Kant nicht mehr, aber auch nicht weniger als ein *normatives Reflexionsprinzip der Moral*, mit dessen Hilfe intelligible Subjekte ihre praktischen Zwecksetzungen verallgemeinerungsfähig machen, ohne die empirischen Bedingungen und Folgen explizit mit zu berücksichtigen.[39] Diese besondere Form der Gesinnungs- und

---

37 Ebd., S. 61.
38 Kant, *Grundlegung zur Metaphysik der Sitten*, Werkausgabe, Bd. VII, S. 102.
39 Das bedeutet nicht, daß Kant von den situativen Handlungsumständen und den praktischen Verwirklichungsbedingungen moralischer Gesetze vollständig absieht. »Die Ethik hingegen führt, wegen des Spielraums, den sie

Erfüllungsverantwortung hat ihren Grund im Primat der Kausalität: Leitend für die Zuschreibung von Handlungen bleibt die Kategorie der Zurechnung, nach der die Rechtmäßigkeit von Zwecksetzungen beurteilt wird. Der deontologische Zuschnitt des Moralprinzips garantiert die Rationalität seiner Bewertungskriterien und die unbedingte Verbindlichkeit seines Pflichtcharakters. Die Modernität des moralischen Gesetzes, so wie es von Kant bestimmt wird, besteht in der *Unvertretbarkeit der personalen Subjektivität*, die ungeachtet weiterer Beweggründe die einzige Instanz und Zweck normativer Handlungsregeln ist. Erkauft ist diese Modernität um den Preis der Ausklammerung praktischer Handlungskonsequenzen und eines moralischen Rigorismus, der keine anderen Interessen zuläßt als die Geltung des Gesetzes selbst. Aufgrund der forensischen Grundstruktur und des juridischen Charakters wird verantwortliches Handeln auf Regelkonformität reduziert und einem Rechtfertigungsdiktat unterworfen, das keinen Platz für pflichtenüberschreitendes Handeln läßt und die Begründung von Handlungsnormen an das vernünftige Eigeninteresse aufgeklärter Individuen zurückbindet.

3. Kontextuelle Folgenverantwortung: Hegel

Die Kantische Einengung des Moralprinzips auf eine normative Selbstverantwortung, die den subjektiven Willen von Akteuren zum Maßstab der Zurechenbarkeit von Handlungsfolgen macht, wird von Georg Wilhelm Friedrich Hegel aufgegriffen und in ihren Implikationen kritisiert. Er diagnostiziert, »daß der praktischen Vernunft aller Stoff des Gesetzes abgeht und daß sie nichts mehr als die *Form* der *Tauglichkeit* der Maxime der Willkür zum obersten Gesetze machen könne«.[40] Weil der kategorische Imperativ von den konkreten Inhalten der Handlungsmaximen und Pflichten absehe, führe seine Anwendung nicht nur zu tautologischen und redundanten Urteilen.[41] Sie erzeuge darüber hinaus den

ihren unvollkommenen Pflichten verstattet, unvermeidlich dahin, zu Fragen, welche die Urteilskraft auffordern auszumachen, wie eine Maxime in besonderen Fällen anzuwenden sei« (*Metaphysik der Sitten*, Werkausgabe, Bd. VIII, S. 543). Sowohl die zu diesem Zweck erforderliche »Kasuistik« (ebd.) als auch die »Maximen des gemeinen Menschenverstandes« (*Kritik der Urteilskraft*, Werkausgabe, Bd. X, S. 226) lassen Raum für klugheitsorientiertes Handeln und die Einbeziehung von praktischen Handlungsfolgen – nur eben unter Vorrang der normativen Universalisierbarkeit. Vgl. Gerhard Schönrich, *Bei Gelegenheit Diskurs*, S. 31–45.

40 Georg Wilhelm Friedrich Hegel, *Über die wissenschaftlichen Behandlungsarten des Naturrechts*, Werke, Bd. 2, S. 460.
41 Vgl. ebd., S. 461.

Anschein der absoluten Gültigkeit, der über das Besondere der Verhältnisse hinwegtäusche.[42] Hegel kritisiert jedoch nicht nur den leeren Formalismus der gesetzgebenden Vernunft, sondern auch ihren abstrakten Universalismus. Weil der kategorische Imperativ das Allgemeine vom Besonderen trenne, sei er blind für die situativen Kontexte, in denen sich moralische Handlungsentscheidungen abspielen. Das moralische Gesetz klammere die spezifischen Verpflichtungen aus, denen wir im Einzelfall unterworfen sind, und subsumiere sie unter die unbedingte Geltung der »reinen Pflicht«.[43] Und schließlich kritisiert Hegel die Ohnmacht des bloßen Sollens, durch die das moralische Bewußtsein gekennzeichnet ist: Weil der kategorische Imperativ die absolute Verpflichtung in den Vordergrund stelle, ohne Auskunft über die Umsetzung der entsprechenden Urteile in die Praxis zu erteilen, hänge die Realisierung des Moralprinzips vom Zufall ab und bleibe ein bloßes Postulat, so daß die Unbedingtheit der Pflicht als »etwas Unwirkliches« erscheine.[44]

Hegels Kritik an den Antinomien der moralischen Weltanschauung richtet sich nicht gegen das kategorische Moralprinzip schlechthin, sondern gegen seine fehlende Vermittlung mit der sozialen und geschichtlichen Wirklichkeit.[45] Ihm ist der Rigorismus ein Dorn im Auge, mit dem Kant die moralische Reflexion von allen Einflüssen der Empirie freizuhalten versucht und in die Innerlichkeit der urteilenden Subjektivität verbannt. Der Standpunkt des reinen moralischen Selbstbewußtseins ist für Hegel nicht nur methodologisch unhaltbar, sondern auf geradezu fahrlässige Weise unrealistisch. In der Vorgeschichte des Verantwortungsbegriffs übernimmt Hegel die Rolle des Pragmatikers, der den Idealisten zur Räson ruft. An die Stelle der »Trennung des *Ansich* und des *Selbsts*, der reinen Pflicht als des reinen *Zwecks* und der *Wirklichkeit* als einer dem reinen Zwecke entgegengesetzten Natur und Sinnlichkeit« setzt er das Gewissen, »das nicht diese oder jene Pflicht erfüllt, sondern das konkrete Rechte weiß und tut«.[46] Das Gewissen ist der wirkliche, in die Lebenszusammenhänge eingebettete Vollzug des moralischen Bewußtseins, das die Welt, so wie sie ist, nicht seinen Zwecksetzungen unterwirft, sondern diese umgekehrt an die Gegebenheiten anpaßt. »Die Pflicht«, so

---

42 Vgl. ebd., S. 464.
43 Hegel, *Phänomenologie des Geistes*, Werke Bd. 3, S. 448.
44 Ebd., S. 447.
45 Zu den genannten Kritikpunkten vgl. Odo Marquard, »Hegel und das Sollen«, in: ders., *Schwierigkeiten mit der Geschichtsphilosophie*, S. 37–51; Jürgen Habermas, »Moralität und Sittlichkeit«, S. 16 f.; Seyla Benhabib, »Autonomie und Sittlichkeit«, in: dies., *Kritik, Norm und Utopie*, S. 40–73. Eine umfassende Auseinandersetzung mit Hegels Moralitätskritik findet sich bei Andreas Wildt, *Autonomie und Anerkennung*, Teil I.
46 Hegel, *Phänomenologie des Geistes*, Werke, Bd. 3, S. 466, S. 467.

Hegel kurz und bündig, »ist jetzt das Gesetz, das um des Selbst willen, nicht um dessen willen das Selbst ist.«[47] Indem Hegel das moralische Gesetz als den sittlichen Horizont des wirklichen Selbst bestimmt, legt er den Grundstein für einen *kommunikativen und kontextualistischen Verantwortungsbegriff*, der in den zunehmend komplexer werdenden Verhältnissen der bürgerlichen Gesellschaft seinen Ort hat. Die Pflicht, derer sich das Gewissen bewußt wird, ist eingebettet in ein intersubjektives Anerkennungsverhältnis, das den monologischen Rahmen der moralischen Urteilsreflexion sprengt. Sie ist ursprünglich »*Sein für Anderes*« und durch »das Moment des *Anerkanntwerdens* von den anderen« gekennzeichnet.[48] Das Handeln wird dadurch zu einem moralischen Handeln, daß die ihm zugrundeliegenden Überzeugungen mit den Gesetzen der sozialen Gemeinschaft übereinstimmen, in denen es vollzogen wird. Damit werden die Gewaltsamkeiten des abstrakten Universalismus und ohnmächtigen Sollens des kategorischen Moralprinzips hinfällig: »Es ist also keine Rede mehr davon, daß die gute Absicht nicht zustande komme oder daß es dem Guten schlecht gehe; sondern das als Pflicht Gewußte vollführt sich und kommt zur Wirklichkeit, weil eben das Pflichtgemäße das Allgemeine aller Selbstbewußtsein[e], das Anerkannte und also Seiende ist.«[49] Mit der Umstellung von der Reflexion auf das Handeln tritt nicht nur die soziale Dimension der wechselseitigen Anerkennung in den Vordergrund, durch die das moralische Gesetz an kommunikative Verständigungsprozesse angebunden wird, denen es überhaupt erst seine universelle Geltung verdankt.[50] Es wird darüber hinaus deutlich, daß die pluralistische Verfassung der Wirklichkeit sich nicht von einem transzendentalen Standpunkt aus erfassen läßt, sondern nur aus dem Vollzug ihrer vielfältigen Erscheinungsformen, die eine Berücksichtigung situativer Randbedingungen und von Fall zu Fall sich wandelnder Kontexte erforderlich macht. Mit aller wünschenswerten Klarheit formuliert Hegel das Grundproblem des *Handelns in komplexen Zusammenhängen*: Weil die Wirklichkeit gegenüber dem reinen Bewußtsein »das absolut *Andere* oder die Mannigfaltigkeit *an sich*« ist, »ist sie eine absolute Vielheit der Umstände, die sich rückwärts in ihre Bedingungen, seitwärts in ihrem Nebeneinander, vorwärts in ihren Folgen unendlich teilt und ausbreitet«.[51]

Das Gewissen kann und darf sich somit nicht auf die bloße Prüfung der moralischen Maximen beschränken, sondern muß deren

---

47 Ebd., S. 469.
48 Ebd., S. 469, S. 470.
49 Ebd., S. 470.
50 Siehe hierzu – mit Blick auf die Rechtsphilosophie – Axel Honneth, *Kampf um Anerkennung*, S. 54–77; ders., *Leiden an Unbestimmtheit*, S. 17–35.
51 Hegel, *Phänomenologie des Geistes*, Werke, Bd. 3, S. 472.

Verwirklichungs- und Angemessenheitsbedingungen mit einbeziehen. Es ist gezwungen, sich mit den unterschiedlichen Aspekten eines konkreten Problems auseinanderzusetzen: »Das zum Handeln schreitende Gewissen bezieht sich auf die vielen Seiten des Falles.«[52] Dabei sieht es sich mit einer »Mannigfaltigkeit von *Pflichten*« konfrontiert, zwischen denen es »zu wählen und zu entscheiden hat«,[53] wobei es sich der Konsequenzen bewußt sein muß, die seine Entscheidung mit sich bringt: »Es gilt daher nicht das *allgemeine Wissen* überhaupt, sondern *seine Kenntnis* von den Umständen.«[54] Die Berücksichtigung der Umstände, die für das moralische Handeln von Bedeutung sind, erfordert eine situative Urteilskraft, die zwischen dem Allgemeinen der Pflicht und dem Besonderen des pflichtgemäßen Handelns vermittelt, die das, was für den Einzelnen gut und richtig ist, mit dem in Einklang bringt, was für alle anderen gut und richtig ist. Diese Vermittlung ist Selbstbestimmung in Ansehung der anderen, die als ursprünglich Gleiche behandelt werden. Die Übereinstimmung des Selbst mit den anderen ist freilich nicht im Medium des Gewissens zu leisten, solange dieses den Zugang zum Anderen über das externe Beurteilen von Handlungen herzustellen versucht. Der gelingende Akt des Verstehens setzt mehr als den Vollzug der rein kommunikativen Verständigung voraus: Er fußt selbst schon auf einer Anerkennung des Anderen, die der wechselseitigen Aussprache über die Handlungsgründe zugrundeliegt. Es ist nach Hegel die »Verzeihung«, durch die der Andere in seiner Einzigartigkeit und Gleichheit anerkannt und die Kluft zwischen Gewissen und Welt überwunden wird, die das moralische Selbstbewußtsein kennzeichnet.[55]

Indem Hegel den Prozeß der gegenseitigen Anerkennung um das Moment der »Verzeihung« als »Verzichtleistung« auf den Vorrang der subjektiven Urteilsperspektive erweitert, legt er den Grundstein für einen *alteristischen Verantwortungsbegriff*, wie er später von der Dialogphilosophie und der responsiven Moralphänomenologie aufgenommen wird.[56] Das moralische Urteil resultiert nicht nur aus der Selbstreflexion der Vernunft, ist nicht nur normatives Begründungsresultat, sondern auch das Ergebnis einer intersubjektiven Kommunikation, die auf der ethischen Akzeptanz des Anderen fußt. Der moralische Dialog setzt selbst ein ethisches Verhältnis der Intersubjektivität voraus, in dem die Teilnehmer sich vor aller diskursiven Verständigung in ihrer Singularität und Egalität anerkannt haben. Moral ist auf eine alteristische

52 Ebd.
53 Ebd.
54 Ebd., S. 476.
55 »Die Verzeihung«, so Hegel über das »allgemeine Bewußtsein«, »ist die Verzichtleistung auf sich, auf sein *unwirkliches* Wesen, dem es jenes Andere, das *wirkliches* Handeln war, gleichsetzt« (ebd., S. 492).
56 Siehe dazu unten Teil III. 2.2. und IV. 3.

Verantwortung angewiesen, die sich nicht allein aus dem kategorischen Prinzip der Achtung ableiten läßt, sondern diesem schon vorausliegen muß, da nur so die praktische oder, um mit Hegel zu sprechen: wirkliche Umsetzung des Moralprinzips möglich wird. Erst die ethische Verantwortlichkeit für den besonderen Anderen erlaubt seine moralische Respektierung als allgemeinen Anderen.

Die Erweiterung des kategorischen Moralprinzips zu einem kontexualistischen und sozialethischen Handlungsprinzip wird von Hegel in seiner Rechtsphilosophie fortgesetzt. Dort wird Moralität im Unterschied zum Recht als positive »Selbstbestimmung des Willens« definiert, die auf den innerlichen »Vorsatz« und die »Absicht« des Handelnden zurückgeführt werden muß.[57] Während beim »formellen Recht« die Handlung eine »nur negative Bestimmung in Rücksicht des Willens anderer habe«, sei beim Moralischen »die Bestimmung meines Willens in Beziehung auf den Willen anderer positiv, das heißt der subjektive Wille hat in dem, was er realisiert, den an sich seienden Willen als ein Innerliches. Es ist hier eine Hervorbringung oder eine Veränderung des Daseins vorhanden, und diese hat eine Beziehung auf den Willen anderer. Der Begriff der Moralität ist das innerliche Verhalten des Willens zu sich selbst.«[58]

Insofern das moralische Handeln dem subjektiven Willen entspringt, unterliegt es wie das rechtliche Handeln prinzipiell der Zurechenbarkeit. Kriterium der Zurechnung ist nach Hegel der Vorsatz, der aus einer Handlung die willentlich und wissentlich ausgeführte »Tat« macht.[59] Die »Schuld des Willens« ist jedoch nur die eine Bedingung dafür, daß jemand zur Rechenschaft gezogen werden kann. »Die Folgen, als die *Gestalt*, die den *Zweck* der Handlung zur *Seele* hat, sind das Ihrige (das der Handlung Angehörige), – zugleich aber ist sie, als der in die *Äußerlichkeit* gesetzte Zweck, den äußerlichen Mächten preisgegeben, welche ganz anderes daran knüpfen, als sie für sich ist, und sie in entfernte, fremde Folgen fortwälzen.«[60] Das Besondere von Handlungen »in äußerliches Dasein versetzt« besteht mit anderen Worten darin, daß sie *nichtindentierte Nebenfolgen* zeitigen können. Sie sind nach Maßgabe des Kausalitätsprinzips nicht »notwendiger«, sondern »zufälliger« Natur, wobei diese Unterscheidung ihrerseits von den äußeren Umständen abhängt: »Was *zufällige* und was *notwendige* Folgen sind, enthält die Unbestimmtheit dadurch, daß die innere Notwendigkeit am Endlichen

---

57 Hegel, *Grundlinien der Philosophie des Rechts*, Werke, Bd. 7, S. 205 (§ 107), S. 209 (§ 110).
58 Ebd., S. 210f. (§ 112).
59 »Das Recht des Willens aber ist, in seiner *Tat* nur dies als seine *Handlung* anzuerkennen und nur an dem *schuld* zu haben, was er von ihren Voraussetzungen in seinem Zwecke weiß, was davon in seinem *Vorsatze* lag. – Die Tat kann nur als Schuld des Willens zugerechnet werden« (ebd., S. 217, § 117).
60 Ebd., S. 218 (§ 118).

als *äußere* Notwendigkeit, als ein Verhältnis von einzelnen Dingen zueinander ins Dasein tritt, die als selbständige gleichgültig gegeneinander und äußerlich zusammenkommen.«[61] Das bedeutet aber, daß die deontologische wie die teleologische Prüfung von Handlungen gleichermaßen falsch ist.»Der Grundsatz: bei den Handlungen die Konsequenzen verachten, und der andere: die Handlungen aus den Folgen beurteilen und sie zum Maßstabe dessen, was recht und gut sei, zu machen – ist beides gleich abstrakter Verstand.«[62] Es kommt nach Hegel vielmehr darauf an, sowohl »die eigene *immanente* Gestaltung der Handlung« als auch »das äußerlich Eingreifende und zufällig Hinzukommende« zu berücksichtigen und damit das »Umschlagen von Notwendigkeit in Zufälligkeit und umgekehrt« zum »Gesetze« der Handlungsbewertung zu machen.[63]

Die Modernität Hegels liegt darin, daß er mit der »Reflexion des Unterschiedes von *Tat* und *Handlung*« der »Zersplitterung der Folgen«[64] in praktischen Zusammenhängen Rechnung trägt. Sein Modell der Moralität hebt den abstrakten Gegensatz von Sollens- und Folgenorientierung zugunsten einer kontextualistischen Handlungsbewertung auf, die den Zufall und das Unvorhersehbare mit einbezieht. Um auch das, was vom Akteur nicht direkt intendiert war, der normativen Kritik unterziehen zu können, erweitert Hegel die kriteriellen Grundlagen der Zurechenbarkeit durch das *probabilistische Kriterium* der »Absicht«: »Nur das nämlich, was ich von den Umständen wußte, kann mir zugerechnet werden. Aber es gibt notwendige Folgen, die sich an jede Handlung knüpfen, wenn ich nur ein Einzelnes, Unmittelbares hervorbringe, und die insofern das Allgemeine sind, das es in sich hat. Die Folgen, die gehemmt werden könnten, kann ich zwar nicht voraussehen, aber ich muß die allgemeine Natur der einzelnen Tat kennen.«[65] Der »Übergang vom Vorsatz zur Absicht« sorgt dafür, daß dem Akteur auch diejenigen Folgen seines Handelns zugerechnet werden können, die nicht von ihm intendiert waren, deren praktische Auswirkungen er aber aufgrund allgemeiner Kenntnisse der Umstände hätte berücksichtigen können. Die Pflicht des Akteurs besteht darin, sich »mit der Äußerlichkeit« seines Handelns auseinanderzusetzen und die »Unbestimmtheit« im Blick zu behalten, »die sich auf die Macht und Stärke des Selbstbewußtseins und der Besonnenheit bezieht«, mit der das subjektive Dasein agiert.[66] Der »höhere moralische Standpunkt« liegt deshalb für Hegel dort, wo sowohl die

---

61 Ebd.
62 Ebd.
63 Ebd.
64 Ebd., S. 219 (§ 118). Siehe dazu Michael Quante, *Hegels Begriff der Handlung*, S. 162–165. Vgl. auch Seyla Benhabib, »Autonomie und Sittlichkeit«, in: dies., *Kritik, Norm und Utopie*, S. 56–60.
65 Ebd., S. 222 (§ 118).
66 Ebd., S. 226 (§ 120).

»Möglichkeit« als allgemeiner Wirkungszusammenhang der Handlung als auch der »*Beweggrund* einer Tat« Berücksichtigung finden, so daß der »Bruch zwischen dem Selbstbewußtsein des Menschen und der Objektivität der Tat« aufgehoben wird.[67] Hegels Rückbindung des Moralprinzips an die Motivation der Handelnden und den probabilistischen Möglichkeitshorizont ihrer Taten ist nicht Ausdruck einer Relativierung, sondern *Objektivierung des Verantwortungsbegriffs*, der auch das umfassen soll, was den bewußten Vorsatz des Akteurs übersteigt und im Kontext der Praxis eine nichtintendierte Eigendynamik gewinnen kann. Wenn das Subjekt »die Reihe seiner Handlungen«[68] ist, wie Hegel sich ausdrückt, ist es erforderlich, seine besonderen Vermögen, Kenntnisse und Zielsetzungen zu berücksichtigen und sie in Verbindung zu den vielfältigen, von den situativen Umständen abhängigen Auswirkungen seiner willentlichen Entscheidungen zu bringen. Hegels besondere Leistung besteht darin, die ›Zersplitterung der Folgen‹ als eigenständiges Problem einer moralischen Handlungstheorie erkannt zu haben, dem durch eine *Erweiterung der Zurechnungskategorie* begegnet werden muß. Er öffnet damit das Tor zu einer kontextsensiblen Verantwortungsethik, in der die kontingenten Handlungsumstände in einer zunehmend komplexer gestalteten Welt Berücksichtigung finden. Anders als Kant richtet Hegel die normative Aufmerksamkeit auf die Verselbständigung von Handlungszwecken, die sich dem Vorsatz und der Einflußnahme der Akteure entziehen, ihnen gleichwohl aber zugerechnet werden können, wenn sie innerhalb des Möglichkeitshorizontes des praktischen Handelns verbleiben.

Zum »Recht der *subjektiven Freiheit*«[69] gehört jedoch nicht nur die Pflicht, sich über die praktischen Konsequenzen seines Handelns im klaren zu sein und die Ungewißheit der Auswirkungen in die Handlungsentscheidung mit einzubeziehen. Absicht ist bei Hegel nicht nur eine individuelle, sondern eine kollektive Kategorie. Schuldig wird derjenige, der gegen das »Allgemeine« verstößt, womit nicht nur die Geltung des Rechts, sondern die Wirklichkeit der sittlichen Ordnung gemeint ist, so wie sie in den sozialen Institutionen, allen voran im Staat verkörpert ist. Durch das »Recht des wirklichen konkreten Geistes«, für den »das formelle Recht ebenso ein untergeordnetes Moment ist als das besondere Wohl und die Glückseligkeit des Einzelnen«,[70] wird die moralische Selbstbestimmung dem höheren Willen der objektiv verfaßten Sittlichkeit unterstellt. Hegel macht im Unterschied zu Kant »geltend, daß der Mensch nicht allein in der Innerlichkeit des Gemütes, sondern in den

---

67 Ebd., S. 228 (§ 129), S. 229 (§ 121).
68 Ebd., S. 233 (§ 124, i. Orig. kursiv).
69 Ebd.
70 Ebd., S. 237 (§ 126).

Verhältnissen zu entscheiden und zu handeln hat, in denen er steht, arbeitet, lebt, Interessen hat, Verantwortungen, Pflichten übernimmt«.[71] Der Preis für die Einbettung von Handlungsgründen in sittliche Kontexte besteht darin, daß die Kriterien des richtigen Handelns auf die Seite der objektiven Vernunft verlagert werden und die subjektive Freiheit sich den »*an und für sich seienden Gesetze[n] und Einrichtungen*« und den »*sittlichen Mächte[n]*, welche das Leben der Individuen regieren«,[72] unterzuordnen hat. Weil der Staat für Hegel nicht nur die Instanz der gerichtlichen Zurechnung ist, sondern die Sphäre, in der das moralische mit dem rechtmäßigen Handeln dadurch zusammenfällt, daß jeder das tut, »was ihm in seinen Verhältnissen vorgezeichnet, ausgesprochen und bekannt ist«,[73] wird die verantwortungsethische Autonomie in letzter Konsequenz zu einem Reflex der substantiellen Sittlichkeit. Wo jeder so handeln muß, daß sein subjektiver Wille mit dem objektiven Willen des politischen Gemeinwesens verschmilzt und die sittliche Substantialität »auf diese Weise zu ihrem *Rechte* und dieses zu seinem *Gelten*«[74] kommt, bleibt kein Platz für die eigenständige Verantwortlichkeit des Individuums, das sich die Gründe seines Handelns selbst zurechnet. Das Prinzip der Verantwortung wird zu einer transsubjektiven Kategorie und zur Pflichterfüllung des Einzelnen gegenüber der Rechtmäßigkeit des Ganzen degradiert, das als »Einheit des Einzelnen und Allgemeinen« die schon existierende Wirklichkeit des Guten ist.[75]

4. Dezisionistische Eigenverantwortung: Kierkegaard

Im Gegenzug zu Hegel, bei dem die Kontextualisierung des Moralprinzips in die Nähe einer absolut gesetzten Verantwortlichkeit kommunitärer Prägung gerät, die das Individuum der geltenden Sittlichkeit des Gemeinwesens unterwirft, um die Atomisierungsdynamik der bürgerlichen Gesellschaft zu domestizieren, verankert Sören Kierkegaard das

---

71 Joachim Ritter, »Moralität und Sittlichkeit. Zu Hegels Auseinandersetzung mit der kantischen Ethik«, in: ders., *Metaphysik und Politik*, S. 306.
72 Hegel, *Grundlinien der Philosophie des Rechts*, Werke, Bd. 7, S. 294 (§ 144).
73 Ebd., S. 298 (§ 150).
74 Ebd., S. 303 (§ 152).
75 Ebd., S. 305 (§ 156). Dies zeigt sich auch darin, daß der Begriff der Verantwortung bei Hegel so gut wie keine explizite Verwendung findet. Wo er auftaucht, hat er die Bedeutung der Rechtfertigung objektiver Entscheidungen, die sich – wie im Abschnitt über die »fürstliche Gewalt« – auf ausführende Organe, nicht aber auf den Souverän selbst bezieht, der »über alle Verantwortlichkeit für die Regierungshandlungen erhoben ist« (ebd., S. 455, § 284).

Bewußtsein der Verantwortung auf dem Grund der individuellen Existenz, die im Vollzug ihrer Daseinsmöglichkeiten vor unübersteigbare Grenzen gestellt wird. Mit Kierkegaard hält der Begriff der Verantwortung expliziten Einzug in die europäische Philosophie und wird – wenn auch nicht in systematisch eigenständiger Form – zu einer Schlüsselkategorie der nachidealistischen Ära.

Kierkegaards Denken markiert nicht nur den Übergang von der Metaphysik zur Existenz, sondern vor allem die praktische Wende der Selbstbestimmung. Die Leitkategorien des Handelns entspringen nicht mehr allein der methodologischen Reflexion, sie müssen sich auch unter den harten Bedingungen der Realität bewähren. Die Philosophie verläßt die weltabgewandte Einsamkeit des Gedankenlabors und versucht, in den Untiefen der nachmetaphysischen Wirklichkeit Fuß zu fassen. Dazu gehört die Rückführung des Handelns auf die Entscheidungen des Einzelnen, der sich ohne kategorische oder universalistische Absicherung das moralische Gesetz vorgibt.[76] Die Wahl der richtigen Handlungsmaxime ist für Kierkegaard ein Akt der emphatischen Selbstbestimmung: Sie hat ihren Grund nicht in der potentiellen Verallgemeinerbarkeit oder der Übereinstimmung mit der objektiven Vernunft, sondern in dem Bewußtsein der Authentizität, dem Gefühl der Ernsthaftigkeit und Aufrichtigkeit, das den Handelnden zu seiner Entscheidung bewegt. Voraussetzung des moralischen Handelns ist die uneingeschränkte Anerkennung der eigenen Persönlichkeit, denn erst »wenn man in der Wahl sich selbst übernommen hat, sich selbst angezogen, sich selbst total durchdrungen hat, dergestalt, daß jede Bewegung von dem Bewußtsein der Selbstverantwortung begleitet ist, erst dann hat man sich ethisch gewählt […], erst dann ist man in seiner totalen Isolation in absoluter Kontinuität, mit der Wirklichkeit, der man zugehört.«[77] Selbstverantwortlichkeit ist für Kierkegaard nicht Folge, sondern Bedingung des moralischen Handelns, sie ist der Nukleus der praktischen Vernunft und das Apriori jeder ethischen Entscheidung, die nur dann objektive Gültigkeit für sich beanspruchen kann, wenn der Einzelne sie ohne Rückgriff auf externe Gründe vor sich allein zu rechfertigen vermag.

Damit gewinnt der Begriff der Selbstverantwortung eine neue Bedeutung. Er bezieht sich nicht nur auf die Verantwortung des Subjekts *vor* seinem Gewissen als dem *forum internum* der moralischen Maximenprüfung, sondern umfaßt vor allem die Verantwortlichkeit des Individuums *für* sich selbst als demjenigen, um den es im Vollzug seiner Existenz geht. In einem spezifisch modernen Sinn beschreibt Kierkegaard das Phänomen der *Eigenverantwortlichkeit*, bei dem der Einzelne so für sein

---

76 Vgl. zur problemgeschichtlichen Einordnung Helmut Fahrenbach, *Kierkegaards ethische Existenzanalyse*, S. 234–238.
77 Sören Kierkegaard, *Entweder – Oder*, S. 812f.

Leben verantwortlich ist, daß das Wovor und Wofür der Verantwortung zusammenfallen. Der exklusiven Zuständigkeit des Individuums für sein Leben, dessen Bewältigung ihm niemand abnehmen kann, entspricht die leibhafte – um nicht zu sagen: anthropologische – Fundierung der Existenz. Der Einzelne ist kein blutleeres Abstraktum, er handelt nicht nach Maßgabe idealer Sollensnormen, sondern als fehlbares Lebewesen im Kontext einer widerständigen Praxis, die sich seinen Plänen und Hoffnungen entgegenstellt. Es ist diese Abhängigkeit von Umständen, die nicht in der Macht des Einzelnen liegen, die Kierkegaard zum Prüfstein der ethischen Wahl und damit des richtigen Lebens macht. Erst wenn der Mensch »sich selbst als Produkt«[78] wählt und seine Heteronomie anerkennt, ist er in der Lage, für sich selbst und die vorausliegenden Umstände die Verantwortung zu übernehmen. Der Entwurfscharakter der Existenz, die dem Einzelnen nicht nur ontologisch vorausliegt, sondern ihm als ethische Aufgabe gestellt ist, verleiht der Eigenverantwortung einen *prozessualen Zug ohne Gelingensgarantie*. Die Erfüllung der Selbstbestimmung ist ein hochgradig unsicheres Unterfangen, von Zufällen und Widerfahrnissen abhängig, die es immer wieder aufs neue zu bewältigen gilt. Eigenverantwortlichkeit beruht auf der Fähigkeit der Einbeziehung des Kontingenten und Nichtintegrierbaren. Ihr Gelingen bemißt sich daran, inwieweit der Einzelne »für das, was er als das Zufällige ausschließt, eine wesentliche Verantwortung übernimmt im Hinblick darauf, daß er es ausgeschlossen hat«.[79]

Insoweit das individuelle Verantwortungsbewußtsein auch das umgreift, was sich ihm entzieht, übersteigt es den Horizont der vereinzelten Existenz. Das Individuum als »verantwortlicher Redakteur« seines Lebens ist »verantwortlich vor sich selbst in persönlichem Sinne, insofern es entscheidenden Einfluß auf es selbst haben wird, was es wählt, verantwortlich gegenüber der Ordnung der Dinge, in der es lebt, verantwortlich gegenüber Gott«.[80] Die soziale und die religiöse Dimension ist der Eigenverantwortlichkeit nicht äußerlich, sie tritt nicht als abstrakte Forderung hinzu, sondern folgt aus der Einbettung des konkreten Selbst in die es umschließenden Lebensverhältnisse, die seinem Dasein einen transindividuellen Sinn verleihen. Die »Einheit des Allgemeinen und des Einzelnen« hat ihren Grund darin, daß die Persönlichkeit »das Absolute« ist, »das seine Teleologie in sich selber hat«.[81] Sie läßt sich nicht kategorial oder deduktiv aus einem universell geltenden Gesetz ableiten, sondern resultiert daraus, daß sich die handelnde Persönlichkeit selbst »in

---

78 Ebd., S. 816.
79 Ebd., S. 827. Zu Kierkegaards Konzeption der selbstverantwortlichen Lebensführung vgl. Dieter Thomä, *Erzähle dich selbst*, S. 42–60.
80 Sören Kierkegaard, *Entweder – Oder*, S. 827.
81 Ebd.

ihrer höchsten Gültigkeit«[82] zeigt, indem sie die ihr auferlegten Pflichten erfüllt. Die Pflicht ist für Kierkegaard die Koinzidenz von Selbstbestimmung und allgemeiner Ordnung, ist das Zusammenfallen des einzelnen Willen mit der Totalität, weil das Individuum sich aus eigener Verantwortung zur Entscheidungsinstanz des Universellen macht, das es als absolutes Ich in sich trägt. Die Wurzel des individuellen Pflichtbewußtseins, das die abstrakte Moralität in der konkreten Sittlichkeit aufhebt und das normative Sollen mit der faktischen Existenz vermittelt, ist »das Geheimnis, das im Gewissen liegt, es ist das Geheimnis, welches das individuelle Leben mit sich selber hat, daß es zugleich ein individuelles Leben und das Allgemeine ist«.[83] Maßstab der Gewissensentscheidung ist folgerichtig nicht ihre kognitivistische Begründbarkeit und hypothetische Verallgemeinerbarkeit, sondern ihre dezisionistische »Intensität«[84] – die *Tiefe der Überzeugung*, aus der heraus die ethische Wahl getroffen wird und die ganze Persönlichkeit ergreift.

Indem Kierkegaard die Verbindlichkeit der Pflicht auf ihr Offenbarwerden für das Individuum und die »Energie« seines Überzeugtseins zurückführt, unterstellt er das moralische Handeln einer »ewigen Verantwortung«, die ihren Grund darin hat, daß »die Persönlichkeit nicht sich selbst geschaffen, sondern sich selbst gewählt hat«, so daß »die Pflicht der Ausdruck für ihre absolute Abhängigkeit und ihre absolute Freiheit in ihrer Identität miteinander« ist.[85] Die Ewigkeit der Verantwortung beruht darauf, daß in der freiwilligen Subordination unter das Allgemeine die religiöse Dimension der Kreatürlichkeit und des Gehorsams gegenüber Gott zutage tritt, daß der Einzelne seiner Verantwortung nur nachzukommen vermag, wenn er sich den göttlichen Geboten unterstellt und zugleich seine individuelle Eigenständigkeit bewahrt. Weil das ethische Handeln den Menschen »an die Grenze seiner Individualität« führt, in Situationen der »Ausnahme«[86] einmündet, in denen die Erfüllung der verlangten Pflichten zu mißlingen droht oder zur Kollision mit anderen Pflichten führt, bedarf es einer absoluten Verankerung des Moralischen. Sie besteht für Kierkegaard im »Paradoxon des Glaubens«,[87] in dem das Individuum aus dem moralischen Verhältnis austritt und sich dem Anspruch Gottes unterwirft, um so einen höheren Standpunkt der Allgemeinheit zu gewinnen. Der religiöse Standpunkt, der erst die Gültigkeit des moralischen Handelns garantiert, ist nicht kommunikabel, sondern wirft das Individuum auf seine totale Vereinzelung zurück, in der es sich

82 Ebd., S. 831.
83 Ebd., S. 822.
84 Ebd., S. 834.
85 Ebd., S. 839 f.
86 Ebd., S. 913.
87 Kierkegaard, »Furcht und Zittern«, in: *Die Krankheit zum Tode*, S. 257. Vgl. hierzu Wilfried Greve, *Kierkegaards maieutische Ethik*, S. 178–188.

dem Urteil und der Gnade Gottes ausliefert, durch die es in die Lage versetzt wird, immer wieder neu anzufangen und seiner Existenz in der Wiederholung gerecht zu werden.

Kierkegaards Verantwortungsmodell umfaßt somit zwei entgegengesetzte Dimensionen, die in ihrer Widersprüchlichkeit zusammengehören: die *Autonomie* des Individuums, das per Selbstwahl die Normen seines Handelns generiert, und die *Heteronomie* des Einzelnen, der in seinen Handlungsentscheidungen von Bedingungen abhängig ist, die seinem Verfügungsbereich vorausliegen und ihn überschreiten. In diesem Überschreiten liegt der Grund dafür, daß Kierkegaard das Selbstverhältnis als Gottesverhältnis bestimmt und den moralischen Akt in der Innerlichkeit des religiösen Glaubens verankert. Der Sprung in den Glauben[88] dient nicht nur der Absicherung der ethischen Entscheidung, sondern auch ihrer Ausweitung über den individuellen Horizont hinaus auf den sozialen und politischen Bereich, in dem der Einzelne immer schon steht. Der Brückenschlag vom Ich über Gott zum Wir, den Kierkegaard vollzieht, steht paradigmatisch für eine spezifisch moderne Tradition der *theologischen Verantwortung*, in der die Verallgemeinerungsfähigkeit von Handlungsnormen ihre Ursache nicht in ihrer intersubjektiven Geltung, sondern im subjektiven Glauben hat, der die Wahrhaftigkeit persönlicher Überzeugungen zum Fundament ihrer allgemeinverbindlichen Wahrheit macht. Die Eigenverantwortung wird zum Durchgangstor zur absoluten Verantwortung, die den Maßstab und den Fluchtpunkt für das richtige Handeln bildet, das seine Legitimation letzlich nur dadurch erhält, daß die ethische Wahl in die eschatologische Ordnung eines Heilsgeschehens eingebunden ist, in dem der Mensch sich in seinen Entscheidungen vom verborgenen Zuspruch Gottes getragen weiß.

Gleichwohl lassen sich aus Kierkegaard auch andere Schlußfolgerungen ziehen. Der Aufhebung der Ethik in Eschatologie korrespondiert umgekehrt die Rückführung des Moralprinzips auf die besondere Situation der Entscheidung. Kierkegaard hat nicht nur den Grundstein für die eschatologische, sondern auch für eine *dezisionistische Verantwortung* gelegt, die der Notwendigkeit der Wahl unter hochgradigen Unsicherheitsbedingungen entspringt. Dezisionistisch ist diese Form der Verantwortung, weil sie keine objektiven, sondern nur persönliche Gründe für sich in Anspruch nehmen kann. Sie liegt dann vor, wenn sich die eigenen Überzeugungen nicht nach Maßgabe des Universalisierungsprinzips rechtfertigen, sondern nur unter Angabe subjektiver Motive plausibilisieren lassen. Sie tritt in Kraft, wenn unwägbare Handlungsfolgen

---

88 Zur Metapher des »Sprungs« als paradoxer Entscheidung für den christlichen Glauben vgl. Kierkegaard, *Abschließende unwissenschaftliche Nachschrift*, S. 90–98.

entstehen oder der Konflikt gleichrangiger Entscheidungsgründe zu bewältigen ist. Sie sorgt in moralischen Grenzfällen, in denen das kategorische Moralprinzip versagt, dafür, daß nicht willkürlich gehandelt wird, sondern auf der Grundlage von persönlichen Entscheidungen, für die sich situativ angemessene Erklärungen finden lassen.[89] Die dezisionistische Verantwortung ist eine besondere Form der Klugheitsmoral, die die Wahl der richtigen Maximen und die Berücksichtigung ihrer praktischen Konsequenzen der reflektierten Eigenverantwortung überläßt, die sich das Gesetz ihres Handelns selbst gibt, ohne dabei auf sichere Legitimationsgrundlagen zurückgreifen zu können.

5. Souveräne Unverantwortlichkeit: Nietzsche

Bei Kierkegaard läßt sich die Umstellung von einer außengeleiteten zu einer innengeleiteten Ethik beobachten, durch die das Regulativ der Pflicht zunehmend in den Hintergrund gedrängt wird und der Begriff der Verantwortung in seiner *posttraditionellen Ambivalenz* in den Vordergrund tritt.[90] Für etwas verantwortlich zu sein, bedeutet nicht nur, die Maßstäbe der Zuständigkeit in einem Akt der normativen Selbstzuschreibung generieren zu müssen, ohne sich auf objektive Gründe berufen zu können. Es bedeutet nicht nur, daß unbedingte Verpflichtungen und freiwillige Leistungen auseinandertreten, verdienstliche gegenüber geschuldeten Handlungen einen eigenständigen Wert gewinnen. Es bedeutet vor allem, daß die falliblen Grundlagen normativer Kriterien ins Blickfeld des aufmerksamen Beobachters treten und die moralischen Ordnungen sich in ihrer faktischen Kontingenz offenbaren. Der Begriff der Verantwortung taucht in dem Moment auf, in dem die kategorische Ethik und das Naturrecht ihre verbindliche Geltung verlieren, der Positivismus und Materialismus Einzug in die Wissenschaft halten, der Eigensinn der Praxis und die Macht des Faktischen in den Vordergrund treten. So gesehen ist die Rede von der Verantwortung des Menschen das Produkt einer Selbstvergewisserungskrise der Moderne, die in das Stadium der Ungewißheit und Instabilität ihrer regulativen Grundlagen eingetreten ist. Mit Hilfe des Verantwortungsprinzips wird der Versuch unternommen, verlorenes Terrain zurück zu erobern oder zumindest den erreichten Stand der Gewißheit und Sicherheit zu verteidigen, der durch die anhaltende

---

89 Zur situativen Rechtfertigung persönlicher Entscheidungen vgl. Ludger Heidbrink, »Moral und Konflikt«, S. 287 f.
90 Zur Ablösung der Pflichtkategorie durch den Verantwortungsbegriff vgl. Knud E. Løgstrup, »Verantwortung«, Sp. 1254 f.; Johannes Schwartländer, »Verantwortung«, Sp. 1577 f.; Friedrich Tenbruck, »Verantwortung und Moral«, S. 26 f.

Dynamisierung des wissenschaftlichen Fortschritts und die Umwälzung der sozialen Verhältnisse bedroht ist.

Was läge also näher, als das angebliche Faktum humaner Verantwortung in Zweifel zu ziehen, es als nützliche Illusion und zweckdienliche Einbildung zu entlarven? Es ist Friedrich Nietzsche, der unter dem Einfluß der naturwissenschaftlichen Forschung seiner Zeit die traditionelle Lehre der Willensfreiheit bestreitet und die Existenz eigenständiger moralischer Phänomene in Frage stellt. Für Nietzsche beruht die Idee der intelligiblen Freiheit auf einem falschen Schluß von äußeren Wirkungen auf vermeintliche Ursachen: »weil sich der Mensch für frei hält, nicht aber weil er frei ist, empfindet er Reue und Gewissensbisse«.[91] Entsprechend ist die »Geschichte der Empfindungen, vermöge deren wir Jemanden verantwortlich machen«, kein Beweis für die Existenz moralischer Verantwortung, sondern fördert vielmehr das Gegenteil zutage – die Auslieferung des Menschen an die Umstände, unter denen er handelt: »So macht man der Reihe nach den Menschen für seine Wirkungen, dann für seine Handlungen, dann für seine Motive und endlich für sein Wesen verantwortlich. Nun entdeckt man schliesslich, dass auch dieses Wesen nicht verantwortlich sein kann, insofern es ganz und gar nothwendige Folge ist und aus den Elementen und Einflüssen vergangener und gegenwärtiger Dinge concrescirt: also dass der Mensch für Nichts verantwortlich zu machen ist, weder für sein Wesen, noch seine Motive, noch seine Handlungen, noch seine Wirkungen. Damit ist man zur Erkenntniss gelangt, dass die Geschichte der moralischen Empfindungen die Geschichte eines Irrthums, des Irrthums von der Verantwortlichkeit ist: als welcher auf dem Irrthum von der Freiheit des Willens ruht.«[92]

Nach Nietzsche ist Verantwortung ein *Zurechnungskonstrukt*, das durch soziale Übereinkunft und die lange Gewöhnung an die Praxis des Strafens und der Belohnung, des Tadels und des Lobes zustande gekommen ist. Die objektive Feststellung der Verantwortlichkeit einer Person ist aus der Sicht Nietzsches nicht möglich. Sie würde zum einen die vollständige Kenntnis ihrer Handlungsmotive und zum anderen die Absichtlichkeit der Handlungsausführung voraussetzen.[93] Beide Kriterien sind nach Nietzsche nicht anwendbar, da aus der Beurteilungsperspektive niemals sämtliche Motive des Handelns eingesehen werden können und die Unterstellung einer Absicht zu widersinnigen Konsequenzen in der Handlungsbewertung führt. Die Schlußfolgerung besteht darin, daß die

---

91 Friedrich Nietzsche, *Menschliches, Allzumenschliches I*, KSA, Bd. 2, S. 64.
92 Ebd., S. 62 f.
93 »*Verantwortlich* sein d.h. die Motive, aus denen man handelte, wissen und angeben können. Aber wissen wir von irgendeiner Handlung *alle* Motive? Ihre verhältnismäßige Stärke und Art?« (*Nachgelassene Fragmente* 1875–1879, KSA, Bd. 8, S. 605.)

SOUVERÄNE UNVERANTWORTLICHKEIT: NIETZSCHE

Rede von der Verantwortlichkeit nur auf der oberflächlichen Ebene des unmittelbar Sichtbaren und Wißbaren möglich ist, für die Einbeziehung tieferliegender Handlungsgründe jedoch keinen Sinn macht.[94] Folgerichtig plädiert Nietzsche dafür, sich von der überlieferten Zurechnungspraxis zu verabschieden und sich der »völlige[n] Unverantwortlichkeit des Menschen für sein Handeln und sein Wesen«[95] zu fügen. Weil im Konflikt von widersprüchlichen Motiven nicht wir uns entscheiden, sondern in Wahrheit »das mächtigste Motiv über uns entscheidet«,[96] unterliegen die menschlichen Taten einer immanenten Notwendigkeit des Geschehens, an der jede externe Kritik unweigerlich abprallen muß.

Genau in dieser Notwendigkeit liegt nach Nietzsche jedoch die neue Freiheit der Unverantwortlichkeit. Die Erkenntnis, daß »Lust, Egoismus, Eitelkeit *nothwendig* zur Erzeugung moralischer Phänomene« sind, eröffnet den Weg in die »Unschuld«[97] des Daseins, befreit das Gewissen von den Lasten der Schuld und Reue und stellt das Individuum vor seine eigenen Lebensmöglichkeiten. Nietzsche sieht »im *Nachlassen* unseres Glaubens an die absolute Verantwortlichkeit der Person« nicht nur einen »Fortschritt aus der Barbarei«,[98] weil die in der christlichen Herden- und Sklavenmoral verankerten Wertgesetze den Einzelnen in seiner Selbstbestimmung einschränken, sondern auch, weil die Bürde der Verantwortung nach dem Tod Gottes durch das autonome Subjekt nicht zu bewältigen ist.[99] *Die Lehre der Unverantwortlichkeit verspricht Entlastung von dem Zwang der Rechenschaft, den die säkularisierungsbedingte Zurechnungsexpansion erzeugt hat.* Sie weist den Anspruch der Barmherzigkeitsmoral zurück, sich auch noch dort für seine Taten zu rechtfertigen, wo keine kausale Verursachung vorliegt. Sie schränkt den ethischen Legitimationsbereich ein, der mit fortschreitender Modernisierung immer weitere Handlungszonen erfaßt, verlangt für erhobene Beschuldigungen präzise Argumente statt plakativer Appelle, setzt auf das Prinzip der verursacherbezogenen Beweislast und widersetzt sich dem

---

94 »Moralität, *wenn* nothwendige Verantwortlichkeit, dann nur die Handlungen, die aus klarstem Verstande hervorgegangen, die oberflächlichsten, deren Motive wir kennen *können*. […] Bei den aus dem Gemüth kommenden ist Verantwortlichkeit unmöglich, weil wir die Motive nicht kennen.« (*Nachgelassene Fragmente 1880–1882, KSA*, Bd. 9, S. 41.)
95 Nietzsche, *Menschliches, Allzumenschliches I, KSA*, Bd. 2, S. 103.
96 Ebd., S. 104.
97 Ebd., S. 105.
98 Nietzsche, *Nachgelassene Fragmente 1880–1882, KSA*, Bd. 9, S. 571.
99 Es ist, so Nietzsche, das »ungeheure Schwergewicht der Verantwortlichkeit welches Einer auf sich fühlt, welcher zu merken beginnt, daß alle Werthschätzungen, nach denen die Menschen leben, auf die *Dauer den Menschen zu Grunde richten*« (*Nachgelassene Fragmente 1884–1885, KSA*, Bd. 11, S. 467).

Diktat der universellen Zuständigkeit des Menschen für kulturelle Prozesse, die sich nicht als jemandes Handlung konzeptualisieren lassen.[100] Die Entlastung von der herkömmlichen Verantwortung ist notwendig, nicht um sich den Zumutungen der Moral zu entziehen, sondern um ihre genealogischen Prämissen und praktischen Grenzen zu bestimmen. Für Nietzsche ist die Geltung moralischer Werte abhängig vom Standort, den man bei ihrer Anwendung einnimmt. Sie ist das Resultat der Perspektive, unter der wir die Welt betrachten und für lebensdienliche Zwecke nutzbar machen.[101] Die Standort- und Zweckabhängigkeit führt zu Verzerrungen in der Wahrnehmung von Verpflichtungen, die dem Handelnden verborgen bleiben. Er hält für kategorial verbindlich, was in Wahrheit nur ein Effekt der Beobachtung seiner jeweiligen Umwelt ist: »Es giebt auch für die Moral eine Art von Optik. Wie schwach verantwortlich fühlt sich der Mensch für seine indirekten und entfernten Wirkungen! Und wie grausam und übertreibend fällt die nächste Wirkung, die wir üben, über uns her – die Wirkung, die wir sehen, für die unser kurzes Gesicht eben noch scharf genug ist!«[102] Nietzsche geht es um die Einbeziehung der zeitlichen und räumlichen Koordinaten, die wesentlichen Einfluß auf die Bestimmung moralischer Imperative haben, zu ihrer Motivierung beitragen und ihre praktische Umsetzung bewirken. Der Hiatus zwischen Begründung und Anwendung, der die kategorische Morallehre kennzeichnet, ist für Nietzsche die Ursache dafür, daß die subjektiven Motive und Interessen der Akteure unter dem Schein der Objektivität in die Wertbestimmungen einfließen und sie zu einem Mittel der latenten, wenn nicht gar manifesten Machtausübung werden lassen: »Eben das ist die lange Geschichte von der Herkunft der *Verantwortlichkeit*. Jene Aufgabe, ein Thier heranzuzüchten, das versprechen darf, schliesst, wie wir bereits begriffen haben, als Bedingung und Vorbereitung die nähere Aufgabe in sich, den Menschen zuerst bis zu einem gewissen Grade nothwendig, einförmig, gleich unter Gleichen, regelmässig und folglich berechenbar zu *machen*.«[103]

Die Rede von der Verantwortlichkeit des Menschen hat nach Nietzsche den ambivalenten Zweck, die unterschiedlich abgestuften Weltverhältnisse zu vereinfachen, sie gewissermaßen über einen normativen Leisten zu schlagen und für das Handeln überschaubar zu machen. *Das Regulativ*

---

100 Vgl. Richard Wisser, »Nietzsches Lehre von der völligen Unverantwortlichkeit und Unschuld jedermanns«, bes. S. 155–168, der allerdings die destruktive Seite der Verantwortungskritik Nietzsches überbetont.
101 Zur Lebensdienlichkeit der Moral vgl. Günter Figal, *Nietzsche*, S. 159–171.
102 Nietzsche, *Nachgelassene Fragmente* 1884–1885, KSA, Bd. 11, S. 638. In diesen Zusammenhang gehört auch Nietzsches Kritik der ›Nächstenliebe‹ und sein Plädoyer für die ›Fernstenliebe‹; vgl. *Also sprach Zarathustra*, KSA, Bd. 4, S. 77.
103 Nietzsche, *Zur Genealogie der Moral*, KSA, Bd. 5, S. 293.

der Verantwortung ist eine taktisch kluge und moralisch effiziente Weise der Komplexitätsreduktion. Es stiftet Orientierung durch klare Vorschriften und besitzt den Vorteil der Verläßlichkeit durch Verallgemeinerungsfähigkeit. Es behandelt ungleiche Fälle gleich, subsumiert abweichende Situationen unter ihr allgemeines Maß, reduziert die Vielfalt des Faktischen auf die Einheit des Gesetzes. Damit aber wird der Verantwortungsbegriff auch zu einem Instrument der Disziplinierung, der Zucht und Kontrolle: »Überall, wo Verantwortlichkeiten gesucht werden, pflegt es der Instinkt des *Strafens- und Richten-Wollens* zu sein, der da sucht. Man hat das Werden seiner Unschuld entkleidet, wenn irgend ein So-und-so-Sein auf Wille, auf Absichten, auf Akte der Verantwortlichkeit zurückgeführt wird: die Lehre vom Willen ist wesentlich erfunden zum Zweck der Strafe, das heisst des *Schuldig-finden-wollens.*«[104] Der Wille zum Strafen hat keine objektiven Gründe, er entspringt dem Egoismus der sozial Benachteiligten, befriedigt die niederen Machtgelüste der Zukurzgekommen und erlaubt es den Verlierern, ihr persönliches Versagen auf die Umstände abzuwälzen. Wo die Schwachen gegen die Starken Anklage erheben,»wird der Anspruch gemacht, die Geschichte zu richten, sie ihrer Fatalität zu entkleiden, eine Verantwortlichkeit hinter ihr, *Schuldige* in ihr zu finden. Denn darum handelt es sich: man braucht Schuldige. Die Schlechtweggekommenen, die décadents jeder Art sind in Revolte über sich und brauchen Opfer, um nicht an sich selbst ihren Vernichtungs-Durst zu löschen [...]. Kurz, der Entrüstungspessimismus *erfindet* Verantwortlichkeiten, um sich ein *angenehmes* Gefühl zu schaffen – die Rache«.[105]

Die Einführung der Verantwortungsvokabel in den moralischen Diskurs ist für Nietzsche ein Akt der bewußten Täuschung, durch den der geschichtliche Indeterminismus und die Herrschaft des Fatalismus überwunden werden sollen. Das Kausalitätsprinzip dient der Wiederaneignung der entwerteten Welt durch die willkürliche Setzung von Werten, in denen sich das Ressentiment der Ohnmächtigen widerspiegelt, die ihre Unterlegenheit mit Hilfe moralischer Schuldzuschreibungen kompensieren. Gegen diese Form der Kompensation setzt Nietzsche sein Lob der Unverantwortlichkeit, das der Strategie der Steigerung des moralischen Willens zur Macht folgt, der von fremden Zwecksetzungen befreit und in den Horizont der souveränen Lebensführung zurückgestellt werden muß, die ihren Grund in der »*Unschuld* des Werdens« hat und dem Umstand, daß es »*Nichts ausser dem Ganzen*«[106] gibt, in dessen Horizont das autonome Individuum sein Leben führt.

Die Übernahme von Verantwortung ist nach Nietzsche die Angelegenheit des Einzelnen, der sich aus freier Einsicht der Geltung ethischer

---

104 Nietzsche, *Götzen-Dämmerung*, KSA, Bd. 6, S. 95.
105 Nietzsche, *Nachgelassene Fragmente 1887–1889*, KSA, Bd. 13, S. 423.
106 Nietzsche, *Götzen-Dämmerung*, KSA, Bd. 6, S. 96 f.

Normen unterwirft. Am Ende der ›langen Geschichte von der Herkunft der Verantwortlichkeit‹ steht »das *souveraine Individuum*«, das durch das »stolze Wissen um das ausserordentliche Privilegium der *Verantwortlichkeit*, das Bewusstein dieser seltenen Freiheit, dieser Macht über sich« gekennzeichnet ist.[107] Die Befreiung von den Lasten der christlichen Verantwortungsmoral ist in Wahrheit die *Rückkehr zu einer höherstufigen Form des Verantwortungsbewußtseins*, das seinen Maßstab in der Selbsterschaffung regulativer Prinzipien hat, an denen sich der Handelnde orientiert. Der Idealtypus des souveränen Individuums ist der ›freie Geist‹, der nicht aus Selbstsucht und Eigennutz handelt, sondern in Hinsicht auf »die Gesammt-Entwicklung des Menschen«, die der moralischen Lenkung und Steuerung bedarf.[108] Nietzsche kehrt die kategorische Beweisführung der traditionellen Ethik um: Die ›freien Geister‹ sind zum fürsorglichen Umgang mit der Welt verpflichtet, weil niemand sonst für sie verantwortlich ist.[109] Erst die Einsicht in die absolute Unverantwortlichkeit bewirkt die Parteinahme für das Wohl des ›Ganzen‹, das keine andere moralische Wertigkeit besitzt als diejenige, die ihm durch den autarken Entschluß des Einzelnen gegeben wird.

Das Fundament der aus der Einsicht in die Unverantwortlichkeit geborenen Verantwortung sind das »intellectuale Gewissen« und das »Verlangen nach Gewissheit«,[110] die zur nüchternen und vorurteilslosen Betrachtung der Sachverhalte führen. Nietzsches Leitideal ist nicht die schrankenlose Selbstverwirklichung, sondern die objektive Selbsterkenntnis, die durch die Distanznahme von persönlichen Interessen und Erwartungen eine neutrale Beurteilung des Weltgeschehens ermöglicht. Wenn Nietzsche von der ›großen Verantwortung‹[111] spricht, die zur Zukunftsaufgabe des souveränen Individuums geworden ist, dann ist damit der Abschied vom Handlungspessimismus der skrupelbeladenen Gewissensmoral gemeint, die sich in ihren Wertsetzungen an kurzfristigen Entwicklungen orientiert und normative Vorgaben unter taktischen Aspekten befolgt, ohne von ihrer Richtigkeit tatsächlich überzeugt zu sein.

107 Nietzsche, *Zur Genealogie der Moral*, KSA, Bd. 5, S. 293, S. 294.
108 Deshalb ist der »Philosoph, wie *wir* ihn verstehen, wir freien Geister«, »der Mensch der umfänglichsten Verantwortlichkeit, der das Gewissen für die Gesammt-Entwicklung des Menschen hat« (*Jenseits von Gut und Böse*, KSA, Bd. 5, S. 79).
109 Zur Figur des »Freigeistes« siehe Volker Gerhardt, *Friedrich Nietzsche*, S. 201–210.
110 *Die fröhliche Wissenschaft*, KSA, Bd. 3, S. 373.
111 1884 entwirft Nietzsche einen »Weg zur Weisheit«, dessen dritter Gang lautet: »Große Entscheidung, ob tauglich zur positiven Stellung, zum Bejahen. Kein Gott, kein Mensch mehr *über* mir! Der Instinkt des Schaffenden, der weiß, *wo* er die Hand anlegt. Die große Verantwortung und die Unschuld.« (*Nachgelassene Fragmente 1884–1885*, KSA, Bd. 11, S. 159 f.)

Gegen den opportunistischen Pflichtgehorsam und die Ausklammerung langfristiger Handlungsfolgen setzt Nietzsche die Autarkie des Freigeistes, der aus Redlichkeit, Gerechtigkeit und Wahrhaftigkeit in Übereinstimmung mit dem Lebensprozeß agiert, dessen komplexen Gesetzen er sich unterwirft, um sie beherrrschen zu können. Das Kriterium seines Handelns ist die Steigerung von Daseinsmöglichkeiten im Einklang mit dem Prinzip des Werdens, das in seiner Eigendynamik anerkannt werden muß, damit es sich durch kreative Zielsetzungen regulieren und lenken läßt.[112]

Man kann in Nietzsches Modell der souveränen Selbstbestimmung die Grundlage einer modernen Steuerungsethik erkennen, die von der Unverantwortbarkeit des ›Ganzen‹ ausgeht, um Strategien für die Regulierung von Teilprozessen zu entwickeln, die nach nichtlinearen Mustern ablaufen und ihrer jeweils eigenen Entfaltungslogik gehorchen. Ohne Frage ist Nietzsches Zurückweisung kategorischer Moralprinzipien und seine Verachtung der christlichen Mitleidsethik durch genau das Ressentiment gekennzeichnet, das er den ›Schwachen‹ und ›décadents‹ seiner Zeit vorwirft. Seine Kritik des kausalen Determinismus und moralischen Funktionalismus läßt sich jedoch auch als Versuch verstehen, eine *inventive Verantwortungsethik* zu begründen, die Kriterien des richtigen Handelns in Auseinandersetzung mit Problemsituationen zur Verfügung stellt, in denen herkömmliche Regeln nicht mehr greifen. Das Konzept der ›großen Verantwortung‹ betont die experimentelle Seite der Urteilsfindung in komplexen Wirkungszusammenhängen, die sich nicht auf die intentionalen Absichten von Akteuren zurückführen lassen; es setzt auf die schöpferische Kraft der Erfindung von Normen und Werten, die dem Kontext der zu bewältigenden Situation angemessen sind; es bezieht die Abhängigkeit getroffener Entscheidungen von den Eigenschaften der agierenden Subjekte mit ein, die sich niemals vollständig aus ihren Urteilsfindungen ausklammern lassen.

Vor allem stellt Nietzsche die *Unvertretbarkeit des Einzelnen* in den Vordergrund, der sich der Delegierung von Verantwortlichkeiten widersetzt und sich aus der Einsicht in die prekäre Ordnung der modernen Wirklichkeit die Folgen seines Handelns selbst zurechnet, für sie einsteht und sie in den geschichtlichen Zusammenhang stellt, aus denen sie hervorgegangen sind.[113] Die Übernahme von Verantwortung ist ein Zeichen

---

112 Siehe Ludger Heidbrink, »Nietzsche als Diagnostiker moderner Komplexität«.

113 Sehr klar erkennt Nietzsche die Konsequenzen, die in der Entlastung von der Eigenverantwortlichkeit durch den Staat und seine Institutionen liegen, die durch »Arbeitstheilung« dafür sorgen, »daß Niemand die ganze Verantwortlichkeit mehr hat« (*Nachgelassene Fragmente* 1887–1889, KSA, Bd. 13, S. 97). Die entsprechende Gegendevise lautet: »nur Einzelne fühlen sich *verantwortlich*« (ebd., S. 381).

persönlicher Würde und Tugendhaftigkeit, sie ist Auszeichnung des Charakters, der mit der Schwere der zu lösenden Aufgaben wächst; sie setzt den Willen zur Veränderung voraus, der mit Engagement und Tatkraft in das Weltgeschehen eingreift, anstatt sich ohnmächtig dem Vollzug der Dinge auszuliefern. Indem Nietzsche den Aktivismus und die Singularität als wesentliche Momente verantwortungsbewußten Handelns bestimmt, unterstellt er die praktische Umsetzung moralischer Prinzipien dem individuellen Streben nach Selbstverwirklichung, das sich aus freiem Willen die Grenzen seines Handelns vorschreibt. Die Lehre der Unverantwortlichkeit besteht nicht darin, *aus* uneingeschränkter Macht zu handeln, sondern *für* die eigene Macht Verantwortung zu übernehmen. Weil das souveräne Individuum aus dem Überfluß und der Bejahung heraus handelt, ist es in der Lage, Großzügigkeit walten zu lassen und Verzicht zu üben, seine Einflußnahmen zu dosieren oder zu intensivieren. Erst der Besitz der Macht ermöglicht ihre wirksame Umsetzung, so wie erst die Befreiung von der Last der Verantwortung zu ihrer freien Übernahme führt.

Nietzsches Einsicht, daß Verantwortungsverhältnisse interpretatorische Konstrukte sind, die vor dem Hintergrund partikularer Lebensformen erzeugt werden, lenkt den Blick auf die unmoralischen Gründe moralischen Handelns, auf den Anteil an Interessen, Wünschen und Erwartungen, der normativen Zurechnungsakten zugrunde liegt. Sein Verdienst besteht darin, die instrumentelle Seite moralischer Wertsetzungen aufgedeckt zu haben: den Willen zur Homogenisierung und Berechenbarkeit, der dafür sorgt, daß die Verkettung von Ursache und Wirkung in komplexen Handlungssituationen als kausales Phänomen erscheint, das sich nach Maßgabe einfacher Codierungen – gut oder böse, erfolgreich oder erfolglos – beurteilen läßt. Daß Nietzsche mit seinem voluntaristischen Moralprinzip der gleichen Simplifizierungsstrategie folgt, die er verurteilt, ist in diesem Zusammenhang unwesentlich. Entscheidend ist, daß die Verborgenheit und Verstellung der Handlungsmotive bei der Bewertung der Handlungsfolgen mitberücksichtigt werden muß: Bei der Zuschreibung von Verantwortlichkeiten ist es unumgänglich, das situative Umfeld der Akteure, ihre persönlichen Handlungsgründe, Sichtweisen und Fähigkeiten einzubeziehen. Die Akzentsetzung auf den Aspekt der Unverantwortlichkeit führt zu keiner moralischen Entlastung von Akteuren, sondern erlaubt eine *differenzierte Praxis der Zurechnung*, bei der die Angemessenheit und Zumutbarkeit von Verantwortungsforderungen im Vordergrund steht. Durch den hermeneutischen Perspektivismus Nietzsches erhält die Dimension der *Relationalität* Einzug in den Verantwortungsbegriff: Seine praktische Anwendung ist unmittelbar von den evaluativen Beziehungen abhängig, innerhalb derer er verortet wird. Verantwortung tragen wir nicht nur für etwas und vor einer gesetzgebenden Instanz, sondern auch in bezug auf bestimmte Maßstäbe, welche die Kriterien zur Beurteilung vorgeben.

SOUVERÄNE UNVERANTWORTLICHKEIT: NIETZSCHE

Die Abhängigkeit dieser Kriterien vom Standpunkt der Betrachtung macht die Festlegung konkreter Verantwortlichkeiten zu einem diffizilen Unterfangen, das sich auf der Grenze zwischen hermeneutischer Interpretation und normativer Präskription bewegt. Um Akteure für ihre Taten zur Rechenschaft ziehen zu können und sie zur Einhaltung von Regeln zu verpflichten, sind verbindliche Handlungsmaßstäbe erforderlich. In der Verbindlichkeit liegt jedoch auch die Gefahr des Reduktionismus auf bloße Regelbefolgung, die für entsprechende Funktionalisierungen und Entlastungen offen stehen. Die Erweiterung des Verantwortunsgsbegriffs über die reine Pflichterfüllung hinaus führt wiederum zur Überforderung der Akteure und einer prinzipiell grenzenlosen Expansion der Zurechnung. Dieses Dilemma macht es erforderlich, das Konzept der Verantwortung *einzugrenzen*, ohne es im Kern zu beschränken. Die Umstellung auf die souveräne Unverantwortlichkeit bildet einen Weg, den komplexen Verhältnissen der Moderne gerecht zu werden, die zur Invention von normativen Maßstäben nötigen, damit in nicht normierbare Prozesse interveniert werden kann.[114]

---

114 Siehe dazu unten Teil VI. 4.

III. Erfolge

Die bisherigen Positionen sind vergleichsweise ausführlich behandelt worden, weil sie paradigmatisch für die nachfolgende Erfolgsgeschichte des Verantwortungsprinzips im zwanzigsten Jahrhundert sind. Sie enthalten, auch wenn der Begriff selbst nicht durchweg explizit verwendet wird, diejenigen Grundbestimmungen, die für die weiteren Debatten um den Stellenwert von Verantwortung und Verantwortlichkeit in der Moderne zentral sind. Es wäre sicherlich arg übertrieben zu behaupten, daß mit Kant, Hegel, Kierkegaard und Nietzsche alles Wichtige zum Thema gesagt und seitdem nichts Neues mehr passiert sei. Gleichwohl lassen sich bei jedem der Autoren auf exemplarische Weise die Besonderheiten und Probleme erkennen, die auch die späteren Auseinandersetzungen um das Verantwortungskonzept kennzeichnen. Wir finden hier gewissermaßen schon das gesamte Spektrum dessen vor, was das moderne Verantwortungsprinzip in seinen unterschiedlichen Dimensionen ausmacht: die *normative Selbstverantwortung*, die das formale Gerüst der Zurechenbarkeit nach Maßgabe von Zuschreibungen zur Voraussetzung hat, die Personen als primären Adressaten besitzen und auf der Selbstverpflichtung als rationaler und motivationaler Grundlage beruhen; die *kontextuelle Folgenverantwortung*, die den Zufall und das Nichtvorhersehbare miteinbezieht, die Berücksichtigung handlungsrelevanter Umstände einfordert und in der wechselseitigen Anerkennung sozialer Subjekte gründet; die *dezisionistische Eigenverantwortlichkeit*, die dem Individuum die Lasten der autonomen Lebensführung zumutet und ihm Kriterien der Entscheidung an die Hand gibt, die zwar kontingenter und heteronomer Natur, aber gleichwohl begründungsfähig sind; die *souveräne Unverantwortlichkeit*, die Handlungsnormen als interpretatorische Konstrukte begreift, um jenseits deterministischer Zusammenhänge neue Normen des Handelns zu erfinden, die auf das situative Umfeld abgestimmt sind, in dem sie ihre Wirksamkeit entfalten sollen.

Der Verantwortungsbegriff umfaßt damit eine ganze Reihe von Sonderfunktionen und konzeptuellen Leistungen, die ihn für die Bewältigung von praktischen Handlungsproblemen zu prädestinieren scheinen, so wie sie mit der fortschreitenden Modernisierung der Gesellschaft und ihrer Abkopplung von Überlieferungen, Traditionen und habitualisierten Verhaltensformen entstehen. Verantwortung ist dort gefragt, wo die sozialen Routinen des Handelns nicht mehr greifen und die Imperative des Moralgesetzes ihre universelle Verbindlichkeit verloren haben. Mit der Umstellung von Pflicht auf Verantwortung wird der Versuch unternommen, der Kontingenzsteigerung und Eigendynamik moderner

Gesellschaften Rechnung zu tragen, die dazu genötigt sind, ihre leitenden Handlungsmaßstäbe aus sich selbst zu generieren und zu reproduzieren. Die entscheidende Frage lautet, ob der moderne Verantwortungsbegriff zur Konzeptualisierung moderner Komplexität tatsächlich in der Lage ist. Um hierauf eine Antwort zu finden, wird im folgenden die weitere Entwicklung des Verantwortungsprinzips anhand signifikanter philosophischer Positionen nachgezeichnet. Auffällig ist dabei, daß sich an den im vorigen Kapitel vorgestellten Typologisierungen des Verantwortungsbegriffs relativ wenig ändert. Es ist höchst bemerkenswert, daß in der Mehrzahl der philosophischen (und theologischen) Verantwortungsmodelle, so wie sie im zwanzigsten Jahrhundert entwickelt werden, zahlreiche Grundbestimmungen und Bewertungsmaßstäbe wieder auftauchen, wie sie schon von Autoren wie Kant, Hegel, Kierkegaard oder Nietzsche verwendet wurden, um die Handlungsprobleme ihrer Zeit zu erfassen. Die moderne Verantwortungsdiskussion – so das vorweggenommene Fazit – ist durch einen *nachholenden Konservatismus* gekennzeichnet, der sich in vielen Fällen darauf beschränkt, die im neunzehnten Jahrhundert erarbeiteten moralphilosophischen Grundbegriffe zu variieren und zu modifizieren, ohne dabei das Komplexitätsniveau ausdifferenzierter Sozialsysteme zu erreichen, das sich mit fortschreitender Entwicklung einstellt. Allerdings besitzt dieser verantwortungstheoretische Konservatismus auch eine positive Kehrseite: seine methodologische Grundstruktur veraltet nicht so schnell und kann nach erfolgter Revision – wie sich am Schluß zeigen wird – wieder aufgegriffen und in eine aktualisierte Konzeption verantwortlichen Handelns integriert werden, die sich auf der Höhe des Komplexitätniveaus sozialer Systeme befindet.

1. Von der kritizistischen zur wertmaterialen Verantwortungsethik

Daß die Moralphilosophie vielfach mit Denkmustern und Deutungskategorien arbeitet, die der funktionalen Ausdifferenzierung und operativen Selbstorganisation hochmoderner Gesellschaften nicht angemessen sind, hat eine Reihe von Gründen, die deutlich werden, wenn man sich die Fortsetzung der philosophischen Verantwortungsdebatte anschaut, so wie sie ab dem Ende des neunzehnten Jahrhunderts geführt wird. Die Ethik erfährt in dieser Zeit eine Konjunktur, die aus der Verlagerung der Aufmerksamkeit von der idealistischen Geist-, Natur- und Geschichtsphilosophie auf den Bereich der Handlungstheorie und der sozialen Praxis resultiert. Die fortschreitende Verwissenschaftlichung greift auch auf die Philosophie über, die sich von der spekulativen Metaphysik abwendet und den Zugang zur Wirklichkeit über empirisch fundierte Deutungsmuster sucht.[1] Damit lassen sich nicht nur die erklärenden Naturwissenschaften von den verstehenden Geisteswissenschaften abgrenzen, es wird auch möglich, das menschliche Handeln auf kulturell verankerte Werte zurückzuführen, die gleichwohl eine allgemein verbindliche Bedeutung besitzen.[2] Die sinnverstehende Soziologie schließt an diese Entwicklung an und bettet das wertende Urteilen in religiös und kulturell geprägte Lebensformen ein, aus denen die Individuen ihre moralischen Leitvorstellungen beziehen.

1.1 Konflikttheoretisches Krisenmanagement

Die Gegenüberstellung von wissenschaftlichen Tatsachenfeststellungen und rational nicht letztbegründbaren Werturteilen führt insbesondere bei Max Weber zu einer Reformulierung des Verantwortungsbegriffs, die weniger durch konzeptuelle Originalität als durch die spannungsreiche Vermittlung handlungsmoralischer Sinnorientierungen gekennzeichnet ist. Mit seiner berühmten, aus dem 1919 gehaltenen Vortrag »Politik als Beruf« stammenden Formulierung, »daß alles ethisch orientierte Handeln unter *zwei* voneinander grundverschiedenen, unaustragbar gegensätzlichen Maximen« steht, nämlich entweder unter der »gesinnungsethischen Maxime«, die alles Handeln dem »›Erfolg Gottes‹« anheimstellt, »*oder* unter der verantwortungsethischen: daß man für die (voraussehbaren) *Folgen* seines Handelns aufzukommen hat«,[3] verweist Weber auf zwei entgegengesetzte, aber miteinander verbundene Prinzipien der moralischen und politischen Praxis. Während der Gesinnungsethiker die Schuld für das Mißlingen seiner guten Absichten bei der »Welt«, der »Dummheit der anderen Menschen« oder dem »Wille[n] Gottes« sucht, fühlt sich der Verantwortungsethiker »nicht in der Lage, die Folgen eigenen Tuns, soweit er sie voraussehen konnte, auf andere abzuwälzen. Er wird sagen: diese Folgen werden meinem Tun zugerechnet.«[4] Anders als der Gesinnungsethiker, der ohne Rücksicht auf die empirischen Umstände und Auswirkungen allein seinen persönlichen Überzeugungen gehorcht, bezieht der Verantwortungsethiker die

---

1 Vgl. genauer Herbert Schnädelbach, *Philosophie in Deutschland 1831–1933*, S. 89–137.
2 Zur handlungsanleitenden Funktion kultureller Sinnsysteme vgl. Andreas Reckwitz, *Die Transformation der Kulturtheorien*, S. 84–90.
3 Max Weber, »Politik als Beruf«, in: ders., *Gesammelte politische Schriften*, S. 539f.
4 Ebd., S. 540.

Realisierungsbedingungen und Konsequenzen seines Handelns mit ein.⁵ Gleichwohl können beide nicht angeben, »wann und in welchem Umfang der ethisch gute Zweck die ethisch gefährlichen Mittel und Nebenerfolge ›heiligt‹«:⁶ der Gesinnungsethiker nicht, weil er ohne Blick für die Wirklichkeit seinen Prinzipien folgt, der Verantwortungsethiker nicht, weil er ohne Prinzipien seine Interessen verfolgt. In Reinform führen sowohl der gesinnungsethische Idealismus als auch der verantwortungsethische Realismus zu illegitimen Resultaten, liefern beide Positionen keine Kriterien, nach denen das Handeln unter Bedingungen des modernen Wertepluralismus gerechtfertigterweise ausgerichtet werden kann. Erst dann, wenn sich die persönliche Überzeugung mit der Abschätzung der Handlungsfolgen verbindet, wenn der Glaube an das Richtige zum Wissen um das Mögliche wird, verlieren die beiden Prinzipien ihren einseitigen Charakter und gewinnen praktische Relevanz: »Insofern sind Gesinnungsethik und Verantwortungsethik nicht absolute Gegensätze, sondern Ergänzungen, die zusammen erst den echten Menschen ausmachen, den, der den ›Beruf zur Politik‹ haben *kann*.«⁷

Webers Verbindung von gesinnungsethischer Prinzipienfundierung und veranwortungsethischer Folgenberücksichtigung läßt sich als Versuch verstehen, unter der Voraussetzung des »absoluten Polytheismus« kultureller »Wertsphären«⁸ ein Handlungsmodell zu entwickeln, das die Selbstbestimmung autonomer Individuen in den pluralistischen Kontext der modernen Gesellschaft einbettet. Dem Verantwortungsprinzip fallen dabei mehrere Aufgaben zu: Es dient zum einen der Bewußtmachung, daß das Handeln des Menschen auf konfligierenden Wertvorstellungen beruht, die aus seiner »Verflochtenheit in die ethisch irrationale Welt«⁹ resultieren. Es ermöglicht zum zweiten das Austragen der kollidierenden Wertansprüche durch »Leidenschaft und Augenmaß«,[10] indem das handelnde Individuum sich den ›unpersönlichen Mächten‹ stellt, die nach der ›Entzauberung der alten Götter‹ im ›ewigen Kampf‹ miteinander liegen, und sich »Rechenschaft« über »den letzten Sinn sei-

---

5   Zur Gegenüberstellung von Gesinnungs- und Verantwortungsethiker vgl. auch Max Weber, »Der Sinn der ›Wertfreiheit‹ der soziologischen und ökonomischen Wissenschaften«, in: ders., *Gesammelte Aufsätze zur Wissenschaftslehre*, S. 505.
6   Max Weber, Politik als Beruf, S. 540.
7   Ebd., S. 547. Zur Ergänzung von Gesinnungs- und Verantwortungsethik vgl. Wolfgang Schluchter, »Der sachliche Gehalt von Max Webers Soziologie«, in: ders., *Die Entwicklung des okzidentalen Rationalismus*, S. 86–103. Vgl. auch Peter Vogel, *Gesinnung und Verantwortung*, S. 36–38. Eine einseitige Interpretation findet sich bei Lothar Waas, *Max Weber und die Folgen*, S. 21–66
8   Max Weber, »Der Sinn der »Wertfreiheit«, in: *Wissenschaftslehre*, S. 507.
9   Ebd., S. 505.
10 Max Weber, »Politik als Beruf«, in: *Politische Schriften*, S. 548.

nes eigenen Tuns«[11] gibt. Und es sorgt dafür, daß die Akteure die unbeabsichtigten Konsequenzen ihrer Entscheidungen nicht auf höhere Mächte oder äußere Umstände abschieben, sondern sich selbst als autonomen Urhebern zurechnen. Das von Weber verfolgte Verantwortungsprinzip umfaßt nicht nur die Bereitschaft des Individuums, sein Handeln der Selbstgesetzgebung der moralischen Vernunft zu unterwerfen und mit »Pflicht, Klarheit und Verantwortungsgefühl«[12] seine persönlichen Überzeugungen in die Tat umzusetzen. Es fordert auch vom Handelnden, die lebensweltlichen Realisierungschancen mitzubedenken und sich im Dialog mit anderen Individuen über konfligierende »*praktische Wertungen*«[13] auseinanderzusetzen.

Mit seinem Verantwortungskonzept gelingt es Weber, eine Brücke zwischen dem Kantischen Autonomieprinzip und dem Hegelschen Modell sozialer Anerkennung zu schlagen, indem er die moralische Selbstgesetzgebung an einen intersubjektiven Rechtfertigungsprozeß anbindet, der vor dem Hintergrund divergierender kultureller Wertvorstellungen vollzogen wird.[14] Weber lobt die »kühl temperierte Sachlichkeit der Kantischen Ethik«, die trotz ihrer negativen Fassung »offensichtlich 1. die Anerkennung außerethischer selbständiger Wertsphären [ermögliche], – 2. die Begrenzung der ethischen Sphäre diesen gegenüber, – endlich 3. die Festellung, daß und in welchem Sinn dem Handeln im Dienst außerethischer Werte dennoch Unterschiede in der ethischen Dignität anzuhaften vermögen«.[15] Wie die Kantische Prinzipienethik besitzt die Webersche Verantwortungsethik einen deontologischen Grundzug, beruht auf dem Gebot unbedingter Pflichterfüllung und der Universalisierbarkeit kategorischer Geltungsansprüche. Sie bildet »eine kognitivistische und reflexive *Gesinnungs*ethik«, »nach der sich die vernünftige Selbstbestimmung des Willens *monologisch* und die sittliche Handlung *rigoristisch*, also ohne Ausnahme von der Regel und weitgehend ohne Rücksicht auf die besonderen Umstände von Handlungssituationen«[16] vollzieht. Im Unterschied zu Kant grenzt Weber jedoch die moralische Gesetzgebung von außerethischen Werten ab und bezieht diese in den Prozeß der moralischen Urteilsfindung mit ein. Der Verantwortungsethiker besitzt nach Weber nicht nur die Pflicht, seinem Gewissen zu gehorchen und der Achtung der Vernunft vor dem moralischen Gesetz Folge zu leisten, sondern auch die Konsequenzen und Umstände seiner Handlungen in den Akt

11 Max Weber, »Wissenschaft als Beruf«, in: *Wissenschaftslehre*, S. 608.
12 Ebd.
13 Vgl. Max Weber, »Der Sinn der ›Wertfreiheit‹«, in: *Wissenschaftslehre*, S. 510.
14 Vgl. Agathe Bienfait, *Freiheit, Verantwortung, Solidarität*, S. 130–171.
15 Max Weber, »Der Sinn der »Wertfreiheit‹«, in: *Wissenschaftslehre*, S. 506.
16 Wolfgang Schluchter, *Religion und Lebensführung*, S. 235; zu den Parallelen zwischen Kant und Weber vgl. dort S. 225–250.

der ethischen Reflexion zu integrieren. Er trägt damit eine *doppelte Verantwortung*, »nämlich die für den Gesinnungswert *und* für dessen Beziehungen zu anderen Werten«,[17] mit denen er sich bei der Berücksichtigung der Handlungsfolgen konfrontiert sieht. Indem er Gesinnungswert und Erfolgswert, Absicht und Wirkung seines Handelns miteinander in Verbindung bringt, überschreitet der Verantwortungsethiker den monologischen Rahmen der reflexiven Gesinnungsethik und tritt in einen kritischen Dialog über unterschiedliche Wertbegriffe ein, über deren jeweilige Geltung er in einer prinzipienorientierten Güterabwägung entscheidet. Leitender Maßstab ist bei diesem Prüfungsverfahren nicht das allgemeine Gesetz des kategorischen Imperativs, sondern das *individuelle Gesetz der Selbstzurechnung moralischer und politischer Entscheidungen*, das sein Fundament in der bewußten Lebensführung, der Persönlichkeit und den aufrichtigen Überzeugungen des handelnden Individuums hat.[18]

Das Verantwortungskonzept Webers läßt sich so gesehen als »kritizistisches und dialogisches Moralprinzip« verstehen, das nicht von der »Wahrheits*fähigkeit*«, wohl aber von der »Wahrheits*bezogenheit*« moralisch-praktischer Fragen ausgeht, über die durch ein einstufiges Verfahren der Verallgemeinerung befunden wird.[19] Der Webersche Verantwortungsethiker ist kein kognitivistischer, sondern ein skeptischer Rationalist, der daran zweifelt, daß sich das rechte Verhältnis von Gesinnungs- und Erfolgswert *durch* die Vernunft begründen läßt, aber darauf vertraut, daß es *mit Hilfe* der Vernunft kritisch beurteilt und in praktikable Handlungsanweisungen umgesetzt werden kann. Der Unterschied zwischen dem Gesinnungsethiker und dem Verantwortungsethiker ist deshalb auch nicht, wie es Weber bisweilen selbst nahelegt, kategorischer, sondern *regulativer Natur*: Ob jemand aus ›Gesinnung‹ oder ›Verantwortung‹ handelt, die Absichten oder die Wirkungen in den Vordergrund der Handlungsreflexion stellt, hängt von der Perspektive und den Umständen ab, unter denen die betreffende Handlungssituation beurteilt wird. Auch der Verantwortungsethiker kann in eine Situation geraten, in der er ohne Rücksicht auf Konsequenzen und Erfolg eine Entscheidung fällen muß, die jedoch solange das Siegel der Verantwortlichkeit trägt, wie sie mit ›sachlicher Leidenschaft‹ und aus »*Distanz* zu den Dingen und Menschen«[20] gefällt wird, um deren Anliegen es geht. Fundament und Maßstab der verantwortungsethischen Entscheidung ist das aufgeklärte Bewußtsein, daß es keinen absoluten Standort der Beurteilung von Wertkonflikten gibt, es jedoch möglich ist, in aufrichtiger

17 Ebd., S. 253.
18 Zum Simmel-Bezug vgl. Agathe Bienfait, »Von Immanuel Kant über Georg Simmel zu Max Weber. Etappen in Wolfgang Schluchters ›kantianisierender Soziologie‹«, S. 17–22 und S. 27 f.
19 Vgl. Wolfgang Schluchter, *Religion und Lebensführung*, S. 261.
20 Vgl. Max Weber, »Politik als Beruf«, in: *Politische Schriften*, S. 533 f.

Übereinstimmung mit der eigenen Lebensführung eine Wahl zu treffen, die sowohl unter Berücksichtigung idealer Handlungsgründe als auch ihrer realen Erfolgschancen gerechtfertigt ist.[21]
Webers »kritizistische Verantwortungsethik auf konflikttheoretischer Grundlage«[22] erweist sich damit als ein »Brückenprinzip zwischen emotiven und kognitiven Aspekten des moralischen Urteilens und Handelns, als Schnittpunkt zwischen individueller, persönlicher Entschiedenheit und verallgemeinerungsfähiger Gesetzmäßigkeit«.[23] Durch die Einbeziehung außerethischer Werte und nichtintendierter Handlungskonsequenzen in den moralisch-politischen Urteilsprozeß vollzieht Weber eine verfahrenstheoretische Revision des traditionellen Autonomiemodells, das um die Dimension der kommunikativen Begründung und kontextorientierten Angemessenheitsprüfung von Handlungsnormen erweitert wird: Erst dort, wo der Wille zur Selbstbehauptung sich dem Imperativ zur »Rechenschaft über den letzten Sinn seines eigenen Tuns«[24] unterwirft und die zweckverfolgende Handlungsrationalität in eine offene Diskussion über praktische Wertungen eintritt, gewinnt der Begriff der Verantwortung seinen vollen legitimatorischen *und* konsequentialistischen Gehalt, der ihn zu einem reflektorischen Medium der Behandlung von Anspruchskollisionen in pluralistischen Gesellschaften macht. Webers Neuerung besteht in einem »Komplementaritätskonzept«[25] deontologischer Sollensfundierung und teleologischer Erfolgsorientierung, die vor dem Hintergrund eigengesetzlicher Wertsphären einer wechselseitigen Korrektur durch die moralische Vernunft sozialer Individuen ausgesetzt werden. Auch wenn Webers ethischer Personalismus insoweit voluntaristische und dezisionistische Züge besitzt, wie es keine letzte objektive – und das heißt rational begründete – Entscheidung im Fall konfligierender Interessensansprüche und Wertmaßstäbe gibt, bietet er gleichwohl ein Fundament für normative Handlungsrechtfertigungen. Grundlage hierfür ist eine *pragmatische Urteilskraft*, die in Situationen, in denen »rational unentscheidbare moralische Konflikte« vorliegen, nicht auf objektive, sondern »persönliche Gründe«[26] zurückgreift, durch

21 Vgl. Wolfgang Mommsen, »Universalgeschichte und politisches Denken«, in: ders., *Max Weber: Gesellschaft, Politik und Geschichte*, S. 108.
22 Wolfgang Schluchter, *Religion und Lebensführung*, S. 173.
23 Agathe Bienfait, »Von Immanuel Kant über Georg Simmel zu Max Weber«, S. 26.
24 Max Weber, »Wissenschaft als Beruf«, in: *Wissenschaftslehre*, S. 608.
25 Agathe Bienfait, *Freiheit, Verantwortung, Solidarität*, S. 155.
26 Wolfgang Kersting, »Moralphilosophie, Dezisionismus und pragmatische Rationalität«, in: ders., *Recht, Gerechtigkeit und demokratische Tugend*, S. 389 f. Zur situationistischen und pragmatistischen Seite der Weberschen Verantwortungsethik vgl. Wolfgang Schluchter, »Wertfreiheit und Verantwortungsethik. Zum Verhältnis von Wissenschaft und Politik bei Max

die sich die getroffenen Handlungentscheidungen explizieren und plausibilisieren lassen. Verantwortung für eine Handlung zu übernehmen, ist dann gleichbedeutend damit, eine kohärente Begründung für die vollzogene Wahl zwischen konfligierenden Werten zu finden und sich zugleich die praktischen Konsequenzen im Bewußtsein ihrer Verursachung zuzurechnen.

Die reflexive Doppelgestaltigkeit macht aus dem Weberschen Verantwortungsbegriff ein leistungsfähiges Instrument der Auseinandersetzung mit komplexen Handlungssituationen, in denen die Verhältnismäßigkeit verfolgter Zwecke und benutzter Mittel zur Disposition steht, ohne daß bei der Beurteilung auf streng allgemeingültige Handlungsimperative zurückgegriffen werden kann oder der Rekurs auf substantielle Wertvorstellungen möglich ist. Angesichts der Heterogenität moderner Lebensformen und der Ausdifferenzierung eigenständiger Sozialsysteme erkennt Weber die Notwendigkeit einer *Proceduralisierung des Verantwortungskonzepts*, das durch die Anbindung an lebenspraktische Verständigungsprozesse den Charakter eines gleichermaßen erfolgs- und eigenwertorientierten Verfahrensprinzips der Überprüfung kollidierender Geltungsansprüche erhält.[27] Damit treten freilich auch die Grenzen dieses Modells zutage: Die Proceduralisierung praktischer Handlungsgründe bleibt auf die personale Selbstvergewisserung der letztlich relevanten Entscheidungskriterien beschränkt und wird damit bewußtseinstheoretisch verkürzt, wozu auch das Fehlen einer systematisch triftigen Vermittlung von reflexivem Urteil und praktischem Tun beiträgt. Gerade dadurch, daß Weber unter Verantwortung ein Brückenprinzip zwischen Begründung und Anwendung von Handlungsnormen versteht, verkennt er die *integrative* Struktur der ethischen Rationalität, die immer schon im Kontext werthafter Lebensformen ihre Entscheidungen fällt und in ihren Legitimationsakten auf konkrete Ziele und Zwecke gerichtet ist, die sich durch formale Verallgemeinerungsprozeduren nur unzureichend aufklären lassen.[28] Weil Weber dazu neigt, die formale gegen die materiale Seite des Verantwortungsprinzips zu stellen, Wert- und Begründungsfragen voneinander zu trennen, anstatt sie als *gleichrangige* Bestandteile eines praxisorientierten Urteilsverfahrens zu behandeln, besitzt der »Polytheismus« der Moderne für ihn eine dramatische Dynamik, die sich letztlich nur dadurch bewältigen läßt, daß der Verantwortungsethiker als eine Art

Weber«, in: ders., *Rationalismus der Weltbeherrschung*, S. 55–74; ders., »Über Individualismus«, in: ders., *Individualismus, Verantwortungsethik und Vielfalt*, S. 20 f.
27 Vgl. Wolfgang Schluchter, »Verantwortungsethik und verstehende Soziologie«, in: ders., *Individualismus, Verantwortungsethik und Vielfalt*, S. 33–49. Zur Proceduralisierung des Verantwortungskonzepts siehe unten Teil V. 5.
28 Zur Ausblendung strebens- und güterethischer Aspekte vgl. Martin Endreß, »Max Weber zwischen Immanuel Kant und Jürgen Habermas«, S. 60–63.

Krisenmanager auftritt, der sich mit heroischer Entschlossenheit den Anspruchskollisionen der entzauberten Gesellschaft entgegenstellt, anstatt sie mit sachlicher Gelassenheit und moralischer Klugheit auszutragen.

1.2 Wertobjektivismus und Persönlichkeit

Während Webers Verantwortungsethiker den Prototyp des politisch agierenden Entscheidungsträgers verkörpert, der gezwungen ist, unter Bedingungen kognitiver Unsicherheit und zeitlicher Knappheit praxistaugliche Entschlüsse zu fällen, verlagert Max Scheler das Verantwortungshandeln wieder in eine Zone der objektiven Geltung von Werten. In seinem 1913 und 1916 erschienenen Werk »Der Formalismus in der Ethik und die materiale Wertethik« wendet er sich gegen die Kant unterstellte Sichtweise, daß »nur eine formale Ethik den Wert von Gut und Böse in die Gesinnung verlegen« könne, während »jede materiale Ethik notwendig auch ›Erfolgsethik‹ sein«[29] müsse. Scheler geht vielmehr davon aus, »daß auch eine *materiale Spezifikation* der Gesinnung anerkannt«[30] werden muß, die sich an den personalen Willensakten aufzeigen läßt und ihren Grund in dem Umstand hat, daß »die praktische ›Welt‹, in die bereits das reine Wollen in der Intention einer Realisierung von Wertverhalten ›eingreift‹ [...], bereits das *Gesicht*, das *Antlitz*, die *Wertstruktur* der ›Gesinnung‹ des Trägers dieses Wollens«[31] zeigt. Mit anderen Worten: Weil die Welt, auf die sich die personalen Handlungsintentionen richten, selbst schon werthaft strukturiert ist, hat die Gesinnung eine »von *aller Erfahrung* und allem *Erfolge des Handelns unabhängige Materie von Werten* in sich«.[32]

Die materiale Fundierung der moralischen Gesinnung, die unabhängig von »der *Rückwirkung* des Handlungserfolges auf die Person«[33] ihre praktische Wirksamkeit entfaltet, hat zur Konsequenz, daß nicht die Zurechenbarkeit von Handlungsfolgen darüber entscheidet, ob jemand für etwas verantwortlich ist, sondern das sittliche Wesen der Person. Während die Zurechnungsfähigkeit eines Menschen von bestimmten Vermögen und Dispositionen abhängt, somit nicht immer gegeben ist (etwa im Fall psychischer Erkrankung), »besteht eine *Aufhebung der Verantwortlichkeit* der Person im strengen Sinne überhaupt nicht«. Die Zurechenbarkeit von Handlungen setzt »Verantwortlichkeit *voraus*. Nicht aber ist Verantwortlichkeit gleichbedeutend mit Zurechnungsfähigkeit oder

29 Max Scheler, *Der Formalismus in der Ethik und die materiale Wertethik*, S. 109.
30 Ebd., S. 112.
31 Ebd., S. 134.
32 Ebd., S. 160.
33 Ebd., S. 112.

gar eine Folge ihrer«,³⁴ wie Scheler gegen den motivationalen Determinismus einwendet. Im Unterschied zu Zurechnungsfragen, die sich immer nur auf »*bestimmte* Akte« des Handelnden beziehen, wurzelt der Begriff der sittlichen Verantwortung »im Erleben der Person selbst und ist nicht erst auf Grund einer äußeren Betrachtung ihrer Handlungen gebildet«.³⁵ Die Verantwortlichkeit eines Akteurs resultiert somit nicht erst aus dem Umstand, daß er gegen moralische Gesetze oder soziale Normen verstoßen hat, sondern aus dem »unmittelbaren Wissen der Selbsttäterschaft und deren sittlicher Wertrelevanz«: alle »Verantwortlichkeit ›vor‹ Jemand (Mensch, Gott), d. h. alle relative Verantwortlichkeit setzt dieses Erleben einer ›Selbstverantwortlichkeit‹ als absolutes Erlebnis voraus«.³⁶

Es gehört zu den Eigenarten der Schelerschen Wertphilosophie, daß er zwar die erlebte Selbstverantwortlichkeit zum Fundament moralischen Handelns macht, nicht aber zur Grundlage sozialer Gemeinwesen. Auf der Ebene der Sozialität bildet die Selbstverantwortung eine notwendige, aber keine hinreichende Bedingungen für die Einheitsbildung moderner Gesellschaften. Sie wird dem privatrechtlichen Institut des »Vertrages« zugeordnet, der alleine noch keine »ursprüngliche Mitverantwortlichkeit« garantiert, da hier »vielmehr jede Verantwortlichkeit für Andere in einseitiger Selbstverantwortlichkeit gegründet ist, jede etwaige Verantwortung für Andere aber durch einen freien Einzelakt der Übernahme einer bestimmten Verpflichtung erwachsen anzusehen ist«.³⁷ Die vertragsrechtliche Form der Gesellschaft unterscheidet sich von der lebenspraktischen Gestalt der Gemeinschaft durch den Verpflichtungsgrund und Wirkungsbereich der Verantwortlichkeit: »Demgemäß ist der Sitz aller sittlichen Verantwortlichkeit in der Gemeinschaft primär das *Ganze* der Gemeinschaftsrealität (das reale Subjekt des Miteinanderlebens) und das Einzelwesen ist es, das für deren Wollen, Tun, Wirken *mit*verantwortlich ist. Hingegen ist in der (reinen) Gesellschaft das Prinzip *ausschließlicher Selbstverantwortlichkeit* eines jeden für sein Tun verwirklicht.«³⁸ Weil die kontraktualistische Vergesellschaftung zwar die ›unvergleichliche Individualität‹ der Einzelpersonen respektiert und realisiert, nicht aber das wechselseitige Eintreten und ›ursprüngliche Miteinanderwollen‹ der Gesellschaftsmitglieder fördert, muß das Vertragsprinzip im Solidaritätsprinzip verankert werden: »Die Pflicht, gegenseitige Versprechungen endlich im Vertrage zu halten – der Grundform der Bildung eines einheitlichen Willens auf dem Boden der Gesellschaft –, hat ihre Wurzel nicht *wieder* in einem Vertrag, Verträge zu halten, sondern

34 Ebd., S. 506.
35 Ebd.
36 Ebd., S. 507.
37 Ebd., S. 550.
38 Ebd., S. 552.

in der *solidarischen* Verpflichtung der Glieder einer Gemeinschaft, für sie seinsollende Inhalte zu realisieren.«[39]
Das einfache, auf dem Ideal der Lebensgemeinschaft beruhende Solidaritätsprinzip reicht jedoch für Scheler noch nicht aus, um in Verbindung mit dem Vertragsprinzip die *Einheit* von Selbst- und Mitverantwortung innerhalb einer sozialen Ordnung zu gewährleisten. Hierfür ist es erforderlich, daß sich der Gemeinschaftsgedanke mit dem »auf die christliche Liebesidee gegründeten Gedanken der Heilssolidarität Aller im corpus christianum« verbindet und dafür sorgt, daß »jede endliche Person« gleichzeitig »Einzelperson *und* Glied der Gesamtperson« ist, so daß »hier jeder Einzelne *und* die Gesamtperson *selbst*verantwortlich«, gleichzeitig aber »ebensowohl jeder Einzelne *mit*verantwortlich für die Gesamtperson [...] als die Gesamtperson mitverantwortlich für *jedes* ihrer Glieder ist«.[40] Der Dualismus von gemeinschaftlicher Mitverantwortung und gesellschaftlicher Selbstverantwortung wird dadurch in einer höherstufigen Form der sozialen Solidarität aufgehoben, daß »die *gesamte* moralische Welt, wie weit sie sich immer räumlich und zeitlich erstrecke [...], als Ganzes in jedem Momente [...] einen *einzigartigen* sittlichen Gesamtwert besitzt«, der als »apriorische Struktur« das solidarische Handeln möglich und durch konkrete Akte der »Liebe« und »Achtung« wirklich macht.[41]
Für Scheler folgt aus »dieser Idee der höchsten Form sozialer Einheit als der Idee eines solidarischen Liebesreiches von individuellen selbständigen geistigen Einzelpersonen in einer Vielheit von ebensolchen Gesamtpersonen«, daß »Lebensgemeinschaft wie Gesellschaft als Wesensformen sozialer Einheit *beide* dieser höchsten Wesensform *untergeordnet*«[42] sind und damit die ursprüngliche Verantwortung in der »Souveränität« konkret-geistiger Gesamtpersonen liegt, die gemeinschaftliche Mitverantwortung und soziale Selbstverantwortung gleichermaßen umfassen.
Nach Scheler ist es zum einen »die *Kulturgesamtperson*, die de facto *Nation* und *Kulturkreis* sein kann«, und zum zweiten »die Gesamtperson der *Kirche*«,[43] die den Ursprung und die Realität einer objektiven Wertewelt bilden, vor deren Hintergrund sich das kooperative und solidarische

39 Ebd., S. 553. Schelers solidarethische Fundierung des Vertragsprinzips weist unübersehbare Parallelen mit Emile Durkheims Prinzip der »organischen Solidarität« auf, wie er es in seiner Studie »Über soziale Arbeitsteilung« entwickelt hat. Zu den außervertraglichen Vertragsbedingungen bei Durkheim vgl. Wolfgang Kersting, *Die politische Philosophie des Gesellschaftsvertrags*, S. 39–46.
40 Max Scheler, *Der Formalismus in der Ethik*, S. 555.
41 Ebd., S. 556–558. Zum apriorischen Stellenwert des Solidaritätsprinzips vgl. Frank Veauthier, »Vom sozialen Verantwortungsapriori im phänomenologischen Denken«, S. 159–173.
42 Max Scheler, *Der Formalismus in der Ethik*, S. 560.
43 Ebd., S. 568.

Handeln sozialer Individuen entfaltet. Indem Scheler das verantwortliche Handeln gesellschaftlicher Subjekte auf ein kollektives Ethos zurückführt, das einer umfassenden kulturellen und religiösen Ordnung von Werten entspringt, macht er die Abhängigkeit moralischer Orientierungen von außerethischen Gütern und Zwecken deutlich: Erst die Zugehörigkeitsbeziehung personaler Individuen zu einem Kosmos überindividueller Wertgehalte, garantiert die Einheit sozialer Gemeinwesen in der wechselseitigen Ergänzung von Selbst- und Mitverantwortlichkeit. Gestiftet wird die Zugehörigkeit zu der überstaatlichen Solidargemeinschaft durch das personale Erleben einer objektiven Werthaftigkeit der geschichtlich-kulturellen Welt, die sich den handelnden Individuen aufgrund der Wirklichkeit der Liebesidee in phänomenaler Unmittelbarkeit erschließt. Scheler überbrückt die Kluft zwischen ›formaler‹ Gesinnung und ›materialer‹ Erfolgsorientierung dadurch, daß er alles Handeln aus einem intentionalen Streben nach Verwirklichung sittlicher Werte ableitet, die unabhängig vom Menschen existieren, aber seinen konkreten Entscheidungen und Wahlakten notwendigerweise vorausgesetzt sind.[44] Anders als bei Max Weber ist die Person bei Scheler »ausschließlich letzter Wert*träger*, nicht aber und in keinem Betracht Werte*setzer*«,[45] sie verfügt nicht in voluntaristischer Eigenregie über ihre Handlungsmaßstäbe, sondern verwirklicht in lebenspraktischen Situationen die Geltungsansprüche, die durch die objektive Wertrangordnung an sie gestellt werden.[46]

Schelers Position läßt sich als *teleologischer Verantwortungsholismus* charakterisieren, der die Verpflichtung zum moralischen Handeln aus der Einbettung des Individuums in werthaft aufgeladene Lebensformen ableitet. Das Bewußtsein der Verantwortlichkeit resultiert aus der Erfahrung einer sinnhaft verfaßten Wirklichkeit, deren idealer geistiger Ordnung der handelnde Mensch entspricht. Indem Scheler ein ursprüngliches, auf dem leibhaften und emotiven Erleben beruhendes Verantwortungsgefühl in den Vordergrund stellt, das einer vielfältig strukturierten Welt der Werte entspringt, verleiht er der moralischen Gesinnung eine unmittelbare Ausrichtung auf materiale Zwecke und Ziele, die das ethische Handeln vor jeder Erfolgsorientierung anleiten. Erkauft ist diese Position jedoch um den Preis, daß die Fundierung des moralischen Sollens in der individuellen Werterfahrung keiner weiteren Bewertung unterliegt, sondern allein in der Evidenz des personalen Verantwortungserlebens verankert wird. Scheler schießt insofern über das

---

44 Siehe dazu genauer Robert Spaemann, »Daseinsrelativität der Werte«, in: ders., *Grenzen*, S. 145–160.
45 Max Scheler, *Der Formalismus in der Ethik*, S. 537.
46 Zu den kulturphilosophischen Differenzen zwischen Weber und Scheler vgl. Klaus Lichtblau, *Kulturkrise und Soziologie um die Jahrhundertwende*, S. 458–492.

Ziel einer berechtigten Kritik des ethischen Formalismus hinaus, als er den materialen Gehalten, auf die das Handeln gerichtet ist, den Status unbedingter Wertideen verleihen muß, die sich jeder kritischen Reflexion entziehen. Um die Richtigkeit des Verantwortungshandelns garantieren zu können, die auf eine Pluralität von Zwecken und Gütern bezogen ist, muß Scheler eine ›ewige Rangordnung der Werte‹ voraussetzen, die sich letztlich nur durch eine Ontologisierung der Werterfahrung erschließen läßt.[47]

Es ist Nicolai Hartmann, der in seiner 1926 erschienenen »Ethik« die ontologische Objektivierung des Wertekosmos explizit zum Programm erhebt und dabei an Schelers materiale Wertethik anknüpft. Wie Scheler verlegt er die sittliche Qualität des Handelns in die Gesinnung und geht von einer apriorischen Inhaltsorientierung aus, die nicht auf der urteilenden Vernunft, sondern auf einem »im Gefühl liegende[n] Wertbewußtsein«[48] beruht. Aufgabe der Philosophie ist es, dieses im Alltagshandeln zumeist unbewußte Wissen um das sittlich Gute zu explizieren, die ursprüngliche Normativität des menschlichen Tuns aufzuklären: »Philosophische Ethik ist Maieutik des sittlichen Bewußtseins.«[49] Im Unterschied zu Scheler verleiht Hartmann jedoch dem Wertereich eine absolute, von der menschlichen Erkenntnis unabhängige Geltung: Das ethische Gewissen ist »eine offenbar selbständige und selbsttätige Macht im Menschen, die seinem Willen entzogen ist. Es ist wirklich Einwirkung einer ›höheren‹ Macht, eine Stimme aus einer anderen Welt – aus der idealen Welt der Werte.«[50] Die ontologische Verabsolutierung des Wertereichs, das sich nur intuitiv erschließen läßt und dem gefühlsmäßigen Erfassen unterliegt, bedeutet nicht, daß das menschliche Handeln determiniert ist, sondern vielmehr, daß die Werte auf die Verwirklichung durch den Menschen angewiesen sind, indem dieser ihnen entsprechend handelt.

Dieses positive Verständnis von Freiheit als Realisierung von Wertansprüchen hat für den Begriff der Verantwortung wesentliche Konsequenzen. Das Phänomen der Verantwortung besteht nach Hartmann »nicht nur in einem subjektiven Überzeugtsein der Person, sondern in einem realen sittlichen Verhalten, mit welchem sie gleichsam die Konsequenz aus ihrer Überzeugung zieht«.[51] Wer sich die Folgen seines Handelns zurechnet, agiert nicht nur im Bewußtsein seiner Verantwortlichkeit, sondern tritt »mit seiner ganzen Person für sein Verhalten« ein: »Dieses Eintreten bedeutet nicht ein bloßes Aufsichnehmen der Folgen,

---

47   Zur Kritik der Schelerschen Wertethik vgl. Hans Joas, *Die Entstehung der Werte*, S. 133–161.
48   Nicolai Hartmann, *Ethik*, S. 134.
49   Ebd., S. 29; zur ›Entdeckung‹ der Werte siehe ebd., S. 47–62.
50   Ebd., S. 135.
51   Ebd., S. 725.

soweit sie die eigene Person wirklich treffen, sondern ein Aufsichbeziehen auch aller inneren, idealen Konsequenzen (der axiologischen), desgleichen der realen, auch sofern sie nur fremde Personen betreffen. Der Urheber sieht sich innerlich betroffen von allem, was durch seine Initiative geschieht, ja selbst nur hätte geschehen können; er weiß sich selbst als denjenigen, auf den alles zurückfällt – und zwar keineswegs bloß das tatsächlich Bewirkte.«[52] Weder in der Intentionalität noch Kausalität liegt nach Hartmann der Grund für die Zurechnung von Handlungsfolgen, sondern in der Freiheit des sittlichen Bewußtseins, das in der Lage ist, sich selbst als Individuum die Prinzipien seines Handelns vorzuschreiben. Diese doppelte Autonomie sorgt nicht nur dafür, daß der Mensch die Verantwortung *für* seine Verantwortlichkeit besitzt, sondern auch, daß er sich ihr *nicht entziehen kann*, weil sie letztlich mit seiner Freiheit identisch ist.

Entsprechend steht aus der Sicht Hartmanns die Selbstzurechnung sowohl intendierter als auch nichtintendierter Handlungfolgen an erster Stelle. Sie geht dem sittlichen Urteil voraus und begründet die ethische Autonomie der Person, die in der »Zuerkennung der Urheberschaft«[53] Zeugnis davon ablegt, daß sie aus eigenem freiem Willen und vor Klärung der Frage, ob sie tatsächlich moralisch schuldig ist, für ihre Taten einsteht. In der Anerkennung der Urheberschaft bestätigt »ein sittlich hochentwickelter Mensch [...] nicht nur durch seine Selbstzurechnung die Zurechnung der Anderen, sondern er erhebt auch den Anspruch auf Zurechnung; ja er sieht sich in seiner Menschenwürde verletzt, wenn ihm die Zurechnung seiner Taten versagt wird.«[54] In der *Selbstübernahme der Verantwortlichkeit* liegt nach Hartmann »einer der stärksten gegebenen Hinweise auf das ethisch reale Sein der Freiheit. Denn dieser Anspruch läuft allem natürlichen Interesse, allem Bequemmachen und aller allzumenschlichen Schwäche des Abwälzens zuwider.«[55] Das Übernehmen und Tragen von Verantwortung ist für Hartmann eine Grundeigenschaft des Menschen, ist Kennzeichen seines Charakters und seiner personalen Würde und damit der Wesenszug seiner sittlich-realen Freiheit. »Nimmt mir jemand die Verantwortung ab, die ich trage, so vergeht er sich an meinem Grundwesen als Person. Er negiert nicht etwa bestimmte Wertqualitäten in mir [...], sondern er negiert etwas Fundamentaleres: den Träger möglicher sittlicher Qualitäten selbst, die Grundbedingung sittlichen Seins in mir.«[56]

52 Ebd., S. 727.
53 Ebd., S. 729.
54 Ebd., S. 730 f.
55 Ebd., S. 731.
56 Ebd., S. 732.

Die personale Verantwortlichkeit wurzelt bei Hartmann in der Fähigkeit des Menschen, sein Handeln selbst bestimmen zu können und ist damit »im Grunde Selbstverantwortung, d.h. Verantwortung nicht nur seiner selbst, sondern auch vor sich selbst«.[57] Die Auszeichnung der Verantwortung als Vermögen der wirklichen (und nicht nur ideellen) Selbstbestimmung verleiht ihr einen gleichermaßen existenziellen wie metaphysischen Zug: Der bewußt lebende Mensch ist dazu verurteilt, den Anspruch der Zurechnung auf sich zu nehmen und die absolut geltenden Wertanforderungen in der Wirklichkeit der Welt zu erfüllen. Die Erfüllung der apriorischen Wertansprüche ist nicht nur Signum einer tugendhaften Lebensführung, sondern personaler Eigentlichkeit: Nur der Mensch, der sich seiner ethischen Freiheit stellt und in Übereinstimmung mit den objektiven Wertgehalten handelt, die er auf dem Weg der fühlenden Bewußtwerdung erschaut, existiert in einem wesentlichen und ursprünglichen Sinn. Genau betrachtet, steht der Begriff der Verantwortung bei Hartmann nicht für das reflexive Abwägen von Handlungsprinzipien und Handlungsfolgen, sondern für eine besondere Form des *authentischen Daseins*: Wie bei Nietzsche ist der verantwortungsbewußte Mensch der Souverän, der sich die Maßstäbe seiner lebenspraktischen Entscheidungen selbst vorgibt und durch seinen Willen zur Selbstbestimmung die Kriterien der Zurechnung festlegt. Verantwortlichkeit existiert dort, wo das Individuum sich dazu bekennt, ganz gleich, ob es tatsächlich verantwortlich ist.

Die Ausklammerung der relationalen Folgenbewertung führt freilich auch zu einer Inversion des Verantwortungsbegriffs, der seine inhaltliche Ausrichtung verliert und mit der Gesinnung der handelnden Person zusammenfällt, was sich besonders deutlich an Hartmanns Auseinandersetzung mit der Tugend der »Fernstenliebe« zeigt: »Der Inhalt der Ideale spielt in der Fernstenliebe nur die Rolle des fundierenden Sachverhaltswertes. Er wird in ihr intendiert und bestenfalls realisiert. In ihm aber liegt nicht ihr eigener sittlicher Wert. Dieser liegt, wie überall, so auch hier ausschließlich in der Gesinnung der Person.«[58] Wo die »Verantwortung für Zukünftiges [...] unabhängig ist von Erfolg und Fehlschlag, von Treffen und Verfehlen des objektiv Geforderten, ja unabhängig auch von dessen inhaltlicher Werthöhe«,[59] büßt sie ihre moralische Legitimation ein und wird zu einem Instrument der Verwirklichung von Idealen, die in ihrer Absolutheit über jede kategorische Begründung erhaben sind und sich jeder konsequentialistischen Diskussion entziehen.[60]

57 Ebd., S.738 f.
58 Ebd., S.500.
59 Ebd.
60 Dies zeigt sich vor allem darin, daß die Fernstenliebe auf dem »Prinzip der Auslese« beruht, das »auf Kosten der Fallenden« mit »den Würdigsten, den

Die ontologische Verabsolutierung der Handlungswerte schlägt bei Hartmann in einen voluntaristischen Subjektivismus der Werterfüllung um und hat die Entgrenzung des Verantwortungsbereichs über das Maß des begründeterweise Zurechenbaren hinaus zur Folge. Hartmanns Wertfundamentalismus ist ein lehrreiches Beispiel dafür, wie die Anbindung der moralischen Verantwortlichkeit an die Freiheit des Menschen zu ihrer Totalisierung führen kann, nämlich dann, wenn man sie als personale Wesenseigenschaft definiert und mit der Selbstbestimmungsfähigkeit des Daseins identifiziert. Was dabei herauskommt, ist die paradoxe Doppelform einer *Gesinnungsverantwortung*, die ohne Rücksicht auf Konsequenzen agiert, und einer *Verantwortungsgesinnung*, die sämtliche Weltereignisse auf sich zurückbezieht. Auch wenn Hartmann den Unterschied zwischen der Zuschreibung und der Übernahme von Verantwortlichkeiten benannt und das Tragen von Verantwortung als intrinsischen Charakterzug des Menschen kenntlich gemacht hat, fällt er mit seinem Wertrealismus, der sämtliche intersubjektiven Begründungs- und Verständigungsprozesse ausblendet, hinter die entwickelte verantwortungsethische Diskussion zurück und propagiert eine moralische Ursprungsmetaphysik, die dem fortgeschrittenen Stand der Moderne nicht mehr angemessen ist.[61]

2. Existenziale Selbstverantwortung und alteristische Verantwortungsmoral

2.1 Solipsismus und Eigentlichkeit

Es ist Wilhelm Weischedel, der 1933 ein Modell personaler Verantwortung entwirft, die ausschließlich im temporalen und fakultativen Selbstverhältnis des Daseins wurzelt. Weischedels Arbeit ist nicht nur als philosophisches Zeitdokument interessant, das unter dem Einfluß der Heideggerschen Existenzialontologie steht, sondern auch in ihren kontraproduktiven Konsequenzen. Gegen die Zurückführung personaler Verantwortlichkeit auf Zurechnung und rechtliche Schuld,[62] bei der »ein bestimmter Aspekt auf Verantwortung *absolut gesetzt* wird: *der*

> ethisch Starken und Aufstrebenden« (ebd., S.492) rechnet. Die futurische Verantwortung bleibt indifferent gegenüber den Konsequenzen ihrer Verwirklichung, denn ihr Fundament ist der »Glaube, der aufs Ganze geht und nicht umhin kann, alles aufs Spiel zu setzen« (ebd., S.501).

61 Vgl. auch Martin Morgenstern, *Nicolai Hartmann*, S.123–147, bes. S.130.
62 Siehe exemplarisch Moritz Schlick, *Fragen der Ethik*, S.105–116.

Aspekt von der Öffentlichkeit her«,⁶³ aber auch gegen den Ausgang von der sozialen oder religiösen Verantwortung, die einerseits im Institut des Staates und der Solidargemeinschaft gründet, andererseits im »*prinzipiellen Anspruch Gottes* an den Menschen«,⁶⁴ setzt Weischedel das Phänomen der Selbstverantwortung, die im »Sich-zu-sich-Verhalten des Menschen« ihren Ursprung hat und in der Rechtfertigung »*vor mir selbst – als meinem Selbstsein, das mir als anspruchshaftes Vorbild meines Von-mir-aus-sein-können begegnet*«, zum Ausdruck kommt.⁶⁵ Eingelassen ist die personale Selbstverantwortung in die existenziale Situation der »Grundselbstverantwortung«, in der der Mensch vor sein eigenes Seinkönnen gestellt wird und sich zu dessen Übernahme entschließt, indem er den »Anspruch des Selbstseins als die ursprüngliche Zukunft« auf sich nimmt und sich im vorlaufenden Zurückkommen von seiner gegenwärtigen Existenz »als schuldhaftes Gewesensein« befreit: Das Wesen der Grundselbstverantwortung besteht somit in der »Wendung zum Einswerden mit sich selbst«, die durch die Selbstverantwortung auf Dauer gestellt und als personale »Haltung« übernommen wird.⁶⁶

Die von Weischedel propagierte Selbstverantwortung, die Fundament und Instanz sowohl der sozialen wie religiösen Verantwortung bildet, soll zwar, wie er ausdrücklich betont, »als dialogisches Verhältnis«⁶⁷ verstanden werden, stellt jedoch genau genommen nichts anderes dar als die Realisierung des eigentlichen Daseins, das sich aus der Unselbständigkeit seiner Existenz befreit und für seine »wesenhafte Freiheit«⁶⁸ entscheidet. Das Vorbild des zukünftigen Selbstseins hat keinen ethischen, sondern einen *existentiellen Charakter*, ist Maßstab eines holistischen Lebens, das sich dem Faktum seiner Geworfenheit und Sterblichkeit, seiner Sündhaftigkeit und Einsamkeit, seiner Nichtigkeit und Zeitlichkeit stellt und dadurch die Einheit seines Existierens gewinnt. Die Gleichsetzung von moralischer Verantwortung mit eigentlichem Dasein führt nicht nur dazu, daß das Wofür und das Wovor der jeweils übernommenen Verantwortlichkeit im Ideal des Selbstseinkönnens zusammenfallen, es hat auch zur Konsequenz, daß das Phänomen der Verantwortlichkeit, um dessen Herleitung es Weischedel geht, schon vorausgesetzt werden muß, um praktisch wirksam werden zu können. Aus der bloß formalen Bestimmung von Verantwortung als Entscheidung zum Selbstsein läßt sich die Verwirklichung dieses Selbstseins so wenig ableiten wie das Einstehen für verursachte Handlungen und ihre Folgen. Die Selbstzurechnung von

---

63 Wilhelm Weischedel, *Das Wesen der Verantwortung*, S. 25.
64 Ebd., S. 48.
65 Ebd., S. 53, S. 60.
66 Ebd., S. 81, S. 82, S. 86.
67 Ebd., S. 106.
68 Ebd., S. 91.

Handlungsfolgen setzt zwar die fakultative Freiheit des Menschen voraus, fällt jedoch nicht mit ihr zusammen. Verantwortung ist eine Bedingung, kein Resultat bewußten Selbstverhältnisses und vorlaufender Entschlossenheit. Die existenzialontologische Deutung des Verantwortungsbegriffs bewirkt dessen inhaltliche Entleerung und mündet in ein solipistisches Modell personaler Identitätsbildung, in dem die faktischen Sozial- und Kommunikationsverhältnisse menschlichen Daseins keine Rolle spielen.[69]

Daß sich aus der existenzialontologischen Daseinsanalyse keine moralischen Handlungsmaßstäbe gewinnen lassen, kann auch bei Martin Heidegger selbst beobachtet werden. Seine Kritik am ›Gerede‹ der Massengesellschaft bildet eine Reaktion auf die Zunahme von Legitimationsdiskursen, die den Handelnden dem Zwang der Rechenschaftsablegung über seine Zielsetzungen und Motive aussetzen und ihn damit in seiner ›eigentlichen‹ Entscheidungsfreiheit einschränken. »Diese Erwartung«, so Heidegger, »gründet im Auslegungshorizont des verständigen Besorgens, der das Existieren des Daseins unter die Idee eines regelbaren Geschäftsganges zwingt. Solche Erwartungen, die zum Teil auch der Forderung einer *materialen* Wertethik gegenüber einer ›nur‹ formalen unausgesprochen zugrunde liegen, werden allerdings durch das Gewissen enttäuscht. Dergleichen ›praktische‹ Anweisungen gibt der Gewissensruf nicht, *einzig deshalb*, weil er das Dasein zur Existenz, zum eigensten Selbstseinkönnen aufruft. Mit den erwarteten, eindeutig verrechenbaren Maximen würde das Gewissen der Existenz nichts Geringeres versagen – als *die Möglichkeit zu handeln.*«[70] Handeln bedeutet für Heidegger nicht das Abwägen möglicher Alternativen unter Einbeziehung von ausweisbaren Gründen, sondern das entschlossene Übernehmen der eigenen Situation, von der aus sich das mögliche »Ganzseinkönnen des Daseins«[71] erschließt. Mit dieser Sichtweise widersetzt sich Heidegger der irrigen Annahme, »die Entschlossenheit [sei] ein besonderes Verhalten des praktischen Vermögens gegenüber einem theoretischen«.[72] Statt dessen verankert er das Handeln in einem unmittelbaren Praxiswissen, das in konkreten Entscheidungssituationen wirksam wird, und führt die Maßstäbe praktischen Handelns auf die Sorge des Daseins um sein eigentliches Selbstsein zurück, deren ursprünglichen Horizont und einheitliche Verfassung er als existenziale Zeitlichkeit bestimmt.

Es ist deshalb unzutreffend, von einem Verantwortungsbegriff in der frühen Philosophie Heideggers zu sprechen.[73] Der Aufruf des Gewissens

69 Vgl. auch Christian Müller, »Verantwortungsethik«, S. 109 f.
70 Martin Heidegger, *Sein und Zeit*, S. 294.
71 Ebd., S. 301.
72 Ebd.
73 Was die Spätphilosophie Heideggers anbelangt, lassen sich dort eher Verantwortungsanalogien feststellen, die im Begriff des ›Entsprechens‹ oder dem ›Hören‹ auf das Sein liegen. Einen Versuch in diese Richtung unternimmt

zum Selbstsein im Horizont der Zeitlichkeit unterläuft jede soziale Verantwortungsbeziehung und hat ein dezisionistisches Handlungsverständnis zur Folge, dessen Telos die eigentliche, von allen Fremdbestimmungen gereinigte Lebensführung des autonomen Individuums ist. In ihrer Zurückweisung moralischer Ansprüche bildet Heideggers Existenzialanalytik den besonderen Fall einer sozialkritischen *Verantwortungsverweigerung*, die gegen die Nivellierungs- und Reglementierungstendenzen der liberalistischen Gesellschaft gerichtet ist, die durch die Verwaltung von Gleichheit exklusive Formen der Freiheit beschneidet und zur Verkümmerung authentischer Selbstbestimmung führt. Der Protest gegen eine regelgeleitete Ethik, wie er in Heideggers existenzialer Bestimmung des Gewissens zum Ausdruck kommt, stellt die Kehrseite der sich herausbildenden Verantwortungsgesellschaft dar, in der die ursprüngliche Entscheidungsfreiheit des Individuums in ein Korsett aus moralischen Pflichten und Wertorientierungen gezwängt wird, das durch eine *Fundamentalisierung* der personalen Wahlfreiheit aufgebrochen werden soll. Die Kritik an der pluralistischen Ethik der Moderne hat eine radikale Privatisierung moralischer Handlungsmaßstäbe zur Konsequenz, die aus dem Raum der Sozialität in die Sphäre des souveränen Individuums zurück verlagert werden, dem es um die Bewältigung seiner eigenen finalen Zeitlichkeit und die Sorge um ein eigentliches, in sich kohärentes Leben geht.

2.2 Der Vorrang des Anderen

Als Kontraposition zur Wertethik und Existenzialontologie bildet sich in der dialogischen Philosophie der Zwischen- und Nachkriegszeit ein alteristischer Verantwortungsbegriff heraus, mit dem eine Abkehr vom solipsistischen Individualismus zu einer konkret gelebten Inanspruchnahme durch den sozial ›Anderen‹ vollzogen wird. Exemplarisch hierfür stehen die Positionen von Eberhard Grisebach und Martin Buber. Aus der Sicht Grisebachs ist Verantwortung »keine Rechtfertigung vor einer entscheidenden Instanz«, sondern »die reale Beziehung zu dem, der uns und unserem Begriff widerspricht«.[74] Der Anspruch, den der Andere an mich stellt, läßt sich nach Grisebach weder aus dem Gebot wechselseitiger Achtung noch einem ursprünglichen Gefühl des Mitleids ableiten,

---

Richard Wisser, *Verantwortung im Wandel der Zeit*, S. 275–312. Siehe auch Dieter Thomä, »Was heißt ›Verantwortung des Denkens‹?«, S. 562–568, der die These vertritt, daß Heideggers Seinsphilosophie auf einer ›Auftragsverantwortung‹ des philosophischen Denkens beruht, die zur Ausblendung der herkömmlichen ›Adressatenverantwortung‹ führt.

74 Eberhard Grisebach, *Die Grenzen des Erziehers und seine Verantwortung*, S. 279.

sondern entspringt einer unauflösbaren »Gegensätzlichkeit von Ich und Du«,[75] die auf nicht reflexiv begründbare Weise eine unmittelbare Beziehung der Verantwortlichkeit herstellt. Verantwortung ist kein Imperativ, keine Pflicht, kein Gesetz, sie ist »der Beginn eines Geschehens, Aufnahme eines Anspruchs«,[76] der aus der Wirklichkeit der Gegenwart des Du ans Ich ergeht. Sie entstammt nicht der Geschichte, der Natur oder der Vernunft, sondern ihr »Element, in welchem die gesonderten Momente verbunden bleiben, ist das unaufhebbare Präsens, das den Widerspruch des anderen bestehen läßt. Das Du ist immer das fremde, überraschende, zufällige und unberechenbare Andere«.[77] Wesentlich für Grisebach ist, daß eine »gemeinsame Anerkennung der wechselseitigen Bezogenheit erfahrbarer, gegebener Ansprüche, die sich in der Schwebe halten«, stattfindet und »der Anspruch des anderen, der Gegensatz als Differenz nicht aufgehoben wird«.[78]

Grisebachs Verantwortungsbegriff ist gegen den modernen Rationalismus und Historismus gerichtet, die zu einem verdinglichendem und abstraktem Kulturverständnis geführt haben, das vom Prinzip des Individualismus dominiert wird. Der Verkümmerung der Wirklichkeit durch die distanzierende Vorstellung, der Vergegenständlichung des Du durch die neutrale Gegenüberstellung setzt Grisebach die Anteilnahme am leibhaftigen Anderen entgegen, der uns in seiner unverfügbaren Einzigartigkeit begegnet. Anstatt das Du zum Objekt moralischer Rechtfertigung zu machen, sollen wir es als Subjekt einer eigenen, uns nur partiell zugänglichen Wirklichkeit anerkennen. Die Anerkennung des Anderen gebietet nicht nur den Respekt vor seiner Unverfügbarkeit und die Achtung seiner Fremdartigkeit, sie erfordert auch eine Umkehrung der Blickrichtung: Es ist das Du, das mich in Anspruch nimmt und dem ich vor jeder wechselseitigen Stellungnahme eine Antwort schuldig bin. Nicht die in theoretischer Einstellung gewonnene und durch die zivilisatorischen Institutionen gelehrte Selbstverantwortung bildet den Ausgangspunkt moralischer Intersubjektivität, sondern die in gelebte Gemeinschaftlichkeit eingebettete *Fremdverantwortung*, die auf der realen Begegnung mit dem Anderen in der Wirklichkeit seiner Gegenwart beruht.[79]

In ähnlicher Weise wie Grisebach hat Martin Buber das ›frei in der Luft schwebende‹ Prinzip des Sollens in den Bereich »des gelebten Lebens« zurückverlagert: »Echte Verantwortung gibt es nur dort, wo es

75 Ebd., S. 280.
76 Ebd.
77 Ebd., S. 295.
78 Ebd., S. 297.
79 Vgl. auch Eberhard Grisebach, *Gegenwart. Eine kritische Ethik*, S. 490–497. Eine entsprechende Darstellung der Verantwortungsethik Grisebachs findet sich bei Klaus-Michael Kodalle, *Schockierende Fremdheit*, S. 68–74

wirkliches Antworten gibt.«[80] Sie »setzt einen primär, d.h. aus einem nicht von mir abhängigen Bereich mich Ansprechenden voraus, dem ich Rede zu stehen habe«, und findet nur dort statt, wo »man sich der Anderheit, der ontischen Uranderheit des Anderen nicht verschließt«.[81] Das dialogische Geschehen gehorcht nicht moralischen Regeln, sondern bildet eine Zwiesprache zwischen Ich und Du, in der die Alterität des Gegenüber mich auf unmittelbare Weise in Anspruch nimmt und meine Fürsorge, Achtung und Treue weckt. Verantwortung ist deshalb immer Einzelverantwortung, die sich nicht an die Gruppe, Gemeinschaft oder die Gesellschaft delegieren läßt, sondern vom Individuum als eigenständige Antwort auf den Anruf Gottes übernommen werden muß. Nicht die Theologie des Politischen, nicht die Souveränität des Staates gibt die Maßstäbe des richtigen Handelns vor, wie Buber gegen Friedrich Gogarten und Carl Schmitt einwendet, es ist vielmehr »die Wahrheitsverantwortung der Person in ihrer geschichtlichen Lage«,[82] der das Wissen um das moralisch gebotene und politisch notwendige Tun entspringt.

Grisebachs und Bubers Philosophie der gelebten Intersubjektivität steht exemplarisch für einen *alteristischen Verantwortungsbegriff*, der gegen die Kantische Tradition des monologischen und individualistischen Moralgesetzes gerichtet ist.[83] Der Vorrang des Anderen, der vor allem bei Grisebach absolut gesetzt wird, soll die erkenntnistheoretische Objektivierung des moralischen Gegenüber durchbrechen und es zum Subjekt eigenständiger, nicht reduzierbarer Ansprüche machen.[84] Mit der Umstellung von Selbst- auf Fremdverantwortung hält die Dimension der *ethischen Asymmetrie* Einzug in die Debatte: Die Verantwortlichkeit des Handelns erschöpft sich nicht darin, die Gleichheit des Anderen zu respektieren, sie soll darüber hinaus seiner Ungleichartigkeit zur Anerkennung verhelfen. Die Einbeziehung des Anderen in den moralischen Diskurs erfordert mehr als den reziproken Respekt seiner Gleichartigkeit, sie bedarf der Achtung seiner singulären Andersheit, die sich nur in der präsentischen Begegnung, von Angesicht zu Angesicht erschließt. Das Ungenügen an der wechselseitigen Anerkennung hat seinen Grund darin, daß die prinzipienfundierte Gleichbehandlung des ›Du‹ als interessengeleitete Angleichung ans ›Ich‹ verstanden wird. Darum erfordert die wirkliche Anerkennung des Gegenüber nicht nur die Aufhebung des Reziprozitäts-, sondern auch des Egalitaritätsprinzips: Nur dort, wo der

80 Martin Buber, *Dialogisches Leben*, S. 153.
81 Ebd., S. 196, S. 197.
82 Ebd., S. 255. Zur Auseinandersetzung mit Schmitt und Gogarten (sowie Spengler) siehe ebd., S. 237–250.
83 Vgl. auch Karl Löwith, »Das Individuum in der Rolle des Mitmenschen«, S. 129.
84 Zum Verhältnis von Grisebach und Buber siehe Michael Theunissen, *Der Andere*, S. 361–366.

Andere nicht als theoretisch Gleichartiger betrachtet wird, läßt er sich als praktisch Gleichwertiger behandeln.

Die alteristische Ausrichtung des Verantwortungsbegriffs zielt auf die unreduzierte, nicht strategisch verkürzte Achtung des moralischen Gegenüber durch unmittelbare Anteilnahme an seiner Lebenswirklichkeit. Die Kommunikation mit dem Anderen beruht nicht auf urteilender Rechtfertigung, sondern einfühlender Verständigung. Ihr Medium ist die Empathie, nicht die Vernunft. Die alteristische Verantwortung ist deshalb auch kein Gebot der Schuldigkeit, sondern des Wohlwollens. Ihr Element ist die Sorge um das Wohlergehen des Anderen, seine Angewiesenheit auf meine Unterstützung, die ich in meiner Abhängigkeit von seiner Gegenwart erfahre. Der alteristische Verantwortungsbegriff besitzt *altruistische* Züge, er baut auf die Selbstlosigkeit des Ich, das sich unter Absehung von seinen eigenen Interessen um das Du kümmert, sich ihm hingibt, überläßt und unterwirft. Gleichzeitig mit der Abkehr vom transzendentalen Individualismus kommt damit eine *transzendente* Position ins Spiel: Die Achtung des Anderen hat ihren Grund im Aufruf Gottes zu praktizierter Barmherzigkeit, sie entspringt dem jüdisch-christlichen Gebot der Nächstenliebe, die um ihrer selbst willen übernommen und ausgeübt wird. Die alteristische Fürsorge beruht auf der Ehrfurcht vor dem Du, dem mit Scheu, Zurückhaltung und Bescheidenheit begegnet werden soll. Der Andere wird als der Fremde behandelt, als gottesebenbildliches Geheimnis, das sich nicht begreifen und bestimmen läßt, in seiner Numinosität jedoch um so mehr unsere Aufmerksamkeit, Sorge und Achtung benötigt.

Die sich aus dieser Sichtweise ergebenden Antinomien sind besonders deutlich von Rudolf Otto herausgearbeitet worden. In seinem 1931 erschienenen Aufsatz »Das Gefühl der Verantwortlichkeit« führt er das moralische Schuldbewußtsein auf ein »unmittelbares Erleben« zurück, das in der Sphäre der »*Erfahrung*« verankert ist: »wer sich schuldig weiß, der weiß sich als einen ›Verantwortlichen‹. Er weiß sich als solchen in ipso actu seiner Selbstbeurteilung und -verurteilung«.[85] Das Bewußtsein der Verantwortlichkeit fällt nach Otto nicht mit der pflichtgemäßen Erfüllung von Aufgaben und Geboten zusammen, sondern umfaßt ein Surplus, eine verdienstliche Mehrleistung des moralisch Handelnden, die sich nicht rational begründen, wohl aber erläutern läßt. Der »rätselhaft antinomische Charakter der Verantwortlichkeit« liegt darin, wie Otto unter Verweis auf Kants Schluß der »Grundlegung zur Metaphysik der Sitten« schreibt, daß sie zwar unter logischen Gesichtspunkten unbegreiflich ist, dafür aber »in ontologischer Hinsicht« um so notwendiger erscheint: »Wir sehen nicht nur die Möglichkeit von moralischer Verantwortlichkeit nicht ein, sondern wir sind nicht einmal imstande,

---

85 Rudolf Otto, »Das Gefühl der Verantwortlichkeit«, S. 143 f.

zu ›begreifen‹, was sie ist. Dafür wissen wir aber um sie in ›gefühlsmäßiger Weise‹ um so sicherer und gewisser, und können uns zugleich dieses unser ›*Gefühl* der Verantwortlichkeit‹ wenigstens soweit explizieren, daß wir, als von einem sicheren *Erkenntnis*-besitze aus, die Einrede wider sie abweisen können.«[86]

Die solcherart gefühlte Verantwortung, die sich etwa in Regungen der Reue und Scham kundtut, beruht nach Otto nicht auf der äußerlichen Zurechnung von Handlungsfolgen, sondern setzt die Freiheit der Person voraus, sich »selbst gegenüber dem Drucke der Pflicht noch frei«[87] zu verhalten. Sie ist, ähnlich wie bei Hartmann, das Ergebnis einer notwendigen Selbstzuschreibung von Handlungskonsequenzen, zu deren Übernahme sich der Einzelne aus eigenem Entschluß entscheidet. In diesem Entschluß, der die Kontingenz der Wahlfreiheit mit der Notwendigkeit der gewählten Handlung verbindet, liegt der eigentliche Grund der Verantwortung: »Die Unbegreiflichkeit der Verantwortlichkeit macht ihre gefühlsmäßige Gewißheit nicht ungewiß. – Der Grund ihrer notwendigen Unbegreiflichkeit läßt sich angeben. [...] Wir sagen zum Schlusse so: was wir als Faktum im verantwortlichen Handeln fassen können, das ist – und dieses behaupten wir gegen alle deterministische Einrede – das Faktum der negativen Freiheit«, die darin zum Ausdruck kommt, daß wir »Stellung nehmen können zu unseren eigenen Motiven, ja zu unserem Selbst selbst, Stellung nehmen können aus einem letzten Zentrum heraus, das nicht selbst wieder Naturell ist oder hat und nicht wie dieses ein Gesetz meines Wesen ist, freier Urheber sein können und dennoch nicht der Trivialität bloßer leerer Willkür verfallen«.[88] Das ›letzte Zentrum‹, aus dem die moralische Stellungnahme hervorgeht, weist nach Otto »in die religiös-metaphysische Sphäre«,[89] in der der Gegensatz von Notwendigkeit und Kontingenz aufgehoben ist. Das Individuum, das eine Entscheidung zwischen alternativen Handlungsmotiven in dem Bewußtsein vollzieht, in Übereinstimmung mit seinen Überzeugungen zu agieren, befindet sich in einem Bereich, »*der jenseits ist von necessarium et contingens*«. Obwohl es die Richtigkeit seiner Entscheidung nicht begreift und sein Verstand ›notwendig still steht‹, hat es »gleichwohl im Selbstgefühle ein testimonium spiritus für die Wirklichkeit eines Jenseits dieser beiden Gegensätze«.[90]

Das verantwortungsethische Handeln, so könnte man es zugespitzt sagen, gründet aus der Sicht Ottos in der subjektiven Gewißheit, das objektiv Richtige zu tun. Das gefühlsmäßige Moment im Handeln resultiert

---

86 Ebd., S. 154.
87 Ebd., S. 171.
88 Ebd. S. 173.
89 Ebd.
90 Ebd., S. 174.

nicht wie bei Scheler und Hartmann aus einem emotiven oder intuitiven Wertbezug, sondern aus dem *impliziten Wissen* um das moralisch Gebotene. Das ›Faktum‹ der Verantwortung ist ein Indiz dafür, daß die getroffene Wahl ihre *ethische Kohärenz* besitzt, auch wenn diese sich nicht kognitiv rechtfertigen läßt. Otto bringt nicht nur den Stellenwert impliziten Wissens und ethischer Kohärenz zur Sprache, sondern auch das supererogatorische Moment verantwortlichen Handelns, das über das Gebot der Schuldigkeit hinaus verdienstliche Mehrleistungen der Solidarität, Fürsorge und Wohltätigkeit umfaßt. Daß die Auseinandersetzung mit der Sittlichkeit der Verantwortung in »die Erörterung eines zentralen *religiösen* Problems« einmündet und auf das »›Schema‹ des numinosen Mirum« verweist, das in der »coincidentia«[91] von Kontingenz und Notwendigkeit zum Vorschein kommt, macht deutlich, daß auch Otto nicht umhin kann, die gefühlsmäßige Gewißheit der Verantwortlichkeit und ihre alteristische Ausrichtung an eine Sphäre der Transzendenz zurückzubinden, die dem »Sprung«[92] ins Handeln seine Sicherheit und Zulässigkeit verleiht.

3. Theologie der Verantwortung

Die sich bei Rudolf Otto zeigende *Theologisierung der Verantwortung* bildet die Reaktion sowohl auf die kategorische Prinzipienethik, die das Eingebundensein des Menschen in konkrete Lebenszusammenhänge ausblendet, als auch auf die Kontingenz moralischer Normen, die aus der kommunikativen Übereinkunft aufgeklärter Individuen abgeleitet werden. Die Transzendierung empirischer Sozialverhältnisse in den Bereich des Glaubens und der Hoffnung hinein, die das Fundament einer faktischen Verantwortlichkeit des Menschen für seine Um- und Mitwelt, seine Vor- und Nachwelt sichern sollen, stellt den Kern der theologischen Verantwortungsmodelle dar, so wie sie sich als Gegenreaktion auf die Profanisierung der handlungsanleitenden Wert- und Sinnbegriffe durch die rationalistische Moderne entwickeln.

3.1 Humanitäre Solidarität und stellvertretendes Engagement

In diesen Kontext gehört auch Albert Schweitzer, der mit seiner »Ethik der Ehrfurcht vor dem Leben« den Weg einer Radikalisierung des Verantwortungsprinzips beschreitet, das gegen den moralischen Rationalismus und sozialen Utilitarismus der Aufklärungstradition gesetzt wird.

91 Ebd.
92 Ebd., S. 172 f.

Ethisches Handeln beruht nach Schweitzer nicht auf der Befolgung von moralischen Prinzipien, aber auch nicht auf der mitleidenden Sorge um das Wohlergehen anderer, sondern auf der uneingeschränkten Liebe zur kreatürlichen Schöpfung. »Ethik«, so Schweitzers frappierende Formulierung, »ist ins Grenzenlose erweitere Verantwortung gegen alles, was lebt.«[93] Die Entgrenzung der Verantwortung ist das Resultat einer Überwindung der eigenen Handlungsohnmacht, die in das Wissen um eine tiefere Bedeutsamkeit und Werthaftigkeit des Lebensprozesses umschlägt: »Resignation ist die Halle, durch die wir in die Ethik eintreten. Nur der, der in vertiefter Hingebung an den eigenen Willen zum Leben innerliche Freiheit von den Ereignissen erfährt, ist fähig, sich in tiefer und stetiger Weise anderm Leben hinzugeben.«[94] Hingabe an das Leben bedeutet Absage an seine Beherrschung, Loslösung vom Egoismus der Selbstbehauptung, Widerstand gegen die gesellschaftlichen Moralkonventionen, an deren Stelle die »Steigerung des Verantwortungsgefühls« tritt, das »ich in mir erlebe«.[95] Gegen den »Druck der überpersönlichen Verantwortung«, die den Einzelnen zu Entscheidungen wider seine eigenen sittlichen Überzeugungen zwingt und dadurch schuldig werden läßt, setzt Schweitzer das »Ringen um Humanität«, die den Erfolg des Handelns daran bemißt, ob es mit der persönlichen Gesinnung in Übereinstimmung gebracht werden kann, deren letzter Maßstab die Ehrfurcht vor dem Leben selbst ist.[96]

Die Ethik der Humanität bildet eine Korrektur der kategorischen Prinzipienmoral, sie ergänzt das Gesetz reziproker Achtung um das Gebot der kreatürlichen Solidarität und Menschenliebe, die um ihrer selbst willen – als intrinsischer Respekt für alles Lebende – ausgebübt werden soll.[97] Dies ist jedoch nur dadurch möglich, daß die Gebote der Humanität in eine schon vorausgesetzte, durch den Glauben abgesicherte Werthaftigkeit der natürlichen Welt eingelassen sind. Die *humanitäre Verantwortungsethik* Schweitzers wird von einer religiös-mystischen Seinsbejahung getragen, die den Einzelnen als Teil eines beseelten Kosmos betrachtet, für den er eine grenzenlose hegerische Pflicht trägt.[98]

Weitaus differenzierter als Schweitzers ethischer Humanitarismus fällt dagegen der christologische Verantwortungsbegriff Dietrich Bonhoeffers aus, der den Fehler des »abstrakten ethischen Schematismus« darin

93 Albert Schweitzer, *Kultur und Ethik*, S. 241.
94 Ebd., S. 244.
95 Ebd., S. 251.
96 Ebd., S. 257.
97 Vgl. Hans Lenk, *Konkrete Humanität*, S. 76–89, S. 133–155, S. 448–471, der in Schweitzers Humanitätsethik die Grundlage einer supererogatorischen Verantwortungsmoral sieht, die der kategorischen Gesetzesethik Kantischer Prägung an die Seite tritt.
98 So auch bei Martin Buber, *Ich und Du*, S. 102–105.

sieht, daß durch ihn der »Rückzug des Einzelnen aus der lebendigen Verantwortung seines geschichtlichen Daseins auf eine private Verwirklichung ethischer Ideale, in der er sein eigenes persönliches Gutsein garantiert sieht«,[99] befördert wird. Um die Isolierung und Privatisierung aufzubrechen, muß das Individuum sich in »die echte ethische Situation« hineinbegeben, in der es »Verantwortung für andere Menschen auf sich nimmt«: »die Norm des Handelns ist nicht ein allgemeingültiges Prinzip, sondern der konkrete Nächste, wie er mir von Gott gegeben ist«.[100] Verantwortliches Handeln ist für Bonhoeffer gleichbedeutend mit autonomer Selbstentscheidung und dem Einstehen für Handlungsfolgen ohne Rückendeckung durch universalistische Gesetze. Kriterium der Verantwortlichkeit ist allein ihre *Wirklichkeitsgemäßheit*, die in der weltimmanenten Befolgung des christlichen Liebesgebotes besteht, das aus der Menschwerdung Gottes resultiert. »Weil sich verantwortliches Handeln nicht aus einer Ideologie, sondern aus der Wirklichkeit nährt, darum kann nur im Rahmen dieser Wirklichkeit gehandelt werden.« Deshalb gilt: »Die Verantwortung ist dem Umfang wie dem Wesen nach, also quantitativ und qualitativ, begrenzt.«[101] Die Begrenztheit der Verantwortung entspringt der »Wirklichkeit des Guten«, das dem Menschen *in* der Welt aufgegeben ist und zugleich *vor* Gott gerechtfertigt werden muß.[102] Sie ist Ausdruck einer legitimatorischen Zwischenposition, in der der Mensch nach dem Vorbild Jesus Christi als Stellvertreter Gottes auf Erden handelt und im realen Miteinander die Gebote der absoluten Nächstenliebe und Sorge für den Anderen erfüllt.

Durch die Immanentisierung des Absoluten verwandelt Bonhoeffer die ethischen Interaktionsbeziehungen in responsive Verantwortungsverhältnisse: Meine Verantwortung für den Anderen »ist die zusammengefaßte Ganzheit und Einheit der Antwort auf die uns in Jesus Christus gegebene Wirklichkeit [...] im Unterschied zu den Teilantworten, die wir zum Beispiel aus der Erwägung der Nützlichkeit oder aus bestimmten Prinzipien heraus geben«.[103] Die solcherart konkretisierte Verantwortlichkeit beruht gleichermaßen auf der Freiheit des eigenen Lebens wie auf der Bindung an den Anderen, ist Selbstzurechnung der persönlichen Entscheidungen im Angesicht Gottes. Das stellvertretende Leben vermeidet sowohl die Absolutsetzung des eigenen Ich wie die des anderen Menschen, es erfüllt sich vielmehr in der selbstlosen Hingabe an das Gegenüber durch die Verwirklichung des Gottesverhältnisses. Zum verantwortlichen Handeln gehört deshalb auch die Übernahme fremder

---

99 Dietrich Bonhoeffer, *Ethik*, S. 218 f.
100 Ebd., S. 220.
101 Ebd., S. 224.
102 Ebd., S. 225.
103 Ebd., S. 254.

Schuld, der allerdings eine Grenze durch die Belastbarkeit des Menschen und sein Recht auf Selbstbestimmung gesetzt ist. Nicht der unbedingte Gehorsam, nicht die bedingungslose Befolgung der göttlichen Gesetze bilden nach Bonhoeffer den Grund der Verantwortung, sondern die in freier Entscheidung des Gewissens gewonnene Übereinstimmung mit den christlichen Geboten. Letzter Maßstab, ob jemand in einer bestimmten Situation richtig oder falsch, »verantwortlich oder schwärmerisch« handelt, ist somit die Prüfung des eigenen Gewissens, die sich »allein auf den Ruf Christi«[104] zurückführen läßt – mit der Konsequenz, daß es schließlich keine objektive, sondern nur eine *absolute Rechtfertigung* für das eigene Tun gibt: »Ob aus Verantwortung oder aus Zynismus gehandelt wird, kann sich nur darin erweisen, ob die objektive Schuld der Gesetzesdurchbrechung erkannt und getragen wird und gerade in der Durchbrechung die wahre Heiligung des Gesetzes erfolgt.«[105]

Auch wenn Bonhoeffer das moralische Handeln nicht vorrangig an der Idealität des Reiches Gottes bemißt, sondern der weltlichen Wahlfreiheit des Menschen unterstellt, mündet seine christologische Verantwortungsethik in die Verabsolutierung des individuellen Gesinnungswertes ein, der durch keine zusätzliche Handlungsfolgenreflexion überprüft und korrigiert wird.[106] Anstatt den Konflikt zwischen persönlichen Überzeugungen und ethischen Normen durch die Intervention der moralischen Urteilskraft auszutragen, wird er im Vertrauen auf die Richtigkeit der getroffenen Entscheidung stillgestellt. Der Verstoß gegen das Gesetz besitzt dann seine Legitimation, wenn er im Bewußtsein einer höheren Zweckmäßigkeit und in Übereinstimmung mit dem Gewissen des Handelnden vollzogen wird. Der religiöse Glaube wird auf diese Weise zum *fundamentum inconcussum* der moralischen Entscheidungsprozedur, die ihre Zulässigkeit nicht aus der Abwägung zwischen persönlichen und objektiven Gründen bezieht, sondern aus der Erfüllung eines unbedingten Verantwortungsanspruchs, dessen Quelle jenseits der empirischen Realität und ihrer profanen Interaktionsrelationen liegt.

3.2 Implizite Entscheidungsgewißheit

Eine ähnliche Form der Absicherung ethischer Entscheidungen gegen ihre mundane Kontingenz läßt sich bei Knud E. Løgstrup beobachten, der die moralische Verantwortlichkeit als Faktum des menschlichen Lebens interpretiert, das aus einer vom Individuum unabhängigen

---

104 Ebd., S. 295.
105 Ebd., S. 298 f.
106 So auch die Kritik von Hartmut Kreß, »›Verantwortung‹« in der Ethik des 20. Jahrhunderts«, S. 122.

»Forderung« zum sittlichen Handeln hervorgeht, denn »es hängt nicht von unserem Gutdünken ab, ob wir in verantwortlichen Beziehungen leben wollen oder nicht. Der einzelne lebt immer schon darin, bloß indem er da ist. Er ist immer schon verantwortlich, ob er will oder nicht«.[107] Das Handeln auf eigene Verantwortung ist nach Løgstrup ein Handeln, bei dem der Einzelne sich nicht darauf verlassen kann, »daß er recht und richtig gehandelt habe«.[108] Es wird dort notwendig, wo die Eindeutigkeit einer bestimmten Wahl nicht gegeben ist, sondern verschiedene Optionen offen stehen: Die »ethische Entscheidung tritt dann an den Menschen heran, wenn die Situation, in der er sich befindet, den Charakter einer Herausforderung annimmt«, d. h. »Mut, Charakter, Rechtschaffenheit, Pflichtgefühl, Verantwortungsbewußtsein«[109] von ihm gefordert werden. Der verantwortlich Handelnde folgt keinen normativen Geboten und präskriptiven Gesetzen, sondern agiert unter Bedingungen der Zeitknappheit, ohne Rücksicht auf Beweggründe und trotz fehlender objektiver Verpflichtungen. Die ethische Forderung sprengt die Reziprozität intersubjektiver Beziehungen und übersteigt den Bereich des moralisch Geschuldeten. Sie liegt allem kategorisch begründbaren und auf gegenseitiger Anerkennung beruhendem Handeln voraus. Wir sind ihrem stummen, einseitigen und unerfüllbaren Anspruch ausgeliefert, dem wir uns nicht entziehen können, weil er auf einer »Macht« beruht, »die dem einzelnen sein Dasein und die Welt, in der es sich abspielt, geschenkt hat, und die sich gleichzeitig als Instanz der Forderung meldet. Die Macht ist unsichtbar, und als Instanz verhält sie sich schweigend, weil sie transzendent ist«.[110]

Die Anbindung der ethischen Entscheidung an einen absoluten Grund des Daseins und ihre Einbettung in konkrete Anspruchssituationen führt dazu, daß der Handelnde nicht frei zwischen mehreren Alternativen wählt, sondern im Bewußtsein der unbedingten Notwendigkeit einen bestimmten Handlungsentschluß verwirklicht. Für Løgstrup gibt es keine unlösbaren Pflichtenkollisionen, weil diese eine Gleichwertigkeit von Ansprüchen voraussetzen, die den Vollzug der Entscheidung zu einem kontingenten Akt der Wahl machen würden. Verantwortliches Handeln beruht vielmehr auf der alternativlosen Überzeugung von der Richtigkeit der Entscheidung.[111] Es gehorcht der inhärenten Bedeutsamkeit der

107 Knud E. Løgstrup, *Die ethische Forderung*, S. 118.
108 Ebd., S. 119.
109 Ebd., S. 166.
110 Ebd., S. 193.
111 Für Løgstrup ist »die ethische Wahlsituation gerade dadurch charakterisiert ist, daß es sich in ihr immer darum handelt, was man als das, was nottut, tun müßte, ob man es nun tut oder nicht.« (*Norm und Spontaneität*, S. 40). Zur Zurückweisung moralischer Konflikte vgl. auch ders., *Die ethische Forderung*, S. 172–175.

Situation, die in ihrer Besonderheit typologischen Charakter hat und dem Handelnden einen unabweisbaren Zwang auferlegt, so und nicht anders zu agieren. Die handlungsanleitenden Kriterien werden nicht aus normativen Reflexionen gewonnen, sondern entspringen dem impliziten Wissen um die situative Angemessenheit ethischer Entscheidungen, die ihren Grund darin hat, daß der Mensch nach Løgstrup *immer schon in verantwortlichen Lebenskontexten existiert.* Das Eingebundensein in verantwortliche Beziehungen betrifft »die gesamte Person« und umfaßt damit mehr als die bloße Übernahme von Pflichten und die Erfüllung sozialer Aufgaben und Funktionen. Die Verantwortlichkeit des Menschen resultiert vielmehr aus der Erfahrung, »daß etwas auf ihm beruht, von ihm abhängig gemacht wird« und ihm »Macht über den verliehen ist, für den er verantwortlich ist«.[112] Sie ist im wesentlichen Fürsorgeverantwortung aus dem Bewußtsein eines vorgängigen Abhängigkeitsverhältnisses, in das die Individuen nicht aus freiem Entschluß eintreten, sondern durch einen höheren Willen hineingestellt werden.

Bei Løgstrup findet eine Existenzialisierung des theologischen Offenbarungs- und Schöpfungsglaubens statt, die dem Verantwortungsbegriff eine gleichermaßen metaphysische wie daseinsbezogene Fundierung verleiht.[113] Die Subordination unter den göttlichen Willen wird in die ethische Lebensführung hineinverlagert, die dem Handelnden ein unbedingtes Verantwortungsbewußtsein auferlegt, dem er sich nur unter Mißachtung seiner Kreatürlichkeit entziehen kann. Die Anerkennung der transzendenten Macht garantiert die Richtigkeit der immanenten Entscheidungen, die im Verbund einer ursprünglichen Verantwortungsgemeinschaft der Lebenden getroffen werden. Die Kontingenz ethischer Entscheidungen, die durch keine Regeln oder Prinzipien abgesichert sind, sondern in unmittelbarer Reaktion auf situative Herausforderungen erfolgen, wird durch die innere Gewißheit ausgeglichen, in Übereinstimmung mit einer in sich sinnvollen Lebensordnung zu handeln. An die Stelle der dezisionistischen Situationsethik voluntaristischer Prägung tritt bei Løgstrup eine *implizite Handlungsverantwortung,* die sich an den Anforderungen solidarischer Lebensformen orientiert, deren sittliche Verbindlichkeit durch das Faktum der gemeinsamen Daseinsgeworfenheit gewährleistet ist. Die Übernahme mitmenschlicher Verantwortlichkeit beruht auf keinem intellektualistischen Entschluß, sondern einer praktischen Entscheidung, die dem ethischen Selbstverständnis des Handelnden entspringt, in letzter Konsequenz jedoch auf die Abhängigkeit der profanen Welt von einem übergeordneten, transzendenten Willen zurückgeht.

112 Knud E. Løgstrup, *Norm und Spontaneität,* S. 118f.
113 Siehe hierzu Wolfgang Erich Müller, »Reflexionen zum Verantwortungsbegriff im Anschluß an Løgstrup«, S. 204–213.

4. Metaphysik der Verantwortung

Vergleichbare Schwierigkeiten einer konsequenten Profanisierung zeigen sich auch bei Georg Picht, der den Verantwortungsbegriff auf seinen christlich-eschatologischen Ursprung zurückführt, der »eine nicht rechtlich, sondern ethisch begründete Fürsorgepflicht, die weit und wiederum prinzipiell unabgrenzbar über das hinausgreift, wofür man haftbar gemacht werden kann«,[114] zur Folge hat. Die Unabgrenzbarkeit und der Überschußcharakter der Verantwortung sorgen dafür, daß sich ihre Kriterien nicht aus dem individuellen Gewissen gewinnen lassen, sondern in einem dem Subjekt vorausliegenden Bereich verankert sind. Dieser Bereich ist nach Picht der zeitliche Handlungsraum des Menschen, der sich nicht in dem erschöpft, was kausal bewirkt wird, sondern auch noch das umfaßt, was auf nicht intendierten Geschehnissen beruht. Wesentlich für die Verantwortlichkeit ist ihr temporaler Zusammenhang mit dem, was durch einen Akteur veranlaßt, aber nicht notwendigerweise verursacht wurde: »Tatsächlich geht nämlich die Frage nach der Verantwortung für ein Geschehnis nicht vom Subjekt und seiner moralischen Entscheidung, sondern von dem Geschehnis aus. [...] Der Träger der Verantwortung kann nur deshalb für ein bestimmtes Geschehnis verantwortlich gemacht werden, weil dieses Geschehnis aus sich selbst heraus auf ihn zurückverweist. [...] Die Verantwortung ist also keine Sache des moralischen Bewußtseins, sondern sie ist in der Struktur der Geschehnisse vorgezeichnet. Die Struktur der Sachverhalte unterwirft die Menschen, ob sie es wahrhaben wollen oder nicht, jenem Gefüge von Verweisungen, das die Verantwortung konstituiert.«[115] Das Verweisungsgefüge reicht über die sachliche und personale Verantwortung des Menschen hinaus und tritt als eigenständiger Adressat moralischen Handelns auf. Die Rückverweisung des Geschehens auf einen Träger setzt zwar dessen sachliche Zuständigkeit voraus, erschöpft sich jedoch nicht darin. Die nicht kausal verursachten oder intendierten Ereignisse fallen in den Verantwortungsbereich des Menschen, weil er ein geschichtlich-naturhaftes Wesen ist, »das sein Selbstsein nicht in sich selbst, sondern außer sich hat. Er hat sein Selbstsein durch die Geschichte vermittelt in der Natur; er hat sein Selbstsein durch die Natur vermittelt in der Geschichte«.[116] Weil der Mensch ihr seine ontologische Identität verdankt, bildet die Geschichte den »Horizont« der Verantwortung und fungiert zugleich als »Gerichtshof«, vor dem er sich zu verantworten hat: »Der Mensch hat eine

---

114 Georg Picht, »Der Begriff der Verantwortung«, in: ders., *Wahrheit, Vernunft, Verantwortung*, S. 320.
115 Ebd., S. 325.
116 Ebd., S. 328.

Verantwortung *vor* der Geschichte nur, weil er eine Verantwortung *für* die Geschichte hat.«[117]

4.1 Kontingenzbewältigung durch Finalisierung

Daß die Geschichte als Geschehensprozeß gleichermaßen Instanz und Adressat der menschlichen Verantwortung ist, ergibt sich für Picht aus der Eingebundenheit des Menschen in einen historischen Bewandtniszusammenhang, der zwischen den Generationen und Epochen eine verpflichtende Kontinuität stiftet. Aus dem Faktum des »In-der-Zeit-Seins« resultiert die Aufgabe, sich dem »universalen Horizont der Verantwortung der gesamten Menschheit für ihre eigene Geschichte«[118] zu unterstellen und das ethische Handeln sowohl an den Belangen der Vergangenheit als auch der Zukunft auszurichten. Die universalhistorische Verantwortung ist nach Picht keine Implikation ihres religiösen Ursprungs, sie folgt vielmehr »aus der nackten Faktizität unserer Welt« und dem »harten Zwang der politischen und gesellschaftlichen Realitäten«, die uns dazu nötigen, »die eschatologische Reichweite des Begriffes der Verantwortung als eine historische Realität zu entdecken«.[119] Die weltweiten Interdependenzen von Handlungsprozessen und die durch Wissenschaft und Technik vorangetriebene Expansion des menschlichen Machtbereichs sorgen dafür, daß sich niemand der Universalität der Verantwortung entziehen kann, »aber eben durch diese Universalität droht das Gefüge von Verpflichtungen, in das wir durch unsere Verantwortung gestellt sind, jede konkrete Verbindlichkeit zu verlieren«.[120] Aus diesem Grund bedarf es einer genaueren Klärung der Zuständigkeitsbereiche, die nicht von den einzelnen Individuen aus zu definieren sind, sondern in Hinblick auf die globalen Sachprobleme und die Pluralität der zu bewältigenden Aufgaben bestimmt werden müssen. An die Stelle der legitimatorischen Selbstverantwortung hat nach Picht eine *kollektive Verantwortungsorganisation* zu treten, die »nicht aus dem Willen des Subjektes, sondern aus der spezifischen Form der je zu lösenden Aufgaben«[121] hervorgeht, mithin also in den Sachgesetzlichkeiten und strukturellen Ordnungen der modernen, arbeitsteiligen Gesellschaften ihren Ursprung hat. Die funktionalen Strukturen erfordern einen umfassenden, mehrdimensionalen und integrativen Verantwortungsbegriff, der über die individuellen Zuständigkeiten hinausreicht und potentielle Aufgabenfelder mit

---

117 Ebd., S. 329.
118 Ebd., S. 332.
119 Ebd., S. 333.
120 Ebd., S. 335.
121 Ebd., S. 339.

einbezieht, für die sich konkrete Verantwortungsträger erst noch konstituieren müssen.

Picht ist sich sehr wohl der Probleme bewußt, die sich daraus ergeben: Die Komplexitätssteigerung der modernen Welt erfordert eine Übertragung des Verantwortungsbegriffs auf subjektlose Prozesse, die nur Sinn macht, wenn sich entsprechend veränderte Kriterien der Trägerschaft und Zuständigkeit finden lassen. Auf die faktische Entgrenzung des Verantwortungsbereichs muß mit einer Begrenzung der normativen Maßstäbe geantwortet werden, da ansonsten die Entleerung des Verantwortungsbegriffs droht. Darüber hinaus sind die in systemischen Prozessen agierenden Individuen zur Ohnmacht gegenüber der Eigengesetzlichkeit des wissenschaftlich-technischen Fortschritts verurteilt. Ihr Handlungsspielraum schrumpft, je weiter die administrative und rationale Organisation der Forschung voranschreitet und die Politik sich ökonomischen Zweckvorgaben unterwirft. Gegen die moralische Indifferenz der wissenschaftlichen und instrumentellen Vernunft, die Spezialisierung und Segmentierung des Gesellschaftsapparates, die Zukunftsvergessenheit der sozialen Planungen hilft nach Picht deshalb nur die Rückbesinnung auf den *eschatologischen Horizont*, in dem alles menschliche Handeln stattfindet. Picht räumt zwar ein, daß es zur Bewältigung der globalen Menschheitsprobleme ebenfalls notwendig ist, »die institutionellen Formen zu schaffen, deren die politisierte Wissenschaft und die verwissenschaftlichte Politik des 20. Jahrhunderts zu ihrer Steuerung bedürfen«.[122] Er läßt jedoch keinen Zweifel daran, daß es vorrangig darauf ankommt, die offenbarungstheologischen Wurzeln des Verantwortungsbegriffs freizulegen, um der Eigendynamik des Fortschritts Einhalt gebieten zu können.[123]

Diese Freilegung setzt voraus, daß der Mensch sich seiner *Zeitlichkeit* in einem doppelten Sinn bewußt wird. Die Zeit ist einerseits das Zusammenspiel von Vergangenheit, Gegenwart und Zukunft, das in seiner Einheit den umfassenden Horizont der Geschichte bildet, in der sich der Mensch qua Naturwesen immer schon bewegt. Die auf der Differenz der drei Modi beruhende Zeit ist nach Picht die »phänomenale Zeit«, die auf dem Grund der Gegenwart die Wirklichkeit der Phänomene erscheinen läßt. Eingebunden ist die phänomenale Zeit in den Horizont der »transzendentalen Zeit«, die die Bedingung der Möglichkeit dafür bildet, daß das In-der-Zeit-Sein des Menschen für ihn erfahrbar wird.[124] Erst bei-

---

122 Georg Picht, »Struktur und Verantwortung der Wissenschaft im 20. Jahrhundert«, in: ders., *Wahrheit, Vernunft, Verantwortung*, S. 369.
123 Vgl. ebd., S. 370.
124 Zum Verhältnis von phänomenaler und transzendentaler Zeit vgl. Georg Picht, »Die Erfahrung der Geschichte«, in: *Wahrheit, Vernunft, Verantwortung*, S. 281–317; ders., »Die Zeit und die Modalitäten«, in: *Hier und Jetzt I*, S. 362–374; ders., *Gesch*ichte und Gegenwart, S. 184–198; ders., Glauben und Wissen, S. 212–218.

de Formen zusammen machen in wechselseitiger Abhebung die Einheit der Zeit aus, in deren Spielraum das menschliche Denken und Dasein sich als Geschichte vollzieht. Die transzendentale Zeit ermöglicht es, zur phänomenalen Zeit auf Distanz zu gehen und erschließt damit die historische Temporalität als Bedingung der Vernünftigkeit des Menschen. Die Offenheit des Lebens für zukünftige Möglichkeiten eröffnet den »Spielraum der Geschichte«, aus dem die »Erkenntnis unserer Verantwortung in der Geschichte« hervorgeht, die darin besteht, »die Herstellung einer möglichen Einheit« als »Aufgabe der menschlichen Vernunft« zu erfassen.[125]

Pichts zeitontologische Fundierung der Vernunft stellt den bemerkenswerten Versuch dar, die ethische Verantwortlichkeit des Menschen aus seiner vorgängigen Inanspruchnahme durch die Geschichte abzuleiten. Indem der Mensch die Einheit der Zeit als geschichtlichen Horizont seiner Verantwortlichkeit erfährt, soll er aus Gründen der Vernunft zur ihrer Übernahme und Verwirklichung veranlaßt werden. Das Wissen um seine Zeitlichkeit setzt das Bewußtsein einer Begrenzung und eines Endes der Zeit voraus, das sich durch die »Antizipation des Todes« einstellt.[126] Gewissen und universale Verantwortung sind erst dort gegeben, wo der Mensch seiner *Finalität* einsichtig wird und sich als Wesen begreift, das einem heteronomen Geschehenszusammenhang unterworfen ist. Das Wissen um die eigene Sterblichkeit bildet die Bedingung der Möglichkeit von Verantwortung, weil nur von einem Standpunkt außerhalb der Zeit ihre Einheit erfahrbar wird. Das Todesbewußtsein besitzt den gleichen Stellenwert wie die eschatologische Offenbarung, die ebenfalls die Universalität der Geschichte durch ihre Finalisierung in der Vorwegnahme eines Endes der Zeit ermöglichen soll. Die Antizipation des individuellen und des historischen Finales fungiert als Limitierung der Zeit im temporalen Vollzug der Welt, die auf diese Weise zum universalen Handlungsraum des Menschen wird, in dem er seine konkrete Verantwortlichkeit übernimmt. Damit aber tritt an die Stelle der transzendentalen Zeit, die die Bedingung der Möglichkeit der phänomenalen Temporalität bildet, die *transzendente Zeit*, die als Horizont der Ewigkeit und des Todes die menschliche Existenz grundiert. Picht leitet nicht nur die Geschichte als evolutionären Prozeß aus dem Lebensvollzug des Daseins ab und identifiziert die Zeitlichkeit der Existenz mit der Historizität der Welt. Er verwandelt auch unter der Hand die transzendentalen Bedingungen der mundanen Zeitlichkeit in die Erfahrung einer außerweltlichen Transzendenz, die auf offenbarungstheologischem Weg in die geschichtliche Zeit eintritt und ihre Einheit konstituiert.[127]

---

125 Georg Picht, *Geschichte und Gegenwart*, S. 195.
126 Georg Picht, »Philosophie und Völkerrecht«, in: ders., *Hier und Jetzt I*, S. 95.
127 Zu Pichts widersprüchlicher Kritik der transzendentalphilosophischen Tradition, in der die Zeit zugleich in einem ewigen und einem innerweltlichen

METAPHYSIK DER VERANTWORTUNG

Die Verkopplung von Lebenszeit und Weltzeit sowie die Einbettung der Geschichtszeit in einen eschatologischen Geschehensvollzug fungieren bei Picht als Ermöglichungsbedingungen moralisch-politischen Handelns im Horizont einer universalen Verantwortung, die letztlich nur metaphysisch zu begründen ist. Auch wenn die Rede von ›Gott‹ bei Picht negativer Natur ist und als Chiffre einer uneinholbaren Andersheit der Zeit verstanden werden muß, die ihre mundanen Vollzüge offen hält, läßt sich der Verantwortungsbegriff nicht von einer Dimension der religiösen Transzendenz lösen, die allererst seine weltliche Wirksamkeit garantiert.[128] Die gleiche Figur der Überwindung der Alltäglichkeit liegt dem Lebensprozeß zugrunde, der erst in der Antizipation des Todes zu einem Vorgang wird, der der Rechtfertigung bedarf und damit der Verantwortung unterworfen wird. Beidesmal wird die Finalisierung der Zeit, ihre Limitierung auf ein Ende außerhalb ihres weltlichen Vollzuges, zur Voraussetzung ihrer verantwortungsethischen Werthaftigkeit. Mit dieser Begründungsstrategie fällt Picht hinter seinen Anspruch zurück, die humane Verantwortlichkeit aus den systemischen Prozessen der Moderne abzuleiten und sie zu einem nachmetaphysischen Fundament der Fortschrittskritik zu machen, das als ›aufgeklärte Utopie‹ gegen die unreflektierten Dynamisierungstendenzen des wissenschaftlich-technologischen Zeitalters gerichtet ist.[129] Anstatt die Notwendigkeit moralisch-politischen Handelns konsequent auf die Versachlichung und Funktionalisierung sozialer Interaktionen zurückzuführen, die mit zunehmender Verflechtung und Globalisierung der industriellen Gesellschaften neuer Formen der supranationalen Steuerung und Regulierung bedürfen, untermauert Picht seine Verantwortungsforderungen mit einer hochgradig spekulativen Zeittheorie, in der sich auf diffuse Weise existentielle und eschatologische Handlungsmotive überlagern, deren Zweck darin besteht, dem Lebens- und Geschichtsgeschehen die substantielle Verbindlichkeit zurückzuerstatten, die sie im Vollzug ihrer Temporalisierung und Profanisierung verloren haben. Die Verzeitlichung der Teleologie ist bei Picht gegen ihre eigenen Voraussetzungen gerichtet und

Sinn aufgefaßt wird, vgl. Michael Theunissen, »Die Einheit im Denken Georg Pichts«, S. 780–790.

128 Daß die Transzendenzorientierung bei Picht auf »die erlösende Macht Gottes« verweist, wodurch »Ewigkeit als das schlechthin Andere der Zeit schon in der Zeit manifest« wird, betont auch Heinz Eduard Tödt, »Die Zeitmodi in ihrer Bedeutung für die sittliche Urteilsbildung«, S. 316 f.

129 So Georg Picht, *Zukunft und Utopie*, S. 316–375. Siehe hierzu Rolf Neumann, Natur, *Geschichte und Verantwortung im »nachmetaphysischen Vernunftdenken« von Georg Picht*, Teil III. Zu den Schwierigkeiten der Vermittlung der zeit- und existenzphilosophischen Reflexionen Pichts mit ihren gesellschaftskritischen Implikationen vgl. Richard Klein, »Einheit und Diversion bei Georg Picht«, S. 15–20.

bleibt deshalb in letzter Konsequenz ohnmächtig gegenüber den operativen Sachgesetzlichkeiten der Moderne, an deren Eigenlogik verantwortungsethische Postulate abprallen, die ihren finalen Grund in der Zeitlichkeit des geschichtlichen Daseins haben. Pichts eschatologische Geschichtsphilosophie ist ein signifikantes Beispiel für die Widersprüche, in die eine Verantwortungstheorie gerät, die von der *Begrenztheit* individueller Verantwortlichkeit ausgeht, zugleich aber die *Universalität* einer historisch erweiterten Verantwortung einfordert. So nachdrücklich Picht betont, daß die »Struktur der Sachprobleme« zu ihrer Lösung »eine entsprechende Pluralität der kollektiven und individuellen Subjekte« benötigt, so unbekümmert spricht er davon, daß man »verantwortlich [ist] für alles, was im Zusammenhang mit bestimmten Menschen oder Sachen *geschieht*«.[130] Die Einbeziehung von Unterlassungen und nicht intendierten Nebenfolgen führt bei Picht nicht zu einem differenzierten Konzept der Struktur- und Aufgabenverantwortung in komplexen Zusammenhängen, sondern zu einer *Totalisierung* des Verantwortungsbegriffs, der auf sämtliche Ereignisse in der historischen Zeit sowohl in zukunfts- wie vergangenheitsbezogener Hinsicht übertragen wird. Die Entgrenzung des Verantwortungsbegriffs ist die Folge seiner existenzialhistorischen Fundierung, durch die das weltgeschichtliche Geschehen in Analogie zum sterblichen Lebensprozeß als Horizont einer universalen Handlungsverpflichtung interpretiert wird, der sich der Mensch nur unter Mißachtung seiner eigenen Zeitlichkeit entziehen kann. Dieser *temporalistische Fehlschluß* hat seinen Grund darin, daß dem Verantwortungsbegriff genau die Verbindlichkeit zurückerstattet werden soll, die er durch seine verfahrenstechnische Prozeduralisierung und Ablösung von kategorischen Rechenschaftspflichten verloren hat. Die systemische Komplexität der modernen Gesellschaft hält zwar Einzug in den Verantwortungsdiskurs, wird aber umgeleitet auf das Gleis einer eschatologischen Existenzmetaphysik, die in ihrer Ausrichtung auf ein Jenseits der empirischen Zeit die Kontingenz ethischen Handelns überwinden soll, die das Kennzeichen ausdifferenzierter Sozialsysteme bildet. Pichts Taktik, sich gegen die moderne Kontingenz durch ihre Transzendenz abzusichern, schlägt am Ende in ihr Gegenteil um: Den Ruf der Verantwortung hört schließlich nur, wer sich in der Antizipation seines Todes der Nichtigkeit der Zeit bewußt wird und von der ausstehenden eschatologischen Offenbarung die Legitimation für sein Handeln erwartet, die ihm in den willkürlichen Prozeßabläufen der profanen Welt fehlt.

130 Georg Picht, »Der Begriff der Verantwortung«, in: ders., *Wahrheit, Vernunft, Verantwortung*, S. 337, S. 324.

4.2 Flucht in die apokalyptische Drohung

Wo Picht eine existenzial-historische Thanatologie der Verantwortung entwirft, deren Zweck darin besteht, das menschliche Handeln über den Gegenwartskreis hinaus auf die Belange vergangener und zukünftiger Generationen zu richten, setzt Hans Jonas mit seinem 1979 erschienenen Buch über das »Prinzip Verantwortung« auf eine objektive Wertteleologie, die zu einer temporalen Erweiterung der traditionell präsentisch begrenzten Ethik führen soll. Anders als Picht, der den metaphysischen Implikationen seiner Verantwortungstheorie eher ausweicht, stellt Jonas sie ins Zentrum seiner Überlegungen. Eine Ethik der Zukunft, die das Wohlergehen kommender Generationen mit einbezieht, anstatt auf ihre Kosten überlebensnotwendige Ressourcen zu verbrauchen, ist seiner Ansicht nach »nur metaphysisch zu begründen«. Ihr Imperativ lautet: »›Handle so, daß die Wirkungen deiner Handlungen verträglich sind mit der Permanenz echten menschlichen Lebens auf Erden‹.«[131] Die Temporalisierung der Moral, die aus dem technologisch-wissenschaftlichen Machtzuwachs resultiert, hat die »Pflicht zum *Dasein* künftiger Menschheit« zur Folge, deren Grundprinzip die nicht-reziproke Fürsorgeverantwortung ist, wie sie auf exemplarische Weise in der Sorge der Eltern für ihre Kinder zum Ausdruck kommt.[132] Jonas nimmt Kants Bestimmung kategorischer Verpflichtungen auf, stellt sie jedoch auf eine ontologische Grundlage: Die zukünftige Existenz der Menschheit folgt nicht aus dem Gebot der moralischen Achtung, sondern aus der »*Idee* des Menschen«, gehört somit nicht in die Ethik, sondern in die »*Metaphysik* als einer Lehre vom Sein, wovon die Idee des Menschen ein Teil ist«.[133] Die metaphysische Grundlegung der Menschheitsidee findet ihre konsequente Fortsetzung in einer teleologischen Handlungstheorie, nach der subjektive Zielsetzungen auf einer Objektivität von Zwecken beruhen, die als immanente Werte in der Natur enthalten und von ihr vorgegeben sind. Das moralisch Gute ist nach Jonas ein den Dingen selbst innewohnender Wert, der als objektiv Sein-Sollendes nach seiner Verwirklichung verlangt. Nicht das ethische Gesetz, das einem individuellen Willen seine Handlungen vorschreibt, sondern die Werthaftigkeit des Seins, das unser moralisches Gefühl affiziert, bildet das Fundament verantwortlichen Tuns.[134]

Die Verantwortlichkeit des Menschen wird damit zu einem impliziten Gebot seiner natürlichen Wesenhaftigkeit und empirischen Machtfähigkeit, der Imperativ des Sollens resultiert unmittelbar aus dem faktischen Können und stellt das obligatorische Komplement menschlicher

---

131 Hans Jonas, *Das Prinzip Verantwortung*, S. 35 f.
132 Ebd., S. 85 f.
133 Ebd., S. 91 f.
134 Ebd., S. 170.

Zeitlichkeit dar, durch die der Horizont der Moral über beabsichtigte und absehbare Handlungsfolgen hinaus in die gesamte Zukunft der Menschheit ausgedehnt wird.[135] Die notwendige *Expansion der Verantwortung* folgt nach Jonas nicht dem Fortschrittsoptimismus der Moderne, sondern richtet sich gegen den technologischen Utopismus der geschichtsphilosophischen Vernunft, die im Namen des historischen Sinns den Eigenwert der Natur und die Belange zukünftiger Generationen mißachtet. Das Prinzip Verantwortung ist im Kern nicht progressiv und zuversichtlich, sondern konservativ und skeptisch. Es beruht auf einer »Ethik der Erhaltung, der Bewahrung, der Verhütung und nicht des Fortschritts und der Vervollkommung«, die als »Notstandsethik«[136] dem Menschen die Pflicht auferlegt, sich den drohenden Gefährdungen durch den entfesselten Machbarkeitswahn entgegenzustellen und für eine futurische Weiterexistenz der Menschheit zu sorgen. Die apokalyptische Situation, die mit dem durchschlagenden Erfolg der technisch-wissenschaftlichen Naturbeherrschung eingetreten ist, nötigt zu einem Abschied vom utopischen Ideal der Neuzeit, der durch ein Umkehrung der Handlungserwartung erreicht werden soll: An die Stelle der geschichtlichen Hoffnung auf ein säkulares Reich der Freiheit muß nach Jonas die »Heuristik der Furcht«[137] treten, die im Bewußtsein kommender Katastrophen den Verzicht auf die Verwirklichung des Machbaren herbeiführt und der schrankenlosen Optimierung der Lebensverhältnisse Einhalt gebietet.

Die Realisierung des Verantwortungsprinzips hängt von einer Reihe materialer Voraussetzungen ab. Sie ist vor allem auf eine tugendethische Neuorientierung des Handelns angewiesen, das sich in seinen praktischen Planungen und Entscheidungen an der objektiven Geltung der ontologischen Werte ausrichtet. Gegen den libertären Willen zur Selbstverwirklichung muß die in den überlieferten Ordnungen und Traditionen verankerte Sittlichkeit des Guten rehabilitiert werden, sind die althergebrachten Tugenden der Wohltätigkeit und Tapferkeit, der Bescheidenheit und Enthaltsamkeit zu stärken. Angesichts der Verknappung der Rohstoffe und Nahrungsmittel, der Verschmutzung von Wasser und Luft, der Erwärmung des Erdklimas, der Ausplünderung und Verarmung der Tier- und Pflanzenwelt ist nach Jonas »eine neue *Frugalität* in unsern Konsumgewohnheiten vonnöten«,[138] durch die die Chance einer Fortdauer humanen Lebens erhöht und damit dem Anspruch kommender

135 Jonas redet in diesem Zusammenhang von der »totale[n] Verantwortung«, in die »mit einbezogen sein muß«, »was der Verantwortliche selber in seinen *Wirkungen* nicht mehr verantworten kann« (ebd., S. 198).
136 Ebd., S. 249 f. Zum gegenutopischen Anspruch des Verantwortungsprinzips vgl. Ludger Heidbrink, »Utopie und Verantwortung«, S. 349 f.
137 Vgl. Hans Jonas, *Das Prinzip Verantwortung*, S. 63 f., S. 391–393.
138 Hans Jonas, »Auf der Schwelle der Zukunft: Werte von gestern und Werte für morgen«, in: ders., *Technik, Medizin und Ethik*, S. 67.

Generationen auf Achtung ihrer Daseinsinteressen Rechnung getragen wird. Sollte sich der Konsens über die erforderliche Mäßigung der Lebensführung nicht freiwillig einstellen, muß notfalls durch »gesetzlichen Zwang« die »Bändigung des *Vollbringungs*triebes« durchgesetzt werden.[139] Freiheitseinschränkungen sind nach Jonas dort unumgänglich, wo die moralische Einsicht fehlt und der Ruf nach Verzicht auf den gewohnten Luxus der Selbstbefriedigung ungehört verhallt. Dann werden Formen der Sozialdisziplinierung erforderlich, die auf politischem Weg in die private Sphäre eingreifen, um dem Prinzip der Verantwortung zu dem praktischen Erfolg zu verhelfen, dem ihm die ethische Vernunft nicht zu verschaffen vermag.[140]

Jonas' Verantwortungsprinzip bietet ohne Frage den Vorteil handlungspraktischer Evidenz auf der Grundlage einer *intuitiven Normativität*, die sich ähnlich wie bei Scheler und Hartmann im phänomenalen Zugang zur Mit- und Umwelt erschließt. Die Notwendigkeit der ökologischen Umsicht und ökonomischen Sparsamkeit zeigt sich im unmittelbaren Kontakt mit der Natur, in der Konfrontation mit der Artenvielfalt und dem Erlebnisreichtum einer intakten Flora und Fauna, in der spürbaren Verschlechterung der Lebensbedingungen durch einen rücksichtslosen Verbrauch der Ressourcen. Hier bietet das Verantwortungsprinzip eine intuitionistische und emotivistische Ergänzung kognitivistischer Ethiken, die die Solidarität mit zukünftigen Generationen erst aus der Konstruktion von Rechten und quasi gesetzlichen Ansprüchen Ungeborener ableiten müssen, anstatt auf die Überzeugungskraft leibhafter und direkter Umwelterfahrungen zu vertrauen. Jonas' Verantwortungsprinzip läßt sich nicht nur in einem präventiven Sinn als futurische Für- und Vorsorge verstehen, die vom Primat der Gegenwart über eine hypothetische Zukunft auszugehen hat, sondern auch in einem probabilistischen Sinn als Vermeidung potentieller Risiken, die aus der Anwendung hochgradig unsicherer Technologien entstehen können. Die Heuristik der Furcht, die der Maxime »in dubio pro malum« folgt, rechnet mit dem Schlimmstmöglichen, um das tatsächlich Machbare in den Blick zu bekommen. Sie dient nicht der Verhinderung des Handelns, sondern der skeptischen Abwägung seiner unvorsehbaren Folgen. Im Zweifel plädiert sie für die Unterlassung von Innovationen, weil die Gefahren ihrer

---

139 Ebd., S. 68, S. 70.

140 Daß der Weg des politischen Zwangs nur eine Notlösung darstellt, ist von Jonas immer wieder hervorgehoben worden, wenn auch mit mißverständlichen Worten, so etwa, wenn er empfiehlt, »die *ontologische Befähigung* zur Freiheit« zeitweilig »aus dem öffentlichen Raum [zu] verbannen« und »um der physischen Rettung willen, wenn es denn sein muß, selbst eine Pause der Freiheit in den äußeren Affären der Menschheit hin[zu]nehmen« (»Zur ontologischen Grundlegung einer Zukunftsethik«, in: ders., *Philosophische Untersuchungen und metaphysische Vermutungen*, S. 145 f.).

Verwirklichung die Chancen der angestrebten Verbesserungen überwiegen. Die Heuristik der Furcht läßt sich als Fundament einer *malioristischen Ethik* begreifen, welche die Beweislast für Veränderungen den Akteuren zuschreibt und damit die Langfristigkeit von Handlungskonsequenzen in gegenwärtige Entscheidungsprozesse durch einen pessimistischen Möglichkeitssinn mit einbezieht. Schließlich bringt Jonas auch die motivationalen und sozio-kulturellen Voraussetzungen zur Sprache, die zur Umsetzung des Verantwortungsprinzips beitragen und von der Sensibilität für Naturschäden über die Schonung der Rohstoffe bis zur Bereitschaft der Selbstdiziplinierung reichen, die durch eine anreizschaffende Politik unterstützt werden müssen.

Freilich liegen genau in diesen programmatischen Konzepten die Probleme, die zahlreiche kritische Einwände gegen das Verantwortungsprinzip von Jonas hervorgerufen haben. An erster Stelle steht der ontologische Physiozentrismus, der mit einem naturalistischen Fehlschluß vom Sein der Dinge auf ihren unbedingten Sollenscharakter einhergeht.[141] Die Aufladung der Natur mit einer immanenten Werthaftigkeit bedeutet nicht nur einen Rückfall hinter die nachmetaphysische Moderne und deren rationales Selbstverständnis, sondern auch eine Identifizierung des moralischen Adressatenkreises, *für* den die Verantwortung getragen wird, mit der legitimatorischen Instanz, *vor* der sich die Verantwortlichkeit auszuweisen hat. Aus dieser Gleichstellung folgt – zweitens – nicht, wie Jonas meint, die Objektivität moralischer Werte, sondern vielmehr ihre Relativität, da die These von der Zweckhaftigkeit der Natur nur vor dem Hintergrund eines teleologischen Weltverständnisses nachvollziehbar ist. Jonas muß nicht nur die selbstzweckhafte Freiheit der organischen Welt schon voraussetzen, um die Pflicht zu ihrer Bewahrung begründen zu können; er kann dies auch nur dadurch verständlich machen, daß er die Wirklichkeit als geistbeseelten Kosmos auffaßt und damit auf eine Art schöpfungstheologischen Ursprung zurückführt, der den Menschen vor aller Vernunft in Anspruch nimmt und ihn zum fürsorglichen Umgang mit dem kreatürlichem Universum aufruft.[142] Das Verantwortungsgefühl, von dem Jonas spricht, beruht ähnlich wie bei Rudolf Otto auf dem Glauben an eine höhere Macht hinter den weltlichen Dingen, die uns zum sorgfältigen Umgang mit ihnen verpflichtet, so wie die Furcht nichts anderes als Ehrfurcht vor der Heiligkeit des Lebens ist, das um seiner selbst willen geschützt und unter keinen Umständen verletzt werden darf.[143]

141 Zur Kritik am Physiozentrismus und naturalistischen Fehlschluß vgl. Heiner Hastedt, *Aufklärung und Technik*, S. 167–178; Lothar Schäfer, *Das Bacon-Projekt*, S. 154–162.
142 Zu den onto-theologischen Voraussetzungen vgl. Annemarie Gethmann-Siefert, »Ethos und metaphysisches Erbe«, S. 189–195.
143 Vgl. Hans Jonas, *Das Prinzip der Verantwortung*, S. 392 f.

So überzeugend die spontane Regung auf die Versehrbarkeit der Dinge sein mag, so wenig taugt sie zur Untermauerung verantwortungsethischen Handelns, das zwar von emotiven (oder auch spirituellen) Reaktionen seinen Ausgang nehmen kann, nicht aber sein Ende darin finden darf, vor allem nicht in Zeiten, in denen der kosmologische Glaube seine Überzeugungskraft verloren hat. Die Grenzen des Intuitionismus zeigen sich – drittens – auch darin, daß Jonas die Verantwortung für die Natur und zukünftige Generationen nur unter der Voraussetzung eines nicht-reziproken Fürsorgeverhältnisses zu denken vermag, das die Abkehr vom traditionellen Anthropozentrismus zur Voraussetzung hat.[144] Dieser Schluß ist nur dann zwingend, wenn Reziprozität und anthropozentrische Moral als notwendige Einheit betrachtet werden, die eine Anerkennung der intrinsischen Werthaftigkeit der natürlichen Welt ausschließt. Die Achtung natürlicher Werte ist jedoch weder an eine physiozentrische Teleologie bzw. metaphysische Onto-Theologie gekoppelt noch ausschließlich die Folge eines nicht-reziproken Sorgeverständnisses, sondern läßt sich genauso gut aus einer vernunftethischen Klugheitsmoral ableiten, die aus aufgeklärtem Eigeninteresse die Verletzung der natürlichen Umwelt ahndet und aus Solidarität mit zukünftigen Generationen den Raubbau an verknappten Ressourcen untersagt.[145]

Schließlich fehlt bei Jonas auch die Konkretisierung der gesellschaftlichen Umsetzung des Verantwortungsprinzips, dessen praktischer Ort als fortschrittskritische Notstandsethik unklar bleibt. Wenn man seine heiklen Äußerungen zu den Vorzügen einer Öko-Diktatur beiseite läßt, mangelt es an Vorschlägen für eine zustimmungsfähige Begründung und wirkungsvolle Institutionalisierung kollektiver Mitverantwortung.[146] Jonas schwankt unentschlossen zwischen einer autoritären Sozialdisziplinierung, durch die Einschränkungen in der Daseinsführung auf politischem Weg verordnet werden, und der Hoffnung auf die moralische Einsichtsfähigkeit der Gesellschaftsmitglieder, die freiwillig das Niveau ihres Lebensstandards absenken. Auch wenn das Verantwortungsprinzip von Jonas explizit als Ergänzung einer deontologischen Gerechtigkeitsethik konzipiert ist, bedarf es gleichwohl einer argumentativen Absicherung, die eine begründete Einigung über erforderliche Verzichtsleistungen gewährleistet. Es ist geradezu trivial, daß in liberalen Gesellschaften

---

144 Siehe hierzu Andreas Brenner, *Ökologie-Ethik*, S. 71–82.
145 Vgl. Wolfgang Kersting, »Überlegungen zum Programm einer ökologischen Ethik«, S. 17 f.
146 Zur Kritik an den normativen und praktischen Defiziten des Verantwortungsprinzips vgl. Micha H. Werner, »Dimensionen der Verantwortung«, S. 319–323; Carsten Schlüter-Knauer, »Verantwortung statt Freiheit?«, S. 157–170; Arnold Künzli, »Strukturelle Verantwortungslosigkeit«, S. 139–148; Wolfgang E. Müller, »Der Begriff der Verantwortung bei Hans Jonas«, S. 132–136.

Freiheitsbeschränkungen nur durch die prozedurale Abgleichung von Interessenkonflikten legitimierbar sind und nicht dadurch, daß sie »um der *Menschheit* willen gefordert« werden, »die eben als ganze – nolens volens – ins technologische Wagnis und seine Risiken hineingezogen ist«.[147] Die »Verantwortung für das Ganze«,[148] die Jonas zur Lösung der Menschheitsprobleme für unabdingbar hält, ist ähnlich wie bei Picht nicht das Resultat einer Überwindung der teleologischen Geschichtsphilosophie, sondern vielmehr ihre Fortsetzung mit anderen Mitteln. Der Aufruf zur lebensweltlichen Frugalität und Askese, die Ehrfurcht vor der Heiligkeit der Schöpfung und der Versuch, die Menschheit zum Subjekt ihrer eigenen Rettung zu machen, sind Ausdruck eines apokalyptischen Bewußtseins, das nur durch die metaphysische Überhöhung der Moral ihre handlungsmotivierende Begründung zu erreichen vermag. Bei Jonas übernimmt die Verantwortung die Rolle eines katechontischen Prinzips, das sich der Entfesselung des Fortschritts entgegenstemmt, indem es an die naturale Vergänglichkeit und kreatürliche Fristhaftigkeit allen Seins erinnert und seine katastrophische Gefährdung ins Bewußtsein hebt. Der apokalyptische Blick auf die Welt ist jedoch nichts anderes als *invertierte Geschichtsphilosophie*: die Ausdehnung des Verantwortungsbereichs auf die Zukunft wird aus ihrer Limitierung abgeleitet, die Verzeitlichung der Moral durch ihre Finalisierung erreicht.[149] Die Unbegrenztheit der Verantwortung resultiert aus der Entgrenzung des Fortschrittsprozesses, der angeblich als unkontrollierbares Risikogeschehen auf das Ende der menschlichen Gattung zuläuft. Die Gleichsetzung von unintendierten Handlungsfolgen mit ihren desaströsen Konsequenzen ist jedoch genauso wenig stringent wie die Schlußfolgerung, daß nur ein totalisierter Verantwortungsbegriff in der Lage ist, nicht kausale Wirkungsvollzüge und synergetische Modernisierungseffekte in ethische Entscheidungsprozesse zu integrieren. Wo die Expansion des Verantwortungsprinzips unmittelbar aus der Entgrenzung des Handelns abgeleitet wird, droht vielmehr der gegenteilige Effekt: die *Diffusion der Verantwortlichkeit*, die unabhängig von Kriterien der Zurechenbarkeit, Zumutbarkeit und Plausibilität auf komplexe Geschehensvollzüge übertragen wird, die sich als niemandes Handlung beschreiben lassen.

147 Hans Jonas, »Auf der Schwelle der Zukunft«, in: ders., *Technik, Medizin und Ethik*, S. 72.
148 Ebd.
149 So auch bei Günther Anders, der angesichts der atomaren Bedrohung und unkontrollierbaren Fortschrittsfolgen von einem ›Platzwechsel des Infiniten‹ spricht: »Dieser ›Platzwechsel des Infiniten‹ hat nun begreiflicherweise eine entscheidende Bedeutung für unsere Verantwortung. Wenn die Macht unserer Produkte, die Energien, die wir herstellen bzw. entbinden können, selbst unendlich sind, dann ist auch unsere Verantwortung unendlich.« (»Über Verantwortung heute«, in: ders., *Die atomare Drohung*, S. 34.)

Den Schwierigkeiten von Verantwortungszuschreibungen in komplexen Systemprozessen werden die metaphysischen Modelle von Picht und Jonas nicht gerecht. Anstatt angesichts der Entkopplung von Handlungen und Akteuren in nichtlinearen Zusammenhängen ein kontextspezifisches Verantwortungskonzept zu entwickeln, reagieren sie mit der Expansion des Moralbegriffs, der den funktionalen Systemabläufen übergestülpt wird, um ihre Eigendynamisierung zu bremsen und in die Bahn eines ethisch korrigierten Fortschritts zurückzulenken. Dieses Unternehmen ist gegenüber der Ausdifferenzierung und Vernetzung hochmoderner Sozialsysteme nicht nur hoffnungslos unterkomplex. Es erreicht sein Ziel der Begründung handlungsanleitender Normen und Werte letztlich nur durch ihre Verankerung in einer Sphäre der ontologischen Zweckhaftigkeit, die unabhängig von individueller Reflexion und argumentativer Überprüfbarkeit ihre Gültigkeit besitzt. Die metaphysischen Verantwortungsmodelle sichern sich gegen die Kontingenz von Verantwortungszuschreibungen durch Transzendenz ab und erreichen die Universalität der Moral nur durch ihre Transgression. Sie leiten die Verbindlichkeit des Ethischen nicht aus Akten der Verständigung ab, sondern aus *Vollzügen der Verwesentlichung*. Zugespitzt formuliert, bilden sie Formen der Vereinfachung komplexer Problemzusammenhänge durch Fundamentalisierung der Legitimation.

5. Verantwortung als Diskursprinzip

Gegen diese Formen der Fundamentalisierung verantwortungsethischer Normen richtet sich das Projekt der Diskursethik, das vor allem mit den Namen von Karl-Otto Apel und Jürgen Habermas verbunden ist. Insbesondere Apel verfolgt seit den siebziger Jahren das Ziel einer Erweiterung des kommunikativen Begründungsprinzips um die Dimension der praktischen Anwendung moralischer Normen in konkreten geschichtlichen Situationen.[150] Danach bedürfen die unter kontrafaktischen Bedingungen gewonnen und konsensuell legitimierten Normen einer zusätzlichen Überprüfung hinsichtlich ihrer faktischen Umsetzbarkeit in die kontingente Praxis der historisch-sozialen Realität, die (noch) nicht den antizipierten Idealbedingungen des kommunikativen Verständigungsprozesses entspricht. Neben das Universalisierungsprinzip (U), das die intersubjektive Gültigkeit moralischer Normen an der Zustimmungsfähigkeit aller Betroffenen bemißt und aufgrund seines reflexiven Charakters den Stellenwert argumentativer Letztbegründung besitzt, muß nach Apel das Handlungsprinzip (E) treten, »das als regulative Idee für

---

150 Vgl. schon Karl-Otto Apel, *Transformation der Philosophie*, S. 426–435.

die *approximative Realisierung der Anwendungsbedingungen für (U)*«[151] fungiert. Die Aufgaben von (E) bestehen darin, die voraussichtlichen Konsequenzen der begründeten Normen qua reflektierender Urteilskraft zu berücksichtigen, ihre tatsächliche Befolgung in der empirischen Realität zu ermöglichen und auf die langfristige Verwirklichung der idealen in der realen Kommunikationsgemeinschaft hinzuarbeiten. (E) übernimmt damit den Part der *verantwortungsethischen Ergänzung* des Verallgemeinerungsprinzips durch die Vermittlung zwischen formaler Begründung und materialer Anwendung, indem es die notwendige Abstraktion der Geltungsreflexion von den situativen Umständen aufhebt und die Differenz zwischen kontrafaktischen und faktischen Handlungsbedingungen überbrückt, die im ethischen Diskurs aufrechterhalten bleiben muß, um seine Universalisierbarkeit zu gewährleisten. Die Überbrückung zwischen Idealität und Realität wird dadurch geleistet, daß dem deontologischen Verfahren der Normenlegitimation eine teleologische Handlungsorientierung zur Seite tritt, die sich auf die empirische Durchsetzung von moralischen Normen und ihre Zumutbarkeit für die betroffenen Akteure richtet, die unter konkreten Sachzwängen handeln. Das Ergänzungsprinzip (E) erfordert somit auch eine Aufhebung der »Trennung zwischen *diskurs-ethischer* und *strategischer* Rationalität«,[152] durch die eine moralische Überforderung der Handelnden vermieden und dafür gesorgt wird, daß die instrumentelle Vernunft der Selbstverwirklichung und taktischen Kooperation ihr Recht besitzt, solange die Anwendungsbedingungen der konsensuellen Kommunikation noch nicht vollständig realisiert sind.

5.1 Die Zweiteilung der Moral

Um zu gewährleisten, daß die erforderlichen strategischen Interaktionen ihrerseits gerechtfertigt sind und nicht den partikularen Selbstinteressen egoistischer Akteure oder sozialen Machtzwängen entspringen, unterteilt Apel die Diskursethik in einen begründungsorientierten Teil A und einen anwendungsorientierten Teil B, die durch das verantwortungsethische Ergänzungsprinzip (E) zusammengehalten werden: »Während in *Teil A* der Ethik – gemäß der Intention einer transzendentalpragmatischen Letztbegründung – das Prinzip der Ethik in dem vom Argumentierenden unbestreitbar vorausgesetzten und kontrafaktisch antizipierten Ideal einer idealen Kommunikationsgemeinschaft festgemacht sein muß, stellt sich im *Teil B* die Aufgabe, den *kontrafaktischen* Charakter der gleichwohl notwendigen Antizipation des Ideals als Problem einer geschichtsbezogenen

---

[151] Karl-Otto Apel, »Grenzen der Diskursethik?«, S. 27.
[152] Ebd.

Verantwortungsethik eigens zu berücksichtigen.«[153] Erst die Berücksichtigung der »voraussichtlichen Folgen und Nebenwirkungen der *auf die geschichtliche Situation bezogenen Anwendung eben des Prinzips (U^h)*« bezeichnet »die prinzipielle Forderung einer *Verantwortungsethik*«,[154] die im Teil B der Diskursethik beantwortet werden muß. Die anwendungsbezogene Verantwortungsethik bildet eine »Interimsethik«, deren vorrangige Leistung in der »Vermittlung zwischen Moralität und (substantieller) Sittlichkeit«[155] besteht. Die notwendige »Abspaltung des *deontologischen* Problems der *Gerechtigkeit* von den Fragen der *Selbstverwirklichung* im Sinne eines *guten Lebens*«[156] läßt sich nicht allein auf der Begründungsebene behandeln, sondern bedarf solange der Erörterung in einem eigenständigen Anwendungsteil, wie die soziohistorischen Verwirklichungsbedingungen des zwanglosen Konsenses noch keine Realität geworden sind.

Im verantwortungsethischen Teil B muß deshalb nicht nur der Brückenschlag zwischen der Legitimation und der Realisation von Normen vollzogen, sondern auch die Zulässigkeit dieses Vermittlungsschrittes nach allgemeinverbindlichen Maßstäben überprüft werden. Diese Überprüfung leistet das Ergänzungsprinzip, das dafür sorgt, daß die im handlungsentlasteten Diskurs gewonnen Überzeugungen auch unter den widerständigen Bedingungen partikularer Lebensformen anwendbar sind und zugleich den Kriterien der normativen Verallgemeinerbarkeit genügen, so daß eine moralische Verpflichtung zur Befolgung der diskursethischen Normen besteht. Das Ergänzungsprinzip besitzt zwar eine teleologische Ausrichtung, die eine Berücksichtigung evaluativer Lebensvorstellungen ermöglicht und strategische Handlungen zum Zweck der Beseitigung von faktischen Anwendungshindernissen erlaubt. Es beruht jedoch selbst auf deontischen Prämissen, die gemäß dem Diskursprinzip nur diejenigen Maximen für die Handlungsanleitung zulassen, die den Test der argumentativen Universalisierbarkeit bestanden haben. Das verantwortungsethische Ergänzungsprinzip stellt eine *moralische Langzeitstrategie* dar, die nicht auf sittliche Üblichkeiten rekurriert oder sich in der bloßen Klugheit von Regelanwendungen erschöpft, sondern dem rational begründeten Telos der Annäherung an den Zustand reziproker Verständigung folgt, das sich nur durch die kommunikative Vermittlung der moralischen Vernunft mit den praktischen Erfordernissen einer primär zweckrational organisierten Sozialempirie erreichen läßt.[157]

153 Karl-Otto Apel, »Kann der postkantische Standpunkt der Moralität noch einmal in substantielle Sittlichkeit ›aufgehoben‹ werden?«, in: ders., *Diskurs und Verantwortung*, S. 134.
154 Ebd., S. 129.
155 Ebd., S. 134 f. (i. Orig. kursiv).
156 Ebd., S. 136.
157 Vgl. ebd., S. 147–153. Dazu auch Karl-Otto Apel, »Läßt sich ethische Vernunft von strategischer Zweckrationalität unterscheiden?«, S. 65–72.

Das verantwortungsethische Ergänzungsprinzip gehört zwar zum eigenständigen (anwendungsorientierten) Begründungsteil B der Diskursethik, es resultiert jedoch unmittelbar aus ihrer transzendentalpragmatischen Grundstruktur. Jeder, der sich auf einen rationalen Diskurs über ethische Normen einläßt, hat nach Apel immer schon die praktische Mitverantwortung für die Lösung der im Diskurs thematisierten Fragen in Hinsicht auf alle von ihnen betroffenen Diskursteilnehmer und Konsequenzen der empirischen Umsetzung akzeptiert. Die Übernahme der faktischen Folgen- und Mitverantwortung beruht nicht auf einer zusätzlichen Verpflichtung, die verdienstlicher oder supererogatorischer Natur ist, sondern bildet ein apriorisches Faktum der Vernunft, das inhärenter Bestandteil unserer soziohistorischen Kultur ist. Die ethische Verantwortungsdimension menschlichen Handelns erschließt sich nach Apel durch die verstehende und wertende Nachkonstruktion der Geschichte unter der regulativen Idee des Diskursprinzips, das in der gegenwärtigen historischen Situation zumindest schon partiell realisiert ist.[158]

Der Übergang zur postkonventionellen Moral ist somit einerseits Tatbestand der entwickelten Industriegesellschaften und ihrer kommunikativen Praxis, steht jedoch andererseits noch aus. Im Anschluß an die moralpsychologischen Entwicklungstheorien von Piaget und Kohlberg geht Apel von der Abhängigkeit der Ontogenese der individuellen Moralität von der Phylogenese der kollektiven Sittlichkeit aus, die eine Anpassung des Diskursprinzips an den erreichten Stand der ethischen Urteilskompetenz erforderlich macht.[159] Diese Anpassung leistet das diskursethische Verantwortungsprinzip, das unter Anleitung des Universalisierungsgebots die tatsächlichen Fähigkeiten zur Befolgung der prinzipienfundierten Handlungsmaximen überprüft und gegebenenfalls Korrekturen an den idealen Regeln vornimmt bzw. Veränderungsprozesse in Gang setzt, die mittel- bis langfristig zu einer Reform der sozialen Institutionen und einem Bewußtseinswandel der gesellschaftlichen Akteure führen. Das Verantwortungsprinzip knüpft »an die schon bestehende *Tradition des Rechts und der Sittlichkeit einer bestimmten Lebensform*«[160] an und koordiniert die unterschiedlichen Interessenlagen mit Hilfe der »kommunikativen Vermittlung zwischen Dikurspartnern verschiedener Kom-

---

158 Vgl. Karl-Otto Apel, »Diskursethik als Verantwortungsethik – eine postmetaphysische Transformation der Ethik Kants«, S. 16–23.
159 Siehe hierzu genauer Karl-Otto Apel, »Die transzendentalpragmatische Begründung der Kommunikationsethik«, in: ders., *Diskurs und Verantwortung*, S. 306–369. Zum Verhältnis von Apel und Kohlberg vgl. Vittorio Hösle, *Die Krise der Gegenwart und die Verantwortung der Philosophie*, S. 137–141; Walter Reese-Schäfer, *Karl-Otto Apel*, S. 23–41.
160 Karl-Otto Apel, »Diskursethik als Verantwortungsethik – eine postmetaphysische Transformation der Ethik Kants«, S. 34.

petenzstufen«,¹⁶¹ die das grundsätzliche Vermögen zur reflexiven Infragestellung ihrer Präferenzen, Wünsche und Lebensvorstellungen schon mitbringen. Indem es die Zumutbarkeit universeller Normen und Handlungsregeln in Hinsicht auf das vorhandene moralische Entwicklungsniveau testet, tritt das Verantwortungsprinzip als »zugleich kontext-sensitiv[es] und nichtrelativistisch[es]«¹⁶² Regulativ in Kraft, das zur »Lösung von Interessenkonflikten *nach Maßgabe der Situationseinschätzung*« beiträgt und darüber hinaus »ein frustrationsresistentes Engagement für den moralischen Fortschritt zur Pflicht macht«.¹⁶³

5.2 Planetarische Zukunftsorientierung

Das diskursethische Verantwortungsprinzip besitzt somit eine konservative und eine progressive Funktion: Es soll zum einen für die Bewahrung der menschlichen Lebensbedingungen und der in den sozialen Praktiken verkörperten kommunikativen Vernunft sorgen, zum anderen die Emanzipation aus Herrschafts- und Machtverhältnissen vorantreiben sowie bestehende gesellschaftliche Ungerechtigkeiten und Ungleichheiten abbauen. Die menschheitsgeschichtliche Evolution besitzt nach Apel das immanente Telos der fortschreitenden Realisierung der kommunikativen Diskursgemeinschaft, die durch den kollektiven Umbau der gesellschaftlichen Praxis befördert werden muß. Der rational begründeten Einsicht in das verantwortungsethische Ergänzungsprinzip entspricht seine weltgeschichtliche, die nationalen Landes- und Staatengrenzen überschreitende Verwirklichung. Die Diskursethik ist aus der Sicht Apels nicht nur eine Ethik der empirischen Folgenverantwortung, sondern vor allem eine planetare »Makroethik solidarischer Verantwortung«,¹⁶⁴ in der die Chancen ihrer institutionellen und sozialen Umsetzung im globalen und internationalen Maßstab thematisiert werden. Die *planetare Makroethik geschichtlicher Mitverantwortung* bildet die Reaktion auf das Scheitern der geschichtsphilosophischen Ideologien, den Niedergang des realen Sozialismus und den Vormarsch des globalen Kapitalismus. Sie entspringt der ökologischen Krise der technisch-wissenschaftlichen Zivilisation und der Zuspitzung der sozialen Konflikte, die durch die ungehemmte ökonomische Wachstumspolitik im Zeitalter des Marktliberalismus entstanden sind. Gegen die Zurückdrängung der Ethik in die Sphäre privater

161 Karl-Otto Apel, »Die transzendentalpragmatische Begründung der Kommunikationsethik«, in: ders., *Diskurs und Verantwortung*, S. 367.
162 Ebd., S. 368 (i. Orig. kursiv).
163 Karl-Otto Apel, »Diskursethik als Verantwortungsethik – eine postmetaphysische Transformation der Ethik Kants«, S. 34 f.
164 Karl-Otto Apel, »Diskursethik als politische Verantwortungsethik in der gegenwärtigen Weltsituation«, S. 44.

Entscheidungen und die Kapitulation der Moral vor der Eigendynamik der sozialen Funktionssysteme setzt Apel auf die öffentliche Organisation solidarischer Verantwortung, die in »einer herzustellenden Institution universaler, repressionsfreier Beratung« zum Ausdruck kommt und deren Strategie in einer »kontrollierten System-Transformation«[165] besteht. Das Verantwortungsprinzip wird damit zum Motor einer weltpolitischen Ethik, die das Ziel einer sozial gerechten Gesellschaftsordnung unter der Voraussetzung ausdifferenzierter Sachsysteme, die ihrer eigenen zweckrationalen Entfaltungslogik folgen, zu realisieren versucht. Im Unterschied zu den konventionellen Mikro- und Mesoethiken, die in lokalen und regionalen Zusammenhängen von einzelnen Akteuren und kleineren Gruppen ausgehen, nimmt die Makroethik die Konfrontation mit der globalen Weltsituation auf, die durch komplexe Interdependenzen der Handlungssysteme gekennzeichnet ist.[166] Die Verflechtungen der Weltgesellschaft erfordern die Erweiterung der herkömmlichen Individual- und Gegenwartsmoral um eine Reihe zusätzlicher Verantwortungsdimensionen, die den neuen planetarischen Handlungskonstellationen gewachsen sind. Hierzu gehört die Ausdehnung der universalistischen Vernunftethik auf den Bereich der zukünftigen Geschichte, in den die gegenwärtigen Handlungsentscheidungen und Planungen hineinreichen. Ähnlich wie Jonas sieht Apel die Notwendigkeit eines futurischen Verantwortungsprinzips, das sich »mit dem *irreversiblen, geschichtlichen Zukunftsbezug* [...] der *technologischen Kollektivhandlungen*«[167] auseinandersetzt. Die planetarische Verantwortungsethik soll dabei »nicht im Sinne der entwicklungs-logischen Entfaltung des abstrakten Prinzips der verallgemeinerten Gegenseitigkeit« zum Tragen kommen, »sondern im Sinne einer Extrapolation des Gegenseitigkeits-Bezugs auf das Konkret-Allgemeine der Menschheit in die Zukunft als unabschließbarer Dimension der Verantwortung«.[168] Obwohl die Zukunftsverantwortung eine immanente Konsequenz des Diskursprinzips darstellt, erschöpft sie sich nicht im allgemeinen Gebot der Gerechtigkeit, sondern erfordert darüber hinaus die solidarische Einbeziehung zukünftiger Generationen, die Mitglieder des menschheitsgeschichtlichen Kommunikationsraums sind. Anders als Jonas hält Apel an der Reziprozität der futurischen Verantwortung fest, leitet sie jedoch aus dem ›tieferliegenden Prinzip‹ der Solidarität für die Verwirklichung zukünftiger Rechtsansprüche ab, das

---

165 Vgl. Karl-Otto Apel, »Die Konflikte unserer Zeit und das Erfordernis einer ethisch-politischen Grundorientierung«, in: ders., *Diskurs und Verantwortung*, S. 37, S. 40.
166 Vgl. Karl-Otto Apel, »Das Problem einer universalistischen Makroethik der Mitverantwortung«, S. 201–204.
167 Karl-Otto Apel, »Verantwortung heute«, in: ders., *Diskurs und Verantwortung*, S. 193.
168 Ebd., S. 195 (i. Orig. kursiv).

seinerseits aus der Anerkennung der Gleichberechtigung aller potentiellen Diskursteilnehmer folgt.[169] Dies bedeutet nicht nur, daß die voraussichtlichen Bedürfnisse kommender Generationen schon jetzt auf advokatorischem Weg in Rechnung zu stellen sind, sondern auch, daß der Diskursethik das utopische Telos der Antizipation eines futurischen Idealzustandes eingezeichnet ist. Im Unterschied zur metaphysischen Verankerung bei Jonas bleibt die Apelsche Makroethik der Zukunftsverantwortung für kollektive Handlungen jedoch an »ein allgemeines, transsubjektives Vernunftinteresse«[170] gebunden, das die rationale Universalisierung des futurischen Solidaritätsprinzips garantieren und seine Zumutbarkeit für die Akteure unter den gegenwärtigen, noch nicht idealen Bedingungen gewährleisten soll.

5.3 Handlungsvernunft und Systemrationalität

Zu diesem Zweck müssen nicht nur die konkreten Interessen der Betroffenen ermittelt, sondern vor allem diejenigen Verantwortungsträger angesprochen werden, die im Zentrum der sozialen Systeme agieren und der funktionalen Logik der Selbstbehauptung Folge leisten. Die Diskursethik bezieht dabei eine Mittelposition zwischen der *Verrechtlichung* der erforderlichen Verantwortungsmoral und der ethischen *Selbstaufklärung* der Handelnden, die auf das Sachwissen von Experten und die Herstellung einer räsonnierenden Öffentlichkeit angewiesen sind. Was das Problem der Befolgung von Rechtsnormen angeht, besteht die vordringliche Aufgabe darin, die notwendigen Zwangsbefugnisse des Rechtsstaates einem normativen Rechtfertigungsverfahren zu unterwerfen, das den Prämissen universeller Verbindlichkeit und praktischer Umsetzbarkeit standhält. Im diskursethischen Verantwortungsteil muß die Frage geklärt werden, »inwiefern nicht nur die Erlaubnis, sondern sogar die *moralische Pflicht zur Anwendung von Gewalt* selbst noch *ethisch begründet* werden kann«. Nach Apel besteht die Antwort darin, »daß es in *strategisch verzerrten Interaktions- bzw. Kommunikationssituationen* moralisch geboten sein kann, offene oder versteckte Gewalt (z. B. Täuschung) als *Anti-Gewalt-Gewalt* bzw. als *Strategiekonterstrategie* anzuwenden«.[171] Solange die praktischen Bedingungen für eine rein diskursive Konfliktlösung noch nicht realisiert sind, ist es unter der Voraussetzung konsensueller Einigung der beteiligten Parteien legitim, Formen

169 Vgl. ebd., S. 196f., S. 203.
170 Ebd., S. 207 (i. Orig. kursiv).
171 Karl-Otto Apel, »Diskursethik vor der Problematik von Recht und Politik«, S. 46. Zum Prinzip der »Strategiekonterstrategie« vgl. Matthias Kettner, »Bereichsspezifische Relevanz. Zur konkreten Allgemeinheit der Diskursethik«, S. 346–348.

der Gegengewalt anzuwenden und Rechtsnormen gegebenfalls mit Hilfe des staatlichen Machtapparates durchzusetzen. Das erfolgsorientierte Verantwortungsprinzip ersetzt die nicht-strategische Verständigungsrationalität bis zu dem Zeitpunkt, an dem die Diskursteilnehmer aus freier Einsicht und unparteilichen Gründen die Geltung der betreffenden Normen anerkennen.

Ähnliches gilt für das ökonomische Handeln, das sich zwar auf das wohlverstandene Selbstinteresse rationaler Akteure zurückführen, aber nicht vernünftigerweise daraus ableiten läßt. Auch hier muß die instrumentelle mit der ethischen Vernunft in einen konsensuellen Abstimmungsprozeß eintreten, in dem die »utilitaristische Begründung der Moral« durch den »Rekurs auf ein formal-prozedurales Universalisierungsprinzip, das als Gerechtigkeits- und Verantwortungsprinzip von vornherein die Interessen aller Betroffenen berücksichtigt«,[172] erweitert wird. Weil der zwischen aufgeklärten Akteuren geschlossene Vertrag auf die wechselseitige Gewährung von Freiheits- und Eigentumsrechten die Bedingungen seines Einhaltens von sich aus nicht garantieren kann, muß er durch einen verantwortungsethischen Sinn ergänzt werden, der nicht nur den unhintergehbaren Standpunkt der Unparteilichkeit und Gerechtigkeit freilegt, sondern auch die *faktische Spannung zwischen individueller Handlungsrationalität und operativer Systemrationalität* berücksichtigt. Insofern diese Spannung ein Sachverhalt funktional ausdifferenzierter Gesellschaften ist, bleibt der Appell an die Moral des Einzelnen genauso wirkungslos wie umgekehrt die rein rechtliche Regulierung von Interessenkollisionen die postkonventionelle Kompetenz der moralischen Urteilsbildung unterschätzt. Der angemessene Weg zum effizienten und zugleich ethischen Umgang mit Freiheits- und Gleichheitskonflikten in komplexen Kontexten liegt nach Apel letztlich »in der Mitte zwischen einer bloß *internen, normativ-hermeneutischen und handlungstheoretischen* Perspektive, die es mit moralischen Postulaten und regulativen Ideen [...] zu tun hat, und einer bloß *externen, funktionalistisch-systemtheoretischen* Perspektive, die das verantwortliche Selbstverständnis der miteinander handelnden Menschen überhaupt nicht ernstnehmen kann«.[173]

Das diskursethische Verantwortungsprinzip Apels stellt den gleichermaßen ambitionierten wie eigenwilligen Versuch dar, aus rationalen Argumentationsbedingungen ein handlungspraktisches Moralkonzept abzuleiten, das in den normativen Zwischenräumen systemisch differenzierter Gesellschaften wirksam werden soll. Mit nüchternem Blick erkennt Apel die Notwendigkeit, den kategorischen Universalismus der

---

172 Karl-Otto Apel, »Diskursethik als Verantwortungsethik und das Problem der ökonomischen Rationalität«, in: ders., *Diskurs und Verantwortung*, S. 280 f. (i. Orig. kursiv).
173 Ebd., S. 304.

Moral den kontingenten Verhältnissen partikularer Lebensformen und der strategischen Eigendynamik komplexer Systeme anzupassen. Wesentliches Kriterium ist die *Zumutbarkeit* ethischer Normen in lebensweltlichen und sozialen Kontexten, die den Betroffenen moralisch untragbare Folgelasten aufbürden, weil sie dem unterstellten Stand der geschichtlichen Entwicklung noch nicht entsprechen und deshalb aus verantwortungsethischen Gründen korrigiert werden müssen.[174] Diese Korrektur ist nur dann zulässig, wenn sie der Prüfung im intersubjektiv-konsensuellen Diskurs standhält und von allen, auch potentiell Betroffenen, akzeptiert werden kann.

Apel geht davon aus, daß die Anwendung universalisierbarer Normen in der sozialen Praxis nicht nur die Verpflichtung zu ihrer tatkräftigen Veränderung impliziert, sondern auch die Einbeziehung des moralischen Urteilsvermögens, sittlicher Lebensformen und faktischer Machtkonstellationen in einem eigenständigen Legitimationsteil. Die Besonderheit seines Ansatzes besteht darin, daß er die in der Kant-Nachfolge vertretene Position einer immanenten, aus reinen Vernunftgründen abgeleiteten Normenbegründung durch ein teleologisches Ergänzungsprinzip erweitert, durch das »die philosophische Reflexion dem subjektiven Gewissen als Maßstab der Überprüfung von Handlungsmaximen« zur Seite gestellt und »in der geschichtlichen Situation, und das heißt: in Anknüpfung an das gelebte Ethos und in verantwortlicher Berücksichtigung der Handlungsfolgen, das ›gute Leben‹ im Sinne der individuellen Selbstverwirklichung und im Sinn der kollektiven Lebensform«[175] mit einbezogen wird. Durch die Verbindung prinzipienethischer mit strebensethischen Motiven wird aus der Kantischen Gesinnungsethik eine politische Verantwortungsethik, die nicht bloß den Vorgaben praktischer Klugheit folgt und taktisches Krisenmanagement betreibt, sondern die »Verpflichtung zu einer langfristig angelegten Strategie der (Mitarbeit an der) Veränderung der realen Verhältnisse mit dem Ziel [enthält], den idealen Bedingungen diskursiv-konsensualer Konfliktlösung näherzukommen«.[176]

5.4 Integration der Anwendungsdimension

Während Apel trotz der Öffnung des Diskursprinzips für praktische Anwendungsprobleme an der transzendentalpragmatischen Letztbegrün-

---

174 Vgl. Karl-Otto Apel, »Faktische Anerkennung oder einsehbar notwendige Anerkennung?«, S. 95–102, S. 119–123.
175 Karl-Otto Apel, »Zurück zur Normalität?«, in: ders., *Diskurs und Verantwortung*, S. 433.
176 Karl-Otto Apel, »Konfliktlösung im Atomzeitalter als Problem einer Verantwortungsethik«, in: ders., *Diskurs und Verantwortung*, S. 268 (i. Orig. kursiv).

dung ethischer Normen festhält, lehnt Habermas die Zurückführung moralischer Sätze auf unhintergehbare Wahrheitsbedingungen ab. Moralische Normen benötigen seiner Ansicht nach keine finale Begründung, sondern eine argumentativ-rekonstruktive Explikation der mit ihnen erhobenen Geltungsansprüche, die im Rückgriff auf die in die Alltagspraxis eingelassene kommunikative Vernunft geleistet wird.[177] Dabei müssen gültige Normen gemäß dem Universalisierungsgrundsatz (U) der Bedingung entsprechen, »daß die Folgen und Nebenwirkungen, die sich jeweils aus ihrer *allgemeinen* Befolgung für die Befriedigung der Interessen eines *jeden* Einzelnen (voraussichtlich) ergeben, von *allen* Betroffenen akzeptiert«[178] werden können. Während (U) die grundsätzlichen Bedingungen der Gültigkeit von Normen formuliert, hängt ihre tatsächliche Legitimität vom Vollzug des Diskursprinzips (D) ab, wonach »nur die Normen Geltung beanspruchen dürfen, die die Zustimmung aller Betroffenen als Teilnehmer eines praktischen Diskurses finden (oder finden können)«.[179] Der Diskursgrundsatz (D) auf der Grundlage des Universalisierungsprinzips (U) reicht nach Habermas aus, um den moralischen Skeptiker in die kommunikative Alltagspraxis einzubinden, evaluative Aspekte des guten Lebens zu berücksichtigen, Wertkonflikte durch eine konsensuelle Einigung aufzulösen und praktische Fragen der Handlungs(neben)folgen in den Prozeß der argumentativen Legitimation einzubeziehen.

Mit einem, man muß wohl sagen, radikalen Handstreich löst Habermas das verantwortungsethische Folgenproblem durch *Integration* in das diskursethische Begründungsprogramm: »Das Problem einer Verantwortungsethik, die die zeitliche Dimension berücksichtigt, ist im Grundsätzlichen trivial, da sich der Diskursethik selbst die verantwortungsethischen Gesichtspunkte für eine zukunftsorientierte Beurteilung der Nebenfolgen kollektiven Handelns entnehmen lassen.«[180] Weil sich die Diskursethik aufgrund ihres deontologischen Charakters nur auf rational zu behandelnde Fragen erstreckt, die mit Aussicht auf einen Konsens erörtern werden können, fällt das praktische Anwendungsproblem nicht in ihren Geltungsbereich, sondern muß dem Vermögen einer klugheitsgeleiteten Urteilskraft überlassen werden: »Mit dem diskursethischen Grundsatz verhält es sich wie mit anderen Prinzipien: er kann nicht die Probleme der eigenen Anwendung regeln. Die Anwendung von Regeln verlangt eine praktische Klugheit, die der diskursethisch ausgelegten praktischen Vernunft *vorgeordnet* ist, jedenfalls nicht ihrerseits Diskursregeln untersteht.«[181]

177 Vgl. Jürgen Habermas, *Moralbewußtsein und kommunikatives Handeln*, S. 108.
178 Ebd., S. 75 f.
179 Ebd., S. 103.
180 Ebd., S. 116.
181 Ebd., S. 114.

Eine eigenständige Berücksichtigung verantwortungethischer Folgeprobleme hält Habermas im Unterschied zu Apel somit nicht für erforderlich. Obwohl die Verselbständigung moralischer gegenüber evaluativen Fragen zu einer Einbuße der handlungsmotivierenden Kraft des Moralprinzips geführt habe, dürfe die »Frage der kontextspezifischen Anwendung allgemeiner Normen« mit »der Begründungsfrage nicht zusammengeworfen werden«.[182] Jene müsse vielmehr an die reflektierende Urteilskraft und ein hermeneutisches Regelwissen delegiert werden, die über den kognitivistischen Rahmen der Diskursethik hinausreichen, so daß die erforderliche Trennung von »Kontextsensibilität und Klugheit auf der einen, autonome[r] Selbststeuerung auf der anderen Seite«[183] aufrechterhalten bleibe. Nur so könne »zwischen Gerechtigkeitsfragen und Fragen des guten Lebens« hinreichend unterschieden und die Verallgemeinerungsfähigkeit strittiger Normen gewährleistet werden, bei denen im übrigen »das Prinzip der allgemeinen Wohlfahrt« und »das der nicht-privilegierenden Fürsorge bzw. Verantwortung für andere [...] schon berücksichtigt« sei.[184]

Anders als Apel entkräftet Habermas den schon von Hegel gegen Kant erhobenen Vorwurf des abstrakten Universalismus moralischer Urteile mit der These, daß »die Diskursethik die Folgenorientierung von vornherein in ihre Prozedur eingebaut«[185] hat. Die Schwierigkeit der »Applikation von Regeln auf besondere Fälle«, die ein hermeneutisches Urteilsvermögen erfordert, welches »den universalistischen Anspruch der begründenden Vernunft unterläuft«, wird mit dem Verweis aus dem Weg geräumt, »daß sich auch in der klugen Anwendung von Normen allgemeine Grundsätze der praktischen Vernunft durchsetzen«.[186] Hierzu ist neben dem *Entgegenkommen von Lebensformen*, in denen eine bestimmte moralische Urteilskompetenz schon ausgebildet ist, die Berücksichtigung der *konkreten Situationen* notwendig, in denen eine Norm zur Anwendung gelangt. Die Unparteilichkeit der Normenbegründung verlangt nicht nur die Zustimmung aller Betroffenen, sondern auch die Einbeziehung aller möglichen Fälle, in Hinblick auf die jeder Diskursteilnehmer die Befolgung der Norm als angemessen betrachtet.

---

182 Ebd., S. 191.
183 Ebd., S. 192.
184 Ebd., S. 193. Habermas schließt damit an die Position Kohlbergs an, der ein zusätzliches Verantwortungskriterium ebenfalls für nicht notwendig hält, da der Standpunkt der Gerechtigkeit die Berücksichtigung von Aspekten der Fürsorge, Anteilnahme und des Wohlwollens mit einschließt: vgl. Lawrence Kohlberg, *Die Psychologie der Moralentwicklung*, S. 243–246, S. 250–254.
185 Jürgen Habermas, *Moralität und Sittlichkeit*, S. 27.
186 Ebd.

5.5 Das Prinzip der Angemessenheit

Habermas bezieht sich in seiner Behandlung des Anwendungsproblems auf Klaus Günther, der dieser doppelten Hinsicht von (U) die Form gegeben hat: »Eine Norm ist gültig und in jedem Fall angemessen, wenn die Folgen und Nebenwirkungen einer allgemeinen Normbefolgung in jeder besonderen Situation für die Interessen eines jeden einzelnen von allen akzeptiert werden können.«[187] Da die Erfüllung dieser Forderung freilich realiter nicht zu leisten ist, da sie den Kenntnisstand endlicher Diskursteilnehmer übersteigt, muß sie durch einen »Zeit- und Wissensindex« eingeschränkt werden, der dafür sorgt, daß nur diejenigen Folgewirkungen berücksichtigt werden, die sich zum aktuellen Zeitpunkt unter konstanten Bedingungen *voraussichtlich* ergeben: »Eine Norm ist gültig, wenn die Folgen und Nebenwirkungen einer allgemeinen Normbefolgung unter gleichbleibenden Umständen für die Interessen eines jeden einzelnen von allen akzeptiert werden können.«[188] Um die anwendungsbezogene Gültigkeit einer Norm zu bestimmen, bedarf es jedoch noch eines weiteren Prinzips, »das uns *in jeder einzelnen Situation* dazu verpflichtet zu prüfen, ob der Anspruch der Regel, in jeder Situation, auf die sie anwendbar ist, befolgt zu werden, auch *zu Recht* besteht«.[189] Diese Aufgabe übernimmt das *Prinzip der Angemessenheit*, das die intersubjektive Anerkennung einer Norm in Hinsicht auf die jeweilige Situationen überprüft, in der sie mit dem Anspruch auf allgemeingültige Befolgung auftritt. Das Urteil über die Angemessenheit einer Norm bezieht sich nicht auf sämtliche (voraussehbaren) Anwendungssituationen, sondern nur auf diejenigen, in denen die Norm tatsächlich zur Anwendung gelangt bzw. gelangen soll. Es ersetzt das universelle Urteil über ihre Gültigkeit nicht, sondern tritt als applikatives Verfahren ergänzend zum Begründungsdiskurs hinzu.

Die *Trennung von Begründungs- und Anwendungsdiskurs* soll somit zweierlei garantieren: zum einen die allgemeine Geltung von Normen in Hinblick auf die Interessen aller Betroffenen und die voraussichtlichen Konsequenzen ihrer Befolgung und zum anderen die konkrete Praxisrelevanz von Normen in Hinsicht auf ihre angemessene Verwendung unter Berücksichtigung der Merkmale einer bestimmten Situation. Angemessenheitsurteile bilden aus der Perspektive der Diskursethik keine interne Kompensation des abstrakten Begründungsuniversalismus, der gewissermaßen auf das Niveau spezieller Anwendungsfälle heruntergefahren wird, sondern ein externes Komplement des Legitimationsverfahrens, das *unabhängig* von Anwendungsfragen seine Gültigkeit besitzt.

---

187 Klaus Günther, *Der Sinn für Angemessenheit*, S. 50.
188 Ebd., S. 52 f.
189 Ebd., S. 55.

Die Unabhängigkeit der beiden Diskursformen ist notwendig, weil »die rechtfertigende Kraft von Situationsmerkmalen sich nicht allein aus Situationsinterpretationen, sondern nur zusammen mit einer angemessenen auf sie anzuwendenden, begründungsbedürftigen Norm ergibt«.[190] Das Prinzip der Angemessenheit wird aus dem eigentlichen diskursethischen Geltungsverfahren ausgelagert, um es von strategischen Ansprüchen, situativen Erfordernissen und lebensweltlichen Einflüssen derjenigen Art freizuhalten, die den normativen Universalisierungstest trüben und verfälschen könnten.

Aus der Sicht von Habermas macht die strikte Unterscheidung zwischen kontextualistischen Anwendungsproblemen und dekontextualisierten Begründungsfragen einen eigenständigen Teil (B) der Diskursethik überflüssig, weil sich verantwortungsethische Fragen der Folgenberücksichtigung schon im Rückgriff auf den Grundsatz (D) der kommunikativen Einigung über universell gültige Normen beantworten lassen. Gegen das teleologische Ergänzungsprinzip, das die geschichtlichen Ermöglichungsbedingungen idealer Diskursverhältnisse zu einem moralisch verbindlichen Ziel erhebt, wendet Habermas ein, »daß Apel innerhalb der Moraltheorie Fragen und Antworten *vorwegnehmen* möchte, die erst *nach* dem Übergang zu normativen Fragestellungen der Politik- und Rechtstheorie sinnvoll bearbeitet werden können«.[191] Das Ergänzungsprinzip (E) stilisiere die Verwirklichung der Moral selbst zum höchsten Gut und sprenge durch die Einbeziehung teleologischer Gesichtspunkte den deontologischen Rahmen der Diskursethik; es führe zu widersprüchliche Konsequenzen, da es als genuin moralische Verpflichtung genau die Argumentationsvoraussetzungen in Anspruch nehmen müsse, deren Nicht-Erfüllung es behaupte; und es fordere ein in sich paradoxes Handeln, das zugleich auf strategischen und ethischen Geboten beruhe.[192] Aus diesem Grund gehöre das Problem der praktischen Zumutbarkeit von Normen nicht auf die Ebene der ethischen Normenbegründung, sondern entstehe erst beim *Übergang von der Moral- zur Rechtstheorie*. Erst dort, wo die Ausübung rechtlichen Zwangs gerechtfertigt werden muß, unterliegen normative Anwendungsfragen einer eigenständigen Begründung, muß die Durchsetzung des Rechts sich selbst legitimieren und die Institutionalisierung der Rechtsprechung ihrerseits moralischen Überprüfungen unterzogen werden.[193]

---

190 Ebd., S. 79.
191 Jürgen Habermas, *Erläuterungen zur Diskursethik*, S. 196.
192 Vgl. ebd., S. 197.
193 Vgl. ebd., S. 198 f.

5.6 Recht als Kompensation der Moral

Der Übergang von der Moral zum Recht ist für Habermas aus mehreren Gründen erforderlich: Das verständigungsorientierte Handeln ist in modernen Gesellschaften auf die Rückendeckung durch einen stabilen Hintergrundkonsens angewiesen, der mit der Infragestellung lebensweltlicher Wissensbestände zunehmend unsicher geworden ist. Weil mit der anwachsenden Komplexität und Differenzierung des Gesellschaftssystems die Risiken des Dissenses und der Konflikte zwischen den Akteuren zugenommen haben, vermag das kommunikative Handeln die soziale Integration nicht mehr alleine zu leisten, sondern muß durch »die *normative Regelung strategischer Interaktionen*« ergänzt werden, »auf die sich die Aktoren selbst *verständigen*«.[194] Diese Regelung leistet das positive Recht, das die individuelle Handlungsfreiheit dem Zwang objektiver Rechte unterwirft, auf deren Gültigkeit sich die Mitglieder einer Gesellschaft durch gemeinsame Willensbeschlüsse geeinigt haben. Durch die Institutionalisierung des Rechts werden die kommunikativen Prozesse von der Bürde der Integration entlastet und im Medium der Gesetzgebung auf Dauer gestellt. Die Individuen müssen sich nicht immer wieder aufs neue ein moralisches Urteil bilden, sondern können auf kodifizierte Regeln und Vorschriften zurückgreifen, die das Rechtssystem als »eine reflexiv gewordene legitime Ordnung«[195] zur Verfügung stellt. Obgleich moralische und rechtliche Normen dem Diskursgrundsatz der unparteilichen Begründung unterliegen, sind sie durch wesentliche Unterschiede gekennzeichnet. Während bei moralischen Fragestellungen die gesamte Menschheit das (ideale) Bezugssystem bildet, sind rechtliche Fragen auf die demokratische Lebensform politischer Gemeinwesen bezogen. Anders als das Moralprinzip, das auf der *internen* Ebene der argumentativen Begründung universalistischer Normen operiert, ist das Demokratieprinzip auf der *externen* Ebene der institutionellen Durchsetzung rechtsförmiger Normen angesiedelt. Das Demokratieprinzip setzt die Möglichkeit der rationalen Entscheidung praktischer Fragen, die durch das Moralprinzip geleistet wird, schon voraus, sichert die Meinungs- und Willensbildungsprozesse jedoch erst durch ein System von Rechten, das jedem die kommunikative Teilnahme an dem gemeinsamen Vollzug der Rechtssetzung erlaubt.[196]

Das System der Rechte bildet somit einen funktionalen Ausgleich der handlungspraktischen Defizite der Moral. Indem es mit der Willkürfreiheit der Individuen rechnet, sich auf die äußerliche Regulierung sozialer Interaktionen beschränkt und von der Motivation der Handelnden

---

194 Jürgen Habermas, *Faktizität und Geltung*, S. 44.
195 Ebd., S. 108.
196 Vgl. ebd., S. 141 f.

abstrahiert, kompensiert es die faktischen Schwächen der Vernunftmoral, die ihre sittliche Verankerung in der Lebenswelt verloren hat und allein noch für die richtige Urteilsfindung zuständig ist. Die Angewiesenheit der Vernunftmoral auf entgegenkommende Sozialisationsprozesse und geeignete Persönlichkeitsstrukturen wird durch das institutionalisierte Gesetzgebungsverfahren des Rechtssystems ausgeglichen, die dem einzelnen die Aufgabe der situativen Entscheidungsfindung in komplexen Fällen abnimmt. Die Faktizität des Rechts absorbiert die *kognitive Unbestimmtheit* der Situationsbeurteilung durch anwendungsorientierte Prinzipien, setzt der *motivationalen Ungewißheit* über das richtige Handeln zwangsbewehrte Sanktionsdrohungen entgegen und regelt die *organisatorische Unklarheit* der Verteilung moralischer Verpflichtungen durch ein System positiver Zurechnungen und die formelle Festlegung von Kompetenzen.[197]

Umgekehrt sorgt die Institutionalisierung der Moral im Rechtssystem dafür, daß die verselbständigten sozialen Steuerungsmedien einer moralischen Infragestellung ausgesetzt werden. Die höhere Handlungswirksamkeit des Rechts gewährleistet eine Erweiterung des moralischen Diskurses über seinen angestammten Bereich hinaus auf selbstorganisierte Prozesse, die sich mit der Verflüssigung kommunikativen Handelns kollektiven Rechtfertigungsfragen unterwerfen müssen. Die Dialektik von Faktizität und Geltung erfaßt nicht nur das Rechtssystem, dessen Legalität durch demokratische Meinungs- und Willensbildungsprozesse einer permanenten Legitimitätskontrolle unterzogen wird, sondern auch die autonomen Steuerungssysteme der Politik, Wirtschaft, Wissenschaft und Medien.[198] Die Moral wirkt über rechtliche Regelungen in die ausdifferenzierten Funktionsbereiche komplexer Gesellschaften zurück und erzeugt zugleich in den Foren einer herrschaftsfreien politischen Öffentlichkeit und auf dem Boden zivilgesellschaftlicher Assoziationsprozesse Formen kommunikativer Macht,[199] die sich den Funktionssystemen entgegenstellt und zu einer demokratisch fundierten Korrektur ihrer Eigenregulierung führt. »Die kommunikativ verflüssigte Souveränität bringt sich in der Macht öffentlicher Diskurse zur Geltung, die autonomen Öffentlichkeiten entspringt, aber in den Beschlüssen demokratisch verfaßter Institutionen der Meinungs- und Willensbildung Gestalt annehmen muß, weil die Verantwortung für praktisch folgenreiche Beschlüsse eine klare institutionelle Zurechnung verlangt. Kommunikative Macht wird ausgeübt im Modus der Belagerung.«[200]

197 Vgl. ebd., S. 146–149.
198 Zur sozialen Komplexitätsbewältigung durch das Rechtssystem vgl. ebd., S. 389–398, S. 516–537.
199 Vgl. ebd., S. 182–187.
200 Ebd., S. 626. Zum Zusammenhang von Volkssouveränität und kommunikativer Macht siehe Walter Reese-Schäfer, *Grenzgötter der Moral*, S. 156–161.

Die ›Belagerung‹ des administrativen Systems als Schnittstelle zwischen Politik und Recht durch eine kommunikativ verfaßte Volkssouveränität, die im Resonanzraum einer lebendigen politischen Kultur verankert sein muß, treibt nach Habermas das Projekt des demokratischen Rechtsstaates voran, das in der schrittweisen institutionellen Verbesserung von Verfahren kollektiver Willensbildung besteht. Die Begrenzung und Indienstnahme administrativer Macht kann nur auf indirektem Weg durch Prozesse der Beratung in parlamentarischen Körperschaften und der Verständigung in der politischen Öffentlichkeit geleistet werden. Die den gemeinsamen Willen artikulierende Volkssouveränität bildet den Motor einer deliberativen Politik, die über das Medium des Rechts mit den übrigen Handlungsbereichen kommuniziert, indem sie demokratisch organisierte und legitimierte Formen der *Verantwortungskontrolle* eigensinniger Funktionsabläufe ermöglicht.[201] Zwischen Rechtsstaat und Demokratie besteht insofern eine immanente Verbindung, als erst die administrative Verfestigung kommunikativer Verständigungsprozesse die kollektive Einflußnahme auf autonome Systemvollzüge ermöglicht, die nach Maßgabe positiver Rechte und in Hinsicht auf die berechtigten Ansprüche der Beteiligten in der demokratischen Legitimitätsreflexion und entsprechenden Korrekturen der Gesetzgebung zum Ausdruck kommt. Die Verbindung von liberalem Rechtssystem, politischer Öffentlichkeit und deliberativer Zivilgesellschaft führt zu einer *komplexitätsbewältigenden Diskurstheorie des Rechts*, das aufgrund seiner institutionellen Handlungsmächtigkeit zur Lösung pluralistischer Konflikte beitragen soll, die auf dem Weg der moralischen Kommunikation nicht zu leisten ist.

Die Ergänzung der Vernunftmoral durch positives Recht ist somit selbst moralisch gerechtfertigt.[202] Beide, Recht und Moral, stehen in einem kompensatorischen Wechselverhältnis, in dem das Recht die kognitiven, motivationalen und organisatorischen Defizite der Moral ausgleicht und die Moral als argumentatives Begründungsverfahren die Legitimität des Rechtssystems gewährleistet. Erst die Überprüfbarkeit der juristischen Entscheidungsprozesse aus der Perspektive der moralischen Vernunft garantiert ihren demokratischen Charakter, während umgekehrt nur die institutionalisierte Gesetzgebung die handlungswirksame Übersetzung universeller Normen in die Praxis komplexer Gesellschaften ermöglicht. Hierin liegt der Grund, daß sich das Problem der *verantwortungsethischen Zumutbarkeit* moralisch gebotener

---

201 Vgl. Jürgen Habermas, »Drei normative Modelle der Demokratie«, in: ders., *Die Einbeziehung des Anderen*, S. 283–292.
202 Vgl. Jürgen Habermas, *Faktizität und Geltung*, S. 565–567; ders., »Über den internen Zusammenhang von Rechtsstaat und Demokratie«, in: ders., *Die Einbeziehung des Anderen*, S. 296–298.

Handlungen erst mit dem Übergang von der Moral- zur Rechtstheorie stellt: »Denn nur unter der Bedingung einer allgemein praktizierten Befolgung von Normen zählen die Gründe, die zu ihrer Rechtfertigung angeführt werden können. Wenn nun von moralischen Einsichten eine praxiswirksame Verbindlichkeit nicht durchgängig erwartet werden kann, ist die Befolgung entsprechender Normen verantwortungsethisch nur zumutbar, wenn sie Rechtsverbindlichkeit erlangen.«[203]

5.7 Institutionalisierte Konfliktbewältigung

Habermas lehnt, mit anderen Worten, einen eigenständigen verantwortungsethischen Teil (B) der Diskursethik ab, weil das Moralprinzip seiner Ansicht nach nicht in der Lage ist, die Form praktischer Verbindlichkeit zu erlangen, die überhaupt erst konkrete Zumutungsfragen aufwirft. Im diskursethischen Begründungsverfahren wird allein die *allgemeine* Gültigkeit einer moralischen Norm geklärt, welche die Berücksichtigung voraussehbarer Folgen ihrer Umsetzung *implizit* enthält. Deshalb gehört die verantwortungsethische Einbeziehung von Handlungsfolgen nach Maßgabe des Universalisierungsprinzips zum Normenbegründungsverfahren dazu. Die *moralische* Verantwortung bildet einen inhärenten Bestandteil des Diskursgrundsatzes der reziproken und universellen Gültigkeit von Normen *unabhängig* von ihrer anwendungsbezogenen Richtigkeit, die in einem eigenständigen Angemessenheitsverfahren behandelt werden muß. Die Ergänzung des Begründungsdiskurses durch einen separaten Anwendungsdiskurs soll dafür sorgen, daß allgemein zustimmungsfähige Normen auch in konkreten Fällen eine handlungspraktische Relevanz besitzen, die den Kriterien der Unparteilichkeit und Universalität genügt. Mit Hilfe einer vollständigen und angemessenen Erfassung relevanter Kontexte wird die besondere Anwendungsfähigkeit einer Norm im Licht konkurrierender Regeln überprüft und durch die praktische Vernunft zur Geltung gebracht. Die situative Applikation universeller Normen bedarf nach Habermas zwar der hermeneutischen Urteilskraft und ist damit dem Diskursgrundsatz vorgeordnet, gehorcht aber letztlich den deontologischen Prinzipien der praktischen Vernunft, die in rationalisierte Lebensformen eingebettet ist und deshalb nach verallgemeinerungsfähigen und neutralen Maßstäben ihre Entscheidungen fällt. Die Verantwortung für empirische Handlungs(neben)folgen stellt kein spezifisches Problem für die diskursive Moral dar, da diese Handlungskonflikte ausschließlich unter argumentativen Gesichtspunkten beurteilt, die durch eine *Abstraktion* von Fragen des guten Lebens und gemeinsamer Güter gewonnen werden.

---

203 Jürgen Habermas, *Faktizität und Geltung*, S. 566 f.

Das *faktische* Verantwortungsproblem wird erst dort virulent, wo die argumentative Einsicht in den Vorrang einer bestimmten Norm auf Widerstände in der sozialen Praxis stößt, die sich nicht wieder mit kognitivistischen Mitteln beseitigen lassen. Dies ist dann der Fall, wenn es zu einer Kollision von Diskursen kommt, bei der sich die Beteiligten nicht über das angemessene Verfahren der Schlichtung konfligierender Ansprüche einigen können, es also keinen konsensuellen Übergang zwischen den einzelnen (ethischen, moralischen, politischen oder rechtlichen) Diskursformen gibt,[204] oder wenn universell gültige Normen, denen unter der Bedingung ihrer faktischen Befolgung zugestimmt wurde, in der sozialen Praxis nicht eingehalten werden (können) und somit den Betroffenen nicht zumutbar sind.[205] Erst die Regelung nicht argumentativ lösbarer Konflikte und die Durchsetzung universalistischer, aber unzumutbarer Normen erfordert nach Habermas einen *eigenständigen* Verantwortungsdiskurs, der im Medium des institutionalisierten Rechts geleistet werden muß. Das Rechtssystem übernimmt diejenigen normativen Koordinierungsaufgaben, die auf moralischem Weg nicht bewältigt werden können, weil der Moral ausschließlich die allgemeine Beurteilung von Normen aus der Perspektive von Beteiligten in Hinsicht auf voraussehbare Folgen obliegt, nicht aber ihre Überprüfung aus der Perspektive von Unbeteiligten im Kontext pluralistischer Lebenswelten.[206] Weil das Recht für eine mittelbare Umsetzung moralischer Postulate sorgt und ein künstliches System der Kodifizierung von Verhaltensnormen darstellt, zu dessen Anerkennung sich die Mitglieder einer Gesellschaft aus freiem Willen entschließen, wird die Reflexion auf die verantwortungsethische Realisierung moralischer Prinzipien im Rechtssystem institutionell ermöglicht und kann damit als ein *externes* Folgeproblem des Diskursgrundsatzes behandelt werden, das sich auf legalistischem Weg lösen läßt.

Auf diese Weise ergibt sich eine Gegenüberstellung von *moralischen* Verantwortungsfragen, die nach Maßgabe des Universalisierungsprinzips in der argumentativen Einigung auf Handlungsgründe immer schon mitbeantwortet sind, und *rechtlichen* Verantwortungsproblemen, die unter der Bedingung der diskursiven Uneindeutigkeit und faktischen Nichtzumutbarkeit von Handlungsnormen auftreten. Solange kommunikative Dissense und deviantes Verhalten vor dem Hintergrund rationalisierter Lebensformen durch den zwanglosen Zwang des besseren Arguments

---

204 Zur ›Diskurskollision‹ vgl. Jürgen Habermas, »Replik auf Beiträge zu einem Symposion der Cardozo Law School«, in: ders., *Die Einbeziehung des Anderen*, S. 372.
205 Vgl. Jürgen Habermas, *Faktizität und Geltung*, S. 148.
206 Hierin liegt nach Habermas der Unterschied zwischen der unvollständigen Verfahrensrationalität der Moral und der vollständigen Verfahrensrationalität des Rechts: vgl. *Faktizität und Geltung*, S. 565.

ausgetragen werden können, bleibt die verantwortungsethische Folgenorientierung ein immanenter Bestandteil des Diskursgrundsatzes. Sobald der Rückgriff der praktischen Vernunft auf verständigungsbereite Kontexte nicht mehr möglich ist und sich der lebensweltliche Hintergrundkonsens auflöst, somit auch die praktische Klugheit und angemessene Normenanwendung keinen Rückhalt mehr in kommunikativen Handlungsformen haben, bedarf die verantwortungsethische Folgenorientierung einer zusätzlichen Normenreflexion, die an das Rechtssystem delegiert wird. Aus der Sicht von Habermas entstehen Verantwortungsprobleme in einem expliziten Sinn erst unter *komplexen Handlungsbedingungen*, die einen moralischen Konsens zwischen Beteiligten ausschließen und deshalb der institutionalisierten Gesetzgebung des Rechts überlassen werden müssen, das zwar demokratisch legitimiert ist, aber nach eigenständigen juridischen Kriterien und mit den Mitteln der Sanktionsandrohung kommunikative Konflikte schlichtet.

Es sieht so aus, als ob das diskursethische Verantwortungsprinzip in der Lage ist, für die normativen Folgeprobleme in systemisch ausdifferenzierten Gesellschaften ein angemessenes Begründungs- und Anwendungskonzept zu entwickeln, das sowohl der unparteilichen Legitimation von Handlungsnormen als auch ihrer situativen Umsetzung gerecht wird. Die Einbettung der Normenbefolgung in pluralistisch grundierte und funktional organisierte Kontexte, zu denen die Akteure gleichwohl eine neutrale Stellung beziehen und sich rational begründet verhalten können, scheint dem Ideal eines Verantwortungprinzips zu entsprechen, das zwischen gesinnungsfundierten Überzeugungen und erfolgsorientierten Zwecksetzungen eine reflektierte Mittelposition bezieht. Ob dies tatsächlich so ist und ob ein komplexitätsadäquates Verantwortungskonzept auf diesem Weg zu gewinnen ist, wird der folgende Teil zeigen.

IV. Grenzen

Die Erfolgsgeschichte des Verantwortungsprinzips hat deutlich gemacht, daß es einen paradigmatischen und konzeptuell überzeugenden Begriff der Verantwortung im 20. Jahrhundert nicht gibt. In seiner Vielgestaltigkeit und Diffusität dient der Verantwortungsbegriff vielmehr als eine Art moralischer Lückenfüller für die Vakanzen, die durch die Loslösung von konventionellen Ethikkonzepten im Übergang von der frühen zur späten Moderne entstanden sind. Die Erweiterung der innengeleiteten, an Pflichterfüllung und Gesetzestreue orientierten Moralvorstellungen der bürgerlichen Aufklärungsepoche durch verantwortungsethische Handlungsmodelle, die die Einbettung personaler Akteure in soziale Interaktionsverhältnisse und pluralistische Lebensformen der Massengesellschaft in den Vordergrund stellen, hat zwar zu wesentlichen Korrekturen an einem zu engen, prinzipienfundierten und regelfixierten Normenverständnis geführt. Die konzeptionellen Resultate sind den heterogenen Realitäten der fortgeschrittenen Moderne jedoch nur in einem sehr begrenzten Sinn angemessen. Anstatt den Verantwortungsbegriff zu einem offenen und flexiblen Konzept der Einbeziehung komplexer Handlungskontexte auszubauen, die aus der Herausbildung eigensinniger Systemoperationen und funktionaler Sozialprozesse resultieren, wird er größtenteils auf Deutungsmuster und Kategorien zurückgeführt, die genau der ethischen und weltanschaulichen Tradition entstammen, zu deren kritischer Revison er beitragen sollte.

Die *Grenzen des Verantwortungsbegriffs* bestehen darin, daß in seinem Namen die Konsequenzen hochgradig unsicherer Handlungsabläufe nicht eigens thematisiert, sondern vielmehr durch den Rückgriff auf mehr oder weniger bewährte Interpretationsschemata und spekulative Überhöhungen ausgeblendet werden. Die Erfolgsgeschichte ist zugleich auch die *Problemgeschichte des Verantwortungsprinzips*, weil sie durch einen unangemessenen Hang zu Idealisierungen und Pauschalisierungen des Verantwortungsbegriffs gekennzeichnet ist, der auf soziale Prozesse übertragen wird, die nicht mehr den traditionellen normativen und deskriptiven Kategorien ethischen Handelns entsprechen. Die Mehrzahl der bisher behandelten Verantwortungsmodelle gründet auf bewußtseins- und erkenntnistheoretischen Annahmen, auf metaphysischen und geschichtsphilosophischen Hilfskonstruktionen, mit denen sich die Eigendynamik und Selbstorganisation systemischer Operationen nicht adäquat erfassen läßt. Einzig dem diskursethischen Modell scheint es zumindest in Grundzügen gelungen zu sein, ein verfahrenstechnisches Verantwortungskonzept zu entwickeln, das auf die komplexe Selbstorganisation hochmoderner Gesellschaften übertragen werden kann. Es zeigt sich freilich sehr schnell, daß auch hier gravierende Probleme vorliegen, genauso wie in weiteren aktuellen Verantwortungstheorien, die den Versuch unternehmen, den Grund moralischen Handelns verstärkt in konkreten Interaktions- und Entsprechungsverhältnissen zu verankern.

1. Verantwortungsethischer Reduktionismus

Die diskursethische Behandlung des Verantwortungsprinzips ist insofern paradigmatisch für den Umgang mit komplexen Folgeproblemen der Modernisierung, als die Begründung und Anwendung von Handlungsnormen als unterschiedliche Aspekte eines umfassenderen Verfahrens der Rechtfertigung von Handlungsgründen thematisiert werden. Beide, Apel und Habermas, gehen davon aus, daß unter Bedingungen der ethischen Pluralisierung der Lebenswelt und funktionalen Differenzierung der Sozialsysteme keine naturwüchsige Basis der Verständigung mehr existiert, sondern sich Akteure vielmehr in einem rational geführten Diskurs auf universell gültige Prinzipien und Regeln der kollektiven Interaktion einigen müssen. Obgleich Apel und Habermas gemeinsam am Vorrang der prozeduralistischen Normenlegitimation festhalten, gibt es zwischen ihnen, wie im letzten Kapitel deutlich wurde, *gravierende Differenzen*.

1.1 Überforderter und unterforderter Verantwortungssinn

Während Habermas die Anwendungsfrage aus dem Begründungsverfahren auslagert und sie unter Maßgabe des Angemessenheitsprinzips an die reflektierende Urteilskraft delegiert, behandelt Apel das Anwendungsproblem als eigenständigen, aber immanenten Teil des Begründungsprozesses, der durch ein entsprechendes Ergänzungsprinzip erweitert wird. Während für Habermas die verantwortungsethische Folgenorientierung durch den universalistischen Diskursgrundsatz schon abgedeckt wird, bedarf sie für Apel einer zusätzlichen historisch-teleologischen Berücksichtigung. Der Grund für diesen bemerkenswerten Unterschied in der Theoriearchitektur liegt darin, daß Habermas dem Moralprinzip allein die Aufgabe der unparteilichen Urteilsbildung zuschreibt, die auf den kommunikativen Abstimmungsprozeß beschränkt bleibt, während Apel vom Moralprinzip erwartet, daß es auch die sozio-historische Praxis umfaßt und dort als ›utopisches‹ Regulativ idealer Kommunikationsverhältnisse wirksam wird.[1] Anders als Habermas, der von der

---

[1] Siehe Karl-Otto Apel, »Ist die Ethik der idealen Kommunikationsgemeinschaft eine Utopie?«, S. 336–346. Zu den methodologischen Differenzen zwischen Apel und Habermas vgl. Walter Reese-Schäfer, *Grenzgötter der*

entgegenkommenden Vernünftigkeit moderner Lebensformen ausgeht, die den Handelnden zu verallgemeinerbaren Urteilen befähigen, rechnet Apel mit der moralischen Unvernunft der gesellschaftlichen Wirklichkeit, die in weiten Bereichen (noch) der strategischen Zweckrationalität gehorcht. Dieser Unterschied ist, was den Verantwortungsbegriff betrifft, einer ums Ganze. Wo Apel den Verantwortungssinn als Vermögen der kontextsensiblen Beurteilung normativer Anwendung betrachtet, die auf den Widerstand einer funktional organisierten Sozialrealität trifft, hält Habermas eine spezielle Verantwortungsethik für überflüssig, da Fragen der Normenbefolgung sich entweder im Rückgriff auf die lebensweltliche Vernunftmoral beantworten lassen oder an das Rechtssystem und die administrativen Institutionen weitergegeben werden. Anders als Habermas, der die ethische Verantwortung für die Lösung sozialer Wert- und Interessenkonflikte vom moralischen Diskursprinzip abkoppelt und sie der kontingenten, aber ihre Kontexte transzendierenden Alltagsrationalität überläßt,[2] bindet Apel sie an die Diskursmoral an und verleiht ihr den Status eines letztbegründeten Handlungsprinzips, das zur langfristigen Reform der praktischen Verständigungsverhältnisse verpflichtet. Wo Habermas sich auf die kommunikative Lösung von Anspruchskollisionen verläßt und der schwachen Motivationkraft epistemischer Gründe vertraut, sieht Apel die Notwendigkeit eines *hinzutretenden* Verantwortungsbewußtseins, das den Willen zum tatsächlichen Moralischsein stärkt und die situative Anwendung universeller Normen selbst noch einmal nach moralischen Gesichtspunkten bewertet. Aus der Sicht von Apel muß die Delegierung der Verantwortung an demokratische Institutionen ihrerseits verantwortungsethisch überprüft werden, indem die administrative und rechtsstaatliche Regelung von Zurechnungsfragen und Zumutungsproblemen einem praxisbezogenen Abstimmungsprozeß unterworfen wird, in dem die Anteiligkeit der persönlichen Verantwortung an der ursprünglichen Mitverantwortung aller Menschen für die Folgen kollektiver Handlungen bestimmt wird.[3] Für Apel ist die Ergänzung des Diskursprinzips durch das rechtsstaatliche Demokratieprinzip kein *funktionaler* Schritt, der aus den Handlungsdefiziten der Vernunftmoral folgt, sondern ein *verantwortungsethischer* Schritt, der für die Stabilisierung des durch Machtdifferenzen und Selbstbehauptungskonflikte

Moral, S. 111-121; Horst Gronke, »Apel versus Habermas: Zur Architektonik der Diskursethik«, S. 273-280.

2 Vgl. Jürgen Habermas, »Die Einheit der Vernunft in der Vielfalt ihrer Stimmen«, in: ders., *Nachmetaphysisches Denken*, bes. S. 154 f., S. 182 f.

3 Vgl. Karl-Otto Apel, »Normative Begründung der ›Kritischen Theorie‹ durch Rekurs auf lebensweltliche Sittlichkeit?«, bes. S. 22-29, S. 45-59; ders., *Auseinandersetzungen in Erprobung des transzendentalpragmatischen Ansatzes*, S. 789-793, S. 801-813.

gekennzeichneten Gesellschaftssystems erforderlich ist. Darum läßt sich für Apel auch das staatliche Gewaltmonopol letztlich nicht auf die prozeduralistische Diskursrationalität zurückführen, sondern muß durch einen eigenständigen geschichtsbezogenen Verantwortungsdiskurs gerechtfertigt werden, der die zwangsbewehrte Durchsetzung von Rechtsnormen so lange moralisch legitimiert und notfalls gegen das Demokratieprinzip in Anschlag bringt, wie die faktische Realisierung einer weltbürgerlichen Rechtsordnung noch aussteht.[44]

Die moralische Verantwortung bildet somit bei Apel ein *realpolitisches Prinzip* der Gegen-Gewalt, das über die kommunikativen Verständigungsverhältnisse hinausweist, weil die soziale Wirklichkeit den idealen Bedingungen der Kommunikation noch nicht entspricht. An die Stelle der *reziproken* Verantwortungsmoral der wechselseitigen Anerkennung gleichberechtigter Diskurspartner tritt die *strategische* Verantwortungsmoral der machtgestützten Verwirklichung menschenrechtlicher Egalität:[55] Insoweit die Gesellschaft den Regeln der Moral nicht gehorcht, muß sie durch legitimen Zwang dazu gebracht werden. Das taktische Verantwortungsprinzip dient der Kontrolle der reziproken Verantwortungsfähigkeit moderner Sozialsysteme, die nicht mehr in sittliche Lebensformen eingebettet sind, sondern instrumentellen Gesetzen der Selbstorganisation folgen. Während Habermas davon ausgeht, daß die Integration hochmoderner Gesellschaften durch die rechtliche Institutionalisierung von Steuerungsmedien möglich ist, die in der Lebenswelt verankert sind, bleibt Apel hinsichtlich der verständigungsorientierten Steuerbarkeit des Gesellschaftssystems skeptisch. Weil aus seiner Sicht die kommunikative Eindämmung von Dissensrisiken an der Eigenmacht sozialer Interessenkollisionen abprallt und deshalb schon auf der Legitimationsebene unverantwortliche Folgen hervorruft, setzt er nicht auf eine prozeduralistische, sondern *moralische Regulierung* des gesellschaftlichen Ganzen: Nur die Transzendierung faktischer Geltungsansprüche durch einen autonomen Verantwortungsdiskurs, der die Zumutbarkeit befolgungsgültiger Normen a priori klärt, vermag der empirischen Komplexität hochmoderner Sozialgefüge gerecht zu werden.

Apels Kritik richtet sich dagegen, zwischen der diskursiven Verantwortung für die Befolgungsgültigkeit von Normen und der faktischen Verantwortung für die Anwendungsfähigkeit von Normen eine kategorische Trennlinie zu ziehen. Damit ist in der Tat ein wesentliches Problem benannt:[6] Die funktionale Ergänzung des Moralprinzips durch das

---

4   Vgl. ebd., S. 836 f.
5   Zum Verhältnis von Reziprozitätsverantwortung und moralstrategischem Handeln vgl. Marcel Niquet, »Verantwortung und Moralstrategie«, S. 42–57.
6   Zur Auslagerung von Anwendungsfragen aus dem Diskursprinzip vgl. auch die Kritik von Herbert Keuth, *Erkenntnis oder Entscheidung*, S. 344–346.

Rechtsprinzip ist deshalb erforderlich, weil Habermas der moralischen Vernunft die konsensuelle Lösung komplexer Anspruchskollisionen nicht zutraut, sondern ihre Aufgabe auf die neutrale Beurteilung konfligierender Argumente einschränkt. Die Teilnehmer an ethischen Diskursen gehen keine moralischen Handlungsverpflichtungen, sondern nur *argumentative Begründungsverpflichtungen* für die Richtigkeit ihrer vorgetragenen Ansichten ein, die aus alltagspraktischen Verständigungsverhältnissen abgeleitet werden.[7] Ein genuin *ethischer* Verantwortungssinn existiert in der Habermas'schen Architektonik der Diskursethik nicht, weil die kontextualistische Abwägung zwischen der Gültigkeit und den Befolgungskonsequenzen einer Norm entweder schon vor dem Hintergrund rationaler Lebensformen geklärt ist oder an die Sanktionsgewalt des Rechtssystems delegiert wird.[8] Die rechtsstaatlichen Institutionen bilden keine stabilisierende Ergänzung der diskursiven Verantwortungsmoral, sondern eine substituierende *Ersetzung* der Zumutungsreflexion durch deliberative Prozesse der Willensbildung, die für die ethische Auseinandersetzung mit sozialen Anspruchs- und Interessenkonflikten keinen eigenständigen Platz lassen.

Allerdings findet sich auch in Apels zweistufiger Systematik bei genauerer Betrachtung kein angemessener Ort für die verantwortungsethische Behandlung komplexer normativer Anwendungsprobleme. Apel räumt dem kontextsensiblen Verantwortungssinn zwar einen autonomen Platz ein, identifiziert ihn jedoch zugleich mit der transzendentalpragmatischen Verbindlichkeit des Diskursprinzips, dessen absolute Universalität auch für empirische Handlungsprobleme gelten soll. Indem Apel in seinem dualistischen Modell die faktische Folgenverantwortung geltungslogisch mit der letztbegründeten Diskursmoral gleichsetzt, treten die Probleme des monistischen Modells von Habermas gewissermaßen spiegelverkehrt zutage: Wo dieser die Diskursmoral aus Gründen der Praxisrelevanz *eingrenzt* und sie auf die rechtliche Regulierung von Normenkollisionen reduziert, wird sie von jenem aus Gründen der Praxisreform *entgrenzt* und zum letztverbindlichen Maßstab idealer Kommunikationsverhältnisse erweitert. Während bei Habermas Recht und Politik aus funktionalen Gründen die Moral unterstützen, umfaßt bei Apel die Moral auch noch die sozialen Funktionssysteme, denen sie ihre institutionelle Verfahrensweise und geschichtliche Entwicklungsrichtung vorschreibt. Bei Habermas ergibt sich somit das Problem, daß die Angemessenheitsprüfung einer Norm erst unter Berücksichtigung situationsrelevanter Merkmale vollzogen werden *kann*, zugleich aber schon

---

7   Zur Identifizierung von Moral- mit Argumentationsnormen siehe die einschlägige Kritik von Albrecht Wellmer, *Ethik und Dialog*, S. 102-113.
8   Zur diskursethischen Unterbewertung der Moral gegenüber dem Recht vgl. Adela Cortina, »Ethik ohne Moral«, S. 282-291.

auf der Begründungsebene im Rückgriff auf das diskursive Universalisierungsprinzip vollzogen werden *muß*, so daß unklar ist, wie eine bestimmte Norm sowohl den Kriterien der jeweiligen Zumutbarkeit als auch der allgemeinen Zustimmungsfähigkeit gehorchen soll: denn entweder enthält die Begründung einer Norm schon ihre eigenen Anwendungsbedingungen, so daß die Notwendigkeit einer eigenständigen Angemessenheitsprüfung entfällt, oder die Bestimmung der Angemessenheit bedarf der praktischen Urteilskraft, die allerdings nur unter der Voraussetzung moralisch vernünftiger Lebensformen zu unparteilichen Urteilen gelangt, ansonsten auf zusätzliche verantwortungsethische Reflexionen der Kompromißbildung und Konfliktschlichtung angewiesen ist, die vom Diskursprinzip nicht abgedeckt werden. Bei Apel wiederum führt die Identifizierung der geschichtsbezogenen Verantwortungsethik mit dem Moralprinzip dazu, daß moralisch begründete Normen gegen den Widerstand der sozialen Praxis durchgesetzt und situative Besonderheiten um der Verwirklichung der Moral willen strategisch behandelt werden müssen: die Aufgabe der praktischen Klugheit besteht nicht in der *verantwortungs*moralischen Vermittlung zwischen Prinzipien und Situationen, sondern in der verantwortungs*moralischen* Subsumption der partikularen Praxis unter universelle Regeln, die auch noch ihre eigenen normativen Abweichungen rechtfertigen sollen.

Die Unterschiede zwischen Apel und Habermas sind deshalb von fundamentaler und zugleich exemplarischer Natur, weil hier eine pragmatische, aber letztbegründete Handlungsmoral auf eine idealistische, aber kontingente Vernunftmoral trifft, die ihre jeweiligen Grenzen in wechselseitiger Beleuchtung bloßlegen. Wo Apel aus Skepsis gegenüber den faktischen Verständigungsleistungen der kommunikativen Vernunft die Selbstorganisation hochmoderner Gesellschaften dem Primat eines kontrafaktischen Verantwortungsprinzips unterordnet, bildet für Habermas die Verantwortungsreflexion einen integralen Bestandteil deliberativer Demokratien, deren Mitglieder sich durch öffentliche Meinungsbildungsprozesse über konfligierende Positionen einigen. Beidesmal werden der Stellenwert und die Leistungskraft des moralischen Verantwortungssinns für den Umgang mit Folgeproblemen ausdifferenzierter Sozialsysteme einseitig bestimmt: Wo Apel *zu viel* von der Verantwortungsethik als Lösungsmittel gesellschaftlicher Anspruchskollisionen erwartet und den Prozessen deliberativer Selbstregulierung nicht genügend vertraut, überschätzt Habermas die Steuerungsfähigkeit kommunikativer Öffentlichkeiten und traut der Verantwortungsethik für die Bewältigung komplexer Handlungsfragen *zu wenig* zu. Der *Überforderung* geschichtsbezogener Verantwortung als praktischer Ergänzung der idealen Reziprozitätsmoral entspricht ihre *Unterforderung* durch die Umstellung auf funktionale Formen der Verantwortungsregelung im demokratischen Rechtsstaat. Während die verantwortungsexklusive Zweiteilung des Diskursprinzips in ein paternalistisches Handlungsmodell einmündet, das sämtliche Prozesse sozialer Selbstorganisation nach letztverbindlichen moralischen Maßstäben betrachtet, führt die verantwortungsinklusive Einteiligkeit des Diskursprinzips zu einer Marginalisierung moralischen Handelns, von dessen Unsicherheit die rechtsstaatlichen Institutionen entlasten und das allein noch in Gestalt kommunikativer Prozesse demokratischer Legitimation fortlebt.

1.2 Hypothetische Moral

Die diskursethische Behandlung des Verantwortungsprinzips erzeugt widersprüchliche Resultate, die für die Auseinandersetzung mit den komplexen Interaktionsbedingungen hochmoderner Gesellschaften nur bedingt ergiebig sind. Die kategorische Unterscheidung von Faktizität und Geltung hat einen *reduktionistischen Verantwortungsbegriff* zur Folge, der zwischen moralischem Überschwang und legalistischer Ernüchterung, ethischem Idealismus und funktionalem Realismus hin und her pendelt, ohne in der Mitte der Extreme Fuß fassen zu können. Die Diskursethik verkörpert in ihrer rigorosen Intellektualisierung verantwortungspraktischer Fragen eine besondere Spielart des *moralischen Skeptizismus*, der den Zweifel an der Tragfähigkeit ethischer Urteilsbildung im Horizont pluralisierter Lebenswelten durch schroffe Alternativbildungen aus dem Weg zu räumen versucht: die moralische Verantwortung stimmt *entweder* mit den sachgesetzlichen Operationen sozialer Systeme überein und hat ihr Fundament in alltagspraktischen Verständigungsprozessen *oder* sie muß durch strategisches Handeln unterstützt und durch rechtsstaatliche Institutionen stabilisiert werden. Die Diskursethik läßt im Grunde nur die Wahl zwischen einem *moralischen Verantwortungsbegriff*, der auf den hochgradig unwahrscheinlichen und anspruchsvollen Voraussetzungen der zwanglosen Einigung über strittige Normen beruht, und einem *legalistischen Verantwortungsbegriff*, der praktische Zumutungs- und Zurechnungskonflikte mit den Mitteln sozialer Reform und rechtlichen Zwangs löst. Die pauschale Trennung von dekontextualistischen Begründungsfragen und kontextualistischen Anwendungsproblemen nötigt zu internen bzw. externen Ergänzungen des Verantwortungsprinzips, das dadurch seine handlungsanleitenden Kompetenzen verliert und zu einem bloß kognitivistischen Reflexionsmedium argumentativer Kollisionen degradiert wird.[9]

9 Dies läßt sich auch bei beobachten bei Dietrich Böhler, »Diskursethik und Menschenwürdegrundsatz zwischen Idealisierung und Erfolgsverantwortung«, S. 201–231; ders., »Legitimationsdiskurs und Verantwortungsdiskurs«, S. 726–748. Auf die Spitze getrieben wird die architektonische Differenzierung von Horst Gronke, »Apel versus Habermas«, S. 280–296.

An der Moralskepsis oder genauer: dem Zweifel an einer ethikimmanenten Bewältigung heterogener Problemlagen ist zwar soviel richtig, daß komplexe Prozesse sich nicht allein moralisch lösen lassen, sondern zusätzliche Beurteilungsperspektiven und Interventionsformen erfordern. Die moralische Beurteilung von Anspruchskollisionen und Interessenkonflikten bildet nur eine von vielen Weisen, zu handlungspraktischen Resultaten in einem Pluriversum der Meinungen, Wertvorstellungen, Sachzwänge und eigendynamischen Operationen zu gelangen. Gerade deshalb sind die diskursethischen Vorschläge zur Erweiterung moralischer Verständigungsprozesse, die sich auf die praxisentlastete Beratschlagung über idealgültige Normen beschränken, hilfreich, sind die Versuche einer Ergänzung hypothetischer, unter intellektuellen Laborbedingungen gewonnener Konsensbildungen um realitätstaugliche, den Belastungen der schroffen Sozialwirklichkeit standhaltende Einigungsformen wichtig.[10] Nur besteht das Resultat dieser Ergänzungsversuche darin, daß die faktischen Zustimmungskonsense am Ende wieder den fiktiven Rechtfertigungskonsensen angeglichen werden und die Prozesse der Meinungs- und Willensbildung nach dem Modell der wirklichkeitstranszendierenden Prüfung von Geltungsansprüchen bestimmt werden, bei dem es ausschließlich um die diskursmoralische Verallgemeinerbarkeit von Rechtfertigungsgründen geht. Die paradoxe Verfassung der Diskursethik, durch die sie aus Zweifel an der Tragfähigkeit einer *praktischen* Moral im Bannkreis einer *hypothetischen* Moral verharrt, hat ihre Ursachen vor allem darin, daß

– die Vernünftigkeit moralischer Urteile weder darin liegt, daß sie dem Kriterium formaler Rationalität genügen noch durch einen argumentativen Konsens zustande kommen, sondern auf einem *richtigen Wirklichkeitsverständnis* beruhen, das durch die gemeinsam herbeigeführte Einigung über die situative Angemessenheit moralischer Handlungsgründe die verantwortungsethische Bewältigung komplexer Problemfälle ermöglicht;[11]
– die Bedingungen moralischen Handelns nicht im Diskurs qua kognitivistischer Normenprüfung erzeugt werden, sondern ihm vielmehr *vorausliegen* und von gemeinsamen Wertvorstellungen, geteilten Überzeugungen, wechselseitigen Verbindlichkeiten und kollektiven

10 Vgl. dazu die Unterscheidung von Wolfgang Kersting zwischen ›kognitivem Rechtfertigungskonsens‹ und ›performativem Zustimmungskonsens‹: »Liberalismus, Kommunitarismus, Republikanismus«, S. 128 f.
11 Zur Angemessenheit moralischer Urteile in komplexen Situationen vgl. Albrecht Wellmer, *Ethik und Dialog*, S. 127–144. Zur Kritik an der Zirkularität und Inhaltsleere der diskursethischen Konsenstheorie vgl. Ernst Tugendhat, *Vorlesungen über Ethik*, S. 161–176; Ulrich Steinvorth, *Klassische und moderne Ethik*, S. 81–117.

Lebensformen abhängen, zu denen zwar eine reflexive Distanz bezogen werden kann, die sich jedoch als Ganzes nicht hinterfragen lassen und die Grammatik unserer ethischen Urteile imprägnieren;[12]
- die Unterordnung materialer Gehalte und teleologischer Orientierungen unter einen formalen Gerechtigkeitsbegriff als Maßstab ethischer Urteilsbildung nicht nur die Angleichung moralischer Handlungsgründe an rechtliche Normen und die Vernachlässigung substantieller Grundlagen zur Konsequenz hat, sondern auch ein inhaltlich entleertes Moralprinzip, das in die *Kontexte* soziokultureller Anerkennungs- und solidargemeinschaftlicher Verantwortungsverhältnisse zurückgestellt werden muß;[13]
- das Telos zwangloser Verständigung eine Idealisierung des deliberativen Demokratieprinzips zur Folge hat, das sich angesichts des Widerstreits heterogener Öffentlichkeiten und der nichtdiskursiven Praxis politischer Entscheidungsprozesse nur bedingt auf kommunikative Formen der Konsensbildung zurückführen läßt, sondern eine stärkere Einbeziehung von *Konflikten* zwischen systemischen Funktionsbereichen, öffentlichen Meinungen und individuellen Bedürfnissen erfordert, auf die mit moralischen Kompromissen und dem Austragen von Dissensen reagiert werden muß;[14]
- die regulative Unterstellung idealer Kommunikationsverhältnisse zu einer konstitutiven Bedingung universalisierbarer Diskurse gemacht wird und damit die realen Verständigungsprozesse im Vorgriff auf einen kontrafaktischen Zustand der geschichtlichen Wirklichkeit *utopisch* überboten werden, so daß die moralische Vernunft zu einer metaphysischen Form der Wahrheit hypostasiert wird, anstatt ihr den Platz eines kontingenten und beschränkten Vermögens der

[12] Zur Kritik am kognitivistischen Verfahren der Normenprüfung vgl. Robert Spaemann, *Glück und Wohlwollen*, S. 172–185; Karl-Heinz Ilting, »Der Geltungsgrund moralischer Normen«, S. 612–647; ders., »Verantwortung. Eine transzendentalphilosophische Grundlegung«, S. 176–195. Zur Ausblendung anthropologischer Sinnbedingungen vgl. Thomas Rentsch, *Die Konstitution der Moralität*, S. 13–59.

[13] Zur Ausklammerung teleologischer Aspekte vgl. Adela Cortina, »Substantielle Ethik oder wertfreie Verfahrensethik?«, S. 320–352; Charles Taylor, »Die Motive einer Verfahrensethik«, S. 101–135. Zu den materialen Defiziten vgl. Axel Honneth, »Diskursethik und implizites Gerechtigkeitskonzept«, S. 183–193. Zur Dekontextualisierung vgl. Paul Ricœur, *Das Selbst als ein Anderer*, S. 339–351; zu den solidarmoralischen Defiziten Seyla Benhabib, *Kritik, Norm und Utopie*, bes. S. 218–237.

[14] Zu den dissenspraktischen Mängeln vgl. Thomas McCarthy, *Ideale und Illusionen*, S. 324–331. Zu den Grenzen des diskursethischen Demokratie- und Legitimationsprinzips vgl. Walter Reese-Schäfer, *Grenzgötter der Moral*, S. 161–167; Jörg Paul Müller, *Demokratische Gerechtigkeit*, S. 71–92.

praktischen Urteilsbildung zuzuweisen, das ohne Rückgriff auf ein höherstufiges Entwicklungsniveau der Moral auskommen muß.[15] Die Unterbewertung praktischer Formen der Konfliktbewältigung und die Distanzierung von hermeneutischen Verstehensprozessen, die nicht allein auf der Beurteilung verallgemeinerungsfähiger Normen, sondern ebenso auf dem Einsatz der situativen Urteilskraft beruhen, führen dazu, daß die Anwendung des diskursethischen Verantwortungsbegriffs letztlich selbst *unverantwortliche* Konsequenzen hervorruft: Die idealtypische Unterscheidung zwischen Begründung-, Anwendungs- und Angemessenheitsfragen bewirkt nicht nur eine hochgradige Verkomplizierung von ethischen Entscheidungen, die unter Bedingungen der Zeit- und Informationsknappheit gefällt werden müssen und die Mitglieder hochmoderner Gesellschaft überfordern, wenn von ihnen eine umfassende Einbeziehung aller relevanten Situationsmerkmale in Hinsicht auf sämtliche Betroffenen und voraussehbaren Folgen erwartet wird.[16] Sie hat vor allem zur Konsequenz, daß die besonderen Eigenschaften des Verantwortungsbegriffs, die ihn gegenüber kategorischen Moralprinzipien auszeichnen, *nachträglich* wieder integriert werden müssen, nachdem sie aufgrund eines restriktiven Ethikverständnisses ausgeschlossen wurden.[17] Die Trennung von dekontextualisierter Legitimation und kontextualistischer Realisation bleibt der Tradition eines dualistischen Moralbegriffs verhaftet, der Gesinnungsfundierung und Erfolgsorientierung, Moralität und Sittlichkeit undialektisch aufeinander bezieht, anstatt ihre

15 Vgl. Albrecht Wellmer, *Ethik und Dialog*, S. 81–102; Gerhard Schönrich, *Bei Gelegenheit Diskurs*, S. 102–112.
16 Den Einwand der Verantwortungslosigkeit macht auch Vittorio Hösle, *Die Krise der Gegenwart und die Verantwortung der Philosophie*, S. 253. Freilich ist Hösles Gegenvorschlag, die Schwächen der Diskursethik durch eine absolute Werthierarchie zu kompensieren, noch weniger triftig. Hösle muß die Geltung absoluter Werte voraussetzen, um die unbedingte Sittlichkeit moralischen Handelns garantieren zu können, was er wiederum nur nötig hat, weil er das Absolute zum Existenzgrund der Welt dramatisiert: »Denn wenn das Absolute und die Welt inkompatibel wären, dann könnte jede philosophische Seele nur auf die Inexistenz der Welt schließen – denn an dem Sein des Absoluten ist nicht zu rütteln« (S. 229). Hier kehrt der Dostojewskische Fehlschluß, wenn es Gott nicht gäbe, wäre alles erlaubt, in transzendentalontologischer Form wieder, und das moralische Verantwortungsproblem fährt mit einem idealistischen Handstreich in den Himmel der ewigen Werte auf.
17 Dies läßt auf exemplarische Weise bei Wolfgang Kuhlmann beobachten: »Prinzip Verantwortung versus Diskursethik«, S. 109–116. Zu den Schwierigkeiten der Integration des Verantwortungsprinzip in die Diskursethik vgl. auch Micha H. Werner, »Dimensionen der Verantwortung«, S. 333–338.

wechselseitige Vermittlung in den Vordergrund zu stellen.[18] Damit wird der Verantwortungsbegriff nicht nur kognitivistisch verkürzt, sondern auch in seiner sozialpolitischen Wirksamkeit auf ein institutionen- und demokratietheoretisches Verfahrensprinzip reduziert, das auf die Zunahme an faktischer Komplexität mit der falschen Alternative reagiert, die systemischen Prozesse entweder unter moralischen Vorzeichen strategisch zu dirigieren oder sie durch kollektive Willensbildung kommunikativ zu domestizieren.

Es ist deshalb erforderlich, das formalistisch und intellektualistisch verkürzte Verantwortungsmodell zu erweitern, es durch inhaltliche Orientierungen und die Einbettung in materiale Handlungskontexte zu vervollständigen. Der Hang zur Abstraktion von Beweggründen und Motiven, das Absehen von realen Ermöglichungsbedingungen und Handlungsumständen, kurz: die Ausklammerung des Konkreten, Besonderen und Partikularen, durch die das kognitivistische Moralprinzip gekennzeichnet ist, muß korrigiert werden, um die Heterogenität und Komplexität der modernen Gesellschaft in verantwortungsethisch angemessener Weise in den Blick zu bekommen. Für eine derartige Korrektur bietet sich als naheliegender Lösungsweg die *Konkretisierung des Verantwortungsbegriffs* an, so wie sie im vorigen Kapitel am Beispiel der wertethischen, der theologischen und metaphysischen Verantwortungsmodelle in Grundzügen behandelt wurde. Dabei wurde zum einen die Verantwortlichkeit Handelnder auf vorausliegende ideelle Überzeugungen und den Glauben an eine höherstufige Ordnung der Wirklichkeit zurückgeführt. Man kann dieses Verantwortungsverständnis, das seine Wurzeln in der eschatologischen Tradition der Neuzeit hat, als *absolut* bezeichnen, weil es auf einem nicht disponiblen, basalen Kernbestand an Normen und Werten beruht, der unsere moralischen Einstellungen zur Welt prägt. Zum zweiten erfährt das Verantwortlichsein eine Konkretisierung in der unmittelbaren Begegnung mit dem menschlich Anderen, der Sorge um sein persönliches Wohlergehen und der Reaktion auf seine Belange, Interessen und Wünsche. Die Einbettung moralischen Handelns in lebensweltliche Antwortverhältnisse und Orientierungen am Gegenüber schlägt sich in einem *responsiven* Verantwortungsverständnis nieder, bei dem das leibhafte, emotive und umweglose Angesprochensein durch den personal Anderen im Vordergrund steht. Und zum dritten lassen sich Verantwortungsverhältnisse dadurch konkretisieren, daß sie in *substantiellen* Wertgefügen verankert werden, die dem individuellen Handeln vorausliegen, Bestandteil einer objektiven Ordnung des Sittlichen sind, die um ihrer selbst willen übernommen und realisiert wird. Diese drei Traditionsstränge sollen im folgenden wieder aufgegriffen

18 Vgl. hierzu Miguel Giusti, »Lassen sich Moralität und Sittlichkeit miteinander vermitteln?«, S. 14–47.

werden – nicht weil hierin die Lösung des Verantwortungsproblems liegt, sondern um die Grenzen dieser Wege genauer zu verdeutlichen.

2. Absolute Verantwortung

Das absolute Verantwortungsverständnis beruht auf der Ansicht, daß die Gründe moralischen Handelns nicht privatimen Entscheidungen, sondern einer objektiven Anspruchsdimension entspringen, die der individuellen Willkür entzogen ist, ihr vielmehr in verpflichtender Form vorausliegt. Exemplarisch für diese Sichtweise sind, wie der vorige Teil gezeigt hat, theologische Verantwortungsethiken, die im religiösen Glauben an die verbindliche Autorität Gottes verankert sind.[19]

2.1 Übergebührliche Fürsorge

Der Vorrang der Verantwortlichkeit gegenüber individueller Selbstbestimmung wird vor allem in der neueren Moraltheologie betont. Nach Trutz Rendtorff führt die Bejahung der Verantwortung dazu, »die eigene Freiheit in den Dienst überindividueller Aufgaben zu stellen. Verantwortung führt so verstanden die Autonomie oder die Selbstbestimmung über das primäre Interesse an unmittelbarer Selbstverwirklichung hinaus und nimmt sie für die Hingabe der eigenen Lebensführung an die ethische Lebenswirklichkeit in Anspruch.«[20] Wer verantwortlich lebt, erkennt nicht nur Normen und Gesetze in ihrem formalen Charakter an, sondern unternimmt »eine sachgemäße Konkretion dessen, was die ältere ethische Theorie mit der Rede von der Klugheit und Besonnenheit im Vollzug ethischer Lebensführung thematisiert hat«.[21] Der eigentliche Gehalt der Verantwortung besteht darin, auf hermeneutischem Weg zwischen Normen und Situationen zu vermitteln, indem das individuelle Handeln dem Willen Gottes unterstellt wird, der in Hinsicht auf das richtige Leben mit anderen ausgelegt und umgesetzt werden muß. Aus

---

19 Dies läßt sich auch bei Friedrich Gogarten beobachten, für den die Übernahme mundaner Verantwortung kein Akt des subjektiven Willens ist, sondern »Antwort« auf den »Ruf« in die »geschichtliche Verantwortung«, der von dem kommt, »was seinem Wesen nach unsichtbar und ungreifbar ist« (»Theologie und Geschichte«, in: ders., *Gehören und Verantworten*, S. 293). Siehe auch Karl Rahner, der die Selbstverantwortlichkeit des Menschen »dem geheimnisvollen Gerichte Gottes« überantwortet («Schuld – Verantwortung – Strafe in der Sicht der katholischen Theologie«, S. 248).
20 Trutz Rendtorff, »Vom ethischen Sinn der Verantwortung«, S. 118.
21 Ebd.

dem Wissen, daß der Mensch letztlich nicht in sich selbst gründet, resultieren das Bewußtsein seiner Abhängigkeit und die Einsicht in die Grenzen seiner Macht, die sich in der Bereitschaft zu ethischen Kompromißbildungen und der Anerkennung des »unaufhebbare[n] Anderseins des anderen«[22] niederschlagen.

Aus theologischer Perspektive ist die ethische Verantwortung durch *lebenspraktische Konkretion* und eine *pflichtentheoretische Asymmetrie* gekennzeichnet, die ihr den Charakter einer übergebührlichen Aufgabe verleihen, der sich der Mensch nur um den Preis des religiösen und moralischen Schuldigwerdens entziehen kann. In Zeiten, in denen die herkömmlichen ethischen Maßstäbe nicht mehr greifen, ist das Verantwortungsbewußtsein auf die Beurteilung konkreter Handlungssituationen gerichtet, bei der die praktischen Konsequenzen der Entscheidungen mit einbezogen werden. »Geht man«, so Heinz Eduard Tödt, »aus der Sphäre abstrakter Wertdiskussion zum Urteilen in konkreten Verantwortungssituationen über, so gilt es, die – besonders in ihren Folgen – untereinander konkurrierenden ›Werte‹ erkennend und sich-verhaltend miteinander vereinbar zu machen, sie zusammenstimmen zu lassen. Diese Aufgabe ist nicht auf der Ebene zeitloser Abstraktion lösbar, sondern nur in konkreten Weltbezügen.«[23] Um die Krisen und Veränderungen der Zeit zu bewältigen, reicht der kategorische Imperativ der Moralbegründung nicht aus, sondern muß durch die verantwortungsethische Orientierung am Fortbestand der Menschheit ergänzt und durch tugend- und güterethische Handlungsfundierungen erweitert werden, die dazu anleiten, »sensibel und produktiv sich auf die Herausforderungen einzulassen, welche aus dem Geschehen heraus das wahrnehmende Subjekt treffen und es als verantwortlich konstituieren«.[24] Die Wahrnehmung der Verantwortung hat ihren Grund nicht in der kausalen Zuständigkeit, nicht in der sittlichen Verpflichtung des Subjekts, sondern in seinem christlichen Glauben, der es zum ethischen Handeln motiviert und der Rechenschaft vor dem Richterstuhl Gottes unterwirft, die ihm am Ende der Zeit bevorsteht.[25]

Die eschatologische Verantwortung, in der das religiöse Individuum steht, impliziert eine solidarische Fürsorge nicht nur in Hinsicht auf die gegenwärtige, sondern auch auf die zukünftige Menschheit. Weil er aus offenbarungsgeschichtlicher Sicht Teil einer überindividuellen, durch das Heilsgeschehen zusammengebundenen Gemeinschaft ist, »übernimmt

22 Ebd., S. 128.
23 Heinz Eduard Tödt, »Zum Verhältnis von Dogmatik und theologischer Ethik«, in: ders., *Perspektiven theologischer Ethik*, S. 18.
24 Heinz Eduard Tödt, »Versuch einer ethischen Theorie sittlicher Urteilsfindung«, in: ders., *Perspektiven theologischer Ethik*, S. 45.
25 Vgl. Heinz Eduard Tödt, »Gewissen und politische Verantwortung«, in: ders., *Perspektiven theologischer Ethik*, S. 86.

der Mensch Verantwortung für den anderen, indem er sich auf die der Person eigenen Zukünftigkeit ausrichtet«.[26] Seine Aufgabe besteht in der Unterstützung einer menschengerechten Entwicklung, deren Maßstab nicht allein die Einhaltung und Verwirklichung der positiven Menschenrechte ist, sondern eine *intergenerationelle Solidarität* der futurischen Vorsorge, die der »verantworteten Zeitgenossenschaft« geschichtlicher Individuen entspringt.[27] Die solidarische Zukunftsverantwortung, die aus dem Schöpfungscharakter der Welt resultiert, schließt den Erhalt der nichtmenschlichen Natur ein und erfordert die Abkehr von der anthropozentrischen Beschränkung der traditionellen Ethik, die nicht in der Lage ist, »das Ganze des Lebens« und »die Folgen des eigenen Handelns für künftige Geschlechter«[28] in den Blick zu bringen. Anstatt sich selbst zum Maß aller Dinge zu machen, muß der Mensch die Verantwortung »für den Bestand der Welt als einer Welt Gottes« übernehmen, sein Handeln an der Korrigierbarkeit unerwünschter Nebenfolgen ausrichten und aus der Einsicht, daß die Ressourcen der technologischen Zivilisation begrenzt sind, die Verpflichtung ableiten, »künftigen Generationen die Lebenschancen zu bewahren, die uns heute selbst zuteil geworden sind«.[29]

Die theologische Verantwortungsethik wird so zum Fundament einer sozialpolitischen Handlungsmoral, die auf der Verbindung von subjektiven Pflichten und universalistischen Normen beruht, die ihren Grund in der Gottesebenbildlichkeit des Menschen hat. Gegenüber einer rein normativen Moral des unbedingten Sollens und einer lebensweltlichen Ethik verpflichtender Werte nimmt das theologische Verantwortungsbewußtsein eine *Zwischenposition* ein, die deontologische Gründe und teleologische Zwecke gleichermaßen umfaßt: Es fußt sowohl auf der personalen Gesinnung des Handelnden, die aus universell gültigen Moral- und Rechtsprinzipien abgeleitet wird, als auch auf den praktischen Erfolgschancen und faktischen Konsequenzen, die mit der Umsetzung normativer Prinzipien einhergehen. Dabei ist die soziale Verantwortungsethik nicht nur durch »die Reflexion auf die vorgängige Anrede durch Gott« gekennzeichnet, sondern auch durch »ein Moment der Einseitigkeit, des Zuvorkommens, das nicht vollständig an die Bedingungen der Gegenseitigkeit gebunden ist«.[30] Der asymmetrische Charakter der Verantwortlichkeit entspringt dem biblischen Gebot der Nächstenliebe, das dazu verpflichtet, sich dem Gegenüber auch dort zu widmen, wo

26 Gerhard Höver, »Solidarität und Entwicklung«, S. 153. Zum Ursprung der Verantwortung aus der Gemeinschaft der Menschen mit Gott vgl. auch Stefan Rehrl, »Katholische Moraltheologie als Ethik der Verantwortung«, S. 19–21.
27 Vgl. Alfons Auer, »Verantwortete Zeitgenossenschaft«, bes. S. 431.
28 Trutz Rendtorff, »Verantwortung für die Welt als Schöpfung Gottes«, S. 24.
29 Ebd., S. 25, S. 29.
30 Wolfgang Huber, »Sozialethik als Verantwortungsethik«, S. 64.

keine Beziehung ethischer Reziprozität vorliegt. In der Unvertretbarkeit des Einzelnen, der zugleich im Auftrag Gottes stellvertretend für andere handelt, liegt der gesellschaftspolitische Sinn der theologischen Verantwortungsethik, die insofern »normative Ethik« ist, als sie sich »an der sozialen Welt und am Geltungsanspruch der Richtigkeit orientiert«, und »Gesinnungsethik«, als sie »an der subjektiven, inneren Welt und am Geltungsanspruch der Wahrhaftigkeit, der Authentizität«[31] ausgerichtet ist.

Der theologischen Verantwortungsethik geht es darum, der säkularen Prinzipien- und Erfolgsmoral ein Stockwerk unterzubauen, durch das ihr nicht nur ein unbedingter Verpflichtungscharakter, sondern auch eine *motivationale Kraft* zuwächst, die das menschliche Handeln über die bloße Normenreflexion in das Dickicht der sozialen Wirklichkeit hinaustreibt. Damit der Mensch die Verantwortung für seine Mit-, Um- und Nachwelt auch tatsächlich übernimmt (und nicht nur darüber räsonniert), ist es aus moraltheologischer Sicht nötig, ihn von der Unhintergehbarkeit ethischer Forderungen zu überzeugen, die sich nur im Horizont des Glaubens an die übernatürliche Geschaffenheit der Welt einstellt. Die transzendente Orientierung nimmt den Platz der transzendentalen Begründung ein und sorgt dafür, daß die situative Bewältigung von Problemlagen dem *absoluten Imperativ* der Fürsorge, Solidarität und der Aufrechterhaltung einer menschengerechten Ordnung unterstellt wird. An die Stelle hypothetischer Sollensbegründungen, denen ein letzter Grund fehlt, tritt der christliche Schöpfungsglaube, der die anthropozentrische Fixierung der Moral aufheben und sie in den Anspruchskreis der göttlichen Vernunft hineinstellen soll. Indem der Mensch dem Wort Gottes folgt, wird die Spannung zwischen der Begründung und der Verwirklichung moralischer Regeln aufgehoben und in eine umfassende Pluralität der sozialen Praxis eingebettet, die sich »von vornehrein im Zusammenspiel verschiedener, unterschiedlich strukturierter Verhältnisse unbedingter Beanspruchung bewegt«.[32]

2.2 Eschatologische Komplexitätsreduktion

Aus theologischer Sicht wird Verantwortung damit zu einem »Terminus, der sowohl in theoretischer als auch in praktischer Hinsicht Komplexität entschlüsselt«,[33] weil er die Alternative zwischen normativer Legitimation und faktischer Geltung unterläuft und als kontextualistisches Prinzip der Folgenorientierung in heterogenen Sozialzusammenhängen wirksam

---

31 Ebd., S. 75.
32 Ralf-Peter Koschut, *Strukturen der Verantwortung*, S. 397.
33 Ebd.

wird. Diese Wirksamkeit erhält er freilich nur dadurch, daß er in das soteriologische Geschehen der christlichen Glaubenserfahrung eingelassen ist, die ihm seine integrative Verbindlichkeit verleiht. Erst vor dem Hintergrund der religiös fundierten Heilswirklichkeit erschließen sich die verantwortungsethischen Anspruchsverhältnisse, in denen der Mensch als soziales Individuum auf spannungsreiche Weise steht.[34] Die theologische Perspektive hält den widersprüchlichen Horizont des menschlichen Handelns offen und sichert ihn zugleich in der Rückführung auf die eschatologische Heilsgewißheit ab, durch die »das Ganze, worauf alle Geschichte aus ist, in die eigene Verantwortung«[35] genommen wird. Im Bewußtsein göttlicher Geborgenheit verliert die Ambivalenz der Weltgeschichte ihre Bedrohlichkeit und setzt ein Vertrauen in die Zukunft frei, durch die es dem Menschen gelingt, »sich seiner konfliktreichen, gerade nicht einheitlichen und von vielen Spannungen durchkreuzten Existenz aufrichtig und unverkürzt zu stellen«.[36]

Es ist somit der Schöpfungs- und Offenbarungsglaube, der zu einer verbindlichen (Letzt-)Begründung verantwortlichen Handelns führt, das ansonsten der Beliebigkeit subjektiver Entscheidungen und dem Zufall der Geschichte ausgeliefert wäre. Aus der Gottesebenbildlichkeit des Menschen folgt die unbedingte Verpflichtung, den freien Willen den Geboten der göttlichen Vernunft zu unterstellen.[37] Die Moraltheologie erkennt den weltanschaulichen Pluralismus moderner Gesellschaften an und geht von faktischen Anspruchskollisionen und Interessenkonflikten aus, die auf dem Weg der »kommunikativen Konsensbildung«[38] geregelt werden müssen. Indem die theologische Ethik den Blick auf die Endlichkeit des Menschen lenkt, seine Fehlbarkeit und Ohnmacht in den Vordergrund stellt, richtet sie die Aufmerksamkeit auf diejenigen Voraussetzungen der Moral, die sich unter kognitivistischen Vorzeichen nicht vollständig einholen lassen. Ihre besondere Leistung besteht darin, die *Abhängigkeit des ethischen Handelns von externen Bedingungen* zu thematisieren, die der Verantwortlichkeit des Menschen einen prekären und fallibeln Zug verleihen, zugleich aber dafür sorgen, daß er sich auf unmittelbare Weise zum Handeln herausgefordert weiß. Insofern ist die Frage berechtigt, »ob nicht der Schritt in die Theologie unvermeidlich ist, wenn eine Verantwortungsethik konsistent begründet werden soll«.[39] Die theologische Perspektive ist durch den *obligationstheoretischen Vorteil*

---

34 Vgl. Josef Römelt, *Theologie der Verantwortung*, S. 11 f.
35 Ebd., S. 115.
36 Ebd., S. 138 (i. Orig. kursiv).
37 So Franz Böckle, »Theologische Dimensionen der Verantwortlichkeit«, S. 64 (i. Orig. kursiv): »Eine hinreichende Begründung unbedingter Pflicht ergibt sich allein aus der dialogischen Existenz des Menschen als Imago Dei.«
38 Ebd., S. 72.
39 Ulrich H. J. Körtner, »Verantwortung«, S. 101.

gekennzeichnet, die Instanz, vor der sich das verantwortungsethische Handeln rechtfertigen soll, im Glauben immer schon anerkannt zu haben. Das gläubige Individuum steht schon *in* der Verantwortung, *zu* der es ansonsten erst aufgefordert werden müßte. Die Motivationsdefizite kognitivistischer Verantwortungsethiken werden dadurch ausgeglichen, daß den Handelnden ein wert- und güterethischer Sinnhorizont vor Augen steht, auf den hin ihr moralisches Engagement ausgerichtet ist und der vor jeder rationalistischen Legitimation seine verbindliche Geltungskraft entfaltet.[40]

Die moraltheologische Konkretion des Verantwortungsbegriffs gelingt freilich nur um einen hohen Preis. Die Einbeziehung nichtintendierter Handlungsfolgen und Berücksichtigung der faktischen Komplexität sozialer Interaktionsverhältnisse sind erkauft durch die *Verabsolutierung ethischer Orientierungen,* die in ihrer religiösen Fundierung nicht verallgemeinerungsfähig sind, jedenfalls nicht im Kontext weltanschaulich säkularisierter Gesellschaften der Hochmoderne. Die Konkretisierung des Verantwortungshandelns funktioniert nur unter metaphysischen Voraussetzungen, die von der persönlichen Disposition der Akteure abhängen. Entsprechend sind die Gebote der Aufrichtigkeit und Nächstenliebe nur bedingt nachvollziehbar, haben ihren Grund nicht in unbedingten Pflichten, sondern in individuellen Haltungen und subjektiven Einstellungen zur Moral. Dies hat zur Folge, daß die Instanz, vor der die Rechenschaft für das Handeln abgelegt wird, unklar ist. So soll der einzelne sich vor seinem eigenen Gewissen verantworten, steht aber zugleich in der unhintergehbaren Verantwortlichkeit vor Gott, dem gegenüber er all sein Tun zu rechtfertigen hat. Insofern Gewissensentscheidungen aus persönlichen Glaubensüberzeugungen zur Absolutsetzung ihrer Gründe tendieren, kann die Moraltheologie die Gefahr des gesinnungsethischen Rigorismus nicht gänzlich aus dem Weg räumen: Der Gehorsam gegenüber dem göttlichen Anspruch garantiert nicht schon die verantwortungsethische Selbstreflexion.

Aus diesem Umstand resultieren zwei entgegengesetzte Konsequenzen: Zum einen wird der Verantwortungsbegriff auf die gesamte Schöpfungswelt *ausgedehnt,* er umgreift die Natur, die schuldhaften Vergehen der Vergangenheit und das Schicksal zukünftiger Generationen. Die Moraltheologie totalisiert die Verantwortungsethik zu einer temporalen und globalen Allsolidarität mit den Kreaturen und Mitgliedern einer welt- und geschichtsumspannenden Schöpfungsgemeinschaft. Zum anderen wird die menschliche Verantwortlichkeit in schöpfungstheologischer

---

40 Zur Unbedingtheit religiöser Verantwortung vgl. Jörg Splett, »Verantwortung religionsphilosophisch gesehen«, S. 63. Zur wertethischen Fundierung vgl. Hartmut Kreß, »Die Kategorie ethischer ›Verantwortung‹ in der neueren Diskussion«, S. 90 f.

Perspektive *eingegrenzt*, dient die christliche Rechtfertigungslehre der Entlastung von Handlungsansprüchen, denen sich der Mensch im Vertrauen auf die göttliche Schuldvergebung entzieht.[41] Hierin liegt eine bemerkenswerte Paradoxie, denn die Komplexität der modernen Welt, die ja gerade den Verantwortungssinn notwendig macht, wird zugleich mit seiner Hilfe auf ein humanes Maß reduziert: Die Verantwortlichkeit wird auf das beschränkt, was im Bereich des Mit-Leidens, der unmittelbaren Emphatie und der persönlichen Gewissensforderung liegt, die sich im Einklang mit Gottes Anspruch an den Menschen wähnt. An die Stelle kontingenter Ereignisketten, die keiner stringenten Vollzugslogik gehorchen, tritt der Glaube an eine höhere Bedeutsamkeit und Sinnhaftigkeit der Weltgeschichte, die unter eschatologischen Vorzeichen auf ein letztes Ziel hin ausgerichtet wird. *Die Moraltheologie betrachtet die Offenheit und Vielfältigkeit komplexer Prozesse vor dem Hintergrund einer finalen Teleologie, die der Eigendynamik der modernen Welt ihre Bedrohlichkeit nimmt und sie verantwortungsethisch handhabbar macht.* Den sozialen Konflikten und Interessenkollisionen, von denen sie in ihren Forderungen nach mehr konkreter Verantwortlichkeit spricht, weicht die Moraltheologie dadurch aus, daß sie die normativen Spannungsverhältnisse im Horizont der Erlösung aufhebt. Anstatt die Moral dem Test der Zustimmungsfähigkeit unter komplexen Handlungsbedingungen zu unterziehen, wird sie auf eine transzendente Heilsgewißheit zurückgeführt, die die Versöhnung der konfligierenden Ansprüche implizit schon enthält. Damit aber bleibt der erstrebte Konsens genauso hypothetisch wie im kognitivistischen Verfahren der Normenlegitimation: Allein der Glaube garantiert die Einigung über strittige Ansichten und die Berücksichtigung nichtintendierter Handlungsfolgen, die sich unter der Hand zu Bestandteilen einer vernünftigen Ordnung menschlicher Planung fügen.

3. Responsive Verantwortung

Die Verabsolutierung der Verantwortung, wie sie sich exemplarisch in der Moraltheologie beobachten läßt, wird den komplexen Handlungsumständen in hochmodernen Gesellschaften nicht gerecht. Sie führt nicht zu einer Einbeziehung der vielfältigen und spannungsreichen Kontexte, in denen sich soziale Akteure bewegen und Entscheidungen unter hochgradigen Unsicherheitsbedingungen vollziehen, sondern vielmehr

---

41 So Hartmut Kreß, »›Verantwortung‹« in der Ethik des 20. Jahrhunderts, S. 129: »Das Rechtfertigungsgeschehen beinhaltet die Vergebung von Schuld, welcher auch ein verantwortliches Handeln nicht entgehen kann, und bedeutet Entlastung und innere Befreiung des Menschen von *überdehnten* Handlungsforderungen und -ansprüchen.«

zur eschatologischen *Reduktion kognitiver und normativer Ungewißheit.*
Im Unterschied zur Versöhnung normativer Konflikte vor dem Hintergrund einer absoluten Verantwortungsinstanz setzen responsive Verantwortungsmodelle den Hauptakzent auf die unmittelbare Begegnung zwischen leibhaftigen Individuen, aus der eine moralische Inanspruchnahme hervorgehen soll, die nicht in einer höherstufigen Verbindlichkeit der Bezugnahme gründet, sondern in den direkten Antwortverhältnissen auf das aktuelle Gegenüber. Nicht *das* Andere im Sinn einer transzendent-metaphysischen Dimension, vielmehr *der* Andere als phänomenale und konkrete Person soll der Grund einer ethischen Verantwortlichkeit sein, in die das handelnde Ich gewissermaßen ohne sein eigenes Zutun hineingezogen wird.[42]

3.1 Ohnmacht ethischer Subjektivität

Die responsive Bestimmung von Verantwortlichkeit hat ihre Ursache in der pflichtentheoretischen Deobjektivierung der Moral, durch die der ›subjektive Sinn‹ verantwortungsethischen Handelns in den Vordergrund tritt.[43] Das Selbstverständnis des Individuums als *ethisches Subjekt,* das aus eigenen Überzeugungen und nicht nur aus auferlegten moralischen oder rechtlichen Verpflichtungen in sozialen Zusammenhängen agiert, wird um so virulenter, je stärker die Verwissenschaftlichung der objektiven Welt und ihre gegenwartsüberschreitende Vergeschichtlichung zunimmt. Hierin liegt für Walter Schulz der Grund, daß die Verantwortungskategorie mit fortschreitender Rationalisierung der Moderne an individueller Bedeutung gewinnt: »Die Vergeschichtlichung«, so Schulz, »muß letzten Endes ethisch ausgerichtet sein, und die ethische Verantwortung kann sich nur im Raum der eigenen geschichtlichen Situation konstituieren und verwirklichen. [...] Sie ist dem Einzelnen unabdingbar auferlegt. Hier trifft man den Punkt des Selbstverständnisses, der nie ganz und vollständig objektivierbar ist.«[44] Die Nichtobjektivierbarkeit der Verantwortung bedeutet jedoch nicht, daß sie in den Raum der Innerlichkeit gehört und aus allen welthaften Relationen herausgelöst wird. Verantwortung ist vielmehr »eine Bezugskategorie. In einer Verantwortungsethik müssen daher die Fragen des *zwischenmenschlichen* Verhaltens, und zwar in möglichster Konkretion, im Vordergrund stehen.«[45] Die Konkretisierung der Verantwortung erfordert

---

42 Siehe dazu auch oben Teil III. 2.2.
43 Vgl. Alfred Schütz, »Einige Äquivokationen im Begriff der Verantwortlichkeit«, S. 256–258.
44 Walter Schulz, *Philosophie in der veränderten Welt,* S. 631 f.
45 Ebd., S. 632.

die Berücksichtigung ihrer anthropologischen, sozialen und sachlichen Grundlagen, bedeutet Sorge und Engagement für eine gute Ordnung des gemeinsamen Zusammenlebens, die nur durch den ethischen Selbsteinsatz des »Einzelnen« geleistet werden kann.[46] Verantwortung, die den Zeitbezügen der modernen Welt angemessen ist, erschöpft sich nach Schulz nicht in der Klärung von Zurechnungs- und Zuständigkeitsfragen, wie sie unter juristischen Vorzeichen durchgeführt wird, sondern muß durch »das *Übernehmen der eigenen Verantwortung*«[47] erweitert werden, die im ethischen Engagement der Handelnden zum Ausdruck kommt. Es gehört zum Wesen dieses verantwortungsethischen Engagements, daß es die Objektivität moralischer Sollenspflichten unterläuft und dem freien Entschluß des Individuums entspringt, das sich mit unabweisbaren Forderungen zum richtigen Handeln konfrontiert sieht, wie sie aus konkreten historischen Situationen hervorgehen. Das ethische Handeln muß im »*Kontext*« seiner Verwirklichung »erfaßt und bedacht werden«,[48] was nur durch politische Lernprozesse möglich ist, die die Verantwortlichkeit des Menschen einerseits in den »Nahhorizont« der Geschichte hineinstellen, wo sie sich im wesentlichen als wechselseitiges Antwortgeben entfaltet, und zum anderen an den »Fernhorizont« anbinden, in dem es stärker erforderlich ist, »daß ich mich selbst allererst ›aufrufe‹« und »als aktiver Teilnehmer ins Spiel«[49] bringe.

Verantwortung ist für Schulz ein *responsives Entsprechungsverhalten*, in dem der Einzelne sich vom ethischen Selbstbezug ausgehend der Mit- und Sachwelt öffnet, um ihren konkreten Anforderungen nachzukommen. Ihr Fluchtpunkt besteht in der Verwirklichung einer humanen Lebensordnung, die um so mehr auf den ethischen Einsatz des Individuums angewiesen ist, je weiter die »Vorherrschaft des *technologischen Denkens*«[50] voranschreitet. Daß die Verantwortungsethik dabei vorrangig eine reaktive Rolle spielt und den Folgen des wissenschaftlichen Fortschritts nur bedingt gewachsen ist, wird in den späteren Arbeiten von Schulz deutlich, in denen ein pessimistischer Ton die Oberhand gewinnt: »Angesichts des unübersehbaren Prozesses, der sich gleichsam über die Köpfe der einzelnen hinweg zu vollziehen scheint, wird die Frage wach, ob die Kategorie der Verantwortung, die ja mit der Kategorie der *Zuständigkeit* im Sinne der *Verantwortlichkeit* zusammenhängt, in bezug auf das Geschehen im Großen noch sinnvoll ist.«[51] Mit

---

46 Vgl. ebd., S. 705.
47 Ebd., S. 712.
48 Walter Schulz, *Philosophie in der veränderten Welt*, S. 742.
49 Ebd., S. 840.
50 Ebd., S. 852.
51 Walter Schulz, *Grundprobleme der Ethik*, S. 308.

der Eigendynamik systemischer Prozesse wächst zwar der Bereich, *für* den der Mensch Verantwortung zu tragen hat, aber gleichzeitig lösen sich mit dem Zerfall von Metaphysik und Religion die Instanzen auf, *vor* denen Verantwortung übernommen wird. Die säkularisierte Ethik ist auf die reflektierende Vernunft zurückgeworfen, die in der Subjektivität einen nicht hintergehbaren Fixpunkt moralischen Handelns hat, dessen praktischer Erfolg angesichts der anwachsenden Versachlichung der Wirklichkeit jedoch mehr als zweifelhaft ist. Gleichwohl hält Schulz an der responsiven Ausrichtung seiner Verantwortungsethik fest. In der »*Wendung zum Anderen*«[52] findet die nachmetaphysische Ethik ihren Grund und ihre Orientierung, jedenfalls im geschichtlichen Nahhorizont, der wesentlich durch mitmenschliches »*Antwortverhalten*«[53] geprägt ist. Im geschichtlichen Fernhorizont gestaltet sich die responsive Bindung an den Anderen dagegen schwieriger, trifft die Verantwortungsethik auf eine handlungstechnische und moraltheoretische Grenze, die eine dialektische Einschränkung ihres Geltungsbereiches erforderlich macht.[54]

Schulz sieht sehr deutlich, in welche Aporien die geschichtliche Erweiterung des Verantwortungsbegriffs führt, wenn man an seiner responsiven Grundstruktur festhält, die personale Akteure in zwischenmenschlichen Situationen voraussetzt. Die »Herrschaft der Superstrukturen«[55] schränkt die Eingriffsmöglichkeiten der Individuen ein, macht aber ihr verantwortungsethisches Engagement notwendig, ohne das die systemischen Operationen allein ihrer inhärenten Sachlogik folgen. Angesichts der Erkenntnis, daß wir die technologisch-wissenschaftliche »Gesamtsituation nicht mehr einsichtig steuern können«, gleichwohl aber dazu »aufgefordert sind, das Geschehen durch uns selbst zu vermitteln«,[56] gerät die Ethik in eine paradoxe Schieflage: Sie muß die Ohmacht des Einzelnen anerkennen und zugleich darauf setzen, daß er über die gegenwärtige Situation hinaus dem »Anspruch des Anderen« nachkommt, der eine »Antwort«[57] auf das historische Geschehen verlangt. Verantwortungsethisches Handeln steht im Zeichen der »Absurdität«, denn es kann sich allein »gegen die Resignation konsolidieren« und zu praktischem Erfolg gelangen, wenn es die Eigendynamik der Geschichte in Richtung auf ein »besseres Sein«[58] transzendiert, aber dieses Sein ist planungstechnisch verstellt und metaphysisch verborgen. Einzig das Bewußtsein der eigenen Sterblichkeit ist noch in der Lage, so etwas wie eine umfassende

52 Ebd., S. 316.
53 Ebd., S. 321.
54 Vgl. ebd., S. 349.
55 Ebd., S. 381.
56 Ebd., S. 392.
57 Ebd., S. 406.
58 Ebd., S. 423.

Perspektive der Geschichte zu erschließen, aus der die Aufforderung zum Handeln gegen alle realen Widerstände und normativen Indifferenzen erwächst.[59] Die skeptische Relativierung des Verantwortungsbegriffs, die Schulz in seinen späten Schriften betreibt, hat ihren Grund in der Komplexitätssteigerung der modernen Welt, die dazu geführt hat,»daß Subjekt und Objekt so ineinander verflochten sind, daß es nicht mehr möglich ist, ihre Bezüge klar zu durchschauen.«[60] Die Nichtdurchschaubarkeit und Nichtlenkbarkeit der modernen Wirklichkeit kommt in einem Auflösungsprozeß normativer Bewertungsmaßstäbe zum Ausdruck, der die ethische Subjektivität in einen »Schwebezustand« zwischen Weltbindung und Weltferne, zwischen »Verantwortung und Vergleichgültigung«[61] versetzt. Obwohl keine verbindlichen Handlungsorientierungen existieren und die Interventionen in die Sachprozesse immer schwieriger werden, bleibt das reflektierende Individuum der letzte Bezugspunkt moralischer Entscheidungen. Es muß sich trotz der Negativität der Welt »seiner Situation stellen und sich ver-antworten, das heißt primär: er muß eine *Antwort suchen auf die Probleme, die der gebrochene Weltbezug mit sich bringt*«.[62]

Damit aber erhält der Verantwortungsbegriff äußerst widersprüchliche Konturen. Einerseits lastet das Gewicht der Moral auf den Schultern des Individuums, ist alles Handeln vorrangig Selbstverantwortung, indem der Einzelne sich gegen die Übermacht der Sachprozesse zur Wehr setzt und tätig in sie eingreift. Andererseits vereitelt gerade die Dynamik der Prozesse den praktischen Erfolg des Verantwortungshandelns, das an der entmoralisierten Sachlogik ohnmächtig abprallt und die Fernwirkungen der in Gang gesetzten Entwicklungen nicht mehr in den Nahhorizont des Antwortenkönnens hereinzuholen vermag. Die Ethik gerät in einen Zustand der *Unbestimmtheit*, pendelt zwischen reflexiver Distanz und Auslieferung an die Sachzwänge, kreist zwischen den Polen des Eingreifenwollens und Nichteingreifenkönnens. Dieses ›Schweben‹ ist das Resultat einer subjekttheoretischen Einengung des Verantwortungsbegriffs, die ihre Wurzeln in der idealistischen Tradition der Bewußtseinsphilosophie hat. Schulz entkommt der pauschalen Alternative Individuum versus Gesellschaftssystem nicht, weil er sämtliche Handlungsvollzüge von der welterschließenden Subjektivität her bestimmt und damit den Objektbereich des Handelns personalistisch verkürzt. Durch die Vorentscheidung, daß ethische Verantwortlichkeit auf dem responsiven Verhältnis zwischen personalen Individuen beruht und moralisches Bewußtsein

---

59 Vgl. ebd., S.401.
60 Walter Schulz, *Subjektivität im nachmetaphysischen Zeitalter*, S.329.
61 Ebd., S.333.
62 Ebd., S.369. Vgl. auch Walter Schulz, *Der gebrochene Weltbezug*, S.230.

nur in subjektiven Entsprechungssituationen entsteht, wird der Blick auf die institutionelle und organisatorische Regulierung von Verantwortungserfordernissen verstellt. Allein das Wissen um den eigenen Tod führt dazu, die Auslieferung an die Weltwirklichkeit zu durchbrechen und das subjektive Handeln in einen erweiterten Handlungshorizont hineinzustellen, in dem das Individuum in der Abstandnahme von sich neue Freiheiten der Verantwortlichkeit erschließt, die allerdings inhaltlich unbestimmt und vage bleiben.[63]

3.2 Anarchische Totalisierung

Die radikalste Ausformulierung des responsiven Verantwortungsgedankens findet sich bei Emmanuel Lévinas, der in einer fulminanten Überbietung der jüdischen Dialogphilosophie Rosenzweigs und Bubers von einer unhintergehbaren Auslieferung an den Anderen ausgeht, die sich mit dem Eintritt des Menschen in das ›äußere Sein‹ vollzieht: »Die Rückkehr zum äußeren Sein [...] besteht darin, in die Geradheit des Von-Angesicht-zu-Angesicht einzutreten. Das ist kein Spiegelspiel, sondern meine Verantwortung, d.h. eine Existenz, die schon verpflichtet ist. [...] Das Überschreiten der phänomenalen oder inneren Existenz besteht nicht darin, vom Anderen die Anerkennung zu erhalten, sondern ihm das eigene Sein anzubieten.«[64] Die Verantwortung für den Anderen resultiert nicht aus dem gemeinsamen Sprachgebrauch, ist keine Konsequenz der Gattungsverwandschaft oder Vergesellschaftung des Menschen, sondern entspringt der unmittelbaren Wahrnehmung eines anderen Gesichts, das mich in seiner Fremdheit in Beschlag nimmt. Die durch die Epiphanie des Antlitzes geweckte Verantwortung ist in ihrer temporalen und moralischen Ausdehnung unendlich, sie bildet eine Art Verurteilung zur Güte, die über die Erfüllung objektiver Gerechtigkeitsforderungen hinausgeht, weil sie ein Wesenszug des Ich ist, das mit seiner Verantwortlichkeit zusammenfällt und darin dem Anderen unterworfen ist: »Jenseits der Gerechtigkeit des universalen Gesetzes stellt sich das Ich unter das Urteil dadurch, daß es gut ist. Die Güte besteht darin, sich im Sein so zu setzen, daß der Andere mehr zählt als ich selbst.«[65]

63 »Im Blick auf den Tod erkenne ich meine Endlichkeit im Sinn einer *Belastung* und einer *Entlastung* zugleich. [...] Ich bin nicht festgelegt, und hier zeigt sich, daß ich eine gewisse *Verantwortung für mein Leben* habe im Blick darauf, daß ich es, soweit ich kann, ›sinnvoll‹ zu gestalten versuche.« (Walter Schulz, *Subjektivität im nachmetaphysischen Zeitalter*, S. 368.)
64 Emmanuel Lévinas, *Totalität und Unendlichkeit*, S. 266. Zur Verantwortungsethik von Lévinas vgl. Sabine Gürtler, *Elementare Ethik*, S. 147–173.
65 Emmanuel Lévinas, *Totalität und Unendlichkeit*, S. 364. Zum gerechtigkeitsüberschreitenden Charakter des Verantwortungsbegriffs vgl. Stéphan

Lévinas, der sich damit in einer frappanten Nähe zur Moralphilosophie Eberhard Grisebachs befindet,[66] kehrt die traditionelle Blickrichtung um: Ich antworte nicht auf die Gegenwart des Anderen, sondern *überantworte* mich ihm, lebe und existiere *für* den Anderen, bin von ihm »besessen«, werde zu seiner »Geisel«.[67] Die Übernahme der Verantwortung geschieht ohne den Willen des Subjekts, gründet weder auf persönlicher Anteilnahme noch genauer Kenntnis des Anderen. Sie ereignet sich unfreiwillig, passiv und reflexionslos. Die Unbedingtheit der Verantwortung sprengt nicht nur die Symmetrie reziproker Anerkennungsverhältnisse, sondern genau genommen auch die responsive Logik des Antwortgebens und wird zu einer anarchischen Leidenschaft, in der sich die Identität des Ich auflöst und seinem Gegenüber anheimfällt.[68] Die mitmenschliche Solidarität hat für Lévinas keinen genuin ethischen Grund, sie entsteht vielmehr in der Erfahrung der Belagerung und Verfolgung durch den Anderen, die das Ich aus seiner Selbstgewißheit herausreißt, seinem Gegenüber unterwirft und damit von ihm substituiert wird. Vor jeder vertraglichen Bindung tut sich die Verantwortlichkeit als eine Weise des Ausgesetztseins an ein Gegenüber kund, mit dem mich nichts verbindet, an dem ich nicht interessiert bin, für das ich keinen Respekt empfinde. Sie bildet eine exorbitante *Ausnahmebeziehung*, in der ich zum Stellvertreter des Anderen werde, der auf unvordenkliche Weise Teil meines Selbst ist.[69]

Die Verantwortung für den Anderen, die nach Lévinas mit einer grenzenlosen Schuldigkeit für seine Handlungen einhergeht und bis in die intentional nicht mehr erreichbaren Tiefen seiner Vergangenheit hineinreicht, hat ihre Wurzeln in einer »vorursprüngliche[n] Empfänglichkeit«,[70] die über die Einbindung des Menschen in einen geschichtlichen Geschehenszusammenhang und soziale Interaktionsverhältnisse hinausreicht. Sie bildet das Ereignis einer Beschlagnahme, einer »Verwundung« und »Erwählung«[71] durch die Gegenwart des Anderen, die in einem Jenseits der Geschichte und der gesellschaftlichen Praxis verankert ist. Sie beruht nicht auf kommunikativer Verständigung und der Rechtfertigung von Geltungsansprüchen, sondern auf dem

Mosès, »Gerechtigkeit und Gemeinschaft bei Emmanuel Lévinas«, S. 364–384.
66 Vgl. Klaus-Michael Kodalle, *Schockierende Fremdheit*, S. 19 f.
67 Vgl. Emmanuel Lévinas, *Die Spur des Anderen*, S. 288–291.
68 Vgl. ebd., S. 301, S. 316.
69 Zur zeitlichen und ethischen Vorgängigkeit der Verantwortung vgl. Emmanuel Lévinas, *Wenn Gott ins Denken einfällt*, S. 257–265; zur Stellvertretung als ›Sinn der Verantwortung‹ vgl. ebd., S. 98 f.; zur Ausnahmebeziehung S. 41 f.
70 Emmanuel Lévinas, *Humanismus des anderen Menschen*, S. 73.
71 Ebd., S. 71, S. 76.

»Angeklagt-Werden«[72] durch die nackte Existenz eines anderen Subjekts, das mich in seiner Schutzbedürftigkeit gefangennimmt, weil es von einem atopischen »Nicht-Ort«, aus einer transzendenten Ungegenwärtigkeit zu mir spricht.[73] Daß die Verantwortung »dem *Sein* vorausgeht«, bedeutet, daß das Ich »verantwortlich für alles und alle«[74] ist. Ohne sich Fehler, Vergehen oder Verstöße zurechnen zu müssen, steht das Subjekt in einer *totalen Verantwortung*, auch wenn ihm der Grund entzogen bleibt. Das außerordentliche Ereignis der Verantwortung bricht als eine »nicht in Immanenz umkehrbare Transzendenz«[75] in die alltägliche Lebenswirklichkeit ein und unterwirft das Subjekt einem Gehorsam gegenüber dem Nächsten, der seinen Ursprung im Unendlichen hat und mich zum Urheber dessen macht, »was mir, *ohne daß ich es wußte,* eingeflüstert worden ist«.[76]

Die Fundierung der Verantwortung für den Anderen in einer grundlosen Inspiration und ihre Herleitung aus dem Einbruch der Transzendenz in die profane Lebenswelt übersteigen den Horizont einer säkularen Ethik der Responsivität. Der Verantwortungsbegriff von Lévinas ist eschatologisch grundiert, oder genauer: messianisch, wenn man darunter das Aufbrechen der historischen Kontinuität in Richtung auf eine Zeit jenseits der Geschichte versteht.[77] Die transhistorische Ausrichtung der Verantwortung steht in der Tradition des jüdischen Messianismus, in der ein verborgener Gott in jedem Augenblick in die Geschichte eintreten kann. Alles Handeln geschieht in Gegenwart eines *deus absconditus*, der sich im Antlitz des Nächsten widerspiegelt, seine Alterität konstituiert und zugleich auf die Unendlichkeit hin transzendiert, von der her die Sorge für das Gegenüber ihren unbedingten Verpflichtungscharakter erhält.[78] Die situative Begegnung mit dem Anderen vollzieht sich vor dem Hintergrund einer metaphysischen Zeiterfahrung, die als *das*

72 Ebd., S. 95.
73 Vgl. Emmanuel Lévinas, *Jenseits des Seins oder anders als Sein geschieht*, S. 40.
74 Ebd., S. 253.
75 Ebd.
76 Ebd., S. 326; vgl. auch S. 352.
77 Vgl. Emmanuel Levinas, *Totalität und Unendlichkeit*, S. 22: »Das Eschatologische, als das ›Jenseits‹ der Geschichte, entzieht die Seienden dem Richterspruch der Geschichte und der Zukunft – es läßt die Seienden zu ihrer vollen Verantwortung entstehen, es ruft sie zur vollen Verantwortung auf.« Siehe dazu Michael Mayer, »Transzendenz und Geschichte«, S. 239–247. Zum Unterschied zwischen messianischer und eschatologischer Geschichtsinterpretation vgl. Ludger Heidbrink, »Renaissance des Messianismus«, S. 444–449.
78 Zur Einbeziehung der messianischen Zeit in die mundane Zeitlichkeit vgl. Wolfgang Lesch, »Religiöse Ethik«, S. 19 f.

Andere die Auslieferung an ein personales Gegenüber bewirkt, das sich mir zugleich in seiner Personalität entzieht.[79] Die Alterität wird bei Lévinas soweit gesteigert, daß sie sämtliche konventionellen Verantwortungsverhältnisse aufsprengt und an ihre Stelle ein epiphanisches Offenbarungsgeschehen treten läßt, in dem der Andere als numinoses Ereignis die Grenzen der Moral durchbricht.

Man kann in diesem Versuch, die *Alternativlosigkeit der Verantwortung* aus den Quellen der jüdischen Religions- und Dialogphilosophie abzuleiten, eine mitleidsethische Korrektur der Kantischen Moraltradition erkennen, durch die der Blick auf die Bereitschaft zum Moralischsein gerichtet wird, die dem normativen Begründungsakt vorausgehen muß.[80] Allerdings wird der extreme Humanismus von Lévinas nur unzureichend mit mitleids- oder fürsorgethischen Kategorien erfaßt. Die Inanspruchnahme durch den Anderen gründet weniger in einer Fundamentalisierung der Nächstenliebe als in ihrer Transzendierung in Richtung auf eine unhintergehbare Auslieferung an den ›Nächsten‹, der sich in seiner Fremdartigkeit und Unfaßbarkeit den herkömmlichen Geboten der Fürsorge und Wohltätigkeit entzieht. Nicht die Tugend der Benevolentia, sondern das *factum brutum* der Überantwortung ist es, das nach Lévinas den grundlosen Grund moralischer Anteilnahme ausmacht. Dieser radikale Responsivismus ruht nicht auf ontologischen Stützen, die in einer immanenten Werthaftigkeit des Seins verankert sind und ein autonomes Subjekt der Entscheidung verlangen, er hängt vielmehr an einem metaphysischen Firmament, unter dem niemand dem Anspruch des Anderen aus dem Weg gehen kann. Die Verpflichtung zur Verantwortung stellt für Lévinas anders als etwa im Existenzialismus Sartres nicht das Resultat menschlicher Freiheit dar, sondern einer ursprünglichen Beschlagnahmung und Fesselung durch den Anderen, die in den unbedingten Gehorsam gegenüber seinen Belangen und Forderungen einmündet.[81]

Der Umstand, daß die Verantwortlichkeit des Menschen nicht disponibel ist, kein Produkt der Zuschreibung bildet, die nach bestimmten

---

79 Zum Verhältnis zwischen zeitlicher Andersheit und personal Anderem vgl. Emmanuel Lévinas, *Die Zeit und der Andere*, S. 49 f.
80 Vgl. Micha Brumlik, *Phänomenologie und theologische Ethik*, S. 131–137.
81 Für Sartre folgt die Verantwortung daraus, »daß der Mensch, der verurteilt ist, frei zu sein, das ganze Gewicht der Welt auf seinen Schultern trägt: er ist, was seine Seinsweise betrifft, verantwortlich für die Welt und für sich selbst« (Jean-Paul Sartre, *Das Sein und das Nichts*, S. 696). Anders als bei Lévinas ist die Verantwortung jedoch für Sartre nicht in der Begegnung mit dem Anderen verankert, sondern im Vollzug der eigenen Existenz. Sie wird erst dadurch zur absoluten Verantwortung, daß der einzelne sie *übernimmt*. »Tatsächlich bin ich für alles verantwortlich, außer für meine Verantwortlichkeit selbst, denn ich bin nicht die Grundlage meines Seins. Alles geht so vor sich, als ob ich gezwungen wäre, verantwortlich zu sein.« (Ebd., S. 699.)

Kriterien vollzogen wird, erweitert den Bereich der moralischen Zuständigkeit über das normativ Zurechenbare hinaus auf Handlungsvollzüge, die sich nicht auf jemandes Entscheidung zurückführen lassen. Hieraus ließe sich eine komplexitätsaffine Anwendung des Verantwortungsbegriffs auf Prozeßverläufe gewinnen, die in ihrer Diffusität und Eigendynamik keine Identifizierung von rechenschaftspflichtigen Urhebern erlauben, sondern es erforderlich machen, daß Folgen und Nebenfolgen schon im Vorfeld kausaler Zuschreibungen handlungsmoralisch mitreflektiert werden.[82]

Erkauft ist diese Erweiterung des Verantwortungsbegriffs auf nichtintendierte Handlungskonsequenzen jedoch mit dem Preis seiner *Entgrenzung und Totalisierung*, der Übertragung auf eine sozio-historische Wirklichkeit, in der der Andere immer schon da ist und Ansprüche erhebt, ganz gleich, ob er überhaupt von meinen oder anderweitig verursachten Handlungen betroffen ist. Die totale Verantwortlichkeit geht nicht nur von der »Divinisierung des Anderen«[83] aus, die auf der Umkehrung des traditionellen Selbstbezugs in einen genauso einseitigen Fremdbezug moralischen Handelns beruht. Sie führt auch zur paradoxen Eliminierung ihrer eigenen Voraussetzungen, nämlich der Wahlfreiheit autonomer Subjekte und ihrer moralischen Reaktion auf die Belange anderer, aber in ihrer Andersheit gleiche Subjekte. Wenn alle ethische Solidarität und Fürsorge in der Auslieferung an den Anderen wurzelt, die sämtliche Situationen lebensweltlicher Intersubjektivität dominiert, verliert die Verantwortung ihren moralischen Grund. Sie verwandelt sich in einen Akt der Erpressung, durch den der Mensch zum Angeklagten eines numinosen Gerichtsprozesses wird, in dem man ihn ohne Schuld verurteilt. Wo der Andere nicht nur personaler Adressat, sondern *anarchische Instanz* moralischer Verpflichtung ist, wächst die Verantwortung ins Bodenlose und raubt der responsiven Logik der Widerrede ihr Fundament. So wenig Verantwortung ohne Freiheit existiert, gibt es den Anderen ohne das Selbst, das ein Recht auf Rechtfertigung gerade dort besitzt, wo sich ihm die Folgen seiner Handlungen entziehen.

Zum Verantwortungsbegriff bei Sartre und Lévinas vgl. Bernhard Taureck, *Emmanuel Lévinas*, S. 27–35.

82 Zu den sozialpolitischen Handlungsdimensionen siehe auch Pascal Delhom, *Der Dritte. Lévinas' Philosophie zwischen Verantwortung und Gerechtigkeit*, S. 269–317.

83 Vgl. Wolfgang Kersting, »Der Andere als praktisch-politisches Problem«, in: ders., *Politik und Recht*, S. 176 f. Zur Kritik an der ›hyperbolischen‹ Interpretation des Anderen vgl. auch Paul Ricœur, *Das Selbst als ein Anderer*, S. 403–409.

3.3 Xenoethische Paradoxien

Die paradoxen Konsequenzen des extremen Responsivismus, der von der egalitären Ausgangssituation moralischer Interaktion absieht und von einem Antwortgeschehen ohne intersubjektives Gegenüber ausgeht, lassen sich auch in anderen Ansätzen der responsiven Ethik beobachten. So führt Bernhard Waldenfels das moralische Antwortverhalten auf einen »fremden Anspruch« zurück, der »wie ein toter Punkt der Abwesenheit und Fremdheit in jeder Äußerung, die ich vernehme«,[84] erscheint. Derjenige, der auf einen anderen Anspruch antwortet, befindet sich nach Waldenfels in einem responsiven Zwischenraum, der durch »kein vorgängiges Ziel-, Sinn- oder Kausalkontinuum« geprägt und durch »keine normative Klammer«[85] zusammengehalten wird. Aus diesem Grund greifen sämtliche regulierenden Ordnungsmodelle zu kurz, die das Antwortgeben mit der Erfüllung moralischer Gebote oder dem Befolgen juridischer Gesetze zu erklären versuchen. Wer dem Anspruch des Anderen entspricht, kommt keiner obligatorischen Aufforderung nach oder rechtfertigt sich für sein Handeln nach Maßgabe kodifizierter Prinzipien. Er reagiert vielmehr auf eine jeder regulativen Verantwortung vorausliegenden *Über-Antwortung an den Anderen*: »Das Antworten auf Ansprüche eines Anderen übersteigt nicht nur die Beantwortung von etwas, sondern auch die Verantwortung für etwas und vor jemandem. Die Verantwortung für den Anderen [...] ist nur denkbar vor dem Hintergrund einer radikalen Responsivität, die bereits in der Stimme des Anderen die Stimme des Gesetzes mithört.«[86]

Erst das Antworten, das die Reziprozität kommunikativer Verständigung durchbricht und die Symmetrie intersubjektiver Beziehungen auflöst, kann nach Waldenfels zum Ausgangs- oder besser: Durchgangsort einer responsiven Ethik gemacht werden, die sich nicht wieder in den Fangstricken herkömmlicher Moralkonzepte verfängt. Wer von der uneinholbaren Fremdheit des Anderen ausgeht, erkennt die »*Nachträglichkeit* jeder Gesetzesordnung« und zugleich damit den Umstand, daß ich »immer schon auf etwas geantwortet« habe, »wenn ich frage«, was der an mich ergehende »Anspruch besagt und ob er berechtigt ist«.[87] Der Umstand, daß ich mich dem Anspruch des Anderen nicht entziehen kann, zeigt sich darin, daß es keinen Ausweg aus der Überantwortung an den Anderen gibt, es sei denn um den Preis eines »*unendlichen deontischen Regresses*«, der »jede Regel in der Schwebe belassen und jede Verbindlichkeit als ›perennierendes Sollen‹ in eine unbestimmte Zukunft

---

84 Bernhard Waldenfels, *Antwortregister*, S. 193.
85 Ebd., S. 194.
86 Ebd., S. 312 f.
87 Ebd., S. 561 f.

verlegen«[88] würde. Im Gegensatz zur normativen Moral, die sich selbst nicht begründen kann und durch einen blinden Fleck der Legitimation gekennzeichnet ist, eröffnet das nachträgliche Antworten auf fremde Ansprüche einen »Raum für Verbindlichkeiten, die wir eingehen und immer schon eingegangen sind«. Gäbe es eine solche vorausliegende Verbindlichkeit nicht, »so wäre alle Moral ein Kraftakt, ein frommer Wunsch, eine Ausflucht, ein Kampf- und Zwangsmittel oder ein bloßer Zeitvertreib«.[89]

Der responsiven Ethik, die den Dialog zwischen Selbst und Anderem in einer unendlichen Verschiebung, einer unabschließbaren Bewegung der Differenz verankert, geht es nicht nur um die Einbeziehung des *lack of moral sense* in moralische Verhältnisse, nicht nur um die Berücksichtung eines »*Abgrunds an Unverantwortlichkeit*«,[90] der sich in verantwortungsethischen Beziehungen auftut, die durch einen Mangel an letzten Gründen gekennzeichnet sind. Ihr geht es vor allem darum, die blinden Flecken der Moral durch Sichtbarmachung zu verflüssigen, sie in der Bewegung des Antwortens aufzuheben und damit der ethischen Verantwortung einen *höheren Verpflichtungsgrad* zu verleihen, als ihr aus normativistischer und egalitaristischer Sicht zukommt. Dies gelingt ihr jedoch nur auf dem negativen Weg der Abweisung all dessen, was das alteristische Antworten wieder ins Korsett der angeblich identifizierenden Vernunftlogik und verrechnenden Gerechtigkeitsmoral zwängt. Um den Raum der Verantwortung für die Ansprüche des Anderen offen zu halten, muß die Antwort auf ein »Geben« zurückgeführt werden, das »seinen Ursprung in einem *Überschuß* [hat], der jede mögliche Ziel- und Gesetzeserfüllung übersteigt«.[91] Das Einstehen für den Anderen beruht auf einem »*Surplus*«, das »als unaufhörliches Korrektiv einer Gesellschaft, die immer schon unter dem Gesetz des Kalküls«[92] steht, in Kraft tritt. Dieses überschießende und anarchische Moment, das die Verantwortung in den Raum einer ursprünglichen Inanspruchnahme durch den Anderen zurückstellt, ist letztlich nur als Paradox zu denken, als ein »Mehr«, das sich der Vereinnahmung entzieht und zugleich unser moralisches Handeln anleitet, indem es den unendlichen Regreß, der am Grund jeder Moral droht, in den Hinweis auf »ein Außer-ordentliches« verwandelt, »das die Ordnungen durchbricht und damit unser Begehren, Sehen, Tun und Reden in Atem hält«.[93]

88 Ebd., S. 561.
89 Ebd., S. 566.
90 Bernhard Waldenfels, »Antwort der Verantwortung«, S. 328. Siehe auch ders., »Antwort und Verantwortung«, S. 140.
91 Bernhard Waldenfels, *Antwortregister*, S. 609.
92 Ebd., S. 621, S. 616 f.
93 Ebd., S. 635.

Die responsive Verantwortungsethik will die *Unmöglichkeit des Nichtmoralischseins* unter Beweis stellen, indem sie das In-der-Verantwortung-Stehen aus einem Geschehen des Antwortens ableitet, dem sich niemand entziehen kann, dem aber auch niemand gerecht wird. Sie möchte die Unhintergehbarkeit der Verantwortlichkeit in einer »leibhaftigen Ausgesetztheit« an fremde Ansprüche verankern, die »die Symmetrien und Rekurrenzen einer kommunikativen Ethik, die auf der Teilnahme an einer gemeinsamen Vernunft oder auf einem impliziten Vernunftvertrag gründet«,[94] aufsprengt und in eine prämoralische, aber verbindliche Begegnung mit dem Anderen überführt. Die Erfüllung unerfüllbarer Ansprüche soll sich durch eine paradoxe Inanspruchnahme durch den Anderen vollziehen, der jede Form der normativen Bezugnahme durchkreuzt und uns gleichwohl in seiner leibhaftigen Fremdheit auf verpflichtende Weise in Beschlag nimmt.

Diese Interpretation ethischer Verantwortlichkeit ist jedoch entweder trivial oder in ihren Konsequenzen selbstwidersprüchlich. Denn daß wir als soziale Wesen, die in lebensweltlichen Situationen auf personale Fremdsubjekte treffen, immer schon in responsive Verhältnisse eingelassen sind, auf die Anwesenheit, Wünsche, Interessen und Forderungen anderer reagieren, wird von niemanden ernsthaft in Zweifel gezogen. Jedes Verantworten ist auch immer zugleich ein *Antworten* auf das, was an Ansprüchen an uns herangetragen und durch unser Handeln bewirkt wird. Nur folgt daraus nicht umgekehrt, daß jedes Antworten auch ein *Verantworten* ist, aufgrund dessen wir für unser Handeln moralisch oder rechtlich einstehen müßten und auf die Belange des Anderen mit Rücksicht, Fürsorge oder Großzügigkeit zu reagieren haben. Dies wäre dann der Fall, wenn es berechtigte Ansprüche eines Anderen auf den verantwortungsvollen Umgang mit ihm gäbe, wozu eine gemeinsame kommunikative Verständigungsbasis erforderlich ist, die von seiten der responsiven Ethik abgelehnt wird, weil sie zu einer identifizierenden Angleichung zwischen Selbst und Anderem führt. Um die Gleichsetzung des Ungleichen zu verhindern, wird die Verantwortlichkeit auf einen überschießenden Akt des Gebens zurückgeführt, die letztlich nur als supererogatorische Tat zu verstehen ist, als ethisches Surplus, das die moralische Reziprozität nicht aufsprengt, sondern vielmehr als Hintergrundbedingung voraussetzt, da nur die Symmetrie egalitärer Subjekte die Asymmetrie der responsiver Bezugnahme ermöglicht.

Die responsive Verantwortungsethik fußt auf Voraussetzungen, die sie selbst nicht garantieren kann. Sie erfordert ein übergebührliches Handeln, das die Gleichheit zwischen Selbst und Anderem einschließt, um sich von ihr absetzen zu können. Damit der Andere in seiner Andersheit zum Adressaten einer ethischen Verantwortung wird, muß er schon als

---

94 Bernhard Waldenfels, »Antwort der Verantwortung«, S. 331.

moralisches Gegenüber anerkannt worden sein. Von sich aus vermag das Antworten keinen verbindlichen Handlungsbezug herzustellen, es sei denn durch die Annahme einer *jeder* Beziehung vorausliegenden Verbundenheit zwischen Ego und Alter, die jedoch nicht einfach gegeben ist, sondern erst durch ein besonderes phänomenales oder lebensweltliches Bewußtsein gewonnen werden muß, das von weiteren gehaltvollen Prämissen abhängt.

Dieses Manko kennzeichnet auch das Vorhaben von Zygmunt Bauman, an die Stelle der regelgeleiteten Ethik, die den Individuen bestimmte Verhaltensnormen von außen aufoktroyiert, eine »moralische Verantwortlichkeit« zu setzen, die »jedem Engagement für den Anderen, sei es im Wissen, in der Bewertung, im Leiden oder Tun«[95] vorangeht. Sie existiert vielmehr jenseits des rationalen Universalismus und normativer Zuschreibungsprozesse als primäre Eigenschaft des Menschen, als seine ursprüngliche und singuläre Befähigung, sich für den Anderen einzusetzen. Die zweck- und grundlose Verantwortung wurzelt in keinem verallgemeinerbaren Prinzip, sondern in dem Gefühl des Schuldigseins, in einer intimen Betroffenheit und empathischen Gemeinschaftlichkeit, durch die ich dem Anderen immer schon einen Schritt voraus bin, während ich gleichzeitig von ihm herausgefordert werde. Die Irregularität der Verantwortung hebt nicht nur die Reziprozität ethischer Verpflichtungen auf, die impulsiv und ohne Suche nach Rechenschaftsgründen übernommen werden. Sie führt auch zu einer hochgradigen Unsicherheit moralischen Handelns, das sich nicht einklagen läßt, sondern ganz allein von der Bereitschaft des Einzelnen abhängt, der sich in einem einsamen Akt heroischer Fürsorge um die Belange seiner Mitmenschen kümmert.[96]

Baumans Herleitung der Verantwortlichkeit aus einer ursprünglichen Mitmenschlichkeit ist das Resultat einer postmodernen Krisendiagnose, die gegen den Zerfall der öffentlichen Moralität die spontanen Reaktionen des ethischen Subjekts setzen möchte, das in der unmittelbaren Hinwendung zum Anderen neue Räume sozialer Solidarität erschließt.[97] Weil die kognitivistische Moral den Einzelnen sowohl von der ethischen Eigeninitiative entlastet, die für die Erneuerung einer solidarischen Gesellschaft erforderlich ist, als auch in seiner authentischen Entscheidungsfreiheit beschränkt, durch die allein persönliche Überzeugungen den Weg in die Praxis finden, soll an ihre Stelle eine *präreflexive Verantwortlichkeit* treten, die als unveräußerliches Gut zum praktischen Vermögen sozialer Individuen gehört. Damit aber fällt die Verantwortung entweder mit den Gewissensregungen empfindsamer Subjekte zusammen und schrumpft auf das Format einer altruistischen Barmherzigkeit, die gegen

---

95 Zygmunt Bauman, *Postmoderne Ethik*, S. 27.
96 Vgl. ebd., S. 86–126.
97 Vgl. ebd., S. 276f.

das ›Böse‹ in der Welt gerichtet ist.⁹⁸ Oder sie hat ihren Ursprung in den Quellen einer sozialen Sittlichkeit, in einem Ethos mitmenschlicher Fürsorge, von dem jedoch zugleich behauptet wird, daß es in den enttraditionalisierten und rationalisierten Räumen hochmoderner Gesellschaft seine Wirksamkeit verloren hat.

Aus dieser Widersprüchlichkeit gibt es so lange keinen Ausweg, wie die Wiedergewinnung moralischer Energien der schwachen Kraft des subjektiven Gewissens überantwortet wird, das allein aus der responsiven Reaktion auf die Gegenwart des Anderen hervorgeht. Hier liegt nicht nur ein *interaktionistischer Fehlschluß* vor, der aus dem Umgang sozialer Individuen miteinander ihre verantwortungsethische Angewiesenheit aufeinander ableitet. Unklar bleibt vor allem, woraus sich die soziale Verantwortlichkeit speisen soll, wenn sämtliche Ressourcen gemeinschaftlicher Verbundenheit versiegt sind. Der angebliche Bruch zwischen privater Existenz und politischer Öffentlichkeit⁹⁹ läßt sich nicht dadurch überwinden, daß an die Gewissensentscheidungen und Handlungsbereitschaft des Einzelnen appelliert wird, ohne zugleich intermediäre Institutionen zu schaffen, die das prekäre Gut der Verantwortung auf Dauer stellen, ohne der Moral einen Sitz im Leben der Individuen zu verschaffen, die zu ihrer Verwirklichung in der Lage sind. Soll der Ruf nach aktiver Verantwortlichkeit nicht in humanitäre Plädoyers einmünden, in eine Samaritermoral des guten Menschen, bedarf es eines plausibleren Fundaments als der responsiven Inanspruchnahme durch den Anderen, ist eine gehaltvollere Konkretisierung kognitivistischer Ethiken nötig, die freilich mit neuen Problemen einhergeht.

4. Substantielle Verantwortung

Die responsiven Verantwortungsmodelle beruhen auf der Idee einer Herleitung moralischer Verbindlichkeit aus der unmittelbaren Inanspruchnahme durch den personal Anderen, der vor jeder normativen Reflexion unsere ethische Aufmerksamkeit weckt. Dies gelingt ihnen jedoch nur durch die suggestive Gleichsetzung lebensweltlicher Antwortverhältnisse mit konkreten Verantwortungsrelationen. Aus dem relativ fraglosen Umstand, daß wir in lebenspraktischen Zusammenhängen immer schon auf andere Subjekte reagieren, ihnen begegnen und ›Rede und Antwort‹ stehen, soll eine moralisch gehaltvolle Verantwortlichkeit für sie folgen. Das ist nur dann plausibel, wenn der Andere zu einem *alteristischen Apriori* gemacht wird, das vor der empirischen Bezugnahme auf ihn einen verbindlichen Wert und eine ontologische Valenz besitzt, die ihn

---

98 Vgl. ebd., S. 372.
99 Siehe hierzu Zygmunt Bauman, *Die Krise des Politischen*, S. 19–48.

schlechthin und ohne weitere Bedingungen zu einem moralischen Adressaten machen. Diese xenoethische Transzendentalisierung des Anderen fußt auf Voraussetzungen, die den Rahmen reziproker Moralkonzepte sprengen und in die Tiefen einer unvordenklichen *Andersheit des Anderen* hineinführen, die sich nur noch in quasi-religiösen oder semi-metaphysischen Kategorien erfassen läßt. Die responsiven Verantwortungsmodelle teilen mit den absoluten Verantwortungsmodellen den Vorgriff auf eine Dimension des Unbedingten und Unableitbaren, der mit dem säkularisierten und vernunftgeleiteten Selbstverständnis moderner Lebensformen nur begrenzt zu vereinbaren ist. Auch wenn in beiden Modellen die pflichtentheoretische und argumentationslogische Verkürzung des Verantwortungsbegriffs zu Recht kritisiert und um die Dimension der Solidarität und Fürsorge erweitert wird, führt die Überbetonung seiner nichtreziproken und asymmetrischen Ausrichtung zu erheblichen Begründungsproblemen, die sich auch dadurch nicht aus dem Weg räumen lassen, daß die Notwendigkeit einer Begründung im konventionell-legitimatorischen Sinn abgelehnt wird.[100]

Denn gerade die Behauptung, daß Verantwortungsverhältnisse aus asymmetrischen Konstellationen hervorgehen und die zirkuläre Bezugnahme egalitärer Subjekte durchbrechen, bedarf einer besonderen Erläuterung. Wer den Vorrang des *ethischen Verantwortens* gegenüber moralischen Schuldigkeitspflichten behauptet, muß deutlich machen, welche Gründe hierfür sprechen, zumal dann, wenn von alltagspraktischen Interaktionen in modernen Gesellschaften ausgegangen wird, in denen Formen des altruistischen und uneigennützigen Handelns alles andere als den Normalfall bilden. Dies gilt um so mehr, je weniger Raum die sozialen Beziehungen für persönliche Begegnungen lassen und je vermittelter die Kontakte zwischen den Individuen sich gestalten. In komplexen Sozialsystemen, in denen sich die handelnden Subjekte immer weniger von ›Angesicht zu Angesicht‹ gegenübertreten, sondern vielmehr in arbeitsteilige und funktional vernetzte Prozesse eingelassen sind, stellt die *unmittelbare Inanspruchnahme* durch den Anderen eher die Ausnahme als die Regel dar. Die responsive Verantwortungsethik stößt gerade dort an eine Grenze, wo sie das moralische Verhalten auf die Phänomenalität eines Gegenübers zurückführen will, der uns in seiner Unverfügbarkeit zur ethischen Anteilnahme herausfordert.[101] Denn der Entzug des Anderen setzt seine *Anwesenheit* voraus, die den Grund für unser moralisches Reagieren und Agieren bildet, auch wenn wir nicht über sie verfügen.

100 Zu den Problemen eines asymmetrischen Verantwortungsbegriffs im Anschluß an Lévinas, Derrida und die feministischen Ethiken der Fürsorge vgl. Axel Honneth, »Das Andere der Gerechtigkeit«, S. 234–240.
101 So auch bei Rainer Piepmeier, »Zum philosophischen Begriff der Verantwortung«, S. 100–102.

SUBSTANTIELLE VERANTWORTUNG

Aus dieser prekären Voraussetzung resultiert die limitierte Reichweite responsiver Verantwortlichkeit, die auf die personale Gegenwärtigkeit von Individuen angewiesen ist, mit der in höherstufigen Handlungszusammenhängen nur unter erschwerten und hochgradig unwahrscheinlichen Umständen gerechnet werden kann.

4.1 Sittliche Lebensformen

Damit stellt sich die Frage, ob und wie sich die Asymmetrie von Verantwortungsverhältnissen plausibilisieren läßt, ohne auf responsiv verfaßte Begegnungen zwischen Fremdsubjekten zu rekurrieren. Worin besteht die nicht obligatorische Anerkennung anderer Individuen, wenn sie nicht aus ihrer präreflexiven Gegebenheit abgeleitet werden kann und kein numinoses Ereignis bildet, das in die profane Lebenswelt einbricht? Die Diagnose einer moralischen Krise der spätmodernen Gesellschaft, in der zwischen universalistischen Normen und ethischen Geboten ein Graben klafft, der sich nur durch die unbedingte Anerkennung anderer überwinden läßt, hilft hier nicht weiter, da die unmittelbare Verbindlichkeit der Bezugnahme schon vorausgesetzt werden muß, um deren Herleitung es geht. Man kann natürlich an die Gutherzigkeit des Menschen und seine Bereitschaft zur Anteilnahme am Schicksal Fremder appellieren – die Frage ist nur, ob es praktischen Sinn macht. Um das inhaltliche und kontextualistische Defizit, das die kognitivistische Formalisierung des Verantwortungsproblems erzeugt hat, zu kompensieren, scheint ein anderer Weg ergiebiger zu sein. Weil Verantwortlichkeiten auf konkreten Gründen beruhen und in faktische Handlungsumstände eingebettet sind, weil das verantwortungsethische Subjekt nicht in hypothetischen, sondern realen Zusammenhängen agiert, in denen es selbst auferlegten Verpflichtungen folgt, bietet es sich an, diese Verpflichtungen auf die materialen Fundamente und evaluativen Rahmenbedingungen zurückzuführen, aufgrund derer sie ihre handlungsanleitende Kraft entfalten. Verantwortlichkeiten verdanken ihren besonderen Verpflichtungscharakter unterschiedlichen Phänomen *substantieller Überzeugungen*, die in kulturell imprägnierten Wertvorstellungen verankert sind: der Zugehörigkeit zu partikularen Lebensformen, dem sittlich geprägten Ethos der Gemeinschaftlichkeit oder der kommunitären Praxis wechselseitiger Anerkennung. Die Rückführung von Verantwortlichkeiten auf substantielle Bestände innerhalb moderner Lebensformen bedeutet nicht, einen arationalen, sondern vorrationalen Grund der Moral in Anspruch zu nehmen, der sich mit vernünftigen Mitteln explizieren läßt. Es bedeutet, die besonderen Wertschätzungen und qualitativen Orientierungen ins Bewußtsein zu heben, die den Menschen dazu motivieren, sein Handeln an Fremdbelangen und Außenerwartungen auszurichten, sich

nicht nur in geschuldete, sondern auch in verdienstliche Verantwortungsverhältnisse hineinzustellen.[102]
  Die Einbettung ethischer Verantwortlichkeit in substantielle, der individuellen Bezugnahme vorausliegende Ordnungen unterläuft die herkömmliche Gegenüberstellung von deontologischer und teleologischer Moralbegründung, von Gesinnungsfundierung und Erfolgsorientierung. Sie sorgt dafür, daß die Handlungsverpflichtungen weder auf kategorische Prinzipien noch auf praktische Zweckerfüllungen zurückgeführt werden, sondern vielmehr als Ausdruck einer in sich werthaften Lebensform verstanden werden. »Verantwortung«, so Robert Spaemann, »ergibt sich stets aus Situationen, in denen wir uns befinden, aus *sittlichen Verhältnissen.*«[103] Spaemann vertritt eine eudämonistische Position ethischen Handelns, das aus der Übereinstimmung mit einer sittlichen Lebensweise hervorgeht, die um ihrer selbst willen vollzogen wird. »Sittliche Verhältnisse und Handlungen« sind, so Spaemann »integrierende Bestandteile der Gesamtheit eines ›richtigen Lebens‹. Sittliche Verantwortung aber ist die adäquate, sachgerechte, nicht durch Egoismus, Leidenschaft oder Fanatismus verzerrte Realisierung sittlicher Verhältnisse.«[104] Die Frage, die den Verantwortungsbegriff ins Zentrum der moralphilosophischen Diskussion rückt, ist vor allem motivationaler Art und auf den Willen zum praktischen Vollzug des richtigen Handelns gerichtet. Weil der pflichtentheoretische Gerechtigkeitsbegriff nach Spaemann den Grund der Moral nicht erreicht, die nicht auf kognitivistischer Anerkennung, sondern wirklicher Achtung beruht, bedarf es eines ursprünglichen Wohlwollens, das den Anderen in seiner Unbedingtheit wahrnimmt und respektiert. Dieses Wohlwollen ist nicht aus ethischen Prinzipien deduzierbar, sondern erschließt sich aufgrund einer »sittlichen Evidenz«,[105] durch die der Andere als integraler Teil einer metaphysisch verstandenen Lebensordnung erfaßt wird. Eingebunden in den »*ordo amoris*«[106] der absoluten Zueinandergehörigkeit verbindet die Individuen eine umfassende Verantwortlichkeit, die jedem ethischen Imperativ vorausliegt. Sie entspringt einer konkreten Wirklichkeitswahrnehmung, die ihrerseits unter dem Gebot der Aufmerksamkeit steht: »Ob wir die Wirklichkeit des Wirklichen wahrnehmen, ist nicht nur *unsere* Sache, es

---

102 Zur Einbettung moralischer Orientierungen in qualitative ›Zugehörigkeitswertschätzungen‹ vgl. Wolfgang Kersting, »Wider den Postnationalismus. Bemerkungen über modernen Nationalismus, Universalismus und Partikularismus«, S. 37–43.
103 Robert Spaemann, »Wer hat wofür Verantwortung? Kritische Überlegungen zur Unterscheidung von Gesinnungsethik und Verantwortungsethik«, in: ders., *Grenzen*, S. 226.
104 Ebd.
105 Robert Spaemann, *Glück und Wohlwollen*, S. 133.
106 Ebd., S. 145, S. 150.

ist ein *Anspruch* an uns, und wir tragen die Verantwortung dafür, ob wir ihm entsprechen.«[107]

Das moralische Handeln ist somit doppelt ausgezeichnet, durch eine Aufmerksamkeitsverantwortung für das, was den Menschen anspricht, und eine Entsprechungsverantwortung, die auf die Erfüllung des Anspruchs gerichtet ist. Damit ist allerdings noch nicht die Instanz genannt, *vor* der wir Verantwortung tragen. Während der Bereich, *für* den der Mensch verantwortlich ist, das umfaßt, was intrinsischer Bestandteil der sittlichen Lebensordnung ist, besteht das Wovor der Verantwortung in denjenigen Personen, die von der Aufrechterhaltung dieser Ordnung unmittelbar betroffen sind. »Verantwortung haben wir für alles, was im Hinblick auf ein Selbstsein eine mögliche Bewandtnis hat. Das Wovor dieser Verantwortung ist jedes Wesen, das Bewandtnis stiftet, sich als solches weiß und daher Rechenschaft verlangen kann.«[108] Adressatenkreis und Instanzenbereich der Verantwortlichkeit fallen nicht zusammen, überschneiden sich aber insofern, als diejenigen, vor denen sich das Handeln zu rechtfertigen hat, zu dem gleichen Bewandtniszusammenhang gehören, für dessen Bewahrung wir verantwortlich sind. Dies bedeutet nun nichts anderes, als daß es der Mensch selbst ist, der die letzte Instanz der Verantwortung bildet. Nur er ist jemand, »der als Zentrum eines Erlebens Bewandtnis stiftet, also für den etwas gut oder schlecht sein kann«.[109] Allein der Mensch erfährt die sittliche Lebensordnung als eine, die in ihrer Sittlichkeit gefährdet, verletzt oder zerstört werden kann. Nur er ist in der Lage, für seine Mitmenschen und seine natürliche Umwelt Verantwortung zu übernehmen, weil er sich als Person seine Handlungen zurechnen kann und das Bewußtsein der Verletzung sittlicher Ordnungen besitzt. Damit gründet alle Verantwortlichkeit in der *Selbstverantwortung* des personalen Individuums, das für andere und anderes Sorge zu tragen hat, weil es vor sich Verantwortung trägt. Auf diese Weise scheinen das Wovor und das Wofür der Verantwortung zusammenzufallen und diese dem individuellen Belieben anheimgestellt zu werden. Genau davor bewahrt jedoch das metaphysische Selbstverständnis der Person, die sich als eingebunden in einen unbedingten Verpflichtungszusammenhang erfährt, den sie nicht zu hintergehen vermag: »Nur unter der Voraussetzung, daß die endliche Subjektivität sich als Ort der Erscheinung, des Unbedingten als dessen Bild oder Repräsentation versteht, das sie selbst nicht *ist*, läßt sich der Gedanke einer Verantwortung vor und für sich selbst denken.«[110] Die unbedingte Selbstverantwortung schließt die Verantwortung für den

107 Ebd., S. 222.
108 Ebd., S. 227.
109 Ebd.
110 Ebd., S. 236.

Anderen mit ein, nicht weil ich sie ihm schulde, sondern weil ich den Anderen wie mich selbst als *Repräsentation eines Absoluten* begreife, das mir das Wohlwollen füreinander im Horizont einer gemeinsamen Wirklichkeit überträgt.[111]

4.2 Deontologischer Holismus

Die Herleitung moralischer Verantwortlichkeit aus dem menschlichen Streben nach Glückseligkeit, ihre Einbettung in eine Ethik des gelingenden Lebens, geht einher mit der Aufwertung der praktischen Urteilskraft und tugendhafter Handlungsdispositionen. Wo von der güterethischen Verfassung des Daseins ausgegangen wird, dominiert kein letztes Wissen um das ethisch Richtige, sondern die praktische Verwirklichung des moralisch Guten. Der Verantwortungsethiker ist ein kluger und besonnener Anwender von geltenden Regeln, kein argumentativer Theoretiker ihrer allgemeinen Gültigkeit. Seine besondere Fähigkeit besteht darin, innerhalb komplexer Ordnungen seinen Aufgaben nach eigenem Ermessen nachzukommen und für seine Entscheidungen sachhaltige Gründe zu finden.[112] Diese Gründe bemessen sich daran, ob sie mit dem Ganzen der Lebenspraxis übereinstimmen, um derentwillen sie befolgt werden. Auch wenn Handlungen als einzelne verursacht werden und damit kausal zurechenbar sind, lassen sie sich nur in ihrem Verhältnis zum Lebensganzen moralisch beurteilen. Der Verantwortungsethiker ist ein *deontologischer Holist*, der Gebote nicht als Mittel zur Beförderung besonderer Zwecke betrachtet, sondern als Ausdruck der sittlichen Praxis, die in ihrer Totalität obligatorisches Ziel des Handelns ist.[113] Gleichwohl ist diese Form der deontologischen Universalverantwortung nicht unbegrenzt, bezieht sich nicht unterschiedslos auf sämtliche Handlungsfolgen, sondern nur auf diejenigen, die unter den situativen Handlungsumständen voraussehbar und im Rahmen der sittlichen Verhältnisse geboten sind. Weil Handlungen durch inhärente Zielsetzungen determiniert und durch unbedingte moralische Verbote limitiert werden, ist der Handelnde sowohl von der Verantwortung für nicht intendierte Nebenfolgen entlastet

---

111 Vgl. ebd., S. 237.
112 Vgl. Robert Spaemann, »Verantwortung als ethischer Grundbegriff«, in: ders., *Grenzen*, S. 214.
113 »Was wir zu tun haben, wissen wir ohne konsequentialistisches Kalkül. [...] Handlungen sind nicht dadurch gut oder schlecht, daß sie die Welt verbessern, sie verbessern oder verschlechtern die Welt, weil sie gut oder schlecht sind. Dieser Gedanke setzt eine klassische ›deontologische‹ Moral und eine entsprechende Handlungstheorie voraus, aber er ist im Kern kein moralischer, sondern ein mystischer Gedanke.« (Robert Spaemann, »Einzelhandlungen«, in: ders. *Grenzen*, S. 62.)

SUBSTANTIELLE VERANTWORTUNG

als auch davon, für Unterlassungsfolgen zur Rechenschaft gezogen zu werden, die aufgrund des Einhaltens des sittlich Zulässigen entstehen.[114] Die Verankerung der Moral in einer substantiellen Ordnung des Sittlichen sorgt dafür, daß die humane Verantwortlichkeit nicht ins Grenzenlose ausufert, sondern durch den obligatorischen Rahmen *eingeschränkt* wird, den das Ethos der Lebensform vorgibt. Eine schrankenlose Verantwortung ist nicht nur empirisch widersinnig, insofern sie den Einfluß- und Machtbereich von personalen Akteuren übersteigt, sondern auch moralisch, da Handlungspflichten nur innerhalb einer klar umrissenen Wertordnung Geltung besitzen. Nicht absehbare und über den substantiellen Verpflichtungsbereich hinausreichende Handlungsfolgen werden an den Staat und soziale Institutionen delegiert, denen die Aufgabe zufällt, den Geltungsbereich zu definieren, innerhalb dessen Individuen für ihr Handeln zur Verantwortung gezogen werden. Die Institutionen sorgen dafür, daß der Einzelne nicht jedesmal aufs neue das Ganze der Wertordnung in Frage stellen muß, sondern seiner Verantwortung im Rahmen der vorgegeben Ordnung nachkommen kann.[115] Den letzten Grund moralischen Handelns bildet auch hier wieder die Selbstverantwortung, von der ausgehend das Individuum sich im Einklang mit den sittlichen Geboten weiß, die sein Handlungsfeld auf unmittelbare und unbedingte Weise von innen her begrenzen.[116]

Zum Ausgangspunkt des Handelns kann die Selbstverantwortung allerdings nur werden, weil sie sich ihrerseits auf »eine basale Normalität« zurückbezieht, »vor der jede gesellschaftliche Normalität sich noch einmal ausweisen muß«.[117] Diese Normalität ist die in sich vernünftig geordnete Wirklichkeit der Natur, die als werthafter Kosmos die Vorbedingung menschlichen Handelns bildet. Der finale Grund der Moral besteht in einer teleologischen Verfassung der objektiven Welt, die unabhängig vom subjektiven Willen ihre zweckmäßige und sinnhafte Ordnung besitzt.[118] Die Person stellt kein autonomes Individuum dar, sondern den

---

114 »Unsere sittliche Verantwortung ist nur dann konkret, bestimmt und nicht beliebig manipulierbar, wenn sie zugleich begrenzt ist, das heißt, wenn wir nicht davon ausgehen, wir müßten jeweils die Gesamtheit der Folgen jeder Handlung und jeder Unterlassung verantworten.« (Robert Spaemann, *Moralische Grundbegriffe*, S. 70.)

115 Zur Neutralisierung von Handlungsfolgen durch ihre staatlich-institutionelle Verwaltung vgl. Robert Spaemann, »Technische Eingriffe in die Natur als Problem der politischen Ethik«, in: ders., *Grenzen*, S. 455 f.; ders., »Nebenwirkungen als moralisches Problem«, S. 331–333.

116 Vgl. Robert Spaemann, »Wer hat wofür Verantwortung?«, in: ders., *Grenzen*, S. 237; ders., »Zum Sinn des Ethikunterrichts in der Schule«, ebd., S. 518–520.

117 Robert Spaemann, *Grenzen*, S. 10.

118 Siehe hierzu Robert Spaemann und Reinhard Löw, *Die Frage Wozu. Geschichte und Wiederentdeckung des teleologischen Denkens.*

Repräsentanten eines Absoluten, das sich nur metaphysisch, genauer: religiös begreifen läßt. Die intrinsische Valenz der empirischen Wirklichkeit wurzelt im Glauben an den göttlichen Ursprung der Natur und ihrer Geschöpfe, erst die »jenseitige Hoffnung« verleiht dem Denken seine »innere Einheit«, durch die sich das Gute offenbart.[119] Damit wird das Absolute, das die unbedingte Verantwortung des Menschen für seine Handlungen bewirkt, zu einer *sakralen Substanz*, die sich auf intuitivem Weg erschließt und die Vielfalt unserer moralischer Ansichten der unantastbaren Heiligkeit des Lebens unterwirft. Die Moral erstarrt zur Dogmatik und der kritisierte Konsequentialismus tritt durch die Hintertür wieder ein: nicht um der Sache selbst willen sollen wir etwas tun, sondern um dadurch das höchste Gut, das kreatürliche Leben, zu befördern. Der Grund für diesen Rückfall liegt in der ontologischen Fundierung der Verantwortung als einem unbedingten Entsprechungsverhältnis, das nicht nur in einem lebensweltlichen Ethos, sondern in einem metaphysischen Natur- und Weltbegriff verankert wird, der jeder reflexiven Bezugnahme entzogen ist. Anerkennung wird dem menschlichen und natürlichen Leben nicht aus moralischer Achtung, sondern aus sittlicher Ehrfurcht gezollt, die den Spielraum der Verantwortung auf den Vollzug heteronomer Gebote einschränkt und ihr den Charakter einer Pflichterfüllung aus religiösem Gehorsam verleiht, in der genau die freiwilligen Tugenden der Großzügigkeit, Wohltätigkeit und Fürsorge verloren gehen, die zu ihrer übergebührlichen Grundausstattung gehören sollen.

4.3 Qualitative Wertschätzungen

Ein substantieller Verantwortungsbegriff muß freilich nicht notwendigerweise zu einer Substantialisierung der Verantwortung führen. Was der Rückgriff auf eine absolute Entsprechungsdimension deutlich macht, läßt sich auch in einer kleineren Währung zum Ausdruck bringen, die sich zum Abgleichen offener Rechnungen in pluralistischen und säkularisierten Gesellschaftssystemen besser eignet als das schwere Pfund der metaphysischen Ontologie und des teleologischen Naturverständnisses. Verantwortung, das macht gerade ihre substantialistische Deutung besonders klar, ist in wesentlicher Weise wertorientiert. Wo jemand die Verantwortung für eine Sache übernimmt, handelt er nicht nur aus Pflichtbewußtsein, nicht nur aus Gesetzestreue und rechtlichem Zwang, sondern aufgrund der *qualitativen Wertschätzung* einer Sache. Diese

---

119 Zur theologischen Dimension der Moral vgl. Robert Spaemann, »Was ist philosophische Ethik?«, in: ders., *Grenzen*, S. 20–22. Zur Heiligkeit und Geschöpflichkeit des Lebens vgl. ders., »Über den Begriff der Menschenwürde«, ebd., S. 113, S. 120.

Wertschätzung muß nicht zwingenderweise einer objektiven Seinsverfassung entspringen, sondern kann ebenso aus persönlichen Präferenzen, kulturellen Gepflogenheiten oder sozialen Konventionen hervorgehen. Werte besitzen auch dann einen verbindlichen Charakter, wenn sie auf ontischen Fundamenten ruhen, aus einer geschichtlich gewachsenen Übereinkunft entstehen oder aus einem gemeinschaftlich geteilten Traditionsverständnis resultieren. Wesentlich für das verantwortungsethische Handeln ist, daß ein Fundus an Wertqualitäten zur Verfügung steht, aus dem sich in konkreten Situationen orientierungsermöglichende Wertschätzungen schöpfen lassen.[120]

Diese Wertorientierungen können in unterschiedlicher Weise handlungsanleitende Wirksamkeit entfalten, ohne in einer nicht weiter hinterfragbaren Wertordnung verankert zu sein. Sie bilden auch und gerade dort einen *motivationalen Grund* moralischen Handelns, wo keine intersubjektive Einigkeit über die Verbindlichkeit der Werte, ihre materiale Qualität und formale Konsistenz besteht. Es gehört vielmehr zum besonderen Charakter von Werten, daß ihre universelle Geltung strittig ist, sie partikularen Herkunftswelten, Gebräuchen und Traditionen entstammen, über deren Verallgemeinerungswürdigkeit argumentative Uneinigkeit herrscht. Werte können substantielle Partikel bilden, die für sich genommen idiosynkratisch sind, zu Voreingenommenheiten und Intoleranzen führen, Ressentiments erzeugen und den kollektiven Egoismus der Akteure befördern. Aber in ihrer Einseitigkeit, Partikularität und ideologischen Einfärbung entfalten sie eine spezifische Wirkungskraft, die über die formale Universalität moralischer Normen hinausreicht und diese produktiv ergänzt.[121] Wertorientierungen sind Ausdruck personaler Selbstverhältnisse, in denen das Interesse von Individuen an einer qualitativ gehaltvollen und zugleich in einem vernünftigen Sinn gelingenden Lebensführung im Vordergrund steht.[122] In ihnen artikulieren sich Vorlieben, Hoffnungen und Pläne, die der menschlichen Existenz eine inhaltliche Ausrichtung und teleologische Bedeutsamkeit verleihen. Qualitative Wertperspektiven stellen evaluative Handlungskriterien zur Verfügung, die zur persönlichen Aneignung kategorischer Moralprinzipien führen und ihre Umsetzung in den Horizont der individuellen Lebensführung ermöglichen. Insofern stehen Wertperspektiven nicht quer zum normativen Universalismus der Moral, sondern konstituieren eine »persönliche Grammatik der Wichtigkeit, Vorzugswürdigkeit und

120 Vgl. dazu Roman Ingarden, *Über die Verantwortung*, S. 35–51.
121 Zum Verhältnis von Werten und Normen siehe Hans Joas, *Die Entstehung der Werte*, S. 252–293.
122 Zum Verhältnis von Personalität und Lebensplan vgl. Dieter Sturma, *Philosophie der Person*, S. 296–304; zur Bedeutung der Lebensgeschichte für die Ausbildung personaler Individualität Dieter Thomä, *Erzähle dich selbst*, S. 7–37.

Wünschbarkeit«,[123] durch die die allgemeinen Geltungsgründe moralischen Handelns eine praktische Bedeutsamkeit erlangen, indem sie aus ihren substantiellen Herkunftsgründen abgeleitet werden. Wertorientierungen bilden somit den materialen Unterbau einer normativen Moral, die ohne Einbettung in ein konkretes »Ethos« des Handelns nicht praktikabel ist.[124] Das Handlungsethos stellt eine substantielle Vorgabe dar, die das normative Sollen mit dem persönlichen Wollen verschweißt und dafür sorgt, daß moralische Verbindlichkeiten aus freier Einsicht von den Akteuren übernommen werden, weil sie mit der qualitativen Ordnung des eigenen Lebens übereinstimmen. Insbesondere das Verantwortungsbewußtsein zehrt von Vorleistungen, die in der geschichtlich gewachsenen und kulturell geprägten Daseinswirklichkeit schon vorhanden sein müssen, um auf sie zurückgreifen zu können. Takt, Respekt und Freundlichkeit, Großzügigkeit, Hilfsbereitschaft und Wohlwollen sind Eigenschaften, die Individuen bis zu einem gewissen Grad mitbringen müssen, damit sie sich in wechselseitiger Anerkennung und Achtung begegnen können. Eine eudämonistische Ethik des guten und gelingenden Lebens trägt nicht nur, aber zu einem erheblichen Teil dazu bei, seine Existenz so zu gestalten, daß aus ihr selbst tugendhafte Einstellungen und sittliche Haltungen hervorgehen, die das bewußte Übernehmen von Verantwortlichkeiten befördern.[125] Das Vorhandensein wertmaterialer und güterethischer Orientierungen hat zur Konsequenz, daß personale Individuen sich nicht primär aufgrund externer Forderungen und heteronomer Verpflichtungen verantwortlich verhalten, sondern aus autonomer Einsicht in die Notwendigkeit, sich moralischen Verhaltensregeln zu unterwerfen, weil diese die Gesamtsituation des Handelnden betreffen.[126]

Der freiwillige Bindungscharakter stellt ein wesentliches Kennzeichen individuellen Verantwortungshandelns dar und verleiht diesem einen praktischen Sonderstatus, der über die geschuldete Erfüllung rechtlicher und moralischer Normen hinausweist. Die im Verantwortungshandeln vorhandene *Dimension eines übergebührlichen Engagements* für personale Fremdbelange und Ansprüche anderer, für menschenwürdige Daseinsbedingungen und gerechte Sozialstrukturen, für intakte Umweltverhältnisse und die Ansprüche zukünftiger Generationen, die von den Handlungsentscheidungen der Gegenwart betroffen sind, macht die

---

123 Wolfgang Kersting, »Der große Mensch und das kleine Gemeinwesen. Der Begriff der Person in der politischen Philosophie«, in: ders., *Politik und Recht*, S. 134.
124 Siehe dazu Helmut Fleischer, *Ethik ohne Imperativ*, S. 55–87. Vgl. auch Klaus-M. Kodalle, »Verantwortung«, S. 185.
125 Vgl. Otfried Höffe, *Moral als Preis der Moderne*, S. 137–150.
126 Vgl. Wolfgang Böcher, *Selbstorganisation – Verantwortung – Gesellschaft*, S. 437–440.

SUBSTANTIELLE VERANTWORTUNG

besondere Leistung praktisch übernommener Verantwortlichkeit aus. Diese Mehrleistung läßt sich auf ein intrinsisches Verständnis moralischen Handelns zurückführen, das um seiner selbst willen vollzogen wird, weil es im substantiellen Selbstverständnis der Akteure verankert ist. Die substantiellen Voraussetzungen moralischer Verantwortlichkeit sind jedoch nur eine notwendige, keine hinreichende Bedingung ihrer empirischen Realisierung. Denn gerade Wert- und Lebensvorstellungen beruhen auf unterschiedlichen Präferenzen und Akzentuierungen, sind insbesondere in hochmodernen Gesellschaften abhängig von weltanschaulichen, kulturellen und sozialen Prägungen, bilden ein pluralistisches Konglomerat aus Überzeugungen und Bevorzugungen, die sich nicht zwanglos auf einen gemeinsamen Nenner bringen lassen, der für alle Betroffenen verbindlich ist. Der partikulare und spezifische Charakter substantieller Wertungen erfordert ein verändertes Verfahren ihrer Verallgemeinerung, einen flexiblen und offenen Begriff der Universalisierung, der die heterogenen und disparaten Wertperspektiven nicht über einen Kamm schert, sondern sie in eine differentielle Übereinstimmung bringt, die für die Mitglieder pluralistischer Gemeinwesen anschlußfähig ist. Hinzu kommt das Problem, daß qualitative Orientierungen an personale Akteure gebunden sind und das materiale Wertverständnis das Risiko in sich birgt, zu einer *individualethischen Verkürzung* des Verantwortungsbegriffs zu führen. Die substantielle Thematisierung von Verantwortlichkeit vermag zwar zur Klärung ihrer motivationalen und strebensethischen Grundlagen beitragen, sie trifft allerdings sehr schnell auf den Widerstand funktionaler Systeme, die ihrer eigenen nichtpersonalen Sachlogik folgen. Das gelingende Leben und werthafte Lebensformen sind angewiesen auf eine wohlgeordnete Gesellschaft, in deren Schutz sie allererst gedeihen und sich entwickeln. Tugendhaftes Handeln und übergebührliche Verhaltensweisen, soweit sie durch eine evaluative Lebensführung befördert werden, benötigen institutionelle Sicherheiten und damit *sozialpolitische Organisationen*, die für befriedete und verläßliche Verhältnisse sorgen, in deren geordneten Räumen sich eigenverantwortliche Initiativen entfalten können.

V. Organisation

Die im vorigen Abschnitt beschriebenen Probleme machen deutlich, daß die Konkretisierung des Verantwortungsbegriffs nicht ohne weiteres durch die Rehabilitierung substantialistischer Wertorientierungen zu haben ist. Sie läßt sich freilich auch nicht durch absolute oder responsive Moralkonzepte erreichen, die von einer jeder symmetrischen und reflexiven Bezugnahme zwischen Individuen vorausliegenden Anspruchsdimension ausgehen. Eine derartige elementare Anspruchsdimension ist genauso wie ein teleologischer Natur- und Lebensbegriff nur um den Preis des Rückfalls in einen lebensweltlichen Intuitionismus plausibel zu machen, der moralische Verbindlichkeiten aus der unmittelbaren Begegnung mit dem personal Anderen oder der Ehrfurcht vor einer sakrosankten Naturordnung ableitet. Die Gleichsetzung von lebensweltlichen oder naturalen Antwortverhältnissen mit moralischen Verantwortungsverhältnissen beruht auf einem ontologischen Fehlschluß, der sich seinerseits einer *petitio principii* schuldig macht: Damit aus dem Sein des Anderen und der Naturhaftigkeit des Lebens eine intrinsische Verpflichtung zur verantwortungsethischen Fürsorge folgt, muß diese in der Beziehung zwischen Ich und Anderem, Individuum und Geschichte, Subjekt und Natur schon vorhanden sein. Die responsive und substantielle, erst recht die absolute Verantwortung hängen am Tropf einer Achtungs- und Fürsorgemetaphysik, die sich aus einer vorgängigen Verbundenheit alles Lebendigen, einer tieferliegenden Werthaftigkeit des Wirklichen, einer idiosynkratischen Auslieferung an das Gegenüber speist. Wo der obligatorische Charakter unserer Fürsorge und unserer Achtung aus direkten Anspruchsverhältnissen abgeleitet wird, werden nicht nur die komplexen Interaktionszusammenhänge, in denen Individuen unter hochmodernen Bedingungen stehen, auf faktisch unzulässige Weise verkürzt, wird nicht nur unsere Eingebundenheit in ein vielschichtiges Netz an Handlungsrelationen auf das simple Muster dialogischer oder alteristischer Bezugnahmen zurechtgeschnitten. Auch das Ziel der Konkretisierung des Verantwortungshandelns wird nicht erreicht, es verflüchtigt sich vielmehr in einer phänomenologischen Pseudokonkretion, die das Verflochtensein sozialer Akteure in unterschiedliche Verantwortungsrelationen ignoriert, diese auf einfache Reaktionsschemata reduziert und zugleich von höchst gehaltvollen Voraussetzungen der intrinsischen Fürsorge und Achtung abhängig macht.

Indem die Abstraktion der kognitivistischen Verantwortungsethik durch die Konkretion einer intuitionistischen Verantwortungsmoral ersetzt wird, entsteht ein umgekehrter Reduktionismus, der nicht geeignet ist, die vielfältigen Handlungsbedingungen sozialer Akteure in den

Netzwerken komplexer Gesellschaften angemessen zu erfassen. Hierzu ist vielmehr etwas anderes notwendig, nämlich die soziale *Organisation der Verantwortung*, die ihrerseits zwei Extreme vermeiden muß: auf der einen Seite die Formalisierung des Verantwortungsbegriffs zu einer bloßen Beurteilungsperspektive praktischer Entscheidungsprozesse und auf der anderen Seite die Materialisierung von Verantwortlichkeiten zu rein inhaltlichen Wert- oder Güterorientierungen. Wo Individuen in sozialen Systemzusammenhängen agieren, Funktionsträger von Aufgaben und beruflichen Verpflichtungen sind, eingesponnen in ein Geflecht aus formellen und informellen Obligationen, ein gelingendes Leben führen wollen, Mitglieder einer historisch gewachsenen Gemeinschaft, Bürger eines Nationalstaates, Teilnehmer an globalen Kommunikations- und Wirtschaftsprozessen sind, liegen ganze Bündel an Verantwortlichkeitsbeziehungen vor, die in sich unterschiedlich gestuft und nach außen durch unterschiedliche Reichweiten und Geltungshorizonte gekennzeichnet sind. In diesen heterogenen und pluralistischen Handlungskontexten macht es wenig Sinn, bestehende oder einzurichtende Verantwortlichkeiten aus *einem* bestimmten Grundtypus der Handlungsmoral abzuleiten, ist es geradezu widersinnig, ein leitendes Verantwortungsmodell in den Vordergrund zu stellen, eine umfassende normative Legitimation oder Orientierung zugrunde zu legen.

Die Komplexitätszunahme hochmoderner Gesellschaften erfordert statt dessen eine Anpassung des Verantwortungsbegriffs an den jeweiligen Kontext seiner Verwendung, macht den Übergang zu einem Verantwortungsmodell notwendig, das auf die Organisation der Sozialsysteme durch die *Differenzierung* seiner Grundannahmen und Realisierungsbedingungen reagiert. Die organisierte Verantwortung ist eine in sich differenzierte Verantwortung, die sich auf die Netzwerkstruktur der Gesellschaft durch situative Flexibilität und prozessuale Reflexivität einstellt, die der Anforderung der Handlungskontrolle und Schadensprävention, den Erfordernissen der engagierten Teilhabe und kontextuellen Steuerung durch die *Prozeduralisierung* ihrer rationalen und normativen Strukturen nachkommt. Diese Form der Prozeduralisierung, die den energetischen Antrieb der Organisation von Verantwortungsverhältnissen bildet und sich vor allem auf die Eigendynamik sozialer Prozesse bezieht, ist nicht gleichzusetzen mit den prozeduralistischen Vernunft-, Rechts- und Moralkonzeptionen, wie sie der diskursethischen und nachkantischen Fassung des Verantwortungsbegriff zugrunde liegen. Sie unterscheidet sich von der kognitivistischen Lesart verantwortungspraktischer Kategorien dadurch, daß sie deren Anwendungsbedingungen unter empirischen Vorzeichen erfaßt, sie als integrale Bestandteile eines umfassenden Verantwortungskonzepts interpretiert, das sich unter den Voraussetzungen eigensinnig organisierter Systemvollzüge und heterogener Umweltbedingungen bewähren muß. Ein *prozeduraler Verantwortungsbegriff* gilt nicht nur unter hypothetischen, sondern faktischen Umständen, erschöpft sich nicht in Argumentationspflichten, sondern schließt ebenso Handlungspflichten mit ein, klammert Fragen der Angemessenheit und Verwirklichung von Normen nicht aus, sondern behandelt sie unter konkreten verfahrenstechnischen und praxisbezogenen Aspekten. Die Prozeduralisierung von Verantwortung führt zwar zur Einbeziehung ihrer materialen Grundlagen, allerdings ohne diese in den Vordergrund zu stellen oder sie einseitig in Einstellungen der Empathie oder Fürsorge, der übergebührlichen Zuwendung oder eudämonistischen Lebensführung zu suchen. Der differenzierte und prozeduralisierte Verantwortungsbegriff integriert statt dessen die superegoratischen Handlungseinstellungen, die über das Maß des Geschuldeten und Erforderlichen hinausgehen, in die strukturellen Rahmenbedingungen, die je nach Ausrichtung übergebührliche Handlungsweisen ermöglichen, fördern oder verhindern.

Zu verantwortlichem Handeln gehören verdienstvolle und freiwillige Leistungen, die durch eine angemessene Beschreibung erfaßt werden müssen, aber auch die Notwendigkeit, im Vorfeld möglicher Fehlentwicklungen tätig zu werden, Risiken und Schäden durch Vorausschau und Planung zu verhindern oder zu minimieren. Ein Verantwortungsbegriff, der den anwachsenden Nebenfolgen und nichtintendierten Handlungseffekten komplexer Systemprozesse gerecht werden will, bedarf einer *Positivierung* seiner internen Ausrichtung, ist auf futurische Vorsorge und nachhaltige Entwicklungsprogramme angewiesen, auch auf die Bereitschaft der Akteure, sich um die mittel- und langfristigen Auswirkungen ihrer individuellen Handlungen zu kümmern. Dieses Sichkümmern, das persönliches Engagement und institutionelle Absicherung gleichermaßen umfaßt, ist seinerseits abhängig von den organisatorischen Vorgaben, durch die das Geflecht aus subjektiven Entscheidungen, objektiven Sachstrukturen, kollektiven Interessen und globalen Interdependenzen gesteuert und reguliert wird, das die planetarische Weltgesellschaft ausmacht. Ein nicht reduktionistischer, auf Vollständigkeit ausgerichteter Verantwortungsbegriff bedarf deshalb auch einer heuristischen *Funktionalisierung*, muß in die selbstorganisierten Sachvollzüge von Systemen implementiert und auf seine Anwendungsfähigkeit in höherstufigen Prozeßzusammenhängen überprüft werden. Der funktionalistische Verantwortungsbegriff hat dort seinen Platz, wo nicht einzelne Individuen in Eigenregie Entscheidungen treffen, sondern korporative oder kollektive Akteure, wo festgelegte Aufgaben, Hierarchien, Kompetenzen dazu führen, daß konkrete Verantwortlichkeiten durch Verteilung und Anonymisierung verloren gehen.

Gerade dort, wo synergetische Effekte auftreten, kumulative Handlungsfolgen entstehen, Organisationen, Firmen, Unternehmen, Verbände oder Nationalstaaten als aggregative ›Handlungssubjekte‹ in Aktion treten, sind Differenzierungen vonnöten, die für kontextabhängige

Zurechnungen sorgen, auch wenn es sich um Prozesse handelt, die sich auf keine personale Urheberschaft zurückführen lassen. Hierfür steht das Instrumentarium der gestuften und gestaffelten Verantwortlichkeit zur Verfügung, das zu anteilsmäßigen Schuldzuschreibungen und Rechenschaftsforderungen führt, existieren spezifische Verantwortungstypen, die je nach Handlungsbereich zur Anwendung gelangen, auf die Besonderheiten von Wissenschaft, Technik, Ökonomie oder Politik zugeschnitten sind. Freilich darf die Spezifizierung nicht zu weit getrieben werden, ist es unergiebig und sinnlos, den Verantwortungsbegriff in ein Konvolut an Unterabteilungen und Sonderbereichen aufzuspalten, hilft es wenig, für jeden einzelnen Fall einen eigenen Typus in Anschlag zu bringen. Auf diese Weise ufern nicht nur die Verantwortungsforderungen ins Grenzenlose aus, verlieren ihre anwendungstauglichen Konturen und sorgen für eine Inflation an Verantwortungsbegriffen, die sich gegenseitig neutralisieren und entwerten. Die Differenzierungen müssen vielmehr ihrerseits eingegrenzt und strukturiert werden, indem sie auf konzise Grundstrukturen zurückgeführt werden, die ihre Wurzeln in der Geschichte des Verantwortungsbegriffs haben. Die verantwortungsethische Tradition bietet, trotz ihrer immanenten Grenzen, einen Fundus an Vorschlägen, Modellen und Typologien, mit deren Hilfe sich auch die Herausforderung einer zunehmend komplexer verfaßten Sozialstruktur bewältigen läßt. Hierfür ist keine grundsätzliche Erneuerung herkömmlicher Verantwortungskonzepte nötig, sondern vielmehr ihre Anpassung an gewandelte Aktionsverhältnisse, die durch das Vertrauen in die Organisationskompetenz der Menschenvernunft geleitet wird, die ihre eigene Inkompetenz mit einschließt und berücksichtigt, daß sich letztlich nicht sämtliche Problemlagen vernünftig beherrschen lassen.

1. Sozialisierung der Verantwortung

Der moderne Verantwortungsbegriff, so wie er sich ab der zweiten Hälfte des 19. Jahrhunderts herausgebildet hat, ist durch drei Grundelemente gekennzeichnet: durch *Kausalität* als objektiver Basisbedingung, die sich auf das Verhältnis zwischen Ursache und Wirkung einer Handlung bezieht; durch *Intentionalität* als subjektiver Handlungsbedingung, die Absichten, Kenntnisse und die Freiwilligkeit von Akteuren umfaßt; und durch *Relationalität* als normativer Rahmenbedingung, die den Bezug auf ein bestimmtes System von Werten, Normen und Gesetzen festlegt, vor deren Hintergrund jemand für sein Handeln zur Rechenschaft gezogen wird. Die Zuschreibung von Verantwortlichkeit resultiert aus der Deutung desjenigen Regelsystems, das im einzelnen Fall zur Anwendung gelangt. Nach positivem Moral- und Rechtsverständnis *ist* niemand für etwas verantwortlich, sondern wird unter Berufung auf festgelegte Prinzipien und Gesetze für etwas verantwortlich *gemacht*. Normative Zurechnungsakte sind interpretatorische Zuschreibungsakte, deren Vollzug von Bewertungsfaktoren abhängt, die das regulative Werte- und Normengerüst nicht selbst zur Verfügung stellt.[1] Damit tritt neben die drei genannten Grundelemente ein viertes: die *Legitimität* der Verantwortungszurechnung, die darüber entscheidet, ob die Zuschreibung von Verantwortlichkeit ihrerseits gerechtfertigt ist. Die Rechtfertigung von normativen Zurechnungen beruht auf einem höherstufigen Akt der Bewertung, der erst auf einem fortgeschrittenen Niveau der Ausdifferenzierung von Regelsystemen in Kraft tritt. Dieser Schritt setzt das Bewußtsein der Kontingenz von Normen voraus, die nicht unbefragt gültig sind, sondern ihre Geltung erst für den einzelnen Fall ›beweisen‹ müssen. Die Dimension der Legitimität hält in dem Moment Einzug in die Verantwortungsdiskussion, in dem die Verknüpfung von Subjekt, Objekt und Regelsystem ihre interne Notwendigkeit verliert und einer *externen Evaluation* unterworfen wird, durch die die äußeren Umstände des Handelns als eigenständiges Bewertungsproblem mit einbezogen werden.[2]

1.1 Von der Versicherungsgesellschaft zum Wohlfahrtsstaat

Historisch betrachtet geht diese Entwicklung auf die Entstehung neuer Technologien und die Industrialisierung der Arbeitswelt zurück, die zu Fragen der Beherrschbarkeit und Naturverträglichkeit der verwendeten Mittel geführt haben, durch die aber auch die Notwendigkeit der Versicherung von Unfällen sowie die humanitären Konsequenzen der kapitalistischen Marktwirtschaft ins Zentrum moralischer und politischer Überlegungen gerückt sind. Ein weiterer Grund liegt in dem fortgeschrittenen Demokratisierungsniveau moderner Gesellschaften, das mit dem Ausbau sozialer Institutionen einhergeht, an die Verantwortlichkeiten delegiert werden, so daß effektive Entlastungen vom individuellen Zwang zur Daseinsvorsorge und politische Partizipationsmöglichkeiten durch den Staatsbürger entstanden sind.[3] Mit der Ausbreitung der Maschinentechnik, die Einzug in die Manufakturen

---

1 Siehe Hans Lenk, »Normen als Interpretationskonstrukte«, in: ders., *Von Deutungen zu Wertungen*, S. 204–238.

2 Zur Einbeziehung externer Handlungsumstände vgl. Hans Lenk, »›Verantwortung‹ als Beziehungs- und Zuschreibungsbegriff«, in: ders., *Von Deutungen zu Wertungen*, S. 239–246.

3 Zum Zusammenhang zwischen Verantwortungsprinzip und modernem Rechtsstaat siehe Peter Saladin, *Verantwortung als Staatsprinzip*, S. 40–81; Gerlinde Sommer, *Institutionelle Verantwortung*, S. 130–189.

und Betriebe hält, dem Ausbau der Administration und der Verwaltung, in der das soziale Gefüge nach formellen Vorschriften organisiert wird, der Durchsetzung der Marktwirtschaft, die auf dem freien Unternehmertum und dem Prinzip der Gewinnmaximierung beruht, der Herausbildung des demokratischen Parlamentarismus, der der Repräsentation des Volkes und seiner Partizipation an der Regierung des Staates dient, hat sich eine gesellschaftliche Ordnung entwickelt, die durch eine Vielzahl unterschiedlicher Normierungen und Regulierungen gekennzeichnet ist und auf der fortschreitenden Teilung von Funktionsabläufen beruht.

Die Folgen dieser Entwicklung bestehen in strukturellen Veränderungen der modernen Gesellschaft, die sich durch die Komplexitätssteigerung und Ausdifferenzierung ihrer Subsysteme zunehmend nach Handlungsmaßstäben richtet, die auf die einzelnen Teilbereiche und ihre besondere Logik der Operation zugeschnitten sind. Der Übergang von der bürgerlichen zur Industriegesellschaft hat vor allem dazu geführt, daß die Techniken und Mechanismen des sozialen Verkehrs einer anwachsenden *Spezialisierung* unterworfen werden, die eine übergeordnete Bewertung und zentrale Lenkung der Handlungsprozesse erschwert. Die Anwendung von Vorschriften und Gesetzen, die Zuständigkeit von Institutionen und Behörden, die Hierarchisierung von Aufgaben und Tätigkeitsfeldern stoßen auf regulative Grenzen, die aus der entwickelten Expertenrationalität der Moderne resultieren. Gleichzeitig mit der Spezialisierung von Standards, Normen und Gesetzen nimmt die *Segmentierung* von Handlungsstrukturen zu. Die industrielle Herstellung von Massenwaren unter Einsatz spezieller Apparaturen sorgt dafür, daß am Produktionsprozeß anteilmäßig immer mehr Arbeiter beschäftigt sind; der Verkauf der Waren auf internationalen Märkten erfordert ein effizientes Distributionsverfahren, das über zahlreiche Akteure, Verkehrsmittel und Verteilungsstationen läuft; die Einrichtung neuer gesellschaftlicher Institutionen, die Zunahme an rechtlichen und verwaltungstechnischen Regulierungen haben zur Konsequenz, daß Entscheidungsakte über verschiedene, separat zuständige Instanzen abgewickelt werden.

Diese gesamtgesellschaftlichen Entwicklungen sind insofern für die Verantwortungsdebatten im 20. Jahrhundert relevant, als durch die Spezialisierung und Segmentierung von Handlungsprozessen die direkte Zurechnung von Handlungsfolgen zunehmend schwieriger geworden ist, gleichwohl aber an der Zielsetzung einer Identifizierung (und entsprechenden Sanktionierung) verantwortlicher Akteure festgehalten wird. Die Konsequenzen sind unterschiedlicher Natur. Der Umstand, daß sich die mit der Industrialisierung und Modernisierung der Gesellschaft entstandenen Schäden und Unfälle nicht mehr mit hinreichender Gewißheit auf individuelle Ursachen zurückführen lassen, hat zur Folge, daß die *soziale*

Dimension der verursachten Schäden in den Vordergrund tritt.⁴ Während das klassische Verantwortungsmodell davon ausging, daß ein Individuum einem anderen einen Schaden zugefügt oder sich ihm gegenüber fahrlässig verhalten hat, hat man es in spezialisierten und segmentierten Kontexten mit Fällen zu tun, in denen die Relation zwischen Handlungsursache und -wirkung erst durch die öffentliche Wahrnehmung hergestellt wird. Man kann diesen Sachverhalt auch so ausdrücken: *Mit abnehmender Anteilsquote lokalisierbarer Akteure steigt die Beobachterabhängigkeit von Schuldzurechnungen.* Je uneindeutiger das normativ zu selektierende Feld, desto höher ist der Grad der wahrnehmungsrelativen Deutung der Fallsituation. Die Wahrnehmungsrelativität ist ein Grund dafür, daß normative Zurechnungen nicht einfach vollzogen werden, sondern ihrerseits auf interpretatorischen Akten der Zuschreibung beruhen. Die anwachsende Komplexität der modernen Gesellschaft sorgt jedoch nicht nur dafür, daß die Beobachterabhängigkeit von Verantwortungszuschreibungen zunimmt. Sie hat auch zur Konsequenz, daß individuelle Handlungen verstärkt von externen Faktoren beeinflußt werden, die nicht durch den willentlichen Entschluß eines Akteurs zustande kommen, gleichwohl aber auf die Folgen seines Handelns wesentlichen Einfluß haben. Mit der produktbezogenen Arbeitsteilung, der innerbetrieblichen und organisatorischen Aufgabenteilung, der Anwendung komplizierter Maschinentechnik, der Verflechtung der Distributions- und Konsumtionswege von Gütern und Waren entstehen zeitliche und räumliche Handlungsketten, an denen immer mehr Akteure beteiligt sind, ohne daß sich ihnen die einzelnen Glieder dieser Verkettungen als Verursacher ohne weiteres zurechnen ließen.

Die Entstehung von subjektlosen Ereignisketten macht es erforderlich, neue Wege der Schadenszurechnung zu finden, die nicht mehr auf dem herkömmlichen Verschuldensprinzip beruhen, sondern dem Umstand Rechnung tragen, daß die Handlungsresultate sich von den Handlungsursachen ablösen und eine eigenständige Bewegungsdynamik entwickeln können. In dem Moment, in dem externe Faktoren in den Handlungsablauf eingreifen und das eintritt, was Hegel die »Zersplitterung der Folgen« genannt hat, werden veränderte Institute der Zurechnung notwendig, die nicht mehr von den Intentionen der Akteure ausgehen, sondern von den durch ihre Taten bedingten Konsequenzen. Hierzu gehört etwa die zivilrechtliche Einführung der verschuldensunabhängigen Gefährdungshaftung, wonach jemand für Schäden einzustehen hat, die sich aus der Errichtung und dem Betrieb technischer Anlagen ergeben, auch wenn den Betreiber selbst keine unmittelbare Schuld trifft.⁵ Die Einbeziehung

4 Vgl. Kurt Bayertz, »Eine kurze Geschichte der Herkunft der Verantwortung«, S. 24–29.
5 Zur verschuldensunabhängigen Gefährdungshaftung siehe Josef Esser, *Grundlagen und Entwicklung der Gefährdungshaftung*, bes. S. 92–104; Karl

nichtbeabsichtigter Handlungsfolgen in die zivilrechtliche Praxis bildet ein Mittel, die mit der Industrialisierung anwachsende Bedrohung der Gesellschaft durch selbsterzeugte Risiken schon an der Gefahrenquelle regulativ zu behandeln – unabhängig davon, ob sich die betreffenden Unfälle oder Schädigungen dem Haftenden kausal zuschreiben lassen. Ein weiteres Mittel, indirekter Schadensfolgen durch die maschinelle Technik, aber auch dem Zuwachs gesellschaftlicher Ungleichheit Herr zu werden, besteht in der Herausbildung der Sozialversicherungssysteme in der liberalen Ära. Die Zahl der Arbeitsunfälle und die Auslieferung der Individuen an die Gesetze des Marktes führen dazu, daß die moderne Gesellschaft sich neu organisiert: als »eine umfassende Versicherung gegen die Risiken, die sie durch ihre eigene Entwicklung verursacht«.[6] Der Übergang zur »Versicherungsgesellschaft«, der mit einer Reihe einschneidender institutioneller Änderungen einhergeht, dient dem Ziel einer Sozialisierung des zivil- und strafrechtlichen Verantwortungsprinzips, dessen Basis nun nicht mehr die Sanktionierung schuldhaften Handelns, sondern die Umverteilung individueller Schäden und Übel bildet.[7] In dem Maße, in dem der Begriff des Unfalls und die gesellschaftlichen Unterschiede ihren schicksalhaften Charakter verlieren und als etwas betrachtet werden, das der wiedergutmachenden bzw. ausgleichenden Entschädigung bedarf, verlagert sich der Schwerpunkt vom Problem der individuellen Verantwortlichkeit und Haftung zum Problem der *kollektiven Solidarität und sozialen Gesamtschuldnerschaft*. Die Ausdehnung der Versicherungsinstitutionen und die Entstehung der Sozialversicherungssysteme bereiten dem modernen »Vorsorgestaat« den Weg, dessen Aufgabe nicht nur in der Garantie individueller Grundrechte, sondern auch in der Durchsetzung einer gesellschaftlich organisierten Zwangssolidarität besteht.[8] Der Liberalismus entfaltet sich aus einer anfänglichen Gegenüberstellung von negativen und positiven Rechten zu einem System der doppelten Obligationen, in dem sich rechtliche und moralische Verpflichtungen wechselseitig ergänzen. Seine eigentliche Leistung besteht darin, Gerechtigkeit und Wohltätigkeit nicht als Gegensätze, sondern als die beiden Grundpfeiler vernünftig organisierter Gemeinwesen zu betrachten. Die Absicherung der sozial Schwachen und Notleidenden stellt aus der Perspektive eines aufgeklärten Liberalismus kein moralisches Surplus dar, keinen barmherzigen Akt der Großzügigkeit, sondern ergibt sich aus dem rechtsstaatlichen Selbstverständnis und der

Larenz, *Lehrbuch des Schuldrechts*, S. 698–704; Reinhold Zippelius, »Varianten und Gründe rechtlicher Verantwortung«, S. 260 f.
6 François Ewald, *Der Vorsorgestaat*, S. 11.
7 Eine Zusammenfassung der Entwicklung des Schuldbegriffs im Strafrecht des neunzehnten Jahrhunderts liefert Stephan Stübinger, *Schuld, Strafrecht und Geschichte*, S. 378–401.
8 Vgl. François Ewald, *Der Vorsorgestaat*, S. 89–102.

rationalen Einsicht, daß Gesellschaften um ihres inneren Zusammenhaltes willen solidarischer Hilfsmittel bedürfen.⁹ Das Prinzip der institutionalisierten Wohltätigkeit tritt damit dem der zivilrechtlich sanktionierten Verantwortlichkeit zur Seite. Oder genauer formuliert: Es ergänzt die liberalistische Grundauffassung von der Selbstverantwortlichkeit des Individuums um die Dimension der kollektiven Solidarität, die im Interesse des politischen Gemeinwesen liegt und aus seiner egalitaristischen Verfassung folgt.¹⁰ Die institutionalisierte Wohltätigkeit wird zum Organisationsmedium des auf dem Prinzip der Selbstverantwortlichkeit beruhenden Imperativs sozialer Gerechtigkeit, das über die individuelle Gleichbehandlung hinaus die Unterstützung der gesellschaftlich Benachteiligten gebietet. Das sozialliberale Programm der Fürsorge, wie es sich mit der Sozialgesetzgebung des 19. Jahrhunderts durchgesetzt hat, dient der Verwaltung von Ungleichheiten durch rechtmäßige Umverteilungen und soll zugleich die entstehenden Rechtskonflikte regeln, die sich aus der Berufung auf die Prinzipien individueller Freiheit und Selbstverantwortlichkeit ergeben, die angesichts der gesellschaftlich erzeugten und nur indirekt zuschreibbaren Schäden an eine Grenze geraten.¹¹

Der moderne *Vorsorge- und Wohlfahrtsstaat* ist so gesehen nicht nur ein rechtlich-egalitaristisches, sondern vor allem ein moralisch-politisches Resultat. Der Versicherungsvertrag, den die gesellschaftlichen Individuen mit dem Ziel der Absicherung ihrer Existenzgrundlagen abschließen, beruht auf dem Gedanken einer wechselseitigen Fürsorge, die ihr Fundament nicht allein im rechtsstaatlichen Imperativ der Gleichheit hat, sondern darüber hinaus in der moralischen Pflicht zur solidarischen Untertützung. Soll der Solidaritätsvertrag die Defizite individualistischer Verantwortlichkeit kompensieren, muß er durch die Orientierung an einer *sozialen Verantwortung* der Individuen untermauert werden, die über den reinen Egalitarismus sozialer Gerechtigkeit hinausgeht. Die soziale Verantwortung, die im Vorsorgestaat institutionalisiert wird, beruht auf der gemeinschaftlichen Organisation von Mitmenschlichkeit, die der Befriedigung von Hilfsbedürfnissen und der Beseitigung temporärer Versorgungsdefizite durch Ausgleichzahlungen oder andere Formen der Mittelbereitstellung dient. Grundlage der sozialen Verantwortung ist

9   Zum semantischen und philosophiegeschichtlichen Hintergrund der Debatte um das Verhältnis von Rechts- und Sozialstaat siehe Wolfgang Kersting, *Theorien der sozialen Gerechtigkeit*, S. 9–67.
10 »Die Wohltätigkeit hat eine politisch unverzichtbare Sozialisationsfunktion: Sie soll [...] eine Verbindung zwischen denen herstellen, die ein bloßer vertraglicher Tausch in der Vereinzelung ließe.« (François Ewald, *Der Vorsorgestaat*, S. 91.)
11 Vgl. auch Adalbert Evers und Helga Nowotny, *Über den Umgang mit Unsicherheit*, S. 162–181.

nicht – mit Kant gesprochen – das ›starke Gesetz der Schuldigkeit‹, sondern das ›schwächere Gesetz der Gütigkeit‹, das dort seine Anwendung findet, wo der Kreis der rechtlichen Pflichten verlassen wird und der Bereich der ethischen Verpflichtungen in den Vordergrund tritt.[12] Soziale Verantwortung als mitbürgerliche Anteilnahme gründet nicht im egalitaristischen Prinzip vorpolitischer Gleichheit, sondern im Suffizienzprinzip wohlfahrtstaatlicher Minderung von gesellschaftlicher Ungleichheit. Ihr Fundament ist nicht die enge Verbindlichkeit gerechter Umverteilung, sondern die weite Verbindlichkeit wohltätiger Hilfeleistung. Die solidaritätsethische Benevolenzverpflichtung besitzt keine geringere normative Verbindlichkeit, sondern eine andere erkenntnistheoretische Qualität als die egalitaristische Gerechtigkeitspflicht: Ihre Forderungen sind von den Handlungsumständen und situativen Gegebenheiten abhängig, sie sind relativ bezogen auf die besondere Bedürfnislage sowie die Mittel und Fähigkeiten, die zur Befriedigung der Bedürfnisse zur Verfügung stehen.[13]

1.2 Von sozialer Gerechtigkeit zu politischer Solidarität

Es liegt auf der Hand, daß die solidaristische Erweiterung der liberalen Gerechtigkeitsidee zu neuen Spannungen und Konflikten führt. Die Ergänzung individueller Verantwortlichkeit durch soziale Fürsorglichkeit erfordert eine Politik der generalisierten Wohltätigkeit, die mit den Mitteln und im Rahmen des egalitären Liberalismus nicht ohne weiteres zu leisten ist. Die Institutionalisierung des moralischen Hilfegebots und Fürsorgegedankens sorgt zwar dafür, daß die für die Sicherheit des Zusammenlebens erforderliche Orientierung an den politischen Tugenden der Gemeinschaftlichkeit auf Dauer gestellt und als rechtliche Verpflichtung in Form von Sozialgesetzen einklagbar wird. Sie hat jedoch auch den Effekt, *daß das Prinzip der Verantwortlichkeit seinen systematisch eindeutigen Ort in der egalitären Grundordnung des Liberalismus verliert*. Mit dem Ausbau der Sozialversicherungssysteme wird der moderne Wohlfahrtsstaat auf das Fundament einer solidaristischen Versicherung gegen Risiken gestellt, die gesellschaftlich erzeugt werden und unabhängig von der Zurechnung auf personale Akteure existieren. Der Solidaritätsvertrag auf der Basis einer schuldunabhängigen Schadensversicherung besitzt den Zweck der Umverteilung kontingenter Übel, der keine im liberalistischen Sinn vollkommenen rechtlichen Verpflichtungen,

---

12   Vgl. Immanuel Kant, »Träume eines Geistersehers«, in: *Vorkritische Schriften*, Werkausgabe, Bd. II, S. 943. Siehe dazu Wolfgang Kersting, »Die Verbindlichkeit des Rechts«, in: *Recht, Gerechtigkeit und demokratische Tugend*, S. 102–120; ders., *Wohlgeordnete Freiheit*, S. 181–197.
13   Vgl. dazu Wolfgang Kersting, »Probleme der politischen Philosophie des Sozialstaats«, in: ders., *Politische Philosophie des Sozialstaats*, S. 50–53.

sondern vielmehr unvollkommene moralische Gebote zugrunde liegen. Das bedeutet aber: Die Verteilung der Risiken und der Ausgleich von Benachteiligungen folgen nicht der ursprünglichen Logik sozialer Gerechtigkeit, wonach aus egalitären Gründen jedem das gleiche Maß an Gütern, Ressourcen und Freiheiten zusteht. Sie folgt vielmehr dem Leitgedanken der sozialen Billigkeit, wonach aus politischen Gründen jeder für sein Handeln zur Verantwortung gezogen werden kann, wenn dies für den Ausgleich von individuellen Benachteiligungen und die Vermeidung von gesellschaftlichen Schäden notwendig ist.[14]

Die Abkoppelung der Verantwortlichkeit von persönlichen Schuld- und Zurechnungsfragen durch die Umstellung auf institutionalisierte Wohltätigkeit, die Absicherung durch Sozialrechte und das Institut der Sozialversicherung sind erkauft um den Preis neuer Kontingenzen: Insoweit der Sozialstaat auf dem Suffizienzprinzip kollektiver Solidarität beruht, zu dessen Institutionalisierung und Befolgung sich seine Mitglieder aus Gründen der kollektiven Benevolenz bereit erklären, beruht er auf Voraussetzungen, die er selbst nicht garantieren kann. Die solidarische Verantwortungsgesellschaft ist zum einen auf die *Einsichtsfähigkeit ihrer Mitglieder* angewiesen, die sich aus Fürsorgeerwägungen und sozialer Mitmenschlichkeit zur Umverteilung von Mitteln und Ausgleichszahlungen an Bedürftige bereitfinden. Und ihre Realisierung hängt zum anderen von *Kontexten der Rechtfertigung* ab, die hochgradig deutungsbedürftig sind, die sich nicht verteilungsmathematisch berechnen lassen, in die vielmehr pekuniäre, strategische und weltanschauliche Aspekte hineindrängen, deren Auslegung wiederum von unterschiedlichen personalistischen, anthropologischen und kulturellen Vorannahmen abhängt.

Dieser Umstand hat zur Konsequenz, daß der Begriff der Verantwortung seine Konturen verliert und *mehrdeutige Züge* annimmt. Er steht zum einen für den normativen Individualismus rationaler Subjekte, die sich in wechselseitiger Berücksichtigung ihrer Interessen auf universelle Regeln der sozialen Kooperation einigen. Leitend ist hierbei die gerechtigkeitstheoretische Intuition der Verteilung knapper Güter und des Ausgleichs bestehender Schäden nach Maßgabe kausaler Zurechnungskriterien, durch die derjenige einen Anspruch auf Entschädigung erwirbt, der als selbstverantwortliches Subjekt in seinen Grundrechten auf Freiheit und Gleichheit verletzt wurde. Das Prinzip der *Selbstverantwortlichkeit* bildet die legitimatorische Basis für Handlungen, die in Absehung personaler Eigenschaften und sozialer Umstände daraufhin beurteilt werden,

---

14 »Man ist nicht deshalb verantwortlich, weil man von Natur aus frei ist und auch anders hätte handeln können, sondern weil es von der Gesellschaft als ›gerecht‹ befunden wird, einen zur Verantwortung zu ziehen, ob man nun der Verursacher oder das Opfer des Unfalls war« (François Ewald, *Der Vorsorgestaat*, S. 456).

SOZIALISIERUNG DER VERANTWORTUNG

ob der Handelnde seiner Pflicht zur Selbstvorsorge nachgekommen ist und ihm Entschädigungen für Benachteiligungen zustehen, die aus Gründen der Gleichstellung ausgeglichen werden müssen. Das selbstverantwortliche Handeln beschränkt sich aus Sicht des egalitären Liberalismus darauf, daß der Einzelne nur das zu tun hat, was in den Kreis seiner Schuldigkeitspflichten zur Selbsterhaltung hineinfällt, und nur für die Handlungen zur Rechenschaft gezogen werden kann, die gegen die Gebote der individuellen Freiheit und Gleichheit verstoßen.[15] Das Prinzip der Selbstverantwortlichkeit auf der Basis wechselseitigen Respekts erfordert von sich aus nicht mehr, als daß sich ein jeder gemäß der rechtsstaatlichen Grundregeln der fairen Kooperation und des moralischen Gebots reziproker Achtung zu verhalten hat, ohne darüber hinaus eigenständig zur fürsorglichen Anteilnahme und wohltätigen Unterstützung anderer verpflichtet zu sein. Diese Unterstützung leistet statt dessen die wohlfahrtsstaatliche Organisation mitbürgerlicher Hilfsbereitschaft, durch die der Ausgleich ungerechtfertigter Nachteile und ungleicher Güterverteilung gewährleistet wird. Insoweit der liberale Wohlfahrtsstaat für eine egalitäre Umverteilung von Gütern sorgt, gehorcht er dem Imperativ der *sozialen Gerechtigkeit*, der auf der Basis menschenrechtlicher Schuldigkeit fordert, daß jedem ohne Ansehung seiner besonderen Fähigkeiten, Talente und Begabungen der gleiche Anteil am Gemeinwohl zusteht. Der Imperativ sozialer Gerechtigkeit ist indifferent gegenüber den kontingenten Eigenschaften von Personen, er ignoriert die natürlichen und herkunftsgeschichtlichen Ungleichheiten zwischen den Individuen und verfolgt auf der Basis des normativen Universalismus das Ziel einer Neutralisierung schicksalhaft unverdienter Unterschiede zwischen den gesellschaftlichen Mitgliedern, die als ursprünglich Gleiche füreinander veranwortlich sind.[16]

Der Imperativ der egalitären Güterverteilung hat seinen Ursprung in dem Bild des selbstverantwortlichen Individuums, das gewissermaßen in anthropologischer Nacktheit die Matrix einer wohlfahrtsstaatlichen Distributionspolitik bildet, die sich allein an der Selbstbestimmungsfähigkeit sozialer Subjekte orientiert. Das Prinzip sozialer Gerechtigkeit hat zur Konsequenz, daß die gesellschaftlichen Subjekte einander nicht aus solidarischen, sondern verteilungsrechtlichen Gründen Verantwortung schulden, daß sie nicht durch ihre lebensgeschichtliche Individualität aneinander gekettet sind, sondern aufgrund ihrer menschenrechtlichen

---

15 Einen entsprechend verkürzten Verantwortungsbegriff vertritt John Rawls, *Eine Theorie der Gerechtigkeit*, S. 272 f., S. 427, S. 563 f. Siehe dazu unten Teil VI. 3.1.
16 Vgl. zur egalitaristischen Distributionsethik genauer Wolfgang Kersting, »Politische Solidarität statt Verteilungsgerechtigkeit«, in: *Politische Philosophie des Sozialstaats*, bes. S. 233–237; ders., *Theorien der sozialen Gerechtigkeit*, S. 367–371.

Universalität die Pflicht zur wechselseitigen sozialen Unterstützung besitzen. Damit aber wird der Begriff der *sozialen Verantwortung* personentheoretisch und distributionspraktisch entleert, er wird zum Passepartout einer bürokratischen Verteilungsmaschinerie, die ohne Rücksicht auf die gesellschaftlichen Verhältnisse und individuellen Eigenschaften die kollektiv erarbeiteten Mittel nach dem Schlüssel egalitärer Gleichmäßigkeit umschichtet und über Bedürftige wie Unbedürftige ausschüttet.[17] Die egalitäre Sozialstaatspolitik hat nicht nur illiberale Konsequenzen im Umgang mit den kollektiv erwirtschafteten Gütern, sie führt nicht nur zu einer Entmündigung personaler Akteure durch die staatlichen Versorgungseinrichtungen, es fehlt ihr auch die Einbettung in einen gesellschaftlichen Verbund, in dem sich die einzelnen Individuen als aktive Beiträger und praktisch Beteiligte am kollektiven Projekt des Wohlfahrtsstaates verstehen.

Weil die egalitäre Gerechtigkeitsverantwortung zu ungerechten Verteilungsresultaten führt, die Gesellschaftsmitglieder zu Versorgungsfällen degradiert, ihnen ihre personale Selbständigkeit nimmt und ins Korsett des unwilligen, aus reiner Schuldigkeit handelnden Beitragszahlers zwingt, muß sie durch eine moralisch fundierte *Solidaritätsverantwortung* ersetzt werden, die an der Entlohnung individueller Fähigkeiten ausgerichtet ist, sich an der Gleichheit von personalen Entwicklungschancen orientiert und die Mittel für eine kollektive Grundversorgung zur Verfügung stellt, mit denen jeder ein menschenwürdiges Leben führen kann.[18] Die solidarische Unterstützung hilfsbedürftiger Gesellschaftsmitglieder stellt kein Gebot menschenrechtlicher Schuldigkeit, sondern sozialer Verantwortlichkeit dar. Ihr Kriterium ist die Unterversorgung Bedürftiger, nicht die Gleichstellung Verschiedener. Der solidarisch begründete Sozialstaat sorgt für die institutionellen Rahmenbedingungen, die für die kollektive Organisation mitbürgerlicher Hilfsbereitschaft erforderlich sind, überläßt jedoch die über die Grundunterstützung hinausgehende Lebensvorsorge der *initiatorischen Eigenverantwortlichkeit* des einzelnen Individuums. An die Stelle wohlfahrtsstaatlicher Alimentierung tritt die eigenständige Risikobewältigung des autonomen Subjekts, das sich im Bewußtsein seiner Selbstmächtigkeit nicht nur um das eigene Wohlergehen kümmert, sondern zur Aufrechterhaltung der sozialstaatlichen Ordnung beiträgt. Die initiatorische Eigenverantwortlichkeit bildet das Fundament solidarischer Verantwortlichkeit, weil sich der einzelne als Mitglied einer Gesellschaft erfährt, die

17 Zur ausführlichen Kritik an den sozialstaatlichen Konsequenzen des egalitären Liberalismus in Gestalt von John Rawls, Ronald Dworkin, Thomas Nagel und Robert Nozick siehe Wolfgang Kersting, *Theorien der sozialen Gerechtigkeit*, Kap. III–VI.
18 Vgl. Wolfgang Kersting, »Politische Solidarität statt Verteilungsgerechtigkeit«, in: ders., *Politische Philosophie des Sozialstaats*, S. 237–255.

SOZIALISIERUNG DER VERANTWORTUNG

demjenigen Hilfeleistungen zukommen läßt, der zur engagierten Selbsthilfe fähig und bereit ist.[19]

Die Voraussetzungen für die eigenverantwortliche Selbsthilfe und solidarverantwortliche Wohlfahrtspolitik erschöpfen sich freilich nicht allein in der Bereitstellung der institutionellen Rahmenbedingungen und der Fähigkeit zur selbstbestimmten Lebensführung. Beide Formen der Verantwortung sind ihrerseits abhängig von einer Reihe gesellschaftlicher und individueller Prämissen. So ist die Praxis der Eigenverantwortung angewiesen auf die Bereitschaft von Personen, ihr Leben in Eigenregie zu organisieren, sich offenen Auges Risiken auszusetzen und zugleich Ansprüche an die Sozialsicherungssysteme gering zu halten, während die Solidarverantwortung nur Chancen auf Erfolg hat, wenn eine bestimmte Grundversorgung und Ausbildungsqualität gewährleistet ist, die Versicherungseinrichtungen auf sozialverträgliche Weise privatisiert werden, Verbände, Tarifparteien und andere Korporationen auf die Durchsetzung ihrer speziellen Gruppeninteressen verzichten. Der moralisch-politisch begründete Solidarstaat ist deshalb hinsichtlich seiner Realisierungschancen weitaus *anspruchsvoller und voraussetzungsreicher* als der egalitäre Wohlfahrtsstaat, da er auf die Lebenskompetenz und Einsichtsfähigkeit seiner Mitglieder bauen muß, die sich nicht aus Geboten der Schuldigkeit, sondern aus Pflichten der Verantwortlichkeit persönlichen Einschränkungen und finanziellen Belastungen unterwerfen sollen. Dadurch sind nicht nur zahlreiche Konflikte vorprogrammiert, ist nicht nur ein hochbelastbares Pluralismusmanagement vonnöten, das die divergenten Ansprüche in eine praxistaugliche Übereinstimmung bringt. Vor allem ist die praktische Umsetzung der Solidarverantwortung erst gewährleistet, wenn die Mitglieder einer Gesellschaft aus freien Stücken auf ihre eigensinnigen Interessen verzichten, sich als Bürger an der demokratischen Organisation ihres Gemeinwesen beteiligen und das Projekt des subsidiären Wohlfahrtsstaates engagiert vorantreiben, weil sie sich mit seinen Grundannahmen und Zielsetzungen identifizieren. Da es keine Verstaatlichung von Solidarität ohne Zustimmung der Bürger gibt, bedarf es geteilter Wertvorstellungen und Zielorientierungen, die ein gemeinschaftliches Bewußtsein des Allgemeinwohls erzeugen, das durch Eigeninitiative und öffentliche Unterstützung realisiert werden muß.

Mit anderen Worten: Damit die initiatorische Eigenverantwortung übernommen und die politische Solidarverantwortung als soziale Aufgabe anerkannt wird, bedarf es der schon in den Lebensverhältnissen verankerten Überzeugung von der Notwendigkeit einer kollektiv organisierten Mitbürgerlichkeit. Die Sozialisierung der Verantwortung setzt eine

---

[19] Siehe dazu aus einer praktisch-politischen Position Kerstin Müller, »Eigenverantwortung zwischen Deregulierung und Sozialstaatssicherung«, S. 107–116.

in Grundzügen schon existierende *Verantwortungsgesellschaft* voraus, in der nicht nur die institutionellen Rahmenbedingungen, sondern auch die erforderlichen evaluativen Ressourcen zur Verfügung stehen, damit die sozialen Akteure in der Lage sind, ihr Handeln nicht allein an egalitären Gerechtigkeitsvorstellungen, sondern auch an situativen und kontextuellen Verantwortlichkeiten auszurichten. Bevor der Frage nachgegangen werden kann, wie diese Form der Organisation von Verantwortung unter den Bedingungen komplexer Sozialverhältnisse möglich ist, wie also eine im großen und ganzen funktionierende Verantwortungsgesellschaft auszusehen hat, muß das Problem der Funktionalisierung selbst ins Auge gefaßt werden.[20]

2. Funktionalisierung der Verantwortung

Der Ausbau von Verwaltung und Bürokratie, die administrative Entwicklung des Staatsapparates, die Vernetzung der Warenmärkte, die Entstehung hochtechnologischer Industriezweige und großer Firmenkonzerne, Fortschritte auf dem Gebiet des Transportwesens (Eisenbahn, Flugverkehr, Schiffahrt) und der Kommunikation (Presse, Funk, Fernsehen und Internet) gehören zu den empirischen Ursachen dafür, daß der Verantwortungsbegriff auf Operationen höherstufiger Systeme angewendet wird, die nur noch in einem übertragenen Sinn als handlungsfähige Akteure angesehen werden können. Dieser Umstand sorgt dafür, daß die Frage, wer im Fall von Schädigungen, Unfällen, rechtlichen oder moralischen Verstößen der jeweilige Adressat für die Zuschreibung von Verantwortung ist, nur unter Zuhilfenahme veränderter heuristischer Zurechnungsmodelle zu beantworten ist.

2.1 *Korporative Verantwortung*

Arbeitsteilige und aufgabengeleitete Handlungsprozesse, an denen zahlreiche Individuen beteiligt sind und die übergeordneten Zwecksetzungen folgen, die aus der Aggregation unterschiedlicher Willensentscheidungen hervorgehen, erfordern eine entsprechende Anpassung des Verantwortungsbegriffs. Zu dieser Anpassung gehört die Umstellung vom Paradigma der Individualverantwortung auf das Prinzip *korporativer Verantwortung*, das dort Anwendung findet, wo das ›Handlungssubjekt‹ nicht mehr aus einzelnen Individuen besteht, sondern aus Unternehmen, Verbänden, Organisationen oder Institutionen. Korporative Verantwortung bezieht sich im Unterschied zu *kollektiver Verantwortung*

[20] Zur Praxisrelevanz der Verantwortungsgesellschaft siehe unten Teil VI. 3.

auf strukturierte Handlungsprozesse, die zwar durch das Zusammenwirken personaler Akteure zustande kommen, sich aber nicht auf einzelne Personen als Urheber zurückführen lassen. Anders als kollektives Handeln, das durch ungeregelte Aktivitäten von Kollektiven (in Form von Gruppen, Gesellschaften, Nationen und Staaten) gekennzeichnet ist, resultiert korporatives Handeln aus geregelten Tätigkeiten höherstufiger Akteure, die gemeinsamen Zwecksetzungen oder Zielvorgaben folgen.[21]

Die Erweiterung der individualethischen durch eine korporative Verantwortung wird vor allem dadurch notwendig, daß in arbeitsteiligen und sozial ausdifferenzierten Gesellschaften die Anzahl der an den jeweiligen Handlungs- und Prozeßabläufen beteiligten Personen zunimmt, während zugleich die Zahl der ursächlich für diese Abläufe verantwortlichen Personen abnimmt. Wo es unklar wird, wer im einzelnen wofür die Verantwortung trägt, ist es naheliegend, die Zurechnungsfrage in Hinsicht auf den zur Diskussion stehenden – organisatorischen und funktionalen – Gesamtablauf zu stellen. Der korporative Verantwortungsbegriff hat den Sinn, voneinander unabhängige Entscheidungsschritte unter einen übergeordneten Zweck zu subsumieren und ihnen eine normativ bewertbare Ausrichtung zu verleihen.[22] Indem einzelne Handlungsschritte zu organisatorischen Einheiten gebündelt werden, lassen sich Regulative für höherstufige Handlungsprozesse finden, die ansonsten in unzusammenhängende Segmente zerfallen würden.

Zu diesem Zweck sind unterschiedliche Modelle entwickelt worden, die eine genauere Lokalisierung moralischer Verantwortlichkeit in korporativen Prozessen ermöglichen sollen.[23] Hierzu gehört das *Aggregatmodell*, das Unternehmen, Kapitalgesellschaften oder Personengesellschaften als assoziativen Zusammenschluß einzelner Akteure betrachtet, die allein die Verantwortung für das Handeln der Korporation tragen. Aus Sicht des *Maschinenmodells* bilden Korporationen formale Organisationen, die nach streng instrumentellen Gesichtspunkten agieren und weder als Ganzes noch im Rückgriff auf ihre Mitglieder für Handlungsfolgen verantwortlich gemacht werden können. Das *Organismusmodell* unterstellt dagegen, daß es in Korporationen reflexive Abstimmungen

21 Zur Unterscheidung von korporativer und kollektiver Verantwortung vgl. Hans Lenk, *Konkrete Humanität*, S. 398–400; Hans Lenk und Matthias Maring, »Verantwortung und Mitverantwortung bei korporativem und kollektivem Handeln«, S. 157f.; dies., »Wer soll Verantwortung tragen?«, S. 253–257. Eine Sammlung einschlägiger Aufsätze findet sich in Larry May and Stacey Hoffman (Hg.), *Collective Responsibility*.
22 Vgl. James S. Coleman, *Grundlagen der Sozialtheorie*, S. 300–334, der die »Verantwortung von Körperschaften« auf die »umfassenden Mengen von Interessen natürlicher Personen« (S. 315) zurückführt.
23 Vgl. zum Folgenden Matthias Maring, »Modelle korporativer Verantwortung«, S. 26–34.

über Mittel und Zwecke gibt und eine entsprechende Verantwortlichkeit der Korporation für ihre Entscheidungen vorliegt. Aus der Perspektive des *Vertragsmodells* besteht zwischen der Gesellschaft und der Korporation ein sozialer Kontrakt, der letztere für die Befolgung der eingegangen Verpflichtungen verantwortlich macht, während das *Rechtsmodell* die vertraglichen Beziehungen regelt und Korporationen als juristische Personen oder soziale Akteure behandelt, die legalen Sanktionen und Anreizen unterliegen. Im Unterschied dazu sieht das *Personenmodell* in Korporationen einen moralischen Akteur, der in vollem Umfang für sein Handeln verantwortlich ist, ohne daß die korporativen Entscheidungen auf die Tätigkeiten der einzelnen Mitglieder zurückgeführt werden müssen.[24] Hieran schließt das *Modell sekundärer Verantwortung* an, das die korporativen Handlungen zwar aus den primären Handlungen der Korporationsmitglieder ableitet, ihnen jedoch einen eigenständigen moralischen Status zuspricht, der nicht aus dem personalistischen, sondern kollektivistischen Charakter von Korporationen resultiert.[25]

Insbesondere das Personenmodell und das Modell sekundärer Verantwortung stellen prima facie ein triftiges Mittel dar, um den besonderen Status korporativer Verantwortung zu erfassen. Voraussetzung hierfür ist, daß sich in den internen Entscheidungsstrukturen eine konstitutive Identität der Korporation ausmachen läßt, die es ermöglicht, ihr eine primäre oder sekundäre Handlungsintention zu unterstellen. Dies erfordert eine genauere Bestimmung der »Grammatik korporativer Entscheidungsprozesse«,[26] mit deren Hilfe das Zusammenwirken und die wechselseitige Abhängigkeit von individuellen und korporativen Handlungsvollzügen im einzelnen geklärt wird. Grundsätzlich besteht keine Schwierigkeit darin, Unternehmen, Firmen, Behörden oder Organisationen als zeitüberdauernde und normengesteuerte Handlungssysteme zu definieren, die nicht nur juristische Rechte, sondern auch moralische Pflichten besitzen, für deren Erfüllung sie verantwortlich sind. Wesentlich für die Zuschreibung von Verantwortung ist, daß sich das korporative Verfolgen von Absichten und Zielen auf eine gemeinsame Intention und einen für alle Beteiligten gleichermaßen geltenden Willensentschluß zurückführen läßt. Diese Rückführung erlaubt es, die Herstellung

24 Diese Position wird vertreten von Peter A. French, »Die Korporation als moralische Person«, S. 317–328; ders., *Collective and Corporative Responsibility*, bes. S. 31–47.
25 So Patricia H. Werhane, »Rechte und Verantwortungen von Korporationen«, S. 329–336; dies., *Persons, Rights, and Corporations*.
26 Peter A. French, »Die Korporation als moralische Person«, S. 324. French bezieht sich damit vor allem auf die Erstellung von Organigrammen und die Untersuchung der korporativen CID-Strukturen (Corporation's Internal Decision Structure); siehe auch ders., *Collective and Corporative Responsibility*, S. 48–66.

arbeitsteiliger Produkte, den Betrieb einer technischen Großanlage oder institutionelle Entschlüsse als ein strukturiertes Zusammenwirken von Individuen zu erfassen, das sich nach Maßgabe verantwortungstheoretischer Normen evaluieren läßt.[27] Korporationen lassen sich unter diesen Voraussetzungen als höherstufige Akteure auffassen, die anders als natürliche Personen normativen Leitregeln folgen, die von den übergeordneten Interessen der Organisation, des Unternehmens oder der Behörde abhängen. Vorschriften, Gesetze oder Handlungsmaximen geben für den einzelnen Akteur den Rahmen vor, innerhalb dessen er verantwortlich agiert, ohne für die Vorgaben selbst rechenschaftspflichtig zu sein. In welchem Maß personale Akteure mitverantwortlich für entstandene Schädigungen oder Verstöße sind, hängt von den innerkorporativen Strukturen und deren normativer Auslegung ab. Bewertungsaspekte sind hierbei die Festlegung von Zuständigkeiten für bestimmte Aufgaben und Gebiete, die Staffelung interner Hierarchien und die entsprechende Abhängigkeit von Weisungen sowie die damit zusammenhängenden Kompetenzbereiche und die persönliche Zumutbarkeit von Zuwiderhandlungen.[28]

Das korporative Gefüge bildet somit ein Netzwerk an formellen Regeln und informellen Verpflichtungen, durch das den einzelnen Akteuren unterschiedliche Verantwortlichkeitsfelder zugeordnet werden können, auch wenn sich im Einzelfall nicht immer exakte Zurechnungen treffen lassen. Sowenig Sinn es macht, die gesamte Korporation moralisch oder rechtlich zur Verantwortung zu ziehen, sei es als sekundärer oder quasi-personaler Akteur, so kontraproduktiv und unrealistisch ist es, sämtliche Verantwortungslasten auf einzelne Akteure abzuwälzen, selbst wenn sie innerhalb der Korporation eine herausgehobene Stellung oder Funktion besitzen, da auch die Entscheidungen von Führungskräften oder Abteilungsleitern durch die übergeordneten Interessen und Zielsetzungen des Unternehmens oder der Organisation mit bestimmt sind.[29]

Damit ergibt sich ein ambivalentes Fazit: Korporationen lassen sich dann als höherstufige Akteure behandeln, wenn die einzelnen Aufgabenfelder der Mitglieder, ihre Kompetenzen und Zuständigkeiten klar definiert und mit den Zwecksetzungen des Unternehmens, der Organisation oder Behörde abgestimmt sind. Unter der Bedingung struktureller Homogenität können Korporationen für ihre Handlungen belangt

27 Siehe zur ausführlichen Darstellung Matthias Maring, *Kollektive und korporative Verantwortung*, Kap. 7.
28 Zur internen Verantwortungsverteilung in Institutionen und Korporationen vgl. Hans Lenk und Matthias Maring, »Wer soll Verantwortung tragen?«, S. 276–279.
29 Zur Verantwortung der Unternehmensleitung vgl. Gertrud Nunner-Winkler, »Kollektive, individuelle und solidarische (fürsorgliche) Verantwortung«, S. 180 f.

werden, es lassen sich ihnen Rechte und Pflichten zuschreiben, nach deren Maßgabe Verstöße, Fehlverhalten und Schädigungen sanktionierbar sind. Gleichwohl tragen Korporationen nur in einem formellen und analogen Sinn Verantwortung für ihr Handeln, das aus dem Zusammenwirken ihrer Mitglieder hervorgeht. Das Zusammenspiel korporativer Einzelhandlungen kann mehr oder weniger stark koordiniert sein, durch ein weites oder enges Netz an Vorschriften und Regelungen determiniert werden, so daß sich die singulären Aktivitäten nicht einfach zu einer kollektiven Gesamtsumme addieren lassen, sondern in ihrer Eigenwertigkeit berücksichtigt werden müssen, die unmittelbar mit der internen Operationslogik des Handlungssystems verknüpft ist.[30]

2.2 Verteilung von Verantwortlichkeiten

Die wechselseitige Abhängigkeit von persönlichem und systemischem Handeln macht es erforderlich, Abstufungen und Unterteilungen von Verantwortungsbereichen vorzunehmen, um mit der wachsenden Ausdifferenzierung von sozialen Handlungssystemen Schritt halten zu können. Mit der Übertragung der Verantwortungskategorie auf Korporationen, Organisationen, Institutionen und andere höherstufige Handlungssubjekte vollzieht sich ein Perspektivenwechsel, der wichtige Konsequenzen für die Debatte um den Stellenwert von Verantwortlichkeit im komplexen Gefüge hochmoderner Gesellschaften hat. Die Dominanz kausal verflochtener Handlungsprozesse sorgt dafür, daß die Kriterien der Zurechnung nicht mehr vorrangig von den intendierten Folgen der Handlungen her bestimmt werden können, sondern primär auf die Aufgaben, Stellungen und Verpflichtungen der Akteure innerhalb eines Handlungssystems bezogen werden müssen. In den Vordergrund tritt folglich ein *funktionaler Verantwortungsbegriff*, der sein Fundament in den systemischen Handlungsstrukturen selbst hat und damit prozeduralen Verfahren der Normierung und Kontrolle unterworfen ist, die nicht unter dem Vorzeichen der individuellen Handlungsfreiheit, sondern der operationslogischen Regulierung von Sachprozessen erfaßt werden müssen.[31]

Wo Individuen in einem strukturierten Netzwerk von Beziehungen und Regelungen agieren, ist es im wesentlichen ihre Funktion, die über Anteil, Grad und Art der Verantwortlichkeit entscheidet. In diesen Bereich fallen vor allem die *Rollen- und Aufgabenverantwortung*, die

---

30 Vgl. zum Zusammenhang von individuellem und korporativem Handeln Gottfried Seebaß, »Kollektive Verantwortung«, S. 19–21.
31 Zur funktionalen Verantwortung siehe Jann Holl, *Historische und systematische Untersuchungen zum Bedingungsverhältnis von Freiheit und Verantwortlichkeit*, S. 446–464.

jemand in einem Unternehmen, einer Institution oder Organisation je nach Stellung und Position besitzt; die *Berufs- und Standesverantwortung*, die aus der jeweils ausgeübten Tätigkeit resultiert; die *Vertragsverantwortung*, die sich aus der Bindung an rechtsförmige Abkommen ergibt; und bis zu einem bestimmten Grad auch die *Loyalitätsverantwortung*, die internen Treue- und Zugehörigkeitsverhältnissen entspringt. Umgekehrt besitzen Firmen, Verbände oder Organisationen eine *interne Verantwortung* für ihre Mitarbeiter und Mitglieder, für deren Versicherung, Versorgung und Betreuung sie zuständig sind. Und natürlich fällt ihnen eine *externe Verantwortung* Dritten gegenüber zu, die sie zur Einhaltung von Gesetzen, Auflagen und Wettbewerbsregeln verpflichtet.[32]

Entsprechend dieser Unterteilung lassen sich, zumindest idealtypisch, *Verteilungsregeln für Verantwortlichkeiten* von und in Korporationen formulieren, in die zusätzlich Aspekte der Handlungsverantwortung sowie der moralischen und rechtlichen Verantwortung einfließen.[33] Dabei gibt die Organisations- und Entscheidungsstruktur von Korporationen den formellen Rahmen vor, durch den die sachliche Zuständigkeit der Mitglieder festgelegt und ihre Aufgabenverantwortung definiert wird, während die Berufsverantwortung über die bloße Rollenerfüllung hinaus auf informelle Verpflichtungen verweist, die sich aus dem standesethischen Selbstverständnis der Akteure und ihrer Eingebundenheit in kollektive Arbeitszusammenhänge ergeben. Der einzelne Akteur besitzt nicht nur die sachliche Verantwortung für seinen Aufgabenbereich, sondern auch die Handlungsverantwortung für nichtintendierte Folgen und Nebenfolgen seines Tuns, die ihm gemäß seiner internen Stellung und seines Wissensstandes zugerechnet werden können. Darüber hinaus trägt er eine moralische Verantwortung für sein Handeln, die sich nicht nur nach dem Grad der Loyalität richtet, die ihn mit der Korporation verbindet, sondern ihm als Person zukommt, die ihr Tun vor dem eigenen Gewissen zu rechtfertigen hat, und als solche nicht delegierbar ist. Die Vertragsverantwortung basiert primär auf rechtlichen Verantwortlichkeiten, die im einzelnen die funktions- und weisungsabhängigen Pflichten regeln, aber auch die Rechte, die Mitglieder gegenüber Korporationen geltend machen können. Während die interne Verantwortung auf moralischen und rechtlichen Verbindlichkeiten zwischen den Korporationsmitgliedern

32 Diese Differenzierung ist angelehnt an Hans Lenks Unterscheidung zwischen der Handlungs(ergebnis)verantwortung, Aufgaben- und Rollenverantwortung, der universalmoralischen und rechtlichen Verantwortung: »Praxisnahe Ethik für die Wissenschaft«, in: ders., *Zwischen Wissenschaft und Ethik*, S. 27–44; ders., »›Verantwortung‹ als Beziehungs- und Zuschreibungsbegriff«, in: *Von Deutungen zu Wertungen*, S. 247–259.
33 Vgl. zu den Verteilungsregeln Hans Lenk und Matthias Maring, »Verantwortung und Mitverantwortung bei korporativem und kollektivem Handeln«, S. 161–163; Hans Lenk, *Konkrete Humanität*, S. 418–421.

beruht, resultiert die externe Verantwortung aus Rechenschaftspflichten gegenüber anderen korporativen Akteuren, der Gesellschaft, dem Gesetzgeber oder einzelnen Individuen, die als Geschädigte oder Betroffene Schadensersatzansprüche geltend machen können und dafür sorgen, daß Unternehmen, Institutionen oder Organisationen als belangbare Verantwortungsträger Rechenschaft für ihr Handeln ablegen.

Grundsätzlich gilt bei der Zuschreibung von Verantwortlichkeiten in korporativen Zusammenhängen, daß jeder Akteur sowohl eine individuelle Alleinverantwortlichkeit als auch eine korporative Mitverantwortung für sein Handeln trägt sowie umgekehrt Korporationen für ihre Mitglieder und externe Dritte verantwortlich sind. Zwischen primären und sekundären Verantwortlichkeiten bestehen wechselseitige Abhängigkeiten, die dazu führen, daß weder der einzelne Akteur noch die gesamte Korporation die Verantwortung für Handlungsvollzüge besitzt, sondern je nach Fallsituation und strukturellen Bedingungen abgestufte Verantwortungszuschreibungen vorgenommen werden müssen. Verantwortungs*verteilung* heißt nicht Delegation von Verantwortlichkeiten vom Akteur auf die Korporation oder von dieser auf die Akteure, sondern bedeutet vielmehr abgestufte Verantwortungs*beteiligung* nach normativen Kriterien, die aus funktionalen Prozeßlogiken folgen und eine anteilige Bestimmung des Verantwortungsgrads und -typus erforderlich machen.[34] Jeder Akteur trägt die *Teilverantwortung* für sein Aufgaben- und Zuständigkeitsgebiet, aber auch die *Mitverantwortung* für das Operieren des korporativen Systems. Die Aufteilung von primären Verantwortlichkeiten ist notwendig, um die sekundäre *Gesamtverantwortlichkeit* eines Unternehmens, einer Institution oder Organisation garantieren und gewährleisten zu können. Teilverantwortlichkeiten lassen sich nicht wiederum selbst teilen, sondern sind vollständig mit dem Tätigkeitsfeld eines Akteurs verknüpft, während Mitverantwortlichkeiten anteilsmäßig auf das Agieren der Korporation und ihrer Mitglieder bezogen sind. Diese Differenzierung verhindert einen Verwässerungseffekt personaler Verantwortlichkeit und sorgt dafür, daß ihre Eingebundenheit in die Vorgaben des Gesamtsystems Berücksichtigung findet. Die Gegenüberstellung von *vollständigen* (unteilbaren) und *unvollständigen* (teilbaren) Verantwortungsformen erlaubt es, bei systemisch verflochtenen Handlungen zwischen denen zu unterscheiden, die sich ohne weitere Einschränkungen einem Akteur zuschreiben lassen, und denjenigen, die durch das Zusammenwirken mehrerer Akteure oder aufgrund höherstufiger Zielsetzungen der Korporation zustande kommen.

Die besondere Leistung funktionaler Verantwortung besteht darin, daß sie formell geregelt ist. Sie bildet ein verfahrenstechnisches Mittel

---

34 Entsprechende Vorschläge zur Verteilung von Verantwortlichkeiten in Sozialsystemen macht Heiner Müller-Merbach, »Die morphologische Struktur von Verantwortung und Verantwortlichkeit«, S. 126–146.

der Abstufung und Differenzierung von Aufgaben- und Zuständigkeitsfeldern, deren Reichweite und Umfang durch relativ klare Richtlinien festgelegt ist. Die Erfüllung der Verantwortungsforderungen, soweit sie sich auf vorgegebene Strukturen und Sachzusammenhänge beziehen, hängt nicht vom Ermessen der Akteure ab, sondern ist durch die ausgeübte Funktion vorgegeben. Gleichwohl tritt bei der Verantwortungsverteilung in korporativen (und im weiteren Sinn systemischen) Kontexten eine Reihe von prinzipiellen Problemen auf. Hierzu gehört nicht nur die *Überdehnung* des Verantwortungsbegriffs bis hin zu totalen Schuldzuschreibungen oder Rechenschaftsforderungen, die ohne Berücksichtigung der internen Differenzierungsstrukturen von Korporationen vollzogen werden. Sondern auch umgekehrt die *Verwässerung* von Verantwortlichkeiten, die aus einer anteilsmäßigen Minderung der Zurechenbarkeit von Handlungen folgt, die im Extremfall bis zu dem Punkt führen kann, an dem niemand mehr für das Fehlverhalten des Unternehmens, der Organisation oder Institution verantwortlich ist.[35] Anders ausgedrückt: Je stärker den Gefahren der Totalisierung und Pauschalisierung bzw. Diffusion und Dilution dadurch entgegengewirkt wird, daß der formelle Aufbau und die interne Struktur der jeweiligen Korporation Berücksichtigung findet, desto deutlicher treten die *Grenzen funktionaler Verantwortung* zutage.

Dies läßt sich auch an weiteren Problempunkten deutlich machen: Wo aufgrund spezieller Zwecksetzungen agiert wird, dominieren partikulare Ziele und Interessen über universelle Normen. Die Berufung auf besondere Verpflichtungen und strukturelle Sachzwänge führt dazu, die Frage nach der Verallgemeinerbarkeit der Handlungsmaximen zu umgehen und sich von der Zumutung der Reflexion auf objektive Gründe für sein Tun zu entlasten.[36] Außerdem kann die Delegation von Aufgaben dazu beitragen, sich eigener Zuständigkeiten zu entledigen und Rechenschaftsforderungen an andere weiterzuleiten. Die berufs- und aufgabenbedingte Spezialisierung von Tätigkeiten birgt das Risiko in sich, das höherstufige Zusammenwirken der Einzelaktivitäten aus den Augen zu verlieren und die Aufmerksamkeit allein auf den eigenen Handlungssektor zu

35 Zur genaueren Behandlung des Dilutionsproblems bei der Teilung von Verantwortlichkeiten vgl. Jean-Claude Wolf, »Kollektive Verantwortung – Ausräumung einiger Mißverständnisse«, in: ders., *Utilitarismus, Pragmatismus und kollektive Verantwortung*, S. 131–138. Eine kritische Auseinandersetzung mit dem sogenannten ›Kuchenmodell‹ der Verantwortungsteilung findet sich bei Hans Lenk, »Technik und Wirtschaftsfolgen: Ökologie und Ethik«, in: ders., *Zwischen Wissenschaft und Ethik*, S. 124–128. Siehe auch Gregory Mellema, *Individuals, Groups, and Shared Responsibility*.
36 Vgl. mit Blick auf Institutionen Christoph Hubig, »Die Unmöglichkeit der Übertragung individualistischer Handlungskonzepte auf institutionelles Handeln«, S. 72–78.

richten.³⁷ Und nicht zuletzt sorgt das Verrichten spezialisierter Tätigkeiten dafür, daß auftretende Probleme zumeist durch Standardlösungen und eingeschliffene Routinen bewältigt werden.

Um Korporationen für ihr Tun zur Rechenschaft ziehen zu können, muß man sie als Quasi-Subjekte behandeln, die aus eigenem Entschluß bestimmte Ziele verfolgen, die sich ihnen kausal zurechnen lassen. Das ist jedoch nur dann möglich, wenn Korporationen intern so strukturiert sind, daß die einzelnen Aufgabenfelder der Mitarbeiter, ihre Kompetenzen und Zuständigkeiten klar definiert und mit den Zwecksetzungen des Unternehmens, der Organisation oder Behörde abgestimmt sind. Unter dieser Voraussetzung bilden Korporationen ein homogenes Handlungssubjekt, das analog zu moralischen Personen mit Rechten und Pflichten ausgestattet ist. Ist diese Voraussetzung nicht gegeben, lassen sich Korporationen mithin nicht als homogene Akteure beschreiben, entfällt der kritierielle Grund für ihre moralische Verantwortlichkeit genauso wie für ihre schuldbezogene Haftbarmachung.³⁸ Es wird dann erforderlich, einen übertragenen – indirekten oder analogen – Verantwortungsbegriff auf die fragliche Korporation anzuwenden oder sie in einem verschuldensunabhängigen Sinn (etwa der Gefährdungshaftung) zu verurteilen und entsprechende Sanktionen zu verhängen. Die indirekte Verantwortungszuschreibung bildet jedoch ein Verfahren, das zur Verwässerung konkreter Verantwortlichkeiten führt und auf die bekannten Fälle des Organisations- bzw. Korporationsverschuldens hinausläuft, in denen die tatsächlichen Urheber von Schädigungen schließlich nicht mehr ausfindig zu machen sind.³⁹

Aus diesem Grund reichen funktionale Verantwortungskonzepte trotz, oder besser, wegen ihrer Anpassung an die Differenzierungsdynamik der modernen Gesellschaften nicht aus, um die unterschiedlichen Handlungssituationen mitsamt ihrer Vielfalt an Bedingungsverhältnissen zu erfassen. Durch ihre formelle Ausrichtung setzten sie überschaubare korporative Organisationsstrukturen und Interaktionsverhältnisse voraus, lassen keinen Raum für Abweichungen von Verhaltensroutinen, unterschätzen die Notwendigkeit inventiver, auf Erfahrung und Klugheit

---

37 Daß Mitverantwortung in korporativen Zusammenhängen über den Aufgabenbereich hinausweist, zeigt Elisabeth Ströker, *Ich und die anderen. Die Frage der Mitverantwortung*, S. 22–43.
38 Vgl. Alfons Süßbauer, »Unternehmen und Verantwortung«, S. 161–166. Zur Kritik am Modell korporativer Intentionalität vgl. Annette Kleinfeld-Wernicke, »Person oder Institution. Zur Frage nach dem Subjekt ethischen als verantwortlichen Handelns des Unternehmens«, S. 53 f.
39 Dieses Problem unterschätzt Gerlinde Sommer in ihrer Rückführung institutioneller Verantwortung auf formell geregelte Rechenschaftsverhältnisse mit klar bestimmten Zuständigkeitsbereichen: *Institutionelle Verantwortung*, S. 32–51.

beruhender Problembewältigung, reduzieren moralische Autonomie auf Regelkonformität und vernachlässigen den Umstand, daß der soziale Verkehr in arbeitsteiligen Zusammenhängen nicht nur durch die Festlegung von Kompetenzen und Zuständigkeiten geregelt wird, sondern in erheblichem Maß auf Formen der *informellen Kooperation* beruht, die von persönlicher Einsatzbereitschaft über berufliche Kollegialität bis zur Gemeinwohlorientierung reichen.[40] Weil funktionale Verantwortlichkeiten in versachlichte Ordnungsbezüge eingebettet sind, die durch neutrale Rahmenkriterien definiert werden, lassen sich mit ihrer Hilfe weder notwendige Vorbedingungen noch unabsehbare Folgen höherstufiger Handlungsprozesse ohne weiteres erfassen. Funktionale Verantwortungskonzepte besitzen eine forensische Grundstruktur, die zum Primat der Rechtfertigung vor der Zweckhaftigkeit des Handelns führt. Ihre Verbindlichkeit ist vornehmlich negativer Natur: Sie geben Maßstäbe an die Hand, mit denen sich das Nichteinhalten von Geboten ahnden, nicht aber der Einsatz für positive Zustände auszeichnen läßt.

3. Positivierung der Verantwortung

Die Grenzen funktionaler Verantwortungsmodelle bestehen vor allem darin, daß die Zuschreibung von Verantwortlichkeiten erst dann geschieht, wenn ein Schadensfall, ein Unglück oder ein Regelverstoß eingetreten ist. Die meisten der im Rahmen juristischer, sozialer und moralischer Problemfälle entwickelten Verantwortungsbegriffe sind nicht nur *negativer*, sondern zudem *retrospektiver* Natur:[41] Sie dienen der Sanktionierung von Tathandlungen durch die Anwendung eines vorliegenden Normengefüges, das die schon eingetretenen Handlungsfolgen auf die Akteure zurückbezieht und diesen nachträglich zurechnet. Die anwachsende Verflechtung der Handlungsbereiche und die zunehmende Unabsehbarkeit der Handlungsfolgen haben es deshalb erforderlich gemacht, die Praxis der retrospektiven Rechtfertigung zu revidieren und den veränderten Umständen anzupassen.

Zu diesem Zweck ist der Verantwortungsbegriff auf eine veränderte temporale und normative Basis gestellt worden. Er hat eine *positive Ausrichtung* erhalten, die sich nicht in der Vermeidung von Schädigungen oder dem Verbot von Regelüberschreitungen erschöpft, sondern auf die Herbeiführung qualitativ wertvoller Zustände zielt und zugleich – in einem

---

40 Zu informellen Verantwortungsbeziehungen siehe schon Siegfried Walter Müller, *Die Verantwortung in der Unternehmensorganisation*, S. 104–111.

41 Exemplarisch hierfür ist die Eingrenzung des Verantwortlichkeitsproblems auf zurückliegende Handlungen bei William K. Frankena, *Analytische Ethik*, S. 87–89.

prospektiven Sinn – die Berücksichtigung unabsehbarer Handlungsfolgen leistet.[42] Die positive Verantwortung unterscheidet sich von der herkömmlichen Rechenschaftsverantwortung dadurch, daß sie auch das einschließt, was über die unbedingten Schuldigkeitspflichten hinausgeht und den aktuellen Handlungshorizont überschreitet.[43] Hierzu gehören einerseits auszeichnungswürdige Haltungen und tugendhafte Einstellungen wie Sorgfalt, Umsicht, Großzügigkeit, Gemeinsinn oder Hilfsbereitschaft. Andererseits ist die positive Verantwortung durch die *prospektive Erweiterung* des Aufmerksamkeitshorizontes gekennzeichnet, der auf mittel- und langfristige Handlungskonsequenzen ausgedehnt und mit den Mitteln der Voraussicht, Prognostik und Planung beobachtet wird.

Die positive Verantwortung setzt nicht ex post ein, sondern *ex ante*: Sie richtet sich auf das Umfeld der Handlungssituation, auf kontextuelle Faktoren und erwartbare Auswirkungen; sie ist aufmerksam für Abweichungen und Fehlentwicklungen; sie bezieht Unsicherheiten und Unwägbarkeiten mit ein. Sie besitzt keine exklusive, sondern eine integrative Grundlage: Ihr Maßstab ist die Berücksichtigung auch derjenigen Individuen, die durch potentielle Nebenfolgen betroffen sein könnten; ihr Ausgangspunkt ist nicht die Zuständigkeitspflicht des einzelnen Akteurs, sondern die Kooperationspflicht sämtlicher im Handlungszusammenhang stehender Personen. Die positive Verantwortung ist nicht defensiv, sondern *präventiv*: Ihr geht es um Schutz von Lebensmöglichkeiten, die Bereitstellung von Mitteln zur Verbesserung der Daseinsbedingungen und die Vorsorge für das Wohlergehen zukünftiger Generationen.[44]

Durch die positive und prospektive Verantwortung wird die traditionelle Anspruchsrichtung umgekehrt: Nicht mehr das handelnde Individuum mit seiner Verpflichtung, sich gemäß bestimmter Aufgaben und Funktionen zu verhalten, steht am normativen Ausgangspunkt, sondern der Sachbereich, das Tätigkeitsfeld, der geschichtliche Raum, in dem gehandelt wird. Im Vordergrund steht der Horizont der unbeabsichtigten Auswirkungen, die aus Handlungsentscheidungen hervorgehen, sowie die inhärenten Ansprüche, die aus den jeweiligen Bereichen an die Akteure ergehen.[45] So erfordern etwa die Sorge um eine unversehrte Natur

42 Zur Umstellung von einer retrospektiven auf prospektive Verantwortung vgl. Dieter Birnbacher, »Grenzen der Verantwortung«, S. 145–155. Siehe dazu auch Günter Ropohl, »Neue Wege, die Technik zu verantworten«, S. 157 f.

43 Zur Unterscheidung von geschuldeter und verdienstlicher Verantwortung siehe Otfried Höffe, »Schulden die Menschen einander Verantwortung?«, S. 138 f.

44 Zur präventiven Verantwortung vgl. Kurt Bayertz, »Wissenschaft, Technik und Verantwortung«, S. 191–194.

45 Vgl. Elisabeth Ströker, »Verantwortungsethik als Herausforderung der Philosophie in der modernen Welt«, S. 710.

oder intakte Umwelt einen erweiterten Moralbegriff, der zur Einbeziehung auch solcher Belange führt, die auf nicht einklagbaren Fremdinteressen beruhen. Die positive Verantwortung beruht zu einem erheblichen Teil auf Geboten der Achtung, Fürsorge und Pflege, die der Logik wechselseitiger Anerkennung vorausliegen und der intrinsischen Werthaftigkeit des Handlungsbereichs, freiwilligen Verpflichtungen oder supererogatorischen Einstellungen entspringen.[46] Hierfür ist vor allem eine situative Urteilskraft notwendig, die Potentialitäten mit einbezieht und mit innovativen Vorschlägen auf Herausforderungen reagiert, die sich mit der Standardstrategie rechenschaftsfundierter Entschädigung oder Haftung nicht bewältigen lassen.[47]

Der Vorzug der positiven Verantwortlichkeitshaltung besteht darin, daß sie aktuale Entscheidungen in einen erweiterten Handlungs- und Wahrnehmungsraum hineinstellt. Was hier und jetzt berechtigt zu sein scheint, wird einer Verträglichkeitsprüfung in Hinblick auf potentielle Auswirkungen und Nebeneffekte unterworfen. Die Orientierung an der Zukunft und der Verbesserung der Handlungsbedingungen sorgt für ein umsichtiges, sorgfaltsgeleitetes Verhalten und die Berücksichtigung derjenigen, die als Nachgeborene oder Unbeteiligte von gegenwärtigen Entscheidungen betroffen sein können. Der Sinn für Möglichkeiten und Zusammenhänge führt zur Integration von Unbestimmtheit in Entscheidungsprozesse: Im Vordergrund stehen nicht präskriptive Obligationen und die Festlegung auf Zuständigkeiten, sondern situative Problemlösungskompetenzen und die Bereitschaft, auf kooperativem Weg Aufgaben zu übernehmen, für die erst noch Verantwortungszuschreibungen gefunden werden müssen.

In dieser Offenheit bestehen freilich auch die *Defizite positiver Verantwortlichkeiten*. Soweit sie allein auf der freiwilligen Bereitschaft beruhen, sich für den Erhalt oder die Herstellung wünschens- und erstrebenswerter Zustände zu engagieren, hängt ihre Realisierung von der Einsichtsfähigkeit der Akteure ab. Es liegt in der Natur verdienstlicher Pflichten wie Sorgfalt, Umsicht und Fürsorge, daß sie sich nicht mit unbedingten Argumenten einfordern lassen, sondern in ein Geflecht an bedingten Gründen eingebunden sind. Man muß plausibel machen können, warum es besser ist, sich um Belange anderer zu kümmern oder schon im Vorfeld über langfristige Handlungsauswirkungen und potentielle

---

46 Zur supererogatorischen Dimension moralischen Handelns vgl. Hans Lenk, *Konkrete Humanität*, S. 126–132; John Ladd, »Bhopal: Moralische Verantwortung, normale Katastrophen und Bürgertugend«, S. 297–299. Siehe auch Wolfgang Pfannkuche, »Supererogation und moralische Verantwortung«, S. 75–80.

47 Zur Notwendigkeit einer situationsorientierten Verantwortungsethik vgl. Hans Lenk, *Konkrete Humanität*, S. 142–150. Siehe auch Ilja Lazari-Pawlowska, »Prinzipienethik oder Situationsethik?«, S. 48–60.

Adressaten nachzudenken. Dies setzt einen hohen Grad an moralischer Benevolenz und Uneigennützigkeit voraus, oder es müssen – wie gezeigt wurde – Anleihen bei der theologischen und metaphysischen Tradition vorgenommen werden, die in säkularisierten Handlungskontexten eine begrenzte Überzeugungskraft besitzen.

Darüber hinaus stellt sich die Frage, warum die qualitativ und temporal erweiterte Verantwortlichkeitsorientierung überhaupt eine positive Absicherung benötigt. Der Unterschied zwischen der *Vermeidung* negativer Handlungsfolgen und der *Herbeiführung* zweckvoller Handlungsbedingungen ist nicht kategorischer, sondern kontextueller Art. Auch Verhinderungen können ein Mittel der Vorsorge sein. Sorgfalts- und Aufsichtspflichten, Produkt- und Gewährleistungshaftungen oder gesetzliche Umweltauflagen können genauso gut dazu beitragen, qualitative Lebensumstände zu schaffen und Praktiken der Risikoabwehr zu verbessern. Man muß nicht zwingenderweise auf intrinsische oder altruistische Begründungen zurückgreifen, um die prospektive und präventive Rücksicht auf menschenwürdige Daseinsbedingungen rechtfertigen zu können. In vielen Fällen des umsichtigen, rücksichtsvollen und vorausschauenden Verhaltens reichen die moralischen Intuitionen des gemeinen Menschenverstandes aus, genügt der *sensus communis* des aufgeklärten Selbstinteresses, um das eigene Handeln an den Belangen, Interessen und Wünschen anderer auszurichten.

Damit läßt sich auch eine weitere Schwierigkeit umgehen: die legitimatorischen Unklarheiten, die entstehen, wenn man sich auf materiale Zwecksetzungen beruft, die vom subjektiven Wohlergehen bis zum gelingenden Leben reichen. Das Ideal des Guten ist ein höchst vieldeutiger Maßstab, der neue Unsicherheiten und Risiken stiftet, gerade dann, wenn er vorzugswürdige Handlungsziele im Kontext pluralistischer Lebensformen auszeichnen soll, wenn über Achtung und Nicht-Achtung unter der Bedingung komplexer Gesellschaften entschieden werden muß, die nicht primär über moralische Verständigung, sondern über funktionale Selbstorganisation integriert sind.[48] Und schließlich können positive Zwecksetzungen zur Überforderung sozialer Akteure führen, da sich prinzipiell immer *noch mehr* verbessern läßt, der Imperativ des Sich-Kümmerns aufgrund seiner obligationstheoretischen Unbestimmtheit zu einer infiniten Wohltätigkeit verpflichtet. Weil der Bereich des Zu-Tuenden prinzipiell unbegrenzt ist, werden den Handelnden mehr Aufgaben zugemutet, als sie erfüllen können, werden sie mit Forderungen belastet, die jenseits der vernünftigen Zurechenbarkeit liegen. Sie besitzen die Verpflichtung, sich auch diejenigen Handlungen zuzuschreiben, die von ihnen nicht ausgeführt wurden. Die Positivierung von Verantwortlichkeit bewirkt

---

48 Vgl. Niklas Luhmann, *Paradigm lost: Über die ethische Reflexion der Moral*, S. 21-35.

eine *optionale Entgrenzung* des Verantwortungsraums, weil auch das auf Entscheidungen zurückbezogen wird, was unterlassen wurde.[49]

4. Differenzierung der Verantwortung

Die Berücksichtigung langfristiger Handlungsfolgen, die Verteilung von Aufgaben und Zuständigkeiten in arbeitsteiligen Zusammenhängen, die Eingebundenheit von Akteuren in soziale Interaktionsprozesse, die Interdependenzen eigendynamischer Operationen in hochmodernen Gesellschaftssystemen und die wechselseitige Abhängigkeit von Entwicklungen in globalem Maßstab erfordern eine Anpassung des Verantwortungsbegriffs an die veränderten Realitäten, die sich in seiner zunehmenden *Differenzierung* niedergeschlagen hat. Die Entstehung von normativen Diffusionen und empirisch unklaren Grenzverläufen hat nicht dazu geführt, den Verantwortungsbegriff in seinem Geltungsbereich einzuschränken, sondern ihn immer weiter zu verfeinern, zu unterteilen und in zahlreiche Komponenten, Typen und Typologien zu zerlegen. Die Herausbildung eines eigenständigen Verantwortungsdiskurses schreitet auf geradezu unübersehbare Weise voran, wobei immer weitere Bereiche des gesellschaftlichen Systems mit einbegriffen werden und zugleich zunehmend spezifischere Verantwortungsformen entstanden sind.

Man kann mit einer gewissen Berechtigung davon sprechen, daß sich im Verlauf des zwanzigsten Jahrhunderts ein *autonomes Verantwortungssystem* ausdifferenziert hat, dessen Funktion darin besteht, die Gesellschaft so zu beobachten, daß man ihr Vorgaben über ihre zulässige oder unzulässige Entwicklung machen kann. Das gelingt, bei ansteigender sozialer Komplexität, nur durch Binnendifferenzierungen:[50] Das Verantwortungssystem muß, um mit den Entwicklungen komplexer Gesellschaften Schritt halten zu können, eigene Subsysteme ausbilden, die zur strukturellen Kopplung mit anderen Systemen in der Lage sind. Dies hat wiederum eine gesteigerte Selbstorganisation zur Voraussetzung: Es werden interne Unterscheidungen getroffen, die zu einer erhöhten Operations- und Kommunikationsfähigkeit führen, was vor allem durch die Beschäftigung mit der eigenen Geschichte und den eigenen Methoden geleistet wird. Die modernen Verantwortungsbegriffe beziehen sich in besonderer Weise auf sich selbst – auf andere Verantwortungsbegriffe. Sie sind durch eine *hochgradige Selbstreferenz* gekennzeichnet, die

---

49 Vgl. Weyma Lübbe, *Verantwortung in komplexen kulturellen Prozessen*, S. 11–40.
50 Vgl. in Hinsicht auf die Differenzierung sozialer Systeme Niklas Luhmann, *Die Gesellschaft der Gesellschaft*, S. 595–608.

notwendig ist, um zum einen die eigene Evolution voranzutreiben und zum anderen die Kommunikation mit dem herzustellen oder aufrecht zu erhalten, was nicht in den Bereich der Verantwortbarkeit fällt. Die operative Schließung des Verantwortungssystems ist nötig, um es an die anwachsende Komplexität der Gesellschaft anzupassen. Dies wird zum einen durch die *horizontale Differenzierung* des Verantwortungsbegriffs erreicht. Diese Form der Anpassung sorgt dafür, daß der Umweltkontakt des Verantwortungssystems aufrechterhalten bleibt und zugleich weiter ausgebaut werden kann. Im Vordergrund stehen dabei nicht die Regeln, nach denen gehandelt, sondern die Bereiche, in denen agiert wird. Aufgrund des Umstands, daß jedes soziale Subsystem einer eigenen Entwicklungslogik folgt, die spezifischen Codierungen, Normen und Zwecken gehorcht, werden die Verantwortungstypen primär nach ihrem Anwendungsgebiet voneinander abgegrenzt. Neben der horizontalen Differenzierung besteht die Notwendigkeit einer *vertikalen Differenzierung* des Verantwortungsbegriffs, deren Ziel darin liegt, den Verantwortungsbegriff den besonderen funktionalen und sachlichen Gegebenheiten anzupassen, die sich aus der operativen Logik des jeweiligen Anwendungsgebietes und seiner internen Organisationsstruktur ergeben.

4.1 Technikverantwortung

Zu den horizontalen Anwendungsgebieten, die mit fortschreitender Modernisierung und Ausdifferenzierung der Gesellschaft ins Blickfeld der verantwortungsethischen Reflexion gerückt sind, gehört als erstes der Bereich der Technik. Der technologische Fortschritt zählt zu den moralisch und normativ sensibelsten Problemfeldern, da die sozialen, ökologischen und kulturellen Folgen neuer Technologien sich ihrerseits nur wieder im Rückgriff auf die Technik vernünftig abschätzen und bewerten lassen. Insoweit hochmoderne Gesellschaften von technologischen Funktionssystemen abhängig sind, die weit über die bloße Aufrechterhaltung des gesellschaftlichen Apparates in lebensweltliche Sphären eingreifen und Auswirkungen auf die gesamte Infrastruktur sozialer Ordnungen haben, bedarf es einer kontextorientierten und professionalisierten Begutachtung konkreter Technikfolgen, die in ihrer Verhältnismäßigkeit abgeschätzt und auf eine möglichst ausgewogene Relation von Nutzen und Kosten hin bewertet werden müssen.[51] Dazu ist nicht nur das Wissen entsprechender Experten nötig, sondern auch die Berücksichtigung

---

51 Zur Auseinandersetzung mit den Folgen der Technisierung vgl. Friedrich Rapp, »Die Idee der Technikbewertung«, S. 98–117. Zur Geschichte der Technikbewertung siehe Günter Ropohl, *Ethik und Technikbewertung*, S. 159–180.

DIFFERENZIERUNG DER VERANTWORTUNG

des Selbstverständnisses der Nutzer und Anwender der zur Diskussion stehenden Technologien. Die moderne Technik bildet keine einfache Produktivkraft, die als effektives Mittel für bestimmte Zwecke eingesetzt wird, sondern vielmehr eine hochgradig komplexe Sozial- und Kulturkraft, die sich in der Anwendung selbst verändert und Rückkopplungen hervorruft, die für die Nutzer schwer einzuschätzen sind.[52] Dies gilt vor allem für die Hochtechnologien, zu denen die Informationstechnik, die Biotechnologien und Robotik, die Nanotechnik und die entwickelten Industrie-, Energie- und Verkehrstechnologien gehören. Auf diesen Gebieten entstehen in verstärktem Maß synergetische Folgeeffekte, die sich nicht auf klar identifizierbare Kausalfaktoren zurückführen lassen und durch zahlreiche Randbedingungen beeinflußt werden, die unabhängig von den intendierten Zwecken zu emergenten und unkontrollierbaren Resultaten führen können. Den schwer kalkulierbaren Auswirkungen der Technologien auf die natürliche Umwelt, die Volkswirtschaft, das Sozialverhalten der Individuen und die Daseinsbedingungen zukünftiger Generationen stehen eminente Verbesserungen der Lebensqualität, der Gesundheitsvorsorge, der humanen Arbeitsqualität, der ökonomischen Produktivität, des Zugangs zu Wissensressourcen, der Nutzung von Kommunikations- und Verkehrsmitteln gegenüber. Die verantwortungsethische Bewertung steht vor der schwierigen Aufgabe, der Gegenläufigkeit und Ambivalenz dieser Prozesse Rechnung zu tragen, ohne in eine pauschale Parteinahme für oder gegen die technologische Zivilisation zurückzufallen.[53]

Die Vorschläge zur Lösung dieser Aufgabe sind unterschiedlicher Natur. Sie reichen von der Forderung nach Stärkung des *persönlichen Verantwortungsgefühls*[54] über die Formulierung berufsorientierter *Ethikkodizes*[55] bis hin zu Konzepten einer *konzertierten Technikbewertung*, in denen das individuelle Verantwortungsbewußtsein der professionellen Akteure durch institutionelle Maßnahmen der Verantwortungsregulierung unterstützt und erweitert wird.[56] In diesen Bereich der vertikalen Differenzierung fällt die oben angesprochene Unterscheidung zwischen *internen* Verantwortlichkeiten, die sich auf die sachgemäßen Operationen innerhalb des technologischen Systems beziehen, und *externen* Verantwortlichkeiten, die sämtliche Auswirkungen auf das

52 Daß die moderne Technik keine neutrale Macht darstellt und in ihrer Anwendung zu schwer durchschaubaren und risikobehafteten Nebenwirkungen führt, wird schon relativ früh betont von Hans Sachsse, *Technik und Ethik*, bes. S. 104–113.
53 Vgl. Heiner Hastedt, *Aufklärung und Technik*, S. 9–24.
54 Vgl. Walther Ch. Zimmerli, »Wandelt sich die Verantwortung mit dem technischen Wandel?«, S. 105–110; ders., *Einmischungen*, S. 19–21.
55 Vgl. dazu Hans Lenk, »Ethikkodizes für Ingenieure«, S. 194–221.
56 Günter Ropohl, »Neue Wege, die Technik zu verantworten«, bes. S. 170–174.

Gesellschaftssystem umfassen. Darüber hinaus muß dem Auseinandertreten von professionellem Handlungssubjekt und moralischen Verantwortungssubjekt in *organisatorischen* Zusammenhängen Rechnung getragen werden, das die Zuschreibung von Verantwortlichkeiten je nach ausgeübter Funktion, nach Aufgabengebiet und Zuständigkeit, nach beruflicher Rolle und persönlichem Gewissen erforderlich macht.[57] Die Abstufung und Graduierung unterschiedlicher Verantwortlichkeiten bleibt allerdings der Verflechtung von Handlungsfolgen in komplexen Prozessen solange unangemessen, wie sie vorrangig am Individuum und dessen beschränkten Handlungskompetenzen ansetzt. Das individuelle Moralverständnis wird deshalb vielfach durch eine *Institutionenethik* erweitert, die Handlungserwartungen normiert, stabilisiert und auf Dauer stellt, wobei die institutionelle Koordinierung und organisatorische Realisierung von Handlungsnormen für Korrekturen und Einflußnahmen offen gehalten werden müssen, die sich aus der Perspektive einer subjektiven Risikoeinschätzung ergeben.[58]

Das notwendige Ergänzungsverhältnis von Individual- und Institutionenethik weist auf weitere Aspekte der vertikalen Differenzierung hin: Wo dem einzelnen Techniker, dem Ingenieur, Abteilungsleiter oder Unternehmer verantwortungsethische Entscheidungen aufgebürdet werden, bedarf es nicht nur der Berücksichtigung ökonomischer, organisatorischer und betriebswirtschaftlicher Aspekte, durch die moralische Verantwortungsforderungen an die funktionale Infrastruktur angepaßt werden, wird nicht nur die Entlastung primärer und sekundärer Akteure durch die Institutionalisierung verantwortungsethischer Normen nötig, so daß nicht jedesmal aufs neue die moralische Zulässigkeit von Entscheidungen im Techniksystem überprüft werden muß. Es bedarf auch der Einbeziehung *soziokultureller Rahmenbedingungen,* unter denen technologische Produkte angewendet werden, die in ihren praktischen Auswirkungen das Selbstbild der Gesellschaft und ihrer Mitglieder treffen und verändern. Zur Verantwortungsklärung gehört die *öffentliche Verständigung* über die voraussichtlichen Konsequenzen hochtechnologischer Eingriffe in die kollektiven Daseinsbedingungen, die nur durch die kommunikative Explikation von Lebens- und Wertvorstellungen, von Weltbildern und Glaubensüberzeugungen geleistet werden kann. Sollten Entwickler, Nutzer und Betroffene über die Zulässigkeit und Zumutbarkeit technologischer Innovationen geteilter Meinung sein, was sicherlich eher den Normal- als den Ausnahmefall darstellt,

---

57 Vgl. Hans Lenk, »Über Verantwortungsbegriffe und das Verantwortungsproblem in der Technik«, S. 112-148. Zur Unterscheidung von professioneller und moralischer Verantwortung siehe Kurt Bayertz, »Wissenschaft, Technik und Verantwortung«, S. 187-191.
58 Vgl. Christoph Hubig, *Technik- und Wissenschaftsethik,* S. 75-112; ders., »Verantwortung und Hochtechnologie«, bes. S. 106-123.

müssen rechtliche Regulierungen der strittigen Prozesse vorgenommen werden. Im Fall der Nichteinigung ist eine politische Techniksteuerung gefragt, die nicht erst nach dem Eintritt von Schadensentwicklungen eingreift, sondern schon zuvor dafür sorgt, daß unerwünschte Nebenfolgen minimiert werden, sich die Akteure an normative Standards halten und entsprechende Sanktionen vorgenommen werden, falls dies nicht geschieht.[59]

4.2 Wissenschaftsverantwortung

Im zweiten Fall der horizontalen Differenzierung, im Bereich der Wissenschaftsverantwortung, geht es vor allem um die Frage, wie sich die internen Leistungen der Forschung in Hinsicht auf unerwünschte Folgen und Nebenfolgen ihrer praktischen Anwendungen bewerten und regulieren lassen, die zunehmend in die moderne Lebenswelt hineinwirken. Ähnlich wie bei der Technikverantwortung setzen die verantwortungsethischen Konzeptionen bei der Ausbildung eines *Berufsethos* an, das dafür sorgen soll, daß der einzelne Wissenschaftler sich auf seinem Tätigkeitsfeld an freiwillig auferlegte Handlungsnormen hält, die einen sorgfältigen, aufrichtigen und weitsichtigen Umgang mit seinen Forschungen gewährleisten.[60] Nicht nur die anwendungsorientierten, sondern auch die Grundlagenwissenschaften besitzen demnach die Verpflichtung, trotz gesetzlich zugesicherter und institutionell organisierter Forschungsfreiheit ihre Verfahren, Methoden und Ergebnisse unter verantwortungsethischen Gesichtspunkten zu bewerten und sich schon im Forschungsprozeß an den *voraussichtlichen Konsequenzen* für das gesellschaftliche Wohlergehen, für die Natur, Kultur und die Lebensqualität der Individuen zu orientieren, indem sie sich an Sicherheitsregeln, an das Gebot der Nichtschädigung und die ökologische Verträglichkeit ihrer Erfindungen und Entdeckungen halten.[61] In diesem Sinn besitzt die Wissenschaft nicht nur eine Verantwortung für die Objektivität der Forschung und deren praktische Nutzanwendung, sondern für die wissenschaftlich geprägte Zivilisation selbst, zu deren aktueller Humanisierung und langfristiger Bewahrung sie beizutragen hat.[62]

59 Zur rechtlichen und politischen Techniksteuerung Günter Ropohl, *Ethik und Technikbewertung*, S. 330–356.
60 Vgl. Jürgen Mittelstraß, »Von der Freiheit der Forschung und der Verantwortung des Wissenschaftlers«, S. 166–173; dazu auch Peter Kampits, »Zur Verantwortung des Wissenschaftlers«, S. 116 f.
61 Zur Ausbalancierung von Forschungsfreiheit und moralischer Verantwortung vgl. Hubert Markl, »Freiheit der Wissenschaft, Verantwortung der Forscher«, S. 40–53.
62 So Otfried Höffe, »Tragen die Wissenschaften eine Verantwortung für unsere Zivilisation?«, bes. S. 83–92. Vgl. in Form von zehn Thesen ders., *Moral als Preis der Moderne*, S. 291–296.

Der naturwissenschaftliche Fortschritt, wie er besonders auf den Gebieten der Genetik, der Biomedizin, den Reproduktions- und Lebenswissenschaften zum Ausdruck kommt, läßt sich nicht mehr allein unter dem Primat der Wertfreiheit beurteilen, sondern ist seinerseits zu einer Sozial- und Kulturmacht geworden, die neue Wertmaßstäbe erzeugt, Ideale des perfektionierten Lebens zu realisieren verspricht, in die Arbeitswelt eingreift, politische, rechtliche und versicherungstechnische Folgen zeitigt. Um die Verantwortung des Wissenschaftlers angemessen evaluieren zu können, bedarf es auch hier einer entsprechenden Bewertungsheuristik, müssen *Beteiligungsmodelle* in Anschlag gebracht werden, die zwischen Allein-, Teil- und Mitverantwortlichkeit des einzelnen Akteurs an kollektiv erarbeiteten Forschungsresultaten unterscheiden, ist es erforderlich, zwischen internen und externen Verantwortlichkeiten zu differenzieren, müssen auch Wissenschaftsorganisationen und private Forschungsunternehmen als höherstufige Handlungssubjekte behandelt werden, die verantwortungsethischen Normen unterworfen sind.[63] Dabei bietet es sich hier wie in anderen Fällen an, die Art und den Grad der Verantwortlichkeit nach Maßgabe der Handlungs-, der Aufgaben- und Rollen-, der universalmoralischen und rechtlichen Verantwortung zu bestimmen, die je nach Problemkontext und Infrastruktur zum Tragen kommen. Allerdings lassen sich auch in der wissenschaftlichen Handlungspraxis Überschneidungen und Kollisionen der Verantwortungstypen nicht ausschließen. Um diesem Problem entgegenzuwirken, ist es hilfreich, auf *Prioritätsregeln* zurückzugreifen, die zumindest auf konzeptuellem Weg eine angemessene Beurteilung strittiger Situationen und die präventive Vermeidung riskanter Handlungsfolgen erlauben.[64]

4.3 Naturverantwortung

Vergleichbares läßt sich auch im Bereich der Naturverantwortung beobachten. Die Sorge um die Pflege und den Erhalt der natürlichen Umwelt, die durch menschliche Einwirkungen gravierenden Veränderungen unterworfen ist, bildet den dritten zentralen Anwendungsbereich des Verantwortungsprinzips. Verantwortungsethiken für die Natur setzen ebenfalls an normativen und deskriptiven Verteilungsfragen an, die sich aus dem Zusammenwirken individueller, korporativer und kollektiver Akteure sowie dem Entstehen synergetischer und kumulativer

---

63 Zum letzten Punkt siehe Matthias Maring, »Institutionelle und korporative Verantwortung in der Wissenschaft«, S. 135–150.
64 Vgl. Hans Lenk, »Zu einer praxisnahen Ethik der Verantwortung in den Wissenschaften«, S. 64–66; ders., »Praxisnahe Ethik für die Wissenschaft«, in: ders., *Zwischen Wissenschaft und Ethik*, S. 37–39.

Handlungsfolgen ergeben, die eine einfache lineare Rückführung auf kausale Ursachen ausschließen. Da Umweltveränderungen räumlich nicht eingrenzbar sind und langfristige Auswirkungen haben, die die Lebensbedingungen zukünftiger Generationen betreffen, sind lokale und temporale Erweiterungen des Verantwortungsbegriffs erforderlich, die unmittelbar in den Bereich der Umweltpolitik, der Ökonomie und der ökologischen Gerechtigkeit hineinführen.[65] Der Abbau der Ozonschicht, die Erwärmung des Geoklimas durch Treibhausgase, die Verknappung natürlicher Energieressourcen und der Schwund der biologischen Artenvielfalt stellen irreversible Entwicklungen dar, auf die mit einer entsprechenden Politik der Nachhaltigkeit und globalen Strategien der Schadensprävention geantwortet werden muß. Eine besondere Rolle spielt hierbei das präferenzorientierte Handeln unter strategischen Vorzeichen, wie es unter marktwirtschaftlichen Bedingungen für Produzenten und Konsumenten von Gütern den Normalfall darstellt. Hier ist es sinnvoll, das Verschuldensprinzip vom Verursacherprinzip abzulösen und die Anteiligkeit der Verantwortung nach den eingetretenen oder erwartbaren Schäden und Risiken zu bestimmen, wobei es dem Staat obliegt, durch gesetzliche Auflagen oder steuerliche Anreize regulierend in die kollektiven Prozesse einzugreifen, wenn auf seiten der Unternehmen oder Verbraucher die Bereitschaft fehlt, das Handeln zum Wohl der Umwelt einzuschränken.[66]

Was das Wohl der natürlichen Umwelt anbelangt, existieren in der Naturethik wie auch in anderen angewandten Ethikformen unterschiedliche Begründungsansätze, die zur vertikalen Differenzierung des Verantwortungsbegriffs beitragen. Es lassen sich idealtypisch vier Ansätze unterscheiden, mit denen das Programm einer ökologischen Ethik gerechtfertig werden kann:[67] das Prinzip des *Anthropozentrismus*, das den Wert der Natur auf die Normen, Interessen und Bedürfnisse des Menschen zurückführt; der *pathozentrische Ansatz*, der alle empfindungsfähigen Naturwesen zu Adressaten moralischer Rücksicht macht; das *biozentrische Modell*, das sämtliche natürlichen Lebensformen einbezieht; schließlich

65 Siehe Anton Leist, »Ökologische Ethik II: Gerechtigkeit, Ökonomie, Politik«, S. 409–448.
66 Zur Verantwortungsdistribution und -regulierung unter strategischen Handlungsbedingungen vgl. Hans Lenk, »Technik- und Wirtschaftsfolgen: Ökologie und Ethik«, in: ders., *Zwischen Wissenschaft und Ethik*, bes. S. 130–150.
67 Siehe dazu Dieter Birnbacher, *Mensch und Natur*, S. 280–285; Andreas Brenner, *Ökologie-Ethik*, S. 9–19. Zum Verhältnis von physio- und anthropozentrischen Ansätzen in der Naturethik siehe auch Angelika Krebs, Ökologische Ethik I: Grundlagen und Grundbegriffe, S. 352–380. Eine Auseinandersetzung mit nichtanthropozentrischen Ansätzen findet sich bei Dietmar von der Pfordten, *Ökologische Ethik*, S. 29–66.

das *holistische Paradigma*, das die gesamte belebte und unbelebte Natur umfaßt. Quer durch diese Ansätze läuft die Unterscheidung zwischen einer klassischen Moral, die an einem vorneuzeitlichen Naturverständnis orientiert ist, und der modernen Moral, die den Bereich der Natur vorrangig aus der Perspektive der menschlichen Vernunft betrachtet.[68] Die Differenzierung zwischen einer intrinsischen Werthaftigkeit der Natur und ihrer extrinsischen Normativität, die ihr durch die Vernunft des Menschen zugesprochen wird, wird allerdings genauso wie die Abgrenzung der vier genannten Begründungsansätze de facto kaum aufrechterhalten. Die meisten Naturethiken tendieren zu einer meta- und begründungsethischen *Mischform*, in der das anthropozentrische Prinzip die Ausgangsbasis bildet und um patho- sowie biozentrische Perspektiven erweitert wird, die eine stärkere Achtung der natürlichen Lebensformen ermöglichen, ohne daß das Fundament rationaler Begründung und einer aufgeklärten Selbstverpflichtung aufgegeben werden muß.[69] Der Grund liegt darin, daß physiozentrische Ansätze einen starken religiös-metaphysischen, wenn nicht gar mystischen Naturbegriff zur Voraussetzung haben, der sich mit dem säkularen Selbstverständnis hochmoderner Gesellschaften nur schwer in Einklang bringen läßt. Die fortschreitende Kulturalisierung der Natur bedarf keiner ganzheitlichen und substantialistischen, sondern vielmehr in sich abgestufter Verantwortungskonzepte, die das menschliche Selbstinteresse, das an der Leidensfähigkeit und Bewahrungsqualität der Natur ausgerichtet ist, mit einer Umwelt- und Biopolitik verbinden, die regulierend und steuernd in den ökologischen Haushalt eingreift.

4.4 Wirtschaftsverantwortung

Das Problem der Steuerung und Regulierung führt zum vierten Bereich: der Wirtschaftsverantwortung. Die verantwortungsethische Bewertung des Wirtschaftssystems hat ihren Grund nicht nur in der zentralen Rolle, die das ökonomische Handeln in marktwirtschaftlichen Gesellschaften spielt, sondern auch darin, daß sich mit der zunehmenden Liberalisierung der Märkte und Privatisierung des öffentlichen Bereichs die gesellschaftliche Verantwortung verstärkt vom Staat auf die Unternehmen verlagert hat. Ganz allgemein muß zwischen einer *Wirtschaftsethik*, die sich auf die Rahmenbedingungen und die Gesamtheit wirtschaftlicher Aktivitäten bezieht, und einer *Unternehmensethik*, deren

---

68 Zu dieser Unterscheidung vgl. Ulrich Steinvorth, *Klassische und moderne Ethik*, bes. S. 55–61.
69 Siehe dazu Lothar Schäfer, *Das Bacon-Projekt*, bes. S. 192–246; Wolfgang Kersting, »Überlegungen zum Programm einer ökologischen Ethik«, S. 12–18.

Gegenstand die Unternehmen selbst, ihre Mitglieder und das Führungspersonal sind, unterschieden werden. Diese Unterscheidung läßt sich ihrerseits noch einmal in eine Makro-, Meso- und Mikroebene unterteilen: Auf der *Makroebene* stehen die Ordnungsfunktion des Staates, die gesellschaftspolitischen Aspekte sowie die moralischen und rechtlichen Kriterien ökonomischen Handelns im Vordergrund; auf der *Mesoebene* werden die internen und externen Verantwortlichkeiten von Unternehmen behandelt; auf der *Mikroebene* ist das ökonomische Handlungssubjekt innerhalb des Unternehmens sowie als Gesellschaftsmitglied Gegenstand wirtschaftsethischer Untersuchungen.[70] Dabei geht es vor allem auf der Mesoebene um die Frage, ob und inwieweit sich Unternehmen als korporative Akteure erfassen lassen, denen moralische Verantwortung für ihr Handeln zugeschrieben werden kann. Dies ist grundsätzlich dann möglich, wenn Korporationen höherstufige Akteure bilden, die durch eine relativ klar geordnete Unternehmensstruktur gekennzeichnet sind, homogene Zielsetzungen verfolgen und somit als sekundäre Handlungssubjekte beschrieben werden können, denen entsprechend abgeleitete Verantwortlichkeiten zukommen.

Schwieriger gestaltet sich das Problem im Fall *kollektiver Handlungsfolgen*, die durch zweckrationales Agieren unter Ungewißheitsbedingungen auftreten, wie es für das strategische Markthandeln charakteristisch ist. Derartige, unter entscheidungs- und spieltheoretischen Aspekten als dilemmatisch gekennzeichnete Situationen, die dann entstehen, wenn einzelne Akteure unter nutzenmaximierenden Vorzeichen ihre Interessen verfolgen, ohne sich mit konkurrierenden Akteuren über die kollektiven Konsequenzen ihres Handelns abzustimmen,[71] werden von wirtschaftsethischer Seite unterschiedlich behandelt. Sie stehen exemplarisch für das Einmünden der ökonomischen Vernunft, die auf dem Prinzip des rationalen Individualismus beruht, in ein suboptimales Gesamtresultat der kollektiven Güterverteilung, das durch entsprechende Gegenmaßnahmen korrigiert werden muß. Hierzu sind im Verlauf der wirtschaftsethischen Diskussion unterschiedliche Modelle entwickelt worden, in denen der normativ gebotene Umgang mit den externalisierten Folgekosten ökonomischen Handelns im Vordergrund steht.[72] Das Grundproblem

70 Siehe hierzu genauer Walther Ch. Zimmerli und Michael Aßländer, »Wirtschaftsethik«, S. 307–310; außerdem Hans Lenk und Matthias Maring, *Wirtschaft und Ethik*, S. 19 f.
71 Klassische Beispiele für die Entstehung sogenannter sozialer Fallen bilden das Gefangenendilemma oder die von Garret Hardin als »Tragedy of the Commons« bezeichnete Zerstörung von Gemeingütern. Siehe dazu Hans Lenk, *Konkrete Humanität*, S. 434–442.
72 Zur Geschichte der Wirtschaftsethik und den einzelnen sozialethischen, bedürfnisorientierten, ökologischen, entscheidungsrationalen, wohlfahrtsökonomische, kontraktualistischen und diskursethischen Ansätzen vgl. Josef

einer verantwortungsethischen Wirtschaftstheorie besteht darin, die Risiken des Marktversagens nicht nur unter Aspekten des freien Wettbewerbs, der persönlichen Bedürfnisbefriedigung und effizienten Güterverteilung zu behandeln, sondern die Entstehung sozialer Ungleichheiten (in Form von Einkommens- und Ausbildungsunterschieden) sowie entwürdigende Daseinsbedingungen (z. B. anhaltende Arbeitslosigkeit) und langfristige Ressourcenschäden (Raubbau an der Natur) mit einzubeziehen.[73]

Zu diesem Zweck muß die moralfreie Ordnung der Wirtschaft so mit regulativen Vorgaben verbunden werden, daß sich eine gerechte Verteilung von Grundgütern ergibt, die auch noch die Belange zukünftiger Generationen umfaßt, soweit diese vom gegenwärtigen Markthandeln betroffen sind. Dazu reicht weder eine ordnungspolitische Ökonomik aus, die im Ausgang von marktwirtschaftlichen Dilemmastrukturen moralische Spielregeln in Form einer »Anreizethik« für nutzenmaximierende Akteure festlegt,[74] noch hilft hier die Formulierung von Richtlinien und Kodizes weiter, die den Unternehmen verantwortungsethische Pflichten im Umgang mit ihrer sozialen und natürlichen Umwelt vorschreiben.[75] Die durch private Güterwirtschaft erzeugten kollektiven Nebenwirkungsdefekte erfordern vielmehr eine *Verbindung von individueller Kooperationsmoral und kollektiver Solidaritätsethik*, durch die sich der Wildwuchs einer deregulierten Ökonomie bändigen läßt, ohne die Freiheit unternehmerischen Handelns einzudämmen und die Gemeinwohleffekte marktwirtschaftlichen Wettbewerbs zu unterbinden. Die Koinzidenz von öffentlichem Wohl und privatem Eigennutzen stellt sich nicht von alleine ein, sie gehorcht nicht der ökonomischen Metaphysik der unsichtbaren Hand, läßt sich freilich auch nicht durch eine egalitaristische Verteilungsgerechtigkeit herbeiführen, die in die kontingenten Allokationsmechanismen kapitalistischer Marktwirtschaften dirigierend eingreift. Eine verantwortungsethische Wohlfahrtsökonomie ist nur im Verbund mit marktförmigen Strategien der Lebensführung zu realisieren,

Meran, »Wirtschaftsethik. Über den Stand der Wiederentdeckung einer philosophischen Disziplin«, S. 45–81.

73 Zum Marktversagen in wirtschaftsethischer Sicht vgl. Josef Meran, »Wohlstand und Gerechtigkeit. Die Wirtschaft als Thema der praktischen Philosophie«, S. 104–106. Zur Einbeziehung von Grund- und Sicherheitsbedürfnissen vgl. Josef Windsperger, *Das Prinzip Verantwortung versus das Prinzip Wirtschaftlichkeit*, S. 21–25.

74 So Karl Homann, »Sinn und Grenze der ökonomischen Methode in der Wirtschaftswissenschaft«, S. 27. Zu einer anreizorientierten Institutionalisierung kollektiver Verantwortung vgl. Karl Homann und Franz Blome-Drees, *Wirtschafts- und Unternehmensethik*, S. 172 f.

75 Exemplarisch hierfür Klaus M. Leisinger, *Unternehmensethik*, bes. S. 115–120.

indem mit der Steigerung des Wohlstands auch die Entwicklungschancen und Verwirklichungsmöglichkeiten der Individuen gefördert werden.[76] Dies setzt sowohl die Institutionalisierung wirtschaftsethischer Normen voraus, die erst als sanktionsbewährte Rahmenbedingungen praktische Wirksamkeit erlangen, als auch eine verantwortungsethische Motivierung der Akteure, die an ihrem aufgeklärten Selbstinteresse ansetzt, das durch die gemeinsame Verständigung über kollektive Zielsetzungen in die Bahnen einer sozialverträglichen Wirtschaftspolitik gelenkt werden muß.[77]

4.5 Politische Verantwortung

Die Notwendigkeit der öffentlichen Kommunikation über kollektive Ziele führt zum fünften Bereich, der *politischen Verantwortung*, die sich von den bisher genannten Anwendungsgebieten dadurch abhebt, daß sie einen umfassenden, die Rahmenbedingungen und Voraussetzungen beinhaltenden Ermöglichungscharakter spezifischen Verantwortungshandelns besitzt. Politische Verantwortung bezieht sich nicht allein auf den Politiker, Amtsinhabers oder Ministerialbeamten, der gegenüber den Gesetzen, dem Parlament und dem Volk rechenschaftspflichtig ist, eine besondere Folgenverantwortung für sein Handeln trägt, die aus dem in ihn gesetzten Vertrauen als Repräsentant des Staates resultiert.[78] Sie bezieht sich auch nicht nur auf Verantwortung als Strukturelement demokratischer Gesellschaften, in denen Machtverhältnisse ausbalanciert, Gewalten geteilt und individuelle Freiheiten kontrolliert werden müssen.[79] Das Problem politischer Verantwortung tritt vor allem dort in den

76 Vorschläge in diese Richtung macht Amartya Sen, *Ökonomie für den Menschen*, S. 24–48.
77 Vgl. Wolfgang Kersting, »Moralphilosophie, angewandte Ethik und Ökonomismus, S. 188–190, S. 193. Zur deliberativen Fundierung der Ökonomie vgl. ders., »Ethischer Kapitalismus? Probleme der Wirtschaftsethik«, in: ders., *Recht, Gerechtigkeit und demokratische Tugend*, S. 155–161, S. 164–169.
78 Zur parlamentarischen Verantwortung siehe Horst Dreier, »Verantwortung im demokratischen Verfassungsstaat«, S. 18–26. Zur Verantwortung des Politikers vgl. Ulrich K. Preuß, »Politische Verantwortung«, in: ders., *Politische Verantwortung und Bürgerloyalität*, S. 148–151, S. 178–185. Siehe auch Henning Ottmann, »Verantwortung und Vertrauen als normative Prinzipien der Politik«, S. 372–374.
79 Vgl. Ulrich Scheuner, »Verantwortung und Kontrolle in der demokratischen Verfassungsordnung«, S. 298–307. Siehe auch Farah Dustdar, *Abschied von der Macht*, bes. S. 85–98; Eberhard Döring und Walter Döring, *Philosophie der Demokratie bei Kant und Popper*, bes. S. 205–262.

Vordergrund, wo die einzelnen Akteure nicht sozialverträglichen Absichten, sondern ihren persönlichen Interessen folgen, wo sich mithin keine wohlgeordnete Freiheit aus dem vernünftigen Zusammenwirken individueller Rationalitäten einstellt, sondern der gesellschaftliche Zustand einer vorteilsgeleiteten, im ganzen ungerechtfertigten Ungleichverteilung gemeinsam erwirtschafteter Güter und der Mißachtung subjektiver Grundrechte.

Der Bereich der politischen Verantwortung umfaßt somit mehrere Problemebenen, die aus einer unzureichenden und einseitigen Sozialisierung des Verantwortungsprinzips hervorgehen, wie sie zu Anfang dieses Kapitels beschrieben wurde. Dazu gehört zum einen die *sozialstaatliche Verantwortung*, die die Grundversorgung hilfsbedürftiger Gesellschaftsmitglieder nicht aus egalitären Gerechtigkeitsforderungen ableitet, sondern aus politischen Solidaritätsgeboten. Aus dieser Sicht bildet der Sozialstaat ein Mittel der Organisation kollektiver Hilfeleistungen, die auf der politischen Selbstbestimmung der Bürgergemeinschaft beruhen, die sich aus verantwortungsmoralischen, nicht aus menschenrechtlichen Gründen zur Alimentierung ihrer Mitbürger bereit erklärt.[80] Die Verankerung wohlfahrtsstaatlicher Solidarität im Autonomieverständnis der Bürgergemeinschaft macht deutlich, daß politische Gemeinwesen zum zweiten auf ein *zivilgesellschaftliches Verantwortungsbewußtsein* angewiesen sind, das zur selbständigen Übernahme von Pflichten und Aufgaben im Sozialbereich führt. Um die individuellen Interessen zu bündeln, sie einer kollektiven Zielsetzung zu unterwerfen, die über die strategische Vorteilsverfolgung rationaler Akteure hinausreicht, bedarf es eines sozialen Gemeinschaftsbewußtseins, das aktive Bürgertugenden und geteilte Wertvorstellungen voraussetzt. Die Sicherung des Zusammenhalts in individualisierten Gesellschaften, die nicht mehr in einem traditional verbürgten Gemeinsinn verankert sind, erfordert ein politisches Ethos der wechselseitigen Freiheitsgewährung, das sich aus verbindlichen Wertüberzeugungen und zivilmoralischen Einstellungen speist, durch die die liberale Ordnung der autonomen Lebensführung selbst als ein bewahrenswertes Gut angesehen wird, das vor institutioneller Überformung genauso wie vor politischer Instrumentalisierung geschützt werden muß.[81]

80 Vgl. Wolfgang Kersting, *Theorien der sozialen Gerechtigkeit*, bes. S. 394–398; ders., »Politische Solidarität statt Verteilungsgerechtigkeit?«, in: ders., *Politische Philosophie des Sozialstaates*, S. 237–244.
81 Zur neueren Diskussion um die Zivilgesellschaft siehe Bert van den Brink, »Die politisch-philosophische Debatte über die demokratische Bürgergesellschaft«, S. 7–26. Zum zivilgesellschaftlichen Verantwortungsbewußtsein vgl. Helmut Dubiel, »Von welchen Ressourcen leben wir? Erfolge und Grenzen der Aufklärung«, S. 86 f.; Heiner Keupp, »Bürgerschaftliches Engagement: Potentiale kommunitärer Eigenverantwortung in der Zivilgesellschaft«, S. 86–95

DIFFERENZIERUNG DER VERANTWORTUNG

Die Notwendigkeit der sozialen Integration eigensinniger Akteure führt schließlich drittens zum Erfordernis einer *republikanischen Verantwortung*, die dafür sorgt, daß die Teilnahme am demokratischen Gemeinschaftsleben gestärkt wird, die einzelnen Mitglieder sich um das Wohl ihrer Gesellschaft kümmern, an politischen Entscheidungsprozessen partizipieren und eine Kultur der öffentlichen Diskussion ausbilden.[82] Das republikanische Engagement stellt das kommunitäre Gegenstück zum liberalen Verfassungspatriotismus dar, es soll zur politischen Assoziation autonomer Staatsbürger beitragen, ihre Bereitschaft zur engagierten Teilhabe an Verfahren der kollektiven Willensbildung motivieren und ein deliberatives Demokratieverständnis ausbilden, das die Praxis der diskursiven Verständigung über konfligierende Interessenansprüche und Wertvorstellungen in pluralistischen Gemeinwesen befördert.[83]

Die Frage, ob und inwieweit die Realisierungschancen politischer Verantwortung im materialen Kontext einer kommunitären Demokratie steigen, von der Ausbildung einer deliberativen Öffentlichkeit befördert werden und durch die Institutionalisierung wohlfahrtsstaatlicher Solidarität zunehmen, kann an dieser Stelle nicht weiter verfolgt werden.[84] Es ist auf jeden Fall deutlich geworden, daß das politische Verantwortungsbewußtsein auf tugendethische Einstellungen und qualitative Wertschätzungen angewiesen ist, aus einer gemeinschaftlichen Identität der Gesellschaftsmitglieder hervorgeht und in einen geschichtlich gewachsenen Horizont nationaler und kultureller Zugehörigkeit eingebunden bleibt, aus dem die Bereitschaft zur Übernahme verantwortungspraktischer Pflichten und Aufgaben erwächst. Zu diesen Pflichten und Aufgaben gehört auch und ganz besonders die *historische Verantwortung*, die den letzten der hier vorgestellten Sonderbereiche bildet. Nationalstaatliche Gesellschaften verstehen sich als geschichtliche Handlungsgemeinschaften, die über ihre eigene Gegenwart hinaus in einer moralisch und politisch verbindlichen Beziehung zu den Belangen früherer und späterer Generationen stehen. Vergangenheitsverantwortung und Zukunftsverantwortung sind nicht gleichzusetzen, sie unterscheiden sich nicht nur in zeitlicher Hinsicht, sondern auch obligationstheoretisch und handlungspraktisch, bilden zwei eigenständige Unterbereiche histori-

---

82 Vgl. aus kommunitärer Sicht Amitai Etzioni, *Die Entdeckung des Gemeinwesens*, S. 281–299; ders., *Die Verantwortungsgesellschaft*, S. 25–61. Aus liberaler Perspektive siehe exemplarisch Benjamin Barber, *Starke Demokratie*, S. 154–204.
83 Vgl. Wolfgang Kersting, »Pluralismus und soziale Einheit«, in: ders., *Recht, Gerechtigkeit und demokratische Tugend*, S. 484–488; ders., »Verfassungspatriotismus, kommunitäre Demokratie und die politische Vereinigung der Deutschen«, S. 144–157.
84 Siehe dazu unten Teil VI. 3.2. und 3.3.

scher Verantwortlichkeit, die durch besondere Eigenarten und Probleme gekennzeichnet sind.[85]

4.6 Zukunftsverantwortung

Die Notwendigkeit einer genuinen Zukunftsverantwortung resultiert aus Langzeitfolgen gegenwärtigen Handelns, die für kommende Generationen erhebliche Risiken, Nachteile und Schädigungen bedeuten können, wobei allerdings auch erwartbare Vorteile aus dem nachträglichen Zeitverhältnis zu berücksichtigen sind. Das Verhältnis zwischen Gegenwart und Zukunft wird von einer Reihe wesentlicher Faktoren beeinflußt: durch langlebige Produkte wie Wissen, Konsum- und Kapitalgüter, die nicht vollständig verbraucht werden, sondern für zukünftige Generationen Ertrag abwerfen; durch dauerhafte Produkte wie Giftstoffe und Müll, die für die Nachkommen beträchtliche Belastungen darstellen; durch den irreversiblen Verbrauch von natürlichen Rohstoffen wie Öl und Gas sowie dauerhafte Schädigungen der Umwelt (Klimaveränderung, Artensterben); durch den reversiblen Verbrauch von Ressourcen, die grundsätzlich regenerierbar sind; durch Veränderungen von räumlichen und sektoriellen Infrastrukturen (Stadt- und Verkehrsplanungen, Arbeitsmärkte), die nur langfristig wieder korrigiert werden können; durch Leistungsverpflichtungen und Investitionen, die einen subsidiären Charakter besitzen (Rentenversicherung, Generationenvertrag).[86]

Die komplexen Interdependenzen zwischen diesen Faktoren spiegeln sich in den unterschiedlichen Ansätzen wider, mit denen Verantwortungsverhältnisse zwischen gegenwärtigen und zukünftigen Generationen legitimiert, aber auch relativiert werden.[87] Leitende Aspekte sind dabei die Relation von Rechten und Pflichten angesichts bloß ›virtueller‹ Adressaten, die Zeitpräferenz der gegenwärtigen gegenüber nachfolgenden Generationen, die Orientierung am Wohlergehen und der Existenz möglicher Nachkommen sowie die Ungewißheit über die Auswirkungen gegenwärtiger Entscheidungsprozesse auf die Zukunft. Aus *egalitaristischer Sicht* werden mögliche Gründe für eine Schlechterstellung zukünftiger Generationen, die sich aus ihrer temporalen Nachfolgestellung und ihrem potentiellen Charakter ableiten ließen, prinzipiell abgelehnt. Viel-

---

85 Siehe genauer Ludger Heidbrink, »Zum Problem historischer Verantwortung«, S. 232–247.
86 Vgl. Horst Siebert, »Allokation zwischen Generationen«, S. 354–360. Siehe hierzu die Beiträge in Dietrich Böhler, Michael Stitzel u. a. (Hg.), *Zukunftsverantwortung in der Marktwirtschaft*.
87 Zu Argumenten für und gegen die Zukunftsverantwortung vgl. Ernest Partridge, *Responsibilities to Future Generations*, S. 1–10. Siehe auch die Beiträge in R. I. Sikora und Brian Barry (Hg.), *Obligations to Future Generations*.

mehr besteht die Verpflichtung zu einem sparsamen Umgang mit Ressourcen und Gütern, durch den kommenden Generationen die gleichen Mittel zur Lebensfristung wie gegenwärtigen Generationen zur Verfügung stehen. Der egalitaristische Gleichheitsgrundsatz führt zu einem intergenerationellen Gerechtigkeitsprinzip, das aus Gründen der Fairneß die Zeitpräferenz der Gegenwart neutralisiert und zukünftigen Generationen das Recht auf einen gleichen Anteil an Ressourcen, Gütern und Freiheiten zuspricht.[88] Eine Erweiterung und Kontextualisierung findet der menschenrechtliche Zukunftsegalitarismus aus einer *solidarmoralischen Perspektive*, wonach die Einbeziehung nachfolgender Generationen nicht primär aus dem Ideal der Unparteilichkeit und der Abstraktion von der eigenen Stellung in der Zeit folgt, sondern aus der moralisch gebotenen Rücksichtnahme auf die Interessen und das Wohlergehen zukünftiger Menschen. Aus Sicht der solidaritätsfundierten Rücksicht besitzen die Mitglieder zukünftiger Generationen nicht nur einen individuellen Rechtsstatus, der das Gebot einer gegenwartstranszendierenden Güterverteilung impliziert, sondern sind darüber hinaus Adressaten einer temporal erweiterten Vorsorgeverantwortung, die zur futurischen Schadensverhütung und Sicherung der Lebensgrundlagen durch eine soziale Zukunftspolitik verpflichtet.[89]

Von einem *utilitaristischen Standpunkt* besteht die intergenerationelle Verantwortung dagegen nicht in der Gleichverteilung von Gütern und Garantierung von Freiheitsrechten, sondern in der Erhaltung des Wohlstandsniveaus, das sich aus dem Durchschnitt bzw. der Gesamtheit der zur Verfügung stehende Ressourcen, Güter und qualitativen Lebensbedingungen ergibt. Danach ist die gegenwärtige Generation dazu verpflichtet, keine größeren Wertmengen zu vernichten, als durch nachfolgende Lebende regeneriert werden können, und darüber hinaus die Nachteile einer ökologischen Sparpolitik in Kauf zu nehmen, wenn diese durch die zu erwartenden Vorteile für die Mitglieder zukünftiger Generationen aufgewogen werden.[90] Während der utilitaristische Ansatz

---

88 Vgl. John Rawls, *Eine Theorie der Gerechtigkeit*, S. 319–332; dazu Wolfgang Kersting, *John Rawls*, S. 143–149. Eine dezidierte Position vertreten Peter Saladin und Christoph Andreas Zenger, *Rechte künftiger Generationen*, S. 15–62; siehe auch Herwig Unnerstall, *Rechte zukünftiger Generationen*, S. 450–454.

89 Zur Kritik an Rawls und entsprechenden Erweiterungsvorschlägen vgl. Anton Leist, »Intergenerationelle Gerechtigkeit«, S. 348–352; Heinz Kleger, »Gerechtigkeit zwischen den Generationen«, bes. S. 177–189; D. Clayton Hubin, »Justice and Future Generations«, S. 72–76. Siehe auch die Beiträge in Dieter Birnbacher und Gerd Brudermüller (Hg.), *Zukunftsverantwortung und Generationensolidarität*.

90 Zur nutzen- und wertmaximierenden Zukunftsverantwortung vgl. Dieter Birnbacher, »Plädoyer für eine Ethik der Zukunft«, S. 122 f.; ders.,

auf die rationale Einsicht in die moralisch gebotene Maximierung einer generationenübergreifenden Lebensqualität setzt, gehen *kommunitäre Zukunftsethiken* von dem Umstand aus, daß Lebende und Ungeborene Mitglieder einer umfassenden historischen Gemeinschaft sind, die eine gegenwartstranszendierende Orientierung an Gütern obligatorisch macht. Aufgrund der geschichtlichen Partnerschaft zwischen den Generationen besteht die Verantwortung für den Schutz und die Bewahrung menschlicher Daseinsgrundlagen auch dort, wo die zukünftigen Individuen einen unbestimmten personalen Status besitzen, unser Wissen über sie unsicher ist, wir sie aber gleichwohl als Träger von Rechten und Objekte unserer Fürsorge betrachten müssen, weil wir mit ihnen ein überzeitliches Ideal des guten Lebens teilen.[91]

Gegenüber der Orientierung an einer historischen Solidargemeinschaft resultiert die Zukunftsverantwortung in *kommunikationsethischer Perspektive* aus der Temporalisierung des Gebotes wechselseitiger Anerkennung, die zur Einbeziehung Nachgeborener in die Diskursgemeinschaft der Gegenwart führt. Unter der Voraussetzung, daß der rationale Konsens über Anspruchs- und Interessenkollisionen die Zustimmung sämtlicher Betroffener erfordert, besteht die Obligation, daß die gegenwärtige Kommunikationsgemeinschaft auch in Zukunft weiterexistiert und die Ansprüche nachfolgender Generationen schon jetzt ihre argumentative Berücksichtigung finden.[92] Diese Berücksichtigung bedarf nicht nur einer advokatorischen Einbeziehung der Rechte und Interessen Nachgeborener, sie verlangt auch ein die Gegenwart transzendierendes Selbstverständnis des in historischen Zusammenhängen existierenden Individuums.[93] Vor allem aber benötigt sie die institutionelle Durchsetzung

»Elemente einer Ethik der Verantwortung für zukünftige Generationen«, bes. S. 151–158; ders., *Verantwortung für zukünftige Generationen*, S. 101–106.

91 Zur transgenerationellen Gemeinschaft vgl. Annette Baier, »The Right of Past and Future Persons«, S. 173, 177, 179. Zum zeitübergreifenden Ideal des guten Lebens vgl. Martin P. Golding, »Obligations to Future Generations«, S. 62–69; daran anschließend Daniel Callahan, »What Obligations do we have to Future Generations?«, S. 75–78. Zur solidarischen Allianz siehe auch Charles Hartshorne, »The Ethics of Contributionism«, S. 103–107; Thomas Sieger Derr, »The Obligation to the Future«, S. 40–43. Aus liberalistischer Perspektive vgl. Onora O'Neill, *Tugend und Gerechtigkeit*, S. 151–160.

92 Vgl. Karl-Otto Apel, »Verantwortung heute«, in: ders., *Diskurs und Verantwortung*, S. 192–216; Matthias Kettner, »Diskursethik und Verantwortung für zukünftige Generationen«, S. 125 f. Zu den advokatorischen Konsequenzen siehe Micha Brumlik, »Über die Ansprüche Ungeborener und Unmündiger«, bes. S. 270–296; ders., *Advokatorische Ethik*, S. 159–170.

93 Zur advokatorischen Interessenvertretung siehe Joel Feinberg, »Die Rechte der Tiere und zukünftiger Generationen«, S. 170–173. Zum ›Konzept der

der geforderten Langzeitverantwortung, die durch eine mehrheitsfähige Umwelt- und Wirtschaftspolitik unterstützt werden muß, die sich nicht allein an niedrigen Diskontraten und gerechten Nutzungskosten orientiert, sondern an den prinzipiellen Schutzpflichten gegenüber nachfolgenden Generationsmitgliedern, die aus ihrem Anspruch auf die gleichen Lebenschancen folgen.[94]

4.7 Vergangenheitsverantwortung

Anders als die Zukunftsverantwortung ist die Vergangenheitsverantwortung auf zurückliegende Ereignisse und Handlungen bezogen, die in einer moralisch und politisch verbindlichen Beziehung zur Gegenwart stehen, ohne daß eine nachträgliche Einflußnahme auf die Handlungsverläufe selbst möglich ist. In diesen Bereich fallen vor allem Unrechtstaten, Kriegsverbrechen, Genozide und Pogrome, die den nachfolgenden Generationen die Pflicht einer andenkenden oder erinnernden Wiedergutmachung aufbürden, soweit sie nicht straf- oder völkerrechtlich haftbar gemacht werden können. Der Umstand der Abgeschlossenheit begangener Unrechtstaten und Fehlhandlungen verleiht der Vergangenheitsverantwortung, sofern sie nicht rechtliche und politische Haftungsfragen betrifft, einen prekären Status, macht sie zu einer Angelegenheit der symbolischen Anerkennung geschädigter und entwürdigter Individuen, deren Schicksal sich nur nachholend rehabilitieren läßt.

Auch hier liegen unterschiedliche Verantwortungsmodelle vor. Unter der Voraussetzung eines personalen Schuldbegriffs, der sich auf individuell zurechenbare Handlungen bezieht, besteht für Unrechtstaten, die durch einen Staat, eine Nation oder ein Volk begangen wurden, keine kollektive moralische Verantwortung, sondern höchstens eine *politische Verantwortung*, die als Haftung des Kollektivs und seiner Mitglieder zum Tragen kommt. Von moralischer Kollektivschuld zu reden, macht nur dort Sinn, wo der Einzelne sich wegen seiner Zugehörigkeit zum Kollektiv persönlich mitverantwortlich fühlt oder in einem Akt der geschichtlichen Solidarität die metaphysische Schuld für begangenes Unrecht auf die Schultern lädt.[95] Aus der Perspektive der politischen Haftungsver-

Selbst-Transzendenz‹ vgl. Ernest Partridge, »Why care about the Future?«, S. 204–206, S. 217 f.
94 Zur prinzipiellen Vorsorgepflicht vgl. Carl Friedrich Gethmann, »Langzeitverantwortung als ethisches Problem im Umweltstaat«, S. 7–14. Zur institutionellen Durchsetzung vgl. Michael Kloepfer, »Langzeitverantwortung im Umweltstaat«, S. 35–40. Vgl. auch Ulrich K. Preuß, »Die Zukunft – Mülldhalde der Gegenwart?«, in: ders., *Politische Verantwortung und Bürgerloyalität*, S. 273–278, S. 293–295.
95 So die Thesen von Karl Jaspers, *Die Schuldfrage*, S. 17–55. Siehe dazu Jean-Claude Wolf, »Stellvertretende Verantwortung und der moralische Begriff der

antwortung sind die Gründe für eine kollektive Mitverantwortlichkeit kontingenter Natur, entspringen einem ausgeprägten Nationalgefühl oder patriotischen Bindungen, lassen sich aber nicht rational rechtfertigen. An die Stelle es schicksalhaften Schuldbewußtseins muß deshalb die Anerkennung der politischen Haftungsverpflichtung durch die staatliche Kooperationsgemeinschaft treten, die sich aus aufgeklärtem Eigeninteresse zur Entschädigung der Opfer von Unrechtstaten bereit erklärt.[96]

Demgegenüber wird aus *universalmoralischer Sicht* die Notwendigkeit einer historischen Wiedergutmachungsverpflichtung auch dort betont, wo kein individuelles Verschulden vorliegt. Danach folgt die moralische Verantwortung für die Opfer aus der übergeschichtlichen Geltung universellen Respekts, die ein politisches Interesse an der Wiederherstellung verletzter Gerechtigkeitsverhältnisse begründet, das auch für Nachfolgestaaten von Unrechtsregimen gilt.[97] Die verantwortungsmoralische Rehabilitierung unrechtmäßig Geschädigter findet ihre Erweiterung durch eine *historische Gerechtigkeitsethik*, die nicht nur Pflichten in Ansehung der Opfer begründen, sondern diese als direkte moralische Gegenüber der gegenwärtigen Generation erfassen will. Danach sind wir aus Gründen der Reziprozität dazu verpflichtet, ehemals Lebende als Angehörige einer umfassenden moralischen Gemeinschaft zu behandeln, denen die restitutive Anerkennung ihrer menschenrechtlichen Gleichheit und damit die nachträgliche Abgeltung begangenen Unrechts zusteht.[98]

Die nachholende Integration der geschichtlichen Opfer in die Gemeinschaft der Lebenden erfordert aus konzeptionellen Gründen die Ergänzung des respektmoralischen Gerechtigkeitsbegriffs um eine *erinnerungsethische Solidarverantwortung*, die das Manko einer abstrakten Bezugnahme auf die Ansprüche historischer Individuen durch deren konkrete Einbeziehung in die Gegenwart ausgleicht. Diese Ergänzung wirft allerdings gravierende Probleme auf. Unter der Prämisse eines kommunikativen Gerechtigkeitsbegriffs, der auf der Berücksichtigung sämtlicher Betroffener beruht und somit auch noch die Leiden vergangener Generationen einbeziehen muß, von deren Opfern die gegenwärtig Lebenden profitieren, ergibt sich ein Widerspruch zwischen universalistischem Anspruch und handlungspraktischer Ohnmacht, der nur auf dem Weg der Überschreitung der diskursiven Gerechtigkeitsmoral

Scham«, in: ders., *Utilitarismus, Pragmatismus und kollektive Verantwortung*, S. 172–175.
96 Siehe Anton Leist, »Deutsche Geschichte und historische Verantwortung«, S. 55–59.
97 So Martin Löw-Beer, »Die Verpflichtung der unschuldig Nachgeborenen«, S. 63–68.
98 Vgl. Lutz Wingert, »Haben wir moralische Verpflichtungen gegenüber früheren Generationen?«, S. 83–93.

aufgelöst werden kann.⁹⁹ Hierfür bieten sich grundsätzlich zwei Möglichkeiten an. Soll der Universalismus der unbegrenzten Kommunikationsgemeinschaft auf vergangene Unrechtstaten ausgedehnt werden, die sich einer reziproken Wiedergutmachung entziehen, lassen sich die unwiderruflich Toten nur kraft eines moralischen Eingedenkens in die Gemeinschaft der Lebenden integrieren, die den Opfern ihre Würde auf symbolischem Wege zurückerstattet.¹⁰⁰ Die Wiederherstellung der verletzten persönlichen Integrität unterliegt einem Akt der anamnetischen Solidarität, der nicht durch das diskursive Universalisierungsprinzip abgedeckt wird, sondern in den Bereich einer geschichtlichen Mitleids- und Verantwortungsethik fällt.¹⁰¹ Demgegenüber wird aus moraltheologischer Sicht betont, daß die Idee der kommunikativen Handlungsgemeinschaft auch die Verpflichtung zu einer universalen historischen Solidarität umfaßt, wenn sie auf einen eschatologischen Hoffnungshintergrund bezogen wird, der den Lebenden im Glauben an einen erlösenden Gott die anamnetische Verantwortung für die Toten auferlegt.¹⁰²

Sowohl der kommunikationsmoralische Universalismus als auch die solidarethische Erinnerungstheologie vernachlässigen die Frage, aus welchen lebensweltlichen Voraussetzungen die Anteilnahme am Schicksal der geschichtlichen Opfer hervorgeht. Dieses Manko versucht eine *responsive Ethik historischer Verantwortung* zu beseitigen, die von der ursprünglichen Inanspruchnahme durch das Leben geschichtlich Anderer ausgeht. Die Bewahrung des Andenkens an die Toten und die Sühne begangenen Unrechts soll einer wahrnehmenden Geschichtlichkeit des gegenwärtigen Menschen entspringen, der als Überlebender in einer verbindlichen Antwortbeziehung zu den Gestorbenen steht und sich

99 Zur der im Anschluß an Walter Benjamin und Max Horkheimer entstandenen Dikussion, wie sich angesichts des Umstandes, daß die Opfer der Geschichte unwiederbringlich tot sind, eine rückwirkende Wiedergutmachung begangenen Unrechts begründen läßt, vgl. Thomas McCarthy, »Kritische Theorie und politische Theologie«, in: ders., *Ideale und Illusionen*, S. 338–353. Vgl. dazu Ludger Heidbrink, »Melancholie, Geschichte und Erinnerung«, S. 46–53.
100 Vgl. Axel Honneth, »Kommunikative Erschließung der Vergangenheit«, S. 14–16.
101 So die Argumentation von Jürgen Habermas, *Vorstudien und Ergänzungen*, S. 516 f.; ders., »Grenzen des Neohistorismus«, in: ders., *Die nachholende Revolution*, S. 155 f.
102 Vgl. Helmut Peukert, *Wissenschaftstheorie, Handlungstheorie, Fundamentaltheologie*, S. 300–355. Siehe auch Johann Baptist Metz, »Erlösung und Emanzipation«, S. 131–134; ders., »>Politische Theologie< in der Diskussion«, S. 284–296; Mathews L. Lamb, »Kommunikative Praxis, die Offenheit der Geschichte und die Dialektik von Gemeinschaft und Herrschaft«, S. 168–184.

in seiner heutigen Existenz vom historisch Anderen her als dessen moralischer Zeuge versteht.[103] Die verantwortungsethische Eingebundenheit in einen geschichtlichen Lebenszusammenhang, in dem die Lebenden sich nicht aus Gründen der reziproken Anerkennung, sondern des solidarischen Mitgefühls der Toten annehmen, läßt sich durch eine *zeitübergreifende Idee des gelingenden Lebens* plausibel machen, an der sämtliche Mitglieder der moralischen Gemeinschaft teilhaben.[104] Beide Ansätze besitzen den Vorteil, das moralische Interesse an der Vergangenheit zu wecken und die Angehörigen der gegenwärtigen Generation zu motivieren, sich mit den unabgegoltenen Ansprüchen ehemals Lebender auseinanderzusetzen.

Es bleibt allerdings fraglich, ob die Orientierung am historisch Anderen und ein transgenerationelles Telos des gelingenden Lebens ausreichen, einen genuin verantwortungsethischen Sinn für die Opfer der Geschichte zu erzeugen und den rechtmäßigen Anspruch auf Wiedergutmachung geschehenen Unrechts zu begründen.[105] Denn aus der Zugehörigkeit des Menschen zum Prozeß der Geschichtlichkeit resultiert nicht notwendigerweise die Verpflichtung zur solidarischen Anteilnahme am Schicksal derjenigen, die auch geschichtliche Lebewesen sind. Zwischen der Vergegenwärtigung der eigenen Geschichtlichkeit und der Anerkennung historisch Anderer besteht eine normative Differenz, die sich mit den Mitteln einer phänomenologischen oder evaluativen Selbstaufklärung nicht ohne weiteres überbrücken läßt. Indem ich mich als geschichtliches Lebewesen begreife, dessen gegenwärtige Existenz auf eine historische Vorwelt zurückverweist, ist noch nicht garantiert, daß mir die Teilnehmer dieser Vorwelt innerhalb eines gemeinsam geteilten historischen Universums begegnen. Dies ist erst unter der Voraussetzung einer intakten *historischen Erinnerungskultur* möglich, die zur Integration ehemals Lebender in den gegenwärtigen Geschichtshorizont führt.[106]

Zudem fehlt eine deutliche Differenzierung zwischen den Toten und den Opfern von Unrechtstaten. Wer moralische Verantwortlichkeit auf historisch Andere schlechthin ausweitet, überdehnt nicht nur den Bereich ethischer Pflichten, sondern behandelt ungleiche Fälle als gleich.

103 Vgl. Burkhard Liebsch, *Geschichte im Zeichen des Abschieds*, S. 301–394; ders., *Vom Anderen her: Erinnern und Überleben*, S. 9–27. Einen vergleichbaren Ansatz der alteristischen Verantwortungsethik vertritt Micha Brumlik, *Gerechtigkeit zwischen den Generationen*, S. 112–131.
104 Vgl. Ursula Wolf, *Das Problem des moralischen Sollens*, bes. S. 61–63, S. 178–186.
105 Vgl. Ludger Heidbrink, »Gibt es Verantwortung für die Vergangenheit?«, S. 159–162.
106 Vgl. Lutz Niethammer, »Erinnerungsgebot und Erfahrungsgeschichte. Institutionalisierungen mit kollektivem Gedächtnis«, S. 21–34. Zur Geschichtskultur siehe auch Jörn Rüsen, *Historische Orientierung*, S. 211–234.

Während die Forderung Sinn macht, das Andenken an diejenigen zu bewahren und sich um die Wiederherstellung ihrer moralischen Integrität zu bemühen, denen nachweislich Unrecht zugefügt wurde, ist es widersinnig, all derer gedenken zu wollen, die als Vorfahren der Gegenwärtigen gelebt haben. Das Kriterium der Gebürtigkeit oder Sterblichkeit allein reicht nicht aus, um einen moralischen Bezug zu früheren Individuen zu stiften, sondern muß durch die Klärung konkreter Schuld- und Unrechtsfragen ergänzt werden.

So triftig die Kritik des an reziproker Verständigung orientierten Gerechtigkeitskognitivismus ist, so sehr verfehlen die responsive und evaluative Verantwortungsethik für vergangene Generationen ihr Ziel. Die Erwartung, daß sich kraft einer erinnernden Anteilnahme und der Orientierung am gelingenden Leben die ethische Fürsorge für ehemals Lebende plausibel machen läßt, ist ungleich voraussetzungsvoller als ein erweiterter Gerechtigkeitsbegriff der Integration virtueller Gegenüber in das moralische Universum der Gegenwart. Eine vom historisch Anderen her konzipierte Verantwortungstheorie vermag zwar wesentliche motivationale Impulse für das Interesse an den ethischen Ansprüchen früherer Generationen zu liefern. Sie kommt jedoch nicht umhin, Probleme der Ausbildung kollektiver Identität, der Institutionalisierung des kulturellen Gedächtnisses und der politischen Regulierung von Schuldfragen in Hinsicht auf begangene Unrechtstaten stärker mit einzubeziehen und eine genauere Unterscheidung zwischen den Trägern, Instanzen, dem Gegenstands- und Geltungsbereich moralischen Handelns vorzunehmen.

Die Ausdifferenzierung des klassischen Verantwortungsbegriffs hat zu unterschiedlichen Verantwortungtypologien geführt, deren vorrangige Aufgabe darin besteht, Handlungs- und Bewertungsmaßstäbe für die einzelnen Operationsfelder hochmoderner Gesellschaften vorzugeben. Das Verantwortungsprinzip folgt damit nicht nur der zunehmenden Professionalisierung der Gesellschaft, deren Selbstorganisation auf dem Fachwissen von Experten und der Kooperation hochspezialisierter Akteure beruht. Es paßt sich nicht nur den besonderen Rationalitätsstandards und Wissensformen an, durch die technologisches und szientistisches, ökologisches und ökonomisches, politisches und historisches Handeln gekennzeichnet sind. Es reagiert vor allem auf die Notwendigkeit, daß Handlungsnormen und Bewertungsmaßstäbe für soziale Prozesse gefunden werden müssen, die einer eigensinnigen und autonomen Entwicklungslogik folgen.

Die *horizontale Differenzierung* von Verantwortungsformen, die wesentlich zum Erfolg des Verantwortungsprinzips in der zweiten Hälfte des zwanzigsten Jahrhunderts beigetragen hat, dient dabei zwei entgegengesetzten Zwecken: Sie soll zum einen erlauben, für den Umgang mit hochgradig selbstregulativen Funktionssystemen *spezielle Kriterien*

ORGANISATION

der Überwachung, Steuerung oder der Ermahnung zu finden, durch die sich Akteure zur Rechenschaft ziehen oder an ihre besonderen Pflichten erinnern lassen, die mit dem Tätigkeitsfeld zusammenhängen, in dem sie agieren. Dabei werden die spezifischen Handlungsumstände berücksichtigt, die von geltenden Gesetzen, benutzten Apparaten bis zu den Organisationsformen reichen, auf denen das jeweilige Funktionssystem aufgebaut ist. Zum anderen soll die horizontale Differenzierung garantieren, daß sich die Akteure in den einzelnen Operationsbereichen an Normen und Werte halten, die einen *verbindlichen Verpflichtungscharakter* besitzen und unabhängig von den besonderen Eigenschaften und Anforderungen des jeweiligen Operationsbereichs gelten. Damit soll vermieden werden, daß das wirtschaftliche, ökologische oder politische Handeln sich ausschließlich an seinen eigenen Regeln orientiert, daß Sachzwänge oder interne Erfordernisse in den Vordergrund gestellt werden und keine Abstimmung über allgemeine Zielsetzungen zwischen den einzelnen Sektoren stattfindet.

Dies geschieht besonders durch Einarbeitung moralphilosophischer Begrifflichkeiten, die sich in der *vertikalen Differenzierung* des Verantwortungsbegriffs niederschlagen. Dabei verfeinert die philosophische Ethik ihr Beobachtungsinstrumentarium durch die Herstellung von Typologien und Paradigmen, die nach Verpflichtungsgrad und Kontextbezogenheit, nach Universalisierbarkeit und Partikularität, nach Kategorizität und Situativität differenziert werden. Die Einarbeitung ethischer Positionen und Theoreme sorgt dafür, daß sich die verschiedenen Bedeutungs- und Geltungsebenen, aus denen der Verantwortungsbegriff zusammengesetzt ist, gliedern und abstufen lassen. Im Vordergrund steht nicht nur die Frage, ob es sich um individuelle, soziale, korporative, funktionale oder prospektive Formen der Verantwortung handelt, sondern auch, auf welchen Regelsystemen, Modellen und Begründungen sie jeweils beruhen.

Auf diese Weise erhält der Verantwortungsbegriff einen Index, der ihn für praktische Anwendungen operabel macht. Die horizontale und vertikale Differenzierung erlauben es, eine große Variationsbreite an Verantwortungsmodellen zur Verfügung zu stellen, mit denen sich Selektionen für die Konzeptualisierung sozialer Handlungsprobleme treffen lassen. Die Vorteile liegen auf der Hand: Es wird möglich, *kombinatorische Regulative* zu benutzen, die ein exakteres Erfassen der gesellschaftlichen Realität ermöglichen. Das Problem dieser Entwicklung besteht jedoch darin, daß die verantwortungspraktischen Differenzierungen auf rein *systeminternen Operationen* beruhen, die durch die fortschreitende Autonomisierung des Verantwortungsbereichs entstanden sind. Die operative Schließung, die jedem eigenständigen Subsystem zugrunde liegt, kennzeichnet auch das Verantwortungssystem: *Es kann schließlich nur noch sehen, was es selbst sichtbar gemacht hat.*

5. Prozeduralisierung der Verantwortung

Die Differenzierung des Verantwortungskonzepts, so wie sie im letzten Kapitel beschrieben wurde, dient vor allem dem Zweck, das akteursbezogene Handeln an die besonderen Situationen und Kontexte der sozialen Praxis anzupassen, ohne die allgemeine Zuständigkeit des Verantwortungsbegriffs für die bewirkten Handlungskonsequenzen in Frage zu stellen oder gar aufzugeben. Diese Ausbalancierung von universellen und speziellen Handlungsnormen hat so lange Erfolg, wie zwischen den einzelnen gesellschaftlichen Subsystemen und ihren Akteuren klare Trennlinien verlaufen und zugleich operative Gemeinsamkeiten bestehen, so daß grundsätzlich die Chance gegeben ist, durch Eingriffe (oder auch Appelle) von außen Kurskorrekturen vornehmen zu können, also etwa die Wirtschaft davon zu überzeugen, daß es auch in ihrem Interesse ist, schadstoffarme PKWs zu produzieren oder Getränke nach einer bestimmten Quote in Pfandflaschen abzufüllen. Die Chancen derartiger Eingriffe sinken jedoch mit der zunehmenden funktionalen Differenzierung der Teilsysteme, die sich aufgrund der *Komplexitätszunahme* hochmoderner Gesellschaften von ihren äußeren Umweltbezügen lösen und verstärkt ihren eigenen Programmen der Informationsverarbeitung folgen. Die operative Schließung steigert die Effektivität der systeminternen Komplexitätsverarbeitung über autopoietische Reproduktionsmechanismen und hat einen höheren Grad der *Selbstorganisation* funktionaler Teilsysteme zur Folge. Sie mindert aber zugleich die Wahrscheinlichkeit der gelingenden Kommunikation mit autonomen Systemen, die sich nur über Beobachtungsprozesse zweiter Ordnung beobachten lassen, ohne daß eine direkte Verständigung zwischen den einzelnen Systemen und ihrer Umwelt zustande kommt.[107]

5.1 Steuerungsprobleme komplexer Sozialsysteme

Der Strukturwandel hochmoderner Gesellschaften, der sich in der Eigendynamik, Autonomie und operativen Geschlossenheit ihrer systemischen Funktionsbereiche niederschlägt, hat verschiedene Ursachen. Zu diesen gehört die fortschreitende *Globalisierung* der Gesellschaft, die durch die Internationalisierung kultureller, politischer und wirtschaftlicher Beziehungen vorangetrieben wird und im Umbau souveräner Einzelstaaten zu einem lateralen Verbund von Nationalgesellschaften zum Ausdruck kommt, die zu seperaten (und seperatistischen) Zonen im systemischen Gefüge der Weltgesellschaft werden.[108] Hierzu gehört auch der Über-

---

107 Vgl. Niklas Luhmann, *Die Gesellschaft der Gesellschaft*, S. 743–776.
108 Vgl. ebd., S. 145–171. Siehe auch Rudolf Stichweh, »Nation und Weltgesellschaft«, in: ders., *Die Weltgesellschaft*, S. 48–65.

gang von der Industrie- zur sogenannten *Wissensgesellschaft*, die auf der Verarbeitung von Informationen, Daten und Wissensbeständen beruht, die den Ausbau hochgradig verdichteter Netzwerke erfordern, mit deren Hilfe sich Güter und Dienstleistungen möglichst schnell und effektiv produzieren, distribuieren und konsumieren lassen.[109] Hinzu kommen gravierende Fortschritte auf den Gebieten der *Hochtechnologien* und *Informationsmedien*, die für grundlegende Veränderungen der Sozialverhältnisse sorgen und zur Verflüssigung herkömmlicher Wirklichkeits- und Wertbegriffe beitragen: Die Leistungsfähigkeit des Computers und die Miniaturisierung der Maschinentechnik, die Entwicklung der Reproduktionsmedizin und der Genforschung, die Digitalisierung der Kommunikation und der Ausbau des Internets haben zur Konsequenz, daß immer weitere Bereiche der Natur der menschlichen Einflußnahme unterliegen, traditionelle Wert- und Normbestände sich auflösen und die gesellschaftlichen Interaktionen den systemischen Diktaten der Mobilisierung, Flexibilisierung und Virtualisierung unterworfen werden.[110]

Die Folgen dieser Entwicklungen bestehen einerseits darin, daß die in Gang gesetzten Systemprozesse vorrangig ihrer eigenen operativen Rationalität folgen und sich in ihrer autopoietischen Reproduktionslogik von Umwelteinwirkungen abschotten. Auf der anderen Seite jedoch wächst die Bedeutung von Randbedingungen und Fremdeinflüssen, werden die eigendynamischen Prozesse zunehmend von *externen Faktoren* irritiert und beeinflußt. An die Stelle von internen Zielsetzungen und Planungen, die sich komplexe Organisationen in Eigenregie setzen, treten Anforderungen, Erwartungen und Vorgaben, die von außen an die systemischen Akteure herangetragen werden. Regional tätige Firmen müssen sich im Zeitalter der Globalisierung am Weltmarkt ausrichten, Nationen sich an die Abkommen der internationalen Staatengemeinschaft halten, deutsche Unternehmen sich der europäischen Wettbewerbsaufsicht unterstellen. Die Besonderheit dieser Entwicklung liegt darin, daß Entscheidungen, die innerhalb eines Systems gefällt werden, nach außen abgeglichen werden müssen, ohne daß dabei auf objektive Regeln und Leitlinien zurückgegriffen werden kann. Die Systeme der Wissensgesellschaft operieren nach autonomen Maßstäben, die erst durch die *Vermittlung* intermediärer

---

109 Zur Netzwerkökonomie der Wissensgesellschaft vgl. Manuel Castells, *Das Informationszeitalter, Teil 1: Der Aufstieg der Netzwerkgesellschaft*, S. 83–228. Zur Abkehr von der Industriegesellschaft siehe Daniell Bell, *Die nachindustrielle Geschichte*. Zur Informations- und Wissensgesellschaft siehe auch Helmut F. Spinner, *Die Architektur der Informationsgesellschaft*; Nico Stehr, *Arbeit, Eigentum und Wissen. Zur Theorie von Wissenschaften*.
110 Zur Veränderung der spätkapitalistischen Arbeitswelt vgl. Richard Sennett, *Der flexible Mensch*, S. 15–38. Zur Erosion des Verantwortungsbewußtseins durch den sozialen Zwang zu Mobilität siehe Christopher Lasch, *Die blinde Elite*, S. 62–90.

PROZEDURALISIERUNG DER VERANTWORTUNG

Instanzen, durch den Filter von Kommissionen und Ausschüssen mit den Anforderungen der jeweiligen Umwelt kompatibel gemacht werden. Vereinbarungen zwischen den systemischen Akteuren kommen nicht durch kommunikative Übereinstimmung zustande, da so etwas wie eine transzendentale Diskursgemeinschaft unter den Bedingungen operativer Selbstorganisation nicht existiert. Sie entstehen vielmehr erst im Vollzug von korporatistischen *Verhandlungsprozessen* oder konzertierten Aktionen, in denen verbindliche Verfahrensprinzipien festgelegt werden, um ein Aushandeln gemeinsamer Zwecke und Ziele zu ermöglichen.[111]

Die hochtechnologischen Fortschritte führen dazu, daß immer wieder neu über Standards, Normen und Gesetze abgestimmt werden muß. Anders als bei materiellen Gütern läßt sich der Zuwachs an Wissen und dessen Verwertung nicht ohne weiteres regulieren. Informationen und Wissen sind keine klassischen Eigentumsformen, sie unterliegen keinem Verbrauch und sind an keine physischen Grenzen gebunden.[112] Sie unterlaufen vielmehr kodifizierte Besitz- und Rechtsverhältnisse und weiten zugleich den Raum der Einflußnahme auf soziale Handlungsprozesse aus. Der Zugriff auf Wissensbestände und die Informationsverbreitung durch die elektronischen Medien erhöhen die gesellschaftlichen Einflußmöglichkeiten von Individuen und Gruppen, erzeugen aber auch einen Zustand der Dauerreflexion, der mit neuen kognitiven *Ungewißheiten* und der *Destabilisierung* von Handlungsorientierungen einhergeht.[113] Die Zunahme an Unsicherheit und Irritation in der Wissensgesellschaft resultiert nicht in erster Linie aus der Konzentration staatlicher Macht, wie es herkömmliche Gesellschaftstheorien nahelegen, sondern vielmehr aus der Schwierigkeit, die in Gang gesetzten Handlungsprozesse auf politischem Weg zu kontrollieren und kanalisieren. Die Fragilität moderner Sozialgefüge entspringt selbsterzeugten Risiken, die von außen auf die Selbstorganisation der Subsysteme zurückwirken und ihre Koordinierungsfähigkeit unterwandern.[114]

Die Vernetzung der Subsysteme, die durch den globalen und internationalen Verkehr vorangetrieben wird, führt zu einer Umverteilung der Entscheidungsgewalten, die vom Staat auf *korporative Akteure*, auf Organisationen, Verbände und Unternehmen übergehen. Der Abbau staatlicher Allzuständigkeit und der Legitimationsverlust seiner Institutionen

[111] Vgl. am Beispiel neokorporatistischer Arrangements Rainer Eichmann, »Systemische Diskurse. Zur produktiven Nutzung von Dissens«, S. 65–74. Zur Gesellschaftssteuerung durch Verhandlungssysteme siehe Helmut Willke, *Die Entzauberung des Staates*, S. 128–135.
[112] Siehe dazu Jeremy Rifkin, *Access. Das Verschwinden des Eigentums*. Zur Vergesellschaftung gespeicherten Wissens vgl. Manfred Sommer, *Sammeln*, S. 350f.
[113] Zu dieser gegenläufigen Entwicklung siehe Nico Stehr, *Die Zerbrechlichkeit moderner Gesellschaften*, S. 78–137.
[114] Vgl. Bertrand Badie, *Souveränität und Verantwortung*, S. 7–16.

beruht nicht nur auf den Möglichkeiten der Mitgestaltung von kollektiven Entscheidungsprozessen, die den Protagonisten der Wissensgesellschaft zur Verfügung stehen, ist nicht nur der zunehmenden Einflußnahme privater Akteure auf den öffentlichen Raum zuzuschreiben. Die Marginalisierung des Staates ist auch das Ergebnis einer neoliberalen Politik der Privatisierung und Deregulierung, die mit der Liberalisierung der Märkte und dem Umbau der Gesellschaft zu einem komplexen Gefüge demokratischer Selbstorganisation einhergeht. Die traditionellen staatlichen Aufgaben wie letztinstanzliche Rechtssprechung, Daseinsvorsorge, Sicherung von Kollektivgütern oder Durchsetzung des Gewaltmonopols werden in die einzelnen Funktionsbereiche hineinverlagert, privat-öffentlichen Organisationen übergeben, dem freien Markt überlassen oder den Individuen selbst überantwortet.[115]

Diese Umverteilungsprozesse erzeugen neue Freiräume und Handlungsbereiche, in denen die konventionellen politischen, rechtlichen und marktwirtschaftlichen Regulierungsformen nicht mehr ohne weiteres funktionieren. Die Kommerzialisierung der biotechnischen Forschung, die globale Ausweitung des Finanzhandels, die ökonomische Nutzung des Internets und das Anwachsen der Telekommunikationsmärkte sind Phänomene, die sich zentralistischen Einflußnahmen entziehen und mit hierarchischen Ordnungsmodellen nicht zu erfassen sind. Wo Anbieter und Nutzer über die Zulässigkeit der Verkehrsformen bestimmen und ihrerseits Standards, Verfahren und Legitimitätsklauseln festlegen, entstehen moralisch und rechtlich *neutralisierte Operationsbereiche*, an denen staatliche und gesetzgeberische Eingriffe abprallen. Die Normierung des öffentlichen Raums, wie sie etwa im Fall der Standardsetzung durch informationsverarbeitende Technologien (Software, Mobilfunk, Satellitenübertragungen) von industrieller Seite stattfindet, oder die Zugriffe auf die Naturanlagen des Menschen durch privatwirtschaftliche Akteure, wie sie sich etwa bei der Patentierung von Gensequenzen beobachten lassen, machen eine Revision von Bewertungs- und Zurechnungsschemata erforderlich, die bisher an der Möglichkeit einer unmittelbaren Steuerung sozialer Prozesse ausgerichtet waren.

5.2 Strategien der indirekten Intervention

Dazu gehört vor allem die Umstellung der Gesellschaftsregulierung auf Strategien der *indirekten Intervention*. Wo soziale Interaktionen immer weniger dem gesetzgeberischem Einfluß unterliegen, sondern auf

---

[115] Ein historischer Abriß zum Wandel der Staatsfunktionen findet sich bei Franz-Xaver Kaufmann, *Diskurse über Staatsaufgaben*, S. 15–28; zu den veränderten Funktionen des Steuerungsstaates vgl. ebd., S. 28–33.

PROZEDURALISIERUNG DER VERANTWORTUNG

marktförmiger Selbststeuerung und dem ungeregelten Zusammenspiel kollektiver Akteure und privater Eigeninitiativen beruhen, stellt sich nicht nur die Frage, mit welchen Mitteln der Beobachtung die Komplexität des Gesellschaftsgefüges angemessen erfaßt werden kann, sondern auch, wie sich seine Kontingenz so konzeptualisieren läßt, daß daraus sinnvolle Anschlußhandlungen hervorgehen. Die Kontingenz sozialer Ordnungen resultiert vor allem aus der Generierung von systemischen Entscheidungen, die ausschließlich mit Blick auf die Umwelt des jeweiligen Systembereichs gefällt werden.[116] Sie wird verstärkt durch die Netzwerkstruktur hochmoderner Gesellschaften, in denen Planungen nur bis zum nächsten Knotenpunkt der systemspezifischen Operation reichen, hinter dem mögliche Auswirkungen der generierten Handlungsfolgen nicht mehr beobachtbar sind. Die operative Blindheit eigensystemischer Aktionen erzeugt Konflikte der Handlungskoordination mit Fremdsystemen, die durch eine Steigerung der Erwartungssicherheit zwischen den Systemen reduziert werden müssen. Dies setzt die *Organisation der Eigenkomplexität* voraus, die zum Zweck der internen Reproduktion des Systems aufrechterhalten, aber zugleich an die Umweltbedingungen angepaßt werden muß, ohne dabei den Grad der Komplexität so weit zu minimieren, daß keine Wahlalternativen für das System mehr bestehen.[117]

Der adäquate Umgang mit der organisierten Komplexität von Systemen entscheidet über ihre Steuerungsfähigkeit. Insoweit Systeme korporative Akteure bilden, die ihr Handeln unabhängig von individuellen Entscheidungen an Umweltbedingungen ausrichten, die ihnen nur über die interne Verarbeitung von Fremdkomplexität zugänglich sind, bedarf es generalisierter Steuerungsmedien, die für den kommunikativen Austausch zwischen den Systemen und damit für ihre Handlungskoordinierung unter kontingenten Verhältnissen sorgen.[118] Systeme stellen keine opaken Gehäuse dar, sondern sind über »strukturelle Kopplungen« mit anderen Systemen verbunden, beruhen nicht nur auf selbstreferentiellen Innenbeziehungen, sondern auch auf fremdreferentiellen Außenbeziehungen, die über reflexive Beobachtungsprozesse in die Systemorganisation einfließen.[119] Die operative Geschlossenheit autopoietischer Systeme ist die Bedingung ihrer Offenheit, sie ermöglicht die Interakti-

---

116 Zum Problem der Kontingenz von Handlungssystemen vgl. Helmut Willke, *Systemtheorie I: Grundlagen*, S. 26–31; dazu auch Niklas Luhmann, *Soziale Systeme*, S. 148–190.

117 Zum Begriff »organisierter Komplexität« vgl. Warren Weaver, »Wissenschaft und Komplexität«, S. 43–46. Zur systemischen Verarbeitung von Komplexität siehe Niklas Luhmann, *Soziale Systeme*, S. 45–51; ders., *Die Gesellschaft der Gesellschaft*, S. 134–144.

118 Vgl. Helmut Willke, *Systemtheorie I*, S. 201–215.

119 Zur strukturellen Kopplung und dem Verhältnis von Selbst- und Fremdreferenz vgl. Niklas Luhmann, *Die Gesellschaft der Gesellschaft*, S. 92–120.

on mit Fremdsystemen durch kommunikative Sinnverarbeitung, die über die Unterscheidung von Information und Mitteilung zustande kommt, so daß prinzipiell die Einflußnahme auf systemische Operationen über generalisierte Steuerungsmedien gegeben ist. Voraussetzung hierfür ist die Abstimmung der Steuerung auf die Eigenkomplexität des jeweiligen Systembereichs, die durch die Anpassung an das Organisationsniveau und die spezifischen Leitdifferenzen des Systems geleistet werden muß. Die Intervention in eigendynamische Systeme erfordert die Abkehr von Modellen der direkten Steuerung und den Übergang zu *dezentralen Formen der Koordination* sozialer Teilsysteme, die sich aufgrund ihrer Selbstprogrammierung nicht von einem übergeordneten Standpunkt aus regulieren lassen, sondern nur auf indirektem Weg, etwa durch »Kontextsteuerung« oder Strategien der »Supervision« beeinflußt werden können.[120] Die Steuerungsparadoxie hochdifferenzierter Gesellschaften ist dadurch gekennzeichnet, daß die Integration der autonomen Teilbereiche über eine Steigerung ihrer Binnenkomplexität vollzogen werden muß, die den Systemen evolutionäre Anschlußoperationen ermöglicht, zugleich aber die Kontrolle der gesamtgesellschaftlichen Entwicklung gefährdet. Zwischen der Übersteuerung der Gesellschaft durch zentralistische Planung und der Untersteuerung durch die Entkopplung von regulativen Vorgaben, die zu einem Wegdriften der sozialen Prozesse führt, muß deshalb ein Mittelweg eingeschlagen werden, der die Selbstorganisation der Teilsysteme mit Strategien der indirekten Intervention verbindet. Die »Kunst der Intervention«[121] besteht darin, die Teilsysteme zu einer Reflexion auf ihre Organisationslogik anzuregen und ihre evolutionäre Anpassungsleistung an Umweltereignisse durch Veränderungen ihrer Weltsicht zu erhöhen. Ziel der indirekten Intervention ist nicht die zentrale Reintegration der ausdifferenzierten Funktionssysteme, sondern vielmehr ihre Stimulierung zur Selbstregulierung, indem kollektive Akteure dazu gebracht werden, sich dem »Prinzip der *Ordnung durch Selbstbindung*«[122] zu unterwerfen, um auf diesem Weg die Berücksichtigung unbeabsichtigter Handlungsfolgen und kontraproduktiver Entscheidungskonsequenzen in die systemische Selbstorganisation einzubauen.

Zu diesem Zweck bedarf es des Übergangs von hierarchischen Konzepten der Gesellschaftsregulierung zu heterarchischen, polyzentrischen und dezentralen Arrangements autonomer Teilsysteme, die durch eine

---

120 Zum Konzept der Kontextsteuerung vgl. Helmut Willke, *Systemtheorie I*, S. 234–245. Zur Idee der Supervision vgl. ders., *Ironie des Staates*, S. 300–309; ders., *Supervision des Staates*, S. 41–71.
121 Vgl. Helmut Willke, »Strategien der Intervention in autonome Systeme«, S. 356–358.
122 Helmut Willke, »Kontextsteuerung durch Recht? Zur Steuerungsfunktion des Rechts in polyzentrischer Gesellschaft«, S. 6.

moderate Lenkung ihrer Selbstorganisation geleistet werden muß.[123] Weil in komplexen Gesellschaften nicht nur die Independenz der Teilbereiche anwächst, sondern auch ihre Interdependenzen zunehmen, stehen trotz operativer Geschlossenheit Mittel und Instrumente zur Verfügung, in die Eigenregulierung der Funktionssysteme einzugreifen. Zu diesen *Strategien der Intervention* zählen nicht nur neokorporatistische Verhandlungen – Abstimmungen zwischen staatlichen Einrichtungen und privaten Akteuren, Abkommen zwischen Behörden und Unternehmen, Einflußnahmen von organisierten Gruppen (Umweltverbänden, NGOs, Menschenrechtsorganisationen) auf politische Prozesse –, sondern auch der Aufbau wissensbasierter Infrastrukturen, die Sicherung öffentlicher Güter und die Institutionalisierung gesellschaftlicher Kommunikation. Die Steuerung komplexer Systeme vollzieht sich über den *Ausbau kognitiver Netzwerke,* der zu einer Verknüpfung heterogener Wissens- und Kommunikationsprozesse führt, durch die der operative Beobachtungshorizont erweitert und die Implementierung von Handlungsanreizen in systemische Bereiche ermöglicht werden, ohne dabei auf externe Wert- und Normvorgaben zurückgreifen zu müssen.

Grundlage der lateralen Konditionierung ist die *prozedurale Rationalität* der verfahrenstechnischen Regelung von Widersprüchen und Konflikten, die sich im Fall von systemischen Kollisionen nicht nach Maßgabe eines transzendentalen Diskursprinzips schlichten lassen, sondern durch das regelgeleitete Prozessieren von Differenzen ausgetragen werden müssen.[124] Der Erfolg der Intervention hängt von der Fähigkeit der intervenierenden Akteure ab, mit dem Dissenspotential umzugehen, das eigensinnige Teilsysteme aufgrund ihrer operativen Geschlossenheit produzieren. Nicht der Konsens zwischen den Teilnehmern einer vernünftigen Argumentationsgemeinschaft bildet die Basis systemischer Kommunikation, sondern der *modus operandi* selbstreferentieller Informationsverarbeitung, der zu experimentellen Wissensanwendungen und damit zu hochgradig kontingenten Umweltanpassungen führt.[125] Auf das Problem der Ungewißheit reagiert die prozedurale Rationalität mit einem Dissens- und Konfliktmanagement, das die Anschlußfähigkeit der systemischen Operationen durch aufmerksame Beobachtung steigert und Vorschläge zur Abstimmung von evolutionären Differenzen unterbreitet.

123 Vgl. am Beispiel der Politik Helmut Willke, *Systemtheorie II: Interventionstheorie,* S. 218–268; ders., *Systemtheorie III: Steuerungstheorie,* S. 43–63; ders., *Supervision des Staates,* S. 128–142.
124 Zum Begriff der »prozeduralen Rationalität« vgl. Herbert A. Simon, »From substantial to procedural rationality«, S. 131–137.
125 Zum Unterschied zwischen dem systemtheoretischen Modell prozeduraler Rationalität und der kommunikationsethischen Interpretation von Prozeduralisierung vgl. Karl-Heinz Ladeur, *Negative Freiheitsrechte und gesellschaftliche Selbstorganisation,* S. 214 f.

Sie bildet ein adaptives Organ der systemischen Kontrolle, das offen für beliebige materiale Inhalte ist und sich flexibel auf Konfliktsituationen und Handlungsblockaden einstellt, indem sie sich der Logik der Systemorganisation anpaßt. Mit Hilfe formaler Regeln der Entscheidungsfindung, die Raum für vorläufige und hypothetische Aktionen lassen, wird es möglich, die zentrifugale Dynamik komplexer Prozesse zu reduzieren, ohne auf zentralistische Planung zurückgreifen zu müssen. Die prozedurale Rationalität koordiniert die Teilsysteme, indem sie ihre Eigenlogiken kompatibel macht und durch kognitive Anregungen für die Selbstbindung kollektiver Akteure an allgemeine Ordnungsvorgaben sorgt.[126]

5.3 Grenzen der Steuerbarkeit

Die kontextuelle Gestaltung sozialer Prozesse durch prozedurale Verfahren der Abstimmung und Moderation bildet ein leistungsfähiges Mittel der Beeinflussung eigensinniger und dynamischer Systementwicklungen. Die Umstellung auf heterarchische Selbstorganisation erhöht die interne Leistungsfähigkeit sozialer Systeme, steigert die Optionen und Wahlmöglichkeiten und sorgt für eine bessere Anschlußfähigkeit autonomer Operationen, auf die nach Maßgabe ihrer spezifischen Rationalität der Verarbeitung von Umweltereignissen mit entsprechend angepaßten Steuerungsmitteln reagiert werden kann. Die Anpassung der Steuerungsinstrumente und -verfahren an die systemische Komplexität ist freilich keine Garantie für erfolgreiche Kurskorrekturen, sie bleibt vielmehr ein höchst voraussetzungsvolles, ungewisses und riskantes Mittel der Intervention. Die Grenzen der indirekten Steuerung komplexer Prozesse liegen auf mehreren Ebenen.[127] So bestehen zum einen *Probleme der Koordination*, die sich aus der unabhängigen Selbstregulierung der Teilsysteme ergeben, die nicht über wertmateriale oder substantielle Beziehungen miteinander verbunden sind, sondern sich im Modus der Indifferenz nach ihren autonomen Rationalitätsstandards reproduzieren.[128] Die Gleichgültigkeit und Abschottung korporativer Akteure als Repräsentanten des Teilsystems gegenüber sozialen Mitakteuren stellt die Voraussetzung für hocheffizientes Handeln dar, steigert das Vermögen der Selbstkontrolle und Komplexitätsverarbeitung, bewirkt aber auch, daß die Kooperationsbereitschaft reduziert wird und die Logik der syste-

---

126 Zur Beeinflussung systemischer Prozesse durch die Steuerungsmechanismen der Professionalität, Verhandlung und Polyarchie vgl. Wilfried Gotsch, »»Soziale Steuerung‹ – zum fehlenden Konzept einer Debatte, S. 35–39.
127 Vgl. Renate Mayntz, »Politische Steuerung und gesellschaftliche Steuerungsprobleme«, in: dies., *Soziale Dynamik und politische Steuerung*, S. 193–198.
128 Zur Indifferenz als Signatur komplexer Systeme vgl. Frithard Scholz, *Freiheit als Indifferenz*, S. 15–25.

mischen Selbsterhaltung (etwa in Form ökonomischer Nutzenmaximierung) in den Vordergrund tritt. Umgekehrt kann die Koordination divergierender Teilbereiche durch Versuche der Einheitsbildung (Projekt- und Organisationsmanagement) zu einer Entdifferenzierung führen, in deren Folge die Innovativität und Varietät der einzelnen Operationsbereiche verkümmert.[129]

Die Steuerungsprobleme liegen zum zweiten im *Bereich der Integration*, der nicht nur zu einer Überforderung der traditionellen, sondern auch der komplexen Steuerungsinstanzen führt. Unter der Voraussetzung der gesellschaftlichen Selbstorganisation sind nicht nur Konflikte zwischen den sozialen Akteuren vorprogrammiert, die aufgrund ihrer partikularen Zwecksetzungen unterschiedliche Interessen, Wertvorstellungen, Meinungen und Ansichten produzieren, die sich auf keinen gemeinsamen Verhandlungsnenner zurückführen lassen. Die unvermeidliche Kollision partieller Weltsichten in polyzentrischen Gesellschaften erzeugt bei herkömmlichen Steuerungsinstitutionen wie dem Staat, dem Recht, der Religion oder dem Erziehungssystem Schwierigkeiten bei der Generierung konsensfähiger Gesetze und Normen, die dadurch potenziert werden, daß es den Adressaten häufig an der Motivation zu ihrer Befolgung mangelt. Darüber hinaus bestehen aber auch gravierende Probleme im Bereich des Wissens selbst, über das gerade die steuernden Instanzen in ungenügendem Maß verfügen, da es nur auf Umwegen, über Gutachten und Expertisen zur Verfügung steht und verstärkt von informellen Akteuren und alternativen Organisationen zur Umsetzung eigensinniger Ziele benutzt wird. Die Defizite des Vollzugs, der Implementation, der Motivation und des Wissens lassen sich nicht ohne weiteres durch Umstellung auf Rahmensteuerung und prozedurale Regulierung kompensieren. Sie können sogar durch das (illusorische) Vertrauen intensiviert werden, daß komplexe Ordnungen sich aufgrund ihrer eingebauten Rationalität selbstreflexiv an verbindliche Handlungskategorien, an Rechtsvorschriften und ausgehandelte Auflagen halten.

Zum dritten treten *Probleme der Legitimation* auf. Sie resultieren nicht nur aus dem prozeduralen Verfahrensmodus, der als Abstimmungsprozeß zwischen selbstbezüglichen Akteuren von eigeninteressierten Zwecksetzungen geleitet wird und als konsensentlastete Verständigung über Differenzen zu dezisionistischen Entscheidungen führt, die aufgrund von Zeitknappheit, Informationsmangel und Wissensdefiziten ohne Berücksichtigung sämtlicher Umweltfaktoren getroffen werden müssen. Vor allem entstehen Legitimationsprobleme durch Risikoentscheidungen, die organisierte gesellschaftliche Akteure hervorrufen, wenn sie in unter Ungewißheitsbedingungen in komplexe Systemprozesse eingreifen. Weil die

---

129 Zu Problemen der Koordination komplexer Systeme vgl. Helmut Willke, *Systemtheorie III*, S. 93–108, hier: S. 105 f.

Einbeziehung von Nebenwirkungen, Interdependenzen und emergenten Effekten durch den nichtlinearen Verlauf vernetzter Systementwicklungen erschwert wird, die Einschätzbarkeit evolutionärer Eigendynamiken aufgrund ihrer Indeterminiertheit unsicher ist, mithin normative Zugriffe auf einer weitgehend kontingenten Grundlage stattfinden, stellen Versuche der Risikosteuerung selbst ein hochgradig riskantes Unternehmen dar.[130] Ihre Riskanz besteht darin, daß um der Intervention in systemische Prozesse willen Zurechnungen auf Ursachen vorgenommen werden müssen, die sich aufgrund der prozessualen Eigendynamik nicht mit objektiven Gründen rechtfertigen lassen. Die Verwandlung von entscheidungsunabhängigen Gefahren in entscheidungsabhängige Risiken ist notwendig, um Legitimationen für steuernde Eingriffe zu erhalten oder ex post Rechenschaft für Fehlhandlungen fordern zu können. Sie beruht jedoch auf einem Verfahren der Zuschreibung von Wirkungen auf Ursachen, das Kausalitäten von einem involvierten Standpunkt der Beobachtung aus konstruieren muß, wo kumulative und nicht reduzierbare Entscheidungseffekte vorliegen.[131] Die Zurechnung von Systemeffekten auf rechenschaftspflichtige Akteure bildet ihrerseits ein kontingentes Regulativ, das nicht begründeten Einsichten entspringt, sondern kontextuellen Problemlagen, die die Steuerung mitsteuern.[132]

Laterale und prozedurale Interventionen können somit eine Labilisierung des Gesellschaftsgefüges bewirken, dessen Funktionsbereiche aufgrund ihrer Selbstreferentialität anfällig für Eingriffe von außen sind und auf Fremdsteuerung mit Irritationen reagieren. In komplexen Systemzusammenhängen entstehen Risiken nicht allein durch Unterlassungen (wie etwa beim Klimawandel oder der Marktwirtschaft), sondern vor allem durch Überregulierungen, gesetzliche Maßnahmen und grenzüberschreitende Aktionen (wie im Fall des Sozialstaats oder militärischer Interventionen). Die Entflechtung von akteursbedingten Entscheidungen und in Gang gesetzten Handlungsfolgen macht die Notwendigkeit einer externen Steuerung erforderlich und verhindert sie zugleich. Um die Zulässigkeit oder Unzulässigkeit der Prozesse bewerten zu können, müßten sie von einem neutralen Standpunkt aus beobachtbar sein, der sich in der Interdependenz der systemischen Vollzüge nicht eindeutig verorten läßt.[133] Die Hauptursache

---

130 Vgl. Renate Mayntz, »Die gesellschaftliche Dynamik als theoretische Herausforderung«, in: dies., *Soziale Dynamik und politische Steuerung*, S. 18–23.

131 Vgl. Niklas Luhmann, *Soziologie des Risikos*, S. 34–36, S. 128–130. Zu den Problemen der Verantwortungszurechnung in komplexen Systemprozessen siehe auch Klaus Peter Japp, *Risiko*, S. 50–64.

132 Vgl. Niklas Luhmann, *Soziologie des Risikos*, S. 34–36, S. 128–130. Zu den Problemen der Verantwortungszurechnung in komplexen Systemprozessen siehe auch Klaus Peter Japp, *Risiko*, S. 50–64.

133 Zu erkenntnistheoretischen Problemen der Intervention vgl. Peter Fuchs, *Intervention und Erfahrung*, S. 11–91.

für die Schwierigkeit normativer Zurechnungen und rechtfertigbarer Eingriffe liegt im zentrumslosen und »atopischen« Charakter hochmoderner Sozialgefüge, der eine objektive Begutachtung der eigensinnigen Handlungsrationalitäten und damit die Reintegration der zentrifugalen Handlungskonsequenzen in einen konsistenten Operationszusammenhang nur mit erheblichen Einschränkungen zuläßt.[134] Diese Einschränkungen beruhen vor allem auf der Unsicherheit intervenierender Akteure über die angemessenen Mittel und Methoden, die sie zu experimentellen und vorläufigen Maßnahmen der Einflußnahme zwingt, sie ist vornehmlich ein Resultat der Ungewißheit über die richtige Strategie zur Vermeidung systemischer Turbulenzen und unkontrollierbarer Zukunftsfolgen. Dieses *Nichtwissen* kennzeichnet nicht nur unterkomplexe Steuerungsmedien, sondern auch komplexe Steuerungsorgane und -instrumente, mit deren Hilfe soziale Akteure ebenfalls nicht ohne weiteres in der Lage sind, ihre Interventionslogik vernünftig und effektiv auf die jeweilige Prozeßlogik abzustimmen.

Das bedeutet nun jedoch nicht, daß Versuche der Kontextsteuerung, der Supervision oder Moderation systemischer Prozesse zum Scheitern verurteilt sind. Sie haben allerdings nur eine Chance auf Erfolg, wenn sie ihre eigene Ungewißheit und Fallibilität mit einbeziehen, wenn ein »hochstufiges Kontingenzarrangement«[135] betrieben wird, das sich der Grenzen seiner Leistungsfähigkeit bewußt ist. Nicht durch Vorgaben und Regulierungen läßt sich die Eigendynamik gesellschaftlicher Prozesse kontrollieren und die Fragilität des sozialen Gefüges stabilisieren, sondern nur durch die kluge Anpassung der Rationalitätsstandards an die selbstreferentiellen Vollzüge systemischer Evolution. Diese Anpassung ist möglich, weil die sozialen Systeme nicht nur durch anwachsende Independenzen, sondern genauso durch steigende Interdependenzen gekennzeichnet sind, weil die Überschneidungen, Verflechtungen und Kopplungen zwischen funktionalen Teilbereichen mit fortschreitender Eigendifferenzierung zunehmen, sich ihre interne Rationalität und Organisiertheit erhöht, so daß steuernde Eingriffe durch gesellschaftliche Akteure begünstigt werden.[136]

5.4 Systemverantwortung

Hinsichtlich des Verantwortungsproblems sind komplexe Systeme vor allem durch zwei gegenläufige, aber miteinander zusammenhängende Tendenzen gekennzeichnet: Sie zeichnen sich einerseits durch die

---

134 Vgl. Helmut Willke, *Atopia*, S. 13, der unter der »Atopie« das soziale »Irgendwo« im Unterschied zum »Nirgendwo« der Utopie versteht.
135 Niklas Luhmann, *Soziologie des Risikos*, S. 25.
136 Vgl. Renate Mayntz, »Politische Steuerung und gesellschaftliche Steuerungsprobleme«, in: dies., *Soziale Dynamik und politische Steuerung*, S. 200–205.

»Organisation von Unverantwortlichkeit«[137] aus, die aus der unkontrollierbaren Verflechtung von Handlungsketten und der Diffusion von Zurechenbarkeit in eigendynamischen Prozessen hervorgeht. Und sie sind zugleich durch eine »unorganisierte Allverantwortlichkeit«[138] charakterisiert, die der heterarchischen Verfassung dezentralisierter Teilsysteme entspringt, in denen sämtliche Akteure aufgrund ihrer operativen Vernetzung an den in Gang gesetzten Wirkungen beteiligt sind, so daß eine wachsende Zunahme und Diffusion von Verantwortungszuschreibungen entsteht. Die Nichtzuständigkeit selbstorganisierter Systeme für umweltexterne Ereignisse und die Allzuständigkeit gesellschaftlicher Akteure für kollektive Handlungsfolgen bilden die beiden verantwortungstheoretischen Extremreaktionen auf die Komplexitätssteigerung hochmoderner Gesellschaften. Zwischen diesen beiden Extremen befindet sich das Feld, auf dem sich eine genuine *Systemverantwortung* verorten läßt. Sie bildet den Versuch, zwischen der Diffusion von Verantwortlichkeiten in komplexen, eigendynamischen Prozeßzusammenhängen und der Expansion von Verantwortungszurechnungen aufgrund anwachsender Handlungsverflechtungen einen Mittelweg einzuschlagen. ›Systeme‹ sind weder anonyme und desorganisierte Entitäten, an denen externe Verantwortungsforderungen wirkungslos abgleiten, noch sind sämtliche systembedingten Folgeeffekte umstandslos auf lokalisierbare Entscheidungsakte und rechenschaftspflichtige Akteure zurückführbar. Systemische Prozesse bestehen vielmehr »in der Akkumulation von Entscheidungseffekten«, »die erhebliche Schäden auslösen können, ohne auf Entscheidungen zurechenbar zu sein, obwohl klar ist, daß es ohne Entscheidungen nicht zu solchen Schäden hätte kommen können«.[139]

Die Diskrepanz zwischen *hervorgerufenen* und *verursachten* Folgewirkungen steht im Zentrum der verantwortungstheoretischen Reflexion über Systemprozesse. Gegenstand der Systemverantwortung sind »Prozesse, die zwar durch Handlungen bzw. Entscheidungen bedingt sind (kulturelle Prozesse), die aber nicht sinnvoll als irgend jemandes Handlung konzipierbar sind (subjektlose Prozesse)«.[140] Die Aufmerksamkeit der Systemverantwortung ist auf die Turbulenzen und nichtlinearen Effekte systemischer Operationen gerichtet, auf die eigensinnigen Verläufe und die chaotische Dynamik, auf die Bifurkationen und Rückkopplungen, die bei der Selbststeuerung komplexer Systeme entstehen. Und sie ist auf die Ordnungsstrukturen und den Aufbau hochprofessionalisierter Organisationen gerichtet, auf die interne Regelung und Verteilung von Zuständigkeiten, die aus den besonderen Zwecksetzungen

---

137 Vgl. Ulrich Beck, *Gegengifte*, bes. S. 96–112.
138 Richard Münch, *Dialektik der Kommunikationsgesellschaft*, S. 174.
139 Niklas Luhmann, *Soziologie des Risikos*, S. 35.
140 Weyma Lübbe, *Verantwortung in komplexen kulturellen Prozessen*, S. 15.

höherstufiger Handlungssysteme hervorgehen. Systemverantwortung umfaßt nicht nur Verantwortung *für* Systeme, sondern ebenso Verantwortung *von* Systemen, betrifft nicht nur reguläre Strukturen und Ordnungen, sondern auch irreguläre Entwicklungen und Ereignisketten. Sie unternimmt den Versuch, handlungs- und systemtheoretische Aspekte miteinander zu verbinden, um Direktiven für Prozeßvollzüge zu formulieren, die sich herkömmlichen – kausalistischen und intentionalistischen – Zurechnungs- und Bewertungsschemata entziehen.
Systemische Verantwortung läßt sich in vierfacher Hinsicht genauer spezifizieren. Sie nimmt – erstens – ihren Ausgang von *Systemrisiken*, die sich aus dem Zusammenwirken unterschiedlicher operativer Sequenzen ergeben, die für sich genommen rationalen Entscheidungen entspringen, in ihrer Summe jedoch zu unvorhergesehenen und nichtgeplanten Konsequenzen führen können. Systemrisiken entstehen aus der Verkettung von Handlungsfolgen, die von einzelnen Operateuren im System intendiert oder in Kauf genommen werden, vom operierenden Gesamtsystem in ihren Auswirkungen jedoch nicht mehr beobachtbar sind.[141] Aus diesem Grund stehen nicht kausale, sondern regulative Bewertungskriterien im Vordergrund, mit denen auf einer probabilistischen Grundlage die Wahrscheinlichkeit von Risikoentwicklungen zum Maßstab normativer Direktiven gemacht wird. Verantwortungsethische Vorgaben setzen im Fall komplexer Systeme jedoch nicht erst an den Knotenpunkten nichtlinearer Verlaufsprozesse an, sondern schon zuvor an den Faktoren für das Zustandekommen irregulärer und dynamischer Entwicklungen, die eine Zurückführung von Handlungsschäden auf Ursachen erschweren.
Systemische Verantwortung hat deshalb – zweitens – die Thematisierung der strukturellen Verfassung von Organisationen, Institutionen und Korporationen zur Voraussetzung, die als Repräsentanten von Systemen agieren. Sie erfordert den Übergang von der traditionellen Kontrollverantwortung für triviale Handlungsgebilde zur *Designverantwortung* für komplexe Prozesse, die auf autopoietischer Selbstorganisation und heterarchischer Vernetzung beruhen.[142] Die Designverantwortung bezieht sich auf den internen Aufbau und die Architektur sozialer Systeme, die durch die spontane Bildung von Ordnungen und das Selbstmanagement der Entscheidungsabläufe gekennzeichnet sind. Gegenstand der Designverantwortung sind vor allem die informellen Bedingungen, unter denen systemische Operationen zustande kommen, und die situativen Umstände, die zu operativen Entschlüssen führen. Dazu gehören nicht nur die speziellen Umweltbeziehungen, die auf systemische Operationen einwirken, sondern auch die Motivationen, sozialen Eigenschaften und

141 Vgl. Franz-Xaver Kaufmann, *Der Ruf nach Verantwortung*, S. 54 f.
142 Zum Primat der Designverantwortung vor der Kontrollverantwortung vgl. Walter L. Bühl, *Verantwortung für soziale Systeme*, S. 99 f.

Zielsetzungen der Akteure, die an den Prozeßabläufen beteiligt sind. Die Designverantwortung umfaßt diejenigen Seiten der Unternehmensführung und Organisationskultur, die eine gesteigerte Lernfähigkeit von Systemen in der Verarbeitung von Umwelteinflüssen zur Folge haben und dafür sorgen, daß die Mitglieder komplexer Korporationen ein eigenständiges Ethos der Problembewältigung ausbilden, das über die rein funktionalistische Pflichterfüllung und Aufgabenverantwortung hinausreicht.

Systemische Verantwortung ist deshalb – drittens – nur als praktisches *Konfliktmanagement* zu realisieren. In komplexen Systemzusammenhängen stoßen unterschiedliche Verantwortungsebenen aufeinander, die sich nicht spannungsfrei miteinander verbinden lassen. Zwischen formell geregelten Beziehungen, die primär durch rechtliche Vorgaben definiert sind, den positions- und aufgabengebunden Sachbereichen, die durch abgestufte Zuständigkeiten gekennzeichnet sind, und den individuellen Tätigkeitsfeldern, auf denen persönliche Verpflichtungen im Vordergrund stehen, entstehen um so mehr normative Uneindeutigkeiten und strukturelle Unbestimmtheiten, je höher der Grad der Selbstorganisation des Gesamtsystems entwickelt ist. Mit zunehmender Komplexität wachsen nicht nur die Anforderungen an die Akteure, in Hinsicht auf das nicht überschaubare Operieren ihres Systems angemessene Entscheidungen zu treffen, es nehmen auch die Handlungsspielräume zu, innerhalb derer multiple Optionen gegeneinander abgewogen, konkurrierende Perspektiven beurteilt und divergierende Maßstäbe bewertet werden müssen, deren Heterogenität aus der dezentralen Vernetzung innersystemischer Funktions- und Organisationsabläufe resultiert. Die Offenheit von Verantwortungsverhältnissen in systemischen Zusammenhängen erfordert die Bereitschaft und Fähigkeit personaler Akteure, auf eigenständige Weise Verantwortlichkeiten zu übernehmen, indem sie zwischen kollidierenden Ansprüchen und Erwartungen Handlungsentscheidungen treffen, die unter Berücksichtigung relevanter Aspekte gerechtfertigt sind. So gesehen dient die individuelle Verantwortungsübernahme der Kompensation systemisch organisierter Verantwortungslosigkeit, versuchen personale Akteure, auf dem Weg des Konfliktmanagements die Diffusion und Delokalisierung von normativen Zuständigkeiten durch die »Mobilisierung von Selbstverpflichtung im Sinne außergewöhnlicher, nicht programmierbarer Handlungsbereitschaft für spezifische Zwecke sozialer Systeme«[143] auszugleichen.

Die Bewältigung von systemischen Verantwortungskonflikten durch die Selbstverpflichtung von Akteuren stellt allerdings nur ein beschränktes Mittel dar, der Eigendynamik komplexer Prozesse Herr zu werden.

---

143 Franz-Xaver Kaufmann, »Über die soziale Funktion von Verantwortung und Verantwortlichkeit«, S. 207 (i. Orig. kursiv).

Spätestens dort, wo zukünftige Entscheidungsrisiken zu berücksichtigen sind, die durch unabsehbare synergetische Effekte beeinflußt werden, ist es weder moralisch zumutbar noch kognitiv zulässig, die Verantwortung für Folgewirkungen allein personalen Akteuren zuzurechnen. Für den Normalfall systemisch erzeugter Emergenzen bedarf es vielmehr – viertens – einer mehrdimensionalen *Kombinatorik* aus anwendungsorientierten Verantwortungsformen. Eine Verantwortungsethik für Systeme ist zwar auf die Einsicht von Individuen in die Übernahme nicht erzwingbarer Handlungsverpflichtungen angewiesen, sie benötigt jedoch darüber hinaus die innerorganisatorische Definition von Zuständigkeiten, die eine Regelung der Schadensverteilung über Formen rechtlicher Haftung ermöglicht, und öffentlich akzeptierte Zurechnungsgründe, die im Fall von Schädigungen dafür sorgen, daß der oder die Verursacher nach Maßgabe geltender Normen zur Verantwortung gezogen werden können.[144] Die erforderliche Ergänzung personaler Verantwortlichkeit durch rechtlich und sozial vollzogene Verantwortungszuschreibungen macht deutlich, daß in systemischen Zusammenhängen institutionelle Vorgaben notwendig sind, um den einzelnen Akteur von moralischen, kognitiven und kommunikativen Überforderungen zu entlasten. Systeme müssen so konzipiert sein, daß sie Handlungsspielräume für verantwortliche Entscheidungen zur Verfügung stellen, zugleich aber für verbindliche Direktiven und steuernde Koordinationsformen von außen offen sind. Das verantwortungstheoretische Ideal bildet das krisenresistente System, das auf einer evolutionären Lernfähigkeit beruht, die prozessuales Selbstmanagement mit umweltorientierten Anpassungsleistungen verbindet.[145] Diese Verbindung ist nur durch eine dynamische Entwicklungsethik zu leisten, die Einfluß auf die systemische Evolution ausübt, indem sie sich auf die Kontingenz der operativen Eigensteuerung einläßt.[146] Nicht durch unmittelbare institutionelle Eingriffe, etwa in Form staatlicher Regulierung, lassen sich soziale Systeme zu verantwortungsbewußten Operationen stimulieren, sondern nur durch die Kombinatorik aus reflexiver Beobachtung, adaptiver Normenfindung und einem kreativen Aktionismus, der durch intelligente Interventionen die riskante Unkontrollierbarkeit von Systemen reduziert.

Der Wechsel von der Bereichs- zur Systemverantwortung bildet den letzten (und zugleich heikelsten) Schritt in der Erfolgsgeschichte des Verantwortungsprinzips. Dabei tauchen zahlreiche Bestimmungen und Akzentuierungen wieder auf, die schon zuvor für die Diskussion um den

---

144 Zu kollektiv akzeptierten Zurechnungsgründen siehe Franz-Xaver Kaufmann, *Der Ruf nach Verantwortung*, S. 109 f. In diesen Zusammenhang gehört auch die Diskussion um erlaubte Schädigungen bzw. Risiken: vgl. Weyma Lübbe, *Verantwortung in komplexen kulturellen Prozessen*, S. 175-194.
145 Siehe Walter L. Bühl, *Verantwortung für soziale Systeme*, S. 162-174.
146 Vgl. ebd., S. 175-185.

Verantwortungsbegriff relevant waren. So tritt erneut die *antizipatorische* Seite der Verantwortungsausrichtung in den Vordergrund, die aus dem Umstand resultiert, daß mit den technologischen Eingriffsmöglichkeiten in die Umwelt und Natur die »Entscheidungsabhängigkeit der Zukunft«[147] wächst und deshalb eine erhöhte Sorgfalt der Forschung, Herstellung und Planung erforderlich ist. Der Schwierigkeit der Zurechnung subjektloser kultureller Prozesse wird durch ein präventives Verständnis von Verantwortung begegnet, das schon im Vorfeld das Eintreten möglicher Negativentwicklungen verhindern soll. Die Aufgabe, das Risiko künftiger Schäden durch eine verbesserte Beobachtung von komplexen Prozessen zu vermindern, erfordert ihrerseits eine stärkere Aktivierung des *positiven Verantwortungsbewußtseins*.[148] Risikomanagement unter Bedingungen der Ungewißheit ist darauf angewiesen, daß vorzugswürdige Zustände aktiv herbeigeführt und nicht nur potentielle Schäden vermieden werden. Das Befolgen vorliegender Regeln und die Orientierung an Rechenschaftspflichten reichen alleine nicht aus, um das Risiko von Schadensfällen zu reduzieren, deren Eintrittschance mit prognostischen Mitteln nicht genau zu beziffern ist.

Die Unsicherheit komplexer Prozesse, die sich nicht strategisch und planerisch regulieren lassen, verlangt von den Akteuren eine Abwägung ihrer Entscheidungen, die sich nicht nur am Eintreten möglicher Fehlentwicklungen orientiert, sondern auch an der Bewahrung und Herstellung für wertvoll erachteter Zustände. Das *Prinzip der Melioration*, der Verbesserung der Lebensumstände (etwa durch den sparsamen Umgang mit natürlichen Gütern oder das Recycling verbrauchter Ressourcen) tritt dem Prinzip der Schadensvermeidung zur Seite. Es sorgt dafür, daß nicht nur Pflichten der Schuldigkeit oder Fairneß, sondern auch der Verdienstlichkeit und Fürsorge zum Grund systemischen Handelns gemacht werden: Man agiert in dem Bewußtsein, daß auch zukünftige Generationen einen Anspruch auf eine intakte Umwelt haben, obwohl ihnen ein entsprechendes Recht nicht notwendigerweise zukommt. Das Handeln aus Verdienstlichkeit und Solidarität kompensiert den exklusiven Charakter des Schuldigkeitsgebots, das nicht dazu verpflichtet, sich auch diejenigen Handlungsfolgen zuzurechnen, die nicht auf eigene Entscheidungen zurückgehen.

Die Berücksichtigung kontingenter Auswirkungen geschieht nicht nur durch die Rücksichtnahme auf potentiell Betroffene, sondern auch durch die Einbeziehung von Unwägbarkeiten in den Entscheidungsprozeß. Der Umgang mit Risiken in der Wissensgesellschaft erfordert eine *probabilistische Verantwortung*, die mögliche Alternativen abwägt und prüft, welche Handlung eine geringere Wahrscheinlichkeit des Scheiterns oder

---

147 Niklas Luhmann, *Soziologie des Risikos*, S. 6.
148 Siehe oben Abschnitt 3.

der Schädigung besitzt. Hierzu bedarf es eines Sensoriums für Eventualitäten, einer kritischen Urteilskraft und reflexiven Grundeinstellung, mit deren Hilfe die zur Verfügung stehenden Informationen analysiert und in handlungsanleitende Direktiven umgesetzt werden. Die Unübersichtlichkeit der Verhältnisse, die keine deduktive Regelanwendung erlaubt und die Befolgung von Prinzipien und Gesetzen erschwert, benötigt ein praktisches Erfahrungswissen, das sich durch die lernende Konfrontation mit den technologischen Medien der Gegenwart herausbildet und nach situativ angemessenen Lösungen sucht.[149] Basis probabilistischen Verantwortungshandelns ist die experimentelle Vernunft vernetzter Akteure, die mit Flexibilität und Kompetenz auf neue Herausforderungen reagieren, sich auf ihre Alltagsrationalität verlassen und innovative Wege bei der Bewältigung systemischer Unsicherheit beschreiten. Dazu gehört die Fähigkeit, sich auf die Selbstorganisation operativer Prozesse einzulassen und gleichzeitig mit skeptischer Distanz ihre eigensinnige Entwicklungslogik zu beobachten, um in Zweifelsfällen nach eingehender Güterabwägung und Verträglichkeitsprüfung gegen die Fortsetzung der Operationen zu votieren (etwa im Fall gentechnischer Forschungen mit hochgradig unabsehbaren Folgewirkungen).

Sowohl die positive wie die probabilistische Verantwortung führen zu einer *Rehabilitierung des personalen Verantwortungsträgers*, der sich im Rückgriff auf sein individuelles Wissen ein Urteil über die Zulässigkeit oder Unzulässigkeit systemischer Operationen bilden muß. Das Individuum wird nicht trotz, sondern aufgrund der turbulenten Dynamik vernetzter Prozesse zum Experten der Beobachtung zweiter Ordnung: Es ist gezwungen, sich in Auseinandersetzung mit der hochgradig unüberschaubaren Evolution der globalisierten und digitalisierten Gesellschaft eine Ansicht über ihre Entwicklungsrichtung und -qualität zu verschaffen. Der einzelne Akteur an seinem speziellen Ort verfügt über die notwendige Vertrautheit und Kennerschaft, um zu einer begründeten Risikoabschätzung und Folgenanalyse zu gelangen: auch wenn er nicht sehen kann, was er nicht sieht, ist er in der Lage zu sehen, was Systeme nicht sehen. Die Aufwertung der *personalen Eigenverantwortung* resultiert aus der begrenzten Lernfähigkeit von Organisationen, Firmen, Unternehmen, Verbänden und Institutionen, die sich nur sehr langsam an neue Umweltverhältnisse anpassen und aufgrund ihrer autopoietischen Struktur primär an den eigenen Zielvorgaben orientieren. Die blinden Flecken in der systemischen Selbstorganisation, das Beharren auf Vorschriften, Zuständigkeiten und autonomen Zwecksetzungen, das Korporationen und Institutionen eine erhebliche (und riskante) Schwerfälligkeit verleiht, lassen sich durch individuelle Beobachtung aufhellen

---

149 Zur Ausbildung performativen Handlungswissens vgl. Karl H. Hörning, *Experten des Alltags*, bes. S. 185–201.

und reflektieren. Eigenverantwortliche Akteure können mit ihrem praktischem Wissen, dem Gespür für systemische Schwächen und Improvisationsgeschick in die operativen Vollzüge eingreifen und Kurskorrekturen in die Wege leiten. Sie besitzen die Fähigkeit, sich durch Einsicht, Umsicht und Vorsicht der automatischen Systemnavigation zu widersetzen und Selbstzurechnungen vorzunehmen, anstatt Entscheidungsfolgen auf anonyme und abstrakte Prozessabläufe abzuwälzen.[150]

Synergetische und kumulative Schäden, wie sie in komplexen Zusammenhängen entstehen, sind mit den herkömmlichen Instituten der Zurechnung und Mitteln der Regulierung nicht ohne weiteres zu bewältigen. Um etwa Umweltbelastungen zu reduzieren (durch Minderung des Schadstoffausstoßes), reichen gesetzliche Vorschriften oder steuerliche Anreize allein nicht aus. Bei emergenten Phänomenen, die auf dem Zusammenwirken unterschiedlicher Faktoren beruhen, bildet das kognitive Moralbewußtsein ein verläßlicheres und effektiveres Instrument des Gegensteuerns als staatlich verordnete Zwangsmaßnahmen, die erst gar nicht die Höhe des gesellschaftlichen Komplexitätsniveaus erreichen oder an der Unvereinbarkeit der Akteurspositionen scheitern. Dieser scheinbare Widerspruch – daß in nichtlinearen Prozessen das moralische Wissen wirkungsvoller als positive Rechtsregelungen ist – resultiert aus der Atopisierung und Anonymisierung von Verantwortlichkeiten, deren Ort in den sozialen Prozessen nicht vorgegeben ist, sondern über Zuschreibungsakte erst hergestellt werden muß. Die Konstruktion von Verantwortlichkeit ist ein gesellschaftlicher Vorgang, der um so mehr auf die Beteiligung der Gesellschaftsmitglieder angewiesen ist, je weniger es in der Macht der gesetzgebenden Instanzen steht, in die Selbstregulierung der Subsysteme einzugreifen.

Systemische Verantwortung bedeutet deshalb auch Steigerung der *sozialen Eigen- und Selbstverantwortlichkeit*: Umverlagerung staatlicher Fürsorgepflichten auf die Schultern des Individuums, Belastung des Einzelnen mit dem Zwang zur nachhaltigen Lebensführung und die Notwendigkeit einer eigenständigen Daseinsvorsorge mit beschränkter sozialer Absicherung sind Kennzeichen heterarchischer Gesellschaften, in denen ein zentraler Verantwortungsträger nicht existiert. In komplexen Systemzusammenhängen tritt an die Stelle der Delegation von Verantwortlichkeiten durch repräsentative Instanzen ihre soziale Umverteilung durch Selbstzurechnung der Handelnden. Das Spektrum praktizierter Eigenverantwortung reicht von gemeinnützigem Engagement in Verbänden, Initiativen und Vereinen über die politische Meinungsbildung und Wahlbeteiligung bis zur freiwilligen Kranken-, Arbeitslosen- und Rentenversicherung. Gemeinwohlorientierung, demokratische Partizipation

---

150 Vgl. auch Markus Vogt, »Retinität: Vernetzung als ethisches Leitprinzip für das Handeln in komplexen Systemzusammenhängen«, S. 176f., S. 179–181.

und private Vorsorge dienen der Kompensation wohlfahrtsstaatlicher Gerechtigkeitsgrenzen. Durch die Umstellung auf private Selbstregulierung wird dem Subsidiaritätsprinzip unter die Arme gegriffen, das von jedem Teilsystem – und damit auch von jedem Akteur – die autonome Verantwortungsbereitschaft für die Aufrechterhaltung der gesellschaftlichen Selbstorganisation verlangt.

5.5 Prozedurale Verantwortung

Das Hauptmerkmal der genannten Reaktionen auf das Problem systemischer Komplexität besteht in der *Prozeduralisierung des Verantwortungsprinzips*. Sie unterscheidet sich von den bisher beschriebenen Anpassungsversuchen an die Dynamik der Modernisierung dadurch, daß die normativen Bewertungskriterien, auf deren Grundlage Akteuren ihre Handlungsfolgen zugerechnet werden, in einen Verflüssigungsprozeß eintreten und ihre methodologische Einheit verlieren. Die vertikale und horizontale Differenzierung des Verantwortungsbegriffs, die der präziseren Erfassung der sozialen Realität dienen soll, erweist sich aufgrund ihres klassifikatorischen Charakters als nur noch bedingt tauglich, anschlußfähige Bewertungen systemischer Operationen zu liefern. Hierin liegt eine erhebliche Paradoxie: Je stärker das Konzept der Verantwortung selbst ausdifferenziert wird, um so weniger vermag es mit der Evolution der Wissens- und Informationsgesellschaft Schritt zu halten. Die Aufteilung und Untergliederung des Verantwortungsbegriffs in verschiedene Typen und Anwendungsmodelle ist nur in einem beschränkten Sinn in der Lage, die veränderten sozialen Realitäten zu erfassen. Sie bleibt zu schematisch und geltungsorientiert, um auf die Welt des globalisierten und digitalisierten Verkehrs im 21. Jahrhundert übertragen werden zu können. Die kategorischen Unterscheidungen von individueller und kollektiver Verantwortung, von Aufgaben- und Fürsorgeverantwortung, von wissenschaftlicher und politischer Verantwortung sind genauso wie die Rückführungen von Handlungen auf deontologische oder teleologische Gründe, auf intrinsische oder utilitaristische Zweckorientierungen nur begrenzt geeignet, die grenzüberschreitenden Operationen vernetzter Systeme adäquat zu beschreiben und Bewertungskriterien für Eingriffe an die Hand zu geben.

Angesichts der Volatilität, der Flüchtigkeit und Zentrumslosigkeit sozialer Ordnungen, die auf Wissenskommunikation beruhen, *muß das Verantwortungssystem selbst auf Uneindeutigkeit und Ungewißheit umgestellt werden*. Dies geschieht vor allem dadurch, daß die Kontingenz der eigenen Beobachtungsposition in den Prozeß der Beobachtung integriert und zum Gegenstand der Reflexion gemacht wird. Der Verantwortungsbegriff erfährt eine zunehmende Flexibilisierung und Modulierung, die es möglich macht, ihn auf komplexe Systeme und ihre eigendynamische

Vernetzung anzuwenden. Dieser Übergang von der modellarischen zur *modularischen Verantwortung* erlaubt es, auch die Phänomene in den Blick zu bekommen, die sich mit substantialistischen Mitteln nicht erfassen lassen, da sie der spezifisch prozeduralen Systemrationalität folgen, die auf einer offenen, an den jeweiligen Umweltproblemen orientierten Handlungslogik beruht. Im Vordergrund stehen dabei nicht mehr typologische Definitions- und Geltungsfragen, sondern praktische Konstruktions- und Funktionsfragen: die Beobachtungsperspektive wird von den Ursachen der Handlungen auf ihre Bedingungen, von den Folgen auf die Umstände abgezogen, sie ist nicht mehr auf das gesellschaftliche Gelände, sondern den Erschließungsplan, nicht auf den einzelnen Ort, sondern das Straßen- und Wegenetz zwischen den Orten gerichtet.

Damit das Verantwortungsprinzip wirksam werden kann, bedarf es der *gesellschaftlichen Organisation der Wissens- und Informationsprozesse,* über die der soziale Verkehr abläuft. Personale Akteure sind gegenüber den autonomen Funktionssystemen durch kognitive Beschränktheit, praktische Ohnmacht und moralische Überforderung gekennzeichnet, die durch die kollektive Organisation sozialen Handelns kompensiert werden muß. Erforderlich ist dafür die Umstellung von Verständigung auf Kommunikation, die der selektiven Informationsverarbeitung von Systemen Rechnung trägt. In komplexen Gesellschaften hängt das Gelingen kommunikativer Interaktionen davon ab, daß zwischen den operierenden Systemen eine kompatible Bedeutungsbasis hergestellt wird, durch die heterogene Sinnanschlüsse möglich werden. Weil jedes System Informationen nach Maßgabe des eigenen Codes verarbeitet, müssen kommunikative Anpassungen vorgenommen werden, die über die soziale Organisation von Wissen laufen. Nicht das Handeln von Individuen, sondern erst die Ausbildung »kollektiver Intelligenz«[151] ermöglicht die Koordination der systemischen Aktionen, macht unterschiedlichen Sinnorientierungen kompatibel und steigert die interaktive Operationsfähigkeit. Die Wissensgesellschaft ist keine grenzenlose Diskursgemeinschaft, sondern ein lateraler Verbund von Verhandlungssystemen, die durch einen hochgradig störanfälligen Austausch von Daten und Informationen aneinander gekoppelt sind. Risikomanagement ist deshalb vor allem *Wissensmanagement,* das über »funktionale Regime«,[152] über Institutionen, Korporationen und Medien betrieben wird. Verständigung

151 Siehe Helmut Willke, *Atopia,* S. 78–106. Unter »kollektiver Intelligenz« versteht Willke das in sozialen Teilsystemen sedimentierte Wissen, das über implizite Regelanwendung zu komplexen Operationen befähigt. Beispiele sind lernfähige Organisationen, intelligente Unternehmen oder die Vernetzung hochtechnologischer Infrastrukturen wie im Fall des Internets.

152 Zum Einfluß ›funktionaler Regime‹ (wie dem GATT, der WTO oder dem IWF) auf gesellschaftliche Prozesse vgl. Walter L. Bühl, *Verantwortung für soziale Systeme,* S. 399–413.

wird über Umwege erreicht, via Kommunikation über Kommunikation, die sich auf expliziertes und symbolisiertes, in den Organisationen abgelegtes und abrufbares Wissen bezieht. Die Leistungsfähigkeit dieses Wissens besteht darin, die unterschiedlichen systemischen Operationen füreinander anschlußfähig zu halten und die Evolution der Gesellschaft im Verbund mit der Kompetenz und Intelligenz ihrer Mitglieder voranzutreiben.

Der amorphe und opake Charakter von Systemen erfordert eine Verbindung von praktischem und operativem Wissen, von *personaler und funktionaler Intelligenz*, die auf dem Weg einer prozeduralen Systemverantwortung geleistet werden muß. Die Auflösung kausaler und intentionaler Relationen, die Umstellung auf Selbstorganisation und die Unzugänglichkeit der internen Operationen werfen allerdings eine Reihe von Barrieren auf, an denen der Ruf nach systemischer Verantwortung abzuprallen droht. Die fortschreitende Komplexitätssteigerung der Gesellschaft erzeugt epistemologische und normative Blockaden, die sich mit akteursbezogenen Wissens- und Handlungsmodellen nur um den Preis neuer Unsicherheiten und Risiken aufbrechen lassen. Wo in die eigensinnige und selbstreferentielle Evolution der Systeme von einer externen Warte aus interveniert wird, kann es zu Funktionsstörungen kommen, deren Auswirkungen nur sehr schwer einzuschätzen sind. Weil funktionale Systeme auf den Erhalt von Komplexität angewiesen sind, auf Wahl- und Anschlußmöglichkeiten, über die sie in Eigenregie entscheiden, können Eingriffe in sie selbst unverantwortlich sein.[153] Die Konsequenz besteht darin, daß systemisches Handeln dann verantwortbar ist, wenn es nicht per Krisenmanagement und Risikoregulierung in die Prozesse eingreift, sondern sie für Kontingenzsteigerungen offenhält, auch wenn damit das Auseinanderdriften von Systemen und Akteuren verstärkt wird und die Gefahr besteht, daß die prozessuale Dynamik sich vom praktischen Wissen der Handelnden abkoppelt und die systemischen Entwicklungen ihrer autonomen Sachgesetzlichkeit überlassen werden.

In diesem Dilemma der angemessen Beobachtung und Regulierung komplexer Systemoperationen liegt der Grund für die Prozeduralisierung des Verantwortungsprinzips, das von gesellschaftlichen Inhalten auf *soziale Strukturen* übertragen wird. Weil sowohl einzelne als auch kollektive Akteure damit überfordert sind, systemische Prozesse zu überwachen und sich Schadensfolgen zuzurechnen, weil darüber hinaus

---

153 Vgl. Niklas Luhmann, *Soziologie des Risikos*, S. 155–185. Zu den Folgen vereinfachter Verantwortungszurechnungen vgl. ders., *Ökologische Kommunikation*, S. 26–31; zur Riskanz moralischer Kommunikation über komplexe Prozesse ders., »Die Moral des Risikos und das Risiko der Moral«, S. 331–333.

systemische Interventionen hochgradig riskant sind, sie die Leistungsfähigkeit selbstorganisatorischer Funktionsbereiche erheblich einschränken können, ist es im Kontext hochmoderner Sozialsysteme erforderlich, das Verantwortungsprinzip an die Rahmen- und Grundstrukturen des gesellschaftlichen Verkehrs anzupassen. Dies zeigt sich vor allem auf der Ebene des Staates, wo durch die Liberalisierung und Privatisierung sozialer Funktionsbereiche eine Neubewertung seiner ordnungspolitischen Aufgaben und Fähigkeiten nötig geworden ist. An die Stelle der traditionellen Vorstellung, daß Verantwortung das tragende Strukturprinzip des Rechtsstaates im Sinn einer umfassenden Daseinsvorsorge und Freiheitssicherung bildet,[154] ist die prozedurale Auffassung staatlicher *Regulierungs- und Gewährleistungsverantwortung* getreten.[155] Danach bestehen die Hauptaufgaben des Staates darin, die rechtlichen und strukturellen Rahmenbedingungen für die Selbstregulierung der sozialen Funktionssysteme zur Verfügung zu stellen, Zugangsmöglichkeiten für Versorgungsdienste zu gewährleisten und per Kontextsteuerung indirekten Einfluß auf gesellschaftliche Kooperationsprozesse zu nehmen. Die staatliche Verantwortung bleibt beschränkt auf den Schutz von Grundrechten, auf die Verbesserung des Sicherheitswissens im Umweltrecht, auf die Disziplinierung der Märkte durch steuerliche Anreizsetzungen, auf den Abbau von Ungewißheit, etwa durch die Vergabe vorläufiger Genehmigungen und koordinierende Mittel der Intervision und Supervision.[156]

Insofern der Staat keine rechtliche Haftungsverantwortung für sämtliche soziale Prozesse trägt, sondern primär eine subsidiäre Mitverantwortung,[157] sind seinem Handeln allerdings Grenzen gesetzt. Sein Letztentscheidungsrecht ist regulativer Natur, auf eine minimale Verteilungsgerechtigkeit abgestellt, durch die auf kompensatorischem

---

154 Zur materialen Auslegung rechtsstaatlicher Verantwortung vgl. Peter Saladin, *Verantwortung als Staatsprinzip*, bes. S. 112–160; im Anschluß daran Jörg Schubert, *Das »Prinzip Verantwortung« als verfassungsrechtliches Rechtsprinzip*, S. 323–334.
155 Zur Debatte um das Problem der Staatsverantwortung am Beispiel des Umweltrechts vgl. Rudolf Steinberg, *Der ökologische Verfassungsstaat*, S. 53–70; zur staatlichen Gewährleistungsverantwortung ebd., S. 153–182. Zum Übergang von staatlicher Daseinsvorsorge zur Gewährleistungs- und Regulierungsverantwortung am Beispiel der Energieversorgung vgl. Georg Hermes, *Staatliche Infrastrukturverantwortung*, bes. S. 334–351.
156 Zur Prozeduralisierung des Umweltrechts vgl. Karl-Heinz Ladeur, *Das Umweltrecht der Wissensgesellschaft*, S. 243–268. Die Notwendigkeit vorläufiger Entscheidungen und experimentierender Normenfindung betont Günter Heine, »Strafrecht zwischen staatlicher Risikolenkung und gesellschaftlicher Selbstregulierung«, S. 212 f.
157 Vgl. Dieter Murswiek, *Die staatliche Verantwortung für die Risiken der Technik*, S. 57–71.

PROZEDURALISIERUNG DER VERANTWORTUNG

Weg entstandene Schäden ausgeglichen und bestehende Ungleichheiten kostensparend abgefangen werden. Die staatlichen Formen der Infrastruktur- oder Auffangverantwortung bilden Versuche der Verwaltung öffentlicher Aufgaben, die gegenüber der Globalisierung und Heterogenisierung des sozialen Verkehrs nur eine beschränkte Leistungsfähigkeit besitzen.[158] Die Reduzierung auf gesetzgeberische Kernkompetenzen hat nicht nur zur Folge, daß die Organisation von Verantwortlichkeiten an nichtstaatliche Instanzen delegiert und damit erneut der Eigenregulierung gesellschaftlicher Teilsysteme überlassen wird, die nach Maßgabe ihrer ökonomischen, technologischen, rechtlichen oder politischen Zwecksetzungen operieren. Sie führt auch dazu, daß die Bewältigung kollektiv verursachter Schäden auf die Mitglieder des Gemeinwesens abgewälzt wird, anstatt daß der Staat seiner öffentlichen Verantwortungspflicht als Träger des Gemeinwohls nachkommt. Aus der staatlichen Bereitstellung von Vorleistungen für andere gesellschaftliche Bereiche kann noch nicht auf einen Zuwachs an tatsächlicher Verantwortungsfähigkeit geschlossen werden: dies setzt voraus, daß an die Stelle der zentralen Koordination eine dezentrale Kooperation der sozialen Funktionssysteme tritt, die durch Moderation von Interessen, das Anstoßen von Lösungen, die Förderung von Innovationen und die Sicherung des Wettbewerbs durch eine flexible, intelligente Verwaltung der Öffentlichkeit geleistet werden muß.[159]

System- und Rahmenverantwortung bilden Reaktionen auf die Pluralisierung und Prozeduralisierung des Gesellschaftssystems. Sie sichern den Erfolg des Verantwortungsprinzips durch dessen Anpassung an das nichtteleologische Operieren sozialer Funktionsbereiche, indem sie das Mißverhältnis von Handlungsabsichten und Folgewirkungen, das in komplexen Zusammenhängen entsteht, auf kognitivem und regulativem Weg zu bewältigen versuchen. Mit anwachsender Vernetzung der Gesellschaft entstehen Grauzonen und ›schwarze Löcher‹, die sich immer stärker verantwortungspraktischen Zugriffen entziehen. Die Grenzen zwischen den einzelnen Subsystemen werden durch den Druck der Globalisierung durchlässig, der Wissenszuwachs erhöht die Abhängigkeit der Funktionsbereiche voneinander, der technologische Fortschritt führt zur Infragestellung überlieferter moralischer, rechtlicher und kultureller Standards. Die Unterschiede zwischen verursachten und unverursachten Schäden verschwimmen, die Notwendigkeit, auch Unterlassungen zu

158 Siehe hierzu kritisch Thomas Vesting, »Zwischen Gewährleistungsstaat und Minimalstaat«, S. 111–119.
159 In diese Richtung zielt Thomas Würtenberger, »Wandlungen in den privaten und öffentlichen Verantwortungssphären«, der von der »Verantwortungskooperation zwischen der Sphäre des Privaten, des Gesellschaftlichen und des Staates« (S. 320) spricht.

berücksichtigen, nimmt zu, während sich zugleich Akteure im Vertrauen auf vorgegebene Normen und Regeln davon entlastet wähnen, ihr Handeln moralisch zu reflektieren.

In dieser Situation ist es nötig, das Prinzip der Verantwortung zum Gegenstand einer *operativen Rationalität* zu machen, die nicht nach kodifizierten, sondern provisorischen Kriterien agiert und damit in der Lage ist, flexibel und kreativ auf die Herausforderungen der Wissensgesellschaft zu reagieren. In diese Richtung zielt auch das Konzept der *Metaverantwortung*, die sich nicht primär auf die Handlungsfolgen, sondern die Handlungsorientierungen und -normen selbst richtet. Die Aufgabe der Metaverantwortung besteht darin, sowohl für neue Aktionsbereiche Geltungsregeln und Befolgungsprinzipien zu entwickeln als auch existierende Regeln und Prinzipien auf ihre jeweilige Anwendbarkeit hin zu überprüfen, wie dies etwa im Fall der Gentechnologie und Reproduktionsmedizin erforderlich ist.[160] Eine besondere Berücksichtigung erfährt dabei der Charakter der Handelnden und Betroffenen, indem evaluative Aspekte, Lebens- und Wertvorstellungen, Selbstbilder und Präferenzen in dem Urteils- und Entscheidungsprozeß berücksichtigt werden. Die Metaverantwortung bildet ein höherstufiges Bewertungsverfahren vorhandener Legitimierungstechniken, ein Medium der innovativen Kriterienfindung und eine Vermittlungsinstanz konfligierender Ansprüche und Interessen. Sie stellt ein *kontextsensitives Konfliktbewältigungsinstrument* dar, das besonders dort zur Anwendung gebracht wird, wo es keine übergeordneten Verfahrensregeln gibt und die pragmatische Invention von Handlungsdirektiven für komplexe Prozesse und Entwicklungen erforderlich ist.

Mit der Einbeziehung seiner eigenen normativen Voraussetzungen und praktischen Realisierungsbedingungen ist das Verantwortungsprinzip auf dem Weg zu einem offenen, lernfähigen System der reflexiven Selbst- und Weltbeobachtung. Als kontextualistisches Instrument der Konfliktbewältigung bietet es die Chance, in die Eigendynamik komplexer Prozesse einzugreifen, ohne neue Risiken der direkten Intervention und Kontrolle hervorzurufen. Ob es dazu tatsächlich in der Lage ist und worin die Grenzen des Verantwortungsprinzips in komplexen Gesellschaften liegen, wird der letzte Teil zeigen.

---

160 Zum Konzept der Metaverantwortung vgl. Kurt Bayertz, *GenEthik*, S. 172–174; ders., »Eine kurze Geschichte der Herkunft der Verantwortung«, S. 60–64; ders., »Wissenschaft, Technik und Verantwortung«, S. 201 f.

VI. Kritik

Die Auseinandersetzung mit der Erfolgsgeschichte und der anschließenden Organisation des Verantwortungsprinzips hat zwei grundsätzlich gegenläufige Entwicklungstendenzen zutage gefördert: Auf der einen Seite läßt sich eine fortschreitende Expansion des Verantwortungsbegriffs beobachten, die zur Folge hat, daß immer mehr soziale Operationsbereiche verantwortungstheoretischen Imperativen unterworfen werden. Ob es sich um den Umbau des Wohlfahrtsstaates, die Erwärmung der Erdatmosphäre oder die Auswirkungen der Gentechnik handelt – es wird davon ausgegangen, daß sich konkrete Verantwortlichkeiten lokalisieren lassen, es identifizierbare Akteure und Instanzen gibt, denen sich nach Maßgabe geltender moralischer Prinzipien und rechtlicher Gesetze die Konsequenzen ihres Handelns zurechnen lassen. Auf der anderen Seite mangelt es jedoch an der Verbindlichkeit von Kriterien, mit denen die Gültigkeit dieser Maßstäbe untermauert werden soll. Es herrscht eine hochgradige Unklarheit darüber, welche Prinzipien und Gesetze auf einzelne Fallsituationen angewendet werden können, welche Akteure vor welchen Instanzen rechenschaftspflichtig sind oder zumindest eine rudimentäre moralische Verantwortung für ihr Handeln tragen. Mit anwachsender Komplexitätssteigerung der sozialen Systeme sind die Kriterien, nach denen in höherstufigen, nichtlinearen Prozeßabläufen Zuständigkeiten definiert und entsprechende Verantwortlichkeiten festgelegt werden, selbst in Fluß geraten und zu kontingenten Rahmenbedingungen eigensinniger Operationsvollzüge geworden, die sich mit den herkömmlichen Mitteln der Verantwortungszuschreibung nicht mehr ohne weiteres erfassen lassen.

1. Verantwortungstheoretische Illusionen

Die Dominanz komplexer Operationen in hochmodernen Sozialsystemen hat zu einer Infragestellung der traditionellen Bewertungsmatrix von Handlungen geführt, wonach jemand für sein Handeln vor einer Instanz gemäß bestimmter Kriterien verantwortlich ist. Die konventionelle Trias von Intentionalität, Kausalität und Freiheit, die ihren Grund in verbindlichen Handlungsnormen hat, auf die sich die Beteiligten mit Hilfe objektiver Bewertungskriterien einigen, unterliegt in eigendynamischen und vernetzten Systemprozessen einem zunehmenden Geltungsverlust und Anwendungsdefizit, sie läßt sich nicht unbefragt auf komplexe Handlungssituationen übertragen, sondern muß ihre heuristische

Zulässigkeit von Fall zu Fall unter Beweis stellen. Damit wird die Frage nach der *Legitimierbarkeit* von Verantwortungsforderungen zum vordringlichen Problem: Gibt es auch in komplexen Zusammenhängen verbindliche Geltungsgrundlagen und hinreichende Gründe, mit denen sich höherstufige Akteure, Verbände, Unternehmen, Institutionen oder Organisationen für ihre operativen Entscheidungen zur Verantwortung ziehen lassen? Worin genau besteht die jeweilige Verantwortung – beruht sie primär auf der Rechenschaft für vollzogene Handlungen, bezieht sie sich vorrangig auf die Sanktionierung eingetretener Schädigungen, Verstöße, Unfälle? Oder umfaßt sie auch die freiwillige Übernahme von Aufgaben, die Vermeidung von ungewissen Risiken, die Vorsorge für eine unbekannte Zukunft?

Mit der Frage nach der Legitimität von Verantwortungsforderungen wird vor allem ein Grundproblem wieder virulent: die semantische und pragmatische *Mehrdeutigkeit* des Verantwortungsbegriffs, der zwischen Schuldigkeitsgeboten und Fürsorgepflichten, rechtlicher und moralischer Bedeutung, Begründungs- und Anwendungsreflexion schwankt. Die normative und systematische Unschärfe ist dem Begriff der Verantwortung seit seiner Herauslösung aus den juridisch-religiösen Verwendungskontexten der frühen Neuzeit zu eigen, sie prädestiniert ihn für unterschiedliche Anschlußmöglichkeiten, erzeugt jedoch auch eine notorische Überschätzung seiner konzeptuellen Leistungsfähigkeit. Der Erfolg des Verantwortungsprinzips in der Moderne ist dem Umstand zu verdanken, daß es sich aufgrund seiner ambivalenten Semantik scheinbar widerstandslos den evolutionären Veränderungen sozialer Systeme anpassen läßt und auch dort noch zur Anwendung gelangt, wo die herkömmlichen Handlungskriterien der Personalität, Kausalität, Freiheit und Intentionalität nicht mehr greifen. Das letzte Kapitel hat nicht nur gezeigt, wie diese schrittweise Anpassung an ›subjektlose Prozesse‹ vonstatten geht, sondern auch verdeutlicht, welcher Preis dafür zu zahlen ist: Indem das Konzept der Verantwortung vom Individuum auf die Gesellschaft, vom Einzelnen auf Korporationen, vom Menschen auf die Natur, von der Gegenwart auf Vergangenheit und Zukunft übertragen wird, verliert es seine Konturen und gewinnt einen begrifflich diffusen und praktisch widersprüchlichen Charakter, der zu einer Reihe gravierender Schwierigkeiten bei der Verwendung des Konzepts in komplexen Zusammenhängen führt.

Hierzu gehört erstens die *Beobachtungsabhängigkeit* des Verantwortungsbegriffs, die in dem Maß zunimmt, in dem die Selbstorganisation von Handlungsprozessen voranschreitet und systemische Operationen ihren eigensinnigen Zweckvorgaben und Zielsetzungen folgen. Diese Entwicklung läßt sich mit den herkömmlichen sozialhermeneutischen Konzepten, die Verantwortlichkeiten als normative Interpretationskonstrukte betrachten, nicht mehr ohne weiteres erfassen, da die interpretatorischen Zuschreibungsakte einen unabhängigen Bewertungsstandpunkt voraussetzen, der im Gefüge systemischer Selbstorganisation nicht existiert. Aus diesem Grund ist es erforderlich geworden, die Zuschreibung von Verantwortlichkeit auf eine Beobachtungsposition umzustellen, die ihre eigene epistemologische Beschränktheit und normative Fallibilität in die Konstruktion von Zurechnungen mit einbezieht. Die Komplexität sozialer Verhältnisse hat zur Ausbildung eines autonomen Verantwortungssystems geführt, für dessen Funktionieren es wesentlich ist, zwischen Selbst- und Fremdbeobachtung zu unterscheiden: Nur so ist es möglich, daß die Selbstreferenz verantwortungstheoretischer Unterscheidungen ihrerseits von dem unterschieden wird, worauf sie sich bezieht, und damit sichtbar wird, was das Verantwortungssystem selbst nicht sehen kann. Diese Form der höherstufigen Beobachtung ist notwendig, weil das Verantwortungssystem mit anwachsender Binnendifferenzierung dazu tendiert, über seine operativen Grenzen hinauszutreten und auch das nach seiner internen Codierung zu verarbeiten, was Bestandteil anderer Subsysteme ist.

Zu den Grundproblemen gehört deshalb zweitens die *Entgrenzung* des Verantwortungsbegriffs, die paradoxerweise aus seiner Spezifizierung resultiert. Je stärker unter dem Druck der sozialen Evolution die Herausbildung spezifischer Verantwortungstypen und -modelle zunimmt, um so größer wird der Kreis dessen, was dem Postulat der Verantwortbarkeit unterliegt. Die Entgrenzung des Verantwortungsbegriffs ist eine unmittelbare Folge seiner Differenzierung, die zur Einbeziehung von Handlungsbereichen geführt hat, die nach herkömmlichem Verständnis unverantwortbar sind, weil sie auf keinen akteursrelevanten Entscheidungen beruhen. Wo Firmen, Institutionen, Kollektive oder gar Systeme zur Verantwortung gezogen werden, bedarf es normativer Zusatzannahmen, die Zurechenbarkeit über den Kreis handlungsfähiger Einzelsubjekte und ihrer Willensentscheidungen hinaus gewährleisten. Zu diesem Zweck sind konstruktive Erweiterungen entwickelt worden, die es erlauben, auch zufällige, nichtlineare, synergetische und kumulative Handlungseffekte in den Bereich der moralischen und rechtlichen Verantwortung zu integrieren. Damit aber ist einer uferlosen Expansion des Verantwortungsprinzips Tür und Tor geöffnet worden, das nun unterschiedslos auf kulturelle Prozesse aller Art, aber auch auf natürliche Vorgänge angewendet wird, die sich auf niemandes Entscheidung zurückführen lassen. Das Resultat besteht darin, daß die Grenzen zwischen Handlungen und Unterlassungen verschwimmen und selbst dort die Verpflichtung zum Intervenieren besteht, wo Geschehnisse ihrer eigenen Sachlogik oder evolutionären Dynamik folgen.

Zu den Grundproblemen gehört darum drittens die *Totalisierung* des Verantwortungsbegriffs, die unmittelbar aus seiner expansiven Verwendung resultiert. Diese Entwicklung zeigt sich einerseits in der Konjunktur angewandter Ethiken, durch die für zahlreiche Operationsbereiche der Gesellschaft Direktiven und Regulative aufgestellt werden, die eine paternalistische und zugleich illusorische Professionalisierung der Alltagspraxis zur Folge haben. Anstatt auf die freiwillige Selbstverpflichtung sozialer Akteure zu setzen und ihrer situativen Urteilskraft zu vertrauen, die in der Lage ist, selbständige Problemlösungen zu finden, überzieht ein Netz an Verantwortungspostulaten die Alltagswelt, das die Möglichkeit autonomen und innovativen Handelns schon im Keim erstickt. Die Einrichtung von Expertenkommissionen, von Ethikräten und weltanschaulichen Gutachterstäben ist Ausdruck einer Vergesellschaftung des Verantwortungsprinzips, das die Spielräume individuellen Handelns einschränkt und die Freiheiten einer selbstbestimmten Lebensführung beschneidet. Gleichzeitig drängt der Verantwortungsbegriff über den Nahbereich der Handlungsfolgen hinaus und richtet sich, bedingt durch die Globalisierung der Weltgesellschaft, auf räumlich und zeitlich entfernte Auswirkungen, die mehr oder weniger umstandslos auf lokale und aktuale Handlungsentscheidungen zurückgeführt werden. Die Totalisierung der Verantwortung soll nicht nur dafür sorgen, daß gesellschaftliche Planungen und Projekte vor dem *forum externum* einer vermeintlichen Weltgemeinschaft gerechtfertigt werden, sondern auch dafür, daß die Belange der Natur, die Interessen unterentwickelter Länder und die Ansprüche zukünftiger Generationen ungeachtet ihrer qualitativen Unterschiede berücksichtigt werden.

Damit ergibt sich viertens das Grundproblem der *Verabsolutierung* des Verantwortungsprinzips, das nicht mehr auf rationalen oder plausiblen Gründen beruht, sondern aus hochgradig spekulativen Annahmen und Voraussetzungen abgeleitet wird. Daß der Mensch für das Schicksal der Weltgesellschaft und die Gesamtheit der Geschichte zuständig ist, setzt unbedingte, nicht weiter ableitbare und hinterfragbare Anspruchsverhältnisse voraus, die mit den Mitteln einer profanen und begrenzten Alltagsrationalität nicht zu legitimieren sind. Der Übergang zur totalen Verantwortung ist nur durch den Rückgriff auf eine absolute Instanz verständlich zu machen, die das menschliche Handeln vor jeder Rechtfertigung in den Horizont einer von sich aus werthaften Weltordnung stellt. Letztlich läßt sich ein totaler Verantwortungsbegriff nur metaphysisch postulieren: unter der Annahme eines göttlichen Prinzips, einer teleologischen Verfassung von Geschichte und Natur oder eines autoritativen Schöpfungsverständnisses, deren Geboten zur Achtung bedingungslos Folge zu leisten ist. Die Tendenz zur Verabsolutierung zeigt sich auch dort, wo der unmittelbare Anspruch des Anderen, das Hineingeworfensein in die eigene Existenz oder das spontane Gefühl zum Fundament verantwortlichen Handelns gemacht werden. Die Ableitung von Verantwortlichkeiten aus wertontologischen oder unmittelbaren Weltverhältnissen wird in säkularisierten und differenzierten Gesellschaften zu einem Problem, in denen metaphysisch-religiöse Grundannahmen ihre allgemeine Gültigkeit verloren haben und der soziale Verkehr über intermediäre Instanzen abläuft, in denen personale Begegnungen eine immer geringere Rolle spielen. Ontologische und unmittelbare Verantwortungskonzepte sind im Kontext hochmoderner Wissensgesellschaften nicht nur anachronistisch, sondern vor allem unterkomplex, da sie auf das subjektive Empfinden und besondere Daseinsbewußtsein des Individuums beschränkt bleiben.

Da ist deshalb fünftens das Grundproblem der *Diffundierung* des Verantwortungsprinzips, das im Verkehr sozialer Systeme keinen stabilen und eindeutigen Standort hat, sondern in arbeitsteiligen Prozessen, offenen Aktionsfeldern und komplexen Kontexten zur Anwendung gelangt. Eine Reaktion auf diese Entwicklung bildet der Versuch der vertikalen und horizontalen Differenzierung des Verantwortungsprinzips in eine Vielzahl unterschiedlicher Typen und Bereiche, die eine genauere Erfassung der komplexen Realitäten ermöglichen soll. Die Vielfalt von Verantwortungsbegriffen führt zwar zu einer exakteren Beschreibung und Bewertung heterogener Handlungsprozesse, die spezifischen Zweck- und Zielsetzungen folgen. Sie sorgt jedoch auch dafür, daß das Phänomen praktischer Verantwortlichkeit unklar wird und diffuse Züge annimmt, die der Idee geschuldet sind, für sämtliche sozialen Funktionsbereiche spezielle Normen und Werte zu finden, nach denen sich Akteure in ihren Entscheidungen richten. Die hypertrophe Verwendung von Verantwortungsbegriffen ermöglicht keine genauere Lokalisierung tatsächlicher Verantwortlichkeiten, sondern erzeugt vielmehr einen moralisierenden und illusionären Verantwortungsdiskurs, der die Schwierigkeiten der Zuschreibung komplexer Handlungsfolgen in systemischen Zusammenhängen unter dem Mantel simplifizierender Zurechnungsmodelle verdeckt.

Damit hängt sechstens das Problem der *Formalisierung* zusammen, das sich nicht nur in der kognitivistischen Verkürzung des Verantwortungsbegriffs auf ein argumentatives Prüfverfahren von Normen beobachten ließ, sondern auch die Prozeduralisierung systemorientierter Verantwortungskonzepte kennzeichnet. Die prozedurale Verantwortung ermöglicht zwar die Entlastung personaler Akteure von Rechtfertigungszumutungen und Rücksichtserwartungen, die unter ungewissen Handlungsbedingungen von ihnen nur begrenzt eingefordert werden können. Formen der prozeduralen Steuerung bilden ein effektives Mittel der Verantwortungsregulierung von ungeregelten Prozessen, indem sie sich auf die Kontrolle der Rahmenbedingungen und Bereitstellung von Infrastrukturen konzentrieren, ohne in die Selbstorganisation der einzelnen Subsysteme einzugreifen. Die Prozeduralisierung des Verantwortungsprinzips wirft allerdings ihrerseits eine Reihe gravierender Probleme auf: Wo komplexe Prozesse nach Maßgabe einer externen Rahmenverantwortung reguliert werden, die sich auf die Bereitstellung von Verfahrensprinzipien und die formelle Moderation eigensinniger Operationen beschränkt, werden die materiellen und substantiellen Voraussetzungen ausgeblendet, die eine funktionierende Praxis der Verantwortungsausübung ermöglichen. Es werden die personalen Anteile unterbewertet, die auch in komplexen Prozessen zur Verwirklichung verantwortlichen Handelns erforderlich sind. Und es werden unklare Zuständigkeitsbereiche erzeugt, die dafür sorgen, daß konkrete Verantwortlichkeiten zwischen den Instanzen verschoben, den Märkten überlassen, dem Staat angelastet, den Korporationen vorgeworfen oder den Individuen aufgebürdet werden. Gerade Systeme leben von Voraussetzungen, die sie selbst nicht garantieren können und die über rein formale Mechanismen der operativen Abstimmung nicht abzusichern sind.

Dies zeigt sich siebtens in der *Delegitimierung* der Verantwortungsmaßstäbe, die mit der anwachsenden Interdependenz der sozialen Aktionsbereiche ihren homogenen Charakter eingebüßt haben und aus disparaten, partikularen und relationalen Geltungskriterien zusammengesetzt sind. Das Ineinandergreifen der gesellschaftlichen Teilsysteme und ihrer operativen Logiken hat dem Verantwortungsprinzip seine universalistische Basis entzogen und es zu einem Koeffizienten der funktionalen Übergangsdynamik gemacht, mit der die selbstorganisierten Systeme aufeinander reagieren. Die Zurechenbarkeit von Aktionen hängt nicht von allgemeinverbindlichen Gesetzen oder Regeln ab, sondern von der Möglichkeit, Programmstörungen auf Ursachen zurückzuverfolgen, die selbst den Normalfall der wechselseitigen Irritation autonomer Operationen bilden. Nicht Werte, Normen oder kategorische Imperative entscheiden über die Zuschreibung von Verantwortlichkeiten, sondern die epistemologische Rekonstruierbarkeit verketteter Handlungsabläufe, für die jedes System seine eigenen Bewertungsmaßstäbe bereit hält. Dabei erschweren nicht nur die Verzahnungen zwischen Politik und Wirtschaft, Recht und Religion, Medien und Pädagogik die sachliche Analyse faktischer Verantwortungsverhältnisse. Hinzu kommt, daß Standardisierungen und Normierungen von den Subsystemen in Eigenregie generiert werden, sich technologische oder elektronische Verfahrensmittel etablieren, ohne von demokratischen Instanzen legitimiert worden zu sein. Einen weiteren Faktor der Delegitimierung bilden alternative Akteure, funktionale Regime und regierungsunabhängige Organisationen, die autonome Gegenöffentlichkeiten erzeugen und auf dem Weg der Selbstermächtigung in den globalisierten Weltverkehr eingreifen. Die Abhängigkeit der Informationsgesellschaft von Wissensbeständen, vom Kenntnisstand spezialisierter Experten und einer professionalisierten Kommunikation erweitert nicht nur ihre Handlungsspielräume, sondern produziert auch normative Grauzonen und führt zu einer Atopisierung des Verantwortungsprinzips, das abgelöst von klaren Macht- und

Handlungsstrukturen seine Verortung in den systemischen Prozeßabläufen verliert.

Dazu trägt achtens und letztens auch die *Hybridisierung* des Verantwortungsbegriffs bei, der sich durch die Einbeziehung immer weiterer Anwendungsbereiche, die Anbindung an höherstufige Akteure und die Übertragung auf systemische Prozesse zu einem Mischprodukt aus heterogenen Bestandteilen verwandelt hat. Mit anwachsender Expansion nimmt nicht nur die Diffusion des Verantwortungskonzepts zu, seine normative Unschärfe, sondern auch sein hybrider Charakter, der darin zum Ausdruck kommt, daß völlig disparate Geltungs- und Handlungsebenen miteinander in Verbindung gebracht werden – die Gewerkschaften für die Verwirklichung sozialer Gerechtigkeit zur Verantwortung gezogen werden, das einzelne Individuum dem gesellschaftlichen Gesamtgefüge gegenüber verantwortlich gemacht wird, das Wirtschaftssystem für die Konsumenten und Kleinaktionäre eine umfassende Gewährleistungsverantwortung tragen soll. Verantwortungsforderungen sind, anders gesagt, zu *Fiktionen* geworden, mit denen sich modernisierungsbedingte und komplexitätsbewirkte Schäden auf Ursachen zurückführen lassen, die sich ersichtlicherweise niemandem zurechnen lassen. Die fiktionale Verwendung des Verantwortungsprinzips dient der Erzeugung von Kausalitätsbeziehungen und Zurechnungsrelationen, die das Defizit an verursacherbezogenen Handlungsgründen ausgleichen sollen, tatsächlich aber zu künstlichen Wirkungszusammenhängen führen, denen keine empirischen Realitäten entsprechen. Der Ruf nach Verantwortung, der dort am lautesten erschallt, wo die Transformation von unbeherrschbaren Gefahren in kalkulierbare Risiken am wenigstens gelingt, schafft illusionäre Sicherheiten im Meer systemischer Operationskontingenzen. Er rechnet damit, daß notfalls doch jemand die faktische Verantwortung übernimmt, die sich mit analytischen Mitteln nicht finden läßt.

Die Rede von der Verantwortung führt, anders ausgedrückt, dazu, daß Handlungen in komplexen Kontexten weiterhin unter vermeintlichen Gewißheitsbedingungen stattfinden, Entschlüsse im Vertrauen auf ihre normative Richtigkeit gefaßt und Nebenfolgen auf kognitivem Weg in den Horizont der Gegenwart einbezogen werden. Der Verantwortungsbegriff fungiert nicht trotz, sondern *wegen* seiner geltungstheoretischen Unschärfe und semantischen Mehrdeutigkeit als handlungspraktisches Passepartout, mit dem sich hochgradig kontingente Entscheidungen in die zerklüftete Wirklichkeit hochmoderner Gesellschaftssysteme umsetzen lassen. Die eigentümliche Erfolgsgeschichte, um nicht zu sagen: der philosophische Sonderweg des Verantwortungsprinzips besteht darin, daß es um so intensiver propagiert wird, je schwieriger es in der Faktizität komplexer Wissens- und Kommunikationsgesellschaften zu verorten ist.

Die genannten Schwierigkeiten sollten jedoch nicht dazu verleiten, die Einforderung von Verantwortung überhaupt in Abrede zu stellen, sie gar als »Verzweiflungsgeste«[1] zu diffamieren. Wer von einer radikalen Krise der Verantwortung oder dem Überhandnehmen organisierter Unverantwortlichkeiten spricht, betreibt eine unnötige Dramatisierung, die – wie alle radikalkritischen Figuren – dem verhaftet bleibt, wogegen sie gerichtet ist. In komplexen, heterarchisch organisierten Gesellschaften bedarf es statt dessen einer von Fall zu Fall neu auszurichtenden Verortung faktischer Verantwortlichkeit, die in den Übergangszonen zwischen systemischer Selbstorganisation und personaler Handlungsfähigkeit lokalisiert werden muß. Komplexität und Eigendynamik bilden keine unüberwindbaren Hindernisse, sondern konzeptuelle Herausforderungen für Verantwortungszuschreibungen, die vor dem Hintergrund der normativen Kontingenzen durchgeführt werden müssen. Verantwortungszuschreibungen sind in einem bestimmten Rahmen *notwendige* Fiktionen, mit denen komplexe Systeme ihre eigenen Operationen beobachten und für weitere Handlungen anschlußfähig machen. Dabei muß die naturwüchsige Tendenz des Verantwortungsbegriffs, funktionale und substantielle Leerstellen auszufüllen, die mit der Abkehr von metaphysischen, historischen und sozialen Großkonstruktionen entstanden sind, ihrerseits kritisch beobachtet werden. Soweit die kompensatorische Seite von Verantwortungskonstruktionen im Auge behalten wird, ist es möglich, eine *Revision traditioneller Verantwortungsmodelle* vorzunehmen, die die Eigenlogik systemischer Prozesse mit der Interventionskompetenz sozialer Akteure und ihrer Fähigkeit zur Selbstzurechnung komplexer Handlungsfolgen verbindet.

2. Verantwortungspraktische Revisionen

Die Kritik am Verantwortungsbegriff ist von seiner durchschlagenden Erfolgsgeschichte im zwanzigsten Jahrhundert nicht zu trennen. Sie gehört zur Konjunktur des Prinzips wie die gesellschafts- und kulturkritische Skepsis zum wissenschaftlichen Fortschritt. Es ist deshalb wenig ergiebig, sich mit pauschalen Ablehnungen des Verantwortungsbegriffs auseinanderzusetzen, die in mehr oder weniger abgewandelter Form regelmäßig wiederkehren. Um eine kritische Revision des herkömmlichen Verantwortungskonzepts vornehmen zu können, ist es weitaus hilfreicher, sich an eine Reihe von Einwänden zu erinnern, wie sie schon relativ früh im Lager einer anthropologisch fundierten Soziologie geäußert wurden.

1 So Niklas Luhmann, *Die Gesellschaft der Gesellschaft*, S. 133; vgl. ebd., S. 777.

2.1 Offene Verantwortungsräume

Zu diesen Einwänden gehört die bekannte These Arnold Gehlens, daß der Begriff der Verantwortung »nur da einen deutlichen Sinn macht, wo jemand die Folgen seines Handelns öffentlich abgerechnet bekommt, und das weiß; so der Politiker am Erfolg, der Fabrikant am Markt, der Beamte an der Kritik der Vorgesetzten, der Arbeiter an der Kontrolle der Leistung usw.«[2] Das Postulat der Verantwortlichkeit ist nach Gehlen erst dort sinnvoll anwendbar, wo Handlungskonsequenzen unter Bezugnahme auf eine normsetzende Instanz persönlich zugerechnet werden können. Wer den Verantwortungsbegriff im Sinn einer pauschalen Rechenschaftsforderung für nichtpersonale und kollektive Handlungsfolgen verwendet, dehnt ihn nicht nur über die Zurechungsgrenzen aus, sondern bewirkt, so ein weiterer Einwand Gehlens, die Abstumpfung des moralischen Empfindungsvermögens.[3] Verantwortlichkeiten sind beschränkt auf den Nahhorizont unserer moralischen Wahrnehmung und relational bezogen auf institutionell verankerte Bewertungs- und Sanktionskriterien. Sie müssen in einem legitimatorisch abgesicherten und kognitiv überschaubaren Handlungsraum verankert sein, da sie ansonsten das Maß des Zumutbaren übersteigen. Daraus folgt, daß Verantwortungsverhältnisse sich dort auflösen oder nicht mehr vorfindbar sind, wo subjektlose Prozesse dominieren. Die Eigenlogik sachgesetzlicher Strukturen und anonymer Entwicklungsdynamiken läßt sich mit der Kategorie der Verantwortung nicht erfassen, sie bildet nach Gehlen ein unverantwortbares Geschehen selbstmächtiger Entfaltungskräfte.[4]

Der Grund für den »Abbau praktischer persönlicher Verantwortlichkeiten« liegt aus der Sicht der anthropologisch fundierten Soziologie im »Aufbau« funktionalistischer »Daseinsapparate«, die »vor allem den Staat, die Wirtschaft, die Technik und die Wissenschaft« umfassen, »nebst jenen Parteien, Verbänden, Gewerkschaften und sonstigen Organisationen, welche diese Daseinsapparate betreiben oder sogar appropriiert

2 Arnold Gehlen, *Moral und Hypermoral*, S. 151.
3 Vgl. ebd., S. 56, wo Gehlen »*Verpflichtungsgefühle* gegenüber *unsichtbaren Partnern*« behandelt. Zur Kritik an den »moralischen Überforderungen« und »überdehnten Verpflichtungsgefühle[n]« siehe auch Arnold Gehlen, »Aufbau und Wandel der Gesellschaftsstruktur«, in: ders., *Einblicke*, S. 58 f.
4 Für den »Fortschritt im Sinne der Weiterentwicklung von Wissenschaft und Technik, einschließlich ihrer dann unvermeidlichen zahllosen direkten und indirekten Folgen« ist, so Gehlen, »schlechthin niemand verantwortlich«. »Dieser Fortschritt ist zu einem undurchbrechlichen Lebensgesetz der Menschheit geworden, kein einzelner hat moralisch für ihn einzustehen« (»Aufbau und Wandel der Gesellschaftsstruktur«, in: ders., *Einblicke*, S. 59).

haben«.⁵ Die Kehrseite der Versorgung durch die sozialen Institutionen und Organisationen besteht in der Abwanderung der öffentlichen Verantwortung »in das private Leben von jedermann«.⁶ Mit der Privatisierung der Moral löst sich die politische »Solidargemeinschaft« auf, der »Ruf nach Verantwortung« verkümmert zur folgenlosen Parole, in der sich die »Unbestimmtheit« der eingeforderten Pflichten widerspiegelt.⁷ Gleichzeitig verlagern sich die Verantwortlichkeiten ins Innere der Apparate, denen gegenüber die Akteure primär Rechenschaft für ihre Handlungen schuldig sind. Der Subjektivierung der Moral entspricht ihre Funktionalisierung – die Zerfaserung und Zerteilung konkreter Verantwortlichkeiten im Getriebe verselbständigter Operationen, die zu der Frage führen, »welchen praktikablen Sinn man dem Begriff der Verantwortung denn angesichts der Tatsache noch geben kann, daß die Folgen der Entscheidungen sich vielfach kaum noch ausmachen lassen«.⁸ Die Konsequenz der Herauslösung autonomer Systemrationalitäten aus dem Einfluß- und Steuerungsbereich personaler Individuen besteht nach Friedrich Tenbruck in der Einsicht in »die Grenzen aller Verantwortung, und es ist unheilvolle Hybris zu vergessen, daß wir nicht für den ganzen Lauf der Welt verantwortlich sein können, sondern nur für das, was in unserer Macht steht«.⁹

Die Einschränkung des Verantwortungsraumes auf den individuellen Machtbereich, der den verselbständigten Gewalten funktionaler Daseinsapparate in relativer Ohnmacht gegenübersteht, bildet das zentrale Dilemma der Fortschrittsdynamik hochmoderner Gesellschaften, auf das mit einer entsprechenden Modifizierung personaler Verantwortungskompetenz reagiert werden muß. Dies läßt sich besonders bei Hans Freyer beobachten, der den »Raum« der Verantwortung im Unterschied zum Geltungsbereich konkreter Pflichten als normativ offenen und situativ auszufüllenden Rahmen personaler Handlungsfähigkeit bestimmt.¹⁰ Auch in funktional differenzierten Zusammenhängen besitzt der Verantwortungsraum eine »personale Mitte« und reicht »in den menschlichen Lebensgrund irgendwelcher Personen« hinab, so »daß ein soziales System, sofern es sich in Verantwortungsräume aufgliedert, in den Personen abgestützt« ist.¹¹ In der personalen Abstützung liegt für Freyer

5   Friedrich H. Tenbruck, »Verantwortung und Moral«, S. 38.
6   Ebd., S. 38, S. 39.
7   Ebd., S. 40.
8   Ebd., S. 43.
9   Ebd.
10 »Eine Verantwortung kann demnach nicht in dem Sinn erfüllt werden, wie eine Pflicht erfüllt wird. Sie wird gleichsam ausgefüllt wie ein Lebensraum, den die Person ganz durchdringt, mit dem sie sich identifiziert und dessen Anforderungen sie fallweise erfüllt.« (Hans Freyer, »Verantwortung – heute«, S. 199.)
11 Ebd., S. 200, S. 202 f.

die Ursache, »daß selbst ein technisch und bürokratisch so hochorganisiertes sekundäres System wie die gegenwärtige Arbeitswelt keineswegs durchgängig nach dem Prinzip bevorschrifteter Sachleistungen organisiert ist«.[12] Hierfür gibt es zwei Gründe: Zum einen hat die zunehmende Versachlichung der Arbeitswelt zur Entstehung von nicht geregelten Aufgabenfeldern geführt, die nur durch den engagierten Einsatz verantwortungsbewußter Individuen ausgefüllt werden können. Und zum anderen erzeugen Unternehmen und Organisationen mit steigender Binnendifferenzierung »Herde und Kerne von Eigenverantwortung«,[13] weil sie darauf angewiesen sind, Zuständigkeiten und Initiativen an ihre Mitglieder zu delegieren. Die Forderung, den »Menschen zum Verantwortungsbewußtsein zu erziehen«, ist deshalb trotz ihres scheinbar anachronistischen Charakters »eine durchaus zeitgerechte Forderung«. Sie »ist zeitgerecht sogar in einem doppelten Sinn; denn der sittliche Wert, um den es dabei geht, ist in jeder Gemeinschaft, auch in unserer Gesellschaftsordnung, unverzichtbar, aber zugleich ist er in ihr gefährdet«.[14]

Die soziologische Kritik am Verantwortungsbegriff, so wie sie sich zeitgleich mit seiner philosophischen Euphemisierung herausgebildet hat, verbindet die Einsicht in die Grenzen der Steuerbarkeit komplexer Systeme mit der Forderung nach personaler Verantwortungskompetenz, die auf dem Weg der aktiven Übernahme von Handlungsaufgaben wirksam wird, denen keine unbedingten Handlungsverpflichtungen, sondern *offene Verantwortungsräume* zugrunde liegen. In ausdifferenzierten Planungs- und Entscheidungsprozessen ist, so Helmut Schelsky, »die Sinnhaftigkeit jedes Gesamtvorganges und damit die Verantwortung für ihn zerstückelt und auf die daran beteiligten Einzelnen aufgeteilt worden: jeder kann seinem teilhaften Handlungsbeitrag nur in bezug auf das Ganze noch einen entscheidenden Sinn beimessen, ist damit aber auch in der ethischen Verantwortung seines Handlungsteils auf die Moral aller Beteiligten angewiesen«.[15] Komplexe Sozialprozesse rufen aufgrund ihrer funktionalen Differenziertheit und kognitiven Unüberschaubarkeit handlungspraktische Abhängigkeitsverhältnisse hervor, die sich in einer Rückbindung sachlicher Handlungszwecke an moralische und evaluative Orientierungen niederschlagen. Die normative Kontingenz hochmoderner Gesellschaften hat nicht allein die Unangemessenheit traditioneller Verantwortungskategorien zur Folge, sondern auch die Entstehung neuer Verantwortungsfelder, die durch die operative Dynamik der Systeme selbst hervorgetrieben werden.

---

12 Ebd., S. 208.
13 Ebd., S. 209.
14 Ebd., S. 210.
15 Helmut Schelsky, »Zukunftsaspekte der industriellen Gesellschaft«, S. 26 f.

2.2 Limitative Verantwortlichkeit

Eine Revision des Verantwortungsprinzips hat sich deshalb vor allem an der Vermeidung zweier Extreme zu bewähren. Auf der einen Seite muß die Diagnose von der modernisierungsbedingten *Unverantwortbarkeit* systemfunktionaler Prozesse zurückgewiesen werden. Sie gehört ins Reich der sozialwissenschaftlichen Mythenbildung, beruht auf einem fortschrittsfatalistischen und damit geschichtsphilosophischen Zivilisationsverständnis, das die sachgesetzliche Differenzierung moderner Gesellschaften mit ihrer schicksalhaften Dynamisierung verwechselt, die angeblich zu einem anonymen Geschehen ohne Partizipation identifizierbarer Handlungssubjekte führt.[16] Hierhin gehört auch die Leugnung der verantwortungspraktischen Einflußnahme auf systemische Prozesse aufgrund ihrer operativen Geschlossenheit und autonomen Selbstorganisation. Sie gründet in einem Mythos der sozialen Komplexität, der aus den Schwierigkeiten der Anwendung des Verursacherprinzips auf uneindeutige Kausalzusammenhänge die Unmöglichkeit der Attribution von Verantwortlichkeiten überhaupt folgert.[17] Zu dieser Diagnose gelangt nur derjenige, der die gesellschaftlichen Teilsysteme in spätidealistischer Tradition als ontologische Monaden betrachtet, die mit ihrer Umwelt nur durch die Erzeugung eigener Innenwelten in Kontakt stehen.[18] Die These der systemischen Verantwortungslosigkeit beruht auf der erkenntnistheoretischen Metaphysik der Identitätsbildung qua Differenzsetzung und gehorcht der Logik des ausgeschlossenen Dritten, wonach funktionale Teilbereiche entweder ihren eigenen Reproduktionscodes folgen oder einer allmächtigen Interventionsinstanz bedürfen, die in ihre autopoietische Innenwelt eingreift, ohne daß ein Zwischenweg möglich wäre.[19]

16 So auch bei Hermann Lübbe: »Wir machen gegenwärtig Erfahrungen unserer Abhängigkeit von evolutionären Verläufen unserer Zivilisation, die handlungsbestimmt sind, aber ersichtlich gesamthaft weder im guten noch im bösen handlungsrational interpretiert werden könnten. Man kann das auch so ausdrücken: Der Zivilisationsprozeß ist ein Vorgang ohne Handlungssubjekt.« (»Moralismus oder fingierte Handlungssubjektivität in komplexen historischen Prozessen«, S. 299.) Zur Fortschritts- und Modernisierungskritik Lübbes vgl. Ludger Heidbrink, »Kultur als Kompensation von Modernisierungsschäden?«, S. 42–52.
17 So bei Niklas Luhmann, *Ökologische Kommunikation*, S. 28 f.
18 Exemplarisch hierfür Peter Fuchs, *Intervention und Erfahrung*, S. 15–23.
19 So zu beobachten bei Niklas Luhmann, *Die Wirtschaft der Gesellschaft*, wo die Schwierigkeiten der sozialen Steuerung auf das Nichtvorhandensein eines ›Supersubjekts‹ (S. 327) bzw. einer ›Ebene der Gesamtsystems‹ (S. 341) zurückgeführt werden. Der Grund hierfür liegt in den rationalitätstheoretischen Prämissen der Systemtheorie, wonach die Vernunft ihre eigenen Unterscheidungen nicht noch einmal beobachten kann, so daß keine

Auf der anderen Seite muß ein illusorischer und anachronistischer *Verantwortungsindividualismus* vermieden werden, der vorrangig von der moralischen Entscheidungsbereitschaft und Einsichtsfähigkeit personaler Individuen ausgeht. So richtig es ist, daß die persönliche Verantwortung auch in funktional differenzierten Handlungszusammenhängen »der Prototyp der moralischen Verantwortlichkeit«[20] bleibt, so unzureichend ist es, die persönliche Entscheidung zur Lösungsinstanz für konfligierende Teilverantwortlichkeiten zu machen und in einer Moral der konkreten Humanität zu verankern, die sich aus Mitmenschlichkeit, Mitemotionalität, Fairneß, Toleranz und Menschenliebe speist.[21] Das gleiche gilt für die Untermauerung verantwortlichen Handelns durch eine eudämonistische Tugendethik, die auf die »personale Sinnfähigkeit« glückssuchender Individuen baut, um so die »Bereitschaft zur Einsicht« in die Praxis der Verantwortung zu fördern, die dort beginnt, »wo sie oft nicht wahrgenommen wird«.[22] Daß verantwortungsbewußtes Handeln auf tugendhafte Dispositionen angewiesen ist, »Klugheit« sowie »Einstellungen der Gelassenheit, Besonnenheit und Gerechtigkeit«[23] zur Voraussetzung hat, stellt eine moraltheoretische Selbstverständlichkeit dar und gehört zum Grundrepertoire des herkömmlichen Verantwortungsprinzips.[24] Genauso unstrittig ist es, daß verantwortliches Handeln von der »Bereitschaft und Fähigkeit des Einzelnen« abhängt, seinen Aufgaben »aus eigener Einsicht« nachzukommen, und somit »alle Verantwortung an Selbstverantwortung gebunden [ist], hinter der nichts anderes als eine Selbstverpflichtung steht«.[25]

Wo Verantwortlichkeiten an die einsichtige Selbstverpflichtung von Individuen zurückgebunden werden, ist dem alten Phänomen der intelligiblen Tatverantwortung moralischer Personen, wie es von Kant behandelt wurde, im Grunde nichts Neues hinzugefügt. Die eigentliche Frage, ob die Individualisierung des Verantwortungsprinzips dem Umgang mit den Folgeproblemen komplexer Handlungsprozesse noch angemessen ist, bleibt auf diese Weise unbeantwortet. In ähnlicher Weise

umfassende Bewertung sozialer Prozesse möglich ist – eine Diagnose, die freilich genau die umfassende Rationalität zur Voraussetzung hat, die sie in Zweifel zieht: vgl. ders., *Die Gesellschaft der Gesellschaft*, S. 171–189.

20 Hans Lenk, »Praxisnahe Ethik für die Wissenschaft«, in: ders., *Zwischen Wissenschaft und Ethik*, S. 38.
21 Vgl. den entsprechenden Forderungskatalog bei Hans Lenk, *Konkrete Humanität*, S. 456–458.
22 Otfried Höffe, *Moral als Preis der Moderne*, S. 140, S. 285.
23 Ebd., S. 260.
24 Zur kritischen Auseinandersetzung mit den Verantwortungsmodellen von Lenk und Höffe vgl. Ludger Heidbrink, *Grenzen der Verantwortung*, S. 279–288.
25 Volker Gerhardt, *Selbstbestimmung*, S. 308 (i. Orig. kursiv).

kaschiert auch die Rede von der »inneren Betroffenheit«[26] des Handelnden und der »Stimme seines Gewissens«[27] die offensichtliche Ratlosigkeit, die das Gros der aktuellen Verantwortungstheorien angesichts komplexer Sozialkontexte kennzeichnet. Die Fixierung auf das Prinzip personaler Selbstverantwortung, sei es tugend- oder vernunftethisch fundiert, besitzt vor dem Hintergrund vernetzter Gesellschaftsprozesse einen anachronistischen Charakter, dem durch die Berücksichtigung normativer und kognitiver Handlungsgrenzen abgeholfen werden muß.

Um den Handlungsproblemen in einer zunehmend komplexeren Wirklichkeit gerecht zu werden, bedarf es eines dritten Weges, der zwischen systemischem Verantwortungsdefaitismus und individualistischem Verantwortungsoptimismus hindurchführt. Statt die Eigendynamik funktionaler Prozesse als naturgeschichtliches Geschehen hinzunehmen und sich mit der sarkastischen Beobachtung ihrer Selbstorganisation zufrieden zu geben, müssen die Chancen der Intervention in komplexe Verläufe neu bewertet werden.[28] Anstatt auf eine humanitäre Appellmoral zu setzen und den Einzelnen an seine basalen Handlungsverpflichtungen zu erinnern, müssen seine normativen Überforderungen und kognitiven Irritationen in den Vordergrund gestellt werden.[29] Notwendig ist eine Verschränkung von systemischer Steuerungsfähigkeit und individueller Verantwortungskompetenz, die das begrenzte Handlungsvermögen personaler Akteure mit einbezieht. Der Verantwortungsbegriff ist nur dann weiterhin sinnvoll verwendbar, wenn er als *Grenzkonzept* im Spannungsfeld von personaler und systemischer Verantwortung fortentwickelt wird, seine Unangemessenheit und Fiktionalität genauso wie sein Realismus und Kontextualismus Berücksichtigung finden.

Die Fortentwicklung des Verantwortungsbegriffs zu einem limitativen und probabilistischen Konzept des Umgangs mit komplexen Handlungsfolgen muß an die im vorigen Kapitel behandelten Modelle der Organisations- und Systemverantwortung anknüpfen, ohne dabei die Erfolgsgeschichte des Verantwortungsprinzips völlig aus den Augen zu verlieren. Denn der Tradition des Verantwortungsbegriffs verdanken wir wichtige Einsichten sowohl in seine Leistungsfähigkeit als auch in seine Beschränktheit, in seine problematischen moralphilosophischen Voraussetzungen wie in seine handlungspraktische Effektivität, die von den nachfolgenden Versuchen seiner Erweiterung und Organisation nicht wesentlich übertroffen werden. Die Revision der Verantwortungskategorie

---

26 Wolfgang Böcher, *Selbstorganisation – Verantwortung – Gesellschaft*, S. 440.
27 Stephan Wehowsky, *Über Verantwortung*, S. 30.
28 Zur falschen Alternative ›Sachzwang oder Verantwortung‹ siehe auch Alexander Demandt, »Zur Trichterstruktur historischer Prozesse«, S. 275–278.
29 Vgl. auch Wolfgang Kersting, »Zur ethischen Entsorgung der Modernisierungslasten«, in: ders., *Kritik der Gleichheit*, S. 325–327.

muß deshalb, jedenfalls in Teilen, mit seiner Rehabilitierung einhergehen; sie ist nur als Verteidigung der Verantwortung gegen ihre Kritiker und Apologeten zu verwirklichen. Zielsetzung ist dabei die kontextualistische Vereinfachung des Verantwortungsprinzips, die durch die Umschiffung der beiden Klippen eines ausfernden Typologisierungswahns und eines allzu simplen Basismodells von Verantwortlichkeit erreicht werden muß. Die Spezialisierung der Verantwortungstypen und -ebenen ist rückgängig zu machen, sie führt zu keiner genaueren Wirklichkeitserfassung, steigert nicht unser normatives Orientierungsvermögen, sondern erzeugt ein illusionistisches Gespinst aus Klassifizierungen und Anteilsberechnungen, denen jede Bodenhaftung und Praktikabilität fehlt. Die Reduzierung der Verantwortungsdimensionen darf freilich nicht um den Preis eines erneuten Reduktionismus durchgeführt werden, der sich in einem eindimensionalen Handlungsmodell niederschlägt, das die Vielfalt sozialer Interaktivitäten und prozessualer Vernetzungen auf die Einfalt eines leitenden Verantwortungstypus eindampft.

Es geht vielmehr darum, die Grundstruktur des Verantwortungsprinzips so weit zu differenzieren, daß sich daraus Anleitungen für eine kontextuelle Prozeß- und Wirkungsverantwortung in komplexen Kontexten gewinnen lassen. Erforderlich ist keine neue Theorie der Verantwortung, sondern eine umsichtige und angemessene *Vervollständigung* der verantwortungsphilosophischen Standardtheorien. Zu diesem Zweck muß abschließend geprüft werden, wie und wo sich das Verantwortungsprinzip weiterhin anwenden läßt, welche Praktikabilität und Wirklichkeitsnähe es in den komplexen Kontexten hochmoderner Gesellschaften besitzt.

3. Die Verantwortung der Verantwortungsgesellschaft

Um die Frage nach der verbliebenen Leistungsfähigkeit von Verantwortungskonzepten im Kontext komplexer Gesellschaften beantworten zu können, ist es vor allem notwendig, die Praxisrelevanz und methodologische Plausibilität des Verantwortungsprinzips unter pluralistischen und heterogenen Handlungsbedingungen wieder ins Zentrum der Aufmerksamkeit zu rücken. Dies soll im folgenden mit Blick auf die sogenannte Verantwortungsgesellschaft geschehen, die seit geraumer Zeit als Heilmittel gegen ein prozedurales, an den Grundrechten und negativen Freiheiten des Individuums orientiertes Gesellschaftsverständnis eingefordert wird. Es wird sich zeigen, inwieweit das zivilgesellschaftliche Verantwortungsprinzip in der Lage ist, auf die Anspruchskollisionen und Interessenkonflikte in pluralistischen Gemeinwesen eine angemessene Antwort zu geben.

KRITIK

3.1 Liberale Selbstverantwortung

Der Ruf nach der »Verantwortungsgesellschaft« (Amitai Etzioni) ist vor allem aus der kommunitaristischen Kritik an einer Reihe regulativer und organisatorischer Mängel der liberalen Gesellschaftsordnung hervorgegangen. Die Diskussion um das Verhältnis von Kommunitarismus und Liberalismus, die ihren Zenit in den 1990er Jahren erreichte, ist inzwischen abgeebbt, ihre Streitpunkte und Fragestellungen sind gleichwohl aktuell geblieben.[30] So zielt die kommunitaristische Kritik am Liberalismus im wesentlichen auf vier Punkte: die Zurückweisung der atomistischen Auffassung sozialer Individuen und die Parteinahme für das kollektiv situierte, in Zugehörigkeitsbeziehungen und Wertverhältnisse eingelassene Gemeinschaftssubjekt; die Infragestellung der neutralen Legitimationspraxis verbindlicher Rechtsnormen und moralischer Prinzipien, die vielmehr auf dem Boden materialer Überzeugungen des Guten und Wichtigen stattfindet; die Ablehnung eines rein prozeduralen Politikverständnisses und die Favorisierung einer republikanischen Bürgerdemokratie auf der Grundlage der partizipatorischen Teilhabe an gesellschaftlichen Entscheidungs- und Entwicklungsprozessen; und schließlich, wenn man hierin noch einen eigenständigen Punkt sehen will, die Einbettung universalistischer Normenfindungsverfahren in die Kontexte ihrer Rechtfertigung, die Untermauerung und Konkretisierung abstrakter Geltungsprinzipien durch die Orientierung an partikularen, historische und kulturelle Besonderheiten umfassenden Sinn- und Wertvorstellungen.[31]

Die kommunitaristischen Einwände treffen, jedenfalls auf den ersten Blick, wichtige Defizite eines liberalistisch verengten Verantwortungsbegriffs, der vorrangig durch die Selbstverantwortung autonomer Individuen und ein negatives Freiheitsverständnis sozialer Subjekte gekennzeichnet ist. Exemplarisch hierfür ist der egalitäre Liberalismus von John Rawls, wonach die Rechtmäßigkeit von Umverteilungen sich nicht an den Begabungen und Verdiensten natürlicher Personen bemißt, sondern an transzendentalen Gleichheitsbedingungen, die das normative Fundament gerechtigkeitstheoretischer Eingriffe in die soziale Ordnung darstellen. Auch wenn man Rawls zugute hält, daß er die institutionellen

30 Zur Kommunitarismus-Liberalismus-Debatte siehe die Beiträge in Christel Zahlmann (Hg.), *Kommunitarismus in der Diskussion*; Axel Honneth (Hg.), *Kommunitarismus. Eine Debatte über die moralischen Grundlagen moderner Gesellschaften*; Micha Brumlik und Hauke Brunkhorst (Hg.), *Gemeinschaft und Gerechtigkeit*.
31 Siehe zu den einzelnen Punkten Rainer Forst, »Kommunitarismus und Liberalismus – Stationen einer Debatte«, S. 181–212. Vgl. auch Wolfgang Kersting, »Liberalismus und Kommunitarismus«, in: *Recht, Gerechtigkeit und demokratische Tugend*, S. 412–431.

Voraussetzungen und soziopolitischen Kontexte in das Legitimationsverfahren einer wohlgeordneten Gesellschaft mit einbezieht und das aus dem Fairneßprinzip gespeiste Interesse an ihrer Verwirklichung als eigenständiges Gut betrachtet, ist sein Begriff der Verantwortung vorrangig auf die Fähigkeit der rationalen Lebensplanung und die Selbstzurechnung der im Rahmen einer gerechten Gesellschaftsordnung gefällten Entscheidungen und der durch sie intendierten Handlungsziele zugeschnitten.[32] Verantwortung tragen Individuen nach Rawls nicht für ihre durch besondere Leistungen erwirtschafteten Erträge, nicht für ihre aufgrund von Begabung und Talent erworbenen Verdienste, sondern für die Einhaltung der Verfahrensregeln, unter deren Voraussetzung sich eine faire und gerechte Verteilung des gemeinschaftlichen Eigentums erreichen läßt.[33]

Der Verantwortungsbegriff von Rawls wurzelt in der Fähigkeit moralischer Individuen, ihre persönlichen Präferenzen und Vorlieben der als gerecht und fair erachteten Verfassung eines Gemeinwesens unterzuordnen, sich nicht nur auf eine Reihe von Grundgütern zu einigen, sondern die eigenen Ansprüche auch an ihnen auszurichten.[34] Das Selbst dieser Verantwortung ist das seiner natürlichen Talente und Begabungen entledigte Willenssubjekt, das aus seinen sozialen Ausgangskontexten herausgelöste Individuum, das zwar seine Verdienstanrechte in autonomer Regie erwirbt, über deren Rechtmäßigkeit jedoch erst die auf gesellschaftlicher Ebene erarbeiteten Gerechtigkeitsgrundsätze und das sie leitende Differenzprinzip entscheiden. Indem Rawls die politische Bürgerverantwortung für gemeinsame Ziele als Fähigkeit zum Einhalten der fairen Kooperationsbedingungen bestimmt, so wie sie unter dem Schleier der Unwissenheit zustande gekommen sind, koppelt er das normative Prinzip der *Selbstverantwortung* vom praktischen Prinzip der *Eigenverantwortung* ab und macht die kausale Selbstzurechnung von Handlungen zum Fundament moralisch angemessenen Sozialverhaltens.[35] Damit

32 Zur »Verantwortung für das, was man tut«, vgl. John Rawls, *Eine Theorie der Gerechtigkeit*, S. 563 (siehe auch ebd., S. 427). Zur »Verantwortlichkeit für Ziele« vgl. ders., »Gerechtigkeit als Fairneß: politisch und nicht metaphysisch«, in: ders., *Die Idee des politischen Liberalismus*, S. 282.
33 Die Verantwortung der Bürger eines politischen Gemeinwesens besteht nach Rawls darin, ihre »Ziele und Bestrebungen dem anzupassen, wovon sie vernünftigerweise erwarten können, daß ihre Mittel zu seiner Realisation ausreichen. Darüber hinaus halten wir sie für fähig, in Fragen der Gerechtigkeit ihre Ansprüche auf diejenigen Dinge zu beschränken, welche die Gerechtigkeitsgrundsätze zulassen.« (*Politischer Liberalismus*, S. 103.)
34 Zur »Verantwortung für Präferenzen und Vorlieben« vgl. ebd., S. 279, S. 281.
35 Deutlich wird der eigenschaftslose Charakter des Selbstverantwortungsprinzips vor allem in der Formulierung, daß »unsere Natur als vernünftige und

aber wird das selbstverantwortliche Individuum gleichermaßen überfordert und unterfordert, weil es gezwungen ist, seine Verdienstanrechte gänzlich aus eigener Kraft zu erschaffen, während es zugleich aus der Verpflichtung zu einer eigenverantwortlichen Lebensführung entlassen wird und sich in den eigenschaftslosen Adressaten einer egalitaristischen Gerechtigkeitspolitik verwandelt.

Die Gründe für diese paradoxen Konsequenzen liegen in einem reduktionistischen Personenverständnis, durch das die kontingenten Eigenschaften menschlicher Individuen – ihre natürlichen Begabungen und soziale Ausgangsposition – neutralisiert und als willkürliche Attribute einer personalen Substanz betrachtet werden, die der moralischen Korrektur durch die gemeinsam erarbeiteten gerechtigkeitstheoretischen Grundsätze bedürfen.[36] Wo die Selbstverantwortung autonomer Individuen von den natürlichen und sozialen Kontexten ihrer Handlungsbefähigung abgekoppelt und ihre Vermögen zu einem kollektiven Gut gemacht werden, über deren Aufteilung die Instanz der Gesellschaft befindet, bleibt kein Raum für *eigenverantwortliche Initiativen*, durch die sich der Einzelne den Anspruch auf die Teilhabe an seinen persönlichen Verdiensten erwirbt. Wird die Selbstverantwortlichkeit auf die Fähigkeit zur Befolgung eines rationalen Lebensplanes und die Subsumption subjektiver Präferenzen unter das Ziel der sozialen Kooperation reduziert, so fehlt der Platz für eine eigenständige Lebensführung, in der jeder aus freier Einsicht in die gerechten Ordnungsbedingungen seine Anlagen und Vermögen in Abhängigkeit von äußeren Umständen entfaltet, die er nicht vollständig in der Hand hat.[37]

Der egalitäre Liberalismus beruht auf einer Dekontingentisierung sozialen Handelns, die sich in der Abspaltung der individuellen Selbstverantwortung für das Einhalten der gemeinschaftlichen Kooperationsbedingungen von der persönlichen Eigenverantwortung für die Verwirklichung der subjektiven Vermögen niederschlägt. Die wechselseitige *Ergänzung von Selbst- und Eigenverantwortung* ist für eine wohlgeordnete Gesellschaft wesentlich, weil nur beide Verhaltensformen zusammen zur Realisierung der politischen Solidarität führen, die den Brückenschlag vom Rechts- zum Sozialstaat ermöglicht, der mit den Mitteln einer egalitaristischen Verteilungspolitik allein nicht zu leisten ist.[38] Der moralisch-politische Sozialstaat benötigt das aus der Verbin-

verantwortungsbewußte Wesen losgelöst von der Gesellschaft in nichts als einem Potential für eine Reihe von Möglichkeiten besteht« (»Die Grundstruktur als Gegenstand«, in: ders., *Die Idee des politischen Liberalismus*, S. 67).

36 Vgl. Wolfgang Kersting, *Theorien der sozialen Gerechtigkeit*, S. 118–147.
37 Zur Kritik an Rawls' Lebensplankonzept vgl. auch Christoph Menke, »Liberalismus im Konflikt«, S. 236–239.
38 Siehe dazu oben Teil V. 1.2.

dung von Selbstverantwortung und Eigenverantwortung hervorgehende Bewußtsein einer *sozialpolitischen Verantwortung*, die zur Grundversorgung der Gesellschaftsmitglieder führt und jedem die gleichen Entwicklungschancen einräumt, nicht weil es aus Gründen der ausgleichenden Gerechtigkeit geboten ist, sondern aus Gründen der entschädigenden Solidarität – aus der Überzeugung, daß unverhältnismäßige Benachteiligungen unsere kollektiv organisierte Hilfsbereitschaft erfordern.[39]

Die Voraussetzungen für die Verwirklichung der politischen Solidarität mit denjenigen Gesellschaftsmitgliedern, die aufgrund ihrer sozialen Startposition, ihrer natürlichen Begabungen und Daseinsbedingungen nicht von alleine in der Lage sind, ein menschenwürdiges Leben zu führen, sind auf ihre Art allerdings weitaus anspruchsvoller als die Voraussetzungen einer aus distributiven Gerechtigkeitsgeboten abgeleiteten Wohlfahrtspolitik. Denn die aus Solidaritätsgeboten ausgeübte sozialpolitische Verantwortung setzt eine schon in ihren Grundzügen *funktionierende Verantwortungsgesellschaft* voraus, ist ihrerseits angewiesen auf eine Reihe von Basisbedingungen, die erfüllt sein müssen, damit ein wohlgeordnetes Zusammenspiel der sozialen Kräfte zustande kommt. Zu diesen Bedingungen gehören nicht nur staatliche Institutionen und Versorgungssysteme, die die Organisation mitbürgerlicher Solidarität effizient vorantreiben, anstatt sie auf hohem administrativem Niveau zu verwalten; gehört nicht nur eine Arbeitsmarkt-, Steuer- und Tarifpolitik, die sich nicht allein an der monetären Unterstützung, sondern den Beschäftigungschancen von Arbeitnehmern orientiert; gehören nicht nur eine Gesundheits- und Rentenpolitik, die den Betroffenen individuelle Krankenversicherungen und private Altersvorsorge zumutet, und eine Bildungspolitik, die die Entwicklungschancen und Entfaltungsmöglichkeiten des Einzelnen fördert. Die Verantwortungsgesellschaft bedarf vor allem eines veränderten Verantwortungsbewußtseins, das die Einsicht in die Notwendigkeit politischer Solidarität, die nicht mehr von der Ungleichheit, sondern Unterversorgung der Gesellschaftsmitglieder ausgeht, in die Praxis umsetzt. Um den rationalen Egoisten und kooperativen Nutzenmaximierer davon zu überzeugen, daß Anteile an den kollektiv erwirtschafteten Mitteln auch denjenigen zustehen, die nicht oder nur bedingt zu ihrem Zustandekommen beigetragen haben, daß ein Recht auf Grundversorgung und Chancengleichheit allen Gesellschaftsmitgliedern zukommt, ohne daß hierfür gerechtigkeitstheoretische Gründe geltend gemacht werden können, ist ein soziales Verantwortungsbewußtsein erforderlich, das die Selbstzurechnung von Handlungsgründen mit dem Eintreten für ihre Verwirklichung verbindet, ist mithin eine *verantwortungspraktische Zivilgesellschaft* vonnöten, in der sich die autonome

---

39 Vgl. Wolfgang Kersting, »Politische Solidarität statt Verteilungsgerechtigkeit«, in: *Politische Philosophie des Sozialstaats*, S. 237–246.

KRITIK

Selbstverantwortung moralischer Individuen und die heteronome Eigenverantwortung sozialer Personen wechselseitig ergänzen und aktivieren.

3.2 Kommunitäre Verantwortungsgemeinschaft

Hier verspricht das kommunitaristische Verantwortungsverständnis wichtige Korrekturen am liberalistischen Personen- und Gesellschaftsbegriff, für die grundsätzlich verschiedene Wege zur Verfügung stehen. So läßt sich die soziale Verantwortungspraxis mit Alasdair MacIntyre aus einem *holistischen Identitätsbegriff* ableiten, der Personen als eigenverantwortliche Autoren ihres Lebens betrachtet, die in einen gemeinschaftlichen Geschehenszusammenhang eingebunden sind. Personale Identität erhalten Individuen erst vor dem Hintergrund ihrer eigenen Lebensgeschichte, als Subjekte einer narrativen Teleologie, die unmittelbar mit der Geschichte der Gesellschaft verflochten ist, in der sie leben. Ihre Verantwortungsfähigkeit entsteht im Kontext historisch und kulturell gewachsener Lebensformen, vor dem Hintergrund einer Nationalgesellschaft, für deren Bestand und Aufrechterhaltung sie verantwortlich sind.[40]

Nach Charles Taylor beruht die soziale Verantwortungspraxis auf einem *evaluativen Selbstverständnis*, durch das Individuen aufgrund »starker Wertungen«, die aus der Zugehörigkeit zu einer Gemeinschaft hervorgehen, zu einem qualitativen Begriff der Person gelangen, die nicht nur für ihre Handlungen, sondern auch für ihre Präferenzen, Wünsche und Einstellungen verantwortlich ist.[41] Die mit dem Selbstbild von Individuen verbundene Verantwortlichkeit ist Ausdruck persönlicher Authentizität, die ihrerseits in soziokulturellen Hintergrundbedingungen verwurzelt ist, zu denen wir zwar auf Abstand gehen können, die jedoch konditionaler Bestandteil unserer Identität sind.[42] Aufgrund der konstitutiven Angewiesenheit auf werthaltige Lebensformen, auf starke »Zugehörigkeitsbeziehungen«[43] und qualitative Bindungen tragen wir Verantwortung für die Verwirklichung einer Gesellschaft, die es möglich macht, »uns selbst als Angehörige einer umfassenderen Ordnung zu sehen, die ihre Ansprüche an uns stellen kann«.[44] Wir besitzen als Lebewesen, die auf starke Wertungen und tiefe Überzeugungen angewiesen sind, die Verpflichtung zur Etablierung einer ›korporativen‹ Demokratie und partizipartorischen Bürgergesellschaft, in der sich die Anerken-

40 Vgl. Alasdair MacIntyre, *Der Verlust der Tugend*, S. 290–294.
41 Charles Taylor, »Was ist menschliches Handeln?«, in: ders., *Negative Freiheit? Zur Kritik des neuzeitlichen Individualismus*, S. 24–28; zu reflexiven »Umwertung« unserer Wertüberzeugungen ebd., S. 43–48.
42 Vgl. Charles Taylor, *Quellen des Selbst*, S. 15–104.
43 Ebd., S. 886.
44 Charles Taylor, *Das Unbehagen an der Moderne*, S. 102.

nung von kulturellen Differenzen mit einer deliberativen Öffentlichkeit verbindet, in der die vitale Selbstorganisation moderner Gemeinwesen auf dem Fundament einer kollektiven Identität stattfindet, die den Sinn für gegenseitigen Respekt aus einem ›Gefühl der Solidarität‹ für die Mitbürger entstehen läßt.[45]

Ein weiterer Weg zur postliberalen Verantwortungsgesellschaft, der weitaus stärker als Alasdair MacIntyre und Charles Taylor ihre Zerbrechlichkeit und Zufälligkeit mit einbezieht, findet sich in der *perfektionsethischen Deutung menschlicher Personalität* von Richard Rorty. Danach besteht zwischen der privaten Moral der »Selbstschaffung« und dem öffentlichen Gut der »Solidarität« keine zwingende – deduktive oder objektive – Verbindung, sondern nur ein hermeneutisches Junktim, das durch die kulturell geförderte Fähigkeit des ›ironischen‹ Individuums zustande kommt, »fremde Menschen als Leidensgenossen zu sehen«.[46] Im Streben nach persönlicher Vervollkommnung, das vor allem durch die Lektüre literarischer Texte erzeugt wird, begreift sich der Einzelne als Teil eines Kollektivs, das trotz aller weltanschaulichen und politischen Differenzen über eine gemeinsame Sprache verfügt. Das ästhetisch gebildete Subjekt entwickelt im Bewußtsein der Kontingenz seines Selbst und des Gemeinwesens, in dem es lebt, eine produktive »Neubeschreibung« liberaler Gesellschaften, durch die menschliche Solidarität als etwas begriffen wird, das »sich auf das Gefühl einer gemeinsamen Gefahr [gründet], nicht auf einen gemeinsamen Besitz oder eine Macht, an der alle teilhätten«.[47] Das ironische Individuum überwindet die Kluft zwischen dem Privaten und dem Publiken weder durch ein partikulares noch ein universalistisches Kollektivbewußtsein, sondern durch die Einbeziehung sozial und kulturell Fremder in den eigenen Wahrnehmungshorizont, die auf dem Weg der emphatischen Teilnahme an ihrem Schicksal erreicht wird. Aus der Kontingenz unserer moralischen Verpflichtungen folgt, »daß unsere Verantwortung für andere *nur eine*, nur die öffentliche Seite unseres Lebens ausmacht, eine Seite, die im Widerstreit mit unseren privaten Neigungen und privaten Versuchen der Selbstschaffung liegen kann und nicht *automatisch* Priorität vor solchen privaten Beweggründen hat«.[48] Rorty führt die soziale Verantwortung auf einen perfektionsethischen Sinn für Solidarität zurück, durch den sich die Benevolenz

45 Zur partizipatorischen Bürgergesellschaft vgl. Charles Taylor, »Wieviel Gemeinschaft braucht die Demokratie?«, in: ders., *Wieviel Gemeinschaft braucht die Demokratie?*, S. 21–29. Zur Verteidigung eines differenzintegrativen Liberalismus vgl. ders., »Demokratie und Ausgrenzung«, ebd., S. 30–50; ders., *Multikulturalismus und die Politik der Anerkennung*, bes. S. 27–35 und S. 56–71.
46 Vgl. Richard Rorty, *Kontingenz, Ironie und Solidarität*, S. 14–16.
47 Ebd., S. 156.
48 Ebd., S. 313.

der Fürsorge in die Schuldigkeit einer menschenrechtlichen Anteilnahme verwandelt, die allein in der nicht weiter begründbaren Hoffnung verankert ist, daß allen Individuen der gleiche Zugang zu einem leidensfreien Dasein zukommt.[49]

Anders als Rorty mit seiner Trennung zwischen persönlichen Überzeugungen und sozialen Orientierungen, die durch das Common-Sense-Bewußtsein einer umfassenden Toleranz miteinander verbunden sind, verankert Michael Walzer das zivilgesellschaftliche Engagement in einem *konfliktorientierten Begriff des Selbst*, das Bewohner zweier moralischer Universen ist, die sich konzentrisch überschneiden. Nach Walzer besitzen Menschen als Angehörige einer politischen Kultur eine »dichte« partikularistische Auffassung moralischer Überzeugungen, die sich erst im Verlauf der Konfrontation mit konkurrierenden Ansichten in eine »dünne« universalistische Moral der wechselseitigen Achtung verwandelt.[50] Aus diesem Grund lassen sich auch Verteilungsprobleme nur in Hinblick auf partikulare Lebensvorstellungen lösen, verlangt soziale Gerechtigkeit ein Modell »komplexer Gleichheit«, das bei der Zuteilung von Gütern die Verschiedenheit der Anspruchsberechtigten, ihre gesellschaftliche Stellung, Verdienste und Bedürfnisse mit berücksichtigt.[51] Weil die Kriterien der Güterverteilung kollektiv geteilten Wertvorstellungen entstammen, auf deren Gültigkeit sich die Mitglieder einer Gesellschaft von Fall zu Fall einigen müssen, bedarf es nicht nur der Mitgliedschaft und Zugehörigkeit zu einem Gemeinwesen, ist nicht nur ein Sinn für die »Komplexität«[52] der sozialen Verhältnisse nötig, sondern auch die Fähigkeit, von einem distanzierten Standpunkt aus die unterschiedlichen Ansprüche kritisch beurteilen zu können. Da das spätmoderne Individuum aus einer Vielzahl von Eigenschaften besteht, ein ›geteiltes Selbst‹ bildet, das erst im Kontext »einer dicht differenzierten Gesellschaft« seine »verschiedenen Fähigkeiten und Begabungen«, seine »unterschiedlichen Selbstauffassungen ins Spiel bringen kann«,[53] ist eine pluralistische Urteilskraft vonnöten, die zwischen Selbstbestimmung und Toleranz, Eigensinn und Achtung vermittelt. Erforderlich ist eine kreative, sich an die verändernden Anspruchskonflikte anpassende Moral, die die Hinsicht auf das Besondere mit der Rücksicht auf das Allgemeine verbindet und als ›wiederholender Universalismus‹ von den »vielfältigen Formen des Selbstseins« zu den »*differenzierten Gemeinsamkeiten* der Gerechtigkeit« fortschreitet.[54]

49 Vgl. Richard Rorty, »Solidarität oder Objektivität?«, in: ders., *Solidarität oder Objektivität*, S. 31 f.; ders., *Hoffnung statt Erkenntnis*, S. 79–89.
50 Vgl. Michael Walzer, *Lokale Kritik – globale Standards*, S. 13–36.
51 Vgl. Michael Walzer, *Sphären der Gerechtigkeit*, S. 26–64.
52 Vgl. Michael Walzer, *Lokale Kritik – globale Standards*, S. 58–60.
53 Ebd., S. 133.
54 Ebd., S. 152, S. 160.

DIE VERANTWORTUNG DER VERANTWORTUNGSGESELLSCHAFT

Das Austragen der Anspruchskollisionen setzt aus der Sicht Walzers das praktische Engagement der Gesellschaftmitglieder voraus, die sich nicht nur in öffentlichen Verfahren der Meinungsbildung über die Grundsätze ihres Gemeinwesen verständigen, sondern vor allem aktiv an seiner Gestaltung beteiligen müssen. Walzers Idealbild einer funktionierenden Verantwortungsgesellschaft ist nicht die deliberative Demokratie, sondern die partizipatorische Bürgergemeinschaft, die auf die tatkräftige Mithilfe – von der politischen Bildung bis zur Ausrichtung von Wahlkampagnen – ihrer Mitglieder angewiesen ist. Grundlage der aktiven Zivilgesellschaft ist ein polemischer Republikanismus, der dadurch gekennzeichnet ist, daß die Betroffenen mit »Überzeugung und Leidenschaft, Vernunft und Enthusiasmus«[55] ihre Meinungsverschiedenheiten austragen, ohne dabei notwendigerweise zu einer konsensuellen Einigung zu gelangen. Aufgrund des Umstands, daß in pluralistischen Gesellschaften unterschiedliche Ansichten über die gerechte Verteilung von Gütern und die entsprechenden Bewertungskriterien aufeinander prallen, ist das integrative Medium einer liberalen Republik der politische »Streit«,[56] der dafür sorgt, daß durch alle Differenzen hindurch Positionen der Gemeinsamkeit gefunden werden.

Im Unterschied zu Walzers kommunitaristisch revidiertem Liberalismus, der auf der Differenz von individueller Freiheit und kollektiver Gebundenheit beruht, die ein permanentes Oszillieren zwischen intuitiven und reflexiven Einstellungen, zwischen Kontextualismus und Universalismus erforderlich macht, ist für Amitai Etzioni das Selbst integraler Bestandteil lokaler Gemeinschaften. Aus der Sicht Etzionis ist eine umfassende Verantwortungsgesellschaft nur durch die *wertethische Kollektivierung des Selbst* zu realisieren, das sich mit den Grundwerten und Praktiken des Gemeinwesens identifiziert, in dem es lebt. Etzionis Rezepturen gegen den liberalen Individualismus, aus dem seiner Meinung nach der politische und sittliche Zerfall der westlichen Gesellschaften resultiert, umfassen vor allem drei Punkte: die Wiederherstellung eines neuen Gemeinschaftsgefühls durch die Stärkung einer wir-bezogenen Moral, die Eindämmung eines Übermaßes rechtlicher Regelungen durch die freiwillige Übernahme sozialer Pflichten und die Reform politischer Institutionen durch vermehrten öffentlichen Einfluß und Transparenz.[57] Die kommunitäre Verantwortungsgesellschaft ruht auf den Pfeilern nachbarschaftlicher Fürsorge und persönlicher Aufgabenübernahme, basisdemokratischer Einflußnahme auf Entscheidungsprozesse und einem ausgeprägten Sinn für die staatsbürgerlichen Tugenden der Rechtschaffenheit und Gemeinwohlorientierung.

55 Ebd., S.78.
56 Michael Walzer, *Kritik und Gemeinsinn*, S.42.
57 Vgl. Amitai Etzioni, *Die Entdeckung des Gemeinwesens*, S. 1–24, S.282–299.

Etzioni geht es um die Intensivierung affektiver Bindungen an Gemeinschaftsideale und republikanische Erziehungsprogramme, die die menschliche Natur zähmen, es geht ihm um die Anerkennung demokratischer Grundrechte als substantieller Werte und eine assimilatorische Politik der kulturellen Integration. An die Stelle einer deliberativen und prozeduralen Regelung von Anspruchskollisionen sollen private Konfliktlösungen treten, an die Stelle eines abstrakten Verfassungspatriotismus konkrete und abgestufte Loyalitätsverhältnisse. Die Einigung auf die erforderlichen Grundwerte muß im Ausgang vom Einzelnen, aber unter Vorrang der betroffenen Gemeinschaft vollzogen werden. Sie obliegt werthaltigen Überzeugungsdialogen, in denen die Beteiligten auf »bestimmte Vorstellungen« zurückgreifen, die »in und durch sich selbst zwingend erscheinen«. Diese »moralisch selbstevidenten Urteile ähneln dem, was religiöse Autoritäten als *Offenbarung* bezeichnen«.[58] Was für das Individuum gut und für die soziale Ordnung richtig ist, so muß man Etzioni wohl verstehen, entspringt einer Art ethischen Epiphanie, die eine intuitive Verbindung zwischen partikularen Überzeugungen und universellen Normen stiftet. Die paradoxe Konsequenz liegt darin, daß schließlich nicht die Gemeinschaft »die letzte Instanz in moralischen Angelegenheiten« bildet, sondern die Stimme des Einzelnen, der sich an die Werte halten soll, die er »selbst als am stärksten verpflichtend empfindet«.[59]

Von den behandelten Modellen ist Etzionis responsiver Kommunitarismus trotz seiner explizit verantwortungspraktischen Ausrichtung am wenigsten geeignet, ein effektives Grundgerüst für eine komplexitätsorientierte Verantwortungsgesellschaft zur Verfügung zu stellen. Sein Verantwortungssubjekt ist nicht der selbsthandelnde, in heterogene Verpflichtungsräume hineingestellte Mensch, der sich mit widersprüchlichen Auffassungen über das moralisch Richtige konfrontiert sieht, sondern das loyale Mitglied eines überschaubaren Kollektivs, das auf vorgefundene Werte und Regeln zurückgreifen kann. Die Verantwortungsrhetorik von Etzioni kaschiert, daß die Bedingungen der sozialen Gemeinschaftlichkeit und solidarischen Verbundenheit schon erfüllt sein müssen, damit das kommunitäre Programm als sozialpolitische Bewegung in die Praxis umgesetzt werden kann.[60] Ähnlich sieht es mit MacIntyres und Taylors güterethischer Fundierung sozialverantwortlichen Handelns aus, der Rückführung politischen Gemeinsinns und demokratischer Gesinnung auf staatsbürgerliche Tugenden des Patriotismus und nationaler Identifikation. Auch wenn unsere moralische Grammatik in kulturell und historisch geprägten Lebensformen verankert ist, unsere

---

58 Amitai Etzioni, *Die Verantwortungsgesellschaft*, S. 308 (i. Orig. kursiv), S. 309.
59 Ebd., S. 325.
60 Zur kritischen Auseinandersetzung mit Etzionis kommunitaristischem Projekt siehe Walter Reese-Schäfer, *Grenzgötter der Moral*, S. 378–400.

persönlichen Überzeugungen auf eine konsistente Lebensgeschichte angewiesen sind, folgt daraus nicht schon ein verantwortungspraktisches Interesse an einer wohlgeordneten Gesellschaft, ergibt sich auf diesem Weg noch keine Gemeinwohlorientierung, die von partikularen Präferenzen, kulturellen Idionsynkrasien oder religiösen Glaubensinhalten zu abstrahieren vermag. Die Kopplung sozialer Verantwortungspraktiken an ein authentisches Selbst und die Einheit personaler Identität unterschlägt nicht nur den disparaten und fragmentarischen Charakter des Individuums,[61] sondern mündet auch in einen politischen Existenzialismus, der das zivilgesellschaftliche Engagement aufgeklärter Bürger unmittelbar an die substantielle Erfüllung von Sinnansprüchen und Zugehörigkeitsbedürfnissen zurückbindet.

Den holistischen Kurzschluß von der Existenz werthaltiger Ordnungen auf ein republikanisches Verantwortungsbewußtsein vermeidet Rorty zwar, dafür aber bleibt völlig unklar, warum das ironische Subjekt, das primär an seiner Selbstvervollkommung interessiert ist, einen solidarischen Sinn für die Belange anderer Gesellschaftsmitglieder entwickeln soll. Rorty reißt zwischen dem Bereich privater Selbstverwirklichung und der Sphäre des Politischen eine Kluft auf, die sich nur durch den Appell an die Brüderlichkeit der Menschen überbrücken läßt, zwischen denen trotz aller Differenzen ein Band der Gleichheit gespannt sein soll. Rortys Verantwortungssubjekt ist der sensible Kulturalist, der vor dem Hintergrund seiner persönlichen Erfahrungen und Erlebnisse ein Mitgefühl mit Fremden entwickelt und nicht aus menschenrechtlicher Vernunft, sondern ästhetischer Empfindsamkeit die Verantwortung für die Verwirklichung sozialer Solidarität übernimmt.[62] Dagegen betrachtet Walzer das soziale Individuum als streitbereite und multiple Persönlichkeit, die mit den Wassern des normativen Pluralismus gewaschen und in verschiedenen Lebenswelten zu Hause ist. Sein Verantwortungssubjekt ist der in seiner Charakterverfassung hybride und in seinen Werteinstellungen flexible Angehörige ausdifferenzierter Nationalgesellschaften, der in der Lage ist, gegenüber verschiedenen Identitätsvorstellungen, Interessen und Idealen eine Haltung der Toleranz und Achtung zu entwickeln, die den Respekt für das Verschiedene mit dem Engagement für das Wichtige verbindet. Allerdings mangelt es Walzers polemischem Republikanismus an einer staatlichen Absicherung, fehlen durchsetzungsfähige Rechtsinstitute, die der sich selbst organisierenden Zivilgesellschaft

---

61 Eine entsprechende Kritik an MacIntyres Personalitäts- und Verantwortungskonzept findet sich bei Dieter Thomä, *Erzähle dich selbst*, S. 109–114.
62 So die Kritik von Hauke Brunkhorst an Rortys pragmatischem Liberalismus, den er allerdings mit wenig plausiblen Argumenten auf den Boden einer kommunikationstheoretisch verkürzten Solidargesellschaft zurückstellen will: *Solidarität unter Fremden*, bes. S. 130–143.

KRITIK

im Fall nicht lösbarer Anspruchskonflikte unter die Arme greifen. Trotz des nüchternen Blicks auf die Praxis von Anerkennungskämpfen in pluralistischen Gesellschaften dominiert das Vertrauen auf die hermeneutischen Verständigungskräfte des demokratischen Gemeinsinns, wird ein Sockel an kollektiven Werten und leidenschaftlichen Überzeugungen unterstellt, der auch unter Bedingungen des radikalen Widerstreits stabil genug sein soll, um solidarisches Verhalten zwischen den Beteiligten zu stiften.⁶³

3.3 Zivilgesellschaftliche Verantwortungspraxis

Die kommunitären Erweiterungen des liberalen Verantwortungsbegriffs laufen auf einen staatsbürgerlichen Republikanismus und das Projekt einer partizipatorischen Zivilgesellschaft hinaus, in der konkrete Zugehörigkeitsverhältnisse und güterethische Orientierungen sich mit Verfahren der demokratischen Meinungsbildung und öffentlichen Beratung über strittige gesellschaftliche Ansprüche verbinden. Individuen werden vor dem Hintergrund ihrer Lebensgeschichte, ihrer Eingebundenheit in kulturelle und soziale Lebensformen, in Hinsicht auf ihre besonderen Fähigkeiten und Verdienste als reflexive Personen betrachtet, die sowohl zur selbstverantwortlichen Legitimation von Handlungsnormen als auch zur eigenverantwortlichen Verwirklichung von Handlungszielen in der Lage sind. Die Einheit von autonomer Selbstgesetzgebung und heteronomer Selbstverwirklichung, die Berücksichtigung von allgemeinen Kooperationsbedingungen und spezifischen Realisierungskontexten verwandelt das ›ungebundene Selbst‹ in ein Mitglied der ›verfahrensrechtlichen Republik‹,⁶⁴ macht aus dem Individuum der freiheitsverbürgenden Rechte ein Subjekt der freiheitsverwirklichenden Pflichten, das seinen sozialen Aufgaben in fortwährender Auseinandersetzung mit der gemeinschaftlichen Ordnung nachkommt, der es seine Eigenschaften und Vermögen verdankt.

In einem umfassenden Sinn verantwortliche Personen übernehmen nicht nur die Verantwortung für sich selbst, für die Gemeinschaftsordnung, in der sie leben, für kollektive Ziele, auf die sich einigen; sie sind nicht nur Autoren von Normen, Regeln und Gesetzen, die sie auf der Grundlage eines geteilten Wertebestands, gemeinsamer historischer Traditionen und im Rahmen eines Nationalstaats hervorbringen. Sie

---

63 Dieses rechtsstaatliche Defizit kennzeichnet auch die verantwortungspraktische Würdigung Walzers bei Agathe Bienfait, *Freiheit, Verantwortung, Solidarität*, S. 257 f.
64 Vgl. Michael Sandel, »Die verfahrensrechtliche Republik und das ungebundene Selbst«, S. 18–35.

besitzen auch die Verantwortung für die Aufrechterhaltung des gesellschaftlichen Zweckverbandes durch Teilhabe an seiner Selbstorganisation, tragen eigenständig Mitverantwortung für das wohlgeordnete Zusammenspiel der sozialen Kräfte, sind Adressaten von Verpflichtungen, die sie zu initiatorischem Handeln und zur Bewältigung von kollektiven Problemlagen auffordern. Erst auf der Basis von *normensetzender Selbstverantwortung* und *normenverwirklichender Eigenverantwortung* kann eine *sozialpolitische Verantwortungsgemeinschaft* entstehen, »in der die Bürger sich nicht nur wechselseitig als Rechtspersonen und gleichberechtigte Akteure eines agonalen öffentlichen Raumes anerkennen, sondern auch als Teilnehmer an einem gemeinsamen Projekt«[65] der nationalstaatlichen Demokratie. Die Praxis der Verantwortungsgesellschaft umfaßt nicht nur deliberative Verfahren der Meinungsbildung, die auf der Zurechenbarkeit von Entscheidungen und ihrer institutionellen Absicherung aufbauen, sondern auch partizipatorische Prozesse der aktiven Teilhabe und engagierten Mitwirkung am demokratischen Verfassungsstaat, die den republikanischen Gemeinsinn und das Zugehörigkeitsbewußtsein der Bürger zu ihrer Nation zur Voraussetzung haben.[66]

Der Umstand, daß eine funktionierende Verantwortungsgesellschaft sowohl auf prozedurale Verfahren der Legitimation als auch auf materiale Formen der Integration angewiesen ist, sie nicht allein rechtsstaatlicher Institutionen zum Schutz individueller Freiräume, sondern auch eines vorpolitischen Bewußtseins der Gemeinschaft bedarf, das die Solidarität zwischen den Gesellschaftsmitgliedern stärkt, macht deutlich, daß ein Grundstock an substantiellen Einstellungen erforderlich ist, um praktische Verantwortungsverhältnisse zu erzeugen. Diese Einstellungen bedürfen jedoch keiner kommunitaristischen Fundierung, benötigen keine geschlossene Gemeinschaftsmoral, kein holistisches Selbstverständnis sozialer Akteure und keine wertintegrierten Lebensformen. Sie sind auch nicht beschränkt auf partikulare Orientierungen und geschichtliche Überlieferungszusammenhänge, auf einen objektiven Tugendkanon und dichte Moralvorstellungen, auf kulturell ausgebildete Sensibilitäten und leidenschaftliche Handlungsüberzeugungen.[67] Ausreichend ist vielmehr eine *formale Konzeption moderner Sittlichkeit*, in der sich das Ethos der Loyalität und Fürsorge mit der Moral wechselseitiger Anerkennung verbindet, Überzeugungen des Guten durch Auffassungen des Richtigen korrigiert werden, universalistische Prinzipien ihren

---

65 Rainer Forst, *Kontexte der Gerechtigkeit*, S. 184.
66 Vgl. Wolfgang Kersting, »Verfassungspatriotismus, kommunitäre Demokratie und die politische Vereinigung der Deutschen«, S. 144-157.
67 Eine ausführliche Kritik am einseitigen Bild, das die kommunitaristischen Autoren vom Liberalismus zeichnen, liefert Stephen Holmes, *Die Anatomie des Antiliberalismus*, Zweiter Teil.

KRITIK

Rückhalt in historisch gewachsenen und kulturell geprägten Lebensformen haben.[68] Ausgehend von einem posttraditionalen Konzept der Gemeinschaft, von verfahrensrechtlichen Tugenden der Fairneß, Toleranz und Rücksicht lassen sich die Defizite eines neutralistisch verengten Liberalismus beseitigen und Prozeduren der Teilhabe an der demokratischen Selbstorganisation entwickeln, die dem Wert- und Normenpluralismus komplexer Gesellschaften gerecht werden. Motivationsprobleme lassen sich durch die Einbindung der Gesellschaftsmitglieder in politische Entscheidungsprozesse und ihre Teilnahme am demokratischen Gemeinschaftsleben vermindern. Integrationsprobleme können durch die Ausbildung einer öffentlichen Streitkultur reduziert werden, in der divergierende Ansprüche und Interessen zur Artikulation gelangen. Legitimationsprobleme lassen sich minimieren, indem die Rechtfertigungsprozeduren gesellschaftlicher Normen und Gesetze an die Binnenperspektive soziokultureller Milieus und spezifischer Lebensweisen zurückgebunden werden, so »daß die Bürger Verfassung und Demokratie als *ihre* anerkennen und wertschätzen, ihre Prinzipien als Grammatik *ihrer* Lebensform pflegen und die ihnen eingeschriebenen Wohlgeordnetheitsideale als normative Orientierungen für die Verbesserung *ihres* gemeinsamen Lebensprojekts verwenden«.[69]

Das Projekt der kommunitären Demokratie auf der Grundlage eines deliberativen Republikanismus entspricht der Vorstellung einer Verantwortungsgesellschaft, in der die Gesellschaftsmitglieder auf dem Weg der diskursiven Selbstbestimmung zu einer Freiheitsordnung gelangen, in der pluralistische Anspruchsartikulation und politische Einheitsbildung in einer fortdauernden, prekären Balance gehalten werden. Eine Garantie, daß die in den rationalisierten Lebensformen vorhandene Vernunft der öffentlichen Kommunikation zur Stabilisierung des ausdifferenzierten Gesellschaftsgefüges in der Lage ist, gibt es dabei nicht. Soziale Verständigungsprozesse sind deshalb angewiesen auf *funktionale Substrate*, die den Mangel der demokratischen Selbstregulierung von Anspruchs- und Interessenkonflikten ausgleichen. Wo die autonom gewordenen Teilbereiche nur noch lose miteinander verkoppelt sind, über kein zentrales Medium der Integration mehr verfügen, bedürfen deliberative Formen der politischen Einheitsbildung weitergehender Unterstützungen,

---

68 Zur formalen und posttraditionalen Sittlichkeit vgl. Axel Honneth, »Grenzen des Liberalismus«, S. 102; ders., »Posttraditionale Gemeinschaften«, S. 269. Zum ›prozeduralen Kern‹ siehe Albrecht Wellmer, »Bedingungen einer demokratischen Kultur«, S. 185. Zum wechselseitigen Verhältnis des ›Gerechten‹ und ›Guten‹ vgl. Martin Seel, »Ethik und Lebensformen«, S. 244–259. Zur Demokratie als differenzorientierter Anerkennungsform siehe Seyla Benhabib, *Kulturelle Vielfalt und demokratische Gleichheit*, S. 59–70.

69 Wolfgang Kersting, »Pluralismus und soziale Einheit«, in: ders., *Recht, Gerechtigkeit und demokratische Tugend*, S. 489.

müssen ihrerseits durch zusätzliche gesellschaftliche Institute abgesichert werden.[70] Dies gilt um so mehr in komplexen Strukturzusammenhängen, in denen Handlungsfolgen in zirkulärer Weise auf soziale Akteure zurückwirken, in denen multiple Interdependenzen und eigendynamische Systemvollzüge dafür sorgen, daß sich kollektive Schäden und Risiken nicht mehr allein durch die Verfahren einer normsetzenden Politik regulieren lassen. Die für komplexe Gesellschaften charakteristische Konstellation der normativen Ungewißheit macht es erforderlich, die Instrumente der kollektiven Steuerung in die Hände der Staatsbürger zurückzuverlagern, den sozialen Akteuren selbst zuzumuten, ihren Anteil zur Organisation der Gesellschaft durch »dialogische« Verfahren der Partizipation beizutragen.[71]

Komplexe Gesellschaften sind, anders gesagt, auf die »kognitive Selbst*deutung* der Lage verwiesen«, mit der sich »das Publikum der Staatsbürger und Laien« in ungewissen Handlungs- und Planungssituationen konfrontiert sieht.[72] Sie benötigen aufgrund der nachlassenden Integrationskraft und der begrenzten Steuerungsfähigkeit des Staates die *verantwortungspraktische Selbstorganisation* ihrer Mitglieder, die sich auf dem Weg der kommunikativen Verständigung und gemeinsamen Abstimmung die Regeln ihres Handelns vorgeben. Ausdifferenzierte und autonome Sozialsysteme weisen, so Claus Offe, »einen eminenten funktionalen Bedarf an ›verantwortungsethischen‹ Massenorientierungen« auf: die Probleme der Verteilung von Kollektivgütern und der systemischen Steuerung lassen sich »(wenn überhaupt, dann) allein auf dem Wege der ein- und umsichtigen, zugleich aber abstrakten und solidarischen Entfaltung eines zivilisierten Gemeinsinns« lösen.[73] Die verantwortungsethischen Dispositionen, die soziale Akteure auf der Basis des entwickelten Gemeinsinns ausbilden, unterscheiden sich sowohl »von Geboten einer bloß eingelebten Alltagssittlichkeit« als auch »von bloßen Klugheitsregeln«. Obwohl sie »unter funktionalen Gesichtspunkten für komplexe soziale Systeme bestandswichtig sind«, entspringen sie »einer unerzwungenen und gar nicht erzwingbaren Selbstbindung der Handelnden«.[74] Die kollektive Selbstbindung der Akteure ist das Resultat von zivilgesellschaftlichen Assoziationsverhältnissen, die Verfassungstreue und Bürgersinn durch institutionelle Formen der sozialen Solidarität ergänzen, so daß sich »in sozialer, sachlicher und zeitlicher Hinsicht

70 Vgl. Bernd Peters, *Die Integration moderner Gesellschaften*, Teil I.
71 Zur »dialogischen Demokratie« siehe Anthony Giddens, *Jenseits von Rechts und Links*, S. 160–174.
72 So Claus Offe, »Fessel und Bremse. Moralische und institutionelle Aspekte ›intelligenter Selbstbeschränkung‹«, S. 744.
73 Ebd., S. 758, S. 759.
74 Ebd., S. 759.

Erwartungsstabilitäten und Vertrauensverhältnisse«[75] ergeben, die es den Gesellschaftsmitgliedern ermöglichen, auf verbindliche Verhaltensregeln zurückzugreifen, die gleichzeitig für Revisionen und Kritik offen bleiben. Die Konzeption einer assoziativen Zivilgesellschaft, in der die sozialen Akteure mit Hilfe intermediärer Institutionen[76] – etwa Gewerkschaften, Verbände, Vereine, Bürgerbewegungen – die Kontrolle des zentrifugalen Sozialsystems in die eigenen Hände nehmen, in Selbstregie Verfahrensstandards und normative Regelungen für komplexe Prozesse entwickeln, scheint ein funktionales Substrat zu liefern, mit dem sich die Integrations- und Steuerungsdefizite der auf entgegenkommende Lebensformen angewiesenen kommunikativen Vernunft kompensieren lassen: Die Verantwortung für gesellschaftliche Eingriffe wird weder an staatliche Institutionen delegiert, die die Zumutbarkeit von normativen Entscheidungen auf strukturellem Weg klären und in prozeduralen Verfahren Rahmenrichtlinien vorgeben, die mit der Eigendynamik und Selbstorganisation systemischer Entwicklungen nur begrenzt kompatibel sind, noch wird sie in den Hort der Gemeinschaft zurückverlagert und lokalen Selbsthilfegruppen überlassen, die in basisdemokratischer Unmittelbarkeit über die Legitimität von Steuerungsprogrammen befinden. Die assoziative Zivilgesellschaft bietet vielmehr die Chance der verantwortungspraktischen Einflußnahme auf eigensinnige Prozeßverläufe durch die freiwillige Selbstbindung ihrer Mitglieder, die ihr Handeln im *Bewußtsein einer funktional erforderlichen Solidarität* an den komplexen Interdependenzen der zu erwartenden Wirkungen ihrer Entscheidungen ausrichten: »Verantwortlich zu handeln bedeutet also, daß der Handelnde seinen eigenen Handlungen gegenüber methodisch die Prüf-Perspektive zugleich des Experten, des generalisierten anderen und des eigenen Selbst im futurum exactum einnimmt und auf diese Weise die Kriterien des Handelns sachlich, sozial und zeitlich validiert.«[77]

Die verantwortungspraktische Selbstorganisation komplexer Gesellschaften ist ein verlockender Entwurf – er funktioniert jedoch nur unter einer Reihe höchst unwahrscheinlicher Voraussetzungen. Zum einen müssen die institutionellen Arrangements, die das moralische Verhalten der Akteure befördern sollen, so beschaffen sein, daß direkte Rückmeldungen über getroffene Entscheidungen entstehen können. Akteuren müssen ihre Handlungen nicht nur zugerechnet, sondern auch *angerechnet* werden können, damit sie sich an den voraussichtlichen Folgen

---

75 Ebd., S. 764.
76 Zum Status »intermediärer Institutionen« (Durkheim) siehe Peter L. Berger und Thomas Luckmann, *Modernität, Pluralismus und Sinnkrise*, S. 59–63, S. 75–77; Peter L. Berger, »Demokratie und geistige Orientierung«, S. 457–464.
77 Claus Offe, »Fessel und Bremse«, S. 758.

ausrichten. Wo etwa durch Wahlen und Repräsentanzen, durch Bildung von Kommissionen und Komitees, in Gremien und Räten Abstimmungsprozesse so weit gefiltert werden, daß zu verantwortlichen Stellungnahmen keine Gelegenheit besteht, ist auch die moralische Evaluation des Verfahrens nur bedingt möglich. Autoren verantwortungspraktischer Initiativen müssen sich zumindest tendenziell mit den Adressaten auf gleicher Augenhöhe befinden, damit sie durch spürbare und sichtbare Rückwirkungen zu freiwilligen Aktivitäten motiviert werden. Dann unterliegen die soziokulturellen Umstände, unter denen sich intermediäre Institutionen ausbilden, einem permanenten Wandel, verändern sich die lebensweltlichen Bedingungen, lösen sich die interessenhomogenen Milieus auf, die für die Entstehung von politischen Verantwortungsgemeinschaften sorgen.[78] Darüber hinaus wird die Praxistauglichkeit von Verständigungsprozessen überschätzt, die in assoziativen Kontexten stattfinden: Sie sind, wie die Erfahrung lehrt, durch langwierige Verhandlungen gekennzeichnet, an deren Ende nicht der Beschluß, sondern die Vertagung steht, die zu einer Perpetuierung von Beratungen ohne praktische Entscheidung führt. Und nicht zuletzt besteht gerade unter der Voraussetzung rein diskursiver Verhandlungen das Risiko der Durchsetzung partikularer Interessen, solange diese nicht durch sanktionsfähige Rechtsinstitute abgesichert werden. Solidarisches Verhalten und verantwortungsethische Einstellungen lassen sich nicht erzwingen, es gibt keine rechtliche Verpflichtung zur »Bürgerverantwortung«,[79] so daß die Selbstbindung der Akteure anfällig für Eigenermächtigungen und strategische Vorteilsverfolgung bleibt.

Der deliberative Verantwortungsbegriff, der auf der assoziativen Selbstorganisation sozialer Akteure fußt, bildet deshalb nur ein *begrenztes funktionales Äquivalent* für die staatlichen Steuerungsmedien komplexer Gesellschaften. Mit der Integration unterschiedlicher Interessen- und Wertperspektiven, der Koordination von akteursbezogenen und institutionellen Handlungsbereichen, mit der strukturellen Kopplung von autonomen Subsystemen und der Kontrolle hochgradig eigensinniger Prozeßverläufe ist das deliberative Verantwortungsprinzip schlichtweg überfordert.[80] Soziale und politische Verantwortlichkeiten beruhen auf partiellen Verhältnissen, sind beschränkt auf überschaubare

78 Vgl. dazu Gerhard Schulze, »Die Wahrnehmungsblockade – Vom Verlust der Spürbarkeit der Demokratie«, S. 39–44.
79 So Horst Dreier, »Verantwortung im demokratischen Verfassungsstaat«, S. 28–30. Siehe auch Detlef Merten, »Bürgerverantwortung im demokratischen Verfassungsstaat«, S. 16–36.
80 So bei Rainer Forst, *Kontexte der Gerechtigkeit*, S. 411, wo dem Verantwortungsprinzip die Bürde der »Integration der verschiedenen Autonomiesphären« ethischer, rechtlicher, politischer und moralischer Provenienz aufgelastet wird.

KRITIK

Anspruchssituationen, eingebunden in normativ konsistente Beziehungen, angewiesen auf relativ stabile homogene Kontexte. Deshalb macht die Rede von sozialer Verantwortlichkeit dort Sinn, wo Personen agieren, Gemeinschaften sich ausgebildet haben, konkrete Solidaritäts- und Loyalitätsverhältnisse existieren.[81] Unter diesen Voraussetzungen besteht kein Problem darin, im zivilgesellschaftlichen Verantwortungsbegriff die notwendige Ergänzung und Erweiterung eines kognitivistisch und egalitaristisch verkürzten Liberalismus zu sehen, mit dessen Hilfe »liberale Gemeinwesen ihre rechtsbegründeten Ordnungen der Verfassung und der Demokratie selbst zu Gegenständen ethischer Einstellungen«[82] machen. Der Verantwortungsbegriff fungiert als Scharnier zwischen der demokratischen Deliberation von Handlungsregeln und der republikanischen Partizipation am Gemeinschaftsleben, er dient als Vermittlungsinstanz zwischen sozialstaatlichen Gerechtigkeitsprinzipien und politisch-moralischen Solidarpflichten,[83] bettet die prozedurale Rechtfertigungsgemeinschaft in eine materiale Verantwortungsgemeinschaft ein, in der die Bürger im Bewußtsein der erforderlichen Selbstzurechnung ihrer Handlungen »Verantwortung für ihre Verantwortlichkeit übernehmen«.[84]

Das sozialpolitische Verantwortungskonzept ist jedoch nicht dazu in der Lage, die systemische Selbstorganisation komplexer Gesellschaft zu gewährleisten und aufrechtzuerhalten, es bildet kein funktionales Substrat für die Selbstregulierung operativer Prozesse, kompensiert nicht die Defizite der staatlichen Steuerungsmedien, indem es diese – und sei es auch über intermediäre Institutionen – in die Hände sozialer Akteure verlagert. Die kollektive Steuerung dezentraler, vernetzter und nichtlinearer Systemprozesse durch die verantwortungsethische Zivilgesellschaft ist eine utopische Illusion, die auch dadurch nicht wirklichkeitsadäquater wird, daß man ihr eine »realistische« Ausrichtung zuschreibt.[85] Zwischen der verantwortungspraktischen und der systemischen Selbstorganisation komplexer Gesellschaften klafft ein Graben, der den Übergang zu prozeduralen Formen der Systemverantwortung erforderlich macht.

81 Vgl. George P. Fletcher, *Loyalität*, bes. S. 202-237.
82 Wolfgang Kersting, »Verfassung und kommunitäre Demokratie«, S. 91.
83 Vgl. Kurt Bayertz, »Staat und Solidarität«, S. 321-325.
84 So Klaus Günther, »Verantwortlichkeit in der Zivilgesellschaft«, S. 477. Daß die zivilgesellschaftliche Verantwortung »bereits in den elementaren kommunikativen Beziehungen selbst« (ebd., S. 478) stecke, ist allerdings ein kognitivistischer Fehlschluß, den auch Lutz Wingert begeht, indem er aus dem eigenverantwortlichen Einstehen für moralische Handlungsgründe die Gemeinwohlorientierung individuellen Handelns ableitet: vgl. *Gemeinsinn und Moral*, S. 97 f., S. 200-205, S. 257 f.
85 So Anthony Giddens in seiner Rede vom »utopischen Realismus«: *Konsequenzen der Moderne*, S. 190-195.

4. Verantwortung in komplexen Kontexten

Die Beantwortung der Frage, wie sich unter Bedingungen hochgradiger gesellschaftlicher Komplexität praktische Verantwortungsverhältnisse begründen lassen, hat mehr oder weniger durchweg zu ernüchternden Resultaten geführt. Der Versuch, aus der Perspektive einer zivilen Verantwortungsgesellschaft ein solidarmoralisches Handlungsprinzip zu entwickeln, das die Umsetzung von Gerechtigkeitsgrundsätzen in die heterogene Landschaft liberaler Gemeinwesen ermöglicht, zur Ausbalancierung von pluralistischen Anspruchskonflikten führt und die bürgerdemokratische Selbstorganisation von politischen Steuerungsaufgaben befördert, hat erneut die begrenzte Tauglichkeit der Verantwortungskategorie für die Bewältigung komplexer Handlungsprobleme deutlich gemacht. Das Projekt der Verantwortungsgesellschaft ist insofern paradigmatisch für die eingeschränkte Leistungsfähigkeit der Verantwortungskategorie, als es auf Vorleistungen und Strukturen angewiesen ist, die es selbst nicht zu generieren vermag. Persönliche Verantwortung bildet kein tragendes Fundament liberaler Gemeinwesen, sondern stellt vielmehr ihr Ziel dar, muß erst durch soziale Erziehung und politische Bildung *hergestellt* und durch rechtsstaatliche Institutionen *abgesichert* werden. Die Grenzen der deliberativen Verantwortungsgesellschaft bestehen darin, daß in ihrem Rahmen zwar verantwortungsmoralische und -politische Handlungsregeln umgesetzt und realisiert werden können, daß aber damit die eigenständige Absicherung dieser Regeln und ihre Implementierung in die autonomen Funktionsbereiche nicht schon gewährleistet ist. Mit einem Wort: Die zivile Verantwortungsgesellschaft leidet an struktureller Unterkomplexität, sie ist durch die mangelnde Fähigkeit gekennzeichnet, mit der eigendynamischen Evolution sozialer Subsysteme umzugehen, die sich nicht nach Maßgabe deliberativer Abstimmungsprozesse vollzieht, sondern nach internen Codierungen und Programmen, die auf höchst selektive Weise nur ihre eigenen Umweltinformationen verarbeiten.

Dieses Manko zeigt sich daran, daß deliberativ ausgehandelte Verhaltensregeln an den systemischen Prozessen abprallen, wenn sie nicht durch zusätzliche Medien der Intervention oder Steuerung in diese Prozesse implementiert werden. Die Implementierung erfordert entweder leistungsfähige Verantwortungskompetenzen, die schon in den sozialen Verhältnissen verankert sein müssen, verlangt somit eine verantwortungspraktisch funktionierende Öffentlichkeit, in der Konfliktbereitschaft, Urteilsfähigkeit und die Motivation zur Selbstbeteiligung ausgebildet sind. Oder sie erfordert staatliche Institute der Regulierung und Kontrolle, durch die mit Hilfe des Rechts, durch Auflagen, Genehmigungen und politisch-administrative Eingriffe die systemischen Prozesse

KRITIK

auf sozialverträgliche Bahnen gelenkt werden. Zwischen diesen beiden Polen ziviler und staatlicher Verantwortungsorganisation ist, wie gezeigt wurde, die systemische Verantwortung angesiedelt, die unter Berücksichtigung der prozeduralen Eigenrationalität komplexer Organisationsprozesse durch indirekte Interventionen und moderate Manöver der Beeinflussung die Evolution der Systeme in eine risikoreduzierte Richtung zu bewegen versucht.[86] Die systemische Verantwortung zeichnet sich, überspitzt formuliert, dadurch aus, daß der Mensch Verantwortung ausübt, indem er sie an höherstufige Handlungssysteme abgibt. Insofern sind systemische Verantwortungskonzeptionen am ehesten geeignet, für den normativen Umgang mit Nebenfolgen, Risiken und Ungewißheiten praktikable Handlungsanweisungen zu liefern. Allerdings stoßen auch sie an Zurechnungsgrenzen, die letztlich doch wieder – hierin liegt die besondere Dialektik der Verantwortung – den Rekurs auf personale Akteure notwendig machen.

4.1 Verantwortungshandeln unter Ungewißheit

Das Grundproblem komplexer Gesellschaften aus verantwortungspraktischer Perspektive liegt in der Eigendynamik sozialer Prozesse. Eigendynamische Prozesse besitzen die Eigenart, daß sie sich »aus sich selbst heraus und ohne weitere externe Einwirkung weiterbewegen und dadurch ein für sie charakteristisches Muster produzieren und reproduzieren«.[87] Eigendynamische Prozesse sind nicht nur durch »wechselseitige Stimulation und zirkuläre Kausalität« gekennzeichnet, sie tendieren nicht nur zur »Verselbständigung« von Handlungsmotiven und zur Erzeugung von Emergenzen, von Rückwirkungen »zweiter Ordnung«.[88] Sie stellen auch »Handlungen unter Risiko« dar, »bei denen mit einer bestimmten Eintrittswahrscheinlichkeit neben dem Zweck des Handelns solche Folgen eintreten können, die wir für unerwünscht halten«.[89] Das Eintreten unerwünschter Handlungsfolgen, die darüber hinaus eine eigenständige Fortsetzungsdynamik entwickeln, ruft den Verantwortungsethiker auf den Plan. Seine Domäne ist nicht die Einbeziehung von Handlungsfolgen, denn jede Ethik ist, soweit sie auf der Verallgemeinerung von Handlungsgründen beruht, folgenorientiert. Der Verantwortungsethiker vertritt vielmehr »ein folgen*basiertes* Legitimationskonzept, dem zufolge Handlungsentscheidungen nicht durch Absichten oder Einzelfolgen,

---

86 Siehe oben Teil V. 5.
87 Renate Mayntz, »Soziale Eigendynamik – neues Interesse für ein bekanntes Phänomen?«, in: dies., *Soziale Dynamik und politische Steuerung*, S. 87.
88 Ebd., S. 101, S. 104.
89 So Carl Friedrich Gethmann, »Zur Ethik des Handelns unter Risiko im Umweltstaat«, S. 19.

sondern durch den Inbegriff aller voraussehbaren Konsequenzen gerechtfertigt werden. Der diesem Konzept verpflichtete Akteur nimmt daher sowohl die erstrebten und erwünschten als auch die von ihm lediglich in Kauf genommenen, unerwünschten Folgen in seinen Willen mit auf. Er denkt nicht in Einzelhandlungen, sondern in *Handlungskomplexen*, und er sieht auch Einzelentscheidungen genau dann für gerechtfertigt an, wenn der Handlungskomplex, in den sie eingebettet sind, insgesamt positiv zu bewertende Konsequenzen erwarten läßt.«[90]

In der Einbettung von Einzelhandlungen in Handlungskomplexe besteht die besondere Leistung des Verantwortungsprinzips, das darum für die Beurteilung eigendynamischer Prozesse prädestiniert ist. Das Verantwortungsprinzip ist ein *kontingenzinklusives Handlungsprinzip*, es trägt der »Ungewißheit« Rechnung, »die mit jedem Zukunftshorizont verbunden ist.«[91] Die Einbeziehung von Ungewißheit macht es für den Verantwortungsethiker erforderlich, auch für »unerwünschte Folgen gerade[zu]stehen, deren Eintreten er zwar für möglich halten muß, ohne sie doch mit Sicherheit voraussagen oder verhindern zu können«.[92] Sie verlangt von ihm Risikoentscheidungen auf der Basis hochgradig unsicherer Folgenkalküle, die letztlich nur durch eine lebenserfahrene Urteilskraft und durch praktische Klugheit zu leisten sind. Die Gebote der Verantwortung sind *hypothetischer Natur*, beruhen auf vorletzten Gründen, entspringen einer provisorischen Moral, die im Vertrauen auf ihren Wissensstand, unter Abwägung von Mitteln und Zwecken, in Hinsicht auf eine optimale Handlungsbilanz ihre Entscheidungen fällt.

Der probabilistische und hypothetische Charakter des Verantwortungsprinzips sorgt dafür, daß mit seiner Hilfe eigendynamische Systemprozesse einer Bewertung unterzogen werden können, die regulative Leitkriterien zur Verfügung stellt, mit denen sich Handlungsentscheidungen unter Bedingungen der Ungewißheit rechtfertigen, zumindest plausibilisieren lassen. Diese Rechtfertigungs- und Plausibilisierungsverfahren bleiben ihrerseits unsicher, beruhen auf unbestimmten Entscheidungskriterien, bewegen sich im Raum einer experimentellen Urteilsfindung, die den einzelnen Akteur reflexiv überfordert und an kognitive Grenzen stoßen läßt. Das Verantwortungsprinzip ist deshalb ein *sekundäres Handlungsprinzip*, das auf weitere normative und operative Absicherungen angewiesen ist und die Unterstützung durch funktionale Institute erfordert. Im Kontext komplexer Prozesse ist das Verantwortungsprinzip nur in der Form einer *Systemverantwortung* zu realisieren, die zwischen der operativen Selbstregulierung gesellschaftlicher Teilbereiche und Strategien der politischen

---

90 Wolfgang Wieland, »Verantwortung – Prinzip der Ethik?«, S. 57 (Hervorhebungen L. H.).
91 Ebd., S. 62 f.
92 Ebd., S. 63.

und staatlichen Steuerung angesiedelt ist. Die Eigenart der systemischen Verantwortung liegt in ihrer integrativen Ausrichtung, die durch die Kombination funktionalistischer und personalistischer Bewertungskriterien erreicht wird, die eine reichhaltige, in sich abgestufte Beobachtung vernetzter Operationsprozesse möglich macht.[93] Aus systemethischer Perspektive werden moralische Handlungsnormen so mit dem internen Organisationsdesign von Verbänden, Unternehmen und Institutionen verbunden, daß die Evolutionsfähigkeit funktionaler Teilsysteme gewährleistet bleibt, während zugleich ihre soziale Lernfähigkeit und Reaktivität auf Umwelteinflüsse stimuliert wird. Das Ideal der Systemethik sind krisenresistente und intelligente Systeme, die auf normative Unsicherheiten und kognitive Ungewißheiten nicht mit operativer Abschottung reagieren, sondern mit dem Einbau neuer verantwortungspraktischer Direktiven in die Mechanismen ihrer autopoietischen Organisation.[94]

Die systemische Verantwortungsethik geht, anders gesagt, von der *Interpenetrationsfähigkeit* der sozialen Teilbereiche aus, »die allein analytisch voneinander zu trennen sind, empirisch jedoch stets in jeweils unterschiedlichen Weisen zusammenwirken«.[95] Sie betrachtet die Ausdifferenzierung von Politik, Recht, Wirtschaft und Wissenschaft als evolutionäre Vorstufe der wechselseitigen Durchdringung eigengesetzlicher Funktionssysteme, die in eine komplexe Ordnung aus zweckrationalen, normativen und moralischen Handlungsorientierungen einmündet, die zu kollektiven Formen der Konfliktbearbeitung und Konsensbildung führen.[96] Die Zielsetzung der Systemethik besteht darin, »ein vielschichtiges Netz von Rückkoppelungsstrukturen zur Koordination menschlicher Handlungen in politischen, kulturellen, wissenschaftlichen und wirtschaftlichen Institutionen«[97] zu schaffen, so daß über kommunikative Schnittstellen – Gesprächsforen, Verhandlungen, Abstimmungsprozesse – die *Kooperation zwischen den einzelnen Operationssektoren* ermöglicht wird. Die Synchronisierung der verschiedenen Teilrationalitäten und Entwicklungsstränge wird durch die dynamische Erzeugung von Rahmenrichtlinien und die Stimulierung von Eigenaktivitäten der Handelnden erreicht. Die Systemethik hat nicht tugendhafte Akteure im Auge, die über eine ursprüngliche Gemeinwohlorientierung und ein solidarisches Kooperationsverständnis verfügen, sondern selbstinteressierte Individuen, die durch eine kluge Ordnungspolitik zu sozialverträglichem Handeln bewegt werden. An die Stelle der moralischen Motivation tritt

---

93 Siehe oben Teil V. 5.4.
94 Vgl. Walter L. Bühl, *Verantwortung für soziale Systeme*, S. 163–165.
95 Richard Münch, *Dialektik der Kommunikationsgesellschaft*, S. 173.
96 Zum Prozeß der Interpenetration vgl. ebd., S. 332–335.
97 Markus Vogt, »Retinität: Vernetzung als ethisches Leitprinzip für das Handeln in komplexen Systemzusammenhängen«, S. 171.

die »institutionelle Handlungsorganisation«, die dafür sorgt, daß auch ohne ein verbindliches Ethos der Gemeinschaftlichkeit die »Universalisierung der Kooperationsmöglichkeiten in komplexen Systemzusammenhängen«[98] gewährleistet ist.

Allerdings bleibt gerade in selbstorganisierten Gesellschaften die Geltung von Rahmenordnungen, die zur dynamischen Ausbalancierung der eigensinnigen Teilrationalitäten führen, auf die *Akzeptanz sozialer Akteure* angewiesen. Sie läßt sich nur begrenzt erzwingen und dekretieren und beruht auf der freiwilligen Zustimmung der betroffenen Akteure, handle es sich um Personen, Korporationen oder Kollektive. Das individuelle Vorteilsstreben, die unternehmerische Nutzenmaximierung, der kollektive Verbrauch von Ressourcen lassen sich vor allem deshalb nicht unterbinden, weil sie innerhalb selbstregulativer Ordnungen legitim sind. Sie können ihrerseits nur durch Selbstkontrolle kontrolliert werden, was die Verantwortungsbereitschaft der Handelnden zur Voraussetzung hat. Aus diesem Grund verweisen Rahmenordnungen auf lokalisierbare Verantwortlichkeiten zurück, sind insbesondere Prozeßethiken abhängig von *hierarchischen Verantwortungsverhältnissen*, die durch die Einrichtung stabiler und geordneter Operationsstrukturen erzeugt und unterstützt werden müssen.[99]

Das systemethische Vorhaben, die Eigendynamik vernetzter systemischer Prozesse mit Hilfe regulativer Verantwortungskonzepte zu domestizieren, ist so gesehen durch ein bemerkenswertes Changieren zwischen heterarchischen und hierarchischen Auffassungen des Gesellschaftsgefüges gekennzeichnet. Um die Effektivität und Evolutionsfähigkeit der Teilsysteme zu gewährleisten, bedarf es der dezentralen Verkopplung ihrer Eigenaktivitäten, müssen Ökonomie und Ökologie, Wissenschaft und Religion, Recht und Politik über lose Schnittstellen ohne einschränkende Direktiven miteinander kommunizieren. Damit die Verantwortungsfähigkeit der Akteure innerhalb der unterschiedlichen Systemsegmente aufrechterhalten bleibt, müssen stabile Operationsstrukturen vorgegeben werden, deren Leistung darin besteht, »die immens gesteigerte Vielfalt der Zuschreibungen von Verantwortlichkeiten auf einem neuen Niveau so zu organisieren, daß dadurch nicht nur Lärm entsteht, sondern auch Verständigung und Konsens«.[100] Die *Dialektik von Heterarchie und Hierarchie* stellt das Grundproblem jeder Form der Systemverantwortung dar, da sich eine Verbindung zwischen den beiden Polen der zentralen Regulierung risikobehafteter Entwicklungen und der Notwendigkeit ihrer dezentralen Selbstorganisation nur herstellen läßt, indem prozedurale, rechtliche und moralische Verantwortungsformen miteinander kombiniert werden.

98 Ebd., S. 176.
99 Vgl. ebd., S. 186 f.
100 Richard Münch, *Dialektik der Kommunikationsgesellschaft*, S. 174.

KRITIK

Der *kombinatorische Charakter der Systemverantwortung* zeigt sich darin, daß der Umgang mit hochgradig unsicheren Entwicklungen, wie sie sich etwa im Bereich der Energieversorgung, Gentechnik oder Informationsökonomie beobachten lassen, nicht einem Verantwortungsträger überlassen wird, sondern auf verschiedenen, miteinander verzahnten Wegen der Verantwortungsregulierung in Angriff genommen wird. So werden staatliche Vorleistungen mit zunehmender Verselbständigung und Verflechtung der sozialen Funktionsbereiche nicht mehr von außen in die systemischen Sektoren implementiert, sondern durch gesetzliche Rahmenvorgaben und das Aushandeln von normativen Standards, die an die besonderen Eigenheiten der zu steuernden Systeme angepaßt sind. Dem Staat obliegt es, durch Regulierungs- und Kontrolleistungen »gesellschaftliche Interaktions-, Produktions- und Entscheidungsprozesse zu ermöglichen, zu organisieren und auf staatlich gesetzte Ziele hin zu beeinflussen«.[101] Seine Interventionen beschränken sich auf die differenzierte Austarierung von staatlicher Einflußnahme und gesellschaftlicher Eigeninitiative, indem rechtlich abgestützte Freiräume der sozialen Selbstorganisation zur Verfügung gestellt werden, in denen sich die Eigendynamik der Subsysteme auf eine Weise entfalten kann, die für die gesamtgesellschaftliche Ordnung möglichst unschädlich ist. Mit dem Übergang zur *Gewährleistungs- und Infrastrukturverantwortung* zieht sich der Staat nicht aus seinen verfassungsrechtlichen Verantwortungspflichten zurück, er delegiert vielmehr einen Teil der Übernahme öffentlicher Verantwortlichkeit an die sozialen Akteure, die aufgrund der angewachsenen gesellschaftlichen Komplexität besser in der Lage sind, die Folgen ihres Handelns einzuschätzen und sozialverträgliche Gegenmaßnahmen zu entwickeln.[102]

Obwohl eine ausdrückliche verfassungsrechtliche Pflicht des Staates zur vorsorgenden Abwehr von Risiken, so wie sie sich aus dem Betrieb industrieller Anlagen, der Anwendung von Hochtechnologien oder durch kollektive Verhaltensweisen (Umweltverschmutzung, Ressourcenabbau) ergeben können, nicht besteht, existieren sektorale *grundrechtliche Verantwortlichkeiten*, die den Staat zur Wahrnehmung seiner öffentlichen Schutzaufgaben verpflichten.[103] Allerdings stehen der staatlichen Wahrnehmung

---

101 Georg Hermes, *Staatliche Infrastrukturverantwortung*, S. 153.
102 Vgl. Michael Ronellenfitsch, *Selbstverantwortlichkeit und Deregulierung im Ordnungs- und Umweltrecht*, S. 25–39; kritisch dazu Gertrude Lübbe-Wolff, *Recht und Moral im Umweltschutz*, S. 11–18.
103 Vgl. Dietrich Murswiek, *Die staatlichen Verantwortung für die Risiken der Technik*, S. 276–287. Die staatliche Verantwortungspflicht vor allem im Bereich des Umweltschutzes, wie sie sich aus Art. 20a GG ergibt, betont auch Horst Dreier, »Verantwortung im demokratischen Verfassungsstaat«, S. 31–36. Vgl. auch Bodo Wiegand, »Das Prinzip Verantwortung und die Präambel des Grundgesetzes«, S. 33–38. Zum staatlichen Nachweltschutz mit Bezug auf Art. 2 Abs. 2 Satz 1 GG siehe schon Hasso Hofmann, *Rechtsfragen*

von Schutzpflichten und ihrer Durchsetzung zahlreiche Hindernisse entgegen, die von der empirischen Abschätzung tatsächlicher Gefährdungen über die sinnvolle Anwendung des Verursacher- und Gemeinlastprinzips bis hin zur praktischen Gewährleistung des Gleichbehandlungsgrundsatzes bei der Verteilung von Risiken reichen.[104] In der unsicheren Abschätzung erwartbarer Schädigungen, der äußerst schwierigen Festlegung zumutbarer Risiken und den Entlastungseffekten der Verursacherregelung, die zwar rechtliche Sanktionen gesetzlicher Übertretungen ermöglicht, aber nur bedingt zur Wahrnehmung von präventiven Grundpflichten führt, liegt der Grund dafür, daß der Umgang mit komplexen Handlungs- und Systemfolgen die Einbeziehung der sozialen Selbstorganisation erforderlich macht. Auch wenn es – was an sich schon auslegungsbedürftig ist – eine grundrechtliche Verankerung staatlicher Gefahrenabwehr und Risikovorsorge gibt, bleibt die normative und faktische Realisierung der rechtsstaatlichen Schutzpflichten auf die Einsichtsfähigkeit und den Beteiligungswillen der Bürger, die Kooperationsbereitschaft der Unternehmen, Verbände und Organisationen angewiesen, erfordert die staatliche Rahmen- und Gewährleistungsverantwortung von sich aus zusätzliche Steuerungsinstrumente, die gewissermaßen von innen in das Terrain der gesellschaftlichen Selbstorganisation eingelassen werden.[105]

Diese Steuerungsmittel sind wie die Konzeption der Systemverantwortung kombinatorischer Natur. Sie setzen sich aus ordnungsrechtlichen Rahmenvorgaben, ökonomischen Anreizbildungen und prozeduraler Kontextsteuerung zusammen, wobei das Mischungsverhältnis den jeweiligen Problemsituationen nach Bedarf angepaßt werden muß.[106] Die mischinstrumentelle Strategie sorgt dafür, daß die Feinsteuerung den Akteuren von risikobehafteten Entscheidungsprozessen überlassen wird, der Staat als Gesetzgeber jedoch die ordnungsrechtlich abgesicherte Letztverantwortung für den Umgang mit Schadensrisiken und eigendynamischen Entwicklungen trägt. Da entsprechende Vorgaben und Auflagen – etwa durch Steuern und Zertifikate, durch Festlegung von Grenzwerten, präventive Zulassungsverfahren, befristete Genehmigungen – auf der Basis einer beträchtlichen Ungewißheit stattfinden, bedarf

---

der atomaren Entsorgung, S. 280–287. Vgl. auch Rainer Eckertz, »Das Recht als Medium von Verantwortung in der Risikogesellschaft«, S. 114–120.

104 Zu den Problemen der Anwendung des Verursacher- und Gemeinlastprinzips vgl. Rudolf Steinberg, Der ökologische Verfassungsstaat, S. 126–139. Zu den Grenzen der staatlichen Risikovorsorge siehe Michael Kloepfer, »Handeln unter Unsicherheit im Umweltstaat«, S. 71–79.

105 Vgl. dazu Renate Mayntz und Fritz Scharpf, Gesellschaftliche Selbstregelung und politische Steuerung, S. 9–33; Patrick Kenis und Volker Schneider, Organisation und Netzwerk, S. 9–37. Siehe auch Stefan Lange und Dietmar Braun, Politische Steuerung zwischen System und Akteur.

106 Vgl. Rudolf Steinberg, Der ökologische Verfassungsstaat, S. 167.

es nicht nur fallibilistischer Regelungen und einer institutionell verankerten Lernfähigkeit, sind nicht nur Verfahren des permanenten Monitoring mit daraus folgender Nachbesserungspflicht des Gesetzgebers erforderlich.[107] Es bedarf vor allem eines »prozeduralen Konfliktmanagements«, das angesichts der notwendigen Ausbalancierung von ökonomischer Effizienz und sozialer Verteilungsgerechtigkeit dafür sorgt, »daß die teilweise sich entgegenstehenden verfassungsrechtlichen Zielsetzungen im Entscheidungsprozeß über Technikentwicklungen und Technikanwendungen einen systematischen Ort finden, ohne jedoch vorzugeben, welche konkrete Technik schließlich verwirklicht wird«.[108]

Das *prozedurale Konfliktmanagement* unsicherer Entwicklungsprozesse in komplexen Sozialsystemen ist selbst ein hochgradig komplexes Unternehmen. Es besteht in der »Aufgabe, rechtliche Regelsysteme zu schaffen und institutionell auf Dauer zu stellen, die in der Lage sind, die für alles menschliche Zusammenleben unerläßliche Sicherheit zu gewährleisten«.[109] Eine derartige Sicherheit ist jedoch durch positive Rechtsregelungen, und seien sie noch so differenziert in der Zurechnung auf unterschiedliche Systemreferenzen und in der Durchführung entsprechender Verantwortungsattributionen, allein nicht zu leisten. Die Vernetzung von Schadensentwicklungen, die Emergenzeffekte in eigendynamischen Prozeßverläufen und das begrenzte Wissen über die zeitliche und räumliche Auswirkung von Eingriffen in natürliche Umwelten haben vielmehr zur Konsequenz, daß die gesetzgeberische Risikovorsorge gravierenden Einschränkungen unterliegt und die erforderlichen Sicherheitsleistungen des Staates auf Verwaltung und Behörden übertragen oder in Zusammenarbeit mit Unternehmen und Organisationen ausgehandelt werden. Die Kompetenzverlagerung in den Bereich des administrativen Gesetzesvollzugs und des betrieblichen Risikomanagements wiederum hat zur Folge, daß die Kooperation zwischen Behörden und Unternehmen in den Vordergrund tritt, technisches Sachwissen, Expertisen und Gutachten nötig werden, um zu einvernehmlichen Normenfindungen, zur Festlegung von Grenzwerten oder zur Einigung auf Auflagen bei Zukunftsinvestitionen und -gestaltungen zu gelangen.[110] Ob beispielsweise adulte oder embryonale Stammzellen für Forschungszwecke verwendet werden dürfen, wird so zur Frage des Aushandelns zwischen dem Gesetzgeber, kontrollberechtigten Behörden, Forschungsunternehmen und Gutachter- bzw. Ethikkommissionen, die sich gemeinsam

---

107 Zu den Konsequenzen für die Gesetzgebung, insbesondere für Verwaltungsentscheidungen vgl. Karl-Heinz Ladeur, *Das Umweltrecht der Wissensgesellschaft*, S. 118–140.
108 Rudolf Steinberg, *Der ökologische Verfassungsstaat*, S. 180.
109 Werner Krawietz, »Theorie der Verantwortung?«, S. 209.
110 Vgl. Günter Heine, »Strafrecht zwischen staatlicher Risikolenkung und gesellschaftlicher Selbstregulierung«, S. 210 f.

VERANTWORTUNG IN KOMPLEXEN KONTEXTEN

über die voraussichtlichen Risiken, den erwartbaren Nutzen, Investitionskosten und die gesellschaftlichen Wertvorstellungen verständigen. Neben die behördliche *Verwaltungsverantwortung*, die auf differenzierte Weise die staatliche und private Verantwortungsanteiligkeit bei komplexen Prozeßverläufen bestimmt und passende Regelungsregime dafür festlegt,[111] tritt eine *flexible Verantwortungsgestaltung durch das Rechtssystem*, das an die Stelle herkömmlicher Kriterien der persönlichen Verschuldung und Haftung verstärkt Bewertungsmaßstäbe der sozialen Verantwortung setzt und auf diesem Weg riskante gesellschaftliche Prozesse mittels rechtlichen Zwangs zu beeinflussen versucht: »Wo mehrere Akteure (Behörde, Unternehmen, Stellungnahme und Fachgremien) kooperativ das Recht gestalten und neue Formen einer Mitverantwortung entstehen, wo typischerweise nicht (förmlich) endgültige Legalität gefragt ist, sondern Vorläufigkeit dominiert, wo es nicht auf einmalige Entscheidungen ankommt, sondern auf sachgerechte, revidierbare Entwicklungen über die Zeit, wo diese Prozesse flexibel gesteuert werden sollen, wo gleichwohl ›Strafrecht‹ einverlangt wird, sieht sich das Strafrecht – nolens volens – veranlaßt, neue Mechanismen zu entwickeln.«[112] Zu diesen Mechanismen zählt nicht nur die Umstellung von retrospektiver Tatschuld auf prospektive Steuerung, sondern auch die Abkehr von der individuellen Verantwortung zur kollektiven »Verantwortung über die Zeit«.[113] Das Ziel dieser temporalisierten Kollektiv-Verantwortlichkeit liegt in der Ermittlung von *Hauptverantwortungsbereichen* in den Schnittstellen zwischen dem Verwaltungsstaat und seinen administrativen Institutionen, den risikoverursachenden, zu marktwirtschaftlicher Effizienz gezwungenen Unternehmen, wissenschaftlichen Fachgremien und Expertenkommissionen, die den Stand der Technik reflektieren, und einer aufgeklärten Öffentlichkeit, die in der Lage ist, zu den gesellschaftlichen Unsicherheitsprozessen Stellung zu beziehen. Die Ermittlung der in sich abgestuften Hauptverantwortungsbereiche setzt nicht nur den Austausch von Informationen und ein umfassendes Risikowissen voraus, um zu rechtlichen Regelungen und Normenfestlegungen zu gelangen, die in die gleichermaßen heterogenen wie ungewissen Kontexte

---

111 Zum Begriff der Verwaltungsverantwortung siehe Eberhard Schmidt-Aßmann, *Das allgemeine Verwaltungsrecht als Ordnungsidee*, S. 148–154. Vgl. dazu Hans Christian Röhl, »Verwaltungsverantwortung als dogmatischer Begriff?«, S. 33–55. Zur Debatte um öffentlich-private Verantwortungsteilung siehe die Beiträge in Gunnar Folke Schuppert (Hg.), *Jenseits von Privatisierung und »schlankem« Staat*.
112 Günter Heine, »Strafrecht zwischen staatlicher Risikolenkung und gesellschaftlicher Selbstregulierung«, S. 217.
113 Ebd., S. 218. Zu entsprechenden Formen der Verbandsverantwortlichkeit siehe ders., *Die strafrechtliche Verantwortung von Unternehmen*, Dritter Teil.

ihrer Anwendung hineinpassen. Sie erfordert darüber hinaus die Bereitschaft der Akteure zur *normativen Selbstbindung*, ist angewiesen auf die reflexive Selbstverantwortung und praktische Eigenverantwortung der Beteiligten, die sich vor dem Hintergrund der gesetzgeberischen Rechtsordnung ihre Stellungnahmen und Entscheidungen selbst zuschreiben und in dem Bewußtsein agieren, daß sie als Gestalter hochgradig unsicherer Fortschrittsprozesse eine besondere Verantwortung für ihre vernünftige Verwirklichung tragen.

4.2 Fragile Verantwortungsarrangements

Der verantwortungspraktische Umgang mit unsicheren und ungewissen Prozeßvollzügen, deren Entstehung im Rahmen komplexer Sozialsysteme unvermeidlich ist, sorgt nicht dafür, daß regulative Kontingenzen abgebaut, sondern allerhöchstens verschoben, umgeschichtet und weitergeleitet werden. Nicht nur der einsame Verantwortungsethiker ist mit der Einbeziehung unabsehbarer Folgeentwicklungen heillos überfordert. Auch systemische und staatliche Versuche des Risikomanagements geraten angesichts der Verflechtung der Funktionsbereiche und ihrer operativen Eigendynamik insbesondere dort an eine Grenze der Steuerungsfähigkeit, wo sie in der Zuschreibung von Verantwortlichkeiten besonders aktiv sind. Politische – und das heißt institutionalisierte – Verantwortungsregelungen, wie sie im Bereich des Umweltschutzes, der Klimaentwicklung, der Informationsökonomie oder der Biotechnologie stattfinden, sind vor allem dadurch gekennzeichnet, daß sie vielfach erst nachträglich in schon stattfindende Operationen eingreifen. Das notwendige *Verantwortungswissen* kommt aufgrund der Neuartigkeit und Unbekanntheit der in Gang gesetzten natürlichen und kulturellen Prozesse meist zu spät. Die Nachträglichkeit der verantwortungsregulativen Interventionen, zumal durch das Rechtssystem, hat zur Konsequenz, daß »infolge der Notwendigkeit, das alte Denken in Grenzbegriffen durch Modelle grenzüberschreitenden, netzwerkgerechten, staatlichen Handelns abzulösen, auch eine Ungewißheit in der Gestalt kultureller, politischer und moralischer Komplexität von Zurechnungsproblemen entsteht«.[114]

Die Paradoxien systemischer und staatlicher Verantwortungssteuerung liegen in der Erzeugung neuer Ungewißheiten durch die flexible und adaptive Zurechnung von Verantwortlichkeiten auf Akteure und Beteiligte. Gerade dort, wo staatliche Behörden, privatwirtschaftliche Unternehmen und eine interessierte Öffentlichkeit in ein kooperatives Verfahren der Risikoabschätzung und nachfolgenden Normengenerierung eintreten, entstehen wechselseitige Irritationen, bilden sich blinde

---

[114] Karl-Heinz Ladeur, *Das Umweltrecht der Wissensgesellschaft*, S. 112.

Flecken in der gegenseitigen Beobachtung, treten Parteilichkeiten und weltanschauliche Motive in den Vordergrund, die eine nüchterne Beurteilung strittiger Fälle vehement erschweren. Wo das Erfahrungswissen über die Auswirkungen riskanter Technologien fehlt, partikulare Interessen unter dem Deckmantel objektiver Sachverhalte verschleiert werden, ökonomische Zwänge die Handlungsspielräume rigoros einschränken, werden die ausgehandelten Verantwortungsregelungen selbst zu einem Risiko, beruhen zumindest auf Zurechnungen, die hochgradig spekulativ und kontingent bleiben. Der Bedarf nach experimentierenden Normen und vorläufigen Festlegungen, die Notwendigkeit des operativen Lernens und der Mobilisierung von Fachwissen schlagen sich in *fragilen Verantwortungsarrangements* nieder, die eine permanente Revision der ausgehandelten Regelungen nach sich ziehen. Zurechnungsentscheidungen müssen rückgängig gemacht werden, sobald neue Informationen vorliegen oder sich die Anwendungssituationen verändert haben, Grenzwerte werden revidiert, wenn die Datenbasis sich als falsch erweist, Auflagen und Gesetze werden einer neuen Auslegung unterzogen, sobald der Druck der Öffentlichkeit oder die Zustimmungsverweigerung der Unternehmen wächst.

Die Fragilität der Verantwortungsarrangements – und hierin liegt die eigentliche Paradoxie – ist das Resultat des Versuches, die evolutionäre Komplexität eigendynamischer Sozialsysteme für normierende und regulative Eingriffe handhabbar zu machen, sie so weit zu konzeptualisieren, daß Zurechnungen von Wirkungen auf ungewisse Ursachen und damit auch Planungen unsicherer Prozesse möglich werden. Das betrifft auch die *Prozeduralisierung des Verantwortungsprinzips*. Sie stellt, wie gezeigt wurde, ein besonders leistungsfähiges Instrument dar, mit dessen Hilfe sich die Selbstorganisationsfähigkeit gesellschaftlicher Teilsysteme durch spontane Netzwerkbildung und grenzüberschreitende Interaktionen so koordinieren läßt, daß Optionsräume und Entscheidungshorizonte entstehen, die für Korrekturen und Lernprozesse offen sind. Die prozedurale Verantwortung ist von ihrem Charakter her eine gleichermaßen beobachtende und intervenierende *Prozeßverantwortung*, die auf der Grundlage des verfügbaren Fachwissens kognitive Verknüpfungen zwischen heterogenen Operationsbereichen herstellt und durch adaptive Modellbildungen (Prognosen, Vorhersagen, Erhebungen) dafür sorgt, daß sich soziale Akteure in ihren Entscheidungen an Standards, Regeln und Verhaltensnormen orientieren, die eine Zurechnung von unterlassenen Vorsorgeleistungen oder eingetretenen Schadensverläufen erleichtern. Auf diese Weise werden die vielfältigen, sich autonom reproduzierenden und organisierenden Systemprozesse nicht in ein Korsett aus Gesetzen und Regulierungen gezwängt, das die produktive Eigenkomplexität herunterfährt und damit die kognitive Problemlösungskompetenz der Subsysteme im Keim erstickt. Statt dessen werden operative

Tableaus geschaffen, auf denen sich innerhalb eines instabilen Umfeldes Erwartungsstabilisierungen bilden, die Verantwortungsbindungen über einen bestimmten Zeitraum ermöglichen, die auch für korporative Akteure, für Organisationen und Unternehmen, Verbände und Institutionen Geltung besitzen.[115]
Diese Geltung besitzen die Verantwortungsbindungen jedoch nur auf einer hypothetischen und probabilistischen Grundlage. Die Zurechnung von Entscheidungen und ihren Folgewirkungen auf höherstufige Akteure bleibt ein relationaler Akt, der durch eine hohe Zahl an Parametern und Koeffizienten beeinflußt wird, die eine lineare und kausale Rückverfolgung von ursächlichen Verantwortlichkeiten bis zur Unkenntlichkeit erschweren. Niemand wird mit verläßlicher Sicherheit feststellen können, inwieweit die Klimaerwärmung natürliche oder anthropogene Ursachen hat, ob konjunkturelle Rezessionen der globalen Weltwirtschaft oder der nationalen Steuer- und Finanzpolitik anzulasten sind, niemand wird dem Gentechniker zumuten können, die kulturellen Folgewirkungen seiner Forschungsarbeiten abzuschätzen. Die Kontrolle komplex vernetzter Risikoprozesse durch Verantwortungsregulierungen prallt an ihrer kognitiven Unzugänglichkeit ab: Die Suche nach Schuldigen bei der Verunreinigung von Futter- und Lebensmitteln wird durch die Vielzahl der Verarbeitungsschritte und dunkle Distributionswege erschwert, das frühzeitige Aufdecken von Bilanzfälschungen und Gewinnmanipulationen durch den fehlenden Zugang zu betriebsinternen Informationen, die Klage gegen Software- und Datenpiraterie durch unklare Eigentums- und Urheberschutzbestimmungen. Prozedural generierte Verantwortungsarrangements sind im Kern keine regulativen Imperative, die zu klaren Zurechnungsstrukturen führen, sondern hermeneutische Hilfskonstruktionen, die eine bessere Beobachtung und Konzeptualisierung schwer erschließbarer Kausalverkettungen ermöglichen sollen, de facto jedoch die Erhöhung normativer Kontingenzen und die Umverteilung von Unsicherheit bewirken.

Weil die prozessualen Verantwortungsarrangements auf einer falliblen Bewertungsbasis beruhen, in die jederzeit neues Wissen und veränderte Informationen hineinströmen können, deren Zuverlässigkeit niemand zu garantieren vermag, bleibt nur der Ausweg, aus Gründen der Operationsfähigkeit mit *hybriden Zurechnungsmodellen* zu arbeiten: Kollektiv erzeugte Schäden (wie bei der Erderwärmung, bei Wirtschaftskrisen oder hoher Arbeitslosigkeit) werden auf individuelle Fehlhandlungen zurückgeführt, Organisationen werden als personale Quasi-Akteure mit entsprechenden Rechten und Pflichten zur Verantwortung gezogen, Unternehmen sollen die Rechenschaft für ihre Mitarbeiterführung nach Leitlinien der »corporate governance« übernehmen, die gegenwärtig

---

115 Vgl. Karl-Heinz Ladeur, *Negative Freiheitsrechte und gesellschaftliche Selbstorganisation*, S. 214 f.

VERANTWORTUNG IN KOMPLEXEN KONTEXTEN

Lebenden werden als Schädiger zukünftiger Generationen betrachtet, an der Bildungsmisere deutscher Schüler ist die universitäre Lehrerausbildung schuld. Das positive Resultat dieser Zurechnungskonstruktionen besteht in der Entlastung der Akteure von der langfristigen Reflexion auf die durch ihr Operieren bewirkten Neben- und Spätfolgen, es liegt in der institutionalisierten Erwartungsstabilisierung, die auch unter Ungewißheitsbedingungen dazu beiträgt, daß eine Kontrolle und Regulierung von Schadensverläufen möglich bleibt.[116] Das negative Resultat zeigt sich in der Erzeugung mehr oder weniger beliebiger Verantwortungsfelder, die durch gesetzgebende Institutionen verwaltet werden, aber erst im Kontext der sich selbst organisierenden Gesellschaft entstehen und sich ausfüllen lassen. Die prozedurale und prozessuale Strukturierung von Verantwortungsräumen ist auf ein immenses kognitives Wissen, auf ein Reservoir an kollektiver Intelligenz angewiesen, das unter dem Einfluß der sozialen Innovationen und Dynamiken periodisch neu gefüllt werden muß, so daß verläßliche Lernprozesse und stabile Orientierungen nur befristet zustande kommen und den prozeduralen Verfahren der Normenfindung aufgrund ihres experimentierenden Charakters eine stabile Grundlage fehlt.

Die institutionalisierte Rationalität der Verantwortungsregulierung bleibt somit ein beschränktes Instrument der Zurechnung von Wirkungen auf Ursachen und des Risikomanagements in komplexen Kontexten. Ihr Aufmerksamkeitsvermögen ist begrenzt, ihr Wissenshorizont limitiert, ihre Entscheidungsfähigkeit ist abhängig von zahlreichen Determinanten, die das Vermögen zur Operationalisierung vernetzter und eigendynamischer Prozesse stark einschränken.[117] Es gehört zu den Eigenarten komplexer Phänomene, daß sich keine »Voraussage über ihre individuellen Erscheinungsformen« machen lassen, sondern nur darüber, »unter welchen Bedingungen sich ein Muster bestimmter Art herausbildet«.[118] Komplexe Phänomene sind theorieresistent, entziehen sich einer systematischen Spezifizierung, lassen sich allein auf der Ebene allgemeiner Ordnungen erfassen, deren besondere Ausprägung und Entwicklung dem methodologischen Beobachter verschlossen bleiben. Aus diesem Grund beruhen Verantwortungsarrangements in komplexen Kontexten auf *vorläufigen Zurechnungen* und *probabilistischen Zuschreibungen*, bei denen das »begrenzte Wissen«[119] den Platz kausaler Gesetze und kategorischer Regeln eingenommen hat.

116 Vgl. Weyma Lübbe, *Verantwortung in komplexen kulturellen Prozessen*, S. 194 f.
117 Zu den Grenzen institutioneller Rationalität vgl. Herbert A. Simon, *Homo rationalis*, S. 89–97.
118 Friedrich von Hayek, *Die Theorie komplexer Phänomene*, S. 28.
119 Ebd., S. 34.

KRITIK

Die Fragilität der Verantwortungsarrangements ist der Preis, der für das Festhalten an retrospektiven Rechenschafts- und prospektiven Vorsorgepflichten in Zusammenhängen gezahlt werden muß, in denen die konventionelle Grammatik moralischer Obligationen und rechtlicher Schuldigkeit ihre Gültigkeit verloren hat. An ihre Stelle sind offene Versuchsreihen der ethischen Einflußnahme und juridischen Regulierung getreten, in denen die Akteure dazu veranlaßt werden, sich auf dem Weg der gesellschaftlichen Selbstorganisation gemeinwohlverträglich und schadensvermeidend zu verhalten. Mit Hilfe hypothetischer Imperative und experimentierender Normen werden Schneisen in das Dickicht der Systeme geschlagen, über die sich Risikoprozesse im improvisierenden Zusammenspiel von regulativen Vorgaben und autonomer Selbstbindung bewältigen lassen. Verbunden werden diese beiden Pole durch die Mobilisierung von praktischem Wissen und kollektiver Intelligenz, die dafür sorgen, daß für komplexe Situationen angemessene Verantwortungsarrangements gefunden werden, ohne die Zerbrechlichkeit und Anfälligkeit dieser Arrangements verhindern zu können.

4.3 Pluralistisches Kontingenzmanagement

Die fortschreitende Komplexitätssteigerung hochmoderner Gesellschaften – so das Resümee – verhindert nicht die Handlungsfähigkeit sozialer Akteure, lenkt sie jedoch auf ein unsicheres Terrain, auf dem die »Erratik okkasioneller Einigungen«[120] den stabilen Ausgleich von Interessen und verläßliche Zukunftsplanungen abgelöst hat. Die Eigenschaften des Vorläufigen, Experimentellen und Improvisatorischen, durch die kollektive Entscheidungsprozesse gekennzeichnet sind, resultieren aus der Spannung »von Gestaltungsabsicht und struktureller Dynamik«,[121] die das grundlegende Merkmal neokorporatistischer und gouvernementaler Steuerungsverfahren bildet. Überall dort, wo es um die »Vernetzung und Abstimmung staatlicher und nichtstaatlicher Handlungspotentiale« zur Bewältigung gesellschaftlicher Komplexität geht, wo »das Zusammenwirken von Regierungen, Ministerien und anderen Verwaltungseinrichtungen mit Interessen- und Leistungsorganisationen der jeweils involvierten gesellschaftlichen Teilsysteme wie zum Beispiel Gewerkschaften, Unternehmen, Forschungsorganisationen, Ärzteverbände, Umweltgruppen oder Rundfunkanstalten«[122] im Vordergrund steht, dominiert ein handlungspraktischer Dezisionismus, werden Entschlüsse unter

---

120 Uwe Schimank und Raymund Werle, *Gesellschaftliche Komplexität und kollektive Handlungsfähigkeit*, S. 9.
121 Ebd., S. 12.
122 Ebd., S. 13.

Zeitdruck, Informationsmangel, strategischem Zwang gefällt. Das Problem akteurszentrierter Steuerungsformen besteht, ähnlich wie im Fall der Kontextsteuerung durch indirekte Interventionen und der prozeduralen Regulierung von Konflikten, darin, »Ordnung durch Selbstbindung«[123] zu erzeugen. Weil die institutionelle Einbindung der gesellschaftlichen Teilsysteme nur auf kombinatorischem Weg zu leisten ist, durch die Verzahnung so unterschiedlicher Steuerungsformen wie Marktorientierung, Gemeinschaftsfundierung, Solidaritätsbewußtsein oder Netzwerkbildung,[124] fehlt eine übergreifende, gesamtsystemische Ebene der Integration.

Die Koordination zwischen den einzelnen Akteursgruppen und Interessenverbänden, die in den sozialen Teilbereichen tätig sind, vollzieht sich vor dem Hintergrund divergierender Wert- und Zielvorstellungen, die anhaltende Kontroversen zwischen regelsetzenden Institutionen und regelausführenden Operateuren bewirken. In die Wert- und Regeldebatten greifen kognitive Differenzen ein, so daß Unstimmigkeiten über die Zuverlässigkeit der Informationen und die Haltbarkeit der Wissensbestände entstehen. Anstatt sich an universellen Maßstäben zu orientieren, die den Wissens- und Normenhorizont der Teilsektoren und ihrer Akteure überschreiten, wird das Zusammenwirken von einem *systemischen Handlungspartikularismus* beherrscht, der zur Aufrechterhaltung der Selbstorganisationsfähigkeit unabdingbar ist, sie jedoch gleichzeitig unterläuft. Die Grenzen der gesellschaftlichen Selbstregelung zeigen sich vor allem dort, wo es um die Vereinbarung freiwilliger Standards geht, die Externalisierung unerwünschter Effekte durch die Selbstbindung an eine gemeinsam ausgehandelte Ordnung rückgängig gemacht und die staatliche Einflußnahme im Vertrauen auf die autonome Kooperationsbereitschaft der Interessen- und Leistungsorganisationen zurückgefahren werden. Hier entstehen soziale Fallen und Free-Rider-Probleme. Die evolutionäre Dynamik der Teilbereiche verselbständigt sich so weit, daß eine gemeinwohlorientierte und sozialverträgliche Eigenkontrolle versagt, weil »die Sanktionsmöglichkeiten der Selbstorganisation nicht ausreichend [sind], um stark motiviertes abweichendes Verhalten zuverlässig zu unterbinden«.[125]

Die Grenzen der gesellschaftlichen Selbstorganisation bedeuten nun allerdings nicht, daß das letzte Wort bei »einem starken, pluralen Regelungsstaat« liegt, der »die klassischen Funktionen von Sicherheit und Ordnung« im »Zusammenspiel von öffentlichen und privaten Akteuren« erfüllt und eine »sozialverträgliche Gestaltung der Globalisierung,

---

123 Helmut Willke, »Kontextsteuerung durch Recht?«, S. 6.
124 Vgl. Patrick Kenis und Volker Schneider, *Organisation und Netzwerk*, S. 20–25.
125 Renate Mayntz und Fritz Scharpf, *Gesellschaftliche Selbstregelung und politische Steuerung*, S. 23.

eine zukunftsfähige Weiterentwicklung der Europäisierung und ein gemeinwohlorientiertes Zusammenleben in dieser neuen Gesellschaft« ermöglicht.[126] Die Organisationsgesellschaft ist vielmehr auf eine »demokratische Rahmenverantwortung«[127] angewiesen, die zwischen globalem Etatismus und der Anarchie selbstregulativer Subsysteme vermittelt. Diese Vermittlung ist erzwungen durch die Zunahme »zivilisatorische[r] Komplexität«, die den Bedarf an »zentralen Steuerungskapazitäten« erhöht, andererseits aber auch das Erfordernis an »regionaler und lokaler Selbstorganisation« verstärkt, die sich unabhängig vom Einfluß staatlicher und transnationaler Instanzen entfalten.[128] Die gesellschaftliche Selbstorganisation bildet ihrerseits ein Remedium gegen die Steuerungsdefizite des politischen Systems, das die anwachsende Komplexität der sozialen Interaktionen nicht mehr durch zentralistische Eingriffe und Regulierungen zu bewältigen vermag, sondern der *kooperativen Selbstverantwortung der Akteure* bedarf, die durch geeignete Rahmenbedingungen und Ordnungsgarantien gefördert werden muß.

Indem die kooperativen Akteure die Aufgabe der Folgenabschätzung und Risikobewältigung mit übernehmen, sich mit ihrem besonderen Wissen und ihrer spezifischen Vernunft auf die Unsicherheit und unerwünschten Nebeneffekte komplexer Handlungsprozesse einlassen, sind sie in der Lage, den Paradoxien der politischen Steuerung zumindest im begrenzten Rahmen ihrer Kenntnisse und Fähigkeiten entgegenzuwirken.[129] Gerade dort, wo die Einbeziehung ungewollter Nebenfolgen erforderlich wird, wo geplante Handlungszwecke sich durch die Vernetzung der sozialen Teilbereiche in nichtintendierte Ereignisketten verwandeln, muß die gesamtsystemische Organisation von Verantwortung auf die *partielle Verantwortlichkeit* von einzelnen Akteuren, Personen, Kleingruppen und Kollektiven umgestellt werden, die durch gemeinsame Zielsetzungen, durch vergleichbare Normen und Werte, durch die Konsistenz ihrer Selbstorganisation gekennzeichnet sind.[130] Eine gesamtsystemische Organisation von Verantwortlichkeiten gibt es nur nach dem Muster der Selbst- und Eigenverantwortung der strukturell gekoppelten Teilsysteme, ist nur möglich auf der Grundlage einer limitierten, an den funktionalen und evolutionären Erfordernissen des Teilbereichs orientierten Zurechnung auf die in ihm tätigen Akteure. In Prozessen der organisatorischen Selbststeuerung finden Verantwortungszuschreibungen

126 Hans-Peter Müller, »Evolution, Planung, Steuerung«, S. 834.
127 Otfried Höffe, *Demokratie im Zeitalter der Globalisierung*, S. 9.
128 So Hermann Lübbe, »Politische Organisation in Modernisierungsprozessen«, in: ders., *Politik nach der Aufklärung*, S. 90, S. 91.
129 Zu den Paradoxien politischer Steuerung siehe Richard Münch, *Risikopolitik*, S. 235.
130 Vgl. zu entsprechenden Konditionen Otto Neumaier, »Sind Kollektive moralisch verantwortlich?«, S. 72–74.

nicht von außen statt, läßt sich die Rückführung von Wirkungen auf Ursachen nicht aus der Position eines externen Beobachters, Gutachters oder Gesetzgebers bewerkstelligen, sondern nur durch Formen der pluralen Selbstbeobachtung der einzelnen Organisationssysteme, die – im besten Fall – zu einem ›empathischen‹ Nachvollzug der Fremdoperationen und einer ›solidarischen‹ Anpassung aneinander führen.[131]

Auch soziale Systeme sind auf moralanaloges Verhalten und evaluative Orientierungen angewiesen, die sie aus der Umwelt psychischer Akteure beziehen. Weil sie aufgrund ihrer Eigenkomplexität nicht zu einer gesamtsystemischen Organisation von Verantwortung in der Lage sind, müssen sie Verantwortlichkeiten *personalisieren*. Durch die Personalisierung wird die Zurechenbarkeit von Entscheidungen gewährleistet, auf Dauer gestellt und damit für das System operationalisierbar gemacht. Personalisierte Verantwortlichkeiten leisten einen Beitrag zur »Unsicherheitsabsorption«, indem sie die systemische Operation auf einen bestimmten Entscheidungsprozeß festlegen, zugleich aber die ausgeschlossenen Möglichkeiten für weitere Anschlußoperationen offen halten.[132] Zugespitzt formuliert, ließe sich sagen: *Systeme operieren verantwortlich, indem sie Entscheidungsprozesse personalisieren, während Personen verantwortlich handeln, indem sie Verantwortung an Systeme delegieren.* Dabei kommt es für personale Akteure darauf an, den Verantwortungsraum ihres Handelns möglichst wenig einzuengen, damit der Entscheidungsspielraum des Systems vergrößert wird. Weil jede personalisierte Übernahme von Verantwortlichkeit das Operationsfeld von Systemen einschränkt, müssen personale Akteure ihre Entscheidungen um der Absorption von Unsicherheit willen in einen Möglichkeitshorizont hineinstellen, der die Korrektur von Irrtümern, die Beseitigung von Fehlinformationen und somit organisatorische Lernprozesse zuläßt. Umgekehrt müssen Systeme ihre Tendenz zur alleinverantwortlichen Selbstregulierung von Problemen mit ihren jeweiligen Umwelten einschränken, auf das begrenzte Handlungswissen von personalen Akteuren zurückgreifen und ihre Beteiligung an der gesamtsystemischen Selbstreflexion durch die Einbeziehung ihrer praktischen Urteilskraft stärken.

Als Ergebnis der Suche nach einem komplexitätsfähigen Verantwortungsbegriff ergibt sich somit die Notwendigkeit eines *pluralistischen Kontingenzmanagements*, das sich nicht im Ausgang von einem leitenden Geltungsbereich, einem zentralen Steuerungsmedium oder einem Akteurstypus realisieren läßt, sondern nur im Zusammenwirken verschiedener Normen- und Wertbereiche sowie dem Ineinandergreifen unterschiedlicher Operationsweisen und Akteurskonstellationen. Weil in

---

131 Vgl. Uwe Schimank, »Evolution, Selbstreferenz und Steuerung komplexer Organisationssysteme«, S. 63.

132 Vgl. Niklas Luhmann, *Organisation und Entscheidung*, S. 197–199.

hochmodernen Gesellschaften die Eigendynamik in Gang gesetzter Prozesse autonome Strukturen der Selbstorganisation erzeugt, die norm- und wertbildend auf die sozialen Akteure zurückwirken, wächst die Notwendigkeit eines erweiterten Verantwortungsbegriffs, der auch verselbständigte und regulativ nicht erfaßbare Handlungsfolgen mit einbezieht. In eins mit der *Erweiterung* des Verantwortungshorizontes nimmt aber auch das Erfordernis zu, um der Operationalisierbarkeit von Vorgaben, Eingriffen und Zurechnungen den Geltungsbereich der Verantwortung *einzuschränken*, ihn an das Wissen, die Fähigkeiten und das Urteilsvermögen personaler Akteure zurückzubinden. Die Komplexitätssteigerung sozialer Systeme läßt sich nur durch ein Offenhalten von Verantwortungsräumen bewältigen, die in sich segmentiert, parzelliert und damit limitiert sind. Erforderlich ist, mit einem Wort, eine *Dialektik der Verantwortung*, die darin besteht, daß die Erweiterung von Verantwortungsbereichen nur durch ihre Eingrenzung zu gewährleisten ist.

Schluß: Dialektik der Verantwortung

Am Ende des Weges kehren, gewissermaßen als Hinterlist der sozialen Evolution, die klassischen Verantwortungselemente wieder zurück. Sie bilden die konditionalen Bedingungen eines begründbaren und funktionstüchtigen Verantwortungskonzepts in den komplexen Interdependenzbeziehungen hochmoderner Gesellschaften. Gerade in unsicheren und ungewissen Handlungskontexten besitzen die herkömmlichen Kriterien der Verantwortlichkeit einen besonderen Stellenwert. Sie sorgen für eine *Deflation* des inflationär verwendeten Verantwortungsbegriffs und sichern seine Anwendungsfähigkeit durch die Einschränkung seines Geltungshorizontes. Um den Verantwortungsbegriff auf der Höhe der Zeit zu halten, ist es nötig, ihn auf ein legitimierbares Maß herunterzufahren, ihn strukturell zu *vereinfachen* und zugleich für Differenzierungen offen zu halten.[1]

Zur *Grundstruktur* verantwortlichen Handelns gehören – erstens – nicht nur Freiheit, Kausalität und Willentlichkeit als konditionale Voraussetzungen sowie die interne Relationalität zwischen einem Akteur, einem Adressaten und einer Instanz, die nach Maßgabe geltender Verpflichtungen geregelt ist. Verantwortung ist und bleibt ein dreistelliger Zuschreibungsbegriff, durch den ein Subjekt für ein Objekt aufgrund bestimmter Bewertungsregeln verantwortlich gemacht wird. Zur Grundstruktur gehört auch – zweitens – der Handlungstypus der Verantwortung, der sich ebenfalls dreifach gliedern läßt: in die Selbstverantwortung, die Fremdverantwortung und Sozialverantwortung, die das klassische Schema der subjektiven, objektiven und sozialen Welt umfassen, in der personale Wesen leben und agieren. Schließlich zählen zur Grundstruktur – drittens – noch die Verantwortungsarten, die auf den Handlungsweisen beruhen, die zur Bewertung stehen. Hier genügt es, grundsätzlich zwischen kausaler, moralischer und rechtlicher Verantwortlichkeit zu unterscheiden.

Die Bestandteile der Grundstruktur reichen aus, um ein *primäres Verantwortungsprinzip* zu begründen, aus dem sich weitere *sekundäre Verantwortungsdimensionen* ableiten lassen. Sekundäre Verantwortungsverhältnisse liegen dann vor, wenn es sich beim Subjekt der Verantwortung nicht um einzelne Personen, sondern um Gruppen oder Kollektive, Institutionen oder Korporationen handelt. Das Objekt der Verantwortung ist sekundärer Art, wenn es beispielsweise soziale Gebilde oder abwesende – nicht mehr lebende oder ungeborene – Personen

---

[1] Zur Vereinheitlichung des Verantwortungskonzepts vgl. auch Gertrud Nunner-Winkler, »Kollektive, individuelle und solidarische (fürsorgliche) Verantwortung«, S. 169 f.

SCHLUSS: DIALEKTIK DER VERANTWORTUNG

umfaßt. Die Bewertungsregeln, nach denen jemand Verantwortung trägt, können von unbedingten Verpflichtungen der Schuldigkeit auf bedingte Pflichten der Fürsorge, der Solidarität oder des Wohlwollens erweitert werden. Die Selbstverantwortung läßt sich durch die Eigenverantwortung ergänzen, die Fremdverantwortung auf die nichtmenschliche Natur übertragen, die Sozialverantwortung auf vergangene und zukünftige Generationen ausdehnen. Die Verantwortungsarten sind ebenfalls erweiterungsfähig, etwa durch funktionale, kooperative oder rollen-, berufs- und aufgabenspezifische Verantwortungsmodalitäten.

Der Übergang vom primären Verantwortungsprinzip zu sekundären Verantwortungsdimensionen findet überall dort statt, wo Personen in arbeitsteiligen Prozessen agieren, Unternehmen und Organisationen für ihre Operationen zur Rechenschaft gezogen werden, die natürlichen Ressourcen geschont oder das Wohl unserer Nachkommen berücksichtigt werden soll. In komplexen und zeiträumlich entgrenzten Handlungskontexten haben die sekundären Verantwortungsdimensionen de facto schon längst den Platz des primären Verantwortungsprinzips eingenommen. Ihre Gültigkeit ist jedoch alles andere als selbstverständlich. Im Unterschied zum primären Verantwortungsprinzip, dessen Berechtigung keiner weiteren Explikation bedarf und das sich unmittelbar aus dem menschenrechtlichen Moralverständnis aufgeklärter Individuen ableiten läßt, sind die sekundären Verantwortungsdimensionen erläuterungsbedürftig. Sie verstehen sich nicht, wie zahlreiche Verantwortungsmodelle insinuieren, von alleine, besitzen keine unbedingte Gültigkeit, beruhen vielmehr auf einer Vielfalt von methodologischen, anthropologischen und weltanschaulichen Vorentscheidungen, die nicht immer ausreichend klar thematisiert werden.

Der Übergang von der Grundstruktur zu erweiterten Formen der Verantwortung bedarf deshalb eines *Differenzierungsprinzips*, das an den basalen Bedingungen der Verantwortlichkeit festhält, diese aber nach Maßgabe der Erfordernisse und Umstände modifiziert und den gegebenen Situationen anpaßt. Das Differenzierungsprinzip besitzt eine limitative Aufgabe. Es muß der Regel unterstellt werden, daß Erweiterungen des primären Verantwortungsprinzips nur dann zulässig sind, wenn sekundäre Verantwortungskriterien eine bessere Bewältigung der Handlungssituationen ermöglichen. Das Abrücken von der verantwortungstheoretischen Grundstruktur ist nur dann erlaubt, wenn die Einbeziehung zusätzlicher Verantwortungsdimensionen eine genauere Situationsdeutung und effektivere Konfliktlösung verspricht. Diese Regel folgt aus der utilitaristischen und konsequentialistischen Verfassung verantwortlichen Handelns, das in seiner praktischen Ausrichtung erfolgswertfundiert und nutzenorientiert ist. Gegenüber einfachen Formen des Utilitarismus ist das Verantwortungsprinzip jedoch dadurch ausgezeichnet, daß es die Verhältnismäßigkeit von Regeln und Nutzen, von Zwecken und Mitteln

SCHLUSS: DIALEKTIK DER VERANTWORTUNG

zum Gegenstand einer eingehenden Angemessenheitsprüfung macht, die den Kriterien der spezifischen Verallgemeinerungsfähigkeit gehorcht.[2] Das Differenzierungsprinzip sichert die Anpassung des Verantwortungsprinzips an nicht-triviale, höherstufige und komplexe Handlungssituationen. Es sorgt überall dort für eine Erweiterung der Grundstruktur, wo die primären Bedingungen der Verantwortlichkeit nicht mehr greifen und entsprechende Modifikationen am Verantwortungssubjekt, Verantwortungsobjekt, den Verantwortungsinstanzen und ihren internen Relationen vorgenommen werden müssen. Es hält die Einsicht wach, daß erweiterte Verantwortlichkeiten aus primären Verantwortungsverhältnissen *abgeleitet* sind, daß jede Ausdehnung des Verantwortungsprinzips einen derivativen Akt darstellt, der einer besonderen Begründung bedarf. Im Prinzip steht, wie gezeigt wurde, dieser Begründung nichts im Weg, verfügen wir über Methoden, Modelle und Erklärungsmuster, um Forschungsinstitute für ihre Experimente, Firmen für die Verschmutzung der Umwelt, Welthandelsorganisationen für ökonomische Ungleichheiten, Staaten für den Nachweltschutz und Regierungen für Völkermorde zur Verantwortung zu ziehen. Der Wildwuchs an Verantwortungszuschreibungen, die immer weitere Expansion von Verantwortungsbereichen und das Wuchern spezieller Verantwortungsethiken machen jedoch Grenzziehungen erforderlich, um der semantischen Entleerung des Verantwortungsbegriffs Einhalt zu gebieten und so seine Anwendungsfähigkeit weiter zu gewährleisten.

Zu diesem Zweck ist nicht nur die Vereinfachung der Grundstruktur notwendig, sondern auch die *Eindämmung der Zurechnungsexpansion*, die sich im Fahrwasser der Erfolgsgeschichte des Verantwortungsprinzips ereignet hat. Der zivilisatorische Dynamisierungsprozeß mitsamt seinen in Gang gesetzten Wirkungskonsequenzen hat dazu geführt, daß das moralische Prinzip der Verantwortung zunehmend weniger weit reicht »als der Bereich kausalanalytisch identifizierbarer Handlungsfolgen«.[3] Der Umstand, daß zivilisationsabhängige Schadensentwicklungen und Naturkatastrophen gleichwohl moralischen und rechtlichen Verantwortungsforderungen unterworfen werden, resultiert aus der fortschreitenden Eingriffsfähigkeit des Menschen in seine Umwelt, die sich in der Überschreitung der Grenzen zwischen kulturellen und natüralen Prozessen niederschlägt. Diese Entwicklung zeigt sich vor allem darin, daß mit der Transformation von natürlichen Daseinsvoraussetzungen in menschliche Hervorbringungen der Bereich derjenigen Lebensvoraussetzungen expandiert ist, für die wir uns verantwortlich halten, während zugleich die Bereitschaft abnimmt, vorhandene Lebensrisiken als gegeben zu

---

2 Vgl. Wolfgang Wieland, *Verantwortung – Prinzip der Ethik?*, S. 85–94.
3 Hermann Lübbe, »Moralismus oder fingierte Handlungssubjektivität in komplexen historischen Prozessen«, S. 295.

akzeptieren.⁴ Weil negative Folgen aus Handlungen für den Menschen weitaus weniger akzeptabel sind als negative Folgen aus Naturprozessen, ist mit der fortschreitenden Verwandlungsmöglichkeit natürlicher in kulturelle Prozesse nicht nur das Verlangen stetig angewachsen, sich dort für verantwortlich zu wähnen, wo die bloße Ereignishaftigkeit naturaler Abläufe dominiert. Auch der Bereich nichtzurechenbarer Unterlassungen ist zusehends geschrumpft, da verstärkt das als Handlungs(neben)folgen angesehen wird, was trotz angeblich bestehender Eingriffsmöglichkeiten nicht aktiv gestaltet wurde.

Diese Entwicklung ist ersichtlich widersinnig. Die Zurechenbarkeit von Handlungen setzt das Wissen des Akteurs um das Bestehen einer Handlungsregel, mögliche Handlungsalternativen, den Willen zur Ausführung einer speziellen Handlung und das Wissen um ihre voraussichtlichen Folgen voraus.⁵ Das gleiche gilt für Unterlassungen. Auch sie lassen sich nur zurechnen, wenn sie auf dem kognitiven Vermögen und der praktischen Fähigkeit des Handelnden beruhen, etwas Bestimmtes auszuführen, das unterlassen wurde, wenn also die Gründe, die zum Nichtergreifen einer Handlungsmöglichkeit führen (etwa aus Unwissenheit oder Unvermögen), ihrerseits dem Akteur zugerechnet werden können.⁶ Insofern ist es richtig, »daß Wissenkönnen als Voraussetzung der Zurechenbarkeit von Handlungsfolgen bestehen bleiben muß« und die »kognitive Basis verantwortungsethischer Gebote oder Verbote«⁷ nicht in der Unsicherheit, bloßen Möglichkeit oder Wahrscheinlichkeit erwartbarer Handlungsfolgen besteht, sondern in den konkreten Kenntnissen und Fähigkeiten, über die Akteure zum Zeitpunkt ihres Handelns verfügen. Kausalität, Intentionalität und Wißbarkeit bilden gerade dort, wo die Einflußnahmen auf komplexe Prozeßverläufe anwachsen, die notwendigen Bedingungen für die Zurechenbarkeit der in Gang gesetzten Handlungsfolgen und Nebenwirkungen, sie sind die erforderlichen Voraussetzungen dafür, daß auch Unterlassungen den Akteuren sinnvoll zugerechnet werden können.⁸

Dennoch reichen diese Bedingungen allein nicht aus. Zurechnungsgründe besitzen eine doppelte Struktur. Sie beziehen sich auf die

---

4 Vgl. Hermann Lübbe, *Der Lebenssinn der Industriegesellschaft*, S. 92 f.
5 Vgl. Joachim Hruschka, *Strukturen der Zurechnung*, S. 14–29.
6 Nach Dieter Birnbacher, *Tun und Unterlassen*, S. 53, besteht das Unterlassen nicht darin, »daß der Unterlassende *nichts* tut, sondern darin, daß er etwas bestimmtes – ein bestimmtes h – nicht tut, das er tun könnte.« Siehe auch Martin Seel, »Kleine Phänomenologie des Lassens«, S. 150, wonach »das Unterlassen nicht im Auslassen *irgendwelcher*, sondern aus gewichtigen Motiven oder Gründen *naheliegender* Handlungen besteht«.
7 Weyma Lübbe, »Handeln und Verursachen: Grenzen der Zurechnungsexpansion«, S. 230 f., S. 234.
8 Siehe John Martin Fischer und Mark Ravizza, *Responsibility and Control*, S. 240–251.

SCHLUSS: DIALEKTIK DER VERANTWORTUNG

Zurechnung eines Vorgangs als Handlung (imputatio facti bzw. physica) und auf die Zurechnung dieser Handlung als regelkonform oder regelwidrig (imputatio iuris bzw. moralis).[9] Zurechnungen besitzen eine kausale (faktische) und eine normative (moralische oder rechtliche) Dimension, die voneinander abhängen: Jemand kann nach herkömmlichem Verständnis moralisch oder rechtlich nur für Handlungen zur Rechenschaft gezogen, die ihm auch kausal zugerechnet werden können. Unter Bedingungen zunehmender Komplexität hat sich dieses Abhängigkeitverhältnis verschärft: Das Problem der Zurechenbarkeit von Handlungen besitzt einen dringenderen Stellenwert als das Problem der Kritisierbarkeit des Handelns. Oder anders ausgedrückt: Die kausale Frage, ob ein Vorgang *jemandem* überhaupt *als* Handlung (oder Unterlassung) zugerechnet werden kann, ist im Kontext komplexer Prozesse zu der normativen Frage geworden, *nach welchen Regeln und Gründen* jemand der Verursacher einer Handlung ist.[10] Das gilt, wie gezeigt wurde, nicht nur für eigendynamische Handlungsprozesse, sondern auch für die Akteure dieser Prozesse, die aufgrund ihres höherstufigen Status nicht mehr ›jemand‹ sind, dem sich eine Handlung ohne weiteres zurechnen läßt.

Erforderlich ist deshalb die normative Erweiterung des Zurechnungsbereichs auf diejenigen Prozesse, die aus dem Geltungshorizont kausaler und intentionaler Handlungsregeln *herausfallen*, ohne sich ihm vollständig zu *entziehen*. Auch dort, wo Handlungsfolgen über die Grundbedingungen des kognitiven Wissens und der praktischen Einflußnahme von Akteuren hinausreichen, lassen sie sich ihnen zurechnen, nämlich dann, wenn ihre Berücksichtigung mit guten Gründen von ihnen *erwartet* werden kann.[11] In dieser *Integration des Nichtzurechenbaren* besteht die eigentliche Leistung des Verantwortungsbegriffs, der über die reine Kausalattribution hinausreicht und dort in Kraft tritt, wo Handlungsfolgen nach Maßgabe intentionaler, kognitiver und kausaler Kriterien nicht zurechenbar sind, ihre Einbeziehung gleichwohl aber aufgrund normativer – moralischer und rechtlicher – Gründe eingefordert werden kann.[12] Das

9   Vgl. dazu – mit Verweisen auf Wolff und Daries – Joachim Hruschka, *Strukturen der Zurechnung*, S. 34 f.
10 Zum askriptiven Charakter von Verantwortungszuschreibungen bei komplexen Handlungsfolgen vgl. Joel Feinberg, »Handlung und Verantwortung«, S. 211–224.
11 Zu den Paradoxien der Verantwortlichkeit und der Notwendigkeit einer ›internen Auffassung‹ des moralisch Zurechenbaren vgl. Thomas Nagel, »Moralische Kontingenz«, S. 58–63. Siehe auch Hermann Schmitz, *Der Spielraum der Gegenwart*, S. 136–156, der den Akzent entsprechend auf die »Gesinnungsfreiheit« (S. 153) des Handelnden setzt.
12 Zum Unterschied zwischen der kausalen Zuweisung und der moralischen Einforderung von Verantwortlichkeit vgl. Carl F. Graumann, »Die Zuweisung von Verantwortung – Ein sozialpsychologisches Problem«, S. 163 f.

SCHLUSS: DIALEKTIK DER VERANTWORTUNG

Verantwortungsprinzip ist ein integratives Prinzip der Folgenberücksichtigung, das die normative Inanspruchnahme von Akteuren auch jenseits der Kausalität ihres Handelns gewährleistet. Es sorgt dafür, daß die Rechenschaftsverpflichtung sich nicht bloß auf beabsichtigte, vorausehbare und wißbare Handlungs*konsequenzen* bezieht, sondern auch auf unbeabsichtigte, nicht wißbare und unvorhersehbare Handlungs*effekte*, die sich Akteuren zwar nicht zurechnen lassen, von denen aber mit guten Gründen erwartet werden kann, daß sie sich diese Handlungsfolgen selbst zuschreiben.

In dieser Form der *Selbstzuschreibung* ist letztlich die gesamte Dialektik der Verantwortung zu verorten. Daß Akteure für die Folgen ihres Handelns einstehen, bedeutet nicht, daß die Gründe für die Selbstzuschreibung sich allein aus der Binnenperspektive der Handelnden oder ihrer Bereitschaft zur Übernahme schon bestehender Verantwortlichkeit ergeben.[13] Es bedeutet auch nicht, daß das verantwortliche Handeln primär auf freiwilligen oder übergebührlichen Akten des Einstehens für nichtzurechenbare Handlungsauswirkungen, auf dem verdienstlichen Engagement für eine wohlgeordnete Gesellschaft, auf dem tugendgeleiteten Sichkümmern um Fremdbelange beruht. Verantwortlichkeiten haben in säkularisierten, pluralistischen und heterogenen Sozialkontexten ihren Halt in substantiellen Wertbeständen und metaphysischen Orientierungen eingebüßt. Sie können nicht ohne weiteres durch Appelle an die Humanität, den Vorrang des Anderen oder eine überzeitliche Solidarität der Generationen wieder zum Leben erweckt werden. Die Selbstzuschreibung von Handlungskonsequenzen folgt statt dessen der *Logik der erweiterten Handlungszurechnung*, nach der die Akteure das Kausalitätsproblem komplexer Prozesse unter den Normativitätsaspekt zurückstellen, die *imputatio facti* zur *imputatio moralis* machen und so die Berücksichtigung des Nichtzurechenbaren als eine eigenständige Handlungsobligation betrachten.[14]

Die Obligation zur Einbeziehung des Nichtzurechenbaren in den Zurechnungshorizont resultiert aus der Begrenzung menschlichen Wissens. Sie stellt eine *kognitive Verpflichtung* dar, weil wir mit anwachsender

> Zum ›apriorischen‹ Charakter moralischer Verantwortung siehe Wilhelm Vossenkuhl, »Moralische und nicht-moralische Bedingungen verantwortlichen Handelns«, S. 134 f.
>
> [13] Zum Unterschied zwischen der Zuschreibung von Verantwortlichkeit und ihrer Übernahme vgl. Elisabeth Ströker, »Verantwortungsethik als Herausforderung der Philosophie in der modernen Welt«, S. 695 f.
>
> [14] Diese notwendige Erweiterung der Zurechnungsverantwortung übersieht Julian Nida-Rümelin in seiner intentionalistischen Fassung von Verantwortlichkeit: »Eine Person kann nur in den Grenzen für Folgen ihres Verhaltens – derivativ – verantwortlich gemacht werden, soweit diese Folgen genuiner eigener Handlungen sind, d. h. ihrer Kontrolle unterliegen, Ergebnis ihrer eigenen Intentionen sind.« (*Strukturelle Rationalität*, S. 148.)

SCHLUSS: DIALEKTIK DER VERANTWORTUNG

Vernetzungsdichte und Komplexitätssteigerung sozialer Prozesse immer weniger wissen können, welche zukünftigen Auswirkungen Eingriffe in das operative Gesellschaftsgefüge haben werden, welche moralischen oder rechtlichen Reaktionen den Innovationen der Technik, den ökologischen Veränderungen und ökonomischen Krisenverläufen angemessen sind.[15] Gerade weil der Umgang mit komplexen und intransparenten Systemen sich nicht erlernen läßt, weil uns explizite Regeln fehlen, mit denen sich die Brüche, Friktionen und Emergenzen eigendynamischer Verläufe auf normativ verbindliche Weise erfassen lassen, müssen die Grenzen der Zurechnung über den aktuellen Wissens- und Erfahrungshorizont hinaus erweitert werden, indem auch das zum Gegenstand unserer *verantwortungspraktischen Aufmerksamkeit* gemacht wird, was sich dem zurechnungstheoretischen Geltungsbereich entzieht.[16]

Die Selbstzuschreibung ungewisser Handlungsfolgen führt zur Erweiterung der normativen Zurechnung innerhalb ihrer kausalen Grenzen. Sie entgrenzt den Verantwortungshorizont nicht, sondern limitiert ihn auf den Bereich der verantwortungspraktischen Aufmerksamkeit, von der mit guten Gründen erwartet werden kann, daß sie sich Akteure zu eigen machen, weil die Institute der öffentlichen Verantwortungszuweisung nicht weit genug reichen. Die verantwortungspraktische Aufmerksamkeit für ungewisse Handlungsfolgen kompensiert die Mängel staatlicher Verantwortungsregulierungen, die an der Dynamik der gesellschaftlichen Selbstorganisation abprallen. Sie gleicht die Defizite rechtlicher Sanktionierungen aus, die immer nur so weit reichen wie die objektive Zumutbarkeit der Normen und die Handlungsfähigkeit der Akteure.[17] Sie ergänzt in Organisationen und Korporationen die funktionalen Verantwortungsregeln um das aktive Element der persönlichen Verantwortungsausübung.[18] Die Gründe für die Übernahme und Ausübung der Aufmerksamkeitsverantwortung in Handlungskontexten,

15 Zu den kognitiven Grenzen moralischer Verantwortung vgl. auch Gottfried Seebaß, »Moralische Verantwortung in der wissenschaftlich-technischen Welt«, S. 243 f.
16 Von daher ist die zurechnungstheoretische Schlußfolgerung von Weyma Lübbe zu korrigieren, daß die »Grenze der Möglichkeit, aus Erfahrung zu lernen«, »auch eine Grenze der Vorwerfbarkeit des Mißlingens erfahrungsgestützter Handlungspläne« sei (»Handeln und Verursachen«, S. 241). Das Gegenteil gilt: Die Grenze des Erfahrungswissen impliziert vielmehr die Verantwortung für das Mißlingen, das aus ihrem Überschreiten resultiert.
17 Vgl. Ernst-Joachim Lampe, »Verantwortung und Verantwortlichkeit im Strafrecht«, S. 288–293; vgl. auch Joseph J.M. van der Veen, »Verantwortung und Verantwortlichkeit«, S. 36–46.
18 Vgl. Mark Bovens, *The Quest for Responsibility*, S. 22–44, der entsprechend zwischen einer passiven Zurechnungsverantwortung und einer aktiven Handlungsverantwortung unterscheidet.

die sich den Kausalitäts-, Willens- und Vermögenskriterien der Zurechnungsverantwortung entziehen, liegen in den komplexen Situationen selbst. Aus einem *umfassenden Verantwortungsverständnis*, das nicht auf geschuldete Pflichten und regulative Vorgaben reduziert wird, das sich nicht auf die Befolgung moralischer Rechenschaftsforderungen oder rechtlicher Schuldigkeiten beschränkt, das sich nicht in der Routine der Aufgaben- und Funktionserfüllung erschöpft, folgt unmittelbar das Gebot, den Ungewißheitshorizont komplexer Prozeßverläufe in die Entscheidungsfindung einzubeziehen und auf der Grundlage situativer Rechtfertigungsverfahren Maßnahmen zur Bewältigung der systemischen Kontingenzen zu ergreifen.[19]

Für das aufmerksame, situativ orientierte und flexibel reagierende Verantwortungsbewußtsein personaler Akteure gibt es in der Geschichte des Verantwortungsprinzips genügend Leitbilder und Konzeptionen, an die nach ihrer Entschlackung von überflüssigem spekulativen und metaphysischen Ballast wieder angeknüpft werden kann. Was sich der Tradition des Verantwortungsprinzips vor allem entnehmen läßt, ist die Überzeugung, daß es in der Menschenvernunft so etwas wie ein *Faktum der Verantwortung* gibt, das sich durch die Explikation des eigenen Selbst- und Weltverständnisses freilegen läßt. Die Fähigkeit zur Verantwortungsausübung bildet ein ursprüngliches Vermögen des Menschen, das so lange leer und abstrakt, überschießend und utopisch bleibt, wie es nicht an die Kontexte seiner Verwirklichung zurückgebunden wird. Diese Rückbindung muß aus einer skeptischen Erwartungshaltung heraus geschehen. Der Verantwortungsbegriff ist und bleibt ein sekundäres Handlungsprinzip, dessen erfolgreiche Umsetzung von empirischen Voraussetzungen und institutionellen Rahmenbedingungen abhängt, die nicht seiner eigenen Einflußnahme unterliegen. Ohne die exekutive Unterstützung durch Institutionen und funktionale Regime, ohne die Steuerungsleistung staatlicher und supranationaler Behörden und Kommissionen, ohne die »Etablierung einer internationalen Rechtsordnung«, die den Individuen die »Last überbordender Verantwortung«[20] abnimmt, bleibt das Verantwortungsprinzip ein iudikativer Irrläufer, der seine Aufmerksamkeit für Probleme mit ihrer Erledigung verwechselt, ein Nachfahre der geschichtsphilosophischen Vernunft, die in den Zeichen des Fortschritts den Beweis seiner Erfüllung zu erkennen glaubte.

Angesichts der fortschreitenden Entgrenzungsprozesse zwischen den systemischen Operationsbereichen, der zunehmenden Verflechtung

---

19 Zur Anpassung von Verantwortungsnormen an die situativen Kontexte ihrer Anwendung siehe Karl Mertens, »Sinn und Unsinn einer Verantwortung für die Zukunft«, S. 286–289.
20 Wolfgang Kersting, »Philosophische Probleme der internationalen Beziehungen«, S. 446, S. 443.

SCHLUSS: DIALEKTIK DER VERANTWORTUNG

privater und öffentlicher Handlungsfelder, der ansteigenden Innovationsrate der Hochtechnologien und immer schwerer einschätzbarer Rückkopplungseffekte von kulturellen Eingriffen in die natürliche Umwelt besitzt das Verantwortungsprinzip eine stark limitierte Reichweite. Die Komplexität hochmoderner Problemkonstellationen läßt sich nur noch in eingeschränkter Form unter dem Aspekt der Folgenlegitimation erfassen, die Dynamik hochmoderner Gesellschaften überfordert das kognitive Bewußtsein und hinterläßt die Individuen in einer anwachsenden moralischen Ratlosigkeit. Aus diesem Grund ist die Rede von bestehenden oder einzufordernden Verantwortlichkeiten, die ungebrochen in ökonomischen und politischen, ökologischen und historischen Handlungszusammenhängen zu vernehmen ist, mit Vorsicht zu betrachten. Gegenüber der anhaltenden Verantwortungskonjunktur bleibt die Skepsis der Philosophie angebracht, die sich nicht dadurch täuschen läßt, daß ein Begriff globale Erfolge feiert, die sich aber auch nicht davon abhalten läßt, die Idee der Verantwortlichkeit gegen ihre Kritiker zu verteidigen.

Denn ohne Frage brauchen wir die Verantwortungsidee. Sie erlaubt gerade durch ihren fiktionalen und hybriden Charakter eine Konzeptualisierung sozialer Komplexität, die durch kein anderes moralisches Prinzip zu erreichen ist. Die besondere Leistung des Verantwortungsprinzips besteht darin, auf die Intransparenz und Irritationen neuer gesellschaftlicher Entwicklungen mit Flexibilität und Klugheit zu reagieren, sich nicht auf eine leitende Norm oder einen zentralen Lösungsweg festzulegen, sondern konfliktbereit und improvisierend nach situativ angemessenen Handlungsregeln zu suchen. Der mit den Wassern der Kontingenz gewaschene Verantwortungspraktiker ist geübt im Umgang mit kognitiver Ungewißheit und normativer Unsicherheit. Er setzt nicht auf einzelne ethische Strategien, sondern auf ihre kontextualistische Kombinatorik, er benötigt kein explizites Regelwissen, sondern arbeitet mit dem problemorientierten Vermögen der praktischen Intelligenz und auf der Grundlage impliziten Wissens, das sich komplexe Sachverhalte durch Erfahrung, Übung und genaue Beobachtung erschließt.[21] Auf die Belastungen der moralischen Urteilskraft durch Nichtwissen in intransparenten Entscheidungssituationen reagiert er mit Gelassenheit, weil er weiß, daß weite Bereiche hochmoderner Gesellschaften der Unverantwortbarkeit unterliegen. Er vertraut darauf, daß die in der kurzen Geschichte des Verantwortungsprinzips entwickelten Modelle der Natur- und Geschichtsverantwortung, der Wirtschafts- und Wissenschaftsverantwortung, der Staats- und Politikverantwortung noch genügend Spielraum besitzen, um sie den sich ändernden Problemlagen der Zeit anzupassen.

21 Zur praktischen Intelligenz vgl. Hans Krämer, *Integrative Ethik*, S. 168–184; zur Bewältigung komplexer Sachverhalte durch implizites Wissen Michael Polanyi, *Implizites Wissen*, S. 25 f., S. 36 f.

SCHLUSS: DIALEKTIK DER VERANTWORTUNG

Zumindest dann, wenn die Dialektik der Verantwortung in die Selbstorganisation des Verantwortungssystems einbezogen wird und das Verantwortungsprinzip auf »Latenzbeobachtung«[22] umgestellt wird, wodurch auch das in den Aufmerksamkeitshorizont tritt, was sich der Verantwortbarkeit entzieht.

---

22 Niklas Luhmann, *Die Kunst der Gesellschaft*, S. 138.

Nachwort zur Neuauflage

Dieses Buch ist vor gut zwanzig Jahren geschrieben worden. Sein Thema – eine kritische Auseinandersetzung mit modernen Verantwortungskonzepten – ist weiterhin aktuell. Man könnte sogar sagen, dass der gesellschaftliche Bedarf an Verantwortung seitdem eher zu- als abgenommen hat, wenn man sich Ereignisse wie die Finanzmarktkrise von 2008, die Corona-Pandemie oder globale Herausforderungen wie den Klimawandel vor Augen führt.

Spätmoderne Gesellschaften sind durch eine stetige Expansion von Verantwortungsräumen gekennzeichnet, die der Organisation von Zurechenbarkeiten dienen. Diese Organisation ist zwiespältig. Sie dient zum einen der Feststellung von Zuständigkeiten und der Vermeidung von Schadensfolgen und Krisenverläufen. Sie führt auf der anderen Seite aber auch dazu, dass komplexe Herausforderungen mit unterkomplexen Mitteln behandelt werden und Verantwortlichkeiten eingefordert werden, wo es sie nicht ohne Weiteres gibt.

Das Ziel des Buches war es, den Sinn für diese Grenzen der Verantwortung zu schärfen. Es ging mir nicht darum, einem moralischen Fatalismus das Wort zu reden, der angesichts komplexer Herausforderungen den Sinn und Zweck jeder Verantwortungsethik in Frage stellt – davon abgesehen, dass Verantwortung sich nicht in ethischen Kategorien erschöpft, sondern soziale und rechtliche Fragen mit umfasst. Die Idee des Buches war es vielmehr, in einer kritischen Rekonstruktion zu zeigen, warum der Begriff der Verantwortung erst in der Moderne virulent geworden ist, er seine Konjunktur in der Moral- und Sozialphilosophie des 20. Jahrhunderts erlebt und schließlich auf unterschiedlichste Handlungsfelder übertragen wird, ohne dass diese Übertragungen immer hinreichend reflektiert werden.

Dieser Überblick musste zwangsläufig großflächig ausfallen. Vieles konnte nur angesprochen, nicht vertieft werden. Ich glaube aber dennoch, dass neben den Warnungen vor einer kontraproduktiven und durchaus gefährlichen Verantwortungsrhetorik ein Verdienst des Buches darin besteht, die Grundlinien einer »Systemverantwortung« entwickelt zu haben, die auf die Ausdifferenzierung und Komplexitätssteigerung modernen Gesellschaften adäquat zu reagieren versucht. Man kann sicher den systemtheoretischen Jargon in Frage stellen – und es ist kein Zufall, dass die Systemtheorie Luhmanns in der internationalen Forschung keine größere Rezeption gefunden hat. Aber mit Hilfe der Systemtheorie lässt sich zeigen, dass es bei der Zuschreibung von Verantwortung darum geht, Konflikte zwischen divergierenden Handlungslogiken zu berücksichtigen und grundlegende Differenzen zwischen

NACHWORT

sozialen Subsystemen wie Moral, Recht, Politik und Wirtschaft in Rechnung zu stellen. Die Systemverantwortung gibt eine Heuristik an die Hand, mit der sich komplexe Schadensfälle wie Betrugsskandale von Unternehmen, Grundrechtsverletzungen entlang globaler Lieferketten oder die Freisetzung von Treibhausgasen so analysieren lassen, dass die unterschiedlichen Arten und Anteiligkeiten der Verantwortung zutage treten. Die Systemverantwortung stellt einen Mehrebenenansatz zur Verfügung, der vor normativen Überdehnungen gefeit ist und auf eine realistische Ethik hinausläuft, die der Komplexität moderner Gesellschaften angemessen ist.

Die Ausarbeitung einer adäquaten Theorie komplexer Verantwortung ist immer noch ein Desiderat der Forschung. Gleichwohl hat es in den letzten Jahren große Fortschritte gegeben, auch höherstufige Handlungsprozesse, neue Akteurstypen sowie die Grundlagen dessen, was ich in diesem Buch die »Verantwortungsgesellschaft« genannt habe, genauer in den Blick zu nehmen. Zu den neueren Themen der Verantwortungsforschung gehören die Digitalisierung und Künstliche Intelligenz, die Fragen nach der Zurechenbarkeit von artifiziellen Akteuren wie Robotern oder automatisierten Fahrsystemen aufwerfen. Zur Zeit des Buches befanden sich diese Entwicklungen noch in den Anfängen, genauso wie die Herausbildung transnationaler Unternehmensnetzwerke oder Verbundzusammenhänge, die hybride Governanceformen aus Recht, Moral und kultureller Selbststeuerung erforderlich machen. Mit solchen Entwicklungen gehen neue Probleme der Verantwortungsdiffusion und retikularer (netzwerkförmiger) Unverantwortlichkeiten einher. Dies lässt sich vor allem bei Marktakteuren beobachten, die immer stärker unter den Druck der Nachhaltigkeit und des Klimaschutzes geraten, wodurch hypokritische Verhaltensweisen wie das Greenwashing von Unternehmen oder die Ablehnung der Zuständigkeit für Konsumfolgen bei VerbraucherInnen zunehmen.

Die Verantwortungsgesellschaft produziert auf ihrer Rückseite einen immer größeren Bereich der Unverantwortlichkeit, der dort zu Recht besteht, wo das erforderliche Wissen fehlt oder Akteure und Organisationen keine ausreichende Kontrolle über ihre Aktivitäten besitzen. Auf der anderen Seite wird die Unverantwortlichkeit zu Unrecht in Anspruch genommen, um vorhandene Zuständigkeiten in Frage zu stellen oder zu leugnen. Die Leugnung von Verantwortung stellt genauso wie die Kluft zwischen Handlungssystemen und ihrer Verantwortungsfähigkeit eine ernsthafte Herausforderung für spätmoderne Verantwortungsgesellschaften dar. Umso wichtiger ist es, die Grundlagen und Voraussetzungen der Verantwortungsfähigkeit von Personen, Akteursformationen und Verbundsystemen genauer zu untersuchen. Ich habe am Ende des Buches den Vorschlag gemacht, von einer »Dialektik der Verantwortung« auszugehen, die einerseits aus dem klassischen Fundus der Moral,

NACHWORT

Pflichten und Tugenden schöpft, andererseits neue Zurechnungskonstrukte nötig macht, die über den herkömmlichen Verantwortungshorizont hinausgehen, ohne in eine fortwährende Expansion dieses Horizontes einzumünden.

Verantwortung lässt sich nur tragen, wo Grenzen bestehen. Diese Grenzen müssen angesichts komplexer Problemlagen erweitert, aber nicht überdehnt werden. Gesellschaftliche Herausforderungen wie die Volatilität von Märkten, der Klimawandel oder Pandemien setzen genauso wie neue Phänomene in der Gestalt von Netzwerken, Verbundsystemen, Mensch-Maschine-Interaktionen und hybriden Akteursformen voraus, dass konkrete Verantwortlichkeiten weiterhin mit guten Gründen zugeschrieben werden können.

Ich hoffe, dieses Buch kann auch nach zwanzig Jahren dazu beitragen, gute Gründe für verantwortliches Handeln in komplexen Kontexten zu finden. Ich danke Alessa Auerswald, Marek Ehlers und Fenja Wiechel-Kramüller für die Überprüfung und Anpassung des Personen- und Sachregisters sowie dem Velbrück Verlag für die Neuauflage des Buches.

Falkensee/Kiel, Januar 2022

Literaturverzeichnis

Adorno, Theodor W., *Probleme der Moralphilosophie*, Hg. Thomas Schröder, *Nachgelassene Schriften*, Bd. 10, Frankfurt a.M. 1996.

Anders, Günther, »Über Verantwortung heute«, in: ders., *Die atomare Drohung. Radikale Überlegungen zum atomaren Zeitalter*, sechste, erw. Aufl., München 1993, S. 24–54.

Annerl, Felix, »Die zunehmend verantwortungslose Rede von der Verantwortung«, in: Werner Leinfellner und Franz M. Wuketits (Hg.), *Die Aufgaben der Philosophie in der Gegenwart. Akten des zehnten Internationalen Wittgenstein-Symposiums*, Wien 1986, S. 272–274.

Apel, Karl-Otto, *Transformation der Philosophie*, Bd. 2: *Das Apriori der Kommunikationsgemeinschaft*, Frankfurt a.M. 1976.

– »Läßt sich ethische Vernunft von strategischer Zweckrationalität unterscheiden? Zum Problem der Rationalität sozialer Kommunikation und Interaktion«, in: Willem van Reijen und Karl-Otto Apel (Hg.), *Rationales Handeln und Gesellschaftstheorie*, Bochum 1984, S. 23–79.

– »Ist die Ethik der idealen Kommunikationsgemeinschaft eine Utopie?«, in: Wilhelm Voßkamp (Hg.), *Utopieforschung. Interdisziplinäre Studien zur neuzeitlichen Utopie*, Bd. 1, Frankfurt a.M. 1985, S. 325–355.

– »Grenzen der Diskursethik? Versuch einer Zwischenbilanz«, in: *Zeitschrift für Philosophische Forschung*, Heft 1, 1986, S. 3–31.

– »Normative Begründung der ›Kritischen Theorie‹ durch Rekurs auf lebensweltliche Sittlichkeit? Ein transzendentalpragmatisch orientierter Versuch, mit Habermas gegen Habermas zu denken«, in: Axel Honneth u.a. (Hg.), *Zwischenbetrachtungen. Im Prozeß der Aufklärung. Jürgen Habermas zum 60. Geburtstag*, Frankfurt a.M. 1989, S. 15–65.

– *Diskurs und Verantwortung. Das Problem des Übergangs zur postkonventionellen Moral*, Frankfurt a.M. 1990.

– »Faktische Anerkennung oder einsehbar notwendige Anerkennung? Beruht der Ansatz der transzendentalpragmatischen Diskursethik auf einem intellektualistischen Fehlschluß?«, in: ders. in Verbindung mit Riccardo Pozzo (Hg.), *Zur Rekonstruktion der praktischen Philosophie. Gedenkschrift für Karl-Heinz Ilting*, Stuttgart/Bad Canstatt 1990, S. 67–123.

– »Diskursethik als politische Verantwortungsethik in der gegenwärtigen Weltsituation«, in: Björn Engholm und Walter Röhrich (Hg.), *Ethik und Politik heute. Verantwortliches Handeln in der technisch-industriellen Welt*, Opladen 1990, S. 37–55.

– »Diskursethik als Verantwortungsethik – eine postmetaphysische Transformation der Ethik Kants«, in: Raúl Fornet-Betancourt (Hg.), *Ethik und Befreiung*, Aachen 1990, S. 10–40.

– »Diskursethik vor der Problematik von Recht und Politik: Können die Rationalitätsdifferenzen zwischen Moralität, Recht und Politik selbst noch durch die Diskursethik normativ-rational gerechtfertigt werden?«, in:

ders. und Matthias Kettner (Hg.), *Zur Anwendung der Diskursethik in Politik, Recht und Wissenschaft*, Frankfurt a.M. 1992, S.29–61.
– »Das Problem einer universalistischen Makroethik der Mitverantwortung«, in: *Deutsche Zeitschrift für Philosophie* 41 (1993), S.201–215.
– *Auseinandersetzungen in Erprobung des transzendentalpragmatischen Ansatzes*, Frankfurt a.M. 1998.
Aristoteles, *Eudemische Ethik, Werke in deutscher Übersetzung*, Hg. Ernst Grumach, Bd.7, Darmstadt 1962.
– *Nikomachische Ethik*, Hg. Günther Bien, vierte, durchges. Aufl., Hamburg 1985.
Auer, Alfons, »Verantwortete Zeitgenossenschaft«, in: Gerfried W. Hunold und Wilhelm Korff (Hg.), *Die Welt für morgen. Ethische Herausforderungen im Anspruch der Zukunft*, München 1986, S.426–437.
Augé, Marc, »Die Sinnkrise der Gegenwart«, in: Andreas Kuhlmann (Hg.), *Philosophische Ansichten der Kultur der Moderne*, Frankfurt a.M. 1994, S.33–48.
– *Orte und Nicht-Orte. Vorüberlegungen zu einer Ethnologie des Einsamkeit*, Frankfurt a.M. 1994.
Badie, Bertrand, *Souveränität und Verantwortung. Politische Prinzipien zwischen Fiktion und Wirklichkeit*, Hamburg 2002.
Baier, Annette, »The Right of Past and Future Persons«, in: Ernest Partridge (Hg.), *Responsibilities to Future Generations. Environmental Ethics*, Buffalo (N.Y.) 1980, S.171–183.
Barber, Benjamin, *Starke Demokratie. Über die Teilhabe am Politischen*, Hamburg 1994.
Bauman, Zygmunt, *Postmoderne Ethik*, Hamburg 1995.
– *Die Krise der Politischen. Fluch und Chance einer neuen Öffentlichkeit*, Hamburg 2000.
Bayertz, Kurt, *GenEthik. Probleme der Technisierung menschlicher Fortpflanzung*, Reinbek 1987.
– »Wissenschaft, Technik und Verantwortung. Grundlagen der Wissenschafts- und Technikethik«, in: ders. (Hg.), *Praktische Philosophie. Grundorientierungen angewandter Ethik*, Reinbek 1991, S.173–209.
– (Hg.), *Verantwortung – Prinzip oder Problem?* Darmstadt 1995.
– »Eine kurze Geschichte der Herkunft der Verantwortung«, in: ders. (Hg.), *Verantwortung – Prinzip oder Problem?* Darmstadt 1995, S.3–71.
– »Staat und Solidarität«, in: ders., (Hg.), *Politik und Ethik*, Stuttgart 1996, S.305–330.
Bechmann, Gotthard (Hg.), *Risiko und Gesellschaft. Grundlagen und Ergebnisse interdisziplinärer Risikoforschung*, Opladen 1993.
Beck, Ulrich, *Risikogesellschaft. Auf dem Weg in eine andere Moderne*, Frankfurt a.M. 1986.
– *Gegengifte. Die organisierte Unverantwortlichkeit*, Frankfurt a.M. 1988.
– Anthony Giddens und Scott Lash, *Reflexive Modernisierung. Eine Kontroverse*, Frankfurt a.M. 1996.
– *Was ist Globalisierung? Irrtümer des Globalismus – Antworten auf Globalisierung*, Frankfurt a.M. 1997

Becker, Werner, »Der fernethische Illusionismus und die Realität«, in: Kurt Salamun (Hg.), *Aufklärungsperspektiven. Weltanschauungsanalyse und Ideologiekritik*, Tübingen 1989, S. 3–8.

Beer, Rainer, »Das Problem ›Verantwortung‹ in der philosophischen Gegenwartsdiskussion«, in: Philipp Schäfer (Hg.), *Verantwortung und Wissenschaft*, Passau 1990, S. 81–101.

Bell, Daniel, *Die nachindustrielle Geschichte*, Frankfurt a.M./New York 1985.

– *Die kulturellen Widersprüche des Kapitalismus*, Frankfurt a.M./New York 1991.

Benhabib, Seyla, »Der verallgemeinerte und der konkrete Andere. Ansätze zu einer feministischen Moraltheorie«, in: Elisabeth List und Herlinde Studer (Hg.), *Denkverhältnisse. Feminismus und Kritik*, Frankfurt a.M. 1989, S. 454–487.

– *Kritik, Norm und Utopie. Die normativen Grundlagen der Kritischen Theorie*, Frankfurt a.M. 1992.

– *Kulturelle Vielfalt und demokratische Gleichheit. Politische Partizipation im Zeitalter der Globalisierung*, Frankfurt a.M. 1999.

Berger, Peter L. und Thomas Luckmann, *Modernität, Pluralismus und Sinnkrise. Die Orientierung des modernen Menschen*, Gütersloh 1995.

– »Demokratie und geistige Orientierung. Sinnvermittlung in der Zivilgesellschaft«, in: Werner Weidenfeld (Hg.), *Demokratie am Wendepunkt. Die demokratische Frage als Projekt des 21.Jahrhunderts*, Berlin 1996, S. 450–468.

Beyme, Klaus von, *Theorie der Politik im 20.Jahrhundert. Von der Moderne zur Postmoderne*, Frankfurt a.M. 1991.

Bienfait, Agathe, »Von Immanuel Kant über Georg Simmel zu Max Weber. Etappen in Wolfgang Schluchters ›kantianisierender Soziologie‹«, in: dies. und Gerhard Wagner (Hg.), *Verantwortliches Handeln in gesellschaftlichen Ordnungen. Beiträge zu Wolfgang Schluchters »Religion und Lebensführung«*, Frankfurt a.M. 1998, S. 11–34.

– *Freiheit, Verantwortung, Solidarität. Zur Rekonstruktion des politischen Liberalismus*, Frankfurt a.M. 1999.

Bieri, Peter, *Das Handwerk der Freiheit. Über die Entdeckung des eigenen Willens*, München/Wien 2001.

Birnbacher, Dieter, »Plädoyer für eine Ethik der Zukunft«, in: *Allgemeine Zeitschrift für Didaktik der Philosophie* 1 (1979), S. 119–123.

– »Elemente einer Ethik der Verantwortung für zukünftige Generationen«, in: Otto Neumaier (Hg.), *Wissen und Gewissen. Arbeiten zur Verantwortungsproblematik*, Wien 1986, S. 143–160.

– *Verantwortung für zukünftige Generationen*, Stuttgart 1988.

– »Mensch und Natur. Grundzüge der ökologischen Ethik«, in: Kurt Bayertz (Hg.), *Praktische Philosophie. Grundorientierungen angewandter Ethik*, Reinbek 1991, S. 278–321.

– »Grenzen der Verantwortung«, in: Kurt Bayertz (Hg.), *Verantwortung – Prinzip oder Problem?* Darmstadt 1995, S. 143–183.

LITERATURVERZEICHNIS

- *Tun und Unterlassen*, Stuttgart 1995.
- und Gerd Brudermüller (Hg.), *Zukunftsverantwortung und Generationensolidarität*, Würzburg 2001.

Bochenski, Joseph M., »Die Struktur der Verantwortung«, in: Monika Sänger (Hg.), *Verantwortung*, Stuttgart 1996, S. 22–24.

Böcher, Wolfgang, *Selbstorganisation – Verantwortung – Gesellschaft. Von subatomaren Strukturen zu politischen Zukunftsvisionen*, Opladen 1996.

Böckle, Franz, »Theologische Dimensionen der Verantwortlichkeit unter den Bedingungen des weltanschaulichen Pluralismus«, in: Ernst-Joachim Lampe (Hg.), *Verantwortlichkeit und Recht. Jahrbuch für Rechtssoziologie und Rechtsstheorie*, Bd. 14, Opladen 1989, S. 61–74.

Böhler, Dietrich, »Legitimationsdiskurs und Verantwortungsdiskurs. Menschenwürdegrundsatz und Euthanasieproblem in diskursethischer Sicht«, in: *Deutsche Zeitschrift für Philosophie* 39 (1991), S. 726–748.

- »Diskursethik und Menschenwürdegrundsatz zwischen Idealisierung und Erfolgsverantwortung«, in: Karl-Otto Apel und Matthias Kettner (Hg.), *Zur Anwendung der Diskursethik in Politik, Recht und Wissenschaft*, Frankfurt a.M. 1992, S. 201–231.
- Michael Stitzel u.a. (Hg.), *Zukunftsverantwortung in der Marktwirtschaft*, Münster/Hamburg/London 2000.

Böhme, Gernot, »Brauchen wir eine neue Ethik? – Verantwortung in der Risikogesellschaft«, in: Gerhard Gamm und Gerd Kimmerle (Hg.), *Ethik und Ästhetik. Nachmetaphysische Perspektiven*, Tübingen 1990, S. 51–57.

Bonhoeffer, Dietrich, *Ethik*, Hg. Ilse Tödt, Heinz Eduard Tödt, Ernst Feil und Clifford Green, *Werke*, Bd. 6, Hg. Ernst Bethge u.a., München 1992.

Bovens, Mark, *The Quest for Responsibility. Accountability and Citizenship in Complex Organisations*, Cambridge 1998.

Brenner, Andreas, *Ökologie-Ethik*, Leipzig 1996.

Brink, Bert van den, »Die politisch-philosophische Debatte über die demokratische Bürgergesellschaft«, in: Bert van den Brink und Willem van Reijen (Hg.), *Bürgergesellschaft, Recht und Demokratie*, Frankfurt a.M. 1995, S. 7–26.

Brumlik, Micha, »Über die Ansprüche Ungeborener und Unmündiger. Wie advokatorisch ist die diskursive Ethik?«, in: Wolfgang Kuhlmann (Hg.), *Moralität und Sittlichkeit. Das Problem Hegels und die Diskursethik*, Frankfurt a.M. 1986, S. 265–300.

- »Phänomenologie und theologische Ethik. Emmanuel Lévinas Umkehrung der Ontologie«, in: *Parabel*, Bd. 12: *Lévinas. Zur Möglichkeit einer prophetischen Philosophie*, Hg. Michael Mayer und Markus Hentschel, Gießen 1990, S. 120–142.
- *Advokatorische Ethik. Zur Legitimation pädagogischer Eingriffe*, Bielefeld 1992.
- *Gerechtigkeit zwischen den Generationen*, Berlin 1995.
- und Hauke Brunkhorst (Hg.), *Gemeinschaft und Gerechtigkeit*, Frankfurt a.M. 1993.

Brunkhorst, Hauke, *Solidarität unter Fremden*, Frankfurt a.M. 1997.

LITERATURVERZEICHNIS

Buber, Martin, *Dialogisches Leben. Gesammelte philosophische und pädagogische Schriften*, Zürich 1947.
- *Ich und Du*, Stuttgart 1995.

Bühl, Walter L., *Verantwortung für soziale Systeme. Grundzüge einer globalen Gesellschaftsethik*, Stuttgart 1998.

Burkhardt, Björn: »Verantwortung«, in: *Lexikon der Bioethik*, Bd. 3, hrsg. im Auftrag der Görres-Gesellschaft von Wilhelm Korff u. a., Gütersloh 1998, S. 671–673.

Callahan, Daniel, »What Obligations do we have to Future Generations?«, in: Ernest Partridge (Hg.), *Responsibilities to Future Generations. Environmental Ethics*, Buffalo (N.Y.) 1980, S. 73–85.

Capurro, Raffael, Klaus Wiegerling und Andreas Brellochs (Hg.), *Informationsethik*, Konstanz 1995.

Castells, Manuel, *Das Informationszeitalter*, Teil 1: *Der Aufstieg der Netzwerkgesellschaft*, Opladen 2001.
- *Das Informationszeitalter*, Teil 2: *Die Macht der Identität*, Opladen 2002.

Coleman, James S., *Grundlagen der Sozialtheorie*, Bd. 2: *Körperschaften und die moderne Gesellschaft*, München 1992.

Cortina, Adela, »Substantielle Ethik oder wertfreie Verfahrensethik? Der eigentümliche Deontologismus der praktischen Vernunft«, in: Karl-Otto Apel in Verbindung mit Riccardo Pozzo (Hg.), *Zur Rekonstruktion der praktischen Philosophie. Gedenkschrift für Karl-Heinz Ilting*, Stuttgart/ Bad Canstatt 1990, S. 320–352.
- »Ethik ohne Moral. Grenzen einer postkantischen Prinzipienethik«, in: Karl-Otto Apel und Matthias Kettner (Hg.), *Zur Anwendung der Diskursethik in Politik, Recht und Wissenschaft*, Frankfurt a.M. 1992, S. 278–295.

Delhom, Pascal, *Der Dritte. Lévinas' Philosophie zwischen Verantwortung und Gerechtigkeit*, München 2000.

Demandt, Alexander, »Zur Trichterstruktur historischer Prozesse«, in: Weyma Lübbe (Hg.), *Kausalität und Zurechnung. Über Verantwortung in komplexen kulturellen Prozessen*, Berlin/New York 1994, S. 265–287.

Derr, Thomas Sieger, »The Obligation to the Future«, in: Ernest Partridge (Hg.), *Responsibilities to Future Generations. Environmental Ethics*, Buffalo (N.Y.) 1980, S. 37–44.

Döring, Eberhard und Walter Döring, *Philosophie der Demokratie bei Kant und Popper. Zum Verhältnis von Freiheit und Verantwortung*, Berlin 1995.

Döring, Ralf und Konrad Ott, »Nachhaltigkeit«, in: *Information Philosophie*, Heft 1, 2002, S. 40–45.

Dörner, Dietrich, *Die Logik des Mißlingens. Strategisches Denken in komplexen Situationen*, Reinbek 1992.

Dreier, Horst, »Verantwortung im demokratischen Verfassungsstaat«, in: Ulfrid Neumann und Lorenz Schulz (Hg.), *Verantwortung in Recht und Moral. Referate der Tagung der deutschen Sektion der internationalen Vereinigung für Rechts- und Sozialphilosophie* (Archiv für Rechts- und Sozialphilosophie, Beiheft 74), Stuttgart 2000, S. 9–38.

Drucker, Peter F., *Post-capitalist Society*, Oxford/London 1993.
Dubiel, Helmut, »Von welchen Ressourcen leben wir? Erfolge und Grenzen der Aufklärung«, in: Erwin Teufel (Hg.), *Was hält die moderne Gesellschaft zusammen?* Frankfurt a.M. 1996, S. 79–88.
Dustdar, Farah, *Abschied von der Macht. Demokratie und Verantwortung*, Frankfurt a.M. 1996.
Eckertz, Rainer, »Das Recht als Medium von Verantwortung in der Risikogesellschaft. Zur staatlichen Schutzpflicht für das Grundrecht auf Leben und Gesundheit«, in: *Zeitschrift für Evangelische Ethik* 35 (1991), S. 113–123.
Eichmann, Rainer, »Systemische Diskurse. Zur produktiven Nutzung von Dissens«, in: Manfred Glagow, Helmut Willke und Helmut Wiesenthal (Hg.), *Gesellschaftliche Steuerungsrationalität und partikulare Handlungsstrategien*, Pfaffenweiler 1989, S. 55–79.
Endreß, Martin, »Max Weber zwischen Immanuel Kant und Jürgen Habermas. Kontexte und Probleme der Unterscheidung zwischen Gesinnungs- und Verantwortungsethik«, in: Agathe Bienfait und Gerhard Wagner (Hg.), *Verantwortliches Handeln in gesellschaftlichen Ordnungen. Beiträge zu Wolfgang Schluchters »Religion und Lebensführung«*, Frankfurt a.M. 1998, S. 35–68.
Esser, Josef, *Grundlagen und Entwicklung der Gefährdungshaftung. Beiträge zur Reform des Haftpflichtsrechts und zu seiner Wiedereinordnung in die Gedanken des allgemeinen Privatrechts*, München, Berlin 1941.
Etzioni, Amitai, *Die Entdeckung des Gemeinwesens. Ansprüche, Verantwortlichkeiten und das Programm des Kommunitarismus*, Stuttgart 1995.
– *Die Verantwortungsgesellschaft. Individualismus und Moral in der heutigen Demokratie*, Frankfurt a.M./New York 1997.
Evers, Adalbert und Helga Nowotny, *Über den Umgang mit Unsicherheit. Die Entdeckung der Gestaltbarkeit von Gesellschaft*, Frankfurt a.M. 1987.
Ewald, François, *Der Vorsorgestaat*, Frankfurt a.M. 1993.
Fahrenbach, Helmut, »Kierkegaards ethische Existenzanalyse (als ›Korrektiv‹ der Kantisch-idealistischen Moralphilosophie)«, in: Michael Theunissen und Wilfried Greve (Hg.), *Materialien zur Philosophie Sören Kierkegaards*, Frankfurt a.M. 1979, S. 216–240.
Feinberg, Joel, »Handlung und Verantwortung«, in: Georg Meggle (Hg.), *Analytische Handlungstheorie*, Bd. 1: *Handlungsbeschreibungen*, Frankfurt a.M. 1977, S. 186–224.
– »Die Rechte der Tiere und zukünftiger Generationen«, in: Dieter Birnbacher (Hg.), *Ökologie und Ethik*, Stuttgart 1986, S. 140–179.
Figal, Günter, *Nietzsche. Eine philosophische Einführung*, Stuttgart 1999.
Fischer, John Martin und Mark Ravizza, *Responsibility and Control. A Theory of Moral Responsibility*, Cambridge 1998.
Fleischer, Helmut, *Ethik ohne Imperativ. Zur Kritik des moralischen Bewußtsein*, Frankfurt a.M. 1987.
Fletcher, George P., *Loyalität. Über die Moral von Beziehungen*, Frankfurt a.M. 1994.

LITERATURVERZEICHNIS

Forschner, Maximilian, »Verantwortung«, in: *Staatslexikon*, Bd. 5, Hg. Görres-Gesellschaft, siebte Aufl., Freiburg 1989, Sp. 589–593.

Forst, Rainer, »Kommunitarismus und Liberalismus – Stationen einer Debatte«, in: Axel Honneth (Hg.), *Kommunitarismus. Eine Debatte über die moralischen Grundlagen moderner Gesellschaften*, Frankfurt a.M./New York 1993, S. 181–212.

– *Kontexte der Gerechtigkeit, Politische Philosophie jenseits von Liberalismus und Kommunitarismus*, Frankfurt a.M. 1994.

Frankena, William K., *Analytische Ethik. Eine Einführung*, fünfte Aufl., München 1994.

French, Peter A., *Collective and Corporative Responsibility*, New York 1984.

– »Die Korporation als moralische Person«, in: Hans Lenk und Matthias Maring (Hg.), *Wirtschaft und Ethik*, Stuttgart 1992, S. 317–328.

Freyer, Hans, »Verantwortung – heute«, in: ders., *Gedanken zur Industriegesellschaft*, Mainz 1970, S. 195–212.

Friedman, Thomas L., *Globalisierung verstehen. Zwischen Marktplatz und Weltmarkt*, Berlin 1999.

Fuchs, Peter, *Intervention und Erfahrung*, Frankfurt a.M. 1999.

Funiok, Rüdiger, Udo F. Schmälzle und Christoph H. Werth (Hg.), *Medienethik – die Frage der Verantwortung*, Bonn 1999.

Gehlen, Arnold, *Einblicke, Gesamtausgabe*, Bd. 7, Hg. Karl Siegbert-Rehberg, Frankfurt a.M. 1978.

– *Moral und Hypermoral. Eine pluralistische Ethik*, fünfte Aufl., Wiesbaden 1986.

Geißler, Karlheinz A., *Vom Tempo der Welt. Am Ende der Uhrzeit*, Freiburg, Basel, Wien 1999.

Gerhardt, Volker, *Friedrich Nietzsche*, zweite Aufl., München 1995.

– *Selbstbestimmung. Das Prinzip der Individualität*, Stuttgart 1999.

Gethmann, Carl Friedrich, »Zur Ethik des Handelns unter Risiko im Umweltstaat«, in: ders. und Michael Kloepfer, *Handeln unter Risiko im Umweltstaat*, Berlin/Heidelberg/New York 1993, S. 1–54.

– »Langzeitverantwortung als ethisches Problem im Umweltstaat«, in: ders., Michael Kloepfer und Hans. G. Nutzinger, *Langzeitverantwortung im Umweltstaat*, Bonn 1993, S. 1–21.

Gethmann-Siefert, Annemarie, »Ethos und metaphysisches Erbe. Zu den Grundlagen von Hans Jonas' Ethik der Verantwortung«, in: Herbert Schnädelbach und Geert Keil (Hg.), *Philosophie der Gegenwart – Gegenwart der Philosophie*, Hamburg 1993, S. 171–215.

Giddens, Anthony, *Konsequenzen der Moderne*, Frankfurt a.M. 1995.

– *Jenseits von Rechts und Links. Die Zukunft der radikalen Demokratie*, Frankfurt a.M. 1997.

Gilligan, Carol, *Die andere Stimme. Lebenskonflikte und Moral der Frau*, München 1996.

Giusti, Miguel, »Lassen sich Moralität und Sittlichkeit miteinander vermitteln?«, in: *Philosophische Rundschau* 38 (1991), S. 14–47.

Gogarten, Friedrich, *Gehören und Verantworten. Ausgewählte Aufsätze*, Hg. Hermann Götz Göckeritz, Tübingen 1988.

LITERATURVERZEICHNIS

Golding, Martin P., »Obligations to Future Generations«, in: Ernest Partridge (Hg.), *Responsibilities to Future Generations. Environmental Ethics*, Buffalo (N.Y.) 1980, S. 61–72.

Gotsch, Wilfried, »›Soziale Steuerung‹ – zum fehlenden Konzept einer Debatte«, in: Manfred Glagow und Helmut Willke (Hg.), *Dezentrale Gesellschaftssteuerung. Probleme der Integration polyzentrischer Gesellschaften*, Pfaffenweiler 1987, S. 27–44.

Graevenitz, Gerhard und Odo Marquard in Zusammenarbeit mit Matthias Christen (Hg.), *Kontingenz. Poetik und Hermeneutik*, Bd. 17, München 1998.

Graumann, Carl F., »Die Zuweisung von Verantwortung – Ein sozialpsychologisches Problem«, in: Ernst-Joachim Lampe (Hg.), *Verantwortlichkeit und Recht. Jahrbuch für Rechtssoziologie und Rechtstheorie*, Bd. 14, Opladen 1989, S. 161–168.

Greve, Wilfried, *Kierkegaards maieutische Ethik. Von »Entweder/Oder II« zu den »Stadien«*, Frankfurt a.M. 1990.

Grisebach, Eberhard, *Die Grenzen des Erziehers und seine Verantwortung*, Halle 1924.

– *Gegenwart. Eine kritische Ethik*, Halle 1928.

Gronke, Horst, »Apel versus Habermas: Zur Architektonik der Diskursethik«, in: Andreas Dorschel u.a. (Hg.), *Transzendentalpragmatik. Ein Symposion für Karl-Otto Apel*, Frankfurt a.M. 1993, S. 273–296.

Gross, Peter, *Die Multioptionsgesellschaft*, Frankfurt a.M. 1994.

Günther, Klaus, *Der Sinn für Angemessenheit. Anwendungsdiskurse in Moral und Recht*, Frankfurt a.M. 1988

– »Verantwortlichkeit in der Zivilgesellschaft«, in: Stefan Müller-Doohm (Hg.), *Das Interesse der Vernunft. Rückblicke auf das Werk von Jürgen Habermas seit »Erkenntnis und Interesse«*, Frankfurt a.M. 2000, S. 465–485.

Gürtler, Sabine, *Elementare Ethik. Generativität und Geschlechterverhältnis bei Emmanuel Lévinas*, München 2001.

Habermas, Jürgen, *Moralbewußtsein und kommunikatives Handeln*, Frankfurt a.M. 1983.

– »Moralität und Sittlichkeit. Treffen Hegels Einwände gegen Kant auch auf die Diskursethik zu?«, in: Wolfgang Kuhlmann (Hg.), *Moralität und Sittlichkeit*, Frankfurt a.M. 1986, S. 16–37.

– *Nachmetaphysisches Denken. Philosophische Aufsätze*, zweite Aufl., Frankfurt a.M. 1988.

– *Vorstudien und Ergänzungen zur Theorie des kommunikativen Handelns*, dritte Aufl., Frankfurt a.M. 1989.

– *Die nachholende Revolution. Kleine politische Schriften VII*, Frankfurt a.M. 1990.

– *Erläuterungen zur Diskursethik*, Frankfurt a.M. 1991.

– *Faktizität und Geltung. Beiträge zur Diskurstheorie des Rechts und des demokratischen Rechtsstaats*, Frankfurt a.M. 1992.

– *Die Einbeziehung des Anderen. Studien zur politischen Theorie*, Frankfurt a.M. 1996.

LITERATURVERZEICHNIS

Halfar, Bernd, *Nicht-intendierte Handlungsfolgen. Zweckwidrige Effekte zielgerichteter Handlungen als Steuerungsproblem der Sozialplanung*, Stuttgart 1987.
Hart, H.L.A., *Punishment and Responsibility. Essays in the Philosophy of Law*, Oxford/London 1968.
Hartmann, Nicolai, *Ethik*, dritte Aufl., Berlin 1949.
Hartshorne, Charles, »The Ethics of Contributionism«, in: Ernest Partridge (Hg.), *Responsibilities to Future Generations. Environmental Ethics*, Buffalo (N.Y.) 1980, S. 103–107.
Harvey, David, »Die Postmoderne und die Verdichtung von Raum und Zeit«, in: Andreas Kuhlmann (Hg.), *Philosophische Ansichten der Kultur der Moderne*, Frankfurt a.M. 1994, S. 48–77.
Hastedt, Heiner, *Aufklärung und Technik. Grundprobleme einer Ethik der Technik*, Frankfurt a.M. 1991.
Hauskeller, Michael, *Versuch über die Grundlagen der Moral*, München 2001.
Hayek, Friedrich von, *Die Theorie komplexer Phänomene*, Tübingen 1972.
Hegel, Georg Wilhelm Friedrich, *Werke in zwanzig Bänden*, Hg. Eva Moldenhauer und Karl Markus Michel, Frankfurt a.M. 1970.
Heidbrink, Ludger, »Utopie und Verantwortung«, in: *Neue Realitäten. Herausforderung der Philosophie*, Hg. Allgemeine Gesellschaft für Philosophie in Deutschland in Verbindung mit dem Institut für Philosophie, Wissenschaftstheorie, Wissenschafts- und Technikgeschichte der TU Berlin, Berlin 1993, Bd. 1, S. 349–356.
- »Grenzen der Verantwortung«, in: *Philosophische Rundschau* 41 (1994), S. 277–299.
- »Melancholie, Geschichte und Erinnerung. Einige Überlegungen zu ihrem Verhältnis«, in: Erik Porath (Hg.), *Aufzeichnung und Analyse. Theorien und Techniken des Gedächtnisses*, Würzburg 1995, S. 45–54.
- »Renaissance des Messianismus«, in: *Merkur* 49 (1995), S. 444–449.
- »Am Nullpunkt historischer Verantwortung«, in: Christoph Hubig und Hans Poser (Hg.), *Cognitio humana – Dynamik des Wissens und der Werte. XVII. Deutscher Kongreß für Philosophie*, Bd. 2, Leipzig 1996, S. 1584–1591.
- »Das Dilemma der Verantwortung«, in: *Merkur* 50 (1996), S. 982–989.
- »Zum Problem historischer Verantwortung«, in: *Philosophisches Jahrbuch* 103 (1996), S. 225–247.
- »Gibt es Verantwortung für die Vergangenheit?«, in: *Philosophische Rundschau* 45 (1998), S. 149–162.
- »Die Moderne als Projekt der historischen Zeit«, in: Gerhard von Graevenitz (Hg.), *Konzepte der Moderne. DFG-Symposion 1997*, Stuttgart/Weimar 1999, S. 544–564.
- »Grundprobleme der gegenwärtigen Verantwortungsdiskussion«, in: *Information Philosophie*, Heft 3, 2000, S. 18–31.
- »Moral und Konflikt. Zur Unvermeidbarkeit sprachlicher Gewalt in praktischen Entscheidungssituationen«, in: Ursula Erzgräber und Alfred Hirsch (Hg.), *Sprache und Gewalt*, Berlin 2000, S. 265–310.

- »Kultur als Kompensation von Modernisierungsschäden? Zur Auseinandersetzung mit einer strittigen Deutungskategorie«, in: Karen Gloy (Hg.), *Im Spannungsfeld zweier Kulturen. Eine Auseinandersetzung zwischen Geistes- und Naturwissenschaft, Kunst und Technik*, Würzburg 2002, S. 31–61.
- »Nietzsche als Diagnostiker moderner Komplexität«, erscheint in: *Fiktion und Imaginäres in Kunst, Kultur und Gesellschaft*, Hg. Bernd Wirkus, Konstanz 2003.

Heidegger, Martin, *Sein und Zeit*, fünfzehnte, durchgeseh. Aufl., Tübingen 1979.

Heider, Fritz, *Psychologie der interpersonalen Beziehungen*, Stuttgart 1977.

Heine, Günter, *Die strafrechtliche Verantwortung von Unternehmen. Von individuellem Fehlverhalten zu kollektiven Fehlentwicklungen, insbesondere Großrisiken*, Baden-Baden 1995.

- »Strafrecht zwischen staatlicher Risikolenkung und gesellschaftlicher Selbstregulierung: Kollektiv-Verantwortlichkeit als neue Steuerungsform«, in: Klaus Lange (Hg.), *Gesamtverantwortung statt Verantwortungsparzellierung im Umweltrecht*, Baden-Baden 1997, S. 207–225.

Hermes, Georg, *Staatliche Infrastrukturverantwortung. Rechtliche Grundstrukturen netzgebundener Transport- und Übertragungssysteme zwischen Daseinsvorsorge und Wettbewerbsregulierung am Beispiel der leitungsgebundenen Energieversorgung in Europa*, Tübingen 1998.

Höffe, Otfried, »Tragen die Wissenschaften eine Verantwortung für unsere Zivilisation? Grundzüge einer neuen Forschungsethik«, in: Thomas Meyer und Susanne Miller (Hg.), *Zukunftsethik und Industriegesellschaft*, München 1986, S. 73–92.

- *Moral als Preis der Moderne. Ein Versuch über Wissenschaft, Technik und Umwelt*, Frankfurt a.M. 1993.
- »Schulden die Menschen einander Verantwortung? Skizzen einer fundamentalistischen Legitimation«, in: Hans Lenk und Hans Michael Baumgartner (Hg.), *Ethik der Wissenschaften*, München 1994, S. 129–148.
- *Demokratie im Zeitalter der Globalisierung*, München 1999.

Hofmann, Hasso, *Rechtsfragen der atomaren Entsorgung*, Stuttgart 1981.

Holl, Jann, *Historische und systematische Untersuchungen zum Bedingungsverhältnis von Freiheit und Verantwortlichkeit*, Königstein i.Ts. 1980.

- »Verantwortung zwischen sozialer Ordnung und individualer Freiheit«, in: Ernst-Joachim Lampe (Hg.), *Verantwortlichkeit und Recht. Jahrbuch für Rechtssoziologie und Rechtstheorie*, Bd. 14, Opladen 1989, S. 38–59.

Holmes, Stephen, *Die Anatomie des Antiliberalismus*, Hamburg 1995.

Homann, Karl, »Sinn und Grenze der ökonomischen Methode in der Wirtschaftswissenschaft«, in: Detlev Aufderheide und Martin Dabrowski (Hg.), *Wirtschaftsethik und Moralökonomie. Normen, soziale Ordnung und der Beitrag der Ökonomik*, Berlin 1997, S. 11–42.

- und Franz Blome-Drees, *Wirtschafts- und Unternehmensethik*, Göttingen 1992.

LITERATURVERZEICHNIS

Honneth, Axel, »Grenzen des Liberalismus. Zur politisch-ethischen Diskussion um den Kommunitarismus«, in: *Philosophische Rundschau* 38 (1991), S. 83–102.
- *Kampf um Anerkennung. Zur moralischen Grammatik sozialer Konflikte*, Frankfurt a.M. 1992.
- »Kommunikative Erschließung der Vergangenheit. Zum Zusammenhang von Anthropologie und Geschichtsphilosophie bei Walter Benjamin«, in: *Internationale Zeitschrift für Philosophie*, Heft 1, 1993, S. 3–19.
- (Hg.), *Kommunitarismus. Eine Debatte über die moralischen Grundlagen moderner Gesellschaften*, Frankfurt a.M./New York 1993.
- »Posttraditionale Gemeinschaften. Ein konzeptueller Vorschlag«, in: Micha Brumlik und Hauke Brunkhorst (Hg.), *Gemeinschaft und Gerechtigkeit*, Frankfurt a.M. 1993, S. 260–270.
- »Das Andere der Gerechtigkeit. Habermas und die ethische Herausforderung der Postmoderne«, in: Peter Fischer (Hg.), *Freiheit oder Gerechtigkeit. Perspektiven politischer Philosophie*, Leipzig 1995, S. 194–240.
- *Leiden an Unbestimmtheit. Eine Reaktualisierung der Hegelschen »Rechtsphilosophie«*, Stuttgart 2001.

Horn, Axel, *Verantwortung heute. Eine philosophisch-theologische Auseinandersetzung mit dem Denken Martin Heideggers, Jean-Paul Sartres und Paul Tillichs zur Frage nach der Verantwortung und Verantwortlichkeit des Menschen*, Diss. Würzburg 1980.

Hörning, Karl H., *Experten des Alltags. Die Wiederentdeckung des praktischen Wissens*, Weilerswist 2001.

Hösle, Vittorio, *Die Krise der Gegenwart und die Verantwortung der Philosophie. Transzendentalpragmatik, Letztbegründung, Ethik*, München 1994.

Höver, Gerhard, »Solidarität und Entwicklung. Zur Bedeutung der Menschenrechte im Hinblick auf das ›Gemeinsame Erbe der Menschheit‹«, in: Gerfried W. Hunold und Wilhelm Korff (Hg.), *Die Welt für morgen. Ethische Herausforderungen im Anspruch der Zukunft*, München 1986, S. 142–154.

Hrubi, Franz Rupert, »Spielräume der Verantwortung oder Wozu philosophieren wir eigentlich?«, in: Helmuth Vetter u.a. (Hg.), *Verantwortung. Beiträge zur praktischen Philosophie, Festgabe für Johann Mader zum 60. Geburtstag*, Wien 1987, S. 69–88.

Hruschka, Joachim, *Strukturen der Zurechnung*, Berlin, New York 1976.

Huber, Wolfgang, »Sozialethik als Verantwortungsethik«, in: Alberto Bondolli u.a. (Hg.), *Ethos des Alltags. Festschrift für Stephan H. Pfürtner*, Zürich 1983, S. 55–76.

Hubig, Christoph, »Die Unmöglichkeit der Übertragung individualistischer Handlungskonzepte auf institutionelles Handeln und ihre Konsequenzen für eine Ethik der Institutionen«, in: ders. (Hg.), *Ethik institutionellen Handelns*, Frankfurt a.M./New York 1982, S. 56–80.
- *Technik- und Wissenschaftsethik. Ein Leitfaden*, Berlin/Heidelberg/New York 1993, S. 75–112.

LITERATURVERZEICHNIS

- »Verantwortung und Hochtechnologie«, in: Kurt Bayertz (Hg.), *Verantwortung – Prinzip oder Problem?* Darmstadt 1995, S.98–142
Hubin, D. Clayton, »Justice and Future Generations«, in: *Philosophy and Public Affairs*, Vol. 6, 1976, S.70–83.
Hume, David, *Ein Traktat über die menschliche Natur*, Bd. 2, Hamburg 1978.
- *Eine Untersuchung über den menschlichen Verstand*, Stuttgart 1982.
Ilting, Karl-Heinz, »Der Geltungsgrund moralischer Normen«, in: Wolfgang Kuhlmann und Dietrich Böhler (Hg.), *Kommunikation und Reflexion. Zur Diskussion der Transzendentalpragmatik. Antworten auf Karl-Otto Apel*, Frankfurt a.M. 1982, S.612–647.
- »Verantwortung. Eine transzendentalphilosophische Grundlegung«, in: ders., *Grundfragen der praktischen Philosophie*, Hg. Paolo Becchi und Hansgeorg Hoppe, Frankfurt a.M. 1994, S.176–195.
Ingarden, Roman, *Über die Verantwortung. Ihre ontischen Fundamente*, Stuttgart 1970.
Inglehart, Robert, *Kultureller Wandel. Wertwandel in der westlichen Welt*, Frankfurt a.M./New York 1990.
- *Modernisierung und Postmodernisierung. Kultureller, wirtschaftlicher und politischer Wandel in 43 Gesellschaften*, Frankfurt a.M./New York 1998.
Japp, Klaus Peter, *Risiko*, Bielefeld 2000.
Jaspers, Karl, *Die Schuldfrage. Zur politischen Haftung Deutschlands*, München 1987.
Joas, Hans, *Die Entstehung der Werte*, Frankfurt a.M. 1997.
Jonas, Hans, *Das Prinzip Verantwortung. Versuch einer Ethik für die technologische Zivilisation*, Frankfurt a.M. 1979.
- *Technik, Medizin und Ethik. Zur Praxis des Prinzips Verantwortung*, Frankfurt a.M. 1987.
- Jonas, Hans, *Philosophische Untersuchungen und metaphysische Vermutungen*, Frankfurt a.M. 1994.
Kampits, Peter, »Zur Verantwortung des Wissenschaftlers«, in: Helmuth Vetter (Hg.), *Verantwortung. Beiträge zur praktischen Philosophie, Festgabe für Johann Mader zum 60. Geburtstag*, Wien 1987, S.103–118.
Kant, Immanuel, *Werkausgabe in zwölf Bänden*, Hg. Wilhelm Weischedel, Frankfurt a.M. 1977.
Kaufmann, Franz-Xaver, »Über die soziale Funktion von Verantwortung und Verantwortlichkeit«, in: Ernst-Joachim Lampe (Hg.), *Verantwortlichkeit und Recht. Jahrbuch für Rechtssoziologie und Rechtstheorie*, Bd.14, Opladen 1989, S.204–224.
- *Der Ruf nach Verantwortung. Risiko und Ethik in einer unüberschaubaren Welt*, Freiburg/Basel/Wien 1992.
- »Risiko, Verantwortung und gesellschaftliche Komplexität«, in: Kurt Bayertz (Hg.), *Verantwortung – Prinzip oder Problem?* Darmstadt 1995, S.72–97.
- »Diskurse über Staatsaufgaben«, in: Dieter Grimm (Hg.), *Staatsaufgaben*, Frankfurt a.M. 1996, S.15–41.

LITERATURVERZEICHNIS

Kenis, Patrick und Volker Schneider (Hg.), *Organisation und Netzwerk. Institutionelle Steuerung in Wirtschaft und Politik*, Frankfurt a.M./New York 1996.

Kersting, Wolfgang, »Verfassungspatriotismus, kommunitäre Demokratie und die politische Vereinigung der Deutschen«, in: Petra Braitling und Walter Reese-Schäfer *(Hg.), Universalismus, Nationalismus und die neue Einheit der Deutschen. Philosophen und die Politik*, Frankfurt a.M. 1991, S. 143–166.
- »Liberalismus, Kommunitarismus, Republikanismus«, in: Karl-Otto Apel und Matthias Kettner (Hg.), *Zur Anwendung der Diskursethik in Politik, Recht und Wissenschaft*, Frankfurt a.M. 1992, S. 127–148.
- *John Rawls*, Hamburg 1993.
- *Wohlgeordnete Freiheit. Immanuel Kants Rechts- und Staatsphilosophie*, Frankfurt a.M. 1993.
- *Die politische Philosophie des Gesellschaftsvertrags*, Darmstadt 1994.
- »Verfassung und kommunitäre Demokratie«, in: Günter Frankenberg (Hg.), *Auf der Suche nach der gerechten Gesellschaft*, Frankfurt a.M. 1994, S. 84–102.
- »Überlegungen zum Programm einer ökologischen Ethik«, in: *Tönnies-Forum*, Heft 2, 1995, S. 3–22.
- »Wider den Postnationalismus. Bemerkungen über modernen Nationalismus, Universalismus und Partikularismus«, in: *Tönnies Forum*, Heft 3, 1995, S. 20–43.
- »Moralphilosophie, angewandte Ethik und Ökonomismus«, in: *Zeitschrift für Politik* 43 (1996), S. 184–194.
- »Philosophische Probleme der internationalen Beziehungen«, in: Kurt Bayertz (Hg.), *Politik und Ethik*, Stuttgart 1996, S. 423–456.
- *Recht, Gerechtigkeit und demokratische Tugend. Abhandlungen zur praktischen Philosophie der Gegenwart*, Frankfurt a.M. 1997.
- »Probleme der politischen Philosophie der internationalen Beziehungen«, in: Christine Chwaszcza und Wolfgang Kersting (Hg.), *Politische Philosophie der internationalen Beziehungen*, Frankfurt a.M. 1998, S. 9–69.
- *Theorien der sozialen Gerechtigkeit*, Stuttgart/Weimar 2000.
- (Hg.), *Politische Philosophie des Sozialstaats*, Weilerswist 2000.
- *Politik und Recht. Abhandlungen zur politischen Philosophie der Gegenwart und zur neuzeitlichen Rechtsphilosophie*, Weilerswist 2000.
- *Kritik der Gleichheit. Über die Grenzen der Gerechtigkeit und der Moral*, Weilerswist 2002.

Kettner, Matthias, »Bereichsspezifische Relevanz. Zur konkreten Allgemeinheit der Diskursethik«, in: Karl-Otto Apel und Matthias Kettner (Hg.), *Zur Anwendung der Diskursethik in Politik, Recht und Wissenschaft*, Frankfurt/M. 1992, S. 317–348.
- »Diskursethik und Verantwortung für zukünftige Generationen«, in: *Verantwortung, Friedrich Jahresheft*, Nr. X, 1992, Hg. Peter Fauser, Henning Luther, Käthe Meyer-Drawe, S. 124–127.

Keupp, Heiner, »Bürgerschaftliches Engagement: Potentiale kommunitärer Eigenverantwortung in der Zivilgesellschaft«, in: Bernd Neubaur (Hg.), *Eigenverantwortung. Positionen und Perspektiven*, Waake 1998, S. 82–96.

Keuth, Herbert, *Erkenntnis oder Entscheidung. Zur Kritik der kritischen Theorie*, Tübingen 1993.
Kierkegaard, Sören, *Gesammelte Werke*, 16. Abteilung: *Abschließende unwissenschaftliche Nachschrift zu den Philosophischen Brocken*, Erster Teil, Düsseldorf, Köln 1957.
– *Entweder – Oder*, Hg. Hermann Diem und Walter Rest, München 1975.
– *Die Krankheit zum Tode und anderes*, Hg. Hermann Diem und Walter Rest, München 1976.
Kleger, Heinz, »Gerechtigkeit zwischen den Generationen«, in: Peter Paul Müller-Schmid (Hg.), *Begründung der Menschenrechte* (Archiv für Rechts- und Sozialphilosophie, Beiheft Nr. 26), Stuttgart 1986, S. 147–191.
Klein, Richard, »Einheit und Diversion bei Georg Picht. Porträt einer Korrekturtheorie«, in *Concordia* 38 (2000), S. 3–20.
Kleinfeld-Wernicke, Annette, »Person oder Institution. Zur Frage nach dem Subjekt ethischen als verantwortlichen Handelns des Unternehmens«, in: *Neue Realitäten. Herausforderung der Philosophie*, Hg. Allgemeine Gesellschaft für Philosophie in Deutschland in Verbindung mit dem Institut für Philosophie, Wissenschaftstheorie, Wissenschafts- und Technikgeschichte der TU Berlin, Berlin 1993, Bd. 1, S. 49–56.
Kloepfer, Michael, »Handeln unter Unsicherheit im Umweltstaat«, in: Carl Friedrich Gethmann und Michael Kloepfer, *Handeln unter Risiko im Umweltstaat*, Berlin/Heidelberg/New York 1993, S. 55–98.
– »Langzeitverantwortung im Umweltstaat«, in: Carl Friedrich Gethmann, Michael Kloepfer und Hans G. Nutzinger, *Langzeitverantwortung im Umweltstaat*, Bonn 1993, S. 22–41.
Koch, Claus, »Verantwortlich, aber nicht schuldig. Anleitung zum aufgeklärten Katastrophismus, in: *Merkur* 56 (2002), S. 1002–1011.
Kodalle, Klaus-Michael, »Verantwortung«, in: Heiner Hastedt und Ekkehard Martens (Hg.), *Ethik. Ein Grundkurs*, Reinbek 1994, S. 180–197.
– *Schockierende Fremdheit. Nachtmetaphysische Ethik in der Weimarer Wendezeit*, Wien 1996.
Kohlberg, Lawrence, *Die Psychologie der Moralentwicklung*, Frankfurt a. M. 1996.
Kohler, Georg, »Verrechtlichung und Verantwortung. Themen einer Epochenschwelle«, in: Helmut Holzhey und Georg Kohler (Hg.), *Verrechtlichung und Verantwortung. Überlegungen aus Anlaß der Parole »Weniger Staat, mehr Freiheit«*, Bern/Stuttgart 1987, S. 7–30.
Kolb, Anton, Reinhold Esterbauer und Hans-Walter Ruckenhauer (Hg.), *Cyberethik. Verantwortung in der digital vernetzten Welt*, Stuttgart/Berlin/Köln 1998.
Körtner, Ulrich H. J., »Verantwortung«, in: *Glauben und Lernen*, Heft 2, 1992, S. 97–104.
Koschut, Ralf-Peter, *Strukturen der Verantwortung. Eine kritische Auseinandersetzung mit Theorien über den Begriff der Verantwortung unter besonderer Berücksichtigung des Spannungsfeldes zwischen der ethisch-per-

sonalen und der kollektiv-sozialen Dimension menschlichen Handelns, Frankfurt a. M./Bern/New York/Paris 1989.

Krämer, Hans, *Integrative Ethik*, Frankfurt a. M. 1992.

Krawietz, Werner, »Rechtliche Verantwortung oder wissenschaftliche Vernunft im praktischen juristischen Entscheidungsverhalten?«, in: Hans-Peter Müller (Hg.), *Wissen als Verantwortung. Ethische Konsequenzen des Erkennens*, Stuttgart/Berlin/Köln 1991, S. 53–99.

– »Theorie der Verantwortung – neu oder alt? Zur normativen Verantwortungsattribution mit den Mitteln des Rechts«, in: Kurt Bayertz (Hg.), *Verantwortung – Prinzip oder Problem?* Darmstadt 1995, S. 185–216.

Krebs, Angelika, »Ökologische Ethik I: Grundlagen und Grundbegriffe«, in: Julian Nida-Rümelin (Hg.), *Angewandte Ethik. Die Bereichsethiken und ihre theoretische Fundierung. Ein Handbuch*, Stuttgart 1996, S. 348–387.

Kreß, Hartmut, »Die Kategorie ethischer ›Verantwortung‹ in der neueren Diskussion«, in: *Theologische Rundschau* 53 (1988), S. 82–98.

– »›Verantwortung‹ in der Ethik des 20. Jahrhunderts. Zum Profil eines mehrdimensionalen Begriffs«, in: *Glauben und Lernen*, Heft 2, 1992, S. 117–130.

– und Wolfgang Erich Müller, *Verantwortungsethik heute. Grundlagen und Konkretionen einer Ethik der Person*, Stuttgart/Berlin/Köln 1997.

Kuhlmann, Wolfgang, »Prinzip Verantwortung versus Diskursethik«, in: *Archivo di Filosofia* 55 (1987), S. 89–116.

Küng, Hans, *Projekt Weltethos*, München/Zürich 1992, S. 51–57.

Künzli, Arnold, »Strukturelle Verantwortungslosigkeit«, in: Thomas Meyer und Susanne Miller (Hg.), *Zukunftsethik und Industriegesellschaft*, München 1986, S. 139–148.

Ladd, John, »Bhopal: Moralische Verantwortung, normale Katastrophen und Bürgertugend«, in: Hans Lenk und Matthias Maring (Hg.), *Wirtschaft und Ethik*, Stuttgart 1992, S. 285–29.

Ladeur, Karl-Heinz, *Das Umweltrecht der Wissensgesellschaft. Von der Gefahrenabwehr zum Risikomanagement*, Berlin 1995.

– *Negative Freiheitsrechte und gesellschaftliche Selbstorganisation. Die Erzeugung von Sozialkapital durch Institutionen*, Tübingen 2000.

Lamb, Mathews L., »Kommunikative Praxis, die Offenheit der Geschichte und die Dialektik von Gemeinschaft und Herrschaft«, in: Edmund Arens (Hg.), *Anerkennung der anderen. Eine theologische Grunddimension interkultureller Kommunikation*, Freiburg/Basel/Wien 1995, S. 167–192.

Lampe, Ernst-Joachim, »Verantwortung und Verantwortlichkeit im Strafrecht«, in: Ernst-Joachim Lampe (Hg.), *Verantwortlichkeit und Recht. Jahrbuch für Rechtssoziologie und Rechtstheorie*, Bd. 14, Opladen 1989, S. 286–305.

Lange, Stefan und Dietmar Braun, *Politische Steuerung zwischen System und Akteur. Eine Einführung*, Opladen 2000.

Larenz, Karl, *Lehrbuch des Schuldrechts*, Bd. II: *Besonderer Teil*, zwölfte, neubearbeit. Aufl., München 1981.

Larmore, Charles, *Strukturen moralischer Komplexität*, Stuttgart/Weimar 1995.
Lasch, Christopher, *Die blinde Elite. Macht ohne Verantwortung*, Hamburg 1995.
Lazari-Pawlowska, Ilja, »Prinzipienethik oder Situationsethik?«, in: *Gießener Universitätsblätter* XIII, Heft 2, 1980, S. 48–61.
Leisinger, Klaus M., *Unternehmensethik. Globale Verantwortung und modernes Management*, München 1997.
Leist, Anton, »Deutsche Geschichte und historische Verantwortung«, in: *Babylon. Beiträge zur jüdischen Gegenwart*, Nr. 7, 1990, S. 41–60.
– »Intergenerationelle Gerechtigkeit. Verantwortung für zukünftige Generationen, hohes Lebensalter und Bevölkerungsexplosion«, in: Kurt Bayertz (Hg.), *Praktische Philosophie. Grundorientierungen angewandter Ethik*, Reinbek 1991, S. 322–360.
Lenk, Hans, »Ethikkodizes für Ingenieure. Beispiele der US-Ingenieurvereinigungen«, in: ders. und Günter Ropohl (Hg.), *Technik und Ethik*, Stuttgart 1987, S. 194–221.
– »Über Verantwortungsbegriffe und das Verantwortungsproblem in der Technik«, in: ders. und Günter Ropohl (Hg.), *Technik und Ethik*, Stuttgart 1987, S. 112–148.
– »Zu einer praxisnahen Ethik der Verantwortung in den Wissenschaften«, in: ders. (Hg.), Wissenschaft und Ethik, Stuttgart 1991, S. 54–75.
– *Zwischen Wissenschaft und Ethik*, Frankfurt a. M. 1992.
– *Von Deutungen zu Wertungen*, Frankfurt a. M. 1994.
– *Konkrete Humanität. Vorlesungen über Verantwortung und Menschlichkeit*, Frankfurt a. M. 1998.
Lenk, Hans und Matthias Maring, »Verantwortung und Mitverantwortung bei korporativem und kollektivem Handeln«, in: dies. (Hg.), *Wirtschaft und Ethik*, Stuttgart 1992, S. 153–164.
– »Wer soll Verantwortung tragen? Probleme der Verantwortungsabwehr und Verantwortungszuschreibung in komplexen (soziotechnischen-sozioökonomischen) Systemen«, in: Kurt Bayertz (Hg.), *Verantwortung – Prinzip oder Problem?* Darmstadt 1995, S. 241–286.
– »Verantwortung«, in: *Historisches Wörterbuch der Philosophie*, Bd. 11, Hg. Joachim Ritter, Karlheinz Gründer und Gottfried Gabriel, Darmstadt 2001, Sp. 566–575.
Lesch, Wolfgang, »Religiöse Ethik«, in: Annemarie Pieper (Hg.), *Geschichte der neueren Ethik*, Bd. 2, Tübingen/Basel 1992 S. 1–28.
Lévinas, Emmanuel, *Wenn Gott ins Denken einfällt. Diskurse über die Betroffenheit von Transzendenz*, zweite, unveränd. Aufl., Freiburg/München 1988.
– *Humanismus des anderen Menschen*, Hamburg 1989.
– *Die Spur des Anderen. Untersuchungen zur Phänomenologie und Sozialphilosophie*, dritte, unveränd. Aufl., Freiburg/München 1992.
– *Jenseits des Seins oder anders als Sein geschieht*, Freiburg/München 1992.
– *Totalität und Unendlichkeit. Versuch über die Exteriorität*, zweite, unveränd. Aufl., Freiburg/München 1993.

LITERATURVERZEICHNIS

Lichtblau, Klaus, *Kulturkrise und Soziologie um die Jahrhundertwende. Zur Genealogie der Kultursoziologie in Deutschland*, Frankfurt a.M. 1996.
Liebsch, Burkhard, *Geschichte im Zeichen des Abschieds*, München 1996.
- *Vom Anderen her: Erinnern und Überleben*, Freiburg, München 1997.
Løgstrup, Knud E., *Die ethische Forderung*, Tübingen 1958.
- »Verantwortung«, in: *Religion in Geschichte und Gegenwart*, Bd.VI, Hg. Kurt Galling, dritte, neubearbeitete Aufl., Tübingen 1962, Sp. 1254–1256.
- *Norm und Spontaneität. Ethik und Politik zwischen Technik und Dilettantokratie*, Tübingen 1989.
Loo, Hans van der und Willem van Reijen, *Modernisierung. Projekt und Paradox*, zweite Aufl., München 1997.
Löw-Beer, Martin, »Die Verpflichtung der unschuldig Nachgeborenen. Zu Anton Leists Verantwortung«, in: *Babylon. Beiträge zur jüdischen Gegenwart*, Nr. 7, 1990, S.61–69.
Löwith, Karl, »Das Individuum in der Rolle des Mitmenschen«, in: *Sämtliche Schriften*, Bd.1: *Mensch und Menschenwelt. Beiträge zur Anthropologie*, Hg. Klaus Stichweh, Stuttgart 1981, S.9–197.
Lübbe, Hermann, *Der Lebenssinn der Industriegesellschaft. Über die moralische Verfassung der wissenschaftlich-technischen Zivilisation*, zweite Aufl., Berlin/Heidelberg/New York 1994.
- »Moralismus oder fingierte Handlungssubjektivität in komplexen historischen Prozessen«, in: Weyma Lübbe (Hg.), *Kausalität und Zurechnung*, Berlin/New York 1994, S.289–301.
- *Politik nach der Aufklärung. Philosophische Aufsätze*, München 2001.
Lübbe, Weyma (Hg.), *Kausalität und Zurechnung. Über Verantwortung in komplexen kulturellen Prozessen*, Berlin/New York 1994.
- »Handeln und Verursachen: Grenzen der Zurechnungsexpansion«, in: dies. (Hg.), *Kausalität und Zurechnung. Über Verantwortung in komplexen kulturellen Prozessen*, Berlin/New York 1994, S.223–242.
- *Verantwortung in komplexen kulturellen Prozessen*, Freiburg/München 1998.
Lübbe-Wolff, Gertrude, *Recht und Moral im Umweltschutz*, Baden-Baden 1999.
Luhmann, Niklas, *Soziale Systeme. Grundriß einer allgemeinen Theorie*, Frankfurt a.M. 1984.
- *Paradigm lost: Über die ethische Reflexion der Moral. Rede anläßlich der Verleihung des Hegel-Preises 1989*, Frankfurt a.M. 1990.
- *Ökologische Kommunikation. Kann die moderne Gesellschaft sich auf ökologische Gefährdung einstellen?* Dritte Aufl., Opladen 1990.
- *Soziologie des Risikos*, Berlin/New York 1991.
- *Beobachtungen der Moderne*, Opladen 1992.
- »Die Moral des Risikos und das Risiko der Moral«, in: Gotthard Bechmann (Hg.), *Risiko und Gesellschaft. Grundlagen und Ergebnisse interdisziplinärer Risikoforschung*, Opladen 1993, S.327–338.
- *Die Wirtschaft der Gesellschaft*, Frankfurt a.M. 1994.
- *Die Kunst der Gesellschaft*, Frankfurt a.M. 1997.

- *Die Gesellschaft der Gesellschaft*, Frankfurt a.M. 1998.
- *Organisation und Entscheidung*, Opladen 2000.

MacIntyre, Alasdair, *Der Verlust der Tugend. Zur moralischen Krise der Gegenwart*, Frankfurt a.M./New York 1987.

Makropoulos, Michael, *Modernität und Kontingenz*, München 1997.

Maring, Matthias, »Modelle korporativer Verantwortung«, in: *Conceptus* XXIII (1989), S. 25–41.
- »Institutionelle und korporative Verantwortung in der Wissenschaft«, in: Hans Lenk (Hg.), *Wissenschaft und Ethik*, Stuttgart 1991, S. 135–150.
- *Kollektive und korporative Verantwortung. Begriffs- und Fallstudien aus Wirtschaft, Technik und Alltag*, Münster/Hamburg/London 2001.

Markl, Hubert, »Freiheit der Wissenschaft, Verantwortung der Forscher«, in: Hans Lenk (Hg.), *Wissenschaft und Ethik*, Stuttgart 1991, S. 40–53.

Marquard, Odo, *Schwierigkeiten mit der Geschichtsphilosophie*, Frankfurt a.M. 1982.

May, Larry and Stacey Hoffman (Hg.), *Collective Responsibility. Five Decades of Debate in Theoretical and Applied Ethics*, Savage 1991.

Mayer, Michael, »Transzendenz und Geschichte – ein Versuch am Denker Lévinas«, in: *Parabel*, Bd. 12: *Lévinas. Zur Möglichkeit einer prophetischen Philosophie*, Hg. Michael Mayer und Markus Hentschel, Gießen 1990, S. 223–247.

Mayntz, Renate und Fritz Scharpf (Hg.), *Gesellschaftliche Selbstregelung und politische Steuerung*, Frankfurt a.M./New York 1995.

Mayntz, Renate, *Soziale Dynamik und politische Steuerung. Theoretische und methodologische Überlegungen*, Frankfurt a.M./New York 1997.

McCarthy, Thomas, *Ideale und Illusionen. Dekonstruktion und Rekonstruktion in der kritischen Theorie*, Frankfurt a.M. 1993.

Mellema, Gregory, *Individuals, Groups, and Shared Responsibility*, New York 1998.

Menke, Christoph, »Liberalismus im Konflikt. Zwischen Gerechtigkeit und Freiheit«, in: Micha Brumlik und Hauke Brunkhorst (Hg.), *Gemeinschaft und Gerechtigkeit*, Frankfurt a.M. 1993, S. 218–243.

Meran, Josef, »Wohlstand und Gerechtigkeit. Die Wirtschaft als Thema der praktischen Philosophie«, in: Kurt Bayertz (Hg.), *Praktische Philosophie. Grundorientierungen angewandter Ethik*, Reinbek 1991, S. 89–133.
- »Wirtschaftsethik. Über den Stand der Wiederentdeckung einer philosophischen Disziplin«, in: Hans Lenk und Matthias Maring (Hg.), *Wirtschaft und Ethik*, Stuttgart 1992, S. 45–81.

Merten, Detlef, »Bürgerverantwortung im demokratischen Verfassungsstaat«, in: *Veröffentlichungen der Vereinigung der Deutschen Staatsrechtslehrer* 55 (1996), S. 8–43.

Mertens, Karl, »Sinn und Unsinn einer Verantwortung für die Zukunft«, in: Jürgen Mittelstraß (Hg.), *Die Zukunft des Wissens*, Konstanz 1999, S. 285–292.
- *Handeln in Situationen. Situatives Handeln im Kontext philosophischer Theorien*, Habilitationsschrift der Philosophischen Fakultät der Universität Kiel 2000.

LITERATURVERZEICHNIS

Metz, Johann Baptist, »›Politische Theologie‹ in der Diskussion, in: Helmut Peukert (Hg.), *Diskussion zur ›politischen Theologie‹*, Mainz/München 1969, S. 267–301.

- »Erlösung und Emanzipation«, in: Leo Scheffczyk (Hg.), *Erlösung und Emanzipation*, Freiburg 1973, S. 120–140.

Mieg, Harald A., *Verantwortung. Moralische Motivation und die Bewältigung sozialer Komplexität*, Opladen 1994.

Mittelstraß, Jürgen, »Von der Freiheit der Forschung und der Verantwortung des Wissenschaftlers«, in: ders., *Leonardo-Welt. Über Wissenschaft, Forschung und Verantwortung*, Frankfurt a.M. 1992, S. 155–173.

Mohrs, Thomas, »Paradoxe Welt-Moral – ein lösbares Problem?«, in: Wilhelm Lütterfelds und Thomas Mohrs (Hg.), *Eine Welt – eine Moral? Eine kontroverse Debatte*, S. 1–17.

Mommsen, Wolfgang, *Max Weber: Gesellschaft, Politik und Geschichte*, Frankfurt a.M. 1974.

Morgenstern, Martin, *Nicolai Hartmann*, Hamburg 1997.

Moses, Stéphan, »Gerechtigkeit und Gemeinschaft bei Emmanuel Lévinas«, in: Micha Brumlik und Hauke Brunkhorst (Hg.), *Gemeinschaft und Gerechtigkeit*, Frankfurt a.M. 1993, S. 364–384.

Müller, Christian, »Verantwortungsethik«, in: Annemarie Pieper (Hg.), *Geschichte der neueren Ethik*, Bd. 2, Tübingen/Basel 1992, S. 103–131.

Müller, Hans-Peter, »Evolution, Planung, Steuerung. Über soziologisches Zukunftsdenken«, in: *Merkur* 55 (2001), S. 825–834.

Müller, Jörg Paul, *Demokratische Gerechtigkeit. Eine Studie zur Legitimität rechtlicher und politischer Ordnung*, München 1993.

Müller, Kerstin, »Eigenverantwortung zwischen Deregulierung und Sozialstaatssicherung«, in: Bernd Neubauer (Hg.), *Eigenverantwortung. Positionen und Perspektiven*, Waake 1998, S. 107–116.

Müller, Walter Siegfried, *Die Verantwortung in der Unternehmensorganisation*, Winterthur 1969.

Müller, Wolfgang Erich, *Der Begriff der Verantwortung bei Hans Jonas*, Frankfurt a.M. 1988.

- »Reflexionen zum Verantwortungsbegriff im Anschluß an Løgstrup«, in: *Neue Zeitschrift für systematische Theologie und Religionsphilosophie* 35 (1993), S. 198–214.

Müller-Merbach, Heiner, »Die morphologische Struktur von Verantwortung und Verantwortlichkeit: Eine Handreichung für die Praxis«, in: Eduard Zwierlein (Hg.), *Verantwortung in der Risikogesellschaft*, Idstein 1994, S. 125–148.

Münch, Richard, *Dialektik der Kommunikationsgesellschaft*, Frankfurt a.M. 1991.

- *Risikopolitik*, Frankfurt a.M. 1996.
- *Globale Dynamik, lokale Lebenswelten. Der schwierige Weg in die Weltgesellschaft*, Frankfurt a.M. 1998.

Murswiek, Dieter, *Die staatliche Verantwortung für die Risiken der Technik. Verfassungsrechtliche Grundlagen und immissionsschutzrechtliche Ausformung*, Berlin 1985.

LITERATURVERZEICHNIS

Musil, Robert, *Der Mann ohne Eigenschaften, Gesammelte Werke,* Bd. 1, Hg. Adolf Frisé, Reinbek 1978.

Nagel, Thomas, »Moralische Kontingenz«, in: ders., *Letzte Fragen,* erw. Neuausgabe, Hg. Michael Gebauer, Darmstadt 1996, S. 45–63.

Neubauer, Bernd (Hg.), *Eigenverantwortung. Positionen und Perspektiven,* Waake 1998.

Neumaier, Otto, »Die Verantwortung im Umgang mit dem Begriff der Verantwortung«, in: ders. (Hg.), *Wissen und Gewissen,* Wien 1986, S. 213–228.

– »Sind Kollektive moralisch verantwortlich?«, in: ders. (Hg.), *Angewandte Ethik im Spannungsfeld von Ökologie und Ökonomie,* Sankt Augustin 1994, S. 49–121.

Neumann, Rolf, *Natur, Geschichte und Verantwortung im »nachmetaphysischen Vernunftdenken« von Georg Picht,* Stuttgart 1994.

Nida-Rümelin, Julian, *Strukturelle Rationalität. Ein philosophischer Essay über praktische Vernunft,* Stuttgart 2001.

Niethammer, Lutz, »Erinnerungsgebot und Erfahrungsgeschichte. Institutionalisierungen mit kollektivem Gedächtnis«, in: Hanno Loewy (Hg.), *Holocaust – Die Grenzen des Verstehens. Eine Debatte über die Besetzung der Geschichte,* Reinbek 1992, S. 21–34.

Nietzsche, Friedrich, *Kritische Studienausgabe in fünfzehn Einzelbänden,* Hg. Giorgio Colli und Mazzino Montinari, zweite, durchges. Aufl., München 1988.

Niquet, Marcel, »Verantwortung und Moralstrategie: Überlegungen zu einem Typus praktisch-moralischer Vernunft«, in: Karl-Otto Apel und Matthias Kettner (Hg.), *Die eine Vernunft und die vielen Rationalitäten,* Frankfurt a.M. 1996, S. 42–57.

Nunner-Winkler, Gertrud, »Kollektive, individuelle und solidarische (fürsorgliche) Verantwortung«, in: Ernst-Joachim Lampe (Hg.), *Verantwortlichkeit und Recht. Jahrbuch für Rechtssoziologie und Rechtstheorie,* Bd. 14, Opladen 1989, S. 169–187.

O'Neill, Onora, *Tugend und Gerechtigkeit. Eine konstruktive Darstellung des praktischen Denkens,* Berlin 1996.

Offe, Claus, »Fessel und Bremse. Moralische und institutionelle Aspekte ›intelligenter Selbstbeschränkung‹«, in: Axel Honneth u.a. (Hg.), *Zwischenbetrachtungen. Im Prozeß der Aufklärung. Jürgen Habermas zum 60. Geburtstag,* Frankfurt a.M. 1989, S. 739–774.

Ottmann, Henning, »Verantwortung und Vertrauen als normative Prinzipien der Politik«, in: Herbert Schnädelbach und Geert Keil (Hg.), *Philosophie der Gegenwart – Gegenwart der Philosophie,* Hamburg 1993, S. 367–376.

Otto, Rudolf, »Das Gefühl der Verantwortlichkeit«, in: ders., *Aufsätze zur Ethik,* Hg. Jack Stewart Boozer, München 1981, S. 143–174.

Partridge, Ernest (Hg.), *Responsibilities to Future Generations. Environmental Ethics,* Buffalo (N.Y.) 1980.

– »Why care about the Future?«, in: Ernest Partridge (Hg.), *Responsibilities to Future Generations. Environmental Ethics,* Buffalo (N.Y.) 1980, S. 203–219.

LITERATURVERZEICHNIS

Peters, Bernd, *Die Integration moderner Gesellschaften*, Frankfurt a.M. 1993.

Peukert, Helmut, *Wissenschaftstheorie, Handlungstheorie, Fundamentaltheologie. Analysen zu Ansatz und Status theologischer Theoriebildung*, zweite Aufl., Frankfurt a.M. 1988.

Pfannkuche, Wolfgang, »Supererogation und moralische Verantwortung«, in: Wolfgang König (Hg.), *Umorientierungen. Wissenschaft, Technik und Gesellschaft im Wandel*, Frankfurt a.M. u.a. 1994, S. 73–92.

Pfordten, Dietmar von der, *Ökologische Ethik. Zur Rechtfertigung menschlichen Verhaltens gegenüber der Natur*, Reinbek 1996.

Picht, Georg, *Wahrheit, Vernunft, Verantwortung. Philosophische Studien*, Stuttgart 1969.

- *Hier und Jetzt: Philosophieren nach Auschwitz und Hiroshima*, Bd. I, Stuttgart 1980.
- *Glauben und Wissen. Vorlesungen und Schriften*, Hg. Constanze Eisenbart in Zusammenarbeit mit Enno Rudolph, Stuttgart 1991.
- *Zukunft und Utopie. Vorlesungen und Schriften*, Hg. Constanze Eisenbart in Zusammenarbeit mit Enno Rudolph, Stuttgart 1992.
- *Geschichte und Gegenwart. Vorlesungen zur Philosophie der Geschichte*, Hg. Constanze Eisenbart in Zusammenarbeit mit Enno Rudolph, Stuttgart 1993.

Piepmeier, Rainer, »Zum philosophischen Begriff der Verantwortung«, in: Friedrich Hermanni und Volker Steenblock (Hg.), *Philosophische Orientierungen. Festschrift zum 65. Geburtstag von Willi Oelmüller*, München 1995, S. 85–102.

Platon, *Gesetze, Sämtliche Dialoge*, Bd. VI, Hg. Otto Apelt, Hamburg 1988.

Polanyi, Michael, *Implizites Wissen*, Frankfurt a.M. 1985.

Preuß, Ulrich K., *Politische Verantwortung und Bürgerloyalität. Von den Grenzen der Verfassung und des Gehorsams in der Demokratie*, Frankfurt a.M. 1984.

Purdy, Jedediah, *Das Elend der Ironie*, Hamburg 2002.

Quante, Michael, *Hegels Begriff der Handlung*, Stuttgart/Bad Canstatt 1993.

Rahner, Karl, »Schuld – Verantwortung – Strafe in der Sicht der katholischen Theologie«, in: *Schriften zur Theologie*, Bd. VI, Zürich/Köln 1965, S. 238–261.

Rapp, Friedrich, »Die Idee der Technikbewertung«, in: Walter Bungard und Hans Lenk (Hg.), *Technikbewertung. Philosophische und psychologische Perspektiven*, Frankfurt a.M. 1988, S. 98–117.

Rawls, John, *Eine Theorie der Gerechtigkeit*, sechste Aufl., Frankfurt a.M. 1991.

- *Die Idee des politischen Liberalismus. Aufsätze 1978–1989*, Hg. Wilfried Hinsch, Frankfurt a.M. 1992.
- *Politischer Liberalismus*, Frankfurt a.M. 1998.

Reckwitz, Andreas, *Die Transformation der Kulturtheorien. Zur Entwicklung eines Theorieprogramms*, Weilerswist 2000.

Reese-Schäfer, Walter, *Karl-Otto Apel*, Hamburg 1990.

LITERATURVERZEICHNIS

- Grenzgötter der Moral. Der neuere europäisch-amerikanische Diskurs zur politischen Ethik, Frankfurt a.M. 1997.

Rehrl, Stefan, »Katholische Moraltheologie als Ethik der Verantwortung«, in: ders. (Hg.), Christliche Verantwortung in der Welt der Gegenwart, Salzburg/München 1982, S. 13–21.

Reither, Franz, Komplexitätsmanagement. Denken und Handeln in komplexen Situationen, München 1997.

Rendtorff, Trutz, »Vom ethischen Sinn der Verantwortung«, in: Handbuch der christlichen Ethik, Hg. Anselm Hertz u.a., Bd. 3: Wege ethischer Praxis, Freiburg 1982, S. 117–129.

- »Verantwortung für die Welt als Schöpfung Gottes. Ethische Grundlagen ökologischer Forderungen«, in: Gerfried W. Hunold und Wilhelm Korff (Hg.), Die Welt für morgen. Ethische Herausforderungen im Anspruch der Zukunft, München 1986, S. 20–30.

Rentsch, Thomas, Die Konstitution der Moralität. Transzendentale Anthropologie und praktische Philosophie, Frankfurt a.M. 1990.

Ricœur, Paul, Das Selbst als ein Anderer, München 1996.

Riedel, Manfred, »Freiheit und Verantwortung. Zwei Grundbegriffe der kommunikativen Ethik«, in: ders., Für eine zweite Philosophie. Vorträge und Abhandlungen, Frankfurt a.M. 1988, S. 152–170.

Rifkin, Jeremy, Access. Das Verschwinden des Eigentums. Warum wir weniger besitzen und mehr ausgeben, Frankfurt a.M./New York 2000.

Ritter, Joachim, Metaphysik und Politik. Studien zu Aristoteles und Hegel, Frankfurt a.M. 1977.

Robertson, Roland, »Glokalisierung: Homogenität und Heterogenität in Raum und Zeit«, in: Ulrich Beck (Hg.), Perspektiven der Weltgesellschaft, Frankfurt a.M. 1998, S. 192–220.

Röhl, Hans Christian, »Verwaltungsverantwortung als dogmatischer Begriff?«, in: Die Wissenschaft vom Verwaltungsrecht. Werkstattgespräch aus Anlaß des 60. Geburtstag von Prof. Dr. Eberhard Schmidt-Aßmann, Berlin 1999, S. 33–55.

Römelt, Josef, Theologie der Verantwortung. Zur theologischen Auseinandersetzung mit einem philosophischen Prinzip, Innsbruck 1991.

Ronellenfitsch, Michael, Selbstverantwortlichkeit und Deregulierung im Ordnungs- und Umweltrecht, Berlin 1995.

Ropohl, Günter, »Neue Wege, die Technik zu verantworten«, in: Hans Lenk und Günter Ropohl (Hg.), Technik und Ethik, Stuttgart 1987, S. 149–176.

- Ethik und Technikbewertung, Frankfurt a.M. 1996.

Rorty, Richard, Solidarität oder Objektivität. Drei philosophische Essays, Stuttgart 1988.

- Kontingenz, Ironie und Solidarität, Frankfurt a.M. 1989.
- Hoffnung statt Erkenntnis. Eine Einführung in die pragmatische Philosophie, Wien 1994.

Rüsen, Jörn, Historische Orientierung. Über die Arbeit des Geschichtsbewußtseins, sich in der Zeit zurechtzufinden, Köln/Weimar/Wien 1994.

Sachsse, Hans, *Technik und Ethik. Probleme der Ethik im technischen Zeitalter*, Freiburg 1972.

Saladin, Peter, *Verantwortung als Staatsprinzip. Ein neuer Schlüssel zur Lehre vom Rechtsstaat*, Bern/Stuttgart 1984.

- und Christoph Andreas Zenger, *Rechte künftiger Generationen*, Basel/Frankfurt a.M. 1988.

Sandel, Michael, »Die verfahrensrechtliche Republik und das ungebundene Selbst«, in: Axel Honneth (Hg.), *Kommunitarismus. Eine Debatte über die moralischen Grundlagen moderner Gesellschaften*, Frankfurt a.M./New York 1993, S.18–35.

Sartre, Jean-Paul, *Das Sein und das Nichts. Versuch einer phänomenologischen Ontologie*, Frankfurt a.M. 1962.

Schäfer, Lothar, *Das Bacon-Projekt. Von der Erkenntnis, Nutzung und Schonung der Natur*, Frankfurt a.M. 1993.

Schäfer, Wolf, *Ungleichzeitigkeit als Ideologie. Beiträge zur historischen Aufklärung*, Frankfurt a.M. 1994.

Scheler, Max, *Der Formalismus in der Ethik und die materiale Wertethik. Neuer Versuch der Grundlegung eines ethischen Personalismus*, 3. Aufl., Halle 1927.

Schelsky, Helmut, »Zukunftsaspekte der industriellen Gesellschaft«, in: *Merkur* 8 (1954), S.13–28.

Ulrich Scheuner, »Verantwortung und Kontrolle in der demokratischen Verfassungsordnung«, in: ders., *Staatstheorie und Staatsrecht, Gesammelte Schriften*, Hg. Joseph Listl und Wolfgang Rüfner, Berlin 1978, S.293–315.

Schimank, Uwe, »Evolution, Selbstreferenz und Steuerung komplexer Organisationssysteme«, in: Manfred Glagow und Helmut Willke (Hg.), *Dezentrale Gesellschaftssteuerung. Probleme der Integration polyzentrischer Gesellschaft*, Pfaffenweiler 1987, S.45–64.

- *Theorien gesellschaftlicher Differenzierung*, Opladen 1996.
- und Raymund Werle (Hg.), *Gesellschaftliche Komplexität und kollektive Handlungsfähigkeit*, Frankfurt, New York 2000.

Schlick, Moritz, *Fragen der Ethik*, Wien 1930.

Schluchter, Wolfgang, *Die Entwicklung des okzidentalen Rationalismus. Eine Analyse von Max Webers Gesellschaftsgeschichte*, Tübingen 1979.

- *Rationalismus der Weltbeherrschung. Studien zu Max Weber*, Frankfurt a.M. 1980.
- *Religion und Lebensführung*, Bd. 1: *Studien zu Max Webers Kultur- und Werttheorie*, Frankfurt a.M. 1991.
- *Individualismus, Verantwortungsethik und Vielfalt*, Weilerswist 2000.

Schlüter-Knauer, Carsten, »Verantwortung statt Freiheit? Eine Kritik der physiozentrischen Öko-Ethik von Hans Jonas aus gerechtigkeitstheoretischer Sicht«, in: Walter Reese-Schäfer und Karl Theodor Schuon (Hg.), *Ethik und Politik. Diskursethik, Gerechtigkeitstheorie und politische Praxis*, Marburg 1991, S.157–170.

Schmidt-Aßmann, Eberhard, *Das allgemeine Verwaltungsrecht als Ordnungsidee. Grundlagen und Aufgaben der verwaltungsrechtlichen Systembildung*, Berlin u.a. 1998.

LITERATURVERZEICHNIS

Schmitz, Hermann, *Der Spielraum der Gegenwart*, Bonn 1999.
Schnädelbach, Herbert, *Philosophie in Deutschland 1831–1933*, Frankfurt a.M. 1983.
Schneider, Manuel und Karlheinz A. Geißler (Hg.), *Flimmernde Zeiten. Vom Tempo der Medien*, Stuttgart 1999.
Scholz, Frithard, *Freiheit als Indifferenz. Alteuropäische Probleme mit der Systemtheorie*, Frankfurt a.M. 1982.
Schönrich, Gerhard, *Bei Gelegenheit Diskurs. Von den Grenzen der Diskursethik und dem Preis der Letztbegründung*, Frankfurt a.M. 1994.
Schröder, Thomas Kurt, *Verantwortung und Selbstbestimmung*, Dissertation Hamburg 1989.
Schubert, Jörg, *Das »Prinzip Verantwortung« als verfassungsrechtliches Rechtsprinzip. Rechtsphilosophische und verfassungsrechtliche Betrachtungen zur Verantwortungsethik von Hans Jonas*, Baden-Baden 1998.
Schulz, Walter, *Philosophie in der veränderten Welt*, Pfullingen 1972.
– *Subjektivität im nachmetaphysischen Zeitalter. Aufsätze*, Pfullingen 1992.
– *Grundprobleme der Ethik*, zweite Aufl., Stuttgart 1993.
– *Der gebrochene Weltbezug. Aufsätze zur Geschichte der Philosophie und zur Analyse der Gegenwart*, Stuttgart 1994.
Schulze, Gerhard, »Die Wahrnehmungsblockade – Vom Verlust der Spürbarkeit der Demokratie«, in: Werner Weidenfeld (Hg.), *Demokratie am Wendepunkt. Die demokratische Frage als Projekt des 21. Jahrhunderts*, Berlin 1996, S. 33–51.
Schuppert, Gunnar Folke (Hg.), *Jenseits von Privatisierung und »schlankem« Staat. Verantwortungsteilung als Schlüsselbegriff eines sich verändernden Verhältnisses von öffentlichem und privatem Sektor*, Baden-Baden 1999.
Schütz, Alfred, »Einige Äquivokationen im Begriff der Verantwortlichkeit«, in: *Gesammelte Aufsätze*, Bd. 2: *Studien zur soziologischen Theorie*, Den Haag 1972, S. 256–258.
Schwartländer, Johannes, »Verantwortung«, in: *Handbuch philosophischer Grundbegriffe*, Bd. 6, Hg. Hermann Krings, Hans Michael Baumgarten und Christoph Wild, München 1974, Sp. 1577–1588.
Schweitzer, Albert, *Kultur und Ethik. Kulturphilosophie*, zweiter Teil, sechste Aufl., München 1947.
Seebaß, Gottfried, »Kollektive Verantwortung«, in: *Neue Realitäten. Herausforderung der Philosophie*, Hg. Allgemeine Gesellschaft für Philosophie in Deutschland in Verbindung mit dem Institut für Philosophie, Wissenschaftstheorie, Wissenschafts- und Technikgeschichte der TU Berlin, Berlin 1993, Bd. 1, S. 17–24.
Seebaß, Gottfried, »Moralische Verantwortung in der wissenschaftlich-technischen Welt«, in: *Zeitschrift für philosophische Forschung* 48 (1994), S. 232–246.
Seel, Martin, »Ethik und Lebensformen«, in: Micha Brumlik und Hauke Brunkhorst (Hg.), *Gemeinschaft und Gerechtigkeit*, Frankfurt a.M. 1993, S. 244–259.
– »Kleine Phänomenologie des Lassens«, in: *Merkur* 56 (2002), S. 149–154.

LITERATURVERZEICHNIS

Sen, Amartya, *Ökonomie für den Menschen. Wege zu Gerechtigkeit und Solidarität in der Marktwirtschaft*, München/Wien 2000.
Sennett, Richard, *Der flexible Mensch. Die Kultur des neuen Kapitalismus*, Berlin 1998.
Siebert, Horst, »Allokation zwischen Generationen«, in: Dieter Duwendag und Horst Siebert (Hg.), *Politik und Markt. Wirtschaftspolitische Probleme der 80er Jahre*, Stuttgart/New York 1980, S. 353-370.
Sikora, R.I. und Brian Barry (Hg.), *Obligations to Future Generations*, Cambridge 1996 (zuerst Philadelphia 1978).
Simon, Herbert A., »From substantial to procedural rationality«, in: Spiro J. Latsis (Hg.), *Method and Appraisal in Economics*, Cambridge 1976, S. 129-148.
- *Homo rationalis. Die Vernunft im menschlichen Leben*, Frankfurt, New York 1993.
Sommer, Gerlinde, *Institutionelle Verantwortung. Grundlagen einer Theorie politischer Institutionen*, München 1997.
Sommer, Manfred, *Sammeln. Ein philosophischer Versuch*, Frankfurt a.M. 1999.
Spaemann, Robert, »Nebenwirkungen als moralisches Problem«, in: *Philosophisches Jahrbuch* 82 (1975), S. 323-335.
- *Glück und Wohlwollen. Versuch über Ethik*, Stuttgart 1989.
- *Moralische Grundbegriffe*, vierte Aufl., München 1991.
- *Grenzen. Zur ethischen Dimension des Handelns*, Stuttgart 2001.
- und Reinhard Löw, *Die Frage Wozu. Geschichte und Wiederentdeckung des teleologischen Denkens*, München/Zürich 1981.
Spinner, Helmut F., *Die Architektur der Informationsgesellschaft. Entwurf eines wissensorientierten Gesamtkonzepts*, Bodenheim 1998.
Splett, Jörg, »Verantwortung religionsphilosophisch gesehen«, in: *Verantwortung, Friedrich Jahresheft*, Nr. X, 1992, Hg. Peter Fauser, Henning Luther und Käthe Meyer-Drawe, S. 61-63.
Sprenger, Reinhard K., *Das Prinzip Selbstverantwortung. Wege zur Motivation*, sechste Aufl., Frankfurt a.M./New York 1997.
Stehr, Nico, *Arbeit, Eigentum und Wissen. Zur Theorie von Wissensgesellschaften*, Frankfurt a.M. 1994.
- *Die Zerbrechlichkeit moderner Gesellschaften. Die Stagnation der Macht und die Chancen des Individuums*, Weilerswist 2000.
Steinberg, Rudolf, *Der ökologische Verfassungsstaat*, Frankfurt a.M. 1998.
Steinvorth, Ulrich, *Klassische und moderne Ethik. Grundlinien einer materialen Moraltheorie*, Reinbek 1990.
Stichweh, Rudolf, *Die Weltgesellschaft. Soziologische Analysen*, Frankfurt a.M. 2000.
Ströker, Elisabeth, *Ich und die anderen. Die Frage der Mitverantwortung*, Frankfurt a.M. 1984.
- »Verantwortungsethik als Herausforderung der Philosophie in der modernen Welt«, in: *Areté. Revista de Filosofía* XI (1999), S. 687-711.
Stübinger, Stephan, *Schuld, Strafrecht und Geschichte. Die Entstehung der Schuldzurechnung in der deutschen Strafrechtshistorie*, Köln/Weimar/Wien 2000.

Sturma, Dieter, *Philosophie der Person. Die Selbstverhältnisse von Subjektivität und Moralität*, Paderborn/München/Wien/Zürich 1997.
Süßbauer, Alfons, »Unternehmen und Verantwortung«, in: Otto Neumaier (Hg.), *Angewandte Ethik im Spannungsfeld von Ökologie und Ökonomie*, Sankt Augustin 1994, S.123–169.
Taureck, Bernhard, *Emmanuel Lévinas*, Hamburg 1991.
Taylor, Charles, »Die Motive einer Verfahrensethik«, in: Wolfgang Kuhlmann (Hg.), *Moralität und Sittlichkeit. Das Problem Hegels und die Diskursethik*, Frankfurt a.M. 1986, S.101–135.
– *Multikulturalismus und die Politik der Anerkennung*, Frankfurt a.M. 1993.
– *Die Quellen des Selbst. Die Entstehung neuzeitlicher Individualität*, Frankfurt a.M. 1994.
– *Das Unbehagen an der Moderne*, Frankfurt a.M. 1995.
– *Negative Freiheit? Zur Kritik des neuzeitlichen Individualismus*, zweite Aufl., Frankfurt a.M. 1995.
– *Wieviel Gemeinschaft braucht die Demokratie? Aufsätze zur politischen Philosophie*, Frankfurt a.M. 2002.
Tenbruck, Friedrich H., »Verantwortung und Moral«, in: Stefan Rehrl (Hg.), *Christliche Verantwortung in der Welt der Gegenwart*, Salzburg 1982, S.25–47.
– *Die kulturellen Grundlagen der Gesellschaft. Der Fall der Moderne*, Opladen 1989.
Theunissen, Michael, *Der Andere. Studien zur Sozialontologie der Gegenwart*, Berlin 1965.
– »Die Einheit im Denken Georg Pichts«, in: *Merkur* 37 (1983), S.780–790.
Thomä, Dieter, »Was heißt ›Verantwortung des Denkens‹? Systematische Überlegungen mit Berücksichtigung Martin Heideggers«, in: *Deutsche Zeitschrift für Philosophie* 45 (1997), S.559–572.
– *Erzähle dich selbst. Lebensgeschichte als philosophisches Problem*, München 1998.
Tödt, Heinz Eduard, »Die Zeitmodi in ihrer Bedeutung für die sittliche Urteilsbildung. Anregungen aus Georg Pichts Zeitphilosophie für eine evangelische Verantwortungsethik«, in: Christiane Link (Hg.), *Die Erfahrung der Zeit. Gedenkschrift für Georg Picht*, Stuttgart 1984, S.283–320.
– *Perspektiven theologischer Ethik*, München 1988.
Trappe, Paul, »Über die Anonymisierung von Verantwortung«, in: Friedrich Kaulbach und Werner Krawietz (Hg.), *Recht und Gesellschaft. Festschrift für Helmut Schelsky zum 65. Geburtstag*, Berlin 1978, S.697–715.
Tugendhat, Ernst, *Vorlesungen über Ethik*, Frankfurt a.M. 1993.
Ulrich, Peter, *Der entzauberte Markt. Eine wirtschaftsethische Orientierung*, Freiburg 2002.
Unnerstall, Herwig, *Rechte zukünftiger Generationen*, Würzburg 1999.
Veauthier, Frank, »Vom sozialen Verantwortungsapriori im phänomenologischen Denken«, in: Karl-Otto Apel in Verbindung mit Riccardo Pozzo (Hg.), *Zur Rekonstruktion der praktischen Philosophie. Gedenkschrift für Karl-Heinz Ilting*, Stuttgart/Bad Canstatt 1990, S.150–186.

Veen, Joseph J.M. van der, »Verantwortung und Verantwortlichkeit. Versuch einer rechtsphilosophischen Standortbestimmung«, in: Hans Michael Baumgartner und Albin Eser (Hg.), *Schuld und Verantwortung. Philosophische und juristische Beiträge zur Zurechenbarkeit menschlichen Handelns*, Tübingen 1983, S. 31–50.

Vester, Friedrich, *Die Kunst, vernetzt zu denken. Ideen und Werkzeuge für einen neuen Umgang mit Komplexität*, Stuttgart 2000.

Vesting, Thomas, »Zwischen Gewährleistungsstaat und Minimalstaat. Zu den veränderten Bedingungen der Bewältigung öffentlicher Aufgaben in der ›Informations‹- oder ›Wissensgesellschaft‹, in: Wolfgang Hoffman-Riem und Eberhard Schmidt-Aßmann (Hg.), *Verwaltungsrecht (in) der Informationsgesellschaft?* Baden-Baden 2000, S. 101–131.

Vogel, Peter, »Gesinnung und Verantwortung«, in: *Verantwortung, Friedrich Jahresheft*, Nr. X, 1992, Hg. Peter Fauser, Henning Luther und Käthe Meyer-Drawe, S. 36–38.

Vogt, Markus, »Retinität: Vernetzung als ethisches Leitprinzip für das Handeln in komplexen Systemzusammenhängen«, in: Stefan Bornholdt und Peter Henning Feindt (Hg.), *Komplexe adaptive Systeme*, Dettelbach 1996, S. 159–197.

Vossenkuhl, Wilhelm, »Moralische und nicht-moralische Bedingungen verantwortlichen Handelns«, in: Hans Michael Baumgartner und Albin Eser (Hg.), *Schuld und Verantwortung. Philosophische und juristische Beiträge zur Zurechenbarkeit menschlichen Handelns*, Tübingen 1983, S. 109–140.

– »Verantwortung«, in: *Lexikon der Bioethik*, Bd. 3, hrsg. im Auftrag der Görres-Gesellschaft von Wilhelm Korff u.a., Gütersloh 1998, S. 673–676.

Waas, Lothar, *Max Weber und die Folgen. Die Krise der Moderne und der moralisch-politische Dualismus des 20. Jahrhunderts*, Frankfurt a.M./New York 1995.

Waldenfels, Bernhard, »Antwort und Verantwortung«, in: *Verantwortung, Friedrich Jahresheft*, Nr. X, 1992, Hg. Peter Fauser, Henning Luther und Käthe Meyer-Drawe, S. 139–141.

– *Antwortregister*, Frankfurt a.M. 1994.

– »Antwort der Verantwortung«, in: ders., *Deutsch-Französische Gedankengänge*, Frankfurt a.M. 1995, S. 322–345.

Walzer, Michael, *Sphären der Gerechtigkeit. Ein Plädoyer für Pluralität und Gleichheit*, Frankfurt a.M./New York 1992.

– *Kritik und Gemeinsinn. Drei Wege der Gesellschaftskritik*, Frankfurt a.M. 1993.

– *Lokale Kritik – globale Standards. Zwei Formen moralischer Auseinandersetzung*, Hamburg 1996.

– *Vernunft, Politik und Leidenschaft. Defizite liberaler Theorie*, Frankfurt a.M. 1999.

Weaver, Warren, »Wissenschaft und Komplexität«, in: Klaus Türk (Hg.), *Handlungssysteme*, Opladen 1978, S. 38–46.

Weber, Max, *Gesammelte politische Schriften*, Hg. Johannes Winckelmann, zweite, erw. Aufl., Tübingen 1958.

LITERATURVERZEICHNIS

- *Gesammelte Aufsätze zur Wissenschaftslehre*, Hg. Johannes Winckelmann, sechste, durchges. Aufl., Tübingen 1985.

Wehowsky, Stephan, *Über Verantwortung. Von der Kunst, seinem Gewissen zu folgen*, München 1999.

Weischedel, Wilhelm, *Das Wesen der Verantwortung*, dritte Aufl., Frankfurt a.M. 1972.

Wellmer, Albrecht, *Ethik und Dialog. Elemente des moralischen Urteils bei Kant und in der Diskursethik*, Frankfurt a.M. 1986.

- »Bedingungen einer demokratischen Kultur. Zur Debatte zwischen Liberalismus und Kommunitarismus«, in: Micha Brumlik und Hauke Brunkhorst (Hg.), *Gemeinschaft und Gerechtigkeit*, Frankfurt a.M. 1993, S.173-196.

Werhane, Patricia H., *Persons, Rights, and Corporations*, Englewood 1985.

- »Rechte und Verantwortungen von Korporationen«, in: Hans Lenk und Matthias Maring (Hg.), *Wirtschaft und Ethik*, Stuttgart 1992, S.329-336.

Werner, Micha H., »Dimensionen der Verantwortung: Ein Werkstattbericht zur Zukunftsethik von Hans Jonas«, in: Dietrich Böhler (Hg.), *Ethik für die Zukunft. Im Diskurs mit Hans Jonas*, München 1994, S.303-338.

Wiegand, Bodo, »Das Prinzip Verantwortung und die Präambel des Grundgesetzes«, in: *Jahrbuch des öffentlichen Rechts* 43 (1995), S.31-54.

Wieland, Wolfgang, *Verantwortung - Prinzip der Ethik?* Heidelberg 1999.

Wildt, Andreas, *Autonomie und Anerkennung. Hegels Moralitätskritik im Lichte seiner Fichte-Rezeption*, Stuttgart 1982.

Willke, Helmut, *Entzauberung des Staates. Überlegungen zu einer soziatalen Steuerungstheorie*, Königstein i. Ts. 1983.

- »Kontextststeuerung durch Recht? Zur Steuerungsfunktion des Rechts in polyzentrischer Gesellschaft«, in: Manfred Glagow und Helmut Willke (Hg.), *Dezentrale Gesellschaftssteuerung. Probleme der Integration polyzentrischer Gesellschaften*, Pfaffenweiler 1987, S.3-26.
- »Strategien der Intervention in autonome Systeme«, in: Dirk Baecker (Hg.), *Theorie als Passion*, Frankfurt a.M. 1987, S.333-361.
- *Die Ironie des Staates. Grundlinien einer Staatstheorie polyzentrischer Gesellschaft*, Frankfurt a.M. 1992.
- *Die Supervision des Staates*, Frankfurt a.M. 1997.
- *Systemtheorie I: Grundlagen. Eine Einführung in die Grundprobleme der Theorie sozialer Systeme*, [erste Aufl. 1982], sechste, überarbeit. Aufl., Stuttgart 2000.
- *Systemtheorie II: Interventionstheorie. Grundzüge einer Theorie der Intervention in komplexe Systeme*, [erste Aufl. 1994], dritte, bearbeit. Aufl., Stuttgart 1999.
- *Systemtheorie III: Steuerungstheorie. Grundzüge einer Theorie der Steuerung komplexer Sozialsysteme*, [erste Aufl. 1995], zweite Aufl., Stuttgart 1998.
- *Atopia. Studien zur atopischen Gesellschaft*, Frankfurt a.M. 2001.

Windsperger, Josef, *Das Prinzip Verantwortung versus das Prinzip Wirtschaftlichkeit*, Fürth 1990.

Wingert, Lutz, »Haben wir moralische Verpflichtungen gegenüber früheren Generationen? Moralischer Universalismus und erinnernde Solidarität«, in: *Babylon. Beiträge zur jüdischen Gegenwart*, Nr. 7, 1991, S. 78–94.
- *Gemeinsinn und Moral. Grundzüge einer intersubjektivistischen Moralkonzeption*, Frankfurt a.M. 1993.

Wisser, Richard, *Verantwortung im Wandel der Zeit. Einübung in geistiges Handeln*, Mainz 1967.
- »Nietzsches Lehre von der völligen Unverantwortlichkeit und Unschuld jedermanns«, in: *Nietzsche Studien*, Bd. 1, 1972, Berlin/New York 1972, S. 147–172

Wokart, Norbert, »Verantwortung. Garant konservativer Ethik«, in: ders., *Ent-Täuschungen. Philosophische Signaturen des 20. Jahrhunderts*, Stuttgart 1991, S. 59–75.

Wolf, Jean-Claude, *Utilitarismus, Pragmatismus und kollektive Verantwortung. Studien zur theologischen Ethik*, Freiburg i. Ue/Freiburg i. Br. 1993.

Wolf, Ursula, *Das Problem des moralischen Sollens*, Berlin/New York 1984.

Würtenberger, Thomas, »Wandlungen in den privaten und öffentlichen Verantwortungssphären«, in: Ernst-Joachim Lampe (Hg.), *Verantwortlichkeit und Recht. Jahrbuch für Rechtssoziologie und Rechtstheorie*, Bd. 14, Opladen 1989, S. 308–323.

Zahlmann, Christel (Hg.), *Kommunitarismus in der Diskussion*, Berlin 1992.

Zippelius, Reinhold, »Varianten und Gründe rechtlicher Verantwortlichkeit«, in: Ernst-Joachim Lampe (Hg.), *Verantwortlichkeit und Recht. Jahrbuch für Rechtssoziologie und Rechtstheorie*, Bd. 14, Opladen 1989, S. 257–266.

Zimmerli, Walther Ch., »Wandelt sich die Verantwortung mit dem technischen Wandel?«, in: Hans Lenk und Günter Ropohl (Hg.), *Technik und Ethik*, Stuttgart 1987, S. 92–111.
- *Einmischungen. Die sanfte Macht der Philosophie*, Darmstadt 1993.
- und Michael Aßländer, »Wirtschaftsethik«, in: Julian Nida-Rümelin (Hg.), *Angewandte Ethik. Die Bereichsethiken und ihre theoretische Fundierung. Ein Handbuch*, Stuttgart 1996, S. 290–344.

Zwierlein, Eduard, »Verantwortung in der Risikogesellschaft«, in: ders. (Hg.), *Verantwortung in der Risikogesellschaft. Ethische Herausforderung in einer veränderten Welt*, Idstein 1994, S. 20–37.

Personenregister

Adorno, Theodor W. 21
Anders, Günther 132
Annerl, Felix 21
Apel, Karl-Otto 13, 27, 39, 133–141, 143, 145, 153–158, 236
Aristoteles 63
Arndt, Ulrike 24
Aßländer, Michael 229
Auer, Alfons 165
Augé, Marc 35

Badie, Bertrand 22, 245
Baier, Annette 236
Barber, Benjamin 233
Barry, Brian 234
Bauman, Zygmunt 182 f.
Bayertz, Kurt 24, 62, 200, 218, 224, 266, 298
Bechmann, Gotthard 31
Beck, Ulrich 31, 33, 34, 39, 43, 254
Becker, Werner 21
Beer, Rainer 39
Bell, Daniel 30, 244
Benhabib, Seyla 41, 72, 76, 160, 294
Benjamin, Walter 239
Berger, Peter L. 296
Beyme, Klaus von 29
Bienfait, Agathe 96, 97, 98, 292
Bieri, Peter 23
Birnbacher, Dieter 37, 218, 227, 235, 320
Blome-Drees, Franz 230
Bochenski, Joseph M. 23
Böcher, Wolfgang 45, 192, 280
Böckle, Franz 167
Böhler, Dietrich 158, 234
Böhme, Gernot 21
Bonhoeffer, Dietrich 13, 27, 116–118
Bovens, Mark 323
Braun, Dietmar 305
Brellochs, Andreas 19
Brenner, Andreas 131, 227

Brink, Bert van den 232
Brudermüller, Gerd 235
Brumlik, Micha 177, 236, 240, 282
Brunkhorst, Hauke 282, 291
Buber, Martin 13, 27, 110 f., 112, 116, 174
Bühl, Walter L. 40, 255, 257, 262, 302
Burkhardt, Björn 42

Callahan, Daniel 236
Capurro, Raffael 19
Castells, Manuel 22, 35, 244
Coleman, James S. 209
Constant, Benjamin 62
Cortina, Adela 156, 160

Delhom, Pascal 178
Demandt, Alexander 280
Derr, Thomas Sieger 236
Derrida, Jacques 184
Döring, Eberhard 231
Döring, Ralf 36
Döring, Walter 231
Dörner, Dietrich 33
Dreier, Horst 21, 231, 297, 304
Drucker, Peter F. 19
Dubiel, Helmut 232
Durkheim, Emile 29, 102, 296
Dustdar, Farah 231
Dworkin, Ronald 206

Eckertz, Rainer 305
Eichmann, Rainer 245
Endreß, Martin 99
Esser, Josef 200
Esterbauer, Reinhold 19
Etzioni, Amitai 47, 233, 282, 289, 290
Evers, Adalbert 22, 202
Ewald, François 201, 202, 204

Fahrenbach, Helmut 79
Feinberg, Joel 23, 236, 321
Figal, Günter 86

Fischer, John Martin 320
Fleischer, Helmut 192
Fletcher, George P. 298
Forschner, Maximilian 62
Forst, Rainer 282, 293, 297
Frankena, William K. 217
French, Peter A. 210
Freyer, Hans 276 f.
Friedman, Thomas L. 34
Fuchs, Ernst 252, 278
Funiok, Rüdiger 19

Gehlen, Arnold 21, 275
Geißler, Karlheinz A. 35
Gerhardt, Volker 88, 279
Gethmann, Carl Friedrich 237, 300
Gethmann-Siefert, Annemarie 130
Giddens, Anthony 31, 295, 298
Gilligan, Carol 41
Giusti, Miguel 162
Gogarten, Friedrich 112, 163
Golding, Martin P. 236
Gotsch, Wilfried 250
Graevenitz, Gerhard 31
Graumann, Carl F. 321
Greve, Wilfried 81
Grisebach, Eberhard 13, 27, 110–112, 175
Gronke, Horst 154, 158
Gross, Peter 31
Günther, Klaus 41, 144, 298
Gürtler, Sabine 174

Habermas, Jürgen 13, 27, 72, 99, 133, 142–146, 148–151, 153–158, 239
Halfar, Bernd 32
Hardin, Garret 229
Hart, H.L.A. 24
Hartmann, Nicolai 13, 26, 104, 105–107, 114 f., 129
Hartshorne, Charles 236
Harvey, David 35
Hastedt, Heiner 130, 223
Hauskeller, Michael 60
Hayek, Friedrich von 311
Hegel, Georg Wilhelm Friedrich 11, 13, 26, 61, 71–78, 92, 93, 96, 143, 200

Heidegger, Martin 107, 109, 110
Heider, Fritz 23
Heine, Günter 264, 306, 307
Hermes, Georg 264, 304
Hobbes, Thomas 62
Höffe, Otfried 23, 192, 218, 225, 279, 314
Hoffman, Stacey 209
Hofmann, Hasso 304
Holl, Jann 59, 62, 212
Holmes, Stephen 293
Homann, Karl 230
Honneth, Axel 73, 160, 184, 239, 282, 294
Horkheimer, Max 239
Horn, Axel 62
Hörning, Karl H. 259
Hösle, Vittorio 136, 161
Höver, Gerhard 165
Hrubi, Franz Rupert 62
Hruschka, Joachim 65, 320, 321
Huber, Wolfgang 165
Hubig, Christoph 215, 224
Hubin, D. Clayton 235
Hume, David 64

Ilting, Karl-Heinz 160
Ingarden, Roman 191
Inglehart, Robert 30

Japp, Klaus Peter 252
Jaspers, Karl 237
Joas, Hans 104, 191
Jonas, Hans 13, 18, 27, 127–133, 128, 130, 132, 138, 139

Kampits, Peter 225
Kant, Immanuel 9, 10, 13, 26, 61, 65–72, 77, 92, 93, 96-100, 112, 113, 127, 141, 143, 177, 203, 279
Kaufmann, Franz-Xaver 39, 246, 255, 256, 257
Kenis, Patrick 305, 313
Kersting, Wolfgang 34, 41, 55, 66, 68, 98, 102, 131, 159, 178, 186, 192, 202, 203, 205, 206, 228, 231,

232, 233, 235, 280, 282, 284, 285, 293, 294, 298, 324
Kettner, Matthias 139, 236
Keupp, Heiner 232
Keuth, Herbert 155
Kierkegaard, Sören 13, 26, 61, 78–83, 92, 93
Kleger, Heinz 235
Klein, Richard 125
Kleinfeld-Wernicke, Annette 216
Kloepfer, Michael 237, 305
Koch, Claus 20
Kodalle, Klaus-Michael 111, 175, 192
Kohlberg, Lawrence 136, 143
Kohler, Georg 41
Kolb, Anton 19
Körtner, Ulrich H. J. 167
Koschut, Ralf-Peter 66, 166
Kraemer, Hans 325
Krawietz, Werner 62, 65, 306
Krebs, Angelika 227
Kreß, Hartmut 41, 118, 168, 169
Kuhlmann, Wolfgang 161
Küng, Hans 39
Künzli, Arnold 131

Ladd, John 219
Ladeur, Karl-Heinz 46, 249, 264, 306, 308, 310
Lamb, Mathews L. 239
La Mettrie, Julien Offray de 62
Lampe, Ernst-Joachim 323
Lange, Stefan 305
Larenz, Karl 201
Larmore, Charles 57
Lasch, Christopher 19, 244
Lazari-Pawlowska, Ilja 219
Leisinger, Klaus M. 230
Leist, Anton 227, 235, 238
Lenk, Hans 23, 24, 40, 41, 116, 198, 209, 211, 213, 215, 219, 223, 224, 226, 227, 229, 279
Lesch, Wolfgang 176
Lévinas, Emmanuel 14, 27, 174–178, 184
Lichtblau, Klaus 103

Liebsch, Burkhard 240
Locke, John 62
Løgstrup, Knud E. 13, 27, 83, 118–120
Loo, Hans van der 29
Löw, Reinhard 189
Löw-Beer, Martin 238
Löwith, Karl 112
Lübbe, Hermann 36, 278, 314, 319, 320
Lübbe, Weyma 34, 36, 221, 254, 257, 311, 320, 323
Lübbe-Wolff, Gertrude 304
Luckmann, Thomas 296
Luhmann, Niklas 21, 29-31, 42, 220, 221, 243, 247, 252–254, 258, 263, 274, 278, 315, 326, 327

MacIntyre, Alasdair 21, 286, 287, 290
Makropoulos, Michael 31
Maring, Matthias 24, 40, 209, 211, 213, 226, 229
Markl, Hubert 225
Marquard, Odo 31, 72
May, Larry 209
Mayer, Michael 176
Mayntz, Renate 250, 252, 253, 300, 305, 313
McCarthy, Thomas 160, 239
Mellema, Gregory 215
Menke, Christoph 284
Meran, Josef 229 f.
Merten, Detlef 297
Mertens, Karl 32, 324
Metz, Johann Baptist 239
Mieg, Harald A. 20
Mill, John Stuart 62
Mittelstraß, Jürgen 225
Mohrs, Thomas 34
Mommsen, Wolfgang 98
Morgenstern, Martin 107
Mosès, Stéphan 174 f.
Müller, Christian 109
Müller, Hans-Peter 314
Müller, Jörg Paul 160
Müller, Kerstin 207

Müller, Siegfried Walter 217
Müller, Wolfgang Erich 41, 120
Müller-Merbach, Heiner 214
Münch, Richard 30, 39, 43, 254, 302, 303, 314
Murswiek, Dieter 264, 304
Musil, Robert 18

Nagel, Thomas 206, 321
Neubauer, Bernd 41
Neumaier, Otto 21, 314
Neumann, Rolf 125
Nida-Rümelin, Julian 322
Niethammer, Lutz 240
Nietzsche, Friedrich 13, 26, 61, 83–90, 92, 93, 106
Niquet, Marcel 155
Nowotny, Helga 22, 202
Nozick, Robert 206
Nunner-Winkler, Gertrud 211, 317

O'Neill, Onora 236
Offe, Claus 295, 296
Ott, Konrad 36
Ottmann, Henning 231
Otto, Rudolf 13, 27, 113–115, 130

Parsons, Talcott 29
Partridge, Ernest 234, 237
Peters, Bernd 295
Peukert, Helmut 239
Pfannkuche, Wolfgang 219
Pfordten, Dietmar von der 227
Piaget, Jean 136
Picht, Georg 13, 27, 62, 121–127, 132, 133
Piepmeier, Rainer 184
Platon 63
Polanyi, Michael 325
Preuß, Ulrich K. 231, 237
Purdy, Jedediah 19

Quante, Michael 76

Rahner, Karl 163
Rapp, Friedrich 222

Ravizza, Mark 320
Rawls, John 205, 206, 235, 283, 284
Reckwitz, Andreas 94
Reese-Schäfer, Walter 136, 147, 153, 160, 290
Rehrl, Stefan 165
Reijen, Willem van 29
Reither, Franz 33
Rendtorff, Trutz 163, 165
Rentsch, Thomas 160
Ricœur, Paul 160, 178
Riedel, Manfred 68
Rifkin, Jeremy 245
Ritter, Joachim 78
Robertson, Roland 43
Röhl, Hans Christian 307
Römelt, Josef 167
Ronellenfitsch, Michael 304
Ropohl, Günter 218, 222, 223, 225
Rorty, Richard 287, 288, 291
Rosenzweig, Franz 174
Ruckenhauer, Hans-Walter 19
Rüsen, Jörn 240

Sachsse, Hans 223
Saladin, Peter 198, 235, 264
Sandel, Michael 292
Sartre, Jean-Paul 177, 178
Schäfer, Lothar 130, 228
Schäfer, Wolf 35
Scharpf, Fritz 305, 313
Scheler, Max 13, 26, 100–104, 115, 129
Schelsky, Helmut 277
Scheuner, Ulrich 231
Schimank, Uwe 29, 312, 315
Schlick, Moritz 60, 107
Schluchter, Wolfgang 95, 96, 97, 98, 99
Schlüter-Knauer, Carsten 131
Schmälzle, Udo F. 19
Schmidt-Aßmann, Eberhard 307
Schmitt, Carl 112
Schmitz, Hermann 321
Schnädelbach, Herbert 94
Schneider, Manuel 35
Schneider, Volker 305, 313
Scholz, Frithard 250

Schönrich, Gerhard 71, 161
Schröder, Thomas Kurt 66
Schubert, Jörg 264
Schulz, Walter 170–174
Schulze, Gerhard 297
Schuppert, Gunnar Folke 307
Schütz, Alfred 170
Schwartländer, Johannes 62, 83
Schweitzer, Albert 27, 115–116
Seebaß, Gottfried 212, 323
Seel, Martin 294, 320
Sen, Amartya 231
Sennett, Richard 244
Siebert, Horst 234
Sikora, R. I. 234
Simmel, Georg 29, 97
Simon, Herbert A. 249, 311
Sommer, Gerlinde 65, 198, 216
Sommer, Manfred 245
Spaemann, Robert 27, 37, 103, 160, 186, 188–190
Spengler, Oswald 112
Spinner, Helmut F. 244
Splett, Jörg 168
Sprenger, Reinhard K. 19
Stehr, Nico 22, 42, 244, 245
Steinberg, Rudolf 264, 305, 306
Steinvorth, Ulrich 159, 228
Stichweh, Rudolf 43, 243
Stitzel, Michael 234
Ströker, Elisabeth 44, 216, 218, 322
Stübinger, Stephan 201
Sturma, Dieter 191
Süßbauer, Alfons 216

Taureck, Bernhard 178
Taylor, Charles 24, 160, 286, 287, 290
Tenbruck, Friedrich 33, 83, 276
Theunissen, Michael 112, 125
Thomä, Dieter 80, 110, 191, 291
Tödt, Heinz Eduard 125, 164
Trappe, Paul 21
Tugendhat, Ernst 159

Ulrich, Peter 19
Unnerstall, Herwig 235

Veauthier, Frank 102
Veen, Joseph J. M. van der 323
Vester, Friedrich 33
Vesting, Thomas 265
Vogel, Peter 95
Vogt, Markus 46, 260, 302
Vossenkuhl, Wilhelm 42, 322

Waas, Lothar 95
Waldenfels, Bernhard 14, 179–181
Walzer, Michael 288, 289, 291, 292
Weaver, Warren 247
Weber, Max 13, 26, 29, 94–100, 103
Wehowsky, Stephan 280
Weischedel, Wilhelm 13, 26, 107, 108
Wellmer, Albrecht 69, 156, 159, 161, 294
Werhane, Patricia H. 210
Werle, Raymund 312
Werner, Micha H. 131, 161
Werth, Christoph H. 19
Wiegand, Bodo 304
Wiegerling, Klaus 19
Wieland, Wolfgang 25, 301, 319
Wildt, Andreas 72
Willke, Helmut 22, 29, 45, 56, 245, 247-249, 251, 253, 262, 313
Windsperger, Josef 230
Wingert, Lutz 238, 298
Wisser, Richard 86, 110
Wokart, Norbert 59
Wolf, Jean-Claude 215, 237
Wolf, Ursula 240
Würtenberger, Thomas 265

Zahlmann, Christel 282
Zenger, Christoph Andreas 235
Zimmerli, Walther Ch. 223, 229
Zippelius, Reinhold 201
Zwierlein, Eduard 20

Sachregister

Absicht 75 f.
Akteure 22, 28, 39, 200, 245 f., 248, 251 ff., 259 f., 303, 312 f., 313–315, 323 f.
Alteristisches Apriori 183 f.
Anderer 111–113, 170, 172, 174–178, 184 ff.
Angemessenheit 144, 156 f.
Anonymisierung von Verantwortung 196, 260
Anspruchskollisionen siehe Konflikte
Anthropologie 57
Anthropozentrismus 131, 227 f.
Antwort 174 f., 179–182
Anwendung 48, 135 f., 142 f., 153 f.
Apokalypse 127 f., 132
Asymmetrie 41 f., 112, 164, 165 f.
Attribution siehe Zurechnung
Aufgabenverantwortung 24, 40, 212 f.
Aufmerksamkeit 20 f., 25, 323
Ausdifferenzierung 29 f., 34, 38 f., 42–46, 54, 198 f., 208 f., 277, 303

Berufsethos 225
Berufsverantwortung 213
Bürgerverantwortung 297 f.

Corporate Social Responsibility 19

Delegitimierung 45, 272
Deliberation 148, 156 f., 289, 293, 297 f.
Deontologie 70 f., 188 f.
Designverantwortung 255
Dezisionismus 82, 110, 312 f.
Differenzierungsprinzip 54 f., 318 f.
Dilution 215
Diskursethik 133–151, 236

Egalitarismus 204 f., 234 f., 282–285, 297 f.
Eigendynamik 18, 53, 169, 172 f., 248, 273 f., 275 f., 277, 280 f., 301, 303 f.

Eigenverantwortung 26 f., 50, 78–80, 92, 207 f., 259 f., 284–286, 293, 308
Endlichkeit siehe Finalität
Entdifferenzierung siehe Interdependenzen
Entgrenzungsprozesse 30 f., 42–47, 54
Entlastung 86, 168 f.
Ergänzungsprinzip 134, 136
Erinnerungskultur 240
Eschatologie 123–126, 166 f., 176
Ethikkodizes 223
Ethos 102 f., 192, 293
Finalität 125, 168, 173 f.
Folgenverantwortung 67, 76 f., 92, 137, 156, 300 f.
Freiheit 23 f., 36, 63 f., 66, 83, 106, 107 ff., 178, 211 f., 267, 317
Funktionalisierung 18, 275 f.
Fürsorge 25, 41, 56 f., 113, 115, 164 f., 219

Gefährdungshaftung 200, 216
Gemeinschaft 101 f., 191, 289
Gerechtigkeit 25, 202, 203–208, 238
Gesamtverantwortung 214
Geschichte 122–126, 137, 171
Gesinnung 70, 94 f., 100 f., 106, 166
Gewährleistungsverantwortung 264, 304 f.
Gewalt 139 f., 156 f.
Gewissen 65, 88 f., 109 f., 182 f.
Globalisierung 34, 43, 234 f.
Grundstruktur 48, 54 f., 317

Haftungsverantwortung 23 f., 237 f., 264
Handlungsfreiheit siehe Freiheit
Handlungspartikularismus 313
Handlungsprinzip 25, 301, 324
Handlungssubjekt 196 f., 208 f., 216

SACHREGISTER

Handlungsverantwortung 39, 70, 120, 213
Hermeneutik 56
Heterarchie 248 f., 250 f., 303
Hierarchie 303
Humanität 116 f., 279, 322
Hybridisierung 273, 310 f.

Imputation siehe Zurechnung
Infrastrukturverantwortung 264 f., 304
Institutionen siehe Korporationen
Institutionenethik 224
Intentionalität 63 f., 197, 320
Interdependenzen 25 f., 34 f., 38 f., 42–46, 54, 248 f.
Interessenkonflikte siehe Konflikte
Interpenetration 302
Intervention siehe Steuerung

Kausalität 23, 26, 37, 63 f., 197, 320 f., 323 f.
Kognitivismus 158–163
Kombinatorik 257, 304
Kommunikationsethik siehe Diskursethik
Kommunitarismus 236, 281 f., 286–292
Komplexität 21, 22 f., 25, 39, 49, 57, 150 f., 162, 246 f., 263, 273, 278, 288, 299 f., 311, 324 f.
Komplexitätsreduktion 86 f., 166–169
Konflikte 22, 55, 95 f., 149–151, 160, 251, 288, 294 f.
Konfliktmanagement 256, 266, 306
Kontexte des Handelns 32, 43 f., 73, 160
Kontextualisierung 24, 52–58
Kontingenz 30, 67, 247, 261, 263, 274, 301, 308
Kontingenzmanagement 303
Korporationen 33, 39 f., 48, 208–212, 212–217, 245 f., 250 f., 254 f., 323
Kulturelle Bedingungen 224, 286

Lebensformen 99, 143, 185, 286, 290 f.
Lebenspläne 191, 284
Legitimation, Legitimierbarkeit 62 f., 198, 251 f., 267 f.
Liberalismus 202, 203 f., 282–286, 297 f.
Loyalität 214, 297 f.
Loyalitätsverantwortung 213

Marktwirtschaft 226
Metaphysik 107, 114, 127, 132
Metaverantwortung 266
Mitverantwortung 102, 136, 137, 214, 264 f.
Moralisches Gesetz 68
Motivation 166, 191
Nachhaltigkeit 36
Naturverantwortung 130, 226–228
Nebenfolgen 26, 33 f., 36, 44, 51, 75, 142, 188, 196, 225, 300, 314, 321 f.
Netzwerke 34, 43, 48, 195, 244, 247, 249, 309

Organisationen siehe Korporationen

Partizipation 22, 28, 294 f., 297 f.
Pflicht 19, 37, 41, 56 f., 81, 202 f., 219
Prioritätsregeln 226
Prozedurale Rationalität 249
Prozeßverantwortung 309

Rahmenverantwortung 265, 305
Raum 34 f.
Rechenschaft siehe Schuld
Recht 146–149, 155 f., 306
Rechtssystem 140 f., 150 f., 307
Regulierung siehe Steuerung
Regulierungsverantwortung 57 f.
Relationalität 90, 197
Republikanismus 233, 289, 291, 293 f.
Risiko 31, 36, 203 f., 258 f., 299 f., 301, 305
Rollenverantwortung 23, 40, 212

SACHREGISTER

Sachgesetzlichkeit siehe Eigendynamik
Schuld 19, 37 f., 40, 41, 48, 51, 62 f., 85, 86 f., 107, 115, 184, 192, 197, 200–203, 204–207, 215 f., 218, 237, 241, 258, 307, 324
Segmentierung 199
Selbstbindung 57, 67 f., 248, 256 f., 295, 308
Selbstorganisation der Gesellschaft 22, 28, 45, 294–298, 303 f., 313 f.
Selbstorganisation der Systeme 22, 38, 50, 243, 246–250, 298
Selbstverantwortung 26, 65–71, 92, 101 f., 108, 187, 189, 204 f., 260, 279 f., 282–286, 293, 308, 314
Selbstverpflichtung siehe Selbstbindung
Selbstzurechnung 97, 105, 321
Selbstzuschreibung 322
Sittlichkeit 77 f., 186 f., 293 f.
Situation 32, 43 f., 89 f., 120, 135, 137
Skepsis 52–58, 159
Solidarität 25, 41, 56, 102 f., 115, 165, 201 f., 203–208, 235, 237 ff., 258, 287, 295 f.
Sozialstaat siehe Wohlfahrtsstaat
Sozialversicherung 201
Spezialisierung 199
Staat 34, 245 f., 264, 304–308
Steuerung 28, 47, 50, 85, 243–246, 246–253, 280, 299, 306–308, 313
Supererogation 50, 56 f., 115, 181, 219
Systemprozesse 29, 139–141, 243–246, 246–253, 253–261, 315
Systemrisiken 255
Systemverantwortung 28, 58, 253–261, 300, 301–306, 315

Technikbewertung 223
Technikfolgen 222 f.
Technikverantwortung 222–225
Teilverantwortung 212–217
Teleologie 130 f., 239 f.
Temporalisierung 48
Tugenden 192 f., 279, 294

Ungewißheit 20, 23, 196 f., 245, 249, 253, 261, 299 f., 300 f. 308, 311
Unterlassungen 36, 45, 220, 320,
Unternehmensethik 228
Unverantwortlichkeit 26, 39, 83–91, 92, 180, 254, 274, 278
Urteilskraft 58, 70 f., 74, 98, 143, 149, 288, 301, 325
Utilitarismus 335, 318

Verantwortung 22 f., 38
– absolute 27, 118, 163, 168, 190, 270
– alteristische 74, 112,
– Differenzierung 24, 40, 50, 195, 221 f., 232
– Diffusion 26, 29, 51, 53, 132, 268, 270
– Entgrenzung 20, 221, 269
– fiktive 273 f., 280
– funktionale 196, 212
– geschichtliche 48, 122–126, 127, 137-139, 233–241
– Grenzphänomen 51, 280
– Grenzen 27, 118, 152, 189
– kollektive 208
– kontextualistische 52, 73
– korporative 208–212
– limitative 25, 280
– modularische 262
– personale 40, 49, 259, 279, 315
– politische 231–234, 293–298
– positive 196, 217–221, 258
– präventive 218
– probabilistische 258 f., 280, 301, 310
– prospektive 38, 218 f.
– prozedurale 99, 195, 261–266, 271, 306, 309
– rechtliche 23 f., 40, 62, 64 f., 150, 256 f., 264 f., 304–308
– responsive 27, 171 f., 174–182, 239
– retrospektive 38, 217
– soziale 203, 206, 285
– theologische 82, 115–118
– Totalisierung 107, 126, 176, 178, 269

– umfassende 324
– universalmoralische 40
Verantwortungsarrangements 308–312
Verantwortungsbegriff 43, 59 f., 158, 280, 324
Verantwortungsethik 26 f., 154–158
Verantwortungsgefühl 103, 113 f., 223
Verantwortungsgesellschaft 28, 47, 208, 281 f., 285, 299
Verantwortungsholismus 103, 188 f.
Verantwortungskompetenz 276, 280, 299
Verantwortungskonjunktur 19 f., 38–42, 325
Verantwortungskritik 21, 28, 274,
Verantwortungsorganisation 27, 122, 195
Verantwortungsprinzip 18 f., 241, 266, 280 f., 324 f.
Verantwortungsraum 276
Verantwortungsspannungen 47–51
Verantwortungssystem 221, 242, 266, 325
Verantwortungswissen 308
Verdienstlichkeit 41, 51, 113, 202, 219, 258
Vergangenheitsverantwortung 237–242
Versicherungsgesellschaft 201 f.
Verteilungsregeln 213 f., 225 f.
Vertragsverantwortung 213
Verwaltungsverantwortung 307

Werte 95 f., 127–131, 191, 286
Wertethik 100–107
Willentlichkeit 23, 63
Wirtschaftsethik 228
Wirtschaftsverantwortung 228–231
Wissen 249, 251, 261, 320
– implizites 115, 120, 325
Wissenschaftsverantwortung 225 f.
Wissensgesellschaft 22, 35, 56, 244
Wohlfahrtsökonomie 230
Wohlfahrtsstaat 50, 202, 203–208, 232, 285

Zeit 35, 123 f.
Zivilgesellschaft 148, 232, 285, 289, 292–298
Zukunftsverantwortung 128 f., 137–139, 164 f., 234–237
Zumutbarkeit 141, 148 f.
Zurechnung 23, 49 f., 63, 64, 65, 84, 197, 252, 310, 320–23
Zurechnungsexpansion 36, 39, 319
Zuschreibung 20, 64, 197, 200, 268 f., 311